U0935947

外国文学学术史研究

主编

陈众议

乔叟学术史研究

A Study of the History of Geoffrey Chaucer Studies

肖明翰 著

译林出版社

图书在版编目（CIP）数据
乔叟学术史研究 ／肖明翰著．—南京：译林出版社，2019.2
(外国文学学术史研究／陈众议主编)

ISBN 978-7-5447-7556-4

I.①乔… II.①肖… III.①乔叟(Chaucer, Geoffrey 约1343—1400) – 人物研究 ②乔叟(Chaucer, Geoffrey 约1343—1400) – 诗歌研究 IV.①K835.615.6 ②I561.072

中国版本图书馆 CIP 数据核字（2018）第 244450 号

乔叟学术史研究　肖明翰／著

责任编辑　韩继坤
装帧设计　韦　枫
校　　对　蒋　燕
责任印制　颜　亮

出版发行　译林出版社
地　　址　南京市湖南路 1 号 A 楼
邮　　箱　yilin@yilin.com
网　　址　www.yilin.com
市场热线　025-86633278
排　　版　南京展望文化发展有限公司
印　　刷　江苏凤凰扬州鑫华印刷有限公司
开　　本　718 毫米 ×1000 毫米　1/16
印　　张　34.5
插　　页　2
版　　次　2019 年 2 月第 1 版　2019 年 2 月第 1 次印刷
书　　号　ISBN 978-7-5447-7556-4
定　　价　88.00 元

总序

在众多现代学科中，有一门过程学。在各种过程研究中，有一种新兴技术叫生物过程技术，它的任务是用自然科学的最新成就，对生物有机体进行不同层次的定向研究，以求人工控制和操作生命过程，兼而塑造新的物种、新的生命。文学研究很大程度上也是一种过程研究，从作家的创作过程到读者的接受过程，而作品则是其最为重要的介质或对象。问题是，生物有机体虽活犹死，盖因细胞的每一次裂变即意味着一次死亡；而文学作品却往往虽死犹活，因为莎士比亚是“说不尽”的，“一百个读者就有一百个哈姆雷特”。

换言之，文学经典的产生往往建立在对以往经典的传承、翻新乃至反动（或几者兼有之）的基础之上。传承和翻新不必说，即使反动，也每每无损以往作品的生命力，反而能使它们获得某种新生。这就使得文学不仅迥异于科学，而且迥异于它的近亲——历史。套用阿瑞提的话说，如果没有哥伦布，迟早会有人发现美洲；如果伽利略没有发现太阳黑子，也总会有人发现。同样，历史可以重写，也不断地在重写，用克罗齐的话说，“一切历史都是当代史”。但是，如果没有莎士比亚，又会有谁来创作《哈姆雷特》呢？有了《哈姆雷特》，又会有谁来重写它呢？即使有人重写，他们缘何不仅无损于莎士比亚的光辉，反而能使他获得新生，甚至更加辉煌灿烂呢？

这自然是由文学的特殊性所决定的，盖因文学是加法，是并存，是无数“这一个”之和。鲁迅谓文学最不势利，马克思关于古希腊神话的“童年说”和“武库说”更是众所周知。同时，文学是各民族的认知、价值、情感、审美和语言等诸多因素的综合体现。因此,文学既是民族文化及民族向心力、认同感的重要基础,也是使之立于世界之林而不轻易被同化的鲜活基因。也就是说,大到世界观,小到生活习俗,文学在各民族文化中起到了染色体的功用。独特的染色体保证了各民族在共通或相似的物质文明进程中保持着不断变化却又不可湮没的个性。惟其如此,世界文学和文化生态才丰富多彩,也才需要东西南北的相互交流和借鉴。同时,古今中外,文学终究是一时一地人心的艺术呈现,建立在无数个人基础之上,并潜移默化、润物无声地表达与传递、塑造与擢升着各民族活的灵魂。这正是文学不可或缺、无可取代的永久价值与恒久魅力之所在。

于是,文学犹如生活本身,是一篇亘古而来、今犹未竟的大文章。

此外,较之于创作,文学研究则更具有意识形态和上层建筑属性,因而更取决于生产力和社会形态、社会发展水平。这也是马克思主义的基本观点之一。如是,我国现代意义上的文学研究起步较晚,外国文学研究更是如此。虽然以鲁迅为旗手的新文学运动十分重视外国文学,但从实际成果看,1949年前的外国文学研究却基本上属于旁批眉注、前言后记式的简单介绍,既不系统,也不深入。因此,我国的外国文学研究几乎可以说是在新中国成立以后全面展开的,而系统的外国文学学术史研究,这还是第一次。

一

学术史研究也是一种过程学,而且是一种相对纯粹的过程学。不具备一定的学术史视野,哪怕是潜在的学术史视野,任何经典作家作品研究几乎都是不能想象的。

然而,后现代主义解构的结果是绝对的相对性取代了相对的绝对性。于是,许多人不屑于相对客观的学术史研究而热衷于空洞的理论了。在一些人眼里,甚至连相对客观的真理观也消失殆尽了。于是,过去的"一里不同俗，十里言语殊"，成了如今的言人人殊。于是，众声喧哗，且言必称狂欢，言必称多元，言必称虚拟和不确定。这对谁最有利呢？也许是跨国资本吧。无论解构主义者初衷如何，解构风潮的实际效果是：不仅相当程度上消解了真善美与假恶丑的界限，甚至对国家意识形态，至少是某些国家的意识形态和民族凝聚力都构成了威胁。然而，所谓的"文明冲突"归根结底是利益冲突，而"人权高于主权"这样的时鲜谬论也只有在跨国公司时代才可能产生。

且说经典在后现代语境中首当其冲，成为解构对象，它们不是被迫"淡出"，便是横遭肢解。所谓的文学终结论也正是在这样的背景下提出来的。它与其说指向创作实际，毋宁说是指向传统认知、价值和审美取向的全方位的颠覆。因此，经典的重构多少具有拨乱反正的意义。

正是基于上述缘由，中国社会科学院外国文学研究所于2004年着手设计"外国文学学术史研究工程"计划，并于翌年将该计划列入中国社会科学院"十一五规划"。这是一项向着重构的整合工程，它的应运而生，标志着外文所在原有的"三套丛书"（即20世纪60至90年代——"文革"时期中断——的"外国文学名著丛书"、"外国古典文艺理论丛书"和"马克思主义文艺理论丛书"）等工作的基础上又迈出了新的一步，也意味着我国的外国文学研究已开始对解构风潮之后的学术相对化、碎片化和虚无化进行较为系统的清算。

于是，关乎经典的一系列问题将在这一系统工程中被重新提出。比如，何为经典？经典是必然的还是偶然的？经典重在表现人类的永恒矛盾（用钱锺书的话说是"两足动物的基本根性"）呢，还是主要指向时代社会的现实矛盾？它们在认知方式、价值判断、审美取向方面有何特征？经典及经典批评与时代社会的生产力和生产关系、经济基础和上层建筑等关系何如？批评及批评家的作用（包括其立场、观点、方法及其与时代社会的一般和特殊关系）又如何？此外，经典作家的遭际与性情、阅历与禀赋，经典的内容与形式、继承与创新，以及文学的一般规律和文学经典的特殊性等诸如此类的问题，都将是本工程需要展示并探讨的。

且说世界文学一路走来，其规律并非羚羊挂角，无迹可寻。童年的神话、少年的史诗、青年的戏剧、中年的小说、老年的传记是一种概括。由高向低、由外而内、由强至弱、由大到小等等，也不失为一种轨辙。如是，文学从模仿到独白、从反映到窥隐、从典型到畸形、从审美到审丑、从载道到自慰、从崇高到渺小、从庄严到调笑……终于一头扎进了个人主义和主观主义的死胡同。小我取代了大我，观念取代了情节；"阿基琉斯的愤怒"变成了麦田里的脏话；"路漫漫其修远兮，吾将上下而求索"变成了"我做的馅饼是世界上最好吃的"；诸如此类，不一而足。是谓下现实主义。当然，这不能涵盖文学的复杂性和丰富性。事实上，认知与价值、审美与方法等等的背反或迎合、持守或规避所在皆是。况且，无论"六经注我"还是"我注六经"，经典是说不尽的，这也是由时代社会及经典本身的复杂性和丰富性所生发的。

二

众所周知，文学是人类文明的重要组成部分。马克思主义的经典作家向来重视文学，尤其是经典作家在反映和揭示社会本质方面的作用。马克思在分析英国社会时就曾指出，英国现实主义作家"向世界揭示的政治和社会真理，比一切职业政客和道德家加在一起所揭示的还要多"。恩格斯也说，他从巴尔扎克那里学到的东西，要比从"当时所有职业的历史学家、经济学家和统计学家那里学到的全部东西还要多"。列宁则干脆地称托尔斯泰是俄国革命的一面镜子。这并不是说只有文学才能揭示真理，而是说伟大作家所描绘的生活、所表现的情感、所刻画的人物往往不同于一般抽象的概括、数据的统计。文学更加具体、更加逼真，因而也更加感人、更加传神。其潜移默化、润物无声的载道与传道功能更不待言。站在世纪的高度和民族立场上重新审视外国文学，梳理其经典，展开研究之研究，将不仅有助于我们把握世界文明的律动和了解不同民族的个性，而且有利于深化中外文化交流，从而为我们借鉴和吸收优秀文明成果、为中国文学及文化的发展提供有益的“他山之石”。习近平总书记说过，我们要“不忘本来，吸收外来，面向未来”。这传承和丰富了“洋为中用”“古为今用”的“二为方针”。

“观乎天文以察时变，观乎人文以化成天下”；文学作为人文精神的重要基础和介质，既是人类文明的重要见证，同时也是一时一地人心、民心的最深刻、最具体的体现，而外国文学则是建立在外国各民族无数作家基础上的不同时代、不同民族的认识观、价值观和审美观的形象反映。研究人心自然不能停留在简单抽象的理念上，因此，走进经典永远是了解此时此地、彼时彼地人心、民心的最佳途径。换言之，文学创作及其研究指向各民族变化着的活的灵魂，而其中的经典（包括其经典化或非经典化过程）恰恰是这些变化着的活的灵魂的集中体现。

如是，“外国文学学术史研究”立足国情，立足当代，从我出发，以我为主，瞄准外国文学经典作家作品和思潮流派，进行历时和共时的梳理。第一辑、第二辑和第三辑由二十二部学术史研究专著、二十二部配套译著组成：第一辑涉及塞万提斯、歌德、雨果、左拉、庞德、高尔基、肖洛霍夫和海明威；第二辑包括普希金、茨维塔耶娃、康拉德、狄更斯、哈代、菲茨杰拉德、索尔·贝娄和芥川龙之介；第三辑涵盖陀思妥耶夫斯基、乔叟、简·奥斯丁、普鲁斯特、泰戈尔和希伯来《圣经》文学。

三

格物致知，信而有证；厘清源流，以利甄别。“外国文学学术史研究”中的经典作家作品学术史研究系列，顾名思义都是学术史研究（或谓研究之研究）。学术史研究既是对一般博士论文的基本要求，也是一种行之有效的文学研究方法，更是一种切实可行的文化积累工程，同时还可以杜绝有关领域的低水平重复。每一部学术史研究著作通过尽可能抽丝剥茧式的梳理，即使不能见人所未见、言人所未言，至少也能老老实实地将有关作家作品的研究成果(包括有关研究家的立场、观点和方法)公之于众,以裨来者考。如能温故知新,有所创建,则读者幸甚,学界幸甚。相配套的经典论文翻译,则遴选有关作家作品研究的阶段性和标志性成果,其形式类似于外文所先前出版的"外国文学研究资料丛书"。

此次面世的"外国文学学术史研究"中的每一部学术史研究著作将由三部分组成。第一部分为经典作家(作品)的学术史梳理。这是相对客观的,但其中的艰难也不可小觑。首先,学术史梳理既不像平素泛舟书海,拾贝书海,尽意兴而为之的俯拾由己和随心所欲;其次,牵涉语种繁多,而且经过20世纪的形形色色的方法论和批评思潮的浸染,用汗牛充栋来形容经典作家作品研究成果已不为过。因此,要在浩如烟海的研究史料中攫取最有代表性的观点和方法,实在是件考验耐心和毅力的事情。战战兢兢,生怕挂一漏万,自不待言,且挂一漏万在所难免。因此,我们只能择要概述,甚至把侧重点放在经典作家的代表作上。不然纵使篇幅再大,也难以涵括浩瀚的文献资料。换言之,去芜杂的枝蔓和重复的敷衍,留精粹要义和真知灼见是必然的,但也是不容易做到的。它考验我们涉猎的深度和广度,而且也是检验我们学术水准和价值判断的重要环节。

第二部分研究之研究何啻是一大考验。都说20世纪是批评的世纪,在经历了现代主义的标新立异和后现代主义的解构风潮之后,在各种思潮、各种方法杂然纷呈的情况下,如何言之有物、言之成理、不炒冷饭,殊是不易;如何在前人的基础上有所发现、有所前进,就更是难上加难。反过来看,正因为文化相对主义的盛行和批评的多元,也才有了我们展示立场、发表见解的特殊理由和广阔余地。举个简单的例子,解构主义针对二元论的颠覆虽然是形而上学的,却不可谓不彻底。其结果是相当一部分学者怀疑甚至放弃了二元思维,但事实上,二元思维不仅难以消解,而且在可以想见的未来仍将是人类思维的主要方法。真假、善恶、美丑、你我、男女、东方和西方等等实际存在,并将继续存在。与此同时,作为中国学者,面对西方话语,我们并非无话可说。总之,从文学出发，关心小我与大我、外力与内因、形式与内容、反映与想象、情节与观念，以至于物质与精神、肉体与灵魂、西方与东方等诸如此类的二元问题，以及经典在民族和人类文明进程中的地位和作用，依然可以是我们的着力点。当然，二元论绝不是排中律，而是在辩证法的基础上融会二元关系及二元之间所蕴藏的丰富内涵和无限可能性。毋庸讳言，改革开放以来，学术界解放思想，广开言路，但日新月异中不乏矫枉过正、时髦是趋。比如大到存在与意识、物质与精神的辩证关系，小到客观与主观、客体与主体等等，都大有乾坤倒转、黑洞化吸之势。至于意识形态“淡化”之后，跨国资本主义的一元化意识形态更是有增无已；真假不辨、善恶不论、美丑混淆的现象所在皆是；个人主义大行其道，从而使抽象的人性淹没了社会性；普世主义势不可挡，以致文化相对主义甚嚣尘上。文学从大我到小我，从外向到内倾，从模仿到虚拟，从代言到众声喧哗；真实给虚幻让步，艺术向资本低头；对妖魔鬼怪和封建迷信津津乐道，任帝王将相和无厘头充斥视阈，能不发人深省？然而，经典作家是说不尽的，以上的任何一位作家都是无法穷尽的。用巴尔加斯·略萨的话说，伟大的经典具有“自我翻新”的本领。至于何为经典，虽然也是个说不尽的话题，但用简单的方式综观前人的观点，也许可以用两句话来概括：一是它们必须体现时代社会（及民族）的最高认知和一般价值（包括人类永恒的主题、永恒的矛盾）；二是其方法的魅力及审美的高度不会随着岁月的更迭而褪色或销蚀。当然这是将复杂问题简单化的一种说法。而本课题便是关乎经典之所以成为经典的一种较为复杂的论证方式。需要说明的是，经典不等于市场。用桑塔亚那的话说，经典不在于一时一地喜欢者的多寡，而在于喜欢者的喜欢程度。如果在此基础上再加上一个历史的维度，那么这话也就更加全面了。

学术史研究的最后部分为文献目录。它在尽可能详尽的基础上，还要有所选择。不然，展示一个经典作家的学术史，光文献目录就可以编辑厚厚的几大本。因此，去粗存精，是为重要或主要文献目录。

最后需要说明的是，“外国文学学术史研究”的中长期目标是在作家作品和流派思潮研究的同时,进行更具问题意识的学术史乃至学科史研究,以期点面结合,庶乎“既见树木,又见森林”;若能密切联系实际,促进中华学术的繁荣、发展和创新,则读者幸甚,我等幸甚。无疑,此工程面向全国高校及科研机构,希望有志于外国文学学术史研究的同仁踊跃加盟、不吝赐教。

陈众议

目录

1 绪言

1 第一编 乔叟学术史

3…… 第一章 中世纪

4…… 第一节 乔叟对乔叟及其作品的评论

16…… 第二节 乔叟时代

24…… 第三节 15 世纪

36…… 第四节 苏格兰乔叟派

42…… 第二章 文艺复兴时期

44…… 第一节 亨利八世时代

55…… 第二节 伊丽莎白时代

81…… 第三章 新古典主义时期

83…… 第一节 低潮时期

93…… 第二节 德莱顿的研究及其影响

103…… 第三节 18 世纪

121…… 第四章 19 世纪

122…… 第一节 浪漫主义时期

145…… 第二节 维多利亚时代

179…… 第五章 现当代乔叟研究的发展与成就

181…… 第一节 乔叟作品版本、生平和学术史研究

197…… 第二节 历史主义和新批评时期

229…… 第三节 当代多元研究

263…… 第四节 乔叟与欧陆文学比较研究

301…… 第五节 乔叟在中国

315………………… 第六节　乔叟在日本

335　**第二编　乔叟学术史研究**

337……………… 第一章　乔叟的经典化历程

384……………… 第二章　乔叟的成就与互文

416……………… 第三章　乔叟形象的变迁与乔叟性

443……………… 第四章　乔叟文学思想

467　**附录一　重要文献**

497　**附录二　人名中外文对照及索引**

516　**附录三　书、报、刊名中外文对照及索引**

绪言

杰弗里·乔叟(Geoffrey Chaucer,约1343—1400)不仅在英语文学史上,而且在英语文学批评史上,都占据极为重要的地位。作为英语文学之父,他至今保持着几项纪录。其中之一就是,在英语文学家中,唯有他拥有英语世界历史上最长久且从未间断的学术研究和文学批评,而乔叟研究本身在英语文学批评领域也已形成一个重要传统。可以说,一部乔叟学术史就是一部英语文学批评史的缩影。

乔叟学术史是英语文学之父的文学成就、他的思想和艺术中的方方面面在六百多年来英国和西方历经的深刻社会变革中,在不同历史时代、不同社会文化语境里,从不同视角在不同层面上被逐渐揭示出来,加以系统阐释,为历代文学家所借鉴和发扬,并因此不断丰富和发展着英语文学传统的历史。同时,也正因为乔叟学术史与英格兰历史和文化之间深刻的内在关联,它也从一个特殊角度折射出英国社会、思想、文化与文学的变迁和英格兰民族的发展。因此,研究乔叟学术史,除其本身的价值外,也是从一个特别有意义的侧面来审视、考察英格兰民族的形成和英格兰民族文化、民族意识之发展。

乔叟在生前就已受到英法诗人和学者的评说与高度赞誉。自那之后,所有时代的文学家、评论家和学者都对英诗之父进行广泛评论和卓有成效的研究,其成果之丰富,用浩如烟海来形容,毫不为过。研究乔叟学术史,面对如此丰富的材料,“挂一漏万”虽属老生常谈,却是本书作者实实在在的隐忧。所以,叙述乔叟学术研究发展史首先遇到的问题就是如何审慎选择材料。为此,本书确定的基本原则是,既要突出每个时代的代表性观点和成就,也必须在整体上关注乔叟学术研究以及与之密切相关的英语文学传统的发展历史。因此在选材上,本书特别注重以下三个方面。

第一个方面是每个时代重要的乔叟学者和评论家。他们大多也是该时代引领潮流的知识精英,因此他们往往最能代表该时代主流的社会、文化和文学思想以体现时代精神,并特别深刻地影响后代乔叟学者。第二个方面是一些也许并不著名甚至没有留下姓名,其观点在当时也无代表性的学者、诗人,但他们留下了超越时代的真知灼见,他们的一些在当时似乎“不合时宜”的观点因为他们非凡的见解而在下一个时代甚至几百年后成为主流乔叟批评之先声。第三个方面是乔叟学术史和乔叟经典化历程中最重要,贡献也最大的一批人,他们是英语文学史上各时期那些杰出的诗人、作家。他们留下一些特别经典的评述,但更重要也更有意义的是,他们在文学创作中以其特有的方式解读、研究、模仿、借鉴和改写乔叟诗作并继承和发展乔叟所奠定的英语文学传统,为乔叟学术史贡献了特别珍贵的部分。严格地说,正是他们使乔叟进入生生不息的英语文学传统,是他们使乔叟研究没有也不可能中断,甚至是他们真正使乔叟成为英语文学之父。所以,本书也特别重视陈述和揭示这些文学家对乔叟的评述、借鉴和发展。然而,正因为注重这几方面的选择,加之受制于本书作者的眼界和学识局限,许多评论家及其观点,很可能还包括一些特别独到、深刻的见解,令人遗憾地被遗漏或排除在外。好在本书仅仅是很可能没有终点的乔叟学术史研究进程中小小的一步,大量前辈学者和更多后来者的研究成果可以弥补与纠正本书的不足和缺陷。

除了对材料的选择必须审慎外,本书作者深感对各时期观点的陈述也需要特别审慎。当然,陈述学者们之观点最基本的原则是客观。然而客观只能是相对的,因为连选择哪些学者、选择他们的什么论著,甚至选择同一本书或同一篇文章里何种观点进行陈述,乃至引用哪一段话,都不可避免地表现出选择者的主观性及其眼光、学识或者不足。

另外,在乔叟学术史研究中一个比较突出的问题是,我们有时很难让一些评论"自己说话"而不造成误解。那是因为英语文学之父还保持着另外一项纪录,那就是六百多年的乔叟学术史为他揭示或者说描绘出比任何其他英语文学家都远为丰富多彩而且不断变换,有时甚至相互对立的形象,那是乔叟与各时代的历史语境、与各时期持不同思想的学者和文学家对话的产物,因而其意义也只能在产生它们的语境中才能真正理解和把握。由于乔叟学术史经历了英国社会、宗教、文化思想、文学观念和英语语言等所有方面巨大的变化,甚至一些术语的含义也与现在大为不同,所以许多对乔叟的评说,特别是那些往往最具时代特色的观点,如果不放回到产生它们的历史语境中并给予适当说明,就很难为今天的英国人,更不用说其他地区的人们所正确理解。当然,在本书中这样的说明在宏观上旨在建立历史语境,在微观上也只就特定的观点与时代语境的内在关联点到为止,不做对错评判。

乔叟学术史还表明,英诗之父不仅跨越了六百多年的历史,而且早已迈出了英国国门,甚至走出了英语世界,广受世界各地的读者喜爱和崇敬;如本书表明的,法国、意大利、德国等许多国家的学者和文学家早已参与到乔叟研究中。到了近现代,乔叟远渡重洋,来到东方,他那些饮誉世界的杰作也赢得了越来越多的读者,东方的学者们也从东方的视角审视和研究这位享有崇高地位的英语文学之父,发表了许多很有见地的论述。在本书中,湖南师范大学博士生张炼和对外经济贸易大学的石小军副教授分别撰写了"乔叟在中国"和"乔叟在日本"两部分,梳理和探讨乔叟在东方这两个重要国度里传播、接受和研究的历程与成就。

在本书第二编里,本书作者就其在乔叟学术史的追述中感受最深,同时也特别被历代学者和文学家以各种形式关注,并引发了不少争议的几个方面,对乔叟的经典化历程、乔叟创作的互文与成就、乔叟形象之变迁与乔叟性,以及乔叟的文学思想等涉及乔叟的文学创作和乔叟学术史的几个很有意义的问题做了初步探讨,算是研究乔叟学术史的一点体会。

通过做乔叟学术史课题，我更进一步也更真切地感到，所谓学术研究在很大程度上都是在摘别人的桃子。就乔叟学术研究史而言，自文艺复兴时期特别是维多利亚时代以来，许多前辈学者已经做了大量卓有成效的工作，没有他们经年累月的辛勤付出，本课题绝不可能完成。所以，本书仅仅是在无数前人艰辛努力的基础上稍有挪动，以期能为国内对乔叟和乔叟研究感兴趣的读者拓宽视野并提供一些有用的资料。

肖明翰

于长沙岳麓山

第一编

乔叟学术史

第一章 中世纪

中世纪没有现代意义上的文学评论，对乔叟及其作品的提及和评价全都来自同时代诗人以及他所开创的现代英语诗歌传统在15世纪的后继者，当然特别有意义的是，还来自英诗之父自己。现存的这类材料全都在他们的诗作之中，除乔叟本人的"评论"外，它们主要分为两类：1）对乔叟及其作品的直接提及、赞颂和评价；2）对乔叟作品的模仿、借用、影射或者改写，那也是特殊形式的间接评论，在文学发展上，这往往具有更重要的意义。根据来源，中世纪的乔叟"批评"，如果可以使用这个现代术语的话，大体上可分为乔叟对自己的评论、同时代人的评论、15世纪英格兰诗人和学者的评论，以及苏格兰乔叟派的评论四类。

由于这些评论者本人绝大多数都是文学家，因此他们对乔叟及其作品的评价主要是基于他们自己的创作体验、中世纪的主流文学思想以及当时的社会和政治因素。在中世纪对乔叟的评价中，最为突出的是，几乎所有人都众口一词地高度颂扬乔叟对英语语言的运用和对英语发展做出的巨大贡献。首先，那是因为英语在当时还不是成熟的书面语言，更不是成熟的文学语言，诗人们一般都主要使用拉丁语和法语创作，主要诗人中唯有乔叟自始至终使用英语，所以他们深知乔叟创作之不易；更重要的是，在很大程度上，正是因为乔叟在创作中对各种语言的大量借用和创造性运用，英语发展成为可以同法语和意大利语媲美的文学语言。其次，那时期正处英法百年战争期间，英格兰民族及其民族意识正处于形成之中，英国统治阶层也大力鼓动爱国热情以支持战争，因此英语作为民族意识和民族自豪感的体现得到统治阶级与文学界大力提倡。所以，乔叟在发展英语上的贡献自然广获颂扬。

同时,人们还特别颂扬乔叟的“修辞”(rhetoric)与“雄辩”(eloquence)。在中世纪,“修辞”近似于现代意义上的“诗学”(poetics),而“雄辩”与修辞接近。在体裁和内容方面,乔叟的中世纪评论者们主要称颂他的宫廷爱情诗作。诗人们受中世纪基督教思想影响,自然还极为关注乔叟作品的思想“教益”(sentence)。在中世纪英格兰,由于乔叟的诗作无疑最富含哲理,他也因此而被广泛尊为“哲学诗人”。诗人们对乔叟的评价也可以帮助现代人更好地了解中世纪英格兰的文化和文学思想以及民族意识的发展。

第一节　乔叟对乔叟及其作品的评论

杰弗里·乔叟有幸生活在一个特殊时期,一个历史的十字路口,一个不仅英格兰而且整个西欧社会都处于深刻变革的时期,即中世纪和现代交会的时代。罗马帝国崩溃后大动乱中的西欧逐渐安定,经济特别是城市经济迅速发展,阿拉伯帝国的兴起和十字军东征造成的基督教和伊斯兰教两大文明的碰撞,12世纪文艺复兴带来的从大学的创建、经院哲学的思想发展到宏伟的哥特建筑的兴盛,以及正在意大利蓬勃兴起并必将波及欧洲和改变历史进程的欧洲文艺复兴,全都在深刻地改变着社会现实和人们的思想观念,也改变着文学思想与诗歌创作。

11世纪的诺曼征服将孤悬海外的不列颠同欧洲大陆紧密连接在一起,在海峡两岸形成了统一的王国;伦敦成为源远流长的岛国文化与丰富多彩的大陆文化的重要交会点,在随后的几个世纪里发展成王国的政治、经济和文化中心。正是在欧洲和英格兰的大变革中,在英法百年战争的民族冲突里英格兰民族形成和英格兰民族意识大发展的时期,英国出现了历史上第一次文学大繁荣,诞生了乔叟、高尔(John Gower, 1330?—1408)、朗格伦(William Langland, 1332?—1386?)、《高文》诗人等一大批可以同任何国家任何时代的文学家媲美的诗人,奠定了不断创造出灿烂文学成就的英语文学传统;而以乔叟为首的伦敦派代表了未来英格兰诗歌发展的方向。

乔叟将英格兰本土文学传统、法国宫廷文学传统和意大利新文学结合在一起,兴咏情爱、笔绘人生、颂扬生活、传承精神,创作出永远令英国人骄傲的传世之作，成为当时最杰出的诗人，被后世尊为英诗之父。同时，他还可以被视为英国历史上第一位文学批评家，而他最重要的文学批评就是评论他自己的诗作。在现当代，文学家评论自己的作品自是司空见惯，但在中世纪则不多见，而像乔叟那样在自己的作品中以各种方式从不同方面反复谈及自己的诗作，不仅表达对自己的作品和创作的看法，表达自己的作家意识，而且还以此发表一些基本的文学思想，在此前的英格兰文坛的确闻所未闻。我们或许可以说，乔叟是英国历史上第一位诗人出身的文学思想家和批评家。

乔叟的文学思想主要来自中世纪基督教美学思想、以古罗马的文学和哲学思想为核心的古典传统、以但丁（Dante Alighieri，1265—1321）和薄伽丘（Giovanni Boccaccio，1313—1375）为代表的意大利新文学的影响，以及他自己的创作体验等各方面的创造性的有机整合。从他对自己作品的评论，我们可以看到，乔叟既继承了中世纪正统的文学思想，也在一定程度上超越了他的时代，是现代英国文学思想和批评思想的先驱。

《声誉之宫》（*The House of Fame*）是乔叟特别重要的著作，它体现了诗人创作生涯的转折，而一个作家的文学思想往往最容易或最明显地在转折时期的作品中表现出来。在那之前，在法国宫廷文化传统和法语文学语境中成长起来的乔叟主要在法国宫廷诗传统中创作，而在14世纪70年代，乔叟两次出使意大利，其中一次长达半年之久，且主要就待在出了意大利文艺复兴三杰但丁、彼特拉克（Petrarch，1304—1374）和薄伽丘的佛罗伦萨。自那之后，意大利新文学的影响迅速在乔叟作品中涌现。《声誉之宫》是这一转折的标志性诗作，它从整体结构到大段描写都以《神曲》（*The Divine Comedy*）为蓝本，因此在15世纪被称为《英语之但丁》（*Dante in Inglissh*）。

《声誉之宫》是乔叟比较明显表达自己作家意识和自己创作观点的第一部诗作。这部作品是乔叟在受但丁等意大利文学家影响后，从法国宫廷文学转向法国宫廷文学传统与意大利新文学相结合的新方向的重要成果，同时也是乔叟从内容到形式对英语诗歌创作进行有意识的探索的重要著作。它既是乔叟对英诗诗艺和英诗未来发展方向进行探索的成果，也是他探索的体现。乔叟在作品中塑造了一个与他同名的叙述者，作为自己的代理人。这样一位与作者同名、性格特征大体相似的叙述者还出现在此前的《公爵夫人书》(*The Book of the Duchess*)和此后包括《坎特伯雷故事》(*The Canterbury Tales*)在内的乔叟几乎所有重要著作里。

首先,很有意义而且也得到许多评论家特别重视的是,在这部诗作里,诗人借雄鹰之口,对梦中的叙述者杰弗里谈及他的工作与生活:

你从不听闲言碎语:
干完工作,算清账目,
你不是回去休息,
或者四处寻乐猎奇,
而是连忙赶回家中,
坐在另一本书前,
仍像石头一样沉寂,
直读到两眼发直。

(*House*, ll. 650—658)[1]

在这里,乔叟透露出他在伦敦海关任税收官时的工作以及他工作之余刻苦攻读的情况,这成为学者们研究乔叟生平的第一手材料。同时这也表明,他之所以能取得那样杰出的成就,与他广泛的阅读和不倦的学习分不开。

然而雄鹰又告诉他,朱庇特之所以派他前来,是因为考虑到杰弗里工作之余,从不外出,只闭门读书写作,"过着隐士般的生活",因而写作"信息"(tidings)告罄(*House*, ll. 642—659),所以特命他前来,带杰弗里去声誉女神之宫,收集"信息",也就是创作材料。乔叟在这里暗含对包括他自己早期作品在内的法国宫廷传统的诗歌脱离生活现实的批评。在诗作开始后不久,梦中的叙述者在代表宫廷爱情传统的维纳斯神庙外看到无垠的荒漠,那已经暗示了这种批评。后来在《贞女传奇》(*Legend of Good Women*,大约创作于1386—1387年)里,他描写宫廷诗人们为支持雏菊的花还是叶而分为两派,进行无聊争吵,进一步嘲笑和批评了文

1 Geoffrey Chaucer, *The House of Fame*, in F. N. Robinson (ed.), *The Works of Geoffrey Chaucer*, Boston: Riverside, 1957. 本书下面对该诗的引文行码随文注出,诗作名缩写为*House*,不再另注。

学脱离生活的现象。他在《声誉之宫》的后面部分对声誉之宫里那些沽名钓誉之人的精彩描写以及对谣言之宫的生动素描，都充满生活气息，而这类充满生活气息的描写在当时的英格兰文坛十分新颖，它实际上间接批评了当时占主流地位的宫廷爱情诗传统里那种脱离生活现实的倾向。在一定程度上，乔叟笔下的声誉之宫和谣言之宫是当时百态人生的缩影，而他的生动描写是英国现实主义文学的萌芽之一。[1]

作为诗人，乔叟一直在对诗歌艺术进行不懈探索，探索符合英格兰人的审美心理，符合英语语言的性质与特点的格律、韵式，最终奠定了六百年来的英诗诗艺传统。在《声誉之宫》第三卷开篇，叙述者杰弗里向"知识与光明之神"阿波罗祈祷，请他给予"指引"。他说，尽管"我并不奢望在这里/将诗歌艺术展示；/然我用韵松散低劣"，为"使之多少悦耳，/有些诗行会漏掉音节"。所以，他恳求阿波罗"立即进入我的心灵"（*House*, ll. 1091—1109），以便创造出符合英语特点的"悦耳"诗行。这里自然有诗人表达谦卑的那种传统的因素，但也说出了包括乔叟在内的所有英格兰诗人在当时所遇到的困惑：如何创造出符合中古英语语言特点的韵律。

在当时，英语还不是官方书面语言，更不是成熟的诗歌语言。不仅如此，由于没有统一的标准英语，各地发展出许多发音差别很大的方言，英诗自然也就还没有形成符合中古英语特点的诗歌韵律，而从古英语时代流传下来的头韵体虽然在乔叟时代也曾获得复兴与繁荣，产生出《高文爵士与绿色骑士》（*Sir Gawain and the Green Knight*）、《农夫皮尔斯》（*Piers Plowman*）等许多优秀作品，但它已不太适合经历了深刻变革的中古英语。英语诗歌正处于十字路口，需要探寻新的发展方向。这种状况既为乔叟等诗人的创作造成困难，也为他们带来机会。

14世纪80年代中期，乔叟在已经创作出许多传世佳作之后，仍然因为英语中有大量方言而没有可以作为统一的英诗韵律的标准英语而苦恼。所以在《特洛伊罗斯与克瑞西达》（*Troilus and Criseide*，创作于1381—1386年）的结尾，他担忧抄写人员或后代读者会因为受各地方言

1 14世纪70年代，在描写社会现实方面，只有朗格伦的《农夫皮尔斯》超过了《声誉之宫》。但到80年代中期之后，在人物塑造和全面描写英格兰社会现实等方面，乔叟随即在《特洛伊罗斯与克瑞西达》和《坎特伯雷故事》里，全面超越了朗格伦，成为英国现实主义文学的真正奠基人。

影响或发音不同而不能正确誊抄或阅读这部他十分喜爱的诗作。他说：

由于大量方言存在于英语，
且书写也缺标准，大有差异，
主啊，不要让人因此抄错，
也不因其发音不准搞错韵律。

(*Troilus*, Vol. V, ll. 1793—1796)[1]

不仅如此，乔叟甚至还专门为此写了一首颇为幽默的小诗，题名为《乔叟致誊稿人亚当》("To His Scribe Adam")，表达他对誊写人员的不满：

誊稿人亚当，你如果有一天为我
抄写《波伊悉厄斯》或《特罗勒斯》等篇，
而竟未能誊抄忠实，一字不讹，
我愿那疮癞生满你发下耳边；
你那样的工作将使我每天
花尽了功夫去删改、去擦抹；
全为了你过于疏忽、过于仓促。[2]

尽管乔叟这里有调侃的意味，但他专门为此写诗，可见他的确为誊写稿中错误充斥大伤脑筋，十分不满。中世纪手抄稿的确错误频出，这极为普遍。联系到乔叟在《特洛伊罗斯与克瑞西达》里表达的担忧，除了誊写员的"疏忽"与"仓促"外，中古英语中有大量方言以及许多词汇没有统一、规范的拼写，也是重要原因。同时，这种状况也为探索和确立英诗韵律带来困难。乔叟在诗歌创作中的试验与探索不仅从格律、韵式到诗

1 Geoffrey Chaucer, *Troilus and Criseide*, in F. N. Robinson (ed.), *The Works of Geoffrey Chaucer*, Boston: Riverside, 1957. 本书下面对该诗的引文行码随文注出，诗作名缩写为*Troilus*，不再另注。

2 本诗译文引自乔叟：《乔叟文集》，方重译，上海：上海译文出版社，1979年，第756页。诗中所言《波伊悉厄斯》(*Boece*)指乔叟所译波伊提乌的名著《哲学的慰藉》，而《特罗勒斯》即《特洛伊罗斯与克瑞西达》。

节形式全方位奠定了英诗诗艺，而且也为现代英语的发展做出了巨大贡献。后面将谈到，乔叟对英语发展的巨大贡献，自15世纪以来，就已经成为英格兰诗人和学者们的共识，而斯宾塞（Edmund Spenser，1552?—1599）、莎士比亚（William Shakespeare，1564—1616）等几乎所有伟大的英格兰诗人都是从乔叟那里流出的"清纯的英语清泉"的"畅饮"者。

所以，当乔叟在《声誉之宫》里谦虚地说自己的韵律"松散低劣"，谦卑地请求阿波罗指引他创作出"悦耳"的韵律时，他实际上既指出了英语诗人们所遇到的困难，也间接表现出在现代英语诗歌草创之初，他坚持使用还不是成熟文学语言的英语进行创作，并积极探索英诗诗艺以创造符合英语语言特征的韵律的勇气和信心。后来在《坎特伯雷故事》里，他还借律师之口说，乔叟

> ……音步粗糙，
> 而且在押韵方面也不是很好，
> 然而很多人知道，就凭着往时
> 他那种英语，讲述了许多故事；
> …………
> 他讲过古往今来的恋人事迹；
> 就连奥维德那些古老书简里，
> 提到的恋人也没乔叟那么多。[1]

律师随即简述了乔叟的许多诗作，这成为后代学者们确定乔叟著作的宝贵材料。在这里，乔叟虽仍然表现了谦虚，但也表达了对自己丰富创作的自豪。这种谦虚与自豪的结合在他对《特洛伊罗斯与克瑞西达》的总体评价中也体现出来。在该部诗作的结尾，他说：

> 去吧，我的小书，去吧，我小小的悲剧，
> 愿上帝赐给你的作者以才智，

1 杰弗里 · 乔叟：《律师的引子由此而来》，第47—55行，载乔叟：《坎特伯雷故事》，黄杲炘译，上海：上海译文出版社，2013年。下面本书中对《坎特伯雷故事》的引文均出自此版本，所引故事、引子或尾声标题及行码随文注出，除特别说明外，不再加注。

在他死前再创作一些喜剧！
但我的小书，不要去招人妒忌，
要向所有的诗歌表示谦卑，
步维吉尔、奥维德、荷马、卢坎和斯泰斯
后尘，亲吻他们的足迹。

（*Troilus*, Vol. V, ll. 1786—1792）

很明显，乔叟在表面上表示谦卑，但实际上也渴望乃至相信他这部杰作能像荷马（Homer）、维吉尔（Virgil, 70—19 BC）等伟大作家的作品一样流芳百世。在这里，他将这部诗作定性为悲剧，下面将谈到，这在中世纪文学语境中具有特殊意义，而他在中世纪复活悲剧精神是他对英国和欧洲文学的重大贡献。另外，他在这里还提到他将创作一些“喜剧”，那显然是指被许多学者称为“人间喜剧”的《坎特伯雷故事》。这也表明，他在此时已经有了关于创作这部杰作的初步打算和对这部著作的基本定性。

当然，创立英诗诗艺不可能一蹴而就。即便到了14世纪90年代，乔叟在《维纳斯怨诗》（“The Complaint of Venus”）的跋里还感叹，“英语中韵律奇缺”，难以精当翻译法国诗人格朗松的诗。他写道，自己“才疏学浅”，加之

年迈力衰，愈加愚钝，
早已才思枯竭，再也不能
精心构思，随意巧妙雕饰，
加之英语中韵律稀有奇缺，
要对格朗松，那法诗之花
的高超技艺，亦步亦趋，
以至字字珠玑，我望尘莫及。[1]

1 Geoffrey Chaucer, “The Complaint of Venus,” ll. 76–82, in F. N. Robinson (ed.), *The Works of Geoffrey Chaucer*, Boston: Houghton Mifflin, 1957. 格朗松（Oton de Granson, 1340?—1397）为乔叟时代著名法国宫廷诗人，被乔叟赞誉为法诗之花（flour of hem that make in Fraunce）。这首《维纳斯怨诗》就是译自格朗松，这段引文出自乔叟为该诗写的跋。

除诗艺之外，乔叟还特别重视对各种诗歌体裁的探索与运用。在欧洲各国中世纪文学家中，很可能唯有乔叟在创作中运用了中世纪几乎所有文学体裁。不过，特别有意义的是，在中世纪欧洲，乔叟是第一位对悲剧体裁理解比较准确的诗人。他把《特洛伊罗斯与克瑞西达》定性为悲剧，而且也把《修道士的故事》（“The Monk's Tale”）里所有的小故事叫作悲剧。他甚至专门为悲剧下了一个定义：悲剧

> 中的主人公原先兴旺发达，
> 后从高位坠落，掉入苦难，
> 最终在悲惨中了却一生。[1]

对于现代人，这一定义也许太普通，毫无新意，甚至不大准确，但在中世纪却具有里程碑意义。这个定义至今被学者们广为引用来说明中世纪诗人对悲剧的理解，并据此分析那时期的悲剧故事同古典悲剧以及文艺复兴以来的近现代悲剧之间的异同。乔叟的定义不仅是中世纪欧洲上千年历史中为悲剧下的第一个定义，而且在那之后相当长时期内也仍然是欧洲人对悲剧性质最准确的理解。[2]乔叟也正是根据他对悲剧的理解创作了《特洛伊罗斯与克瑞西达》《修道士的故事》等他直接称为“悲剧”的作品。

乔叟对自己的诗作特别有意义也特别精彩的评论出现在《贞女传奇》的引言部分。这个长达五百多行的引言不仅是乔叟的杰作，也是英国文学史上的优秀作品。该引言有两个版本，被学者们根据收藏地分别命名为F本和G本，其中G本为1394年的修改版。引言的主要内容是一个十分戏剧性的场面，而乔叟对自己作品的评论正是通过其中的戏剧性冲突来表达的。

在《贞女传奇》的引言部分，叙述者杰弗里在梦中遇见爱神手牵高贵的女郎阿尔刻提斯和一群忠于爱情的贞女节妇飘然而至。但他随即

1 译文参考了黄杲炘译《坎特伯雷故事》，见《修道士的引子》，第87—89行。

2 请参看H. A. Kelly, “The Non-Tragedy of Arthur,” in Gregory Kratzmann and James Simpson (eds.), *Medieval English Religious and Ethical Literature*, Cambridge: D. S. Brewer, 1968, pp. 93–94。

发现，爱神竟对他“怒目”相视，并严加斥责：“大胆的东西，/老实说，我宁愿眼前是/一只虫子，也不想见到你”（G, ll. 242—244）。叙述者吓得魂不附体，忙问是何缘故。爱神回答说：“你是我的死敌，与我作对，/并肆意诽谤我的忠仆”（248—249）。原来乔叟翻译了《玫瑰传奇》（*Roman de la Rose*），写了《特洛伊罗斯与克瑞西达》，得罪了爱神。爱神说，《玫瑰传奇》是“违背我的教义的异端邪说”，由于乔叟翻译了那东西，“致使聪明才俊离我而去”（256—257）。他斥责乔叟污蔑“多情人都不可理喻，/对所爱之人愚蠢痴迷”（259—260）。更糟糕的是，乔叟竟然还写了一本“英语书”，揭露“克瑞西达如何背弃特洛伊罗斯，/描写女人们如何误入歧途”。他责问道：“你为什么就不愿赞美女士，/反而对她们大肆诋毁？”（264—269）所以，他以他母亲维纳斯的名义起誓，乔叟因“抛掉精华，专写糠秕”（312），同“往日那些老糊涂虫一样/终将后悔不及”（315—316）。

这时，“最高贵的王后”阿尔刻提斯连忙出面为乔叟辩护，说爱神有可能是听信了谗言，乔叟“很可能是受人诬陷”，“因为在你宫中有许多骗子/和许多搬弄是非的怪人”，他们“凭空想象”或者“出于嫉妒”“成天”“在你耳边聒噪”；而乔叟“生性愚笨”，很可能自己都不知道写了些什么，他犯下过错，看来并非本意。因此，乔叟不用受到严惩。另外，她还列举乔叟创作和翻译的作品，说他曾为爱神“效劳”（G, ll. 325—352）。不论是爱神的申斥，还是阿尔刻提斯的辩护，都充满喜剧性，表现了诗人的幽默。

随后叙述者乔叟终于得到机会自我辩护。他说自己“从未践踏爱苑”，而他讲述克瑞西达或玫瑰的故事，“无论如何，上天知道，我的意图/是为了推崇真爱珍惜深情，/是以此警诫世人，揭露虚情与恶习。/这就是我的用意”（G, ll. 453—460）。也就是说，他并非背叛爱神，攻击爱情，诽谤女人，而是真心颂扬爱情，并以克瑞西达作为负心和不忠的反面教材来警诫世人。爱神认为他诽谤女子，与爱神作对；阿尔刻提斯则说他遭人妒忌而被诬陷，或者因为愚昧昏聩，不知所云；而他自己则宣称是推崇真情，谴责背信弃义。同一部作品，引出如此不同的观点，在世界文学史上，这也许是最早的“读者反应”批评，而且是一位诗人最早在诗作中如此运用艺术的形式来探讨自己作品的接受情况，来表现作者的创作目的与读者的解读之间的巨大差异等重要问题。

其实，在此前于1386年完成的《特洛伊罗斯与克瑞西达》里，乔叟已经预见到浸淫于宫廷文化的上层人士，特别是贵妇人们，可能会对这部著作产生误解，他甚至有可能已经受到一些责难，因为根据当时习惯，诗稿已完成部分有可能已经在流传或者他已经当众朗诵过。所以他在诗作结尾“恳求美丽的女士，/和高贵的夫人”，不要因为该书揭露了“克瑞西达的不忠/和罪孽而对我发怒”（*Troilus*, Vol. V, ll. 1772—1775）。

在《坎特伯雷故事》里，乔叟同样也对自己的创作直接和间接地做出评论。这部杰作可以被看作英国现实主义文学的奠基之作。现实主义的核心是塑造现实生活中的人物形象；这种人物的一个重要特征是其社会和教育背景，其言行举止必须符合其身份与性格。几百年来，《坎特伯雷故事》正是以其人物形象的塑造而闻名于世。乔叟专门对自己忠实于人物的具有现实主义倾向的创作手法做了说明。他说：

> 但首先我要请你们宽宏大量，
> 不要怪我讲的话粗俗或肮脏，
> 因为我要在这方面实事求是，
> 向你们介绍他们的言谈举止，
> 有时甚至把他们的原话重复。
> 其实呢，你们也同我一样清楚，
> 无论是谁，要复述别人的故事，
> 就得尽量复述原话的每个字——
> 越接近越好，只要有这个能力，
> 哪怕说这样的话放肆又粗鄙——
> 要不然他就歪曲原来的故事，
> 或生出新枝节，用了新的语词。
> 哪怕是兄弟，他也容不得更改，
> 必须同样一字又一字说出来。

他甚至借用耶稣和柏拉图（Plato, 423?—347? BC）的权威为自己辩护：

《圣经》里面基督的说话很朴素，
而你们知道，这完全不是粗俗。
柏拉图也说（读他书的都赞同）
语言和行动必须是一对亲弟兄。
除此之外，我还要请你们原谅，
如果人物身份和地位的状况
没能在叙述中得到恰当表现——
请你们理解，因为我智力有限。

（《总引》第725—746行）

后来在《磨坊主的引子》（"The Miller's Prologue"）里，乔叟再一次强调自己对香客的故事只是原文照录。他说，这个磨坊主

不肯因为人家有意见就停住，
仍照旧开始他那种市井扯淡。
把这些照录下来是我的遗憾。
所以我请求各位有教养的人
别因此认为我这人心术不正——
看在上帝之爱的分上，要知道，
故事得照录，不管是坏还是好，
要不然，就是我对材料掺了假。
…………
磨坊主是老粗，这点你们明白——
管家和其他几个人情况一样——
他们俩讲的东西都非常肮脏，
所以请你们注意，别把我责怪。

（第59—77行）

乔叟如此反复声明自己忠实于人物，忠实于人物的性格、语言和故事，实际上是强调自己的创作忠实于现实生活和现实中的人。这在寓意模式和浪漫传奇占主导地位的中世纪英格兰文坛无疑是空谷足音。他根

据自己的作品如此清楚表达他的创作思想，为自己的人物塑造、情节叙述和语言运用辩护，可以说是英语文学史上最早的“诗辩”。

另外，在中世纪语境中，特别重要的是，在《坎特伯雷故事》那著名的《总引》(“The General Prologue”)里，在“故事会”开始之前，诗人就借主持人旅店老板之口，为故事的评选定下两条基本标准：“最有意义最有趣(of best senténce and most soláce)”(第798行)。也就是说，这些故事必须既给人“教益”也让人“消遣”找“乐趣”。文学应该给人以教益和愉悦是中世纪文学创作的基本宗旨。这一思想根源于贺拉斯(Horace，65—8 BC)。他在《诗艺》里说：“诗人之愿望应该是给人以教益和愉悦，其著作应该既给人以快感也可用于生活。”[1]当然，中世纪文学家们给“教益”注入了基督教的思想和标准。乔叟所给出的标准其实也是对整部诗作最好的评价：《坎特伯雷故事》以它优美的诗艺、引人入胜的情节和令人忍俊不禁的幽默，六百多年来给人无限的愉悦，同时它也从正面的启迪到反面的警诫给人无穷的教益，为人们“指出一条完美而光明的路途，/也即去天国的耶路撒冷之道”(《堂区长的引子》第50—51行)。

在“故事会”快结束之时，乔叟又让那位品性高尚，“抱定宗旨，要引人们进天堂，/用的是他的善行、他的好榜样”(《总引》第519—520行)的堂区长用一篇布道词作为这部作品的“结束语”：我们“觉得这样很适合也很有意义：/该给他时间来一篇道德教诲，/以此来结束这样一次故事会”(《堂区长的引子》第62—64行)。这表明，如同中世纪社会本质上的基督教性质一样，乔叟也特别注重文学作品的教育意义。他甚至还借律师之口评论自己的创作：“倒还是乔叟考虑得周到；/在他所有的创作中，他有决心/绝不写那种伤天害理的丑行。”(《律师的引子由此而来》第86—88行)

在“故事会”结束后，乔叟不再借叙述者或人物之口，而是直接以作者的身份出面，评价自己一生的作品：

> 如果有东西使[人们]不高兴，那么请归罪于我才疏学浅，别归罪于我的愿望，因为我非常希望讲得比这好，但没这本事。……我恭顺

1 Horace, “Art of Poetry,” in Hazard Adams (ed.), *Critical Theory Since Plato*, rev. ed., New York: Harcourt Brace Jovanovich, 1992, p. 72.

地恳求你们，看在仁慈的神的分上，为我祈求基督的恩典，宽恕我的罪恶/——特别是我那些讲空幻尘世的译文和作品，在这里，我撤回那些书，/诸如《特罗伊勒斯之书》、《声誉之书》、《十九贞女之书》、《公爵夫人之书》、《圣瓦伦廷节百鸟会议之书》、《坎特伯雷故事》中带有犯罪倾向的部分、《狮子之书》，还有其他许多书，可惜现在记不起来；还有许多诗歌和淫词艳曲；所有这些，只求基督大恩大德，饶恕我的罪孽。但是说到我翻译波伊提乌斯的《哲学的安慰》，说到我写的其他一些圣徒行传、讲道文和有关道德和献身于神的书，我要感谢我们的主耶稣基督，要感谢圣母和所有天上的圣徒。[1]

乔叟在写下这段“后记”文字后不久去世。在一定程度上，乔叟在这里是对自己一生的创作做了评论，而且他的评论十分严厉，并宣布“撤回”自己的大多数作品。不论乔叟是认真还是假意，或者半真半假，他为自己一生的创作下的“结论”很有意义，被后世评论家广为引用。首先，乔叟再一次而且相对而言更为完整地列出了自己一生的作品，为后世确定乔叟作品“正典”提供了确凿证据或打下了基础。其次，这段评论特别强调以基督教思想和道德价值为标准，为后世评论家，包括20世纪以著名乔叟学者D. W. 罗伯逊（D. W. Robertson，1914—1992）为代表的学派（后面将具体谈到），致力于在中世纪文化语境，特别是基督教文化语境中研究乔叟提供了启发和支撑。

第二节　乔叟时代

乔叟的文学成就早在乔叟时代就已经得到高度肯定。著名学者卡洛琳·F. E. 斯珀吉翁（Caroline F. E. Spurgeon，1869—1942）对20世纪之前的乔叟学术史资料的收集无人能及。她认为，乔叟得到的同时代人的赞赏“毫无疑问远超莎士比亚”在伊丽莎白时代得到的荣耀。“人们对他作为一个伟大诗人的地位的承认毫无保留，而且全都心服口服，

1 杰弗里·乔叟：“本书作者在此告辞”（原文为“Retraction”，即“撤回声明”），载《坎特伯雷故事》，第868页。

无一例外。"[1]尽管如此，乔叟生前留下的记载，或者说乔叟时代留下的关于乔叟的记载，却很值得深思，而且对于我们了解中世纪诗人的地位也很有意义。乔叟时代留下的关于乔叟的记载分为两类：档案材料和文学作品中的记载。

乔叟是幸运的，因为除了王室主要成员、上层贵族、重要政府官员和宗教领袖，中世纪英格兰几乎没有人像他那样在生前留下如此多的档案记载。到目前为止已经发现，通过各种途径保存至今的所有关于乔叟生平的档案材料一共492条。它们现在全部收入由马丁·M. 克洛（Martin M. Crow）和克莱尔·C. 奥尔森（Clair C. Olson）编纂的《乔叟生平记载》（*Chaucer Life-Records*, 1966）。[2]在文学界，一个作家留下这么多确凿的文字记载，不仅在中世纪英国诗人里绝无仅有，即使在文艺复兴时期的英国文学家中，除非出身显贵，也不多见。比如，关于莎士比亚的生平材料就远不及乔叟的丰富。

然而那并不等于说，他作为诗人，在14世纪的英格兰享有崇高的地位，更不等于说，他那时已经被尊为英语文学之父，享受着后世赋予他的殊荣。其实，在那492条关于他的记载中，没有一条涉及他是一个诗人，更没有一条提到他的文学作品。那些记载大多是关于他的账目、公务、年金、职务、诉讼、所受赏赐和出使外国等情况；从这些记载中，我们看到的是一个王府的童仆、随主出征的扈从、多次出使外国的外交官，以及海关官员、国会议员、郡治安官、王室工程总管和森林管理人，我们无论如何也猜想不到，他竟然是一位诗人。

就这些档案材料而言，我们的确没有任何实在的证据可以确凿无疑地表明，这个留下近500条记载的乔叟就是那个在后世备受尊崇的英语文学之父。但学者们认为，在当时人口仅约5万、识字的人更是少得可怜的伦敦，同时生活着两个同名同姓并都在宫廷中活动[3]的人，记载中竟然没有做出任何区分，似乎不大可能，而且也不符合当时的惯例。另

1 Caroline F. E. Spurgeon, *Five Hundred Years of Chaucer Criticism and Allusion: 1357–1900*, New York: Russell & Russell, 1960, p. xi.

2 实际上，该书一共收集493条材料，但最后一条是关于乔叟的墓碑，因此不是来自乔叟生前。

3 乔叟的诗作表明他是宫廷文人，并把自己的作品献给国王、王后和其他王室成员。

外，正如彼得·G. 贝德勒（Peter G. Beidler）所指出的，这些记载同乔叟的创作之间也没有任何矛盾或无法兼容之处。[1]看来唯一比较令人信服的解释是，诗人在中世纪似乎并不是值得记下一笔的人物。

但除了这些档案记载外，乔叟时代还流传下来另外一类关于乔叟的材料，这些材料保存在那一时期的文学作品中。它们全部是乔叟同时代诗人以及15世纪乔叟诗歌艺术的追随者们的评价和赞颂。这些诗人现在被统称为英语文学史上的“乔叟派诗人”（Chaucerians）。由于这两类材料完全没有交叉，因此似乎也不能确凿无误地证明这两类材料中所涉及的乔叟是同一人。但乔叟本人在其诗作中提供的重要信息，为这两类材料建立起连接点，将两个乔叟结合在一起。前面提到，诗人乔叟在《声誉之宫》里借雄鹰之口，谈及自己在海关工作的情况。乔叟创作《声誉之宫》时正在海关工作。在当时知识分子极少的伦敦，他们中竟然有两位同名同姓的人同时在伦敦海关工作，而相关档案中却只有一人，这种情况绝无可能。另外一个将诗人乔叟同王国官员乔叟联系在一起的证据是，《声誉之宫》因受但丁的深刻影响而被称作《英语之但丁》，而这部诗作的创作时间正好在外交官乔叟出使意大利回来之后不久。乔叟在意大利近半年，主要就待在但丁的故乡佛罗伦萨，而且几年后乔叟再一次出使意大利。在乔叟时代的英格兰，以但丁、彼特拉克和薄伽丘为代表的意大利新文学的影响主要就表现在乔叟作品中。在《声誉之宫》之前，以及在乔叟去世后相当一段时期，或者说在乔叟作品之外，那时期的英语文学中几乎没有意大利文学的明显影响。所有这些都证明，那个出使意大利回来后不久就出任伦敦海关税收官的乔叟正是那位创作《声誉之宫》的诗人乔叟，自然也就是那位此后所有主要著作全都深受意大利文学影响的英诗之父。[2]

前面提及，乔叟在生前就已经受到同时代文学家的广泛重视和高度颂扬。然而在现存文献中，最早将乔叟作为诗人提及并给予高度颂扬的却不是英国人，而是当时很著名的法国诗人厄斯塔什·德尚（Eustache

1 参看Peter G. Beidler, *Backgrounds to Chaucer* (online reference book), http://www.orb.rhodes.edu/textbooks/anthology/beidler/toc.html, Jan. 14, 2003。

2 乔叟在《贞女传奇》里以及《坎特伯雷故事》的结尾等处，都提及自己创作的许多作品，其中都包括《声誉之宫》。

Deschamps，1340—1406）。而且除了囚禁在英格兰达33年的奥尔良的让（Jean of Orleans）外，德尚是现存文献中在16世纪末之前唯一直接提到乔叟的法国人。[1]他大约在1385或1386年写了一首诗作为对乔叟给他的一封信的回复，请一位叫刘易斯·克里福德（Lewis Clifford）的嘉德骑士捎给乔叟。[2]很遗憾的是，乔叟给德尚的信没能保留下来。由于当时法国和英国正处于百年战争期间，法国多次受到英格兰大规模入侵，因此德尚对英国人没有好感，但在诗里他对乔叟却充满崇敬：

啊！您是充满智慧的苏格拉底，
研究道德的塞涅卡，关注实际的格留斯[3]，
诗坛上令人景仰的奥维德；
您惜言如金，诗艺高超，
乃最高之天才，您以渊博学识
照亮了埃涅阿斯的领域。
在布鲁图的巨人之岛，[4]
为不懂法语的人们
您播种鲜花和玫瑰花丛，[5]
伟大翻译家，高尚的乔叟。

您是阿尔比恩[6]的爱神，

1 请参看Gretchen Mieszkowski, "'Pandras' in Deschamps' Ballade for Chaucer," in *Chaucer Review*, Vol. 9, No. 4, Spring 1975, p. 325。

2 请参看D. S. Brewer, "Images of Chaucer 1386–1900," in D. S. Brewer (ed.), *Chaucer and Chaucerians*, London: Nelson, 1966, p. 242。

3 格留斯（Aulus Gellius, 125?—182?）是罗马作家和语法学家。

4 传说中布鲁图（Brut，或拉丁文Brutus）是埃涅阿斯的孙子，不列颠的缔造者；"布鲁图的巨人之岛" 指不列颠群岛。

5 暗指乔叟将法国著名的宫廷爱情诗《玫瑰传奇》译为英语。

6 阿尔比恩（Albion）是希腊神话中对不列颠的古称。下面的"天使国度" 也指英格兰。教皇格里高利一世（Gregory I或Gregory the Great，590—604年在位）曾看见来自英格兰的盎格鲁（Angles）漂亮小男孩，称其为天使（Angels）。他随即派圣奥古斯丁（Augustine of Canterbury, ?—604）于597年率传教团前往英格兰传教。

天使国度的玫瑰之神，
…………

在中世纪，将一位诗人比作伟大的古典哲学家或古典诗人可以说是最高礼赞。德尚接着进一步赞美乔叟将《玫瑰传奇》"翻译成美妙英语"的成就和贡献。很明显，他实际上也为法国诗人创作了享誉欧洲的《玫瑰传奇》"感到骄傲"。有意思的是，他随即说乔叟"长期以来一直在耕耘花园"，并向"权威的"诗人们"征求花种树苗"。这其实是暗示，乔叟在给德尚的信中向他这位"权威"诗人索要诗作。德尚最后说：

因此向您，赫利孔山
之泉，[1]我请求您让我
畅饮那来自您天才之灵泉，
只有它能消除我难忍之焦渴；
在您赐予甘美泉水之前，
我瘫在高卢[2]不能动弹。
我乃厄斯塔什，您将收到我
一些树苗，请笑纳小学生的习作，
克里福德将前来亲手交与您，
伟大翻译家，高尚的杰弗里·乔叟。[3]

他说他像等待"甘美泉水"一样渴望得到乔叟的大作，并说自己的诗作是"小学生的习作"，都是客套话。但德尚关于他畅饮来自乔叟的甘美灵泉的意象后来被从文艺复兴时期著名诗人埃德蒙·斯宾塞到当代著名学者哈罗德·布鲁姆（Harold Bloom）等许多人广为接受，他们认为

1 赫利孔山（Mount Helicon）在希腊，上有两眼泉水，传说是诗神缪斯的神泉，因此被认为是诗歌灵感的源泉。

2 法国古称高卢。

3 本书作者译自 T. Atkinson Jenkins, "Deschamps' Ballade to Chaucer," in *Modern Language Notes,* Vol. 33, No. 5, May 1918, pp. 269–270。译文参考了 Jenkins 和另外一些学者的英文译文。

包括斯宾塞和莎士比亚在内的后代伟大英语诗人都在畅饮来自乔叟的“清纯英语之泉”。

有学者认为，德尚虽然在开篇把乔叟比作伟大的古代诗人，但他通篇主要赞扬乔叟翻译《玫瑰传奇》，一再称乔叟为“伟大翻译家”，在他看来乔叟的主要成就是翻译了《玫瑰传奇》，他很可能对乔叟的许多诗作不大知晓，甚至可能不懂英语。[1]的确有这种可能。他特别强调乔叟翻译《玫瑰传奇》，显然有法国人的骄傲心理的因素。不过也需要指出，在中世纪翻译并非现代意义上的翻译，它更为随意，包含相当多的创作成分，因此翻译家也享有远比在今天高的地位。另外，德尚也许不能阅读英语作品，但由于当时英法诗坛之间的密切关系，乔叟作为英格兰最著名的宫廷爱情诗人的名声，他应该还是知道的，所以他才在诗中说乔叟“是阿尔比恩的爱神，/天使国度的玫瑰之神”，这显然是称颂乔叟为杰出的爱情诗人，而不仅仅是“翻译家”。

其实在相当长时期内，乔叟主要是以宫廷爱情诗人闻名于世。人们在现存文献中发现，自14世纪80年代起，其作品就在文人圈里被提及并得到很高评价，而在他的作品中，最早被同时代文人提及而且在此后相当长时期内最受诗人们赞颂的是他的宫廷爱情诗作，特别是《特洛伊罗斯与克瑞西达》这部英语文学史上最杰出的中世纪宫廷爱情浪漫传奇；在很长时期内，很多人，包括作者本人，都认为那是他最好的作品。在乔叟时代，中古英语浪漫传奇正值创作高潮，因此该诗作在1386年完成之前后，就已经在宫廷和文人圈内迅速流行。

现在学者们能确定，最早提及乔叟的英格兰文学家是托马斯·厄斯克（Thomas Usk, 1354?—1388）。他是乔叟的朋友，曾为伦敦市政府官员，也是当时的著名文人。他后来在理查德二世（Richard II, 1377—1399年在位）时期，在格拉斯哥公爵发动的一次政变性质的动乱中，因为支持少年国王而被处死。他大约于1384至1387年之间写的散文寓意作品《爱情之约》（*The Testament of Love*）在一定程度上是对乔叟翻译波伊提乌（Boethius, 480—524）的《哲学的慰藉》（*The Consolations of Philosophy*）的模仿；因此从1532年威廉·希恩（William Thynne, ?—

1 参看Mieszkowski, “‘Pandras’ in Deschamps’ Ballade for Chaucer,” pp. 328–330。

1546）编辑出版的乔叟文集开始，在很长时期内，这部著作被误认作乔叟作品而被收进各时期的乔叟作品集。在《爱情之约》里，作者以爱神之口高度赞扬乔叟及其名著《特洛伊罗斯与克瑞西达》。爱神说，“我那位忠实的仆人，高尚的英语哲学诗人”乔叟，“他竭尽全力，传播我的名声。因此我所有的信徒都必须对他顶礼崇拜，满心敬仰。老实说，在遵循我的教义上，他没有对手，比他高明[的诗人]，我还从未发现”。当叙述者问及神的自由意志与人的命运这个一直使中世纪人无限困惑的问题时，爱神说，乔叟

> 在他那部关于我的仆人特洛伊罗斯的著作里，已经涉及此事，并彻底解决了这个问题。我当然完全同意他高尚的见解。他引人入胜的雄辩恰如其分，丝毫没有虚构想象的矫揉造作，不论是其机智诙谐还是高尚的教育意义，他都超越了所有诗人。在《特洛伊罗斯之书》里，你能找到你所提问题的答案。[1]

厄斯克的评价中有两点特别值得注意。第一，他专门强调乔叟是英语诗人；因为在英国，甚至在西欧大多数地区，当时的学者们一般都是用拉丁语撰写宗教和学术著作或者他们认为更为高雅的诗歌，甚至连但丁、彼特拉克和薄伽丘这样杰出的民族语言诗人在意大利语已经高度发展的情况下，仍然坚持将拉丁语用于他们认为更高雅的学术领域，有时也用拉丁语创作诗歌。在当时西欧所有主要文人中，唯有乔叟一生坚持把民族语言用于从诗歌创作到学术论文撰写的一切领域。在当时英语作为文学语言和学术语言都还没有得到充分发展的情况下，这一点特别难能可贵。正因为如此，从厄斯克一直到现当代的评论家和学者都高度称颂乔叟在英语语言发展上无人能及的贡献。

第二，厄斯克敏锐地认识到乔叟诗歌的思想深度，称赞他为“哲学诗人”。乔叟能取得那样杰出的文学成就，奠定英语文学数百年发展的主要传统的一个重要原因，就是他是一个广泛学习、勤于思考、思想深邃的诗人。乔叟对哲学的兴趣从青年时期就表现出来。他青年时代第

1 Thomas Usk, *The Testament of Love*, Toronto: U of Toronto P, 2002, p. 160.

一个大的文学活动就是将波伊提乌的哲学著作《哲学的慰藉》译成英文，有学者认为那是便于年轻的王子、未来的国王理查德二世学习。这部著作可以说是波伊提乌在狱中用生命写就。著名学者C. S. 刘易斯（C. S. Lewis，1898—1963）认为，其影响力在中世纪位列第二，仅次于《圣经》。[1]盎格鲁-撒克逊时代最杰出的国王阿尔弗雷德大王（Alfred the Great，871—899年在位）和后来的伊丽莎白女王（Elizabeth I，1558—1603年在位）都曾亲自将其翻译成英文。乔叟在哲学方面的修养不仅使他能在诗作中就社会、人性、道德、政治、声誉和文学表达充满智慧的观点，而且还对人生与命运深入思考，成为广受尊敬的哲学诗人。前面提到，乔叟是中世纪欧洲第一个正确理解和复活悲剧精神的诗人，而他关于悲剧的观点主要就源自《哲学的慰藉》和他自己对中世纪历史与现实的思考。

所以，厄斯克的评价抓住了乔叟文学成就的本质。他在《爱情之约》里向爱神提出的问题正是关于神的全知全能与人的自由意志之间的关系，也就是如何在上帝决定一切的天命里理解人的命运。爱神叫他到《特洛伊罗斯与克瑞西达》里寻找答案，因为乔叟在该诗里运用《哲学的慰藉》中的哲学思想，结合特洛伊罗斯和克瑞西达的命运，深刻探讨了这个一直困惑着生活在动荡不安的社会里难以自主决定命运的中世纪人的问题。厄斯克显然对乔叟对这个问题的深刻见解极为佩服。

厄斯克之后不久，另外一位诗人约翰·高尔在1390年也在诗作中以几乎同样的方式高度赞扬乔叟。同乔叟一样，高尔也是伦敦派诗人的领袖人物，直到16世纪，他都与乔叟齐名。他的代表作《情人的自白》（*Confessio Amantis*）是他用英语创作的主要作品。同《坎特伯雷故事》一样，这部诗作也是具有叙事框架的故事集。在该作品第一稿里，他借爱神维纳斯之口赞扬乔叟。维纳斯吩咐诗人带信给乔叟：

他是我的信徒和歌手，
你前去见他，好好致意：

1 参看C. S. Lewis, *The Allegory of Love: A Study in Medieval Tradition*, Oxford: Oxford UP, 1936, p. 157。

因为他曾在花样年华，
尽其所能，千方百计，
为我歌唱创作诗章，
使欢快的故事与歌谣
在宽广的大地回荡！
我对他深怀感激之情，
远超其他任何诗人。[1]

如同厄斯克一样，高尔也借爱神之口高度赞美乔叟，其称颂之情，溢于言表。他们的赞美表明，乔叟当时主要是作为宫廷爱情诗人而享誉文坛。高尔和厄斯克都是以宫廷爱情为主要创作主题的作家，而在乔叟时代，最重要的文学体裁正是以宫廷爱情为主题的浪漫传奇，乔叟此前的作品大多也是这类诗作。不过，后来高尔同乔叟的关系恶化，所以他从手稿中删去了这些赞美乔叟的诗行。

第三节 15世纪

厄斯克和高尔是乔叟的同辈人，他们对乔叟的敬仰还没有真正达到崇拜的地步。到了15世纪，由于乔叟在发展英语语言和英语诗歌方面无与伦比的贡献，他的诗声迅速高涨。德国学者瓦尔特·F. 席尔默（Walter F. Schirmer）说："在15世纪，乔叟这些方面的成就理所当然地获得承认，在那个时代几乎每一个诗人都向他表达过尊崇。"[2]不过，那些提到或赞美乔叟的诗人大多没有留下姓名。在少数留下姓名的诗人中，有一位名叫亨利·斯科根（Henry Scogan）。他也许是现存记载中第一个称乔叟为"大师"（maistre Chaucier）的诗人。大约在乔叟去世七年后，他于1407年创作了一首《道德歌谣》（*A Moral Balade Made by*

1 译自 J. A. Burrow (ed.), *Geoffrey Chaucer: A Critical Anthology*, Baltimore: Penguin, 1969, p. 10。

2 Walter F. Schirmer, *John Lydgate: A Study in the Culture of the XV Century*, trans. Ann E. Keep, Berkeley: U of California P, 1961, p. 32.

Henry Scogane, Squyer）献给国王亨利四世（Henry IV，1399—1413年在位）的王子们。他在诗里多次称乔叟为“我的大师”。他说，“我的乔叟大师，愿他灵魂在天堂，/他曾用英语创作，丰富多样”，并称他为“不列颠无比高贵的诗人”。[1]

青年一代诗人中最著名的是约翰·莱德盖特（John Lydgate，1370?—1451?）和托马斯·霍克列夫（Thomas Hoccleve，1368?—1426）。他们都留下不少对乔叟热情洋溢的评价。在作品中提到乔叟或留下对乔叟的评价的早期诗人中，除厄斯克和高尔之外，或许只有他们亲眼见过乔叟；因此他们留下的材料更弥足珍贵。他们终其一生都是乔叟的忠实崇拜者。他们对乔叟的崇敬都主要表现在两个方面：直接颂扬和在创作中长期模仿。

莱德盖特是一位修道士，身后留下14万多行诗作，是15世纪英格兰最负盛名、最有影响，同时也是著作最丰富、读者最多的诗人，而且还是剧作家和翻译家。他很受雄才大略的国王亨利五世（Henry V，1413—1422年在位）青睐，那更增强了他的地位和影响。亨利五世不仅在英法百年战争的后期取得一系列辉煌战绩，而且颇具政治眼光。他积极鼓励和支持莱德盖特等诗人用英语创作，借以弘扬爱国精神。他也身体力行，用优美的英语书写，下达政令，颁布谕旨，成为当时书面英语的范例。遗憾的是，他英年早逝，在位仅九年。但他短暂的当政时期，不论对英语的发展还是英格兰民族意识的形成，都极为重要。

莱德盖特是乔叟的儿子托马斯·乔叟（Thomas Chaucer，1367?—1434）的朋友，而且在一定程度上可算是乔叟的衣钵弟子。那倒不是说他曾受业于乔叟，而是因为他对乔叟极为崇拜，从内容到诗艺上都模仿乔叟，并且他在著作中提到乔叟和评价乔叟的文字超过15世纪任何一位诗人。正如巴里·温迪厄特（Barry Windeatt）所指出的：“莱德盖特对乔叟的赞颂是如此地频繁和如此地持续不断，而且莱德盖特自己的作品是那样广为流行，他实际上确立了15世纪赞颂［乔叟］的标准。”[2]

莱德盖特踏入文人圈子之时，正忙于创作《坎特伯雷故事》的乔

1 转引自Spurgeon, *Five Hundred Years of Chaucer Criticism and Allusion*, pp. 18–19。

2 Barry Windeatt, “Chaucer Traditions,” in Ruth Morse and Barry Windeatt (eds.), *Chaucer Traditions: Studies in Honour of Derek Brewer*, Cambridge: Cambridge UP, 1990, p. 3.

叟已是一位著述丰富、享有很高声誉的老诗人。莱德盖特大约在14世纪末或15世纪初开始创作，在长达半个世纪的文学生涯中，他在各时期的作品里都留下对乔叟充满敬意的赞美，总是尊称老诗人为“乔叟大师”。他特别推崇乔叟将英语发展成为文学语言的贡献。他说，乔叟第一个用“黄金般的甘露”滋润“我们的语言”，“使我们的语言完全改变”，[1]所以他是“无与伦比的高尚的词章家（noble rhetor）”[2]。在中世纪，词章或修辞（rhetoric）指语言艺术，接近于现代的“诗学”（poetics）。大约早在1400年，[3]在讲述恺撒与庞培之战的散文作品《分裂之蛇》（*The Serpent of Division*）里，莱德盖特在讲述了恺撒之死的悲剧后，引用乔叟的《修道士的故事》中关于恺撒的悲剧诗行来结束，并加以说明：“我以您来结束拙著，您是我们英格兰民族语言诗人之花，您前无古人，用修辞的花朵使我们的语言美丽辉煌：您就是声名远播、成就非凡的乔叟”[4]。席尔默说，莱德盖特之后，对英语诗歌之父如此赞颂，在随后三代诗人中从未中断。受他影响，乔叟被尊称为“诗歌艺术之花”，“我们美丽语言的第一位奠基者”，“不列颠的崇高词章诗人（noble Rhetor poete）”。[5]

莱德盖特几乎在他所有的作品中都提到和称颂他的“乔叟大师”。特别是在长篇诗作《王者之败落》（*The Fall of Princes*，1431—1438）里，他不仅多次提及乔叟和高度赞扬老诗人的杰出成就，称他为英语之“北极星”——“整个国度都对他唱出赞美之声，/因为他是我们语言之北极星”[6]，而且还专门用一个长达两百多诗行的段落来逐一简述乔叟

1 John Lydgate, *The Life of Our Lady*, ed. J. Lauritis, et al., Pittsburgh: Dusquesne, 1961, ll. 1633–1637.

2 John Lydgate, *Troy Book*, ed. Henry Bergen, 4 vols., London: Oxford UP, 1906–1935, III, l. 553.

3 但也有学者认为该作品创作于1422年，请参看Alain Renoir, *The Poetry of John Lydgate*, Cambridge: Harvard UP, 1967, p. 105。

4 John Lydgate, *The Serpent of Division*, ed. Henry Noble MacCracken, London: Henry Frowde, 1910, p. 65.

5 转引自Schirmer, *John Lydgate*, p. 32。

6 John Lydgate, *The Fall of Princes*, ed. Henry Bergen, London: Oxford UP, 1919, ll. 251–252.

的作品。这是近现代学者们研究乔叟创作的重要材料。比如,他在诗中写道:“他还花大量时日/创作《英语之但丁》”。关于《英语之但丁》究竟是指乔叟的哪一部作品,学者们一直存在争议。现在多数人接受著名乔叟专家沃尔特·威廉·斯基特(Walter William Skeat, 1835—1912)的观点,认为它就是《声誉之宫》,因为这部作品创作于乔叟出访意大利回来后不久,而且从诗作的总体结构到大量诗行都明显深受《神曲》影响。因此,它被称为《英语之但丁》就不足为奇了。关于乔叟的代表作《坎特伯雷故事》,他说:

他创作《坎特伯雷故事》,
　让香客们踏上朝圣之旅,
跨越肯特的山峦和谷地,
　在途中讲述他们的故事,
　再用我们的语言写成完美的诗:
　　有人讲述骑士精神,有人描写优雅气质,
　　有的歌颂纯洁爱情,有的吟唱完美品性,

还有人歌颂美好情操高尚道德,
　而有人则在愉悦中传授真理,
他用散文描述梅利别斯和他妻子
　的故事,她芳名是谦卑审慎,
　还有格里塞尔达,忍耐的化身,
　　那修士则吟诵当下和古老的故事,
　　那可都是些令人伤心的悲剧。

这位诗人,我的导师,在他那时代
　创作编纂大量诗歌新颖鲜活:
怨诗、歌谣、民歌还有回旋诗,
　不论听读,全都有无穷之乐。
　他用英语创作无与伦比,
　　所有公正理性之人

都应祷告上苍,祝他灵魂安息。[1]

这两百多诗行是文艺复兴之前对乔叟的创作最全面的评述。莱德盖特突出强调乔叟作品的体裁、题材和主题的多样性,指出老诗人寓教于乐的美学思想,高度赞扬乔叟对英语语言的创造性运用,都很有见地。

除赞扬和评价乔叟的文学成就外,莱德盖特在诗艺和诗歌内容上也追随乔叟。他的许多作品都是对乔叟诗作的模仿与扩充。选择哪些作品或哪些部分、哪些方面模仿,如何模仿,其实也是诗人们一种特殊的评价方式。莱德盖特的《黑衣骑士怨歌》(*The Complaint of the Black Knight*)来源于乔叟的《公爵夫人书》。他的代表作之一,长达三万余行的《特洛伊书》(*Troy Book*, 1412—1420)是遵亨利王子(即后来的亨利五世)的嘱咐,用"我们的语言"(oure tonge)来讲述特洛伊故事。[2]它使用的基本韵律正是乔叟创造的五步抑扬格(iambic pentameter)。这部将不列颠的创建"历史"同特洛伊人联系在一起的诗作在15世纪英格兰民族主义情绪高涨的大环境中十分受欢迎,因此也对五步抑扬格在英诗中进一步流行做出了贡献。他那部三万六千余行的《王者之败落》至今仍然是英语中篇幅最长的诗作。这部著作是对乔叟的《修道士的故事》中那些短小"悲剧"的大幅度扩充。虽然它包括多达将近五百个历史或者神话人物,但那些悲剧故事基本上是按乔叟的悲剧模式讲述。他的另外一部重要作品《底比斯之围》(*The Siege of Thebes*, 1421—1422)显然也受乔叟的《骑士的故事》("The Knight's Tale")影响,其"引言"直接模仿《坎特伯雷故事》的《总引》。他还直接把这部作品同《坎特伯雷故事》联系在一起。他借用乔叟创造的朝圣旅程的叙事框架,把自己也描写成一名朝圣香客,加入乔叟的香客们的朝圣行列,并同他们一样讲述了自己的故事。莱德盖特自己没有创立任何传统,但他的重要地位和他的作品在当时以及在文艺复兴时期的重大影响却对乔叟开创的英诗传统的确立和发展很有意义。

另外一位15世纪的重要诗人托马斯·霍克列夫也得到亨利五世的

1 引自 Spurgeon, *Five Hundred Years of Chaucer Criticism and Allusion*, p. 39。

2 中世纪英格兰人认为,劫后余生的特洛伊人创建罗马之后,埃涅阿斯的孙子又跨海创建了不列颠。

重视和赞助。他虽然在创作风格和思想意识等方面与莱德盖特不同，但同莱德盖特一样，他也十分推崇乔叟的诗歌艺术，极力赞美乔叟的成就。特别值得一提的是，他还是一位画家，为了让后代知道这位大师的形象，他凭记忆画下那张乔叟的右手指向前方的著名肖像，可见他对乔叟之推崇。他甚至可能有幸得到过老诗人的指点，因为他在代表作《君王之统治》(*De Regimine Principum*, 1411)里说：

亲爱的导师——愿上帝让他灵魂安息！——
和父亲，乔叟，本十分愿意指点我，
但我生性愚笨，几乎一无所获。[1]

他提及乔叟的次数不及莱德盖特，但他对英诗之父的崇敬却超过后者。他赞美乔叟是“我们美丽语言的第一个奠基者”，并且是最早称乔叟为“父亲”(fadir)的诗人，此后在所有时代这一称谓一直为乔叟所享有，并最终由桂冠诗人和英国现代批评之父约翰·德莱顿(John Dryden, 1631—1700)定格为“英语诗歌之父”。霍克列夫在《君王之统治》中用不少诗行热情赞美他的“大师”和“父亲”：

啊，亲爱的导师和敬爱的父亲，
　我的乔叟大师，诗才之花，
才智无限丰富之榜样，
　啊，广博知识之父。[2]

他还将乔叟比作在中世纪享有崇高地位的古希腊哲学家亚里士多德(Aristotle, 384—322 BC)和古罗马史诗诗人维吉尔：“在我们语言中，谁是哲学之心/亚里士多德，不是您还有何人？/而且无人不知，您还漫步/在维吉尔的诗歌之路。”[3]在15世纪的英格兰，这是非常崇高的赞誉。同前辈诗人

1 转引自 Derek Pearsall, “The English Chaucerians,” in Brewer (ed.), *Chaucer and Chaucerians*, p. 223。

2 转引自 Derek Brewer, *English Gothic Literature*, London: McMillan, 1983, p. 133。

3 转引自 Spurgeon, *Five Hundred Years of Chaucer Criticism and Allusion*, p. 22。

厄斯克一样，他也认识到乔叟本质上是一位思想深刻、诗艺高超的哲学诗人。正因为他对乔叟如此热爱和崇敬，所以他对乔叟的逝世深感悲痛：

啊，死神！你杀死他，
　受害的不只是诗人，整个英格兰
都被刺伤，然而他的英名
　却毫发无损，他崇高的德行
　依然耸立，他优美的诗章
　　永远给我们欢乐与激情，
　　为我们祖国带来荣誉和辉煌。
…………
她[死神]本应稍缓复仇之手，
　直到与您比肩之人出现。
不，只能这样！因为她清楚
　您这样的英才再不会降临英格兰。

为了让后人永远记住这位伟大的“英才”，他说他画下乔叟肖像：

虽然他的生命已经终止，
但他音容笑貌在我心里鲜活清晰，
为让人们牢记他的形象，
我这里描绘下他的英姿。[1]

在《君王之统治》的手稿里，霍克列夫凭记忆画下的乔叟像就放置在上面这一段的右边，乔叟伸出右手，食指正好指着“英姿”。

霍克列夫同莱德盖特一样是乔叟诗歌艺术的崇拜者。他虽然不像莱德盖特那样直接以乔叟作品作为创作蓝本，却更注重遵循乔叟的诗艺和发扬乔叟创作中关注生活现实的倾向。他的主要作品都是按乔叟创造的英语诗歌形式创作。他特别喜欢七行一节的所谓“乔叟诗节”，

1 转引自 Spurgeon, *Five Hundred Years of Chaucer Criticism and Allusion*, pp. 21–23。

《君王之统治》使用的就是这种后来被称为“君王体”(rhyme royal)的著名诗节形式。不过在使用“君王体”方面最著名的是苏格兰的乔叟派诗人们。其实，就连“君王体”这个术语都源自据说是苏格兰国王詹姆斯一世(James I，1406—1437年在位)对这种诗体的使用。苏格兰诗人们对乔叟诗歌的继承与评述将在下一节里具体叙述和梳理。

1477年，刚成立的卡克斯顿印刷所出版了一部佚名作者的诗作《典雅之书》(*The Book of Courtesy*)。该书作者眼光独到，他在诗里不仅高度颂扬了乔叟，而且对乔叟作品的评价十分中肯精准，抓住了其中一些本质性特点。他说：

啊！华美语言之父与雄辩的奠基人，
您给整个不列颠带来光明，
我们太早失去您诗人的睿智，
啊！那丰沛灵泉的玉液琼浆！
啊！遭诅咒的死神，你为何把诗人，
把父亲乔叟，把大师杰弗里残害？
唉！他从未离去，他与我们同在！

他的诗作给人无穷欢愉，
他语言精妙，教益清晰，
他言简意赅，浑然天成，
无论何事，全符合其主旨，
他的语言如此美妙妥帖，
人们似乎不仅听到言辞，
那简直就是事物和实体。[1]

这位佚名诗人在这里所指出的乔叟诗作中的那些特点，特别是他关于乔叟高超的语言艺术，关于乔叟能使人身临其境，能使人读其诗如睹事物的精当见解，至今仍然是现代评论家们分析乔叟诗作的经典观

1 转引自Burrow (ed.), *Geoffrey Chaucer: A Critical Anthology*, p. 44。

点。他关于乔叟诗作的形象性的评论其实也反映出他本人诗人兼评论家的独特气质。这部佚名诗作之所以流传下来，主要是因为一位重要人物威廉·卡克斯顿（William Caxton，1420?—1492）独具慧眼，将它收集出版，使之成为英国历史上最早印刷出版的书籍之一。这位佚名诗人对乔叟的评论，在15世纪，除了卡克斯顿本人外，也无人能及。

威廉·卡克斯顿是乔叟学术史上一位重要人物，更是英国文化史上的重要人物，他对英国文化的发展所做出的贡献或许还没有人能与之相比。他在英国历史上第一个将印刷术引进英格兰，并大约于1476年在西敏寺[1]创建了英国第一个印刷所。他生活在中世纪向文艺复兴转变的时代，是一个很成功的商人，同时还是一位学识渊博的学者、见解独到的文学评论家和很有眼光的版本学家。他在欧洲大陆经商达30年之久。在那期间，他在比利时的布鲁日学习了印刷术，而布鲁日不仅是极为重要的商业城市，而且还同威尼斯一道是当时欧洲最重要的两大书籍出版中心。这些经历极大地拓宽了他作为书商和学者的眼界。他出版的108种著作都经他精心挑选，是各方面、各时代以及各种语言的杰作，其中20多种还是由他亲自翻译成英文。这些著作对英国文化和文学的繁荣，对文艺复兴在英格兰的发展都起了很大作用。

15世纪70年代初，卡克斯顿同他人合伙在布鲁日成立了一个印刷所，大约在1473年出版了第一部著作：他亲自从法语翻译成英语的中世纪浪漫传奇《特洛伊故事集》(*Recuycell des Histoires de Troyes*)。在西敏寺创建印刷所之后，他最早印刷出版的书籍中就包括了大多数乔叟的主要著作：《坎特伯雷故事》、《安妮丽达和虚假的阿塞特》[*Queen Anelida and the False Arcite*，其中还附有乔叟一首很著名的戏谑性短诗《乔叟的怨诗致钱囊》("The Complaint of Chaucer to His Purse")]、《铜殿》[*The Temple of Brass*，即《百鸟议会》(*Parlement of Foules*)，其中附有一些歌谣]、《特洛伊罗斯与克瑞西达》和《声誉之宫》；另外他还印刷出版了乔叟的译著《哲学的慰藉》。特别值得指出的是，在《坎特伯雷故事》第一版刚出不久，他从一个青年人的父亲那里得到该作品另外一部手抄稿，于是他为出版了前一版而给乔叟的作品造成"损害"

1 当时西敏寺在伦敦城外西面，还不是伦敦市镇的一部分。

并危及其名声而深感痛悔。[1]尽管在当时，印刷那么一部巨著的费用十分昂贵，他还是立即根据新发现的手稿又出了第二版，并为之写了一篇很有学术分量的前言。但学者们发现，该手稿与前一个版本之间，其实仅有一些小差异；从这足可以看出，不论作为学者还是书商，卡克斯顿的态度是多么严谨。同时，这也反映出他的文学判断力和他对乔叟这部奠定英语文学传统的重要著作之喜爱与重视。

重视《坎特伯雷故事》的不只是卡克斯顿，这部内容丰富、情节动人、手法高超的诗作在15世纪一直很受欢迎。所以，在卡克斯顿的两个版本面世后不久，另外两个新成立的印刷所很快又出了各自的版本。理查德·品逊（Richard Pynson，1448—1529）大约于1492年印刷的版本用的是卡克斯顿的第二版（包括卡克斯顿的序言）；另外一个版本是由温金·德·沃尔德（Wynkyn de Worde）的印刷所于1495年印刷出版。在印刷费用昂贵，能阅读诗作的人并不很多的情况下，在不到二十年的时间里，一部大部头诗作仅在伦敦就出了四个版本，这在当时极为罕见。

卡克斯顿在乔叟研究史上的另外一个特别重要的贡献是，他为他印刷出版的一些乔叟著作撰写了前言或后记。在这些前言和后记里，他除了对乔叟作品的手抄稿来源或其他一些相关事项进行说明外，还对乔叟及其著作给予了很有见地的评论。他的评论涉及乔叟作品一些具体特点，他的见解在15世纪涉及乔叟的文字中几乎绝无仅有。在他为《声誉之宫》所写的“后记”里，卡克斯顿说，乔叟在其著作中表达了

> 杰出的智慧和深邃的理解。所以在我看来，他的诗作在我们所有英语作家［的作品］中无与伦比。他的笔下没有空话，他描写的题材全都有重大而明显的教益。因为他高尚的创作，我们应将颂扬和赞美献给他。[2]

卡克斯顿留下的关于乔叟的最重要的文字是他为第二版《坎特伯

1 参看Nellie Slayton Aurner, *Caxton: Mirror of Fifteenth-Century Letters: A Study of the Literature of the First English Press*, New York: Russell, 1965, pp. 165–167。

2 William Caxton, "'Conclusion' to *The House of Fame* (c. 1484)," in N. E. Blake, *Caxton's Own Prose*, London: Andre Deutsch, 1973, p. 103.

雷故事》写下的一篇七百多字的序言（“Prohemye”）。在一定程度上，这篇序言可以看作乔叟学术史上第一篇现代意义上的评论文章，因为它不仅仅是一般性赞扬，而且还涉及作品的文学意义，并具体指出了作品内容和形式方面的本质性特点，反映出卡克斯顿作为学者的学识和作为批评家的独到眼光。他在历史上第一个比较系统深入地认识到并高度评价了乔叟之所以被后世尊为英语文学之父的那些重要贡献。

在序言开篇，卡克斯顿把“衷心的感谢、不尽的赞美和崇高的荣誉”献给“写出充满智慧的书籍”的学者和诗人们，而“在他们中，最应享受殊荣的是那个高尚而伟大的哲人杰弗里·乔叟；因为他那些优美的诗篇，他完全可以拥有我们语言中的桂冠诗人称号”。卡克斯顿是历史上第一个将乔叟尊为桂冠诗人的学者。他接着说：“乔叟以他辛勤的创作使我们的英语优雅、丰富而美丽；此前书里的语言粗俗混乱，简直无法与他那些优美的杰作和辉煌的诗篇同日而语。”他进而谈到乔叟丰富的体裁和风格：“他用诗体、歌谣和散文写下许多书籍、论文和故事。他手法高超，技巧纯熟，用精练、巧妙和高雅的诗行创作。他避免了冗长，抛弃了浅陋，并将教化寄寓于熟练的技巧和动人的雄辩。”特别有意义的是，卡克斯顿的评论甚至涉及《坎特伯雷故事》的现实主义倾向。他说：

> 在他所有著作中，经上帝启示，我决定印刷《坎特伯雷故事》，因为我在里面发现许多关于每一个行业和阶层的绝妙故事：首先，他们中每一个人的状况和穿着打扮都被尽可能真实地描写；其次，他们的故事高贵、典雅，充满智慧和欢乐，体现神圣和德行。[1]

卡克斯顿在这里表达了他判断文学作品价值的基本标准。在英国文学批评史上，他第一个注意到乔叟的香客们代表中世纪英格兰社会各阶层和行业，并敏锐指出诗人那些符合他们身份的现实主义描写。两个世纪后，德莱顿也从这方面切入，对《坎特伯雷故事》进行了全面系统的经典阐释，至今仍然广为学者们称道。

其实，卡克斯顿对乔叟的景仰早在这之前就已经表现出来。大约

1 William Caxton, "'Prologue' to *The Canterbury Tales* (2nd ed.)," in Blake, *Caxton's Own Prose*, pp. 61–62.

在1478年，也就是他的印刷所成立之初，他最早出版的几部乔叟著作中有诗人的译著，波伊提乌的《哲学的慰藉》。他为该书写下长篇后记，那是他关于乔叟最早的文字。在该后记里，他除了介绍《哲学的慰藉》的作者和内容外，也赞颂乔叟，说"他给予我们英语美与雄辩，是我们尊敬的父亲和第一位奠基人"，"值得我们永远怀念"。正因为如此，他告诉人们，乔叟的"遗体埋在伦敦旁边的西敏寺之附属教堂圣本笃（St Benedict）教堂入口处"。卡克斯顿说，他还叫人将意大利桂冠诗人斯蒂芬·苏里戈（Stephen Surigo）撰写的长达三十行的拉丁文悼念诗刻在乔叟墓碑上。[1]苏里戈在米兰大学获博士学位，是意大利著名诗人和知识渊博的人文学者，曾在牛津和欧洲大陆许多大学任教，十分崇敬乔叟。他在悼念乔叟的诗文开篇说：

缪斯们，如果天神能哭泣，
如果泪水能在神灵脸上淌流不息，
为诗人杰弗里·乔叟的悲苦命运
强忍泪水才是羞耻，在生之时他曾
为你们歌唱，赞美他吧，诗人已经躺下安息。

苏里戈随即强调乔叟"在所有方面都无与伦比"，他拥有"苏格拉底的天才和哲学的源泉，/圣典包括的一切秘密乃至/你想获得的所有艺术才智"。[2]苏里戈特意将乔叟比作苏格拉底（Socrates，470?—399 BC），表明他和乔叟时代的许多赞颂者一样，尤为钦佩乔叟深邃的思想和他作品中饱含的哲理，当然他也没有忽略诗人高超的"艺术才智"。

除了大力印刷出版他所能收集到的乔叟著作外，卡克斯顿把这样一首来自但丁、彼特拉克和薄伽丘的国度，来自引领欧洲文艺复兴潮流的意大利的桂冠诗人和著名学者所写的悼念诗刻在乔叟墓碑上，也是他景

1 Blake, *Caxton's Own Prose*, pp. 59–60. 后来在1556年，乔叟墓迁到现在西敏寺大殿之内的"诗人之角"。

2 转引自James Simpson, "Chaucer's Presence and Absence, 1400–1550," in Piero Boitani and Jill Mann (eds.), *The Cambridge Companion to Chaucer*, 2nd ed., Cambridge: Cambridge UP, 2003, p. 254。

仰乔叟和让人们永远怀念英语文学之父的重要方式。后来，乔叟传记的第一个撰写者约翰·勒兰德（John Leland，1500?—1552）在其《乔叟小传》（"A Life for Chaucer"，1540）中引用苏里戈的诗句后说："这样，本就伟大的乔叟，因为这个外国作家的高度颂扬而显得更加伟大。"[1]

斯珀吉翁认为，卡克斯顿和《典雅之书》作者在乔叟同时代人和后继者们中"最具洞察力"，而且他们就乔叟"的特点所做的评论令人惊奇的很现代"[2]。其实，他们在文学批评上的洞察力，特别是他们的现代性，反映出他们生活在一个新时代正在到来的社会和文化的氛围里；正是这个新的时代给了他们新的思想和评价文学作品的新视角，使他们能在乔叟的作品中看到在他们之前的作家们没能看到的特点和成就。

第四节　苏格兰乔叟派

乔叟诗歌艺术不仅仅是在英格兰受到推崇，他所奠定的英语诗歌传统的影响也并不仅仅局限于英格兰。在15世纪，乔叟诗歌艺术和英语诗歌传统迅速而深刻地影响了不列颠其他地区，使这些地区的文学逐渐融入英语文学的主流。在这当中，苏格兰诗人特别推崇乔叟，他们中很快也出现了"乔叟派"。当时苏格兰还是一个独立王国。乔叟对苏格兰文学的重大影响有助于英格兰和苏格兰之间文化上趋同的倾向，对后来两个地区的统一起了一定促进作用。受英格兰文学传统特别是乔叟诗歌影响最深的中世纪苏格兰文学家有罗伯特·亨利逊（Robert Henryson，1425?—1500）、威廉·邓巴（William Dunbar，1460?—1530）、沃尔特·肯尼迪（Walter Kennedy，1455?—1508?）、加文·道格拉斯（Gawin Douglas，1474—1522）、大卫·林赛（David Lyndsay，1490?—1555?）和据说是《国王之书》作者的苏格兰国王詹姆斯一世等人。他们通常被称为"苏格兰乔叟派"（Scottish Chaucerians），可见他们

1 Thomas R. Lounsbury, *Studies in Chaucer: His Life and His Writings*, Vol. I, New York: Russell & Russell, 1962, p. 142.

2 Spurgeon, *Five Hundred Years of Chaucer Criticism and Allusion*, p. xiv.

受乔叟影响之深。苏格兰诗人把乔叟派英格兰诗歌艺术同苏格兰本地传统结合起来，使苏格兰文学在16世纪以后进一步繁荣，苏格兰文学也成为英语文学的重要组成部分。

根据现存资料，苏格兰诗人中最早提及乔叟的是《国王之书》(*The Kingis Quair*, 1423?)的作者。这部著名的宫廷爱情浪漫传奇被称为《国王之书》，因为据说它出自苏格兰国王詹姆斯一世之手。[1]在诗作结尾，诗人说："赞美献给我亲爱的大师，/高尔和乔叟"，他们"德行高尚诗艺精妙无比"，"像桂冠诗人一样至高无上"。[2]这表明，早在15世纪初期，乔叟和高尔在苏格兰诗坛就已经有很大影响，被尊为诗人们的大师。《国王之书》的作者随即还专门说明他的"书是用七行诗节创作"。他所说的"七行诗节"就是指乔叟创造的每节七行、韵式为ababbcc的诗节。这种诗节形式是乔叟受法国诗歌的启发而创造的，最为乔叟喜爱。它最先用于《百鸟议会》，后来又用于《特洛伊罗斯与克瑞西达》以及《坎特伯雷故事》中风格比较高雅的故事里。这种诗节被称为"乔叟诗节"，是15和16世纪英语叙事诗中最通常的诗节形式。莎士比亚、弥尔顿(John Milton, 1608—1674)以及其他许多后代诗人都用过。《国王之书》采用的就是这种诗节。这部诗作使用当时十分流行的宫廷爱情浪漫传奇体裁，以詹姆斯个人的爱情经历为题材，语言和诗艺都不错，影响很大，所以"乔叟诗节"后来又被称为"君王体"。

当然，《国王之书》的作者从他"亲爱的大师"那里学到的不仅仅是乔叟诗节，也不仅仅是《特洛伊罗斯与克瑞西达》和《百鸟议会》那样的宫廷爱情浪漫传奇的内容和形式，而且如詹姆斯·金斯利(James Kinsley)所指出的，"诗人从乔叟那里不仅学会了向其他诗人随意借用，而且还学会了如何巧妙和创造性地处理所借用到的材料"[3]。同乔叟在创

---

1 关于《国王之书》的作者，学界一直存有争议。苏格兰国王詹姆斯一世曾长期生活在英格兰。他名义上是作为俘虏囚禁，但他同英国王室，特别是亨利五世关系极好，在亨利五世对法国征战中他甚至一度是主要统帅之一。他精通音乐，对英诗诗艺也十分熟悉。

2 Matthew P. McDiarmid (ed.), *The Kingis Quair of James Stewart*, Totowa, NJ: Rowman and Littlefield, 1973, p. 117.

3 James Kinsley, "The Medieval Makers," in James Kinsley (ed.), *Scottish Poetry: A Critical Survey*, London: Cassell, 1973, p. 11.

作中一样，《国王之书》的作者也在内容和诗歌手法上向英格兰诗人和西欧其他地区的诗人“随意借用”，并将借用的材料同苏格兰本土的文学传统创造性地结合起来。《国王之书》也因此成为苏格兰文学史上第一部“乔叟派”诗作和第一部具有很高文学价值的作品，其作者自然也被认为是苏格兰的第一位乔叟派诗人。

如果詹姆斯一世不是《国王之书》的作者，那么苏格兰第一位留下姓名的重要乔叟派诗人则是罗伯特·亨利逊。登顿·福克斯（Denton Fox）指出：“他真诚的人文主义思想使他成为苏格兰乔叟派中最接近乔叟的诗人。”[1]如同当时其他英格兰和苏格兰的乔叟派诗人一样，他在赞颂乔叟的同时还通过在创作中对他所崇敬的“大师”借用和改写进行特殊形式的评价。他对乔叟的借用或借鉴在许多作品中都很明显，但最突出也最能表现他对乔叟的评价的是其代表作《克瑞西达的遗嘱》（*The Testament of Cresseid*）。在一定程度上，这部作品可以说是他专为乔叟的《特洛伊罗斯与克瑞西达》写的续篇。作者在诗作的引子中说：

我烧旺炉火，浑身感到温暖，
小酌一杯，不觉兴致盎然，
哪怕那门外地冻天寒。
我取来一本书打发长夜漫漫，
我一头扎进书里，全神贯注；
那是伟大光辉的乔叟之名著，
它把美丽的克瑞西达和特洛伊罗斯描述。

但叙述者并非从《特洛伊罗斯与克瑞西达》的开头读起，而是直接翻到狄俄墨得斯带走克瑞西达那部分：

我翻到狄俄墨得斯带走
光艳照人的漂亮女士之后，
特洛伊罗斯伤心欲绝，

1 Denton Fox, “The Scottish Chaucerians,” in Brewer (ed.), *Chaucer and Chaucerians*, p. 172.

他泪流满面，脸上毫无血色，
…………
我不再重复他的悲伤，
因为乔叟美妙的诗行
无与伦比，已把他的痛苦
带进所有读者的心房。[1]

然后，亨利逊就离开了乔叟为特洛伊罗斯和克瑞西达安排的结局而开始自己的创作。这其实表明，他赞赏乔叟此前对这对恋人的描写，但不同意乔叟对他们的命运的安排。乔叟把《特洛伊罗斯与克瑞西达》作为特洛伊罗斯的悲剧来创作，因此这部传奇以他因为克瑞西达爽约未归并投入狄俄墨得斯的怀抱而在悲痛中战死结束。亨利逊显然对克瑞西达背叛爱情而没受到应有的惩罚大为不满。他改变了乔叟的安排，让特洛伊罗斯凯旋，却让克瑞西达染上麻风病，变得丑陋不堪，只得同其他麻风病人一道沿街乞讨，最后在贫困交加中死去。这部616行的诗作显然是诗人对克瑞西达背叛她与特洛伊罗斯的爱情与誓约，投入希腊人狄俄墨得斯的怀抱的谴责。不过，亨利逊让她在临死前幡然醒悟，认识到自己的罪孽。这些都表明亨利逊是一个特别注重道德训诫的诗人，所以他用他的作品来间接批评乔叟的作品缺乏严厉的道德评判。这同后来维多利亚时代马修·阿诺德（Matthew Arnold，1822—1888）对乔叟的批评有相似之处。其实，乔叟在书中利用克瑞西达本人之口和在《贞女传奇》的“引言”里都对她做了道德评判，只不过没有亨利逊那么严厉而已。

亨利逊对乔叟的修正表明，他更注重乔叟作品的思想内容；相对而言，邓巴同许多同时代英格兰和苏格兰诗人一样，则特别注重乔叟在诗歌语言方面的贡献。他在诗作《金盾》（*The Golden Targe*）中赞美乔叟说：

啊！尊敬的乔叟，修辞家之玫瑰，
我们语言的高贵之花。

1 Robert Henryson, *The Testament of Cresseid*, ed. Denton Fox, Melbourne: Nelson, 1968, pp. 62–63.

…………

你用天堂般美妙的鲜活言辞
使我们的语言光辉无比。
因为你，英语超越世上一切语言，
正如明媚的清晨对于黑夜一样，
你难道不是我们的语言之光？[1]

诗人邓巴参照乔叟为理查德二世的婚事撰写的名著《百鸟议会》，创作了《蓟与玫瑰》(*The Thrissil and the Rois*)来祝贺国王詹姆斯四世(James IV，1488—1513年在位)与英格兰公主玛格丽特(Margaret Tudor，1489—1541)的豪华婚礼，表明他对乔叟诗作十分欣赏。同《百鸟议会》一样，邓巴诗作里的聚会也是由自然女神主持，只不过乔叟的参会者只有鸟类，而邓巴却将走兽和植物都包括进来。

邓巴的同时代诗人道格拉斯也高度赞颂乔叟把英语发展为文学语言以及在创造和规范英诗方面的巨大贡献。道格拉斯是一位主教，学识渊博，著述丰富，还翻译了维吉尔的《埃涅阿斯纪》(*Aeneid*)。在他的《埃涅阿斯纪》译本第一部的引言中，他将"尊敬的乔叟，无与伦比的诗人"比作"天堂的号角"与"测时的日晷和规则的制定者"，感谢他为英语诗歌"带来生命的清泉"。[2]

道格拉斯在其第一部长篇诗作《荣誉之宫》(*The Palace of Honour*，1501)里赞扬乔叟用民族"俗语"创作，而且这部著作从标题到内容都明显受乔叟的著名诗作《声誉之宫》的影响。在诗中，从格律、诗节形式和语言的使用到情节结构、人物形象的塑造以及对"荣誉之宫"的描写，道格拉斯都直接借鉴乔叟的《声誉之宫》和其他诗作。登顿·福克斯认为，《荣誉之宫》"不仅表明道格拉斯多么受惠于乔叟，而且还反映出他对乔叟的理解是多么深刻——道格拉斯这部诗作是一部对《声誉

1 William Dunbar, *The Poems of William Dunbar*, ed. James Kinsley, Oxford: Oxford UP, 1979, p. 37. 邓巴称英语为"我们的语言"，因为低地苏格兰地区同英格兰一样使用英语。

2 Gawin Douglas (trans.), *The Æneid of Virgil*, Vol. I, New York: AMS, 1971, p. 14.

之宫》非常有意义的评论”[1]。

在16世纪，即使当苏格兰和英格兰之间的冲突日益严重，苏格兰面临被吞并的威胁之时，乔叟仍然一直在苏格兰享有崇高地位。《苏格兰的怨诉》(*The Complaynt of Scotland*，约1548年)是苏格兰文学史上第一部散文文学作品，作者可能是一位名叫罗伯特·威德邦(Robert Wedderburn)的苏格兰人。这部作品是苏格兰人面对英格兰的入侵和英格兰关于苏格兰是英格兰一部分的宣传做出的反应，它强调苏格兰从来不是不列颠(苏格兰人通常称英格兰为不列颠)的一部分，而是一个独立国家。在这部书里，作者在讲述苏格兰的文化传统和文学渊源时，给出了一份苏格兰人喜爱阅读的文学作品的书单，里面包括凯尔特传说[2]、苏格兰民间故事、亚瑟王浪漫传奇、古希腊罗马作品以及一些著名的法语和英语诗作，一共47种。其中位列第一的正是乔叟的《坎特伯雷故事》。[3]从这可以看出，经过一个多世纪来苏格兰诗人和读者对乔叟的学习、继承、借鉴和容纳，乔叟诗歌已经深入苏格兰，甚至已经成为其文化文学传统的重要源头之一。

1 Fox, “The Scottish Chaucerians,” p. 193.

2 苏格兰人的祖先是凯尔特人。

3 参看Agnes Mure Mackenzie, *An Historical Survey of Scottish Literature to 1714*, London: Alexander Maclehose, 1933, p. 26。

第二章 文艺复兴时期

在英国，文艺复兴的到来，比在意大利晚了一个多世纪。关于英国文艺复兴的起始时间，学者们并没有一致意见。但有两个重要事件可被视为英国文艺复兴的开端。一个是在1485年，延续了三十年的玫瑰战争结束，相对的和平与社会安定为英国经济、文化的发展带来契机，而卡克斯顿等人随即建立的一系列印刷所使大量书籍能迅速普及，促进了各种新思想的传播。另外一个更为重要也更为直接的事件是，在亨利八世（Henry VIII，1509—1547年在位）在位的前期，即16世纪20年代，受正如火如荼的欧洲宗教改革运动影响，加之亨利八世个人因素的推动，已经在进行的英国宗教改革运动开始加速发展，成为文艺复兴的重要推动力。于是，文艺复兴和宗教改革这两大运动交织在一起，它们合力将英国推入历史的十字路口，全面而深刻地改变着英国社会和英国人的生活，揭开了英国历史的新篇章，同时也开启了乔叟学术研究的新阶段。在英格兰，就乔叟研究而言，文艺复兴时期可以分为亨利八世时代和伊丽莎白时代两个主要时期。

文艺复兴是一个伟大变革的时代。它释放出前所未有的能量，复兴了古典文化及其优秀思想，但文艺复兴并非真正的往后看，而是推动历史向前发展。它在古代思想武库中探索和学习，为变革中的欧洲提供了它急需的思想武器来解构中世纪封建主义以及与之相关联的各种思想和价值体系，以推动社会发展和历史进步，同时也推动着与它有着千丝万缕的关系的宗教改革运动。在英格兰，这是一个英才辈出、新思想不断涌现、民族意识蓬勃发展、爱国热情高涨的欣欣向荣的时期；然而，新旧思想的矛盾同剧烈的社会、政治、宗教和国际冲突交织在一起，也共同造成了英国历史上最为动荡甚至最为血腥的时代；同时，这也是专制王权不断加强、思想控制十分严厉的时代。

文艺复兴时期特殊的历史语境与文化氛围自然也深刻影响了乔叟研究。首先，印刷业的发展和对人文领域的重视使乔叟学术领域出现了一些新动向，比如更多版本的乔叟作品得以面世，特别是乔叟作品全集或者说文集[1]多次出版，为人们阅读和学者们研究乔叟诗歌提供了比较完整的版本。其次，乔叟作为诗人的传记性材料开始出现，尽管这些材料很多是误传、猜测和想象，错讹甚多，但它们毕竟为提高乔叟的声誉、理解诗人的形象和研究他的诗歌成就都有一定帮助，而且这些误传、猜测和想象本身在一定程度上也体现或代表了文艺复兴人对他的态度和看法，或者说表现出这时期许多英国人认为他们的英诗之父“应该”是什么样的形象。因此反过来看，乔叟生平和他的形象中的这些虚构也蕴含着当时的历史信息。

更重要的是，在新的社会语境里，在新的意识形态中，学者和诗人们从新的视角审视乔叟及其作品，开拓出一些新的关注点和揭示出一些在过去没有被注意到的方面。当然，英诗之父仍然受到高度尊崇和颂扬，甚至在一段时期内，他是被大体由新教把持并同罗马教廷处于冲突之中的英格兰政府容许阅读的仅有的两位英国诗人之一。但那更主要是由于政治和宗教原因；他因为谴责了教会人士（进而被认为是谴责天主教会）而被视为新教甚至清教诗人。因为宗教改革运动的主流意识形态强调道德教诲，他不再像在中世纪那样通常被尊为哲学诗人，而是更多被称作“道德诗人”。不过有意思的是，同样以道德标准衡量，他有时也被谴责为淫秽诗人。

同时，由于文艺复兴人对知识的崇敬与追求，他往往因“知识渊博”而广受尊崇。另外，在乔叟生前到去世后150年间，他被赞颂为修辞家(rethor)，几乎所有赞美他的人都强调他风格优美、表达流畅、语言雄辩。但人们发现，在16世纪中期以后，这样的赞美逐渐消失，其原因主要是

1 尽管一些版本打着“全集”(complete works)的名号，但历代各种版本的乔叟作品集都有增删，而且严格地说从未收全过。实际上，乔叟的一些作品，比如他在《坎特伯雷故事》结尾的“本书作者在此告辞”中提到的《狮子之书》(*The Book of Leoun*)，至今没有找到，很可能已经散失。

由于英语语言经历了并仍然经历着巨大变化，人们阅读他的作品越来越感到困难，他的表达似乎不再流畅，语言不再雄辩，风格自然也就不再优美。在很大程度上，所有这些都根源于当时英格兰的社会、文化、政治语境，但也对后世研究乔叟和乔叟学术史很有意义。

第一节　亨利八世时代

亨利八世于1509年登上王位，1547年去世，他在位那38年是文艺复兴蓬勃发展、宗教改革运动汹涌澎湃的时期。其实他在宗教信仰上，与天主教会并无本质差别，可为了获得男性继承人，他不断换王后，从而与反对离婚的天主教会处于对立之中。为了在与罗马教廷的斗争中获得英国人民的支持，他大力加强王权专制，鼓动爱国热情，并采取了一系列支持宗教改革、打击天主教会的政策。他最后同天主教会决裂，成立英国国教，宣布自己为英国最高宗教领袖。在这样激烈的政治、宗教冲突中，亨利八世及其王国政府对思想界和文化界都加强了控制，这在很大程度上也影响到乔叟学术研究。在亨利八世时期，特别是在16世纪20年代宗教改革运动进入高潮之后，总的来说，人们关注更多的是乔叟作品的宗教和道德内容，而对其诗歌艺术的重视、理解和评价，不论是在质上还是在量上，都不及15世纪英格兰或同时代的苏格兰乔叟派诗人们。

在16世纪初，英格兰诗坛对乔叟的兴趣主要还是15世纪的延续，在对乔叟诗歌艺术的研究、继承和吸收方面，甚至比不上同时期的苏格兰。诗人们同15世纪的乔叟派诗人大体一样，尊他为“父亲”，颂扬他在将英语从粗俗的日常用语提升为表现力极强的文学语言方面所做出的巨大贡献。但特别值得注意的是，在16世纪前期，人们往往是将乔叟同高尔和莱德盖特放在一起赞颂。这一点十分重要。因为在14世纪理查德时代的英格兰诗坛，以乔叟和高尔为代表的所谓伦敦派开创了音步体英语诗歌的新方向，而莱德盖特这位15世纪最有影响的英语诗人正是这一新传统的继承人。因此，这三位重要诗人被放在一起赞颂表明，音步体诗歌已经在同古英语诗歌的头韵体传统的竞争中胜出，成为英语诗歌的主流和未来英诗发展的方向。

在这一时期，有一些诗人对乔叟的评价涉及其作品的内容和诗歌技巧。其中比较有价值的评价来自约翰·斯克尔顿(John Skelton, 1460—1529)；他被时人尊为桂冠诗人，而在理解和鉴赏乔叟诗作方面，他诗人的眼光也明显在同时代人之上。他在一首大约创作于1507年的名为《麻雀菲利普》(*Phyllyp Sparrow*)的长诗中简述了《坎特伯雷故事》和《特洛伊罗斯与克瑞西达》的内容，并高度赞扬了乔叟作品里丰富的体裁。但特别有意义的是，他说：

> 乔叟使我获益匪浅，
> 我早已拜读其长诗短篇；
> 他的故事妙趣横生，内容生动，
> 能愉悦心灵，应广为传诵；
> 他诗中英语隽永流畅，
> 无一句废话一字空洞，
> 这早已广为世人公认——
> 在那个时代他多么受人称颂，
> 现在却有人试图改动；
> 他的英语优美，不论他们
> 如何攻击，如何抹黑，
> 乔叟也是声名远播的诗人；
> 他的词章流畅轻松
> 毫无隐晦，引人入胜，
> 他字字珠玑一语千金。[1]

斯克尔顿除了从内容到诗歌艺术上正面评价乔叟作品外，还有两点值得注意。第一，他从接受美学的角度指出乔叟诗作“愉悦心灵”(solacious)的作用。第二，特别重要的是，他可能是历史上第一个为乔叟的语言辩护的人，而为乔叟语言的辩护将越来越成为乔叟批评中的一

1 John Skelton, *The Complete English Poems*, ed. John Scattergood, New Haven: Yale UP, 1983, p. 91.

个重要方面。斯克尔顿为乔叟所做的辩护间接表明，当时有人"攻击"和"抹黑"乔叟的诗歌语言，很可能是认为乔叟的诗歌隐晦且格律生硬。其原因是，自14世纪末以来，英语一直处于深刻变革之中；因此一百多年后，已经有人感到不习惯乔叟的语言，甚至不能读懂乔叟的诗歌。另外，乔叟长于从常用的英语口语中吸取词汇用于创作，而在16世纪，受文艺复兴影响，诗人们越来越倾向于使用来自"高雅的"拉丁语的词汇。所以，在斯克尔顿的时代，已经有人诘难乔叟的诗歌语言。后来，在1546年，一个叫彼得·阿什顿（Peter Ashton）的人在其文章中更进一步说："乔叟的语言……由于久远，几乎已无人再用。"[1]由于时代变迁和英语变化，对于16世纪的英格兰人，乔叟越来越成为遥远的古代诗人。然而尽管如此，正是因为有像斯克尔顿这样的英语诗人继承和发扬乔叟创立的文学传统，英语文学才能在大约半个世纪后在伊丽莎白时代迅速繁荣。

除了继续15世纪对乔叟的赞颂和在创作中模仿乔叟外，在乔叟学术史上，这时期一个比较重大的发展是更多的乔叟作品得以整理出版，特别是以文集而不仅仅是以单部作品的形式面世。1526年，前一章提到的印刷商理查德·品逊出了大部头的乔叟作品集，他将其分为三部分：第一部分是《特洛伊罗斯与克瑞西达》；第二部分包括《声誉之宫》、《百鸟议会》和一些并非乔叟创作的短篇；第三部分是《坎特伯雷故事》。虽然第三部分的标题为"一丝不苟认真修订重新印刷的《坎特伯雷故事》从这里开始"，但其实这个版本是以他自己的1492年版为基础的第二次印刷，其"前言"仍然用的是卡克斯顿的"前言"，只不过有些词的拼写稍有改动并略微省去了几个字而已。由于集子没有统一书名，所以有学者认为，这三部分本打算分别出售；[2]它们最终被装订在一起出售，有可能是因为除了几首短诗外，这些著作都是乔叟作品。但不管品逊是有意还是无意，正如斯珀吉翁所指出，这是历史上第一部乔叟作品的"文集"版（collected edition）。

在乔叟著作出版历史上，1532年特别重要。那一年，亨利八世的

1 引文译自Derek Brewer (ed.), *Chaucer: The Critical Heritage*, Vol. I, London: Routledge & Kegan Paul, 1978, p. 102。

2 请参看Walter W. Skeat, *The Chaucer Canon*, New York: Haskell, 1965, pp. 159–160; Spurgeon, *Five Hundred Years of Chaucer Criticism and Allusion*, Vol. I, pp. 75–76。

内务官（Clerk of the Kitchen）威廉·希恩编辑了历史上第一部真正意义上的乔叟文集，由出版商托马斯·戈德弗莱（Thomas Godfray）出版。希恩的儿子说，他父亲获得国王的委托书，“在英国所有藏书馆寻找乔叟著作”，所以他父亲得到从“全王国所有修道院收集来的书籍”。[1]希恩显然十分喜爱乔叟诗作，而且还是很不错的编辑。他将收集到的书经过认真修订校对，编纂成一部大部头文集，其中包括《坎特伯雷故事》《特洛伊罗斯与克瑞西达》《声誉之宫》《百鸟议会》《公爵夫人书》《贞女传奇》等乔叟的全部主要著作，一些短篇诗作以及他的译著《玫瑰传奇》[2]和《哲学的慰藉》；其中《公爵夫人书》、《贞女传奇》和一些短篇都是第一次印刷出版。这个集子包括了乔叟绝大多数作品，在此后很长时期内，各种版本的乔叟文集大都以此为基础，根据新发现的手抄稿或学者们的研究成果进行修订而成。

希恩编辑的乔叟全集也存在很大问题，[3]除了他所依据的中世纪手抄稿通常存在的各种错讹外，他还把一些不是乔叟创作的作品也包括在内，比如前面提到的厄斯克著《爱情之约》、高尔的《和平颂》（*Praise of Peace*）、莱德盖特的《黑衣骑士怨歌》、亨利逊的《克瑞西达的遗嘱》，以及另外一些短诗。所以，著名乔叟专家斯基特认为，希恩这部文集的书名《新版乔叟作品集，包括各种此前从未印刷之作》（*The workes of Geffray Chaucer newly printed, with dyvers workes which were never in print before*）应该在“各种作品”（dyvers workes，即diverse works）之前加上“其他作家的”（of various authors）这几个字才名副其实。[4]另一位乔叟专家德里克·布鲁尔（Derek Brewer，1923—2008）则认为，它“实际上是一部乔叟和乔叟派诗人的文集”[5]。希恩版在1542和1550年再版，与1532年初版不同的是，这两个版本都增加了一部后来被证明并非乔

1 当时英格兰甚至整个欧洲的书籍主要收藏在修道院以及一些大教堂里。

2 根据学者们研究，乔叟翻译的《玫瑰传奇》现仅存1,705行，其余已散失，而与乔叟译稿放在一起出版的另外两个残余部分，并非乔叟所译。

3 对希恩这个版本的乔叟作品集的评价分析，请参看Skeat, *The Chaucer Canon*, pp. 95–116。

4 请参看Spurgeon, *Five Hundred Years of Chaucer Criticism and Allusion*, Vol. I, p. 78。

5 Brewer (ed.), *Chaucer: The Critical Heritage*, Vol. I, p. 34.

叟所著的作品《农夫的故事》(*Plowman's Tale*,大约产生于14世纪末),只不过在1542年版里,该故事被放在《坎特伯雷故事》之后,而在1550年版中,它被看作《坎特伯雷故事》的一部分而直接放在其中。

尽管希恩误将他人之作品收入乔叟文集,但他的确是一个不错的编辑,既具备专业的编辑知识,又对乔叟诗作极为喜爱,工作也十分认真。他为当时和后世阅读和研究乔叟提供了第一个真正意义上而且总的来说很不错的"全集"。在未来两个半世纪甚至更长的时间里,这个文集提供了《坎特伯雷故事》的"标准版本",而"里面其他的乔叟诗作也是最好的版本;由于只有这个版本通常被再版,所以对绝大多数读者而言,它是唯一能获得的版本"。[1]詹姆斯·辛普森(James Simpson)进一步指出:希恩版在历史上的影响无论怎样估计都不为过。直到斯基特整理的在乔叟学术史上具有里程碑意义的版本于1897年面世之前,它一直是所有版本的乔叟作品之标准。[2]

希恩将这部全集献给亨利八世。他请朋友、亨利八世的秘书布赖恩·图克(Brian Tuke, ?—1545)撰写献词,由自己署名献给国王。这篇洋溢着爱国热情和英格兰民族自豪感的献词特别强调了乔叟作品的文学性和成就。献词作者说,"那位高贵而声名远播的诗人杰弗里·乔叟的著作那么完美地表现出"诗人"在所有学说所有学科里那么渊博的知识";他的

> 文字根据其题材与创作目的表现出那么丰富的意义;他的语句那么迷人、那么富有诗意;他的格律那么完美;……他的创意那么新颖;他的叙述那么流畅;他的风格那么恰到好处而不拘泥。

他感到迷惑的是:"在他那个时代,当全世界的才俊之士毫无疑问都还处于昏睡之时,……我们语言中这位无与伦比的诗人如何能那样好像是突然腾空而起?"所以他不得不说:"那只能是奇迹!"[3]

1 Lounsbury, *Studies in Chaucer*, p. 265.

2 请参看 Simpson, "Chaucer's Presence and Absence," p, 264。

3 引文译自 Spurgeon, *Five Hundred Years of Chaucer Criticism and Allusion,* Vol. I, pp. 79–80。

需要指出的是，图克在这里强调乔叟"渊博的知识"并非仅仅是他个人的观点，当时许多人都特别赞美乔叟丰富的知识，比如后面将引述，大文豪斯宾塞也高度赞扬乔叟"知识渊博"。文艺复兴时代的知识分子，如同克里斯托弗·马洛（Christopher Marlowe，1564—1593）笔下的浮士德一样，特别赞美和渴望对知识的追求，而乔叟在其著作中也的确表现出即使在文艺复兴时期也不多见的丰富知识。[1]图克的评价既是他对乔叟的由衷赞叹，也反映出文艺复兴人的追求和价值观。

随即，图克更为明确地把乔叟与他同时代那些尚处"粗俗不堪、浑浑噩噩状况"中的诗人分开，以凸显乔叟的崇高地位。这预示着上百年来大体与乔叟齐名的高尔和莱德盖特的名声已经下降。二十多年后，一位名叫罗伯特·布雷厄姆（Robert Braham）的评论家还感叹说，乔叟"这样神圣（so deuyne）的作家"竟然能"在所有优秀学人都还在昏睡之中"那样"粗俗而野蛮的时代"创作，[2]而约翰·福克斯（John Foxe，1516?—1587）也将在1570年发出几乎同样的赞叹。[3]本书后面将谈到，文艺复兴时期的杰出诗人和英国文学史上第一位重要文学理论家菲利普·锡德尼（Philip Sidney，1554—1586）还将在16世纪80年代表达大体相似的观点。

在乔叟学术史上，亨利八世时代另外一个比较重要的贡献是出现了关于乔叟生平的传记文献。其中最早的一篇小传是由古文物和古文献学者约翰·勒兰德用拉丁文写成，收集在他为不列颠历史上的作家们所写的小传集子里。这部集子在1709年才正式出版面世，在很长时期内，它是当时和后世学者们研究早期不列颠文学史和作家生平的重

1 除了在文学方面的知识外，乔叟在许多其他领域，比如哲学、天文、地理、炼金术、生物乃至声学等方面的知识也领先于大多数中世纪知识分子。关于乔叟的知识，可参看《声誉之宫》等诗作；另外他还专门为儿子写了一篇关于天文仪器的科技论文。

2 引文译自Brewer (ed.), *Chaucer: The Critical Heritage*, Vol. I, p. 104。布雷厄姆生平不详，他在历史上留下的主要事迹是在1555年编辑出版莱德盖特关于特洛伊之战的长篇诗作*The Auncient Historic and onely trewe and syncere Cronicle of the warres betwixte the Grecians and the Troyans*。

3 参见Brewer (ed.), *Chaucer: The Critical Heritage*, Vol. I, p. 108。后面将引述福克斯对乔叟的一些重要评论。

要资料来源，但里面包括不少显然属于传说和臆测性质的材料。实际上，不仅书中各篇传记里的大量材料，而且许多传主本身都属于传说，甚至相当多的人除了出现在这个集子里外，没有任何文献中有记载。

至于勒兰德所撰写的那篇乔叟小传，其中实质性史料并不多，更多的是关于乔叟的创作生涯的想象性描述以及对诗人成就的赞扬。即使在那些不多的“史料”中，大多数也不正确或不准确，比如他关于乔叟出身于牛津的贵族家庭，就读于牛津大学，毕业后成为一个“敏锐的逻辑学家、令人愉快的演说家、风格高雅的诗人、思想深刻的哲学家、不凡的数学家”和“虔诚的神学家”，与国王们和贵族们交往密切，在理查德二世后期留学法国从而在诗歌创作上有了飞跃等许多说法，后来被学者们证明大多是错误的。[1]勒兰德与其说是在忠实描写乔叟生平，不如说是在为他的时代塑造他们的诗歌之父应该成为或者他们希望他成为的那种形象。

或许出于对乔叟的崇敬，或许由于在颂扬乔叟的激情中不能自已，勒兰德在小传中竟然中断对诗人生平的叙述而情不自禁地一口气写了三首拉丁文诗来赞颂乔叟。他在诗里将英诗之父比作荷马、维吉尔、但丁、彼特拉克等伟大诗人，并说如果乔叟不是生于乱世，而是像其他诗人那样有幸处于盛世，那他一定是有史以来最伟大的诗人。由于乔叟对英格兰民族和民族语言的卓越贡献，他吩咐不列颠的青年们前往乔叟墓，用他们“欢乐的手”撒玫瑰花瓣。勒兰德的爱国精神和对乔叟的崇敬可谓溢于言表。

特别重要的是，尽管里面有大量虚构和误传，但这个小传是乔叟研究史上第一篇试图完整叙述英诗之父的生平、家庭和创作生涯的文字，对后代乔叟学者们产生了深远影响。在此后三个世纪里，许多学者研究乔叟生平都是以此为根据，而一些随后出版的乔叟传记只是对其稍作修改但往往加入更多误传；甚至著名诗人与学者如理性时代的塞缪尔·约翰逊（Samuel Johnson，1709—1784）也因受勒兰德影响而错误认为乔叟受益于高尔教诲。不过勒兰德对乔叟的创作成就、对英语发展的贡献的评价和关于乔叟是一位人文主义者的认识还是比较中肯的，那也许是因为那些观点在他之前一百多年已经成为学界共识。

1 劳恩斯伯里（Lounsbury）将勒兰德为乔叟所写拉丁文小传全文译成英文，并做了评述；小传的英文译文见 Lounsbury, *Studies in Chaucer*, Vol. I, pp. 133–142。

随着宗教改革运动的深入发展，英格兰同罗马天主教会之间的冲突不断加剧。1534年，英国颁布了“至尊法案”（Acts of Supremacy），宣布英国国王为英格兰宗教的最高领袖，脱离与罗马天主教会在宗教上的从属关系，使英国摆脱了梵蒂冈教廷和教皇的控制，成为拥有完全独立主权的君主制国家。随即，英国进行了一系列具有深远意义的社会、宗教、政治、司法等各方面的改革。这个法案在英国历史上具有重大意义，因此有学者将它的颁布视为英国宗教改革运动的开端。其实，宗教改革运动在英国早已展开并有很大发展，所以严格地说，该法案实际上也是一个极为重要的阶段性成果。宗教改革运动的新发展也波及与意识形态密切相关的文学艺术领域。法案颁布之后，支持和宣扬罗马天主教思想的书籍和言论遭到压制，而被认为是反对罗马教会、表达新教思想的作品则大受欢迎；乔叟也许是其中最大的受益者。1542年，英国颁布新法案以“清除王国内所有异端邪说”，结果在那之前产生的绝大多数书籍和文章遭禁，在文学界只有乔叟和高尔两位诗人的著作被容许阅读，并且在可以阅读的文学作品中只有《坎特伯雷故事》被专门提及，[1]那显然是因为书中有许多内容直接或间接嘲笑、批判甚至谴责（天主）教会及其神职人员。因此，乔叟地位大幅上升既是英国同罗马教廷剧烈斗争的需要，也表明正不断增强的英格兰民族意识和日益高涨的爱国热情所需要的那种能体现民族精神的伟大的民族诗人的形象正在乔叟身上形成。

托马斯·威尔逊（Thomas Wilson，1525?—1581）在1553年发表了一部随后多次再版、很有影响的著作《修辞艺术》（*Arte of Rhetorique*）。他在书中说，在宫廷里，“高雅的大臣们，除了乔叟外无话可谈”[2]。他的话或许有夸张之处，但也反映出，在社会冲突极为剧烈、政治和宫廷斗争瞬息万变的宗教改革运动时期，唯有乔叟在社会上层一直盛名不衰，获得广泛认同。

另一方面，人们也越来越需要乔叟日益高大的形象来服务于当时不断深入的改革运动，所以也就更注重他诗歌中与宗教思想和道德价

1 参看Simpson, “Chaucer’s Presence and Absence,” p. 266。

2 Thomas Wilson, *Arte of Rhetorique*, ed. Thomas J. Derrick, New York: Garland, 1982, p. 326.

值相关的内容。那自然首先是因为，他在作品里的确进行了道德批评和探索，特别是他在《坎特伯雷故事》中对教会人士的贪婪、堕落和腐败所进行的无情揭露和辛辣讽刺，被人们广为引用和评论，以反对天主教会和教皇。那实际上也就是说，当时日趋激烈的社会、政治和宗教斗争越来越直接地参与到对乔叟诗歌的评价和对诗人形象的塑造。[1]

其实，在前面提到的第一个乔叟小传里，勒兰德就认为乔叟在牛津大学毕业时就已经"是一个虔诚的神学家"。而在那之前，都铎王朝初期的著名诗人和剧作家斯蒂芬·霍斯（Stephen Hawes，1473?—1525?）就已经特别注重乔叟作品中的道德教育意义。霍斯是国王亨利七世（Henry VII，1485—1509年在位）的内府扈从（groom of the chamber）。他在诗作《美德之榜样》（*The Example of Vertu*，1504）中说："啊！高尚的乔叟，您总知道/如何寓教于乐最富成效。"[2]他的代表作是《快乐时光》（*The Pastime of Pleasure*，1506），这是一部颇有价值的长篇诗作，在英国文学史上也有一定位置，被看作《坎特伯雷故事》与斯宾塞的《仙后》（*The Faerie Queene*）之间的一个连接点。在诗中，他对《声誉之宫》、《贞女传奇》、《坎特伯雷故事》和《特洛伊罗斯与克瑞西达》等作品都给予了点评，高度赞扬乔叟作品中不同的体裁、丰富的内容和深刻的教育意义。他说，乔叟的诗作告诉我们怎样"清除我们的罪孽"并用"美德之火/点燃我们的心灵；/他所有作品都富有/教益，全是天籁之音"。[3]关于《坎特伯雷故事》，他点评道："有些故事充满教益，/有的令人愉悦。"他特别赞颂《声誉之宫》说："有关声誉之书极具教益，/其创作全靠他的想象力。"[4]

罗杰·阿斯卡姆（Roger Ascham，1515—1568）为伊丽莎白的家庭教师，他毕业于剑桥，是一位学识渊博的人文主义者。在中世纪，除了柏拉图和亚里士多德等人的哲学，希腊文化大多被遗忘。文艺复兴一个重要贡献就是复兴了希腊文化。阿斯卡姆是英格兰最早的希腊研

1 关于这一点，本书后面第二部分将具体分析。

2 Stephen Hawes, *The Minor Poems*, ed. Florence W. Gluck and Alice B. Morgan, London: Oxford UP, 1974, p. 3.

3 Stephen Hawes, *The Pastime of Pleasure*, ed. William Edward Mead, London: Oxford UP, 1971, pp. 54–55.

4 同上，p. 55。

究学者之一，对古希腊文学极为热衷。他称乔叟为“我们英格兰的荷马”，认为他的作品“具有和希腊的索福克勒斯（Sophocles）和欧里庇得斯（Euripides）同样的权威”。作为一位著名的清教徒和宗教改革运动活动家，阿斯卡姆自然特别注重乔叟作品里的宗教思想和对罪孽的谴责。他说：“掷色子和玩纸牌是令人讨厌的无所事事，是美德的仇敌，你们沉浸其中，是毁灭你们的青春；乔叟在《堂区长的故事》里说得多么好：那是直通地狱的绿色通道。”[1]歌颂勤劳、反对懒惰与享乐一直是清教徒的核心价值观念，而谴责罗马天主教会的腐败堕落一直是宗教改革运动的推动力和重要组成。另外，阿斯卡姆还指出，“我们的乔叟”与荷马和修昔底德[2]一样，“生动描写地域特征和人物本性：不仅有体型外表而且有内在性情”。[3]这也许是英国文学批评史上最早认识到乔叟作品中环境与人物、人物外貌与性格之间具有内在关联的文字。

宗教改革运动对乔叟研究的影响还不仅在对其作品的阅读和理解上。很有意思的是，当禁书法令下达后，可读书籍大幅减少之时，乔叟的著作却在增加；一些反对天主教会、讽刺教士和修道士腐败堕落、支持和呼吁宗教改革的作品被陆续归到乔叟名下。比如，明显具有反罗马教会和反教皇倾向的罗拉德派[4]作品《高地的杰克》(*Jack Upland*，大约产生于14世纪90年代）和前面提到的《农夫的故事》，在1540年被收入乔叟文集之前，曾分别于1535 和1536年以乔叟为作者印刷出版。另外，一部名为《香客的故事》(*Pilgrim's Tale*)的作品也在那之后不久被误认为出自乔叟之手。《香客的故事》是一部揭露和反对天主教及其附属的修道院制度的作品，但它明显不是出自乔叟笔下，因为作品提到1536年发生在林肯郡的起义。如果说学者们在前面两部产生于乔叟时代的著作上犯下错误还情有可原的话，那么人们竟然将《香客的故事》

1 Roger Ascham, *English Works*, ed. William Aldis Wright, Cambridge: Cambridge UP, 1904, p. 23.

2 修昔底德（Thucydides, 460?—399? BC）是古希腊著名历史学家，名著《伯罗奔尼撒战争史》的作者。

3 同1, p. 126。

4 罗拉德派（Lollards）是14世纪乔叟时代英国宗教改革活动家约翰·威克里夫（John Wycliffe, 1331—1384）的追随者；乔叟有一些罗拉德朋友。

也看作乔叟作品，就只能表明他们急于为反对天主教寻找精神武器而没有细读作品。具有讽刺意味的是，部分因为这些并非属于乔叟本人的作品，他被进一步解读成"新教徒"乃至"清教徒"诗人。

与此相反，有些极端的宗教人士则反对阅读乔叟，认为他的作品毒害青年，腐蚀人的灵魂。16世纪前期著名的宗教改革人士和《圣经》的英文翻译者威廉·廷代尔（William Tyndale，1494?—1536）[1]在《基督徒之顺从》（*The Obedience of a Christian Man*，1528）一书中反对人们阅读任何世俗作品，在他提到的那些"与基督和他的使徒们的教义直接对立"并以"淫乱""毒害青年心灵"的"禁书"中就包括《特洛伊罗斯与克瑞西达》。[2]同样，托马斯·艾里奥特爵士（Sir Thomas Elyot，1490?—1546）也宣布，歌颂爱情的《特洛伊罗斯与克瑞西达》与《新约》对立，不宜阅读，而埃德蒙·贝克（Edmund Becke）则将《坎特伯雷故事》作为没有价值的著作，甚至是坏书之代表，来与《圣经》对照。他在告诉"所有的官员和贵族"阅读《圣经》的"无限好处"之时建议说，他们应该保证"从他们的世俗事务中每天节约出一两个小时，用来阅读这本书[指《圣经》]，如同他们一直用来读《年鉴》和《坎特伯雷故事》那样；那么他们也就不会再亵渎神灵、骂脏话、玩纸牌、掷色子……"[3]贝克显然是把亵渎神灵和骂脏话等堕落行为同阅读《坎特伯雷故事》等世俗书籍联系在一起。稍后一些，到了伊丽莎白时代，托马斯·德兰特（Thomas Drante，1540?—1578）在为其翻译的英文版《贺拉斯诗歌、书信和讽刺文之艺术》（*Horace His Arte of Poetrie, Pistles and Satyre*）所写的前言《致读者》里，针对乔叟《坎特伯雷故事》里《修女院教士的故事》（"The Nun's Priest's Tale"）中关于爱情的动物寓言，谴责说，"如果那就是诗歌的话"，"我把那看作彻头彻尾的无聊、有毒的引诱和甜言蜜

1 廷代尔在历史上第一个直接从希伯来语翻译《旧约》和从希腊语翻译《新约》，而且他的译本是英国历史上第一部印刷出版的英文《圣经》，后来于1611年正式颁布的著名的詹姆斯国王版，即钦定版《圣经》，主要就是以廷代尔版为基础。但他却因翻译《圣经》于1536年被处死，不过其真实原因或许是他反对亨利八世离婚再娶。

2 引文译自Brewer (ed.), *Chaucer: The Critical Heritage*, Vol. I, p. 87。

3 引文译自Spurgeon, *Five Hundred Years of Chaucer Criticism and Allusion*, Vol. I, p. 102。

语的虚荣”。[1]

其实，不论是赞扬乔叟寓教于乐还是歌颂他是虔诚的神学家和宗教改革运动的先驱，或者认为他的作品有害无益甚至引诱青年堕落，都主要是用基督教思想和道德价值观念来解读乔叟，而比较忽略他的诗歌艺术。很明显，这也是16世纪宗教改革运动深入发展时期人们的宗教热情不断高涨的结果。

第二节　伊丽莎白时代

专制强势的亨利八世长达38年的统治于1547年结束，在随后的11年里出现了4位国王和女王，引发了极大的王室冲突和社会动荡。亨利八世去世后，他年仅9岁的儿子爱德华继位，继续推动宗教改革运动，但爱德华六世（Edward VI, 1547—1553年在位）在6年后去世，年仅15岁。他去世前，违背1543年国会通过的“第三王位继承法案”（Third Succession Act），没有让其两个同父异母的姐姐玛丽（Mary I, 1553—1558年在位）和伊丽莎白继位，却传位给具有新教信仰的表姐简·格雷（Lady Jane Grey, 1537—1554）。简受过良好的人文主义教育，据说是当时英格兰最有学识的女士。但简在位仅九天就被推翻并于一年后处死。信仰天主教的玛丽登基，随即恢复天主教会在英国的地位并血腥镇压宗教改革运动，被称为“血腥的玛丽”。她当政五年后于1558年去世，根据王位继承法案，在玛丽当政期间曾遭监禁、信奉新教的伊丽莎白登基为英国女王，开始了英国历史上辉煌的伊丽莎白时代。在这一时代，英国文艺复兴也达到鼎盛时期，创造出令英国人骄傲的灿烂文化。

伊丽莎白政府终止了玛丽女王时期亲罗马教廷的政策，大体上恢复和继续亨利八世和爱德华六世时期宗教改革的政策，新教终于在伊丽莎白时代确立了比较稳固的统治地位，同时伊丽莎白对天主教徒也采取了较为温和的政策，因此英格兰社会在经历十余年的动乱后终于出现比较安定的局面。在这样的环境中，文学和学术迅速繁荣，乔叟研

1 引文译自Spurgeon, *Five Hundred Years of Chaucer Criticism and Allusion*, Vol. I, p. 100。

究也进入新时期，特别是到了16世纪后期，对乔叟的提及和评论都大为增加。更重要的是，经斯宾塞和莎士比亚等大文豪的借鉴、模仿和发展，乔叟开创的英语文学传统得到进一步发扬，乔叟的诗歌创作艺术作为英语文学传统的核心组成的地位更加明确。总的来说，在伊丽莎白时期，乔叟作为英诗之父的名声和地位都在不断增长，并且出现了一些与时代发展和新的文学思想密切相关的新的研究方向和一些重要观点，但其中一部分将逐渐危及乔叟的地位和影响批评界对乔叟作品的正确解读。

伊丽莎白登基后第三年，新一版乔叟文集由约翰·斯托(John Stowe, 1525?—1605)编辑出版，在乔叟学术史上被称为斯托版。斯托是一位酷爱收集古代手稿的学者，他收集了许多十分珍贵的手稿。他从这些手稿中找出那些他认为属于乔叟的作品，加到1532年的希恩版中一起出版。其实，这些新增加的篇目中多数并非出自乔叟之手；但从其内容和诗歌手法上判断，它们可以被看作乔叟派作品。不过，经后来学者们研究，其中的确有一些是乔叟真作。

乔叟"全集"的下一个新版本面世要等到近四十年后的1598年。那一年，著名乔叟专家和学者托马斯·斯培特(Thomas Speght, ?—1621)编辑出版了斯培特版第一版。该版比斯托版更有特色，也更有影响。斯培特也以1532年希恩版为基础，但新增加了一些很有价值的内容。除乔叟肖像和小传外，新增加的内容中特别重要的有：1)收入一首被命名为《花与叶》的诗("The Flower and the Leaf"，该诗一直广受欢迎，但在19世纪也被证明并非出自乔叟之手)；2)为乔叟作品里那些他认为古奥、生僻的词汇提供了一个词汇注释表(glossary)；3)在乔叟著作版本史上首次收入了各时期关于各部乔叟作品和《坎特伯雷故事》各故事的评论文字。

斯培特的新版反映出，由于英语两百年来经历的重大变化，到16世纪末，英国人阅读乔叟已经感到相当困难，需要注释。特别值得称道的是，斯培特在新版中收入的那些评论文字，其中还包括相互对立的观点，可以算是历史上第一部"乔叟评论集"，或者说第一部"乔叟学术史资料汇编"。这些文字表明，关于乔叟的学术研究已经相当深入，而且可以帮助读者理解和欣赏乔叟作品。其中弗朗西斯·博蒙特(Francis

Beaumont，1550?—1624）的评论特别有见地，本章后面将具体引述他的观点。当然，这并非斯培特的独创，当时出版的许多类似著作或文集都收录了关于作者和作品的信息或评论性文字，并且把书信作为序言、前言、附录等，以助读者理解和作品传播。这些文字的收录反映出文艺复兴时期学者们对学术研究的重视。博蒙特那篇重要评论就是他给编者斯培特的一封长信。

斯培特这个版本不仅广受爱好乔叟的一般读者欢迎，而且对英格兰文学家立即产生了影响。当时英格兰文学的最高成就是戏剧，而仅在该版出版后的四年（1599—1602）中，就有五部剧作以乔叟作品为蓝本，其中包括莎士比亚的《特洛伊罗斯与克瑞西达》（*Troilus and Cressida*）。然而，斯培特编辑这个版本却引发了乔叟研究史上的一段公案。他在《致读者》里说，他之所以接手这个工作，是因为他那些“喜爱”乔叟的“密友”认为，由于“时间的磨损、抄写人的无知以及出版者的疏忽，[乔叟的作品]已经大受伤害”。[1]所以，他对先前版本中的错误进行了“修正”，也对一些地方做了说明。他的修正和说明也列在新版中。当新版出版之时，1532年版的编纂者希恩的儿子弗朗西斯·希恩（Francis Thynne）也正在准备一个新版本。他看到斯培特的新版本后，放弃了他的版本，并立即写了一封很长的信，严厉指责斯培特。特别是由于斯培特在《致读者》里用了“修正”一词，弗朗西斯·希恩指责道，你“使用‘修正’一词，我似乎可以认为，你想象我父亲的版本中存在巨大的不足，这种随意之说可能促使他人说（正如一些轻率之人已经在说），我父亲损害了乔叟”。他告诉斯培特：“是我父亲对乔叟的热爱和将其作品完美出版的强烈愿望促使我和所有其他人认为他的版本……完美无缺。”他接着告诉斯培特，他父亲如何竭尽全力搜寻乔叟作品，他甚至从国王亨利八世那里获得委托书，“在英格兰所有的图书馆里搜寻乔叟作品，所以他从全王国的修道院里得到极为丰富的藏书”。[2]他还充满骄傲地告诉斯培特，他父亲是如何一丝不苟、毫无遗漏地修订所有错误，从而出版了一部完美无缺的乔叟全集。

1 Brewer (ed.), *Chaucer: The Critical Heritage*, Vol. I, p. 141.

2 Francis Thynne, *Animadversions*, ed. G. H. Kingsley, Oxford: Oxford UP, 1965, pp. 5–6.

希恩信中洋溢着他对父亲和对乔叟炽热的爱和崇敬。这封长信后来在19世纪经学者们整理，以书的形式出版，为考察16世纪乔叟研究的历史语境提供了许多珍贵资料。比如，希恩在信中非常生动地描述了他父亲如何得到亨利八世的支持，试图将被认为是乔叟创作的《香客的故事》收入全集，但由于"乔叟在故事里最严厉地"攻击罗马天主教会的各级神职官员，英格兰的主教们以及红衣主教沃尔西（Cardinal Wolsey，1473?—1530）都出面阻止。虽然他父亲在国王庇护下逃脱了惩罚，但《香客的故事》却令人遗憾地没有被收入乔叟全集。[1]

如上面所指出的，尽管后来证明《香客的故事》并非乔叟作品，而且还是创作于希恩版付梓之后，但他所叙述的关于书籍的冲突却符合宗教改革运动时期英国社会和政治领域剧烈斗争的实际状况。希恩的信还透露出围绕乔叟作品的另一场斗争。他说，由于乔叟在《坎特伯雷故事》里对天主教会和神职人员大量揭露和辛辣讽刺，主教们极力主张将乔叟著作列为禁书；一位当时在会场的国会议员告诉他，由于红衣主教沃尔西等人施加影响，在国会召开的"关于禁止书籍的会议上，乔叟的作品如果不是被看作寓言，就已经遭到谴责并被永远列为禁书"[2]。

弗朗西斯·希恩随后在信中还详细列出斯培特版乔叟全集里各个方面的错误。斯培特很虚心地接受了希恩的批评，甚至提出辞去编辑乔叟全集的职位，让后者来继续编辑工作，希恩虽然没有接受，但协助斯培特完善了其第二版。斯培特后来在《致读者》里高度赞扬了希恩父子的贡献。斯培特第二版于1602年推出，全书一共412页，其中包括48页的前言、337页的乔叟作品正文以及27页的附录和勘误表。与第一版相比，其中最大的变化是：1）收入《高地的杰克》（前面提到，大约于1536年曾以乔叟为作者单篇出版，后来被学者们证明并非乔叟作品）和一首名为《ABC》的乔叟早期诗作；2）将作为附录的词汇注释大幅度增加，达2,000多条，几乎是第一版的两倍。这明显表明，当时人们阅读乔叟作品遇到越来越大的语言障碍。在随后的年代里，英语的巨大变化将日益扩大乔叟作品与时人之间的距离并逐渐导致乔叟地位的衰

1 Thynne, *Animadversions*, pp. 7–10.

2 同上，p. 10。

落，乔叟研究也将进入低潮期。另外，希恩对前一版的批评意见也被接受，从而做了一些修改。他的意见后来被证明大多数是正确的，但也并非全对，因此也给乔叟作品增添了一些错误。这些错误连同其他许多乔叟作品中的问题，都将留给19和20世纪的学者们去解决。

斯培特在为新版所写的《致读者》里，首先热情赞扬了希恩父子在编辑出版乔叟作品上的特殊贡献，随后对新版乔叟全集做了简单说明，并告诉读者乔叟的诗歌和语言的一些特点以帮助读者阅读。关于乔叟诗歌的格律这个日益引起学者们关注和争论的问题，他特别对读者说道：

> 在我们看来，他的诗行虽然在许多地方似乎不太规则，音节数量不等，然而有经验的读者，如果能根据其特点知道如何诵读，就会发现并非如此。如果某一个诗行比其他诗行少或多一个音节，我宁愿认为那是由于抄写者的疏忽或急躁所造成。[1]

斯培特的这个基于他对乔叟手稿的仔细研究做出的猜测，后来在18世纪中期［如墓园派诗人托马斯·格雷（Thomas Gray，1716—1771）］，特别是在19世纪，被学者们证明部分是正确的。当然更重要的原因是因为英语语言的巨大变化，一些英语词汇失去前缀和后缀，特别是结尾的e不再发音，从而使乔叟的有些诗行音节不整齐；学者们认为，甚至手抄稿誊写者的一些错误实际上也缘于此。[2]

在伊丽莎白时代，特别是在其前期，学者和诗人们对乔叟的解读和评论首先还是延续了16世纪初以来以重视道德价值以及乔叟对英语语言的贡献等为中心的主流观点。而这两方面都与英格兰社会状况和英格兰民族意识的发展相关。由于宗教改革运动继续深入发展，乔叟对天主教教会的批评态度以及他在道德方面进行的探索和表现一直是关注的重点；而宗教改革运动的深入进一步加剧了英国同罗马教廷的冲突，这种冲突加强了英国的独立性并进一步促进了英格兰民族意识的

1 引文译自Spurgeon, *Five Hundred Years of Chaucer Criticism and Allusion*, Vol. I, p. 169。

2 关于格雷和其他学者在这方面的研究，本书后面在相关部分将具体引述。

发展，这反过来又激发了英国人对英语语言的自豪感。乔叟在英语文学上的杰出成就和发展英语语言上的重大贡献都使他成为英国人爱国热情和民族自豪感的载体。

约翰·福克斯是著名学者和宗教改革活动家。他的代表作是一部关于自罗马帝国以来基督徒的殉教史，至今仍很有影响。关于乔叟，他在1570年从其新教徒的立场做了很有意义的评述。他说：

> 乔叟所有的作品现在集成一卷印刷出版，因此所有的人都不难获得。当看到那个时代的神父和神职人员们过着无所事事的懒散生活，而这些文学作品表现出世俗之人却在如何辛勤而卓有成效地创作，我不得不为之赞叹。然而让我更加赞叹的是我想到，那些主教们谴责和禁止各式各样能给人们带来知识之光的英文书籍和文章，却竟然容许乔叟的著作至今存世与流行，尽管他（毫无疑问）关于宗教之认识甚至与我等当今的观点大体一致，而且在其著作中也充分发表其见解。他似乎还是一个当之无愧的威克里夫派，[1]否则威克里夫就从未有一个真正的追随者，正如几乎他所有的作品，如果我们认真研究的话，特别是他的第三部著作《爱情之约》的后半部，都会如此证明（他的作品总是轻松而不露声色地表达观点）。……在那部作品里，除非一个人完全瞎了，否则他会看得一清二楚。

福克斯接着称赞乔叟在作品中使用"隐晦"的艺术手法来巧妙表达其真实观点。他说：

> 他以这样的方式传递真理，以至他既能使那些信奉上帝之人悄然受益，又能使狡猾的反对者无法识破其真意：因此主教们及其同伙认为他的作品只是有趣好玩，故在声讨其他著作之时，却容许人们阅读他的作品。所以那是上帝有意蒙蔽他们的双眼，以使其

1 约翰·威克里夫是《圣经》的早期英译者，14世纪英国宗教改革运动活动家，罗拉德派领袖，被赞为"欧洲宗教改革运动的启明星"。

子民更多受益……通过阅读乔叟的著作，他们获得关于宗教的真知。

福克斯特别提到《高地的杰克》这部旗帜鲜明地反对梵蒂冈教廷的作品，并特别赞扬了那个“来自高地、心地单纯的农夫”。他问道：“有什么故事比农夫所讲的更为清楚明确？有谁将矛头更直截了当地指向教皇和他的团伙并将他们直斥为反基督者（Antichrist）？”[1]这显然是一篇很能反映当时宗教改革者们的战斗性的评论文章。的确，乔叟在《坎特伯雷故事》里严厉谴责教会人士的腐败堕落，也使用了巧妙的艺术手法，因此往往在谈笑间辛辣地讽刺和嘲笑各类教会人士的贪婪和无耻，而且也间接批评了罗马教廷纵容兜售赎罪券的腐败行为，然而《高地的杰克》和前一段引文中他高度赞扬的《爱情之约》却都并非出自乔叟之手。

在一定意义上说，福克斯与其说是在评述乔叟，还不如说是在利用乔叟来表达他针对天主教及其教士，特别是像主教这样阶层的高级教士的批判和嘲讽。实际上乔叟从未直接反对过梵蒂冈教廷，更没有将教皇斥为“反基督者”。如上面已经指出的，福克斯专门挑选出来支持宗教改革运动的两部作品后来都被证明并非真的是乔叟著作。其实严格来说，乔叟反对的是天主教会的腐败，而非天主教会本身，更非其神学思想。从福克斯对乔叟的评论可以看出，宗教改革运动中的评论家们根据乔叟作品里对天主教会人士之腐败的谴责把他塑造成改革运动的先驱，然后又利用英诗之父的崇高名声来批判罗马教会。

不过，随着伊丽莎白时代社会逐渐趋于稳定，文艺复兴运动深入发展，人们对文学艺术的兴趣大为提高，因此诗人和学者们对乔叟诗作的艺术性也更为关注。乔治·加斯科因（George Gascoigne，1535?—1577）在1575年写下了英国历史上第一篇关于英语诗歌格律的文章。加斯科因毕业于剑桥大学，是国会议员和军人，同时也是当时著名的诗人、剧作家和翻译家。作为诗人，他特别强调诗歌格律上的创新。加斯科因对乔叟深怀敬意，像历代诗人一样称他为“大师”和“父亲”。他根

1 John Foxe, *The Acts and Monuments*, 1570 ed., p. 1004, http://www.johnfoxe.org/index. Chaucer#kw, Jan. 31, 2013.

据自己的诗歌创作经验，并以乔叟诗作为例分析英诗格律。他在1575年的论文中说，“我们的父亲乔叟”像“拉丁诗人”那样“使用音步和重音”，同时又加以创新。由于乔叟巧妙使用轻、重音，他诗中那些具有最多音节和最少音节的诗行都是那样“自然流畅”，而且“听起来”“似乎长度相等”。关于韵律，他说，还有“一种称为‘骑韵’的重要韵式，如同我们的大师和父亲乔叟在《坎特伯雷故事》”和其他作品里所使用的那种。[1]

骑韵（riding rhyme）是乔叟的创新，是英雄对句的早期形式。后来英雄对句包括“开放式英雄对句”（open heroic couplets），即骑韵，和“封闭式英雄对句”[2]两类。由于英雄对句使用抑扬格双行押韵，而且两诗行非常工整对称，特别符合新古典主义的艺术原则，因此后来在新古典主义时期风靡诗坛。加斯科因有可能是这个术语的发明者，起码是现存文献中最早使用该术语的学者。[3]他对诗歌格律的重视和对骑韵的强调表明，新古典主义在英国文学界已经有一定发展，同时也表明他对乔叟诗歌艺术有相当深入的研究。

新古典主义在英格兰发展并已进入乔叟研究之中的情况很快就有了新证据。1576年，梅雷迪斯·汉默尔（Meredith Hanmer，1543—1604）写道：“在乔叟的故事里，人们感到超常的智慧、绝妙的趣味和恰如其分的得体。”[4]“得体”（decorum）作为文学作品的艺术价值正是新古典主义的基本原则。得体强调每一种体裁必须使用与其一致的风格。它本身是古典修辞和文学的重要原则，亚里士多德和贺拉斯都有系统阐释。在文艺复兴时期，随着古典文化和文学及其理论的复兴，作家和文学理论家们也对得体越来越重视。在英国历史上，前面

1 George Gascoigne, “Certain Notes of Instruction concerning the Making of Verse or Ryme in English Poetry,” in G. Gregory Smith (ed.), *Elizabethan Critical Essays*, Vol. I, Oxford: Oxford UP, 1904, pp. 50, 56.

2 “开放式对句”（即骑韵）是指一个诗句可以跨多行，形成句法和意义上都开放的对句；而“封闭式对句”的第二个诗行的结尾也是句子的结束，因此对句在句法和意义上都“封闭”。

3 参看Brewer (ed.), *Chaucer: The Critical Heritage*, Vol. I, p. 21。

4 引文译自Brewer (ed.), *Chaucer: The Critical Heritage*, Vol. I, p. 113。

提到的罗杰·阿斯卡姆在大约1563年撰写的著作《学校教育》(*The Schoolmaster*)中首先使用了这个术语。[1]那是一本关于儿童教育的著作。它以人文主义为指导,以古希腊罗马学校为范本,强调语言、修辞和行为举止方面的修养。该书在作者去世两年后于1570年出版,在随后的两个世纪中非常有影响。

但实际上,包括中世纪诗人在内的历代优秀文学家一般都自觉或不自觉地遵循着"得体"这一原则。乔叟在《坎特伯雷故事》里使用了中世纪文学几乎所有的体裁和与之相一致的风格。比如,具有史诗性质的浪漫传奇《骑士的故事》风格高雅,而市井故事《磨坊主的故事》("The Miller's Tale")语言粗俗,都与其体裁和内容恰好相符。汉默尔在乔叟批评史上第一个指出了诗人的这一重要特点。新古典主义文学思想使他注意到被此前的学者们忽略了的特点。后来到了新古典主义的全盛期,德莱顿将对乔叟的"得体"进行生动而深入的分析。不过需要指出的是,相对而言,新古典主义者信奉的"得体"原则更倾向于高雅内容与高雅风格,这也是为什么当时有一些新古典主义批评家指责乔叟的一些"不高雅"的故事不"得体"。

英国文艺复兴时期新古典主义的第一个特别重要的人物是菲利普·锡德尼。他出身贵族,毕业于牛津大学,是著名的诗人、学者、军人,可以说是当时青年贵族们眼中的偶像式人物。他在一次不大的战斗中受伤,英年早逝。他深受古典文化和文学影响,在古典文学理论上造诣很深,写下了英国历史上第一篇系统的文学理论论文《诗辩》("An Apologie for Poetrie", 1581)。该文是英国文艺复兴时期新古典主义文学思想的集中体现,在英国文学理论和批评史上有很重要的地位。在这篇重要文章里,他给了乔叟和高尔英语文学之父那样很高的地位,他说,如同古罗马有安得罗尼库斯和恩尼乌斯,[2]意大利语有但丁、薄伽丘和彼特拉克一样,"我们的英语里有高尔和乔叟。……受他们杰出的先行示范之鼓舞与激励,其他人追随其后"。在文章后面部分,他进一步

1 Roger Ascham, *The Schoolmaster*, London: Cassell, 1909, p. 109.

2 安得罗尼库斯(Livius Andronicus, 280/260?—200? BC)是古罗马早期悲剧和史诗作家;恩尼乌斯(Quintus Ennius, 239?—169? BC)也是古罗马早期剧作家和诗人。他们被认为是古罗马文学之父。

评论乔叟说：

> 毫无疑问，乔叟的《特洛伊罗斯与克瑞西达》无比优秀；对于他我真不知道，是对他在那个浑噩的时代里也能看得那么清楚，还是对我们在这个清明的时代里只能跌跌撞撞地跟随他，更应该感到赞叹。虽然他仍有很大缺陷（great wants），但我们应该原谅，因为那是多么值得尊敬的古代作品。[1]

这是措辞含蓄而意义丰富的评论，很好地展示了锡德尼基本的学术立场和良好教养。他既表达了对英国文学之父充分的尊敬，又表明自己身处新古典主义"照耀"下更"清明的时代"，能看出乔叟创作中存在的问题。至于乔叟作品中存在什么"缺陷"，锡德尼很有风度地没有明说，而是表达了宽容。

不过这篇论文中系统表达的文学思想表明，他在暗示乔叟的许多作品并不符合新古典主义的原则。比如，新古典主义强调，而且锡德尼在文中也重点强调，一个好诗人应该使用高雅风格描写重大题材，如同在史诗或悲剧中那样。正因为如此，在通篇文章里，乔叟作品中唯有风格高雅统一并具有一定史诗性质和悲剧色彩的浪漫传奇《特洛伊罗斯与克瑞西达》被锡德尼提到（两次）并给予赞扬。相反，他却很有礼貌地对乔叟的代表作并且流传最广的《坎特伯雷故事》保持了沉默。他心里认为"仍有很大缺陷"的作品非常可能就是《坎特伯雷故事》，因为它包含各种体裁，杂糅不同风格，而且往往掺杂嬉笑怒骂等极不"严肃"的表现手法，显然不符合他信奉的新古典主义原则。比如他批评有些喜剧作家们说，他们经常"在描写罪孽时引发笑声，那本应是令人讨厌而非可笑；或者在表现悲伤之事时也引人发笑，而那本应得到怜悯而非嘲弄"；他认为那是"巨大的错误"并"被亚里士多德明确反对"。[2]很明显，《坎特伯雷故事》里那些市井故事，以及卖赎罪券的教士、差役等人的引言与故事，香客们之间充满喜剧性的矛盾冲突，都属于这类作品。其实，锡德尼在文中有意无意地把乔叟主要看作喜剧作家；他在第

1 Katherine Duncan-Jones (ed.), *Philip Sidney*, Oxford: Oxford UP, 1989, pp. 213, 242.

2 同上，p. 245。

一次提到《特洛伊罗斯与克瑞西达》时，就只是将书中最具喜剧色彩的人物、克瑞西达的舅舅潘达鲁斯（Pandarus）同古罗马作家泰伦提乌斯（Publius Terentius Afer，190?—160? BC）的喜剧人物一道作为“更低一等”的艺术中的人物形象典型。[1]

锡德尼能“原谅”乔叟作品的“缺陷”，是因为他认为乔叟是在一个“浑噩的时代里”生活和写作。这是出自他对于中世纪人所抱有的优越感。文艺复兴时代的学者和诗人普遍具有这种优越感，所以正是文艺复兴思想家首先将取代了他们所崇敬的古典时代但实际上也创造了很高文明的中世纪称为“黑暗世纪”。其实除锡德尼外，许多同时代人也对包括乔叟在内的中世纪诗人抱有这种优越感，从而居高临下地认为乔叟等诗人还生活在“浑噩”、“粗俗”或“野蛮”的“古代”。前面提到，在亨利八世时期就已有一些学者认为乔叟生活在“浑噩”时代，但那主要是以此来反衬和赞叹乔叟的天才；而16世纪后期文艺复兴全盛期的学者们这样看待乔叟及其时代，则更是为了“理解”或“宽容”乔叟的“缺陷”，或者说，他们在颂扬乔叟的同时，一般也都以此来为英诗之父开脱或辩护。

由于新古典主义极为重视诗歌形式的严谨工整，因此锡德尼说乔叟作品中存在“缺陷”，那或许也是因为他认为乔叟诗歌格律不规范。乔治·普顿海姆（George Puttenham，1529—1590）认为，乔叟等“我们古代的诗人”“要么很少使用停顿，要么简直不用，要么放肆地用，而且他们的韵式（他们称之为骑韵）由一系列丑怪的词汇组成，根本不容停顿，因此他们的诗歌持续延伸，从不停顿，直到结束”。所以他说，“我们的诗人现在将不再追随”他们，“因为他们的语言现在对我们已经不再适合”。[2]然而，尽管他不喜欢乔叟那种似乎与新古典主义文学观念相左的韵律，但当他具体谈到乔叟作品时，还是表现出他在某些方面的深刻理解，并情不自禁地表达了钦佩。他说乔叟是古代诗人中

最杰出的一位，因为他丰富的知识似乎超越了其他任何人。而且，虽

1 参看 Duncan-Jones (ed.), *Philip Sidney*, p. 222。

2 George Puttenham, *The Arte of English Poesie*, Kent, OH: Kent State UP, 1970, pp. 89, 157.

然他的许多著作只是从拉丁语和法语翻译而来，但他处理得非常高明；比如他的《特洛伊罗斯与克瑞西达》，还有《玫瑰传奇》就是如此，……我认为《坎特伯雷故事》是乔叟自己的创作，在里面他比在他的其他诗作里更多地表现出他那种天生的令人愉快的才智，他在形象刻画和所有其他方面的描写上，简直无可挑剔。他在《特洛伊罗斯与克瑞西达》里使用的英雄体非常严谨庄重，每个诗节七行，每行十个音节；他的《坎特伯雷故事》的诗体使用了骑韵，但却非常适合充满乐趣的朝圣旅途这个题材，在里面每一个角色都表现得恰如其分。[1]

在这里，普顿海姆首先称颂了乔叟丰富的知识，因为文艺复兴人认为渊博的知识是成为优秀诗人的前提。尽管他认为骑韵不符合新古典主义文艺观，对它颇有微词，但他还是认为乔叟使用的骑韵完全符合《坎特伯雷故事》的题材，这表明他显然比那些简单套用理论的批评家更为高明。

不仅如此，上面的引述还表明，在那个往往只笼统谈论文学的时代，他比其他学者都更具体地深入文本，更具体地谈及乔叟的诗歌特点。对此，19世纪著名文学批评家约翰·希皮斯利（J. H. Hippisley）给了普顿海姆很高的评价。他说，普顿海姆"是第一位多少认识到我们这位作家[乔叟]的作品的历史或者它们的诗歌价值的评论家"，他"高明地简述了我们这位作家的诗歌特征，与锡德尼的模糊笼统形成鲜明对比"。[2]当然，模糊笼统的不仅仅是锡德尼；他专门提及锡德尼，因为锡德尼是当时最杰出的文学理论家和批评家。

诗人、剧作家和评论家托马斯·纳什（Thomas Nashe，1567—1601）也是伊丽莎白时代的文化名人。他虽然对乔叟很崇敬，但也认为"乔叟、莱德盖特、高尔，以及其他类似的人，……生活在愚昧的统治之下"[3]。所以他说，锡德尼等"不朽"的当今诗人们的一个重大功绩就是

1 Puttenham, *The Arte of English Poesie*, pp. 75–76.

2 J. H. Hippisley, *Chapters on Early English Literature*, London: Edward Moxon, 1837, pp. 49–50.

3 Thomas Nashe, "Preface to Greene's *Menaphon*," in Smith (ed.), *Elizabethan Critical Essays*, Vol. I, p. 318.

"从愚昧状态中净化了我们的语言",即乔叟笔下的旅店老板和巴思妇人等"伦敦粗俗的"下等人所用的那种语言。[1]威廉·科威尔(William Covell, ?—1613)则更直截了当,他说,乔叟等人的"未经提炼的粗俗语言完全不符合我们时代对高雅的要求"[2]。

威廉·韦伯(William Webbe, 1568—1591)没有那么极端。韦伯毕业于剑桥,对诗艺颇有研究。他在专门分析诗歌格律和概述从中世纪到文艺复兴英国诗歌的著作中甚至说,"乔叟由于他的诗歌而获得崇高声誉,一直被尊为英国诗人们的神";但他同时也指出:

> 虽然对于许多耳感敏锐的现代英国人,[乔叟的]韵律也许听起来别扭粗俗,但如果我们平心而论,再加上良好的判断力并考虑他写作之时代,实际上我们就能看到一个真正诗人真实而完美之形象。[3]

韦伯也是用"时代"来"谅解"乔叟诗歌格律的"别扭粗俗";但他对乔叟的文学成就,特别是对他寓教于乐的内容却大加称赞,认为那是"好诗之真正基础"。他问道:除了乔叟外,

> 谁还能更有趣地提出如此有益之建议和充满睿智之高见,并说他的关注似乎仅为思想和教育意义?或者说,谁还能以更大智慧和更精确手法展示让人高兴、令人愉悦之情节,好像他只讲述有趣故事而别无他意?所以,这就是好诗之真正基础:既有教益,又妙趣横生。[4]

---

1 Ronald McKerrow (ed.), *The Works of Thomas Nashe*, Vol. I, Oxford: Blackwell, 1966, p. 193.

2 引文译自 Spurgeon, *Five Hundred Years of Chaucer Criticism and Allusion*, Vol. I, p. 142。

3 William Webbe, "A Discourse of English Poetrie," in Smith (ed.), *Elizabethan Critical Essays*, Vol. I, p. 241.

4 同上,p. 251。

寓教于乐是古典诗人贺拉斯特别强调而同时也是新古典主义文学家所信奉的重要文学原则。

这时期对乔叟别具一格的评论来自罗伯特·格林(Robert Greene, 1560—1592)。他就读于剑桥,是一位十分多产的作家。他在著作《格林之梦》(*Greene's Vision*)里,梦见乔叟和高尔,他们三人别开生面地组织了一场关于文学思想的辩论。辩论主要是在乔叟和高尔之间展开,乔叟大体上代表中世纪以来英国文学传统,而高尔则更多是在表达属于新古典主义的文学原则。这场辩论反映了16世纪末英国文坛两种文学思潮和创作倾向的并存与争论。在书中,格林让乔叟亲自出面,并以自己的著作,特别是《坎特伯雷故事》为例,表达了几个重要的文学观点。当然,这些观点实际上也是格林对乔叟作品的评论。

其中一个观点针对"三一律",强调作品和手法的多样性。乔叟说:"如果知识被编织成一根直线,只能在一个方向单调地表现自己,那么就会缺乏多样性";我们需要的是"各式各样的人、各式各样的手法;而睿智之人不应该因为题材的严肃而应该因为创作的完美而受赞美。……我自己足以为例,我的《坎特伯雷故事》足够宽广吧,它以通俗、令人愉悦的手法写成:然而还有谁因其作品比乔叟更被奉为经典?"[1]其次,针对高尔指责格林作品描写放荡,也就是关于新古典主义的"得体"观,乔叟回答说:

> 不,高尔,我告诉你,他的作品表现了爱情,所以具有教育意义:由于它们包含放荡,因而能很有效地压制虚荣。治疗疔毒,除了用腐蚀药就没有其他方式吗?清除溃疡,非强效膏药不可吗?对付罪孽,仅仅只能是辛辣讽刺吗?不!还有令人愉悦的方法。笑骂与严肃的斥责一样有效,伊索以欢快的寓言对付愚蠢,正如赫西奥德[2]在他的英雄史诗里提升人们的行为。我告诉你,这人将愉悦和教益结合在一起,

1 Alexander B. Grosart, *The Life and Works in Prose and Verse of Robert Greene*, New York: Russell & Russell, 1964, p. 215.

2 赫西奥德(Hesiod),大约生活在公元前8世纪,是著名的古希腊诗人,代表作有《神谱》(*Theogony*)和《工作和时日》(*Works and Days*)等。

虽然他的蜂有刺，但它制造香甜的蜂蜜。[1]

格林既是在运用梦幻形式巧妙地评论乔叟，特别是他的《坎特伯雷故事》，又反过来利用乔叟的威望来为他自己的创作辩护，并表达和支持英格兰本土传统中一些核心文学思想，比如教益与愉悦的有机结合而非简单强调得体，以及不同体裁、不同题材、不同风格的并存与相互包容等，而这些思想与新古典主义原则都有相当距离。虽然受到新古典主义反对，这一传统却在斯宾塞和莎士比亚等文艺复兴时代那些杰出的英国文学家的创作中得到继承和发扬。

1597年，弗朗西斯 · 博蒙特也针对新古典主义批评家们对乔叟的指责，在他给当时著名的乔叟学者和1598年新版乔叟全集的编纂者托马斯 · 斯培特的一封长信中做了比较系统而深刻的回应。斯培特将该信作为全集的前言刊出，足见他高度赞同博蒙特的观点。在信中，博蒙特将乔叟与新古典主义者所崇敬的古典文学家进行比较。他问道：

说到乔叟被指责的各种不雅之处，有哪一位罗马诗人在这方面不比他更为出格？维吉尔在《普利阿普斯》(*Priapus*)[2]里比他严重一千倍，而奥维德在《爱的艺术》(*de Arte amadi*)[3]里和贺拉斯在许多地方与其他人毫无二致；不过，卡图卢斯[4]和提布卢斯[5]在污秽放纵方面更是无与伦比，超过他们所有的人。不论是普劳图斯[6]还是特伦斯[7]，在这方

1 Grosart, *The Life and Works in Prose and Verse of Robert Greene*, pp. 218–219.

2《普利阿普斯》是一部关于生殖神（Priapus）的诗作，作者不详，文艺复兴时期被认为是维吉尔、奥维德（Ovid, 43 BC—17 ?AD）或其他诗人所写。

3 也译为《爱经》。

4 卡图卢斯（Valerius Catullus, 84?—54? BC），罗马共和国后期著名诗人，对维吉尔、奥维德和贺拉斯都有重要影响。

5 提布卢斯（Albius Tibullus, 55?—19? BC），贺拉斯同时代人，罗马时代重要的挽歌（elegies）诗人。

6 普劳图斯（Titus Maccius Plautus, 254?—184 BC），古罗马杰出的喜剧作家。

7 特伦斯，英语名Terence，原名Publius Terentius Afer，即前文提及的泰伦提乌斯，奴隶出身的古罗马著名喜剧作家。

面也都不能免责，然而这两人却比其他人得到更多原谅，就因为他们遵循了得体的原则，即让他们的喜剧性人物的语言恰如其分地适合他们的性格。难道我们不能说乔叟也正是这样吗？他让他的磨坊主、他的厨师、他的木匠讲述他们那些直率而有趣的故事，正如他使他的骑士、他的扈从、他的律师和他的学士讲述适合他们的故事一样，他究竟离开得体多远？而且为了展示这些卑劣人物的性格，他在他们的引言和故事里直截了当地说，这些人物的有趣之处主要就在于他们下流的语言，就在于他们对别人的无耻中伤。

可见，博蒙特并非像当时许多新古典主义者那样，将“得体”局限于使用高雅风格表现高雅题材。他随即将乔叟同那些古罗马、古希腊文学家进一步对比：

现在让我们把他同其他诗人进行对比。他的《坎特伯雷故事》包括同样的内容，并用喜剧的方式表现：大体上他与他们一样使用的是低俗的风格；但他们之间的区别是，特伦斯追随普劳图斯，普劳图斯追随斯塔提乌斯，斯塔提乌斯追随米南德，[1]米南德则追随他之前的希腊人。他们作品的基本模式是：表现一些年轻女人的淫荡；许多青年男人的放纵；老鸨的狡猾伎俩；寄生虫们的摇尾奉承；各种慈爱老父的悲伤，他们为了省钱使儿子们长期单身，直到儿子们最终为自己找到很不幸的对象；以及他们明显愚蠢的做法，竟然将孩子们交给那些最淫荡、交友最坏的仆人看管。他们的模式仅此而已，毫无创新。乔叟的坎特伯雷香客们则完全是他自己的创造，而没有追随他之前任何人的做法。他脱离[得体]是为了触及所有的人，也是为了揭露那个时代的一切邪恶，而且他做得如此之好，以至对所瞄准的目标他总能切中要害。[2]

博蒙特对乔叟的评价十分中肯，很有见地，特别是前无古人地揭示了乔

1 斯塔提乌斯（Caecilius Statius, 220?—166? BC）为古罗马喜剧诗人和喜剧作家；米南德（Menander, 341?—290? BC）为古希腊的“新派喜剧”（New Comedy）代表人物。

2 引文译自 Brewer (ed.), *Chaucer: The Critical Heritage*, Vol. I, pp. 137–138。

叟的独创性及其现实主义倾向，代表了16世纪乔叟研究的最高水平。其观点之犀利和深刻，要到一百年后在德莱顿的笔下才会被超越，而德莱顿的见解在相当程度上正是博蒙特的观点的发展与深化。

从上面的引文可以看出，博蒙特代表了更倾向于英格兰本土传统一派的立场。不仅如此，博蒙特还特别注意到或者说在历史上第一个着重指出乔叟创作中一个极为重要的艺术特点或成就，即与欧洲各国历代文学家相比，他能赋予读者“更强的想象力”。在指出了乔叟作为诗人的各种杰出之处后，他说：

> ……除此之外，他还具有另外一种超越其他作家的天赋，那就是，他那些无与伦比的描写赋予他的读者们一种更强的想象力，使他们能直接看见他们所读的内容在眼前发生；在这方面，迄今为止使用任何其他语言的作家都无法与之相比。[1]

博蒙特这一深刻评价同前一章里引述的15世纪那位佚名作者在《典雅之书》里的观点完全一致。由于这封信表达了上面这些以及其他很有见地的观点，斯培特将它作为前言之一收入他编纂的1598年和1602年两个版本的乔叟文集里。斯宾塞、莎士比亚和德莱顿等许多借鉴和研究乔叟的同时代和后代诗人、学者使用的显然是斯培特版，因此很有可能都读过这个前言。

同此前各时代一样，除学者们在研究和评论乔叟之外，文学家们也一直在用他们独特的借鉴方式在研究和评判这位影响巨大的前辈诗人。伊丽莎白时代的许多作家都在文学作品中提到、隐射、借鉴和模仿乔叟，从而直接或间接表达他们对英诗之父的解读和评价。多年来，由于时代的久远、文学观念的变迁和英语语言的巨大变化，许多诗人对乔叟诗歌的理解和模仿往往只及皮毛。前面提到的阿斯卡姆曾对“那些把英语里的乔叟和意大利语里的彼特拉克尊为诗中之神”而又不能真正读懂两位“智者”的人大加讽刺。他说：

1 引文译自Brewer (ed.), *Chaucer: The Critical Heritage*, Vol. I, p. 138。

那样的人也是乔叟和彼特拉克的追随者，就如同有人在英格兰这样追捧托马斯·莫尔(Thomas More)爵士：他在智慧和知识上与之有天壤之别，然而他照托马斯·莫尔爵士常做的那样，将袍服斜穿在一个肩膀上，于是就自认为应该被看作同他一样的人。[1]

在这方面，甚至连被称为"诗人之诗人"(poet's poet)的大诗人斯宾塞也未能完全免俗。他崇敬乔叟，但对乔叟时代的英语语法、词尾变化以及发音却不太了解，所以他对乔叟诗歌语言的模仿有时不仅生硬不符合语言规范，而且生造出一些词汇，导致同时代著名诗人和剧作家本·琼生(Ben Jonson, 1572—1637)嘲笑他"模仿古人而写的根本不是语言"[2]。不过，斯宾塞的杰出之处在于，他并没有停留在表面模仿，他对乔叟的解读与借鉴实际上深入乔叟创作的本质。

如果说莱德盖特是英国文学中的乔叟传统在15世纪形成之时的主要传人的话，那么在文艺复兴时期，也许斯宾塞是乔叟传统最重要的代表。他对乔叟极为崇敬，他去世后，人们按其遗愿将他埋葬在英诗之父墓旁。在他的早期重要诗作《牧羊人日历》(*Shepheardes Calendar*, 1579)里，他就说，乔叟的"声名与日俱增"，希望"他知识渊博的头脑中的清泉/能掉下几滴到我身上流淌"。[3]同15世纪的乔叟派诗人一样，斯宾塞也将乔叟视为诗歌灵感的源泉和崇高的榜样，但作为文艺复兴时期的诗人，他特别强调乔叟"知识渊博"。

在代表作《仙后》里，他称乔叟为"清纯英语之源泉""声名远播的丰碑""全世界不尽的宝贵财富"。需要说明的是，斯宾塞称乔叟为"清纯英语之源泉"(well of English undefiled)[4]是有所指的，而且在当时具有特殊意义。部分由于受新古典主义影响，一些诗人特别强调华丽的诗风，他们的诗歌空洞而做作。斯宾塞说乔叟的英语"清纯"(undefiled)实际上是批评伊丽莎白时代的英语已经被玷污。所以他极力反对这种

1 Ascham, *The Schoolmaster*, p. 173.

2 转引自Lounsbury, *Studies in Chaucer*, Vol. III, p. 64。

3 Edmund Spenser, *The Complete Poetical Works of Edmund Spenser*, Cambridge: Cambridge UP, 1908, p. 30.

4 同上，p. 430。

倾向而赞扬乔叟质朴的诗风。他不仅这样呼吁，而且身体力行，在诗中模仿乔叟的英语和风格，但走得太远，以至生造出一些不仅乔叟没有用过而且从来也没有出现过的貌似古奥的词汇。

斯宾塞一方面在诗作中高度颂扬英诗之父，另一方面也以其杰出的文学创作继承乔叟传统，或者如他所说，在创作中"盗取"乔叟的诗歌艺术。他对早已仙逝的大师之灵魂说：

原谅我吧，最神圣的幸福之灵，
　　为了不使您宝贵的心血遗失，
　　我定要把您智慧的精华盗取，
　　您在世无人敢有此非分之心，
　　但您只会白死若无更多人前行：
　　并非我胆大包天，而是想同
　　您的灵魂（它活在我心中）幸福交融，
　　我在此世今生追随您的足迹，
若蒙恩准，我将和您相遇。[1]

他请求乔叟"原谅"，具体地说，是因为他很快将在下面"盗取"《坎特伯雷故事》里未完成的《扈从的故事》（"The Squire's Tale"）来续写。正如斯珀吉翁所指出，如此"盗取""也许是一位伟大诗人向另一位伟大诗人所表达的最崇高的敬意"。[2]当然，斯宾塞"盗取"乔叟故事，并非仅仅在表达敬意，更不是在简单模仿，而是像乔叟从奥维德、薄伽丘等许多诗人那里"盗取"一样，是为了再创作。在一定程度上，他把乔叟的骑士浪漫传奇改写成史诗，以骑士们的高尚美德和英雄业绩服务于他歌颂英格兰民族精神和升华人们的道德品质的主旨。

所以，斯宾塞从乔叟那里"盗取"的自然不仅仅是一个故事，更是诗歌艺术。换句话说，他要在那个越来越崇拜古希腊罗马的时代，在学习古典文学艺术的同时，决心继承和发扬乔叟奠定的英格兰本土诗歌传统。他的作品，从早期《牧羊人日历》和《母亲胡伯特的故

1 Spenser, *The Complete Poetical Works of Edmund Spenser*, p. 430.

2 Spurgeon, *Five Hundred Years of Chaucer Criticism and Allusion*, Vol. I, p. xxiv.

事》(*Mother Hubberd's Tale*)到代表作《仙后》,全都反映出乔叟的影响。[1]乔叟丰富多彩的艺术手法,乔叟广阔的视野,乔叟对英格兰社会现实的关注,乔叟对各种体裁、题材和风格的包容,全都在斯宾塞那里得到继承和发展。比如他的代表作《仙后》包容各种体裁、风格和题材,它既是史诗,又是浪漫传奇,而且还是英格兰的寓意历史;它里面既包含亚瑟王传奇故事,也具有直接来自英格兰现实中的社会、政治以及同罗马天主教会的冲突的丰富内容。在当时,除了莎士比亚外,他的作品最具有包容一切的广泛性。德莱顿后来说:"斯宾塞不止一次暗示,乔叟的灵魂进入了他的身体,他是[乔叟]去世两百年后出生的儿子。"[2]

同诗人们一样,伊丽莎白时代一些杰出的剧作家也在创作中借鉴乔叟。他们将乔叟的故事改写成剧本,不是像有些诗人如同模仿莫尔斜穿袍服那样从表面上模仿乔叟的诗歌风格,而是像斯宾塞在创作中那样在深层次上继承、丰富和发扬乔叟传统。同时,他们也是在英国文艺复兴全盛期的社会文化语境中以他们特别的方式评价乔叟及其文学成就。

在伊丽莎白时代之前,现代戏剧还未在英国出现,乔叟作品就已经进入一种在贵族聚会中演出的"穿插剧"(interlude)。大约在16世纪前半叶,一位叫约翰·海伍德(John Heywood, 1497?—1580?)的作家创作的穿插剧《卖赎罪券者与托钵僧、副牧师与内波尔的嬉闹剧》(*The Mery Play between the Pardoner and the Frere, the Curate and Neybour Pratte*, before 1533)就从乔叟的《坎特伯雷故事》中借用了材料。当现代戏剧在英国开始萌动之时,一位叫理查德·爱德华兹(Richard Edwards, 1525—1566)的剧作家就以《骑士的故事》为蓝本创作了剧作《帕拉蒙和阿塞特》(*Palamon and Arcite*),于1566年在牛津大学专门为伊丽莎白女王演出。[3]

随着英国戏剧的繁荣,乔叟那些脍炙人口的故事更成为剧作家们

1 参看 Lounsbury, *Studies in Chaucer*, Vol. III, pp. 44–45。

2 John Dryden, "Preface" to *Fables: Ancient and Modern*, in Vinton A. Dearing (ed.), *Works of John Dryden*, Vol. VII, Berkeley: U of California P, 2000, p. 25.

3 同1,pp. 68, 69。

寻找灵感、主题和材料的宝库。安·汤普森(Ann Thompson)指出:"不可否认,对于伊丽莎白和詹姆斯时代的作家们而言,乔叟一直是主要诗人;而他们在剧作中对其作品的借鉴证明,他们对他的赞颂并非仅仅是对这个最有资格被称为'英语之荷马'的人的口头奉承。"而在他们之中,"莎士比亚对他作品的运用最为广泛而且最有意义"。[1]根据她的研究和统计,从1558年到1625年,在莎士比亚之外,剧作家们除以各种方式提及、影射或借鉴乔叟,还直接以乔叟故事为蓝本创作了至少13个剧本,流传至今的尚有6个。在这13个剧本中,有3个以《特洛伊罗斯与克瑞西达》、3个以《学士的故事》("The Clerk's Tale")、2个以《骑士的故事》为蓝本,另外还有5个分别以《律师的故事》("The Man of Law's Tale")、《医生的故事》("The Physician's Tale")、《梅利别斯的故事》("The Tale of Melibee")、《巴思妇人的故事》("The Wife of Bath's Tale")和《平民地主的故事》("The Franklin's Tale")为蓝本。那期间另外还有一些剧本也涉及乔叟故事。[2]汤普森认为:"从这些作家先前的作品看,很明显,他们并非是在1598年才第一次阅读乔叟,但这个新版本可能提醒了他们,使他们注意到获取故事情节的新源泉。"[3]汤普森在这里说的"新版本"指的是前面谈及的斯培特的1598年版乔叟全集。值得注意的是,这些剧作家对乔叟的借鉴主要涉及那些内容和风格都比较高雅的作品,如《特洛伊罗斯与克瑞西达》、《学士的故事》和《骑士的故事》等,而非低俗的市井故事;这同下面将谈到的莎士比亚对乔叟的借用十分相近。这种情况也从一个侧面反映出文艺复兴时期以新古典主义为主流的文学思想和艺术趣味。

莎士比亚在作品中最早提及乔叟作品,是在大约创作于16世纪80年代末的悲剧《泰特斯·安德洛尼克斯》(*Titus Andronicus*)里;在该剧

1 Ann Thompson, *Shakespeare's Chaucer: A Study in Literary Origins*, New York: Barnes & Noble, 1978, pp. 217, 218.

2 参看Barry Windeatt, "Chaucer Traditions," in Morse and Windeatt (eds.), *Chaucer Traditions: Studies in Honour of Derek Brewer*, p. 14。

3 同1, p. 30。

第二幕里他提到“声誉之宫”。[1]此后，他在剧作中多次提到或影射乔叟其他作品。但一个伟大文学家对另一个伟大文学家最重要也最有意义的评价是在创作中对其作品的借鉴，正是莎士比亚对乔叟的借鉴和改写艺术地表明他深刻领会了乔叟作品的精髓，同时也体现了他对这位前辈诗人的评价。美国学者哈罗德·布鲁姆认为，莎士比亚受惠于乔叟超过了古今任何国家的诗人，然而他却从未提及这位前辈。[2]关于这一点，后面第五章将谈及。

根据汤普森认真细致的研究，在莎士比亚的36部半剧作中，共有29部以各种方式不同程度地借鉴了乔叟作品，其中包括只言片语的借用、思想观念的回应、人物形象的隐射以及情节事件的借用。[3]在这些方面，思想上的承传、人物形象上的照应以及故事情节的接近特别重要。她认为，即使那些来自古希腊罗马的故事，莎士比亚也常常是从被乔叟“本土化”了的版本中借用材料。莎士比亚对乔叟的借鉴特别明显地表现在喜剧和以宫廷爱情为主题的浪漫传奇剧作里；也就是说，作为伟大文学家的莎士比亚看重的是乔叟那些风格比较高雅、文学价值特别高的作品，而非像宗教改革运动以来的许多诗人和批评家那样，主要把他看作新教思想家而关注他那些有关宗教的作品和批判天主教会、谴责其神职人员的内容。

不过需要指出的是，尽管莎士比亚青睐乔叟的喜剧性作品，但他所借鉴的主要并非那些反映下层生活的比较粗俗的市井故事，而是那些比较高雅的故事。所以，汤普森在分析莎士比亚对乔叟喜剧作品的借鉴时指出：“是骑士和律师的故事，而非磨坊主和管家的故事，与[莎

1 参见 William Shakespeare, *The Tragedie of Titus Andronicus*, Act II, ll. 689–690: “The Emperour’s Court is like the house of Fame, / The pallace full of tongues, of eyes, of eares.” “the house of Fame” 来自乔叟《声誉之宫》(*The House of Fame*)的标题，朱生豪先生将其译为“流言蜚语之神的殿堂”：“皇帝的宫廷像流言蜚语之神的殿堂一样，充满着无数的唇舌耳目。”

2 其实，在莎士比亚和约翰·弗莱契(John Fletcher, 1579—1625)共同创作的剧作《两个贵族亲戚》(*The Two Noble Kinsmen*)的开场直接提到乔叟，并给予高度赞扬。不过，那部分很可能是出自弗莱契之手，但也应该是得到莎士比亚的首肯。

3 参看 “Appendix,” in Thompson, *Shakespeare’s Chaucer*, pp. 220–221。

士比亚的]喜剧类似。”[1]另外，许多评论家都指出，出现在《亨利四世》（*Henry IV*）、《亨利五世》（*Henry V*）和《温莎的风流娘儿们》（*The Merry Wives of Windsor*）里的那个莎士比亚所塑造的最著名的戏剧性人物福斯塔夫与乔叟的巴思妇人之间有着“亲缘”关系。后面将谈到，布鲁姆也特别强调乔叟的巴思妇人和卖赎罪券教士对莎士比亚的福斯塔夫和伊阿古等戏剧人物的深刻影响。

许多学者还指出，在莎士比亚的作品中，《罗密欧与朱丽叶》（*Romeo and Juliet*）和《仲夏夜之梦》（*A Midsummer Night's Dream*）在主题、情节和人物方面都明显深受《特洛伊罗斯与克瑞西达》、《骑士的故事》和其他一些故事的影响。另外，从情节到人物形象，《罗密欧与朱丽叶》也受到《贞女传奇》里皮拉缪斯和忒斯彼（Pyramus and Thisbe）的悲剧故事影响。[2]但莎士比亚作品中直接以乔叟作品作为蓝本创作的则是《特洛伊罗斯与克瑞西达》和《两个贵族亲戚》，前者的蓝本是乔叟的同名长篇诗作，而后者的蓝本则是《骑士的故事》。

《特洛伊罗斯与克瑞西达》是莎士比亚所有剧作中唯一一部与乔叟诗作同名的作品。早在19世纪就有评论家指出：在莎士比亚笔下，“潘达鲁斯的形象……整个是把乔叟那个玩世不恭的潘达鲁斯直接搬来”；而在情节发展上，莎士比亚的《特洛伊罗斯与克瑞西达》“完全按乔叟的故事顺序，有许多段落明显受其影响，潘达鲁斯这个人物未经改动被直接采用”。[3]当然，这个观点值得商榷，因为乔叟的潘达鲁斯是一个乐于帮助朋友的热心人，尽管老于世故，但也颇为可爱；而莎士比亚笔下那个潘达鲁斯则更工于心计，更为自私。

更重要的是，乔叟这部中世纪英语文学中最杰出的浪漫传奇是以宫廷爱情为主题，并将故事的情节事件高度集中于特洛伊罗斯和克瑞西达之间的爱情发展与爱情悲剧，而特洛伊战争则作为影响人物命运之因素而主要被后置为背景。与之相对，莎士比亚则将特洛伊战争前

1 Thompson, *Shakespeare's Chaucer*, p. 83.

2 皮拉缪斯和忒斯彼是古巴比伦神话中的情侣，故事来自奥维德的《变形记》（*Metamorphoses*）；但从人物形象和情节安排上看，莎士比亚的剧作更接近乔叟的故事。

3 Roscoe Addison Small, *The Stage-Quarrel between Ben Jonson and the So-Called Poetasters*, New York: AMS, 1966, pp. 154, 155.

置，使之成为与爱情并行的另外一条主线。他甚至还借特洛伊英雄赫克托之口，批评被中世纪文人们宗教化了的宫廷爱情和“不知辨别是非利害”的特洛伊罗斯：“要是把隆重的祭礼去向一个卑微的神祇献祭，那就是疯狂的崇拜；偏执着私人的感情而不知辨别是非利害，那也是溺爱不明。”[1]其实，这也分明是在批评乔叟那位对爱神有着“疯狂的崇拜”的特洛伊罗斯。同时，莎士比亚在更广阔的领域以更多人物的性格展示和矛盾冲突来揭示人性和探讨人的命运。乔叟在探讨人的命运时主要是根据中世纪变化无常的社会现实和波伊提乌在《哲学的慰藉》里借幸运女神那不停运转的幸运之轮所体现的命运或者说天命不可捉摸的哲学思想；而莎士比亚则更注重揭示和表现人的命运与人物性格的关系，在人物本身寻找其命运的根源。这反映出文艺复兴时期人文主义思想的重大影响，同时也表现出莎士比亚对乔叟思想和艺术的继承、超越与发展。

莎士比亚的另外一部以乔叟诗作为蓝本的剧作是《两个贵族亲戚》，其故事情节来源于乔叟的名作《骑士的故事》。在这之前，莎士比亚已经比较广泛地使用了《骑士的故事》来创作《仲夏夜之梦》。《两个贵族亲戚》是他和约翰·弗莱契[2]大约于1612年共同创作，是莎士比亚一生中最后一部剧作，也是他的作品中唯一指明是以乔叟的故事为蓝本的。两位剧作家在剧本的“开场白”里说：“我们的剧作”

出身高贵，它的养育人
高洁纯真，知识渊博，
比他更著名的诗人，
这世上还从未有过。
是乔叟（万人敬仰之最）将这故事创作；
它不断成长永远传播。
如果我们丧失高尚美德，

1 莎士比亚：《特洛伊罗斯与克瑞西达》，朱生豪译，见《莎士比亚全集》第四卷，北京：人民文学出版社，1978年，第246页。

2 另外，弗莱契还以乔叟的《巴思妇人的故事》为蓝本创作了剧本《女人之满足》（*Women Pleased*）。

让这孩子一开始就听到邪恶，
那会把伟人的枯骨震撼，
他将在地下高声呼喊：
“从我身上将无知作家的糠秕
吹走，他侵入我的领地，
使我的名作还不如罗宾汉的故事。”
说实话，那正是我们的担忧，
那需无尽努力，与他媲美太过奢求。[1]

由于英诗之父的崇高名声，莎士比亚和弗莱契感到担忧或焦虑，因此在很多方面试图超越前辈。除了在情节事件和人物形象方面的改动外，两位剧作家还增加了狱吏的女儿这一人物，并以其爱情来同帕拉蒙和阿塞特对艾米莉的爱情对照。更重要的是，一方面，两位剧作家继承了乔叟对于人的命运所做的哲学思考的主题思想，但关于人的命运却表达了相当不同的看法。正如海伦·库珀（Helen Cooper）所说：“这部戏剧与其蓝本进行着持续不断和详细的对话。”[2]

乔叟大约是在14世纪70年代后期，在翻译波伊提乌的《哲学的慰藉》之后不久开始创作《骑士的故事》的初版《帕拉蒙和阿塞特》，故事中明显表现出波伊提乌关于人的命运的哲学思考，因此该作品被学者们看作一部“哲学传奇”（philosophical romance）。[3]在这部“哲学传奇”里，特别是在同样被莎士比亚作为创作蓝本的《特洛伊罗斯与克瑞西达》里，乔叟表现出对人的命运的高度关注。乔叟的作品强调了左右着命运的那些难以捉摸的神祇们所体现的各种神秘力量，也涉及从社会到战争那些个人无法控制的强大因素，同时也揭示了人物性格中的弱

1 William Shakespeare, “The Two Noble Kinsmen,” in G. Blakemore Evans (ed.), *The Riverside Shakespeare*, Boston: Houghton Mifflin, 1974, p. 1642. 这是莎士比亚作品中唯一提到乔叟的地方，但如前面的注释指出，这部分很可能出自弗莱契之手。

2 Helen Cooper, “Jacobean Chaucer,” in Theresa M. Krier (ed.), *Refiguring Chaucer in the Renaissance*, Gainesville: UP of Florida, 1998, p. 189.

3 E. Talbot Donaldson, *The Swan at the Well: Shakespeare Reading Chaucer*, New Haven: Yale UP, 1985, p. 51.

点，所以他们被这些力量所玩弄。而在《两个贵族亲戚》里，神祇们的神庙里那些象征邪恶与毁灭的现象都被直接体现在人物身上或者说存在于人性深处，从而表现出人的命运更多是由现实世界和人自身所决定。换句话说，在乔叟作品里，控制人之命运的力量与人物大体上是分离的，而在莎士比亚等文艺复兴兴盛期的作家们那里，这些因素往往就在人物自身，在人物性格之中。所以，如同前面所提到的莎士比亚对乔叟的《特洛伊罗斯与克瑞西达》的改写所表明，《两个贵族亲戚》对乔叟故事的改写也反映出文艺复兴时期人文主义思想的发展。

与文艺复兴前期的乔叟研究相比，莎士比亚和弗莱契在17世纪以人文主义为思想核心的创作对乔叟的继承、改写与超越也反映出文艺复兴时期乔叟学术发展一个十分重要的特点。在乔叟时代和随后相当长时期里，英格兰和苏格兰的乔叟派们在不同方面论及或借鉴乔叟，但那主要是比较静态的；然而在英格兰处于剧烈变革和知识精英们的思想在不断发展中的文艺复兴时期，乔叟研究却经历了动态的发展。从文艺复兴前期对乔叟诗作的宗教内容和基督教道德的极度关注，到新古典主义语境中对乔叟创作风格与艺术形式的日益重视和对乔叟"渊博知识"的赞颂，再到斯宾塞、莎士比亚对乔叟的继承与超越，既反映了英国社会的发展和文艺复兴运动的推进，同时也体现出在这一历史进程中英国知识精英阶层对英诗之父的认识和研究不断深入。

第三章 新古典主义时期

伊丽莎白女王终身未嫁，无子嗣；她于1603年去世，也就结束了英格兰历史上十分重要的都铎王朝的统治。随即来自苏格兰的国王詹姆斯六世（James VI，1567—1625年在位）继位，成为整个大不列颠和爱尔兰的国王詹姆士一世（James I，1603—1625年在位），[1]开始了斯图亚特王朝的新时代。詹姆士一世可算一位学者型国王，加之他来自“外邦”，很明智地实行比较开明的政策，对于天主教徒，只要他们宣誓效忠国王，就不加歧视，而对于清教徒也比较宽容，这样在一定程度上缓和了社会和宗教矛盾。他与比较好斗的伊丽莎白女王形成明显对比，因此时人戏谑地说：伊丽莎白是国王，而现在詹姆士是女王。

詹姆士死后，查理一世（Charles I，1625—1649年在位）继位，他不善于处理同在很大程度上由清教徒控制的国会之间的关系，加上他一系列政策失误，英格兰复杂的社会、政治、宗教、经济，特别是税收上的矛盾进一步加剧，最终导致长达二十年的清教革命、长达十年的内战和查理一世被砍头。[2]1660年，清教政府垮台，国王查理二世（Charles II，1660—1685年在位）复辟，他采取了相对宽容的政策，除了那些处死他父亲的革命领导人外，他并没有大规模报复，连克伦威尔的拉丁文秘书、清教政府的主要代言人大诗人弥尔顿也被释放。但他死后，信奉

1 詹姆斯六世的母亲（苏格兰女王玛丽）和父亲亨利·斯图亚特亲王，都是英王亨利七世的曾外孙。伊丽莎白终身未嫁，无嗣，因此詹姆斯六世成为血缘上最接近她的英国王位继承人。

2 查理一世被以叛国罪处死，是英国历史上唯一一位以国王身份被判处死刑的国王。

天主教的弟弟继位，即詹姆士二世（James II，1685—1688年在位）；詹姆士二世采取了亲天主教会的政策，激化了矛盾，造成与国会和民众的对抗。1688年英国爆发“光荣革命”，詹姆士二世被废黜，此后英格兰进入一个多世纪比较平稳的发展期。

在这一历史阶段的前半期，即17世纪的大部分时间里，英格兰社会动荡，战乱频仍，教派冲突不断，因此大多数知识分子的主要精力集中在事关国家命运、民族前途的政治、宗教等领域。同时，英语语言继续经历巨大变化，除极少数学者外，一般人已经难以读懂乔叟。所以，乔叟的名气和对乔叟的研究都进入六百年乔叟学术史上最低潮时期。到17世纪末，大诗人和评论家德莱顿出版重要著作《寓言集》（*Fables: Ancient and Modern*），才逐渐扭转形势，使乔叟研究开始新的发展。然而即便如此，关于乔叟的地位和乔叟诗歌性质的基本观点并没有太大变化，其根本原因是，主导乔叟研究的理论基础和审视乔叟诗作的视角没有大的改变。

自文艺复兴运动开始以来，西欧（自然也包括英格兰）思想界和文学艺术领域“复兴”古典思想和艺术原则的潮流一直不断发展。当然，正如在各文化各领域一样，文艺界的“复兴”也并非简单地复活古代思想，而是古希腊罗马的文学思想和艺术原则在新的社会语境中同中世纪以来欧洲各种思想，特别是基督教的神学和价值观念结合起来，形成新古典主义文艺观。新古典主义认为，文学艺术是对自然或本质的模仿，强调文学的道德意义和教育功能，宣扬理性，崇尚高雅、得体、稳重的风格。在很大程度上，新古典主义主导了两个多世纪的欧洲和英格兰文学艺术领域，同样也主导了乔叟研究。

尽管如前一章所述，新古典主义在文艺复兴时期就已经明显影响着人们对乔叟的理解与研究，但严格地说，到了17世纪，特别是到了复辟时代，英格兰的文学艺术领域才真正进入新古典主义时代。我们将看到，在17和18世纪，新古典主义原则越来越全面、深刻地影响着乔叟研究，既揭示出乔叟创作中一些本质性特征，也造成一些错误观点，制造了一些盲点，使人们对乔叟创作中一些重要的本质性特征视而不见。这一时期的乔叟研究大体上可以分为三个阶段：低潮时期、德莱顿的研究及其影响和18世纪。

第一节 低潮时期

詹姆士一世时代延续着伊丽莎白时代的繁荣，英国文艺复兴文化、文学和学术继续蓬勃发展，莎士比亚、本・琼生、约翰・邓恩（John Donne，1572—1631）、弗朗西斯・培根（Francis Bacon，1561—1626）等许多作家、哲学家和学者都在他们的领域继续各自的辉煌。

在这时期，对乔叟的研究、评论、引用和借鉴也在继续：在詹姆士一世在位的22年间，斯珀吉翁书中就有75条记载。[1]这其中包括上面提到的莎士比亚等剧作家对乔叟的借鉴和模仿。学者和文学家们对英诗之父表达了应有的尊敬，仍然将他比作英语中的荷马和维吉尔。比如著名诗人迈克尔・德雷顿（Michael Drayton，1563—1631）在诗中多处提及乔叟作品，并在1627年刊行的一首诗中赞扬道："那高贵的乔叟，在遥远的过去，/首开先河用诗歌丰富英语，/在我们闯入缪斯宝库的人中，他也名列第一。"[2]

尽管如此，詹姆士一世时代后期实际上开始了乔叟学术史上的低潮期。虽然在桂冠诗人和英国现代文学批评的奠基人约翰・德莱顿对乔叟进行了比较系统、深刻而且影响深远的评论之后，情形开始逐渐扭转，但在浪漫主义运动带来新的理论视野之前，乔叟研究的深度和广度都没有根本改变。在整个17世纪，几乎没有对乔叟的深入研究，因此也就没有特别深刻的见解。英国著名乔叟专家布鲁尔指出："总的来说，对乔叟的评论在17世纪比在任何时代都更不引人重视。"[3]其实，即使在18世纪，很长一段时期里，一般读者和多数学人对乔叟也采取了敬而远之的态度。尽管他们仍然对乔叟表达礼貌的尊敬，称他是英语中第一

1 参看Spurgeon, *Five Hundred Years of Chaucer Criticism and Allusion*, Vol. I, pp. 173–200。

2 Michael Drayton, "To My Most Dearly-Loved Friend Henry Reynolds Esquire," in J. William Hebel (ed.), *The Works of Michael Drayton*, Vol. III, Oxford: Blackwell, 1931–1941, p. 267.

3 Brewer, "Images of Chaucer 1386–1900," in Brewer (ed.), *Chaucer and Chaucerians*, p. 255.

位伟大诗人，是英格兰的荷马或维吉尔，但那似乎更多是出于习惯，而非真的因对他诗作的欣赏所发出的由衷叹服。

1628年，约翰·厄尔（John Earle，1601?—1665）主教出版了一部很有影响的著作《微型人物肖像》（*Microcosmography*）。他在书中运用讽刺手法，生动而深刻地描绘了当时英格兰社会中的各色人等。他所描绘的第49种人是所谓的"卑俗之人"（vulgar-spirited man）。他指出，这类人在本质上就是"人云亦云"，毫无定见，而且以响亮的"声音压过众人"。[1]厄尔生动地刻画了这类人的许多特征，并嘲笑说，这种人"高呼：由于他的钱财，乔叟是我们英语诗人之首。那是因为众人都这样说，而他自己从未读过[乔叟]"[2]。尽管这种漫画式描写不无夸张和滑稽色彩，但也的确比较真实地反映出，在17世纪的英格兰，乔叟只不过是一个似乎值得"尊敬"的诗人的名字而已，并没有多少人真正读过他的诗作，而且人们对他有不少误解。厄尔以乔叟如此的"声名"来描绘"卑俗之人"，足见时人怎样对待乔叟。

当然，对于诗人来说，这种没有以对其诗作真正理解和欣赏为基础的表面尊敬，意味着其地位必然会甚至已经受到影响。其实，乔叟地位和诗名的下降，在当时许多学者都已感受到。诗人塞缪尔·丹尼尔（Samuel Daniel，1562—1619）一方面仍然高度歌颂乔叟的成就和不朽名声，但似乎也感到他已是强弩之末，并为他的辉煌终将成为过去而无限惋惜。他说，"那么多民族在耻辱中/没落、消失成为过去"之时，乔叟却"一直活着而且还将继续，/虽然（我痛苦地承认）也即将到他的末日"。在诉说了乔叟"真正的辉煌"和表示要"尽情地颂扬"他之后，丹尼尔怅然说道：

> 他生长在繁盛的春日，
> 沐浴在崇敬的阳光里；
> 而我们却在万物萧条的秋季，
> 在毫无生机的阴冷时节，

1 John Earle, *Microcosmography: OR, A Piece of the World Discovered; In Essays and Characters*, with a preface and appendix by S. T. Irwin, Bristol: Crofton Hemmons, 1897, p. 99.

2 同上，p. 100。

不得不品尝时间带来的苦涩。[1]

他简直是深情地在为乔叟的“末日”献上一首挽歌。同样，在清教革命（1640—1660）失败、英格兰王室复辟之后，保王党人约翰·德纳姆爵士（Sir John Denham，1615—1669）在1668年写的一首悼念诗人亚伯拉罕·考利（Abraham Cowley，1618—1667）的诗中，既颂扬乔叟为“启明星”，为英格兰带来光明，也感叹他在文艺复兴的辉煌之前就已经又回落到“阴影”之中：

古老的乔叟，如闪亮的启明星，
在遥远之处为我们发现了光明，
他发出光辉驱散长久笼罩
我们民族于黑暗中之乌云；
但他又缓缓沉入阴影，
于是黑暗又一次降临。
随即（犹如曙光）斯宾塞冉冉上升，
…………[2]

乔叟地位的下降直接并实质性地表现在读者和学者们对其诗作的兴趣大不如前。从乔叟去世到卡克斯顿将印刷术带到伦敦之前的70多年里，仅流传至今的《坎特伯雷故事》手抄稿就达82份之多。前面提到，卡克斯顿的印刷所刚一建立，就开始印刷出版乔叟作品，并在很短时期内就出了两个版本，其他印刷所很快也出了两个版本；在16世纪，每隔一段时间也有一种新的乔叟文集编辑出版以满足社会、读者和学者的需要。但在17世纪，自托马斯·斯培特于1602年推出他的第二版乔叟“全集”之后，一直要等到1687年才会有新版乔叟文集出版。在长达85年中，没有乔叟文集出版，这在600余年的乔叟学术史上，还从未

1 Samuel Daniel, *Poems and a Defence of Ryme*, ed. Arthur Colby Sprague, Chicago: U of Chicago P, 1965, pp. 73–74.

2 Sir John Denham, *Poems and Translations*, London: Printed for H. Herringman, 1668, p. 68.

有过，这表明这时期没有社会需求。另外，尽管1687年版文集的标题为《我们学识渊博、才华超群的古代英语诗人杰弗里·乔叟作品集：近期用最好的手抄本验证，并增加了几份从未面世的材料》(*The Works of Our Ancient, Learned, & Excellent English Poet, Jeffrey Chaucer: as they have lately been compar'd with the best manuscripts, and several things added, never before in print*)，但严格地说，除极少细微改动外，它几乎就是斯培特的1602年版的重印而已。这说明，即使在乔叟作品的版本研究方面，在近百年的时间里，也几乎没有任何新进展。

文学是语言的艺术，语言的变迁往往会直接影响诗人地位的沉浮。乔叟地位下降，乔叟作品没有新版问世，如前面提到，其中最直接的原因就是英语发生了巨大变化。所以，即使是乔叟最热衷的崇拜者们，在颂扬他的诗歌时也不得不承认他的语言或者风格已经过时，在"现代"难免显得"粗糙"甚至"令人讨厌"。其次，乔叟批评研究进入低潮期的另外一个重要因素是新古典主义的进一步发展。前面一章中已经提到，早在文艺复兴时期，许多受新古典主义影响的诗人、学者因为"发现"乔叟的诗作不符合他们关于优雅、明晰、精致、对称、得体、节制等追求艺术形式的完美与和谐的文学理念而对他颇多微词。

托马斯·赖默(Thomas Rymer，1643—1713)是17世纪后期王朝复辟时代比较极端的新古典主义批评家。他从新古典主义文学理念出发，不仅对肆意违背新古典主义文学理念的莎士比亚态度严厉，而且也瞧不起乔叟。他说："我也不想谈乔叟；我认为在他的时代，我们的语言还无法塑造任何英雄形象。"[1]不过，在其代表作《简论悲剧》(*A Short View of Tragedy*，1693)里，他还是赞扬说，乔叟承担了"一项赫拉克勒斯式重任，[2]而且完成出色，令人称道。他将普罗旺斯语、法语和拉丁语等他所碰上的所有语言全都掌握，加以改造，放入我们的英语之中，使英语……适宜诗歌创作"[3]。另外，很值得大书一笔的是，赖默在1674年

1 Thomas Rymer, "Preface of the Translator," in R. Rapin, *Reflections on Aristotle's Treatise of Poesie*, London: Printed by T. N. for H. Herringman, 1674, p. xv.

2 赫拉克勒斯(Hercules)是古希腊神话里的大英雄，以勇敢和力大无穷著称，完成12项英雄事迹。赖默以此来形容乔叟发展英语任务之艰巨。

3 Thomas Rymer, *A Short View of Tragedy*, Menston, England: Scolor Press, 1970, p. 78.

所写的《拉平序言》(“Preface to Rapin”)中引用了原作,这使他成为英国历史上第一位在文学评论中引用原作的学者。[1]后来经现代英国文学批评之父德莱顿发展,系统引用原作来进行论证成为现代文学批评的基本原则之一。

其实,在评价乔叟诗作这个问题上,语言的变化和新古典主义理念往往是同一个问题的两面,因为乔叟被时人诟病的一个主要的点就是他的诗行往往“粗俗别扭”,似乎总要少一个或半个音节,自然不符合新古典主义追求完美的高标准。然而到了18世纪后期人们逐渐发现,那并非乔叟的错误,而是因为英语单词前后缀的变化,特别是英语单词末尾的e已不再像乔叟时代那样发音。

当然,英语语言的变化对乔叟造成的更直接也更致命的伤害是,许多人因此而读不懂他的作品。如前面所提到的,早在16世纪后期,在乔叟名声如日中天之时,就已经有一些特别尊崇乔叟的诗人、学者因为时人读不懂或误解乔叟而不得不出面为他辩护,把责任归于“现代”人。他们需要出面为他辩护的事实表明,乔叟的诗名已经受到挑战。而这样的辩护在乔叟声名的低潮期几乎从未停止。

亨利·皮查姆(Henry Peacham, 1576—1643)毕业于剑桥大学三一学院,著作甚丰,在当时很受尊敬。他在1622年专门写了一本名为《完美绅士》(*Compleat Gentleman*)的书,从各个方面系统论述如何造就“完美绅士”。在关于诗歌的一章里,他说“诗歌是上天的恩赐”,对培养绅士极为重要。[2]他特别称颂乔叟,然而他也不得不“承认”乔叟的风格已经“过时”。他对心目中的“完美绅士”说:“在我们民族的英语诗人中,尊崇我们的诗歌之父杰弗里·乔叟吧,尽管他的风格由于过时而可能会令你不快;但在那使人讨厌和粗糙的外壳下面,却隐含着奇妙的内核和甜蜜的创造。”所以,他告诉“完美绅士”:“简而言之,把他[的作品]算作你藏书中最好的英语书籍之列吧。”[3]

1 参见J. E. Spingarn, “Introduction,” in Spingarn (ed.), *Critical Essays of the 17th Century*, Vol. I, Oxford: Clarendon, 1908, p. lxv。

2 Henry Peacham, *Peacham's Compleat Gentleman, 1634, with an introduction by G. S. Gordon*, Oxford: Clarendon, 1909, p. 78.

3 同上,p. 94。

同样,理查德·布拉斯维特(Richard Brathwait, 1588—1674)在1655年评论乔叟的《磨坊主的故事》和《巴思妇人的故事》时,虽然为诗人辩护并赞扬其作品的思想内容,但其实也承认其语言低劣;不过他把责任推给乔叟的时代。他这样回应评判者对乔叟的指责:

> 一个批评者……说:"如果乔叟的语言好一些,[我]完全可以接受他。"本评论的作者如此回答:"先生,你似乎将话语看得重于思想,语言重于创新;然而有影响的评论总是将创新放在优于语言的地位。……产生这些故事的时代使他[乔叟]无法写出好的语言,但他丰富的想象力却使他在另一方面无与伦比。"[1]

与之相反,另外一些学者则认为,人们读不懂乔叟,责任不在诗人,也不在他的时代,而是因为现代读者的英语水平下降了。1658年,阿斯顿·科卡恩爵士(Sir Aston Cockayne, 1608—1684)在诗中责怪他的同胞们,因为他们自己的英语水平下降读不懂自己的"母语"而"鄙视"乔叟。他写道:

> 我们杰出的前辈乔叟受一些人鄙视,
> 为什么?他们说他的诗作低劣粗鄙。
> 不要责备他(无知的人啊),怪你们自己,
> 因为你们现在已读不懂自己的母语。[2]

这种责备自然颇为偏激,但也说明自15世纪以来,英语经历了巨大变化,连英国知识分子也难以读懂和欣赏乔叟诗作。所以特别有意思的是,大约在1630年,乔纳森·斯德纳姆(Jonathan Sidnam)竟然不惜劳神费力,将《特洛伊罗斯与克瑞西达》前三卷翻译成"现代英语"。[3]对

1 Richard Brathwait, *Richard Brathwait's Comments in 1665 upon Chaucer's Tales of the Miller and the Wife of Bath*, ed. Caroline F. E. Spurgeon, London: Kegan Paul, Trench, Trubner, 1901, p. 98.

2 转引自Spurgeon, *Five Hundred Years of Chaucer Criticism and Allusion*, Vol. I, p. 236。

3 该译本从未印刷出版,所以没有产生影响。

于17世纪的英格兰人而言，乔叟时代的英语似乎已变得犹如外语一般，英诗之父的作品需要翻译才能阅读。

如果说将乔叟的作品译成"现代"英语，或许尚可理解的话，那么将其译成拉丁语，时人方能阅读，可能当今的人们就很难想象了。其实，对于许多文艺复兴时期深受古代文化熏陶的英国知识分子，乔叟的英语甚至还不如拉丁语这样的外语容易阅读。所以，弗朗西斯·基纳斯顿爵士（Sir Francis Kynaston，1587—1642）于1635年把《特洛伊罗斯与克瑞西达》这部广泛影响了莎士比亚等剧作家和后代诗人的宫廷爱情浪漫传奇的前两卷用韵体拉丁文翻译出版。[1]基纳斯顿出身贵族，曾就读于牛津和剑桥，受过良好的古典教育。他之所以用拉丁文翻译乔叟，该书前言和附在书里的15首由牛津学者们所写的对该译作的赞颂诗道出了缘由。其中爱德华·弗里斯（Edward Foulis）所写的那首诗说乔叟是

真正的诗人！他赋予言辞以生命，
使虚构的故事真实可信。
　　所有的部分都生动逼真，
好像不是出自笔下，而是直接发生：
件件事都那样鲜明清晰，
如同在阅读者眼前展示。
　　并非诗人的过错，错在我们自己：
真正的诗歌变得粗俗，因为我们无知：
古老的语言（由于年代过于遥远）
在今人眼里已经毫无意义。
　　时间可以使乔叟的声音沉寂，
但不能销毁他的智慧，它现在
用拉丁语发出更洪亮的声音；
我们失去的，世界已经找回。
　　于是，译文将成为原本，
而原作却正在匿迹销声。

1 他后来又将剩下的三卷也翻译成拉丁文，准备同前两卷一道出全译本，但最终未能出版。

除了基纳斯顿的译作，我们无缘
再看到乔叟：它是辛劳的王冠。

从弗里斯的诗中可以看出，基纳斯顿用拉丁文翻译乔叟，主要还是因为人们难以读懂乔叟的英语。与此相关的是，正因为文艺复兴时期的英格兰学者们深感英语变化太大太快，他们自己有时也倾向于用标准、稳定而且欧洲各国知识分子都能阅读的拉丁语著述，以便流芳百世。所以弗里斯说，乔叟的智慧“用拉丁语发出更洪亮的声音”，而且不会像英文原作那样“匿迹销声”。同样，这也正是弗朗西斯·培根为什么不仅用拉丁文撰写他的一些主要著作，而且在晚年还特地将他广为传颂的《随笔集》(*Essays*, 1597)译成拉丁文之原因。

但弗里斯的诗也表现出他评价乔叟诗作的独到眼光。他强调乔叟生动的描写能使作品内容“如同在阅读者眼前展示”。这同前面引述的15世纪佚名诗人和16世纪末博蒙特所说，乔叟无与伦比的形象描写使读者们能直接看见他们所读内容在眼前发生，几乎完全一样；只不过他们所赞叹的是乔叟的艺术想象力所特有的生动性和形象性，而弗里斯在这里注重的更多是乔叟“使虚构的故事真实可信”(makes the fiction true)的现实主义特点。强调现实主义或者说强调艺术对生活或自然的模仿是新古典主义的核心原则。从博蒙特到弗里斯对乔叟诗作的评价中，我们可以看到英国新古典主义的发展。弗里斯对乔叟的现实主义创作倾向的关注，后经德莱顿深刻分析，发展成为乔叟研究中的主流观点。

如果说弗里斯时代的人们抱怨的主要是乔叟的语言因为“古老”而“毫无意义”，但仍然还能欣赏乔叟的“智慧”的话，到了17世纪末，许多人连他的智慧也看不见了。当时的著名诗人和散文大家约瑟夫·爱迪生(Joseph Addison，1672—1719)在1694年4月致友人的一首诗中评论乔叟说：

我们了无趣味的先祖沉睡太久，
对缪斯的激情也从未感受，
直到我们欢快的歌手乔叟出世，
他用韵律和散文演唱各种故事。

然而时间腐蚀了诗人的作品，
磨损了他的语言，消磨了他的才情：
他用粗俗的手法徒劳地搞笑，
却无论怎样也难赢得读者笑声。[1]

这是爱迪生年轻时对一些诗人的评论的一部分，在他死后刊印。正如18世纪最著名的英国诗人亚历山大·蒲柏（Alexander Pope，1688—1744）后来指出，爱迪生在写这首诗时还"太年轻"，他并没有读过乔叟，而是"仅仅根据道听途说"给出评价，所以"他对乔叟的描绘与事实直接相悖；他竟然指责乔叟缺乏幽默"。蒲柏还说："我敢说，如果他活着的话，他是不会让其面世的；因为他自己就曾说，那是一个很糟糕的东西。"[2]的确，任何读过乔叟的人都知道，乔叟最不缺乏的恰恰就是幽默。不过，爱迪生的失误恰恰也表明，在当时已经没有多少人读乔叟，他们往往"道听途说"，即使尊崇他充其量也只是出于习惯。

由于很少人能够或者愿意读乔叟，在17世纪末，他实际上已经被看作过去时代的歌手，不值得阅读。约翰·伊福林（John Evelyn）在1685年的一首诗里表达了因为时代变迁，乔叟已成为过去的观点：

古老的乔叟，因他诙谐的诗风，
将继续被好战的不列颠人阅读赞颂，
但现在是海洋使岛国富有，免受进攻。[3]

在诗人看来，乔叟诗作的价值不外乎诙谐风格，而且其诙谐的诗风也属于过去那好战的野蛮时代，并不适合伊丽莎白时代的海洋商业文明。

1 John Dryden (ed.), *Miscellany Poems: Containing Variety of New Translations of the Ancient Poets Together with Several Original Poems by the Most Eminent Hands*, Vol. IX, London: Printed for Jacob Tonson at Shakespeare's Head, 1694, p. 288.

2 转引自 Joseph Spence, *Anecdotes, Observations, and Characters of Books and Men*, London: John Murray, 1820, pp. 149–150。

3 John Evelyn, "The Immortality of Poesie: To Envy," in *Poems by Several Hands, and on Several Occasions*, collected by N. Tate, London: Printed for J. Hindmarsh, 1685, p. 91.

但真正伟大的诗人，不可能真的无人阅读；而像乔叟这样长期以来一直影响着英格兰诗坛的大诗人，即使在其声誉低潮期，也不可能真的变得有名无实。在17世纪，仍然有一些诗人和学者，不仅对乔叟十分崇敬，而且熟读乔叟作品，前面提到的用“现代英语”和拉丁文翻译乔叟作品的斯德纳姆和基纳斯顿就是如此；他们都是诗人，所以他们才能用诗体来翻译乔叟那部风格高雅的《特洛伊罗斯与克瑞西达》。另外，还有一些诗人在作品中提及或暗示《坎特伯雷故事》和《特洛伊罗斯与克瑞西达》等作品中的一些情节甚至细节。比如，大诗人弥尔顿在其早期名诗《沉思者》(*Il Penseroso*)中提及《扈从的故事》。他的外甥爱德华·菲利普斯(Edward Phillips，1630—1696)由他亲自教育培养，因此他对乔叟的喜好也影响了菲利普斯。菲利普斯在1675年出版了一部关于各国诗人(大多数为英国诗人)的小传；在书中他大约二十次提到乔叟。他不仅论及乔叟与一些诗人之间的关系，而且他对乔叟的评价在当时十分深刻而独到。他说：

> 乔叟的幽默，虽然在《坎特伯雷故事》中十分突出，但主要是在人物身上表现出来，而且他也是以幽默的方式介绍他们。在这方面，特别有意义的是，他对现实的深刻了解对他大有裨益，使他能够准确描绘出古代人的行为和风俗画卷，而这样的画卷他同时代的任何民族都没能留给后代。正是在乔叟对人物的描写中，我们看到祖先们不同的职业和追求，他们的各种风俗习惯和丰富多彩的消遣，他们全都直接来自生活，被表现得同样真实、栩栩如生。他是一位人性的裁判，他深刻的洞察力使他能看清他们的细微弱点，或辨别他们的癖好；他是一位艺术家，他知道如何恰当地选择情景和主导性特征，以便塑造完美的肖像。

在列举乔叟的一些创作特点之后，他进一步说：“这些令人称奇和宝贵的遗产是乔叟自身天赋的样本，干净纯粹，从未受惠于他人。他笔下的人物全是不列颠人，没有半点模仿古典作家、意大利人或法兰西人的痕迹。”[1]

1 Edward Phillips, *Theatrum Poetarum Anglicanorum: Containing the names and characters of all the English poets, from the Reign of Henry III to the close of the Reign of Queen Elizabeth*, Canterbury: Simmons and Kirkby, 1800, pp. 99–100.

菲利普斯强调乔叟创作的核心是人物塑造，而乔叟笔下那些“栩栩如生”的“真实”人物“全是不列颠人”，“全都直接来自生活”。这一深刻而经典的评论以新古典主义的模仿论为基础，已经涉及乔叟创作的现实主义本质，这种观点将被德莱顿全面发展，并将深刻影响此后每一代乔叟学者。

第二节 德莱顿的研究及其影响

约翰·德莱顿在1668年成为英国桂冠诗人，两年后由国王下特许证（Letters Patent）册封，成为英国历史上第一位由国王正式册封的桂冠诗人。他是著名的诗人、剧作家、翻译家和文学批评家，被浪漫时代最杰出的小说家沃尔特·司各特（Walter Scott，1771—1832）称为“光荣的约翰”。他被尊为英国现代批评之父，其批评思想三百多年来深刻影响了英国批评界，而他运用新古典主义文学思想对乔叟的评论和分析是乔叟学术史上的里程碑，至今仍然广泛影响着现当代的乔叟研究。

德莱顿很早就对乔叟产生了兴趣。他在17世纪70年代创作了与乔叟名著同名的剧作《特洛伊罗斯与克瑞西达》（*Troilus and Cressida*）。在该作序言里，他追溯了故事的演化历史，特别提到乔叟的贡献及其对莎士比亚同名剧本的影响，[1]而他自己的同名剧作则是这一传统的进一步发展。在荷马史诗里简略提及的特洛伊罗斯故事，在欧洲大陆各民族语言，特别是拉丁语和意大利语中，产生出不少作品。但从乔叟的浪漫传奇到莎士比亚和德莱顿的剧本以及其他英语作家的作品，尽管在一些内容细节上有所增删，但在大的情节、人物塑造和精神实质上，英语文学中这一传统可以说是一脉相承，与大陆作品相去甚远。

从这里还可看出，同所有大文豪和大批评家一样，德莱顿十分注重传统。在为《寓言集》所写的序言中，他特别强调“我们语言中的大师们”的传承关系。他指出：“弥尔顿乃斯宾塞诗歌之传人。……斯宾塞不止一次暗示，乔叟的灵魂就在他体内，他是乔叟去世两百年后生下的

1 John Dryden, “Preface” to *Troilus and Cressida*, in Vinton A. Dearing (ed.), *Works of John Dryden*, Vol. XIII, Berkeley: U of California P, 2000, pp. 226–227.

儿子。弥尔顿曾向我承认，斯宾塞是他的原型。”[1]考虑到乔叟对莎士比亚的重大影响，我们看到从乔叟到德莱顿这一英国文学发展的主流。

德莱顿十分崇敬英诗之父，也极为欣赏他的作品，但因为英语语言的巨大变化导致英国大众已经不能阅读乔叟，他深感痛惜。他在1679年曾就其剧本《特洛伊罗斯与克瑞西达》给桑德兰伯爵（Earl of Sunderland）写了一封信。他在信中说：“一想到自薄伽丘和彼特拉克的时代以来，意大利语变化极小，而不借助一部古旧的字典他们就不能阅读乔叟时代的英语，英格兰人就备感屈辱。”[2]所以很可能在这期间，他已经萌发了将乔叟诗作“现代化”，即用当时的英语翻译乔叟诗歌的打算。但由于他的好友兼文学赞助人莱斯特伯爵（Earl of Leicester）的坚决反对，他只好作罢。

他后来说，他试图翻译乔叟的打算其实遭到两方面的激烈反对。一方是贬低乔叟的人，“他们认为乔叟的作品不值得我下功夫；他们把乔叟看作枯燥、过时的才子，不值得复活”[3]。另一方刚好相反，他们对乔叟极为崇敬。德莱顿说：

> 他们宣称，正是由于他古老的英语，他的诗歌有某种神圣性，而将其改变简直就是亵渎和冒犯。他们进一步认为，他的一些宝贵智慧将在这种转换中受损，而他大量的思想之美也必将丧失，因为他那些思想以古老的风格出现更为优美。[4]

后者的代表人物正是莱斯特伯爵。德莱顿后来回应说：“我承认，在所

1 John Dryden, “Preface” to *Fables: Ancient and Modern*, in Vinton A. Dearing (ed.), *Works of John Dryden*, Vol. VII, Berkeley: U of California P, 2000, p. 25.

2 John Dryden, “To the Right Honourable Robert, Earl of Sunderland,” in *Works of John Dryden*, Vol. XIII, p. 223.

3 同1，p. 39。

4 同1，p. 41。虽然翻译能使更多的人阅读乔叟，但莱斯特伯爵的观点已被证明大体上是正确的，因为任何翻译都必然程度不同地损坏原作的美；特别是德莱顿的翻译，因为他使用的是斯培特那个包含错误的版本，而且他本人对乔叟语言的理解也存在问题，并进行了相当多的随意修改和增删。

有翻译中，都会失去一些东西，就是说，在所有的翻译里都会这样，但其中的智慧会保留，否则连智慧也将失去，或者至少会受损，如果除极少数人外，人们已经很难将其读懂的话。难道现在能阅读乔叟、能完美理解他的人不是微乎其微吗？”[1]

尽管德莱顿并没有真正接受伯爵的观点，但他承认，正是因为伯爵的“劝阻”，他在其“有生之年没有动手”翻译乔叟。[2]所以，德莱顿对乔叟的翻译是在伯爵于1698年去世之后，也就是在他自己生命的最后时期，才得以进行。他对乔叟的翻译和研究的成果包括在《寓言集》中。该书于1700年3月面世，是他最后一部著作，也是他特别重要的作品之一。几个星期后，他溘然离世，但总算了却一个重大心愿。需要指出的是，由于斯德纳姆大约在70年前用“现代”英语翻译的《特洛伊罗斯与克瑞西达》前三卷从未刊印出版，因而湮没无闻，德莱顿被认为是历史上第一个将乔叟“现代化”的人，开创了长达150年不断将乔叟现代化的传统，那成为乔叟研究史的一个重要组成部分。

德莱顿从荷马、奥维德、乔叟和薄伽丘的作品中选出一些故事，用当时的英语翻译，再加上一些他自己的作品，用《寓言集》为书名出版。他所翻译的乔叟作品是《坎特伯雷故事》中的《骑士的故事》、《巴思妇人的故事》、《修女院教士的故事》和《总引》里对堂区长的描写，另外还有那篇被误认为是乔叟诗作的《花与叶》。不过需要特别指出的是，德莱顿的译作并非严格意义或者说现代意义上的翻译之作，因为他在所有这些故事中都进行了比较多的增删和修改。这些增删和修改不仅是在语言风格和诗歌韵律上，而且也在内容方面。他自己在《寓言集》的序言里对此做了公开说明：

> 我并没有试图逐字逐句地翻译，而是常常省去一些我认为不必要或者不配与更高雅的思想放在一起的内容。在有些地方我进行了更深入的推断，在我认为我们的诗人做得不够的地方增加了一些我自己的东西，那是因为在我们语言的初创阶段还缺乏词汇，他因此没能给

1 Dryden, “Preface” to *Fables*, p. 41.

2 同上。

予他的思想真正的光彩。[1]

在很大程度上，德莱顿是在用他所信奉而且在当时占据主流地位的新古典主义文艺思想对乔叟进行改写。另外从历史发展上看，他实际上也在一定程度上继承了中世纪广泛流行的文学传统，乔叟和薄伽丘等人在他们的创作中也大量借用、增删、改写前辈作品，只不过他们更为随意，而且其意图在创作而非"翻译"。德莱顿的榜样随即广泛而深刻地影响了18世纪对乔叟的翻译和模仿。

德莱顿对四位前辈诗人作品的翻译，使用的都是当时最主要也是最能体现新古典主义文学思想的英雄对句诗体。他将这些作品用"我们的语言"翻译，除了帮助当时的人阅读之外，还有一个目的，那就是要在同样的语言风格中对它们进行比较。他说："将两位诗人置于同样的灯光下，着装同样的英语，故事对故事，读者才能在他们之间自行做出判断。"[2]他认为乔叟优于奥维德和薄伽丘，因为奥维德是在拉丁语已达鼎盛之时创作，同样在薄伽丘之前已有但丁和彼特拉克的辉煌成就，相反乔叟则是在"贫乏"的英语中创作，是历史上"修饰和丰富我们的贫乏语言之第一人"。[3]他说："在奥维德那里，拉丁语的黄金时代已结束；而乔叟是纯粹英语之开端。"[4]他知道，由于他将乔叟置于奥维德等人之上，有些人会认为他"近乎疯癫"。

将乔叟同薄伽丘进行比较，德莱顿认为，虽然他们"生活在同一时代，有相同的天赋，从事同样的事业，即都创作小说，都提高他们的母语"，特别是在"用令人愉快的方式讲述喜剧故事"上他们极为相似，但"在创作严肃诗作方面，优势则完全在乔叟一方"。虽然他们都从前辈诗人那里借用材料，而且乔叟还从薄伽丘著作中借用故事，但薄伽丘"仅仅是模仿"前辈作家，而乔叟却使"薄伽丘的故事更为文雅，他对所借用的故事在叙述方式上进行改进。虽然使用散文，思想上更自由，不

1 Dryden, "Preface" to *Fables*, p. 40.

2 同上，p. 25。

3 同上。

4 同上，p. 30。

受格律限制，表达上也更容易，[1]尽管我们的同胞包袱沉重，但他仍然在不利条件下赢得比赛”。[2]

德莱顿是英国开比较文学先河的批评家。正是通过对乔叟与荷马、奥维德，特别是与薄伽丘的比较，他提出许多十分有见地的观点。他关于乔叟的重要分析和评价大多出自《寓言集》序言。这个序言在乔叟研究史上影响深远，至今仍被广泛引用。在序言里，德莱顿高度赞扬乔叟说：“由于他是英语诗歌之父，所以我对他的崇敬犹如希腊人对待他们的荷马，或者罗马人对待他们的维吉尔：他是永恒的智慧源泉，在所有领域都学识渊博，因而在任何题目上他的谈论都恰到好处。”[3]

德莱顿对乔叟的评价主要是基于他的新古典主义思想。新古典主义文学思想的核心是来自古希腊罗马的模仿论，而模仿论的核心是模仿自然（或本性，nature）和生活。所以，他强调“乔叟总是遵循自然”[4]，并由此深入，进而揭示出乔叟的现实主义倾向。他说，乔叟

> 肯定是一个本性杰出、无所不包的人，因为正如人们所清楚看到的，他把他那个时代整个英格兰民族中各式各样的风俗习惯和心理特征……全都囊括于《坎特伯雷故事》之中，没有遗漏任何一类人物。他的香客们不仅在爱好上而且在长相乃至性格上全都各具特色，互不雷同。……他们的故事的内容与题材，以及他们的叙事方式，完全适合他们各自不同的教育、气质和职业，以至于把它们中任何一个故事放到另外任何一个人口中，都不适合。即使那些严肃庄重的人物也被用几种不同类型的庄重加以区分：他们的话语完全符合他们各自的年龄、职业和教养，完全适合他们，也只适合他们。[5]

1 德莱顿是指薄伽丘在《十日谈》里用的是散文，而乔叟在《坎特伯雷故事》里用的主要是诗体；所以他在下面说乔叟是在“不利条件下”赢得比赛。

2 Dryden, “Preface” to *Fables*, pp. 42–43.

3 同上，p. 33。

4 同上，p. 34。

5 同上，p. 37。

这是最深刻体现新古典主义模仿论的评论，而且至今仍然是对《坎特伯雷故事》最有洞察力也是最广为引用的评论。特别是他关于《坎特伯雷故事》里的香客叙述者和他们各自的故事之间内在的有机关联，即每个香客正好适宜甚至只能讲述他所讲的故事的观点，十分独到而深刻，揭示出乔叟远高于薄伽丘在《十日谈》(*Decameron*)里的艺术成就，即乔叟塑造的那些香客叙述者已经是个性化了的人物形象。[1]

作为杰出诗人的德莱顿，还特别能欣赏乔叟在人物塑造上的生动性。他说："《坎特伯雷故事》里所有的香客，他们的气质，他们的相貌，他们的穿着打扮，全都那样清晰逼真，好像我刚同他们一道在萨瑟克的泰巴旅店共进晚餐。"[2]对这些香客，他进一步分析说：

> 他的有些人物邪恶，有些高尚，有些没有教养或者(如乔叟所说)下流，而有些则知识渊博。即使是下三流人物的猥亵也各有特色：管家、磨坊主和厨师那几个人，全都形象独特，差异明显，正如那个矫揉造作、贵妇般的女修道院院长与那个出语粗俗、牙缝宽大的巴思妇人彼此不同一样。但这已经足够：如此繁多的景象涌现在我面前，令我眼花缭乱，无所适从。我只得引用谚语才足以说明：这是上帝般的丰富多彩。我们的男女先祖们，如同他们在乔叟时代那样，全都展现在我们面前；他们的主要特点仍然在人类中体现出来，甚至仍然存在于英格兰人身上，虽然他们有了其他叫法，而不再被称作修士、托钵僧、教士、女修道院院长、修女；因为人类从来都是不变的，其本性中的东西从未失去，虽然所有的事物都在变化。[3]

德莱顿关于《坎特伯雷故事》呈现出"上帝般的丰富多彩"的说法

1 在《十日谈》里，任何一个故事由那十个青年男女叙述者中任意一人来讲述，都毫无差别，因为他们同他们的故事之间没有任何内在关联，而乔叟的香客叙述者只能讲他所讲的故事，而他所讲的故事反过来又进一步揭示出他自己的思想、性格、背景、职业和教养。

2 Dryden, "Preface" to *Fables*, pp. 31–32.

3 同上，p. 37。

无疑是乔叟研究史上最精彩或许也是最贴切的评论。他对乔叟的评论显然是建立在新古典主义之上；但同样也是从新古典主义出发，他指出了乔叟诗作中的一些“问题”。德莱顿所指出的问题中，特别突出的有两个。一是乔叟的格律。由于许多人，其中也包括在那之前最后一版乔叟文集（德莱顿显然使用的也是这个版本）的编者斯培特，[1]认为格律中的问题不在于乔叟的诗作，而在于读者。新古典主义特别强调形式的完美，德莱顿难以接受这种解释。他驳斥道：“对于我们，乔叟诗歌的音律并不和谐。”他进一步说：“最新版本的乔叟诗集出版者坚持要我们相信，乔叟诗作中的音律问题出在我们的耳朵，而且坚持说在我们只能找到九个音节的诗行里有十个音节，对此我的确不敢苟同。”那“是多么粗鄙并显而易见的错误，因为常识……告诉读者，在乔叟的时代，每个诗行的音节必须相等的格律，即我们所说的英雄对句，要么还没有出现，要么并不经常使用”。但他也间接为乔叟辩护说：“我们只能说，他生活在我们诗歌的婴儿时代；没有任何东西一开始就已臻完美。我们只能先是孩子，然后才能长大成人。”[2]也就是说，问题存在于乔叟作品中，但那不主要是诗人的过错，因为他只是不幸生活在“诗歌的婴儿时代”。在德莱顿的辩护里，我们似乎听到文艺复兴以来许多同样声音的回声。不过，后来人们发现，恰恰斯培特的猜测才是正确的，而英国文学批评之父以及所有这些人全都错了。

在德莱顿看来，乔叟作品的另外一个主要瑕疵是不符合新古典主义关于和谐或得体的标准，因此显得粗俗。他说：“我承认，乔叟只是一颗粗糙的钻石，他需要打磨才能发光。我并不否认，由于他生活在我们诗歌的草创期，他的作品并非都是和谐的统一体，他有时将一些琐碎之事同一些伟大的事件凑在一起。”[3]德莱顿指出了乔叟作品，特别是《坎特伯雷故事》中一个极为突出的特点，如果用新古典主义来衡量，这显然不和谐，而且是一个严重的缺陷；但我们将看到，浪漫主义美学终将改变这一看法，而且在现代文学理论看来，同时也根据现当代学者对中世纪文学的研究，这种不同类别、不同性质的元素的杂糅恰恰是乔叟作

1 前面提到，1687年版乔叟文集几乎就是斯培特的1602年版的重印。

2 Dryden, “Preface” to *Fables*, p. 34.

3 同上，pp. 39–40。

品和中世纪诗歌的本质性特征和它们特别杰出之处。

当然，德莱顿所说“琐碎之事”实际上是一种委婉说法。英国社会中的清教道德思想和新古典主义的文学观都十分强调文学的道德教育功能；所以，许多人认为乔叟作品，特别是那些市井故事的内容庸俗淫秽，不宜阅读。比如，著名作家、《鲁滨逊漂流记》(*Robinson Crusoe*, 1719)的作者、英国小说的创始人之一丹尼尔·笛福(Daniel Defoe, 1660—1731)在1718年的一封题为《反对印刷有伤风化的作品》(“Against Printing Indecent Books”)的信中将乔叟著作归入“猥亵之作”大加斥责。他说，有些“无比机智”的作品因为“受其低俗风格的玷污和侵蚀，不适合品性端庄的人阅读”而被人抛弃，“杰弗里·乔叟由于同样的原因而被人遗忘；虽然那位作家因为生活在未开化的时代而可以被原谅，但正是由于不适合品性端庄的人们阅读这一同样的原则，他的作品被绝大多数读者争先恐后地埋葬”。[1]

在新古典主义时代，荷马、奥维德以及薄伽丘都是许多英国诗人和学者崇敬的偶像，而与之相反，乔叟早已成为公众不愿读也读不懂、被看作属于蒙昧时代的诗人，他们充其量也只是对他敬而远之。所以，有一些人对德莱顿将乔叟“提升”到甚至超越那些古典诗人的做法，颇不以为然。但有碍于德莱顿的声望，他们在表达反对意见时也比较谨慎。就在《寓言集》面世也就是德莱顿去世后四年，托马斯·布朗(Thomas Brown, 1662—1704)在一封所谓“死者给生者”的信中，描写了一段死后的德莱顿与乔叟在一间咖啡馆里的对话：

> “先生，”[乔叟]喊道，“你把我那几个发霉的老故事打磨增色，装扮一新，为我做了天大的好事，我实在受之有愧，为此我感激不尽。然而，先生，我不得不告诉你，当你把我的智慧和诗艺与奥维德媲美时，你走得太远了一点。”“怎么？先生，”德莱顿先生回答道，“我就这样认为，谁如此大胆，竟敢反对我？”“恕我冒昧，先生，”另外那人叫道，“我同奥维德交流几乎已达三百年，[2]我想我对奥维德应该十分

1 转引自 William L. Alderson and Arnold C. Henderson, *Chaucer and Augustan Scholarship*, Berkeley: U of California P, 1970, p. 205。

2 乔叟于1400年去世，到德莱顿去世之时，正好三百年。

了解；如果我连自己的才能都不清楚，那才真是见鬼；所以，尽管你在我们之间画等号对我是天大的赞美，但我告诉你，在我们的诗歌艺术之间毫无相似之处，正如坚毅俊美的英格兰人与胆小的黑发意大利人之间没有相同之处一样。”德莱顿回答说：“先生，我告诉你，你错了。你们两人的风格犹如两块税收记账板（exchequer tallies）[1]一样完全相同。”“然而我知道得更清楚，”乔叟说，“我告诉你的正好相反。”[2]

布朗是在巧妙地借用乔叟之口来驳斥德莱顿，但归根结底他是在贬低乔叟。

然而，德莱顿以新古典主义代表诗人的身份，以他在英国诗坛和批评界都享有的崇高地位，翻译乔叟和荷马等人的作品，放在一起出版，并在对他们的评论中明显偏向乔叟，这在当时对“挽救”已经而且仍然继续声名日下的英诗之父的地位，无疑起了很大作用。将乔叟与荷马等人并列并对之如此推崇，在当时的英格兰绝无二人，而此人还是极富诗名的桂冠诗人，因此那些欣赏英诗之父的人自然备受鼓舞，相反那些贬低乔叟的人却不得不在发表意见之前先稍加斟酌。如果说德莱顿对乔叟诗作，特别是对《坎特伯雷故事》的那些深刻分析和高度评价，并没有立即广泛影响到18世纪学者们对乔叟的研究的话，[3]那么《寓言集》的出版不仅成为乔叟声誉史上最大的拐点，而且也至少在几个方面迅速产生出结果。

1 Tally，又称split tally，是中世纪欧洲由于缺乏货币而广泛使用的一种记账方式。它包括两块从中剖开的木板，上面分别刻着完全相同的交易内容和所欠金额，交易双方各持一块，具有法律效力（近似于中国古代调兵的虎符）。在英格兰，诺曼王朝的亨利一世大约在1100年将这种方式用于征税。英国财政部（Exchequer）用于征税的tally被称为exchequer tallies。财政部使用split tallies一直到1826年，1834年exchequer tallies被下令在国会大厦的火炉中销毁，竟引发火灾，使宏伟的国会大厦大部分被毁。

2 Thomas Brown, *The Works of Mr. Thomas Brown: Letters from the Dead to the Living and from the Living to the Dead*, ed. James Drake, Vol. II, London: Printed for Sam Brisco, 1719, p. 337.

3 德莱顿对乔叟的评论是在19世纪中叶之后，也即现实主义在叙事文学中占主导地位的时期，产生日益广泛的影响，那自然并非偶然。

其中一个不是关于乔叟的地位，而是有关他的主要作品知名度排序的变化。在1700年《寓言集》出版之前，在乔叟著作中，《特洛伊罗斯与克瑞西达》的地位超过《坎特伯雷故事》，被认为是诗人最杰出的代表作。它不仅被提及次数最多，而且获得的主要是赞誉，不像关于《坎特伯雷故事》的评价几乎毁誉参半，尽管由于可读性等各种原因，在总体上[1]后者的读者显然多于前者。正是因为《特洛伊罗斯与克瑞西达》被看作乔叟代表作，如前面提到，在17世纪30年代，是它而非《坎特伯雷故事》被选择来用当时的英语和拉丁语进行翻译。但在1700年《寓言集》里那些坎特伯雷故事翻译出版之后，《特洛伊罗斯与克瑞西达》的地位开始下降，而《坎特伯雷故事》则越来越受到重视和颂扬，而且在随后150年中被“现代化”的乔叟作品（下面将具体综述）绝大多数是这部著作或其中的故事。从1750年到19世纪末的150年间，《特洛伊罗斯与克瑞西达》几乎湮没无闻，而《坎特伯雷故事》则几乎成为乔叟作品的代名词。[2]当然在20世纪，《特洛伊罗斯与克瑞西达》杰出的文学价值被重新认识，重新被认为是诗人最杰出的代表作品之一，而且在整体诗艺上并不低于《坎特伯雷故事》。当然，这两部杰作的地位改换并不完全是因为德莱顿的影响，更深层次的原因还是新古典主义时代对文学模仿现实生活、文学的教育意义以及对讽刺幽默的强调。所以，在反映14世纪英格兰社会生活上无与伦比并如德莱顿所说的“上帝般丰富多彩”的《坎特伯雷故事》，比起远离现实生活的中世纪浪漫传奇《特洛伊罗斯与克瑞西达》，自然更对新古典主义者的口味。其实，不仅德莱顿的影响，而且他对乔叟作品的选择本身，归根结底都根源于新古典主义文学思想。

不过值得指出的是，如前所述，文艺复兴时期以来英格兰诗人和学者们更欣赏风格高雅的《特洛伊罗斯与克瑞西达》，那其实也主要是根源于他们的新古典主义思想，特别是它关于得体的原则，但德莱顿之后18世纪的英国诗人和学者更重视具有突出的现实主义倾向的《坎特伯雷故事》，则主要因为新古典主义的模仿论。这也反映出在此期间，新

1 因为许多读者可能只读过《坎特伯雷故事》中某些甚至个别故事。

2 关于这两部作品地位的变化，请参看Spurgeon, *Five Hundred Years of Chaucer Criticism and Allusion*, Vol. I, pp. lxxvi–lxxix。

古典主义文学思想及其在乔叟学术领域的发展。

但德莱顿对乔叟学术研究发展的更重要的影响是，18世纪在编辑出版乔叟文集方面更为积极，诗人们热衷于用“现代”英语像德莱顿那样翻译乔叟作品，即学者们所说的将乔叟“现代化”，以及模仿乔叟诗作。这些是下一节的主要内容。

第三节　18世纪

在很大程度上，18世纪（特别是前半叶）的乔叟研究是在德莱顿的影响下进行的。由于德莱顿的巨大影响，也由于在《寓言集》出版后迅速出现的许多乔叟作品的模仿作和“现代”英语译作，乔叟名声升温，社会上出现了对新版乔叟文集的需求。1711年，研究中世纪的学者和版本学家，苏格兰人约翰·厄里（John Urry，1666—1715）开始编辑新版乔叟文集，但他生前未能完成，后经其他一些人接手，厄里版乔叟文集终于在1721年出版。

在内容上，厄里版第一次收录了乔叟为《坎特伯雷故事》所写的“撤回声明”（“Retracciouns”）。[1]这个“声明”不长，但十分重要，不管乔叟的声明是否认真，它都是研究乔叟作品和思想的重要文献。在这个声明中，乔叟宣布，由于他一生中撰写的许多作品不符合基督教思想及其道德价值，他要将它们收回。另外，厄里版还在《坎特伯雷故事》中增加了两个故事：《盖米林的故事》（“Tale of Gamelyn”）和《贝林的故事》（“Tale of Beryn”）。经现代学者们研究，这两个故事并非乔叟作品。前者大约产生于14世纪中期，乔叟有可能打算过将其改写后放入《坎特伯雷故事》，而后者则是15世纪的模仿作。另外，厄里的主要继任者蒂莫西·托马斯（Timothy Thomas）的弟弟威廉·托马斯（William Thomas）为该版提供了一个很好的序言，而约翰·达尔特（John Dart）则专门为该版写了乔叟小传。该版的词汇注释表也较此前各版大有改善，词汇量增加，解释更贴近乔叟诗作；这对于那些对乔叟时代的语言日益生疏的读者显然有帮助。

1 即黄杲炘译本里的“本书作者在此告辞”。

厄里版继承了斯培特版的传统，也收录了1390年以来不同时期、不同流派、不同观点的评论文字，其中包括斯培特版之后出现的新论，如前面提到的菲利普斯、赖默、德莱顿等许多人的分析和评价。这不仅有助于读者理解乔叟作品，而且对乔叟学术史的传承、对乔叟研究未来发展的走向都很有意义。

但由于该版并非经一人之手完成，托马斯兄弟和其他继任者是在厄里去世后猝然接手，加之他们之间也没有很好协调，所以该版中有一些不统一的地方；另外该版在手稿的选择、整理、校对等方面也存在问题。因此，它刚面世不久就饱受诟病，甚至连达尔特本人都公开说他不愿买一部。1737年版《坎特伯雷故事》的编者托马斯·莫雷尔(Thomas Morell, 1703—1784)说它在"现存版本中最糟糕"[1]。直到现当代，多数学者仍然持这样的观点。

18世纪是讽刺的时代(the Age of Satire)，新古典主义者致力于用讽刺进行道德评判和教育，出现了大量讽刺作品；与之相关联，在复辟时代和18世纪初，英国喜剧也特别繁荣。因此在18世纪，在乔叟作品中，《坎特伯雷故事》，尤其是其中那些具有喜剧性的故事，比如市井故事，特别受欢迎。除了下面将谈到的《坎特伯雷故事》中各故事的大量现代英语译作之外，在厄里版乔叟文集之后，又出了两个《坎特伯雷故事》的新版。

第一个版本由莫雷尔编辑；当时他还是一个比较年轻的学者。莫雷尔虽出身平民，但经刻苦努力，获得良好教育，成为皇家学会成员。他兴趣广泛，知识渊博，充满幽默感，十分适合编辑《坎特伯雷故事》这样的作品。然而，他仅编辑出其中的《总引》和《骑士的故事》，另外他将德莱顿和其他人的一些乔叟故事的现代英语译作以及一些评论文章、注释和参考材料附录其中。

莫雷尔是一位严谨的学者，他在乔叟学术史上第一个运用科学的方法，对他精选出的13种手抄稿进行对比，试图整理出比较好的乔叟著作版本。他未能完成其宏伟计划的原因是，经长期传抄产生的大量乔叟著作手抄本，[2]由于誊抄过程中容易产生疏漏、笔误和其他错误，加之

1 转引自Alderson and Henderson, *Chaucer and Augustan Scholarship*, p. 82。

2 比如，仅产生于15世纪的《坎特伯雷故事》手抄稿流传至今的就达82份。

中世纪誊抄人员有时会按自己的想法比较随意地修改和增删原件，因此存在不少问题，需要知识渊博而且有经验的版本学家对尽可能多的手抄稿进行逐行逐字对比研究，才能整理出好的版本。但这样的整理显然需要耗费大量时间和精力，所以莫雷尔没能完成他宏伟的计划，只整理出《总引》和《骑士的故事》。

托马斯·蒂里特（Thomas Tyrwhitt，1730—1786）编辑的《坎特伯雷故事》共五卷，其中前四卷于1775年出版，而第五卷（其中包括一个对所有乔叟作品进行注解的收词丰富的词汇表）三年后才面世。为了编辑这个版本，他收集了26份乔叟作品手抄稿。他尽到了一个严谨学者所能尽的一切努力，唯一遗憾的是，他在编辑乔叟作品时未能读到托马斯·格雷关于英语词汇变化影响到乔叟以及其他中世纪英语诗人作品中的格律的重要文章，[1]但他通过对乔叟作品的大量手抄稿的研究，已经注意到这个乔叟研究中的核心问题。

特别需要指出的是，在蒂里特之前，乔叟文集的编纂者们主要是不断往乔叟著作中添加新的作品而没有剔除伪作；与之相反，蒂里特一个很有意义的贡献是，他通过认真研究乔叟的作品的内容及其语言和风格，从以往各版乔叟文集中剔除了一些伪作，其中包括前面提到的《农夫的故事》《高地的杰克》《盖米林的故事》《贝林的故事》等，他甚至怀疑那篇优秀诗作《花与叶》是否是乔叟所作，表现出他非凡的鉴别能力。《花与叶》这篇伪作后来还得到浪漫主义大诗人华兹华斯（William Wordsworth，1770—1850）的高度赞誉，他甚至用现代英语将其翻译出版。尽管蒂里特未能剔除所有伪作，但他以诗歌语言和风格为标准甄别历代手抄稿和印刷版乔叟作品，是乔叟著作版本研究的一个良好开端。他编辑的《坎特伯雷故事》广受欢迎，而且至今仍受现当代学者赞誉，被认为是乔叟作品现代版本的开端。他去世12年后，该版本又出了第二版，这在当时并不多见，后来在19世纪还被无数次以各种形式印刷出版。那一方面说明乔叟名声上升引发对其作品的需求，另一方面也表明他的编辑十分成功。蒂里特版对乔叟读者的增加、名声的提升和乔叟作品的研究都有一定意义。

1 因为该文当时未能发表；后面将引述格雷的文章。

在蒂里特版第五卷出版四年后，约翰·贝尔（John Bell，1745—1831）主编的大型丛书《大不列颠诗人：从乔叟到丘吉尔》（*The Poets of Great Britain: Complete from Chaucer to Churchill*，1782—1783），共109卷，由爱丁堡阿波罗出版社于1782年开始出版；其中前14卷为乔叟作品：《杰弗里·乔叟诗歌集：共14卷；其他各种诗作来自1721年厄里版；〈坎特伯雷故事〉来自1775年蒂里特版》（*The Poetical Works of Geoff. Chaucer, in Fourteen Volumes. The Miscellaneous Pieces from Urry's Edition 1721.* The Canterbury Tales *from Tyrwhitt's Edition 1775*）。从书名可以看出，这个版本是把蒂里特版的《坎特伯雷故事》同厄里版中其他的乔叟作品一道印刷出版。这部大型丛书以14卷乔叟作品开篇也表明了乔叟英诗之父的地位。

比起几部新版乔叟文集的出现，德莱顿更为直接的影响是，18世纪对乔叟的模仿和用当时的英语"现代化"乔叟这两方面长盛不衰，而且一直持续到19世纪中期，蒲柏、奥格尔（George Ogle，1704—1746）、利普斯科姆（William Lipscomb，1754—1842）、华兹华斯、勃朗宁夫人（Elizabeth Barrett Browning，1806—1861）等许多优秀诗人都乐此不疲。这期间，特别是在18世纪上半叶，翻译和模仿乔叟的作品密集出现。这两方面的实践者自然都主要是诗人们，他们下的功夫间接表现出理性时代对乔叟的态度和理解。由于不论是翻译还是模仿乔叟作品，他们都得阅读原作，所以特别熟悉乔叟诗作，也就能发表一些颇有见地的观点。

前面提到，乔纳森·斯德纳姆在1630年已经用当时的英语翻译了《特洛伊罗斯与克瑞西达》的前三卷，只不过该译稿从未出版，几乎无人知晓。所以学界一直认为是德莱顿开启了"现代化"乔叟这一传统。但在模仿乔叟创作上，他只能算一个悠久传统的继承人和进一步发展的有力推动者。前面已经比较详细地叙述过，许多15世纪和文艺复兴时期的英格兰和苏格兰诗人都曾十分热衷于模仿乔叟，而且其中一些模仿作甚至长期被误认为出自乔叟之手。然而，自16世纪中后期以来，除斯宾塞曾极力模仿过乔叟外，在一百多年中，英诗之父已经很少享受过这样的礼遇。所以我们可以说，是德莱顿复活了这一传统。当然，在18世纪并非只有乔叟在享受这样的殊荣，一些重要的前辈诗人如斯宾塞、弥尔顿都是被广泛模仿的对象。

关于18世纪对乔叟的"现代化"和模仿，有两点需要指出。首先，前者的成就和影响都远大于后者；其原因很简单，真正有价值的模仿必须做到神似，而要做到神似就必须真正把握乔叟诗作的风格神韵，但在连乔叟时代的语言都难以读懂，对乔叟诗歌的格律都不甚了了的情况下，那又谈何容易？实际上，就连斯宾塞那样的大诗人都没能做到。关于18世纪对乔叟的模仿，现代学者一针见血地指出，他们使用的"方子很简单"："故事必须淫秽，语言必须不符合语法，格律必须混乱。"如果第一项并非总被遵循的话，那么后面两项则似乎总是被奉为金科玉律。因此，"这些模仿作的制造者们似乎相信，他们离自己时代的[语言的]正确用法越远，他们就离[乔叟]时代的用法越近"。[1]其次，对乔叟的现代化和模仿这两方面往往结合在一起，很难区分，因为模仿乔叟的作品往往也是以乔叟故事为蓝本，只不过它们离乔叟原作相去更远而已。鉴于以上两个原因，下面的叙述将主要集中在对乔叟的现代化译作方面。

在德莱顿之后，着手比较早而且特别积极将乔叟现代化的是新古典主义时代最杰出的英国诗人亚历山大·蒲柏。蒲柏同德莱顿一样，既是大诗人，也是重要文学评论家，因此他的影响也特别大。蒲柏在1709年出版《一月与五月》(*January and May*)，1711年出版《声誉庙堂》(*The Temple of Fame: A Vision*)，1714年出版《巴思妇人的引言》(*The Wife of Bath, her prologue, from Chaucer*)，它们分别是对《坎特伯雷故事》中《商人的故事》("The Merchant's Tale")和《巴思妇人的引子》("The Wife of Bath's Prologue")以及乔叟另外一部作品《声誉之宫》的"翻译"或者说模仿。平心而论，这些译作尽管是出自大诗人之手，但都是平庸之作，它们既没有蒲柏自己其他诗作的高超诗艺，也没有乔叟原作的神韵。特别是他笔下的巴思妇人低下庸俗，完全失去了乔叟塑造的这个杰出形象身上那种蔑视权威、挑战主流意识形态的庄严美(sublimity)。很显然，新古典主义观念使蒲柏更加注意生动的描写以及与道德教育密切相关的幽默和滑稽，但对巴思妇人身上的庄严美和深刻的内在矛盾却视而不见。

蒲柏出版《一月与五月》时年仅21岁，他后来告诉人们，那部译作

1 Lounsbury, *Studies in Chaucer*, pp. 121, 122.

是他16岁时所写；可见他很早就对乔叟产生了兴趣。蒲柏一再在乔叟诗作上下功夫，自然是因为他特别欣赏英诗之父的作品，而且终身如此。他在出版这些译作20多年后还说：

> 我阅读乔叟，如同阅读几乎任何其他诗人一样，至今仍然深感乐趣。他是一位诗歌风格和描写的大师，他是能真正生动自然地讲故事的第一人。
>
> 要指出我国诗歌大的发展走向，很容易：乔叟、斯宾塞、弥尔顿和德莱顿是其主要标志。[1]

蒲柏还将乔叟和高尔这两位在历史上长期并列的诗人进行比较，认为“高尔不值得读，他缺乏诗歌精神，描写能力极弱，而那些都是乔叟的强项”[2]。尽管如此，蒲柏也无限惋惜地感到，乔叟以及所有的诗人都在迅速成为过去。就在出版《声誉庙堂》的同一年，他发表了创作于1709年的重要诗作《论批评》(*An Essay on Criticism*, 1711)。这是一篇用诗体写成的重要文学批评理论文献，系统表达了他的新古典主义文学批评思想，是他的代表诗作之一。在这首诗里，他说：

> 黄金时代再也不会出现，
> 那时，智慧的宗师扬名千年，
> 现在，声名（我们的第二生命）
> 瞬间即逝，至多半个世纪。
> 儿子见证父亲的语言过时，
> 今天的乔叟，明天的德莱顿。[3]

在这里，乔叟成了英语语言和英语诗歌风格迅速变化过时的隐喻，就连当时名重一时的德莱顿也面临同样命运。正是因为他那样欣赏乔叟，

1 Spence, *Anecdotes, Observations, and Characters of Books and Men*, pp. 84–85.

2 同上，pp. 85–86。

3 Alexander Pope, *The Poems of Alexander Pope*, ed. John Butt, New Haven: Yale UP, 1963, p. 159.

同时又深切感受到英语和英诗风格的快速变化似乎无可挽回地使乔叟成为过去,所以他一再出手“挽救”乔叟。

1712年,塞缪尔·柯布(Samuel Cobb, 1675?—1713)出版《牛津的木匠,即乔叟的〈磨坊主的故事〉:现代英语本》(*The Carpenter of Oxford or "The Miller's Tale" from Chaucer. Attempted in Modern English*),与其装订在一起的是马修·普里奥尔(Matthew Prior, 1664—1721)的《两个对乔叟的模仿之作》(*Two Imitations of Chaucer: I. Susannah and the Two Elders; II. Earl Robert's Mice*)。同年,一位无名氏的《百鸟议会》(*Parliament of Birds*)也出版,该作品是对乔叟的《百鸟议会》的滑稽模仿。

1713年,似乎是为了回应柯布的译本,一位名叫约翰·史密斯(John Smith, 1662—1717)的诗人也出版了一个“现代”英语译本《乔叟的〈磨坊主的故事〉》。诗人在其序言中说:

> 不列颠诗歌之祖,最近在德莱顿
> 手里复活,再一次变得年轻,
> 他的故事以新的语言讲述,
> 犹如旧币重新锻造出炉。[1]

很明显,同其他许多人一样,史密斯也是受德莱顿影响而加入了翻译乔叟的热潮。特别有意思的是,约翰·盖伊(John Gay, 1685—1732)在1713年出版喜剧《巴思妇人》(*The Wife of Bath*),而剧中的主要人物不是别人,正是乔叟。另外,他模仿乔叟的风格针对《差役的故事》(“The Summoner's Tale”)而写的讽刺诗《对差役引言的回答》(*An Answer to the Sompner's Prologue of Chaucer: In Imitation of Chaucer's Style*)在1717年刊行。另外,值得指出的是,盖伊还是历史上第一个提及乔叟作品中的“幽默”的学者,尽管他不一定完全是在现代意义上使用这个术语。幽默不仅是乔叟作品而且也是自中世纪以来英国文学极为突出的本质性特点。

1 转引自Philip Smallwood (ed.), *Critical Pasts: Writing Criticism, Writing History*, Danvers, MA: Rosemont, 2004, p. 74。

在将乔叟现代化的诗人中，乔治·奥格尔是成就比较突出的一个。他在爱尔兰出生和成长，但主要生活在伦敦。他是乔叟的崇拜者，多年致力于将乔叟作品现代化。他于1739年出版《戈瑟鲁斯和格里塞尔达》(*Gualtherus and Griselda*)，即《学士的故事》的现代英语版。在乔叟之前，意大利文学家彼特拉克和薄伽丘都曾创作过同一内容的故事。[1]奥格尔按德莱顿的比较文学的思路和在《寓言集》里的做法，将三位文学家创作的同一内容的故事用当时的英语翻译出来放在一起，让读者欣赏和比较。而且也和德莱顿一样，他认为乔叟"升华"了两位意大利作家的作品，因此他"更喜欢乔叟对这个故事的处理"，但他同时也承认"他省去了一些很美的东西"。[2]

后来在1741年，奥格尔又与多人合作分头翻译，并将德莱顿、蒲柏等人以及他自己在此前出版的乔叟故事译作收入，分三卷出版了《坎特伯雷故事》的现代英语译本，以"多人共同翻译"(Moderniz'ed by Several Hands)署名。这是一个很大的工程，也是他后期的主要成果，影响了18世纪后半叶许多人对乔叟的阅读和理解。他自己亲自翻译了《总引》和这些故事的引言，他的译文质量较高，受到许多人称赞。他原计划将整部《坎特伯雷故事》翻译出版，但这个现代版只包括其中约一半的故事。奥格尔至死也未能完成他雄心勃勃的计划。这个计划要等上半个多世纪由另外一位学者威廉·利普斯科姆于1795年完成。

1750年，安德鲁·杰克逊(Andrew Jackson, 1695—1788)出版译作，包括《船长的故事》("The Shipman's Tale")、《伙食采购人的故事》("The Manciple's Tale")、乔叟在《总引》里对巴思妇人的描写以及《巴思妇人的引子》。18世纪后期，在翻译乔叟诗作方面最重要的成就出自利普斯科姆之手。他于1792年先发表《卖赎罪券教士的故事》("The Pardoner's Tale")及其引言，然后翻译了奥格尔版中没有包括的另外11个故事和所有剩下的引言、结语，在1795年将它们同奥格尔

1 实际情况是，薄伽丘用意大利语创作了这个故事，彼特拉克将其译成拉丁文，乔叟根据彼特拉克的拉丁文故事用英文改写，并将其放入《坎特伯雷故事》。

2 George Ogle, "Letter to a Friend," Preface to *Gualtherus and Griselda: or the Clerk of Oxford's Tale; From Boccace, Petrarch and Chaucer*, Dublin: Printed for George Faulkner, 1741, p. xiv.

版放在一起，分三卷出版。但他认为《堂区长的故事》(“The Parson’s Tale”)冗长无趣，所以没将其包括在内，另外《磨坊主的故事》和《管家的故事》(“The Reeve’s Tale”)也因为他认为“低俗”而被排除在外。

当然，这里提到的还只是18世纪的诗人、学者出版的乔叟作品译作中的一部分。从这些译作可以看出，18世纪诗人们对乔叟作品的现代化，并非严格意义上的翻译，而是翻译和模仿甚至是改写的结合。比如，爱尔兰诗人亨利·布鲁克(Henry Brooke, 1703?—1783)的译作《康斯坦提娅——即〈律师的故事〉》，虽然译文质量比较高，但严格地说，同所有其他诗人—译者一样，他与其说是在翻译，不如说是在改写。在原故事的开篇，乔叟有35行对贫困的描写，但布鲁克多半是因为对当时社会中普遍存在的严重贫困现象深有感触，所以尽情发挥，这部分竟长达168行，整个故事的长度也由1,064行变为1,644行。前面提到的奥格尔的现代版《学士的故事》更达2,426行，而原作仅为1,154行。如此不按原作内容的大规模增删，从德莱顿起，就是所有18世纪乔叟故事“译作”的共同之处。这是一个很值得研究的课题，因为这些诗人和学者是根据他们的个人喜好与创作理念增删乔叟，而他们的喜好和创作理念又根源于当时的社会背景、文艺思想、文化思潮和价值观念，所以这也有助于我们从一个特殊的角度理解18世纪的英格兰社会及其文学思想和艺术趣味。

但作为翻译作品，它们显然是不成功的，因为这些译作与乔叟原作相去太远。一个世纪后，最后一本现代英语乔叟诗集(1841)的编者(也是译者之一)理查德·亨吉斯特·霍恩(Richard Hengist Horne, 1802—1884)这样评价德莱顿、蒲柏等前辈们翻译的乔叟作品:“德莱顿和蒲柏给出的乔叟[诗作翻译]版本全是精心制作、完美无缺的作品，读起来同他们自己的诗作毫无二致，而与乔叟几无丝毫相似之处。”[1]霍恩接着说，如果连德莱顿和蒲柏这样的诗人尚且如此，其他译者的问题就更多了。应该说，霍恩的评价的确切中要害，但霍恩及其朋友们(包括大诗人华兹华斯)后来犯了几乎同样的错误，只不过他们没有在内容

1 Richard Hengist Horne, “Introduction,” in Horne (ed.), *The Poems of Geoffrey Chaucer Modernized*, London: Whittaker, 1841, pp. x–xi.

上随意增删。[1]

尽管这些译作并不忠实于原文，但其译者却受到时人称赞，被认为是以现代英语和高超的诗艺使已经没落的前辈诗人获得新生。亚培兹·修斯（Jabez Hughes，1685?—1731）在一首大约写于1707年的诗里赞美德莱顿使乔叟焕然一新，正如维吉尔使"古老的恩尼乌斯"获得新生一样：

变换的时间使乔叟声名受伤，
他头上的光环变得黯淡无光；
他的语言变形，智慧坍塌，
他深邃的思想沦为笑话；
在不列颠人眼里他来自异域，
他外表粗俗，几乎无人认识：
但经你打扮，被放逐的歌手重新出现，
他光芒四射，闪耀着焕然一新的光环。
古老的恩尼乌斯[2]也是被维吉尔更新，
他被发现时是垃圾，转手即成黄金。[3]

同样，一位自学成才的诗人摩西·布朗（Moses Browne，1704—1787）也表达了同样观点。他化名为"爱星者"（Astrophil）在《绅士杂志》（*Gentleman's Magazine*）上发表了一首名为《赞美乔叟——英诗之父》（"In Praise of Chaucer, Father of English Poetry"，1740）的诗。他在诗的结尾赞美道：

1 关于霍恩版译本，下一章中将具体提到。

2 恩尼乌斯的《编年史》（*Annales*）是早期罗马的民族史诗，仅六百余行流传至今。它讲述从埃涅阿斯逃离被毁灭了的特洛伊，在地中海艰难跋涉，在意大利创建罗马，直到诗人时代的罗马"历史"。它深刻影响了后来维吉尔的伟大史诗《埃涅阿斯纪》。所以修斯在这里称，维吉尔"更新"恩尼乌斯。

3 Jabez Hughes, "Verses Occasioned by Reading Mr. Dryden's *Fables*," in George Saintsbury (ed.), *The Works of John Dryden*, Vol. XVIII, London: Printed for William Paterson, 1893, p. 230.

他像索福克勒斯一样辉煌，
让我们满怀惊奇闪着泪光，
他挥手洒出喜剧的智慧，
他的幽默雄冠古今，有谁能比？
在我们眼里他的故事真实可信，
他描绘的图画栩栩如生，
他塑造的人物我们常在现实中看见，
我们所读的一切都会在眼前浮现。
　　那就是乔叟，古老时代的明镜，
虽然漫长的历史已将他的书页模糊：
他的风格过时，他的格律粗俗，
他的诗实在难读，几乎无人光顾。
现代著名诗人将其重新打造，
他的才智也丰富他们的宝库；
《坎特伯雷故事》那样脍炙人口，
全靠德莱顿和蒲柏精湛的艺术；
他们的精心修饰让我们看到
是什么把创作那些故事的心灵丰富。[1]

虽然诗人对乔叟充满崇敬，但和其他大多数同时代人一样，他对乔叟的赞美主要还是集中在新古典主义所赞赏的幽默和生动描绘。而且他在高度赞美乔叟诗歌艺术的同时，也没有忘记将笔锋一转，把乔叟新生的功劳归在现代诗人名下。

在18世纪，这样的评论还有很多。它们的总体倾向是认为这些"现代化"译作远胜于原作。比如，英国哥特小说传统的创立者贺拉斯·沃波尔（Horace Walpole，1717—1797）在1781年的一封信中坦承："我更喜欢德莱顿的译作，而非乔叟的原著。"[2]在很大程度上，沃波尔

1 Moses Browne, "In Praise of Chaucer, Father of English Poetry," http://spenserians.cath.vt.edu/TextRecord.php?action=GET&textsid=34105, Oct. 2, 2014.

2 Horace Walpole, "To the Rev. William Mason," in Peter Cunningham (ed.), *The Letters of Horace Walpole, Earl of Oxford*, Vol. VIII, London: Richard Bentley, 1858, p. 108.

的说法代表了许多18世纪读者对待乔叟原著和它们的众多现代英语译作的基本态度。

很显然，这种“现代化”会带来负面影响。大量“现代化”译作不断面世使乔叟名声上升，但也使人们误认为乔叟原著还不如这些译作，甚至认为乔叟诗歌的价值不在其原作，而在这些译作里，从而也影响到人们阅读和欣赏乔叟诗歌原作的意愿。当时一些有识之士就尖锐地指出这一点。桂冠诗人和重要文学评论家托马斯·沃顿（Thomas Warton，1728—1790）出自书香门第，而且一家人都十分崇敬乔叟，熟读乔叟作品。他父亲老托马斯是牛津教授，曾于1747年在著作中模仿过乔叟的《百鸟议会》；他哥哥约瑟夫也是文学评论家和诗人，曾以新古典主义为标准赞扬蒲柏的几部译作提升了乔叟原作。然而托马斯认为，这种模仿或翻译对乔叟带来的更多的是危害。他在1754年指出：

> 乔叟似乎主要是被看作古代诗人而非优秀诗人；他因为在四百年前就写英语诗，而非因为他在四百年前就写出趣味高雅、意义深刻的英语诗，而经常被赞扬。我们把他的诗看作值得尊敬的纪念品，而非优秀的艺术之作，那是被蓄意用来迎合古物鉴赏师的喜好，而非出自批评家之眼光。我带着想知道第一位英语诗人如何创作的好奇心坐下来阅读乔叟，当离开之时，我因他那种在后世或更为高雅的时代也难以产生出与之匹敌的真正的幽默、情感与庄严美，而深感满足。我们必须承认，他那种粗俗，或者更确切地说，那种颇为陌生的语言，已经妨碍许多人阅读他的诗作；然而同时我们必须说，他现在之所以几乎无人阅读，最主要的原因就是人们可以通过现代模仿之作方便地阅读他的作品。于是，当译作（那些对乔叟的模仿之作可称之为译作）被用来作为获得关于任何难懂的古代作家的知识的替代方式之时，那些原作不仅因为不那么容易阅读而被忽略和排斥，而且还因为被认为不那么华丽和典雅而遭到鄙视。[1]

1 Thomas Warton, “Observations on the Faerie Queene,” http://spenserians.cath.vt.edu/TextRecord.php?action=GET&textsid=34437, June 2, 2014.

当时，年仅26岁的沃顿能勇敢挑战德莱顿、蒲柏等大家，批评主流观点，反对时人（包括他哥哥）对那些“现代化”乔叟的译作或模仿作的赞扬，并发表如此独到而深刻的见解，实在难能可贵。斯珀吉翁也指出，在18世纪，“现代化的倾向使人们不再阅读原著。乔叟的名字更为人们熟知，但了解他原作的人却越来越少”[1]。

对乔叟原作不太了解的人中也包括一些文学大家，比如塞缪尔·约翰逊博士。或许是因为新古典主义的影响，同时也可能是因为他主要是在编辑他那著名的英语词典时不得不涉猎乔叟诗作中的语言，但没有仔细阅读乔叟作品，[2]约翰逊才会对乔叟那样不屑一顾。约翰逊是18世纪英国文学批评界的泰斗，被戏称为英国批评界的“独裁者”。他同时也是杰出的诗人，对诗歌艺术有极为敏锐的感悟。然而他不主要是从诗人或文学评论家，而更多是从英语发展史学者的角度来评价乔叟。所以，他在为英语词典所写的长文《英语语言史》（“History of the English Language”）中说：

> 我们的语言发展到这样一个阶段，人们一般都认为在那时我们的诗歌开始发展；那是著名的乔叟时代。在很大程度上，他有资格被称为我们那些用诗歌风格写作的韵律作家中最早的一个。然而他得到的所有赞美，似乎并非全都实至名归，他所受责难，也是如此。德莱顿将天才错当学识，并对自己的才能过于自信，竟敢对自己没有下过功夫的东西动笔，认为乔叟通过从大陆上更优美的语言那里借用词汇，前无古人地提炼了我们的格律，第一个创作了自然流畅的韵式，从而发展了我们的语言。……在我们语言的婴儿时代，如同其他人

1 Spurgeon, *Five Hundred Years of Chaucer Criticism and Allusion*, Vol. I, p. xlv.

2 说约翰逊或许只是涉猎了乔叟语言，而没有认真阅读乔叟诗作的一个证据是，他在《英语语言史》（该文放在他的1755年版英语词典序言之后）里错误地将高尔代表作《情人的自白》中爱神维纳斯称乔叟是她的信徒误当成高尔的话，从而认定高尔视乔叟为自己的信徒（关于这段话，请参看前面第一章里对高尔的引语），而乔叟的诗歌艺术充其量是从高尔处学来，所以他不能算是英诗之父。约翰逊的错误似乎表明，在编辑词典时，他主要是关注乔叟时代的英语，而没有仔细阅读14世纪诗人们的作品和欣赏他们的诗歌艺术。

一样，他有可能进行过一些创新，但由于文献稀缺，我们无法准确确定哪些是他的创造。[1]

约翰逊是一个严谨的学者，绝不人云亦云，但这里也暴露出他的确没有在乔叟原作上下过足够功夫，所以才略带鄙视地认为乔叟充其量只是一个“韵律作家”，而非诗人。至于他对德莱顿的指责，显然也不够公允。关于乔叟对英语诗歌语言发展的贡献，德莱顿的观点无疑比他更正确。现代学者们的研究证明，乔叟作品中大量的词汇都是“从大陆上更优美的语言那里借用”来的，其中来自法语的词汇最多。比如，《特洛伊罗斯与克瑞西达》中43.5%、《坎特伯雷故事》中40%的词汇来自法语，而在后者那些描写上层社会和关于宗教的故事中，来自法语的词汇多达50%左右。[2]

另外，约翰逊对乔叟的评价无疑也受到新古典主义时代学者们普遍乐于享受的对中世纪那所谓“野蛮时代”的一种难以掩饰的优越感的影响。他甚至认为：“在莎士比亚时代，英格兰民族还在从野蛮中挣扎出来。”[3]至于乔叟时代，那自然就更不用说了。不过，在他作为文学评论家评价莎士比亚并提出那些影响了英国评论界两个多世纪的深刻见解[4]的同时，他对乔叟的人物塑造也情不自禁地发出由衷的赞叹：至于“乔叟的人物……没有英语作家，也许在其他现代语言中也没有多少作家，所塑造的人物能显示出[他们]那种本地生活的气息”[5]。当然，对于乔叟作品中这一突出特点，同德莱顿以及其他许多持文学模仿现实的新古典主义文学思想的同时代人一样，他实在难以忽视。

1 引自 Harold Bloom (ed.), *Bloom's Classic Critical Views: Geoffrey Chaucer*, New York: Infobase, 2008, p. 75。

2 请参看 Joseph Mersand, *Chaucer's Romance Vocabulary*, New York: Comet, 1939。

3 Samuel Johnson, "Preface to the Plays of William Shakespeare," in Samuel Johnson, *Selected Poetry and Prose*, ed. Frank Brady and W. K. Wimsatt, Berkley: U of California P, 1977, p. 314.

4 约翰逊在评论莎士比亚时，不仅是在分析莎士比亚剧作，同时也对文学的性质、文学同社会的关系等一些基本和普遍性的问题进行探讨和阐释。所以他对莎士比亚的研究也是对文学理论和批评的重要贡献。

5 同3，p. 319。

不过，约翰逊以他在英语词汇发展上的长期研究和丰富知识，实际上已经发现了可以解开两百多年来困惑着人们的乔叟诗歌格律之谜的关键。他在1751年的一篇研究弥尔顿的诗歌格律的文章中说："我们有理由相信，我们已经粗心地失去了一些元音，我们的祖先们为绝大多数单音节词添上的现在不发音的e，曾经是发音的。"[1]然而，由于他几乎从不重视乔叟，所以他没有想到将这一英语语言发展史上的重要发现运用到乔叟诗歌格律的研究上，从而与乔叟学术史上一个重要成就失之交臂。

第一个注意到英语词汇的前缀和后缀变化以及单词末尾的e不再发音的情况造成了乔叟诗歌的格律问题的是约翰逊同时代诗人托马斯·格雷。格雷是墓园派的代表诗人，也是英国浪漫主义运动的先驱。他在大约写于1760年的一篇文章中认为：在中世纪，一些英语单词的前缀和后缀都是音节，但在后来的发展中，一些过去分词失去前缀（比如y），而许多单词失去后缀，而且末尾的e也逐渐不再发音。因此，许多誊写者在抄写古代手稿时随意将那些在当时已经不再使用的前、后缀省去。他指出，正是英语词汇的变化和誊写者的错误造成了乔叟诗歌的格律问题。他将他的观点运用于乔叟诗行进行检验，发现它们格律规范，节奏自然流畅。[2]遗憾的是，他这篇重要文章直到他去世多年后才于1814年发表。

虽然因为英语语言的巨大变化许多人不能阅读乔叟原作，虽然也因为乔叟作品的现代英语译作存在许多问题而造成了一些负面影响，但18世纪是乔叟学术史上的转折期，取得了很有价值的成就，并影响了后世的乔叟研究。特别值得赞许的是，在那些表达出关于乔叟的真知灼见的人中，有的是像德莱顿那样的诗人—译者，他们克服了不少困难，多年阅读乔叟原作，坚持在他"古奥"的语言和诗艺上下功夫。

一生热衷于现代化乔叟的奥格尔正是通过对乔叟的阅读和翻译，而对乔叟诗作有了很深刻的理解，发表了很有见地的观点。他同德莱

1 W. J. Bate and Albrecht B. Atrauss, *The Rambler: The Yale Edition of the Works of Samuel Johnson*, Vol. IV, New Haven: Yale UP, 1969, p. 102.

2 见 Thomas Gray, "Observations on English Metre," in Thomas Gray, *Essays and Criticism*, ed. Clark Sutherland Northrup, Boston: Heath, 1911, pp. 21–38。

顿一样，也特别欣赏乔叟的人物塑造。1741年，他在为他的《牛津学士的故事》的译作所写的序言中认为，“不论是在以喜剧或是以讽刺方式［塑造人物］方面，没有任何作家，甚至没有古典作家能与［乔叟］媲美”[1]。在极为推崇古典作家的新古典主义时代，这无疑是很高的赞誉。他就乔叟对香客人物的塑造做了简略而精当的点评后说：“所有这些，……并非是一般天才的点睛之笔，而是来自对人性的精微理解。”[2] 不过，奥格尔最独到的见解是他在乔叟研究史上第一个认识到《坎特伯雷故事》中一个极为重要的艺术特点或成就：那些故事不是像通常的故事集那样堆砌在一起，而是按诗人的精心设计被整合成一个有机的艺术整体。他说：

> 乔叟的杰出之处并不局限于塑造人物各不相同的独特性，而且还将他们恰到好处地引导进入表演之中，随即又令人愉快地使他们充任其角色的大师。……所有的人都必须承认，他把那些故事联系在一起成为一个整体的安排实乃精心设计而且做得完美无缺。[3]

虽然《坎特伯雷故事》最终没能完成，有些故事之间还缺乏连接，或者说乔叟还没有最终确定所有故事的顺序，但现当代评论家都无不赞叹诗人按香客们之间的关系、他们的矛盾冲突、他们之间的争论和应答，以及当时人们所关心的问题来安排、整合这些故事的匠心。于是，香客们不是简单地在讲故事，相反他们的故事成为他们攻击或回应其他香客或用来表达其思想、观点的方式。换句话说，这些故事及其引言、结语全都成为整部作品不可分割甚至不可随意放置的有机组成部分。在德莱顿揭示出乔叟的香客叙述者与其故事之间有机的内在关系之后，奥格尔又指出故事之间具有深刻的内在关联，使人们对《坎特伯雷故事》的艺术特征和成就有了进一步认识，是在乔叟诗歌艺术的研究上又迈出的重要一步。

在研究乔叟上有深厚家学渊源的沃顿在其重要著作《英国诗歌

1 Ogle, “Letter to a Friend,” pp. xvii–xviii.

2 同上，p. xix。

3 同上，p. xx。

史》中系统研究了乔叟，给出许多很有见地的评论。他关于乔叟的现实主义、人物塑造和幽默等方面的评价主要是以新古典主义为思想基础。他特别强调了乔叟的创作与他的生活经历之间的关系。他说：

> 他书中关于宏大场面和勇猛的骑士比武大会的大量描写证明，他熟知上层生活的状况和娱乐活动。熟悉各种情况和事物，具有获得时髦的宫廷语言的机会，在国内与上层贵族保持关系，在国外与使用民族语言创作的诗人[1]直接接触，这些都开阔了他的胸怀并为他提供了新的知识。[2]

沃顿同德莱顿等新古典主义时代的诗人和学者们一样，极为欣赏乔叟的幽默，特别是与人物塑造中的现实主义倾向相关的幽默。他说：

> 乔叟式幽默，虽然在《坎特伯雷故事》里十分显著，但更主要是在人物介绍中表现出来。在这方面，他对现实的了解对他的帮助非同寻常，那使他能精确地描绘出古代的风俗习惯，而在他的时代没有任何其他民族为后代留下那样的画面。在这里我们看到，我们祖先的追求与职业，风俗与娱乐，由人类的评判者直接从生活中模仿而来，它们被表现得既真实又栩栩如生。[3]

但沃顿对乔叟的分析和评价并没有停留在新古典主义阶段。前面提到他反对新古典主义诗人们对乔叟诗作进行现代化翻译。他的反对正是基于对乔叟诗歌艺术的深刻理解，认为现代化译作对乔叟诗作造成曲解和损害。他在《英国诗歌史》里对此做了进一步分析。他的文学观和对乔叟的深刻理解在他对蒲柏现代化乔叟的译作《声誉庙堂》所给予的批评中得到很好的体现：

1 这里沃顿特别是指薄伽丘和彼特拉克。

2 Thomas Warton, *The History of English Poetry from the Close of the Eleventh Century to the Commencement of the Eighteenth Century*, London: Printed for Thomas Tegg, 1840, p. 127.

3 同上，p. 199。

蒲柏以他通常的典雅风格与和谐的诗律模仿了这个作品[乔叟的《声誉之宫》]。但正因为如此,他既没能正确表现这个故事,也损坏了它的特色。他试图以新的优雅和增加另类特征来纠正其过度的放纵;然而他没有想到,对于具有如此结构的诗作,那样的放纵至关重要,甚至是产生美的因素。试图将整齐划一的形式和精确的意象同按如此浪漫如此不合常规的原则建构的作品结合起来,就如同将柯林斯廊柱[1]放入哥特式殿堂一样。当我阅读蒲柏对[乔叟]这部作品的典雅的模仿之作时,我感到我是行走在一些被不合时宜地放入西敏寺大教堂[2]的现代纪念物之中。[3]

在这里,沃顿表现出他对乔叟诗作的深刻理解;同时人们也很难不赞叹他对当时热衷于现代化乔叟这一现象的实质及其带来的负面影响的深刻洞察力。沃顿的评论也表明,他能这样敏锐地揭示出问题的本质,其中一个主要原因是他生活在英国文学正处于从新古典主义向浪漫主义转变的时期,而他自己也是浪漫主义早期流派墓园派的代表诗人。他的文学思想以及他对乔叟的评论都受到正在兴起的浪漫主义思潮的影响。

正是由于他作为桂冠诗人的敏感、他的浪漫主义思想和他对中世纪文学不同于新古典主义的理解,沃顿才可能对乔叟的诗作有如此深刻的见解。在他看来,乔叟诗歌艺术的本质并非新古典主义所倡导由古希腊建筑所体现的自然、典雅、平稳、和谐与庄重,而是浪漫主义所提倡由乔叟时代所建造的那种拔地而起、巍然屹立的哥特建筑所体现的超自然神秘与激情放纵以及气势雄伟突兀的庄严美。他那部很有影响的著作《英国诗歌史》在一定程度上就是运用他的浪漫主义文学思想对英国各时期的诗歌,特别是中世纪诗歌,进行系统的解读、分析和梳理,从而推动了英国诗歌摆脱新古典主义的桎梏进一步发展,同时也预示着乔叟研究新的发展方向。

1 柯林斯廊柱是希腊式建筑的典型标志。

2 现存伦敦西敏寺大教堂建于13世纪,是英国最具代表性的哥特式建筑之一。

3 Warton, *The History of English Poetry*, p. 170.

第四章 19世纪

19世纪是英国历史上特别重要的时代，是英国历经重要发展和深刻变革的时期，工业革命、法国大革命、美国革命全都深刻影响了英国的社会、经济、政治和文化生态，激发了英国人特别是知识分子的社会改革热情和理想主义；科学技术的迅速发展冲击着英国人的传统意识，深刻地改变着他们的思想观念和思维方式；而大英帝国的海外扩张、掠夺和霸权将日不落帝国推向顶峰，大幅度推进英国人的民族意识的同时也造成殖民主义思想畸形发展。同时，随着福音运动复兴基督教，维多利亚时代也成为英国历史上自中世纪以来特别保守的时期。

19世纪也是乔叟学术研究获得重大发展的时代，19世纪的社会文化发展和科学技术革命带来学术思想和研究方法上的创新，促使乔叟研究从传统的漫谈式、印象式批评逐渐向现代专业批评过渡和发展，[1]而新的社会、文化和思想语境以及新的文学思想和批评理论，也为乔叟研究提供了新的视角，使人们能看见或揭示出此前被忽略的方面。19世纪的乔叟研究可以根据英国的历史阶段，特别是文学观念和学术思潮的发展，主要分为浪漫主义时代和维多利亚时代。从18世纪中期开始发展的浪漫主义思潮，在18世纪末逐渐取代新古典主义，成为文学和学术领域的主流，英国文学艺术进入浪漫主义时代。到19世纪30年代，浪漫主义思想继续发展并仍然拥有很大影响力，但现实主义逐渐发展成为文学艺术中的主流思想，英国文学开启了小说中现实主义占主导地位而在诗歌领域浪漫主义仍然保持强大影响的维多利亚时代。

1 乔叟学术领域这一演变，即从传统的印象式批评转向现代专业批评，并非一蹴而就，而是一个较为漫长的过程，要到20世纪前期才能完成。

浪漫主义时代和维多利亚时代都是英国文学史上取得辉煌成就的重要阶段。在这两个历史阶段，浪漫主义对作家主体性、想象力、情感、神秘体验的强调和现实主义所推崇的反映论以及对与之相关的社会、历史、文化因素的重视，都广泛而深刻地影响了对乔叟的理解、研究和评价，使之获得了前所未有的成就。在19世纪，乔叟学术史上一个特别重大的进展是，在维多利亚时期逐渐发展形成的以现实主义为核心的历史主义批评主导了从19世纪中期到20世纪前期的乔叟研究。历史主义批评将乔叟置于中世纪英格兰和西欧的社会、历史、文化语境里，置于英格兰民族性的发展中进行考察和分析，乔叟作品被视为中世纪英格兰社会的反映、中世纪文化的有机组成和英格兰民族意识的文学体现来进行研究。

第一节　浪漫主义时期

1798年，威廉·华兹华斯和塞缪尔·泰勒·柯勒律治（Samuel Taylor Coleridge，1772—1834）共同出版诗集《抒情歌谣集》（*The Lyrical Ballads*）。学者们认为，这部诗集的出版宣告了英格兰文学史上浪漫主义时代的到来，而华兹华斯为该诗集所写的“序言”被看作英国浪漫主义的宣言。不过，浪漫主义时代并非突然到来，浪漫主义思潮的发展有一个过程。自18世纪中期起，浪漫主义思潮就开始在英格兰发展；在相当长时期内，浪漫主义与新古典主义并存，共同影响着这一时期的文学观念、文学创作和文学批评。同样，自18世纪中期开始，浪漫主义文学观就已经参与到对乔叟的解读中，为乔叟研究开拓了新的视野，带来了新的活力。关于乔叟学术领域内浪漫主义思想在新古典主义时代的影响与发展，后面将引述。

另一方面，即使在19世纪前期，在浪漫主义阶段，新古典主义文学观念在相当长时期内和在相当大程度上也还影响着文学阅读和文学批评，自然也影响着乔叟研究。比如，新古典主义关于文学艺术是对自然和生活的模仿的基本观点仍然在很大程度上主导着乔叟研究，学者们仍然十分欣赏乔叟作品中的幽默和喜剧性，仍然有人指责乔叟作品不

"得体"或格调低下，至于对乔叟诗作进行的现代化翻译，许多诗人仍然乐此不疲，其中还包括华兹华斯本人。由此可见，在学术领域传统观念往往具有很强的承继性。

不仅如此，甚至自宗教改革运动以来对乔叟诗作的负面观点也时有出现，认为乔叟作品淫秽，不应阅读。著名的浪漫主义诗人乔治·戈登·拜伦（George Gordon Byron，1788—1824）就严厉指责说："尽管人们扔给乔叟一大堆赞扬，但我认为他淫秽可耻：他之所以出名完全是因为生活在古代。"[1]不过有现代学者认为，拜伦在1807年说这样的话时年仅19岁，还是"孩子"，对乔叟作品并不了解。这有一定道理，但也正因为如此，拜伦很有可能是受他人影响，而这恰恰表明，当时的确还有人这样看待乔叟。不过，这样的观点在浪漫主义时代并非主流。

除了在道德层面上批评乔叟外，在当时也还有少数人从诗歌艺术上贬低乔叟。在他们看来，乔叟根本算不上诗人。小说家约翰·高尔特（John Galt，1779—1839）在1812年的一篇文章中颇为轻蔑地说：

> 我从来就无法使自己对乔叟、高尔、莱德盖特和其他出现在亨利八世之前的一群用韵律写作的人的作品产生哪怕是近似于尊敬的感觉。在我看来，他们似乎是在我们民族知道有诗这个东西之前就已经获得名声，而且在他们的作品早就无人阅读之后仍然一直很有名气。在乔叟那里，有些地方冒出一点点幼稚，但他那些关于各种情景的清单与罗列，无论如何也称不上诗歌。[2]

这个现在已经被人们遗忘的小说家的评论只不过暴露出他自己的无知，他关于乔叟等人只不过是"一群用韵律写作的人"的说法或许是拾约翰逊博士的牙慧。他很可能没有读过或者读不懂中世纪诗人们的作品。这也表明，对于19世纪初期的绝大多数人而言，中古英语诗歌作品的确太古奥难懂。

1 Lord Byron, *Selected Works of Lord Byron*, Vol. IV, ed. Thomas Moore, Francfort: Printed for Brœnner, 1833, p. 70.

2 John Galt, "The Life and Administration of Cardinal Wolsey," *The Quarterly Review*, No. xv, Vol. viii, Sept. & Dec. 1812, p. 170.

然而对于熟悉中世纪文化与中古英语的作家和学者，情况则完全不同。杰出的历史浪漫小说家沃尔特·司各特指出，中古英语的确妨碍人们欣赏乔叟作品；但他鼓励人们克服语言障碍，阅读乔叟。司各特是当时欧美最有影响的小说家，对中世纪历史和文化极为熟悉。他在其历史小说中复制中世纪的社会风俗和文化习惯，在很大程度上“复活”了中世纪浪漫传奇。他的影响如此之大，以至在20世纪30年代，美国南方识字和不识字的家庭都往往会在客厅里放上一本《圣经》和一本司各特的小说。司各特对乔叟极为欣赏，他在大多数小说以及许多诗作里都引用乔叟诗行或隐射乔叟故事。他在代表作《艾凡赫》（*Ivanhoe*，1819）的“献词信”里说：

> 不论谁第一次打开乔叟，或者任何古代诗人的作品，都会禁不住因其老式的拼写、一连串的辅音以及古老的语言形式而大吃一惊，他可能因此而绝望地放下书，似乎深深包裹在古老的封尘之中，无法判断其优秀价值和欣赏它的美。然而，如果有睿智而学识渊博的朋友给他指引，令他深感震惊的困难更多是看起来如此，实际上并非那样。如果有人为他高声朗诵，或者将普通的词汇改成现代拼法，他就会使这位新上路之人高兴地发现，实际上只有大约十分之一为古奥之词，这位新手就可能很容易被劝说去靠近那“纯洁英语之清泉”[1]，并确信只要稍有耐心，他就能愉快地感受乔叟的幽默与悲怆，这位古代诗人曾以此愉悦克雷西和普瓦捷[2]的时代。[3]

1 “Well of English undefiled”为斯宾塞对乔叟的赞誉。请参看前面第二章里对斯宾塞的引述。

2 克雷西（Cressy或Crecy）和普瓦捷（Poitiers）为两个法国城市。在英法百年战争（1337—1453）中，英军分别在两地打败法军，取得辉煌战果。克雷西之战发生在1346年，普瓦捷之战发生在1356年。在普瓦捷战役中，法国国王和一大批贵族被英军俘获。乔叟大约出生在1343年，没有参加这两次战役，但他在1359—1360年作为侍从（yeoman）随里昂内尔王子参加对法战争，在英国王储黑王子军中效力；1360年初被法军俘虏，国王爱德华三世用16英镑于3月1日将他赎回。

3 Sir Walter Scott, “Dedicatory Epistle to the Rev. Dr. Dryasdust,” *Ivanhoe*, New York: Heritage P, 1950, p. xxii.

另外，在浪漫主义时代，乔叟研究中受新古典主义模仿论影响的主流观点是继续对乔叟作品中的现实主义倾向的关注。在这方面，威廉·哈兹利特（William Hazlitt，1778—1830）是其代表人物。他是当时最著名的文学批评家，他关于乔叟的评论深受德莱顿影响。1817年，他在《莎士比亚戏剧人物》（"Characters of Shakespeare's Plays"）一文中指出，"乔叟主要是描写真实而自然的"人与物。他将乔叟与莎士比亚进行比较说：

> 在乔叟那里，每一件事都是实实在在的现实。一个明喻或者观点都是在证据之上给出。在莎士比亚那里，最普通的事实也都具有浪漫气息；或者更自由地随想象飘浮。在感受和观察上，没有人能达到乔叟那样的深度，但他没有莎士比亚那种能用耀眼的光亮打开自然或人心之宝库的创造力。[1]

1818年，在关于英语诗人的系列演讲中，哈兹利特又将乔叟与斯宾塞进行比较，表达了同样的观点。他说："犹如斯宾塞最具有浪漫精神与幻想，乔叟在所有伟大诗人中最具现实精神，他比谁都更属于生活与现实。读他的诗犹如读历史。每一件事都是实实在在的现实，至少在叙述者心里是如此。"[2]同时，他也强调乔叟诗作的内在美。他在分析了《律师的故事》后说："在这里，这种美与悲怆似乎并非诗人的寻求，而本就是故事的质地不可缺少的组成部分。他像一个亲历者或者从一个目睹事情发生的人那里获得最确切信息的人所希望的那样叙述。他让他的笔自己讲述，他只关注要点。"[3]换句话说，不是乔叟在讲故事，而是那些人物在讲述自己的经历。所以，乔叟塑造的人物如此真实，以至他作品中的思想感情似乎不是来自作者，而是来自他的人物。哈兹利特接着说：

1 William Hazlitt, "Characters of Shakespeare's Plays," in A. R. Waller and Arnold Glover (ed.), *The Collected Works of William Hazlitt*, Vol. I, London: Dent, 1902, p. 226.

2 William Hazlitt, "On Chaucer and Spenser," in *Lectures on the English Poets*, New York: Dodd, Mead, 1892, p. 51.

3 同上，p. 53。

他并不试图影响读者的思想，而是表现出他自己就处于他的人物影响之下。乔叟诗作的读者们所感受到的更接近于他的人物必然会有的感受，在这方面也许没有诗人能与之相比。他的想法不是诗人幻想的自动流露，而是来自他所塑造的人物的自然冲动与习惯性见解。[1]

任何读过《坎特伯雷故事》里巴思妇人或者卖赎罪券教士的长篇戏剧性独白的人，恐怕都不得不同意哈兹利特的深刻见解。当然，这与德莱顿关于乔叟的香客—叙述者与其所讲述故事之间的内在关联的观点大体一致，只不过更深入一步，已经从新古典主义的模仿论进入维多利亚时代关于人物塑造的现实主义文学观。

进入19世纪后，不仅乔叟研究中的新古典主义观点在继续，而且从新古典主义时期延续下来的对乔叟作品的现代化翻译也仍然是乔叟学术领域的重要组成部分，甚至达到新的高潮，只不过浪漫主义诗人们取代新古典主义诗人成为翻译活动的主体，他们的浪漫主义思想自然也参与到对乔叟的解读、翻译和评价之中。在这时期的乔叟作品翻译活动中特别积极的参与者和推动者正是最杰出的浪漫主义诗人华兹华斯。华兹华斯一生都对乔叟极为崇敬。他在1805年版的自传性长诗《序曲》(*The Prelude*)里，曾回忆他在青少年时代如何陶醉于阅读乔叟："在特朗平顿那些令人愉快的磨坊旁，/我与乔叟开怀大笑；在山楂树荫里，/我倾听他(伴随着婉转的鸟语)/讲述那些充满激情的故事。"[2]

华兹华斯希望一般读者也能欣赏英诗之父的诗作，因此极力主张翻译乔叟作品。他自己早在1801年就翻译了几个乔叟故事，但直到1820年才出版了第一个译作《修女院院长的故事》("The Prioress's Tale")。他翻译了《伙食采购人的故事》，但后来认为这个故事的内容

1 Hazlitt, "On Chaucer and Spenser," p. 54.

2 William Wordsworth, *The Prelude, 1799, 1805, 1850: Authoritative Texts*, ed. Jonathan Wordsworth, M. H. Abrams, and Stephen Gill, New York: Norton, 1979, p. 104. 这里指的是《坎特伯雷故事》里《管家的故事》。这个故事发生在剑桥大学旁的特朗平顿(Trompinton)的磨坊主家中。

（丈夫因妻子不忠而将其杀死）不宜发表，因此从未将其刊行。

1841年，即前面提到的奥格尔的不完整现代英语版《坎特伯雷故事》出版后刚好一百周年，理查德·亨吉斯特·霍恩编辑出版了《现代英语版乔叟诗集》（*The Poems of Geoffrey Chaucer Modernized*）。该项目经华兹华斯提议和推动，由利·亨特（Leigh Hunt，1784—1859）、伊丽莎白·巴雷特（即后来的勃朗宁夫人）、罗伯特·贝尔（Robert Bell，1800—1867）等一批名重一时的诗人以及霍恩自己翻译。该译本包括13首作品，其中6首来自《坎特伯雷故事》。需要指出的是，19世纪40年代，英国文学已进入以现实主义为主导的维多利亚时代，但参与和热心推动这一活动的主要人物大多是浪漫主义诗人。[1]

平心而论，与18世纪那些现代化乔叟的译作相比，霍恩编辑的这部现代英语版没有在内容上随意增删，而且在语言上也尽可能接近原作。但使用现代英语同时又试图保持原作的诗歌风格，的确极为困难。在该版序言中，霍恩指出，翻译乔叟诗作碰到的“第一个也是最棘手的困难”是如何处理乔叟原作的韵律。他说，由于乔叟使用的是韵律体，如果将乔叟诗歌译成无韵体（the blank verse），就会“失去原作特点”，但要保留

> 他的原韵，则经常不可能，因为那些词或者词尾的语法结构已经废弃；用发音与长度相似的韵去替代，则鲜能成功，因为你会因竭力保留原意而使诗行机械、别扭；而如果使用新韵代替，一般都不得不改变整行（如果不是改变一个对句的话）的格律，甚至得全部调整。[2]

应该说，霍恩是有感而发，指出了乔叟诗歌翻译中最大的难题；也正是在译者们认为不得不处理诗作韵律的地方，浪漫主义诗人—译者程度

1 尽管在维多利亚时代，现实主义主导英格兰文学，但那更主要是在小说等领域，而在诗歌领域浪漫主义仍然保持强大影响，而且那个时代最杰出的一些诗人如勃朗宁和丁尼生不仅直接从浪漫主义中发展而出，而且一生都保持明显的浪漫主义倾向。

2 Richard Hengist Horne, “Introduction,” in Horne (ed.), *The Poems of Geoffrey Chaucer Modernized*, London: Whittaker, 1841, p. x.

不同地都损坏了乔叟原作。

另外，关于翻译者们眼中的受众，霍恩在序言中说，他们的翻译不是针对诗人、学者，而是"要使一般的读者都能阅读"乔叟作品。[1]他告诉人们，他们要为这些读者提供"英语诗歌之父［的作品］的忠实而精美的现代化版本"[2]。然而，要提供"精美的"(polished)译作，按该词的英文原意，就要对乔叟作品"打磨加工"(polish)。而任何所谓"打磨加工"其实都会程度不同地损坏原作，何况这些浪漫主义诗人，同他们的新古典主义前辈一样，对乔叟时代的英语理解并不准确，因此他们的译文中也存在一些误解。所以，他们根据自己的理解、自己的文学思想和诗歌风格对原作进行"打磨加工"，往往损坏的恰恰是原作中一些最能体现乔叟诗歌艺术的精妙之处。

在这个版本中，华兹华斯提供了两个部分：1)《特洛伊罗斯与克瑞西达》第五卷的22个诗节；2)《布谷鸟与夜莺》(*The Cuckoo and the Nightingale*，系伪作)。另外，编辑亨特告诉人们，《花与叶》虽放在托马斯·鲍威尔(Thomas Powell)名下，但由于华兹华斯做了大量修正和改写，因此应该算作华兹华斯所译。

相比于其他人的翻译，华兹华斯的译作在语言上比较接近原作，但在精神实质上却有相当差距，特别是他此前翻译自《坎特伯雷故事》的几个故事与原作更是相去甚远。他是一个杰出的浪漫主义抒情诗人，不太适合写《坎特伯雷故事》中那样的故事。时人沃尔特·萨维奇·兰多(Walter Savage Landor，1775—1864)对华兹华斯翻译乔叟故事给出了中肯评价。他直截了当地说："他不可能写出《坎特伯雷故事》，正如他不可能写出《失乐园》(*Paradise Lost*)、《斗士参孙》(*Samson Agonistes*)……一样。"[3]兰多著述丰富，是一位思想敏锐、见解深刻的评论家和很好的诗人。他清楚知道，作为诗人，华兹华斯和乔叟差别太大。兰多与华兹华斯交往颇多，对其气质和诗风自然清楚；他也喜爱乔叟，熟悉乔叟作品。他曾说："除荷马之外，我在乔叟身上下功夫

1 Horne, "Introduction," p. v.

2 转引自 Lounsbury, *Studies in Chaucer*, Vol. III, p. 219。

3 转引自 John Forster, *Walter Savage Landor: A Biography*, Vol. 2, London: Chapman and Hall, 1869, p. 506。

最多。"[1]所以，他这个评价并非随意做出，而是建立在他对华兹华斯和乔叟的充分了解之上。

在这些翻译者中，利·亨特绝对是乔叟最热情的粉丝。他说，自接触乔叟之时起，乔叟就"一直是我最好的朋友之一"[2]。他不遗余力地介绍乔叟，评论乔叟，赞扬乔叟，引用乔叟，并鼓励普通读者阅读乔叟。为了使更多人能阅读乔叟，他同华兹华斯一道大力提倡用现代英语翻译乔叟，而且身体力行。1823年，他将《扈从的故事》翻译成现代英语以《坎布汗》(*Cambus Khan*)为标题在杂志《自由》(*The Liberal*)上发表。后来他又翻译了《卖赎罪券教士的故事》以《死神与恶棍》(*Death and the Ruffians*)为故事名出版。前面谈及的1841年版《现代英语版乔叟诗集》里有六个故事来自《坎特伯雷故事》，其中三个故事的译文都出自亨特：《伙食采购人的故事》、《托钵僧的故事》和《扈从的故事》，这些故事全都恢复了乔叟作品的原名。值得注意的是，其中没有包括《卖赎罪券教士的故事》或《死神与恶棍》，那有可能是因为这个故事的翻译是在1841年之后。[3]如果是这样，那表明亨特还在独自进行现代化乔叟的努力。总的来说，与华兹华斯的同类译作相比，他的译作在语言上离乔叟原作稍远，更为自由，但精神实质上却更忠于原作。[4]这表明，他在更深的层次上了解乔叟诗作的精神实质。但正如他们的18世纪前辈一样，不论是他还是华兹华斯或者其他译者，都没能实际上也不可能复制乔叟。

后来，华兹华斯和霍恩等人还想继续出版第二卷乔叟作品译作，他们甚至打算把丁尼生（Alfred Tennyson，1809—1892）、勃朗宁（Robert Browning，1812—1889）和其他一些大诗人囊括进来。除兰多外，这些人全都答应加入，但这个计划最终无疾而终，没有下文。长达150年持续不断的翻译或者说"现代化"乔叟的运动终于落下帷幕，华兹华斯、亨特等人出版的《现代英语版乔叟诗集》成了绝唱。

同18世纪那些现代化乔叟的译作一样，这些19世纪的译作尽管

1 转引自Spurgeon, *Five Hundred Years of Chaucer Criticism and Allusion*, Vol. II, p. 57。

2 Leigh Hunt, *The Autobiography of Leigh Hunt*, London: Smith, 1850, p. 79.

3 本书作者未能查到亨特翻译该作的时间。

4 请参看Lounsbury, *Studies in Chaucer*, Vol. III, p. 210。

也是出自名家之手，但也全都乏善可陈。现在，除了有学者出于研究目的，再无人会去翻读这些译作。其实，也如同18世纪那些有识之士一样，这时期也有人反对这种徒劳无益甚至弊多于利的翻译。上面提到，兰多也被邀请参加第二卷的翻译，但这个见解独到且心直口快的学者在给霍恩的回信中断然拒绝。他用他一贯的隐喻式风格回答说：

> 的确，我非常赞赏他（乔叟），或者更确切地说，我喜爱他……如果我说我宁愿看乔叟在阳光灿烂的清晨，周围挂满露珠，独自一人，也不愿看到二十位聪明的绅士们围绕在他身旁，忙个不停为他系鞋带和扣上紧身上衣的扣子，那实在对不起。我甚至喜欢他的语言。为了换上极薄（哪怕更加清澈透明）的玻璃片而打碎他那幽暗但描绘丰富的玻璃，我绝不会参与。[1]

可以说，兰多为德莱顿开启的现代化乔叟的运动做了恰如其分的总结和评价。的确，在那150年中，特别是在乔叟学术史上的低潮期，乔叟的崇拜者们也许在保持和传播乔叟的声名上起到一定作用；但就他们的译作而言，他们以持续不断的努力所换来的只不过是一块块薄而透明的玻璃片，却破坏了乔叟丰富的彩绘。另外，如沃顿在半个多世纪以前所说，这些译作还在一定程度上阻碍人们去读乔叟原作。霍恩在他编辑的现代英语版乔叟作品的序言中指出，新古典主义时期的乔叟作品翻译本"对原作者的声名没有产生作用"[2]。其实浪漫主义诗人们的这个译本的作用更小，因为英诗之父在这时已经度过了他学术史上的低潮期，不再需要"现代化"译本来挽救其名声；同时也正因为如此，浪漫主义诗人们的翻译更没有意义，所以他们连第二卷也没能推出。

比起对乔叟作品的翻译活动，对乔叟诗作、对乔叟创作思想和艺术特点的分析和评价是这时期乔叟学术研究更直接也更富成就的组成部分。这时期的文学家和批评家主要是将他们的浪漫主义文学思想运用于乔叟研究，从而揭示出此前的批评家们所忽略或不重视或看不到

1 Walter Savage Landor, "From a Letter to Horne," in John Anthony Burrow (ed.), *Geoffrey Chaucer: A Critical Anthology*, Baltimore: Penguin, 1969, p. 89.

2 Horne, "Introduction," p. vii.

的许多重要方面，把乔叟研究推进到新的阶段。正是在这时期，乔叟诗作中一些特别突出的特征，如对反差极大的各种体裁、题材和风格的包容，突兀奇异的想象，哥特式的怪诞，超自然的神秘等——它们都曾遭新古典主义忽略、批判或鄙视——现在深得浪漫主义文学家和批评家欣赏。

不过，对乔叟的这些被新古典主义视为瑕疵的文学特征的重视并非现在才出现。其实，早在新古典主义如日中天而浪漫主义运动刚萌芽之时，一些思想敏锐的诗人和批评家就已经注意到并以赞赏的态度论及乔叟诗作中这些本质性特征。也就是说，对乔叟创作中这些方面的研究与浪漫主义运动的发展同步。

比较早运用浪漫主义美学观研究和欣赏乔叟的文学家和批评家有前面已经提到的桂冠诗人和批评家沃顿以及早期浪漫主义诗人、墓园派代表人物格雷。格雷大约在1760年评论15世纪诗人莱德盖特时说，在塑造"那些令人恐惧的形象(images of horrour)"和表达"某种令人敬畏的伟大(terrible greatness)"方面，"我们这位作家远不如乔叟"。[1]从这里我们可以看出，乔叟作品中那种中世纪文学，特别是中世纪浪漫传奇，所特有的创作倾向与同样推崇"令人恐惧的形象"和"令人敬畏的伟大"的墓园派诗人格雷那种关于庄严(the sublime)的美学思想发生了共鸣。这种对令人"恐惧""敬畏"的人和事物以及对突兀奇异的想象的欣赏，实际上是在挑战当时占统治地位的新古典主义美学思想。

1762年，理查德·赫德(Richard Hurd, 1720—1808)出版著作《关于骑士精神与浪漫传奇的书信》(*Letters on Chivalry and Romance*)，对当时占统治地位的新古典主义文学同中世纪的哥特文学[2]进行了比较系统的分析和比较。他对中世纪哥特文学的阐释和肯定不仅有助于克服新古典主义对哥特文学的偏见，而且有利于浪漫主义运动的发展。他以哥特式建筑和希腊式建筑为例，指出："如果一个建筑师用希腊建筑

1 Thomas Gray, "Some Remarks on the Poems of John Lydgate," in Gray, *Essays and Criticism*, p. 103.

2 这里所说的哥特文学并非指充满恐怖和血腥的哥特小说。中世纪文学被一些学者称作"哥特文学"，是因为中世纪突兀奇异的哥特建筑体现了中世纪文学的美学特征。

的标准来衡量哥特建筑，他只会看到畸形和缺陷。但哥特建筑有自己的规则，如果用这些规则来考察，人们就会发现，如同希腊建筑一样，它自有其价值。”[1]他实际上是以此来批评时人以新古典主义的标准衡量中世纪哥特文学，特别是那些以骑士精神为核心的浪漫传奇。他也分析了中世纪浪漫传奇衰落的原因，其中最主要的是产生哥特式浪漫传奇的中世纪封建制度的消亡。在当时，这种深刻的历史观对研究英国最杰出的中世纪诗人很有意义。

赫德还认为，浪漫传奇衰落的另外一个原因是出现了许多粗制滥造的低档作品，从而败坏了这个体裁。他指出，一些“超越时代的人”早在中世纪就“已经深刻认识到这个问题”，而这方面最突出的就是“我们那位永恒的天才，……英明睿智的乔叟先生”，他

> 不仅看出那些古老的浪漫传奇的荒诞之处，他甚至还无比有力地嘲讽了这些作品。
>
> 他《坎特伯雷故事》里的《托帕斯爵士的韵律诗》(“Rime of Sir Topaz”)[2]明显是对这些作品的嘲讽，它可以被看作堂吉诃德的冒险经历的一种前奏。[3]

现代人很难不赞叹赫德眼光敏锐。他在历史上第一个指出乔叟这位英国文学史上最杰出的浪漫传奇作家早在塞万提斯(Miguel de Cervantes Saavedra，1547?—1616)之前两个世纪就已经嘲讽并戏仿了那些粗制滥造的浪漫传奇。

12年后，桂冠诗人托马斯·沃顿在《英国诗歌史》中对《托帕斯爵

1 Richard Hurd, *Letters on Chivalry and Romance*, London: Printed for A. Miller, 1762, p. 61.

2 即《坎特伯雷故事》中由叙述者乔叟亲自出面讲的故事《托帕斯爵士》(“Sir Thopas”)。诗人乔叟故意让自己在作品中的代理人香客乔叟，也就是整部作品的叙述者，出面用“打油诗”般的韵体讲述“无聊东西”(作品中旅店老板的评语)，但他刚开始不久，就被轰下台，只得打住。诗人显然是在以戏仿来批评当时很流行的那种粗制滥造的韵体浪漫传奇。所以，赫德在这里赞扬乔叟“对这些作品的嘲讽”。

3 同1，p. 107。

士的韵律诗》(即乔叟的《托帕斯爵士》)给出同样的评论,甚至连用语都几乎完全相同,而且也称它为"堂吉诃德的前奏"。[1]他很有可能受到赫德的影响;不过他比赫德更明确地强调:

> 应该记住,乔叟的目的是讽刺那些琐碎的描写和其他冗长而不适宜的内容,……而非贬低所有的[浪漫传奇]或反对这种虚构体裁;这种体裁那种具有庄严美的夸张成为他自己的《坎宾思汗》(*Cambuscan*)[2]的绝妙之处。这个故事的创作令人信服地表明,浪漫传奇的风格比古典风格能更好地达到纯正诗歌的目的,能更好地培养想象力和更好地产生意想不到的效果。[3]

沃顿不仅认为以乔叟诗作为代表的中世纪浪漫传奇比古典或者说新古典主义风格更为优越,而且他实际上也已经看到中世纪浪漫传奇同正在兴起的浪漫主义运动之间的承传关系。

在这之前,他在1762年的第二版《论斯宾塞的〈仙后〉》(*Observations on the* Fairy Queen *of Spenser*)里对本书前面第三章里引自该书第一版(1754)的一段话做了一些修改。他强调说,乔叟

> 作品中不仅充满幽默——这被普遍看作他唯一的天赋——也充满情感与庄严美,即使在一个更为高雅的时代里,它们也毫不逊色。他古雅的风格,他浪漫的内容,他狂放的描绘,他天然而古朴的表达,把我们带入某种神话般的境界,全都给我们的想象力带来极大满足。[4]

沃顿的话表明,在新古典主义时代乔叟被"普遍"看作一个幽默作家或喜剧性诗人。更重要的是,我们在这里看到一些浪漫主义思想的表达和以此揭示出的乔叟诗作中一些本质性特点。这说明,浪漫主义为人

1 请参考Thomas Warton, *The History of English Poetry*, p. 198。

2 指乔叟的《扈从的故事》。

3 同1。

4 Thomas Warton, *Observations on the* Fairy Queen *of Spenser*, 2nd ed., Vol. I, New York: Haskell, 1969, p. 197.

们提供了新的视角，使人们能看清乔叟作品中那些在新古典主义的影响下看不见或不愿意看见的艺术特征。

被新古典主义学者所忽略甚至特别诟病的是乔叟的语言风格。浪漫主义诗歌创作的一个重要原则是使用清新自然、生动流畅的日常口语。所以浪漫主义者，特别是华兹华斯，对来自生活中的活生生的语言尤为推崇。虽然华兹华斯也热衷于翻译乔叟，但与其他那些现代化英诗之父的诗人不同，他敏锐地认识到，尽管乔叟语言在19世纪已经显得或者变得"古奥"，但乔叟实际上大量使用了他那个时代的日常口语。华兹华斯为《抒情歌谣集》所写的"序言"可被称为诗歌史上使用口头语言的宣言。他在"序言"里说，这部诗集的"主要意图"是"采用人们真实使用的语言"来描写选自"普通生活的事件与情形"。关于"真实使用的语言"，他说："那种产生于通常的生活经历和情感的语言，比起诗人们经常用来取代它的语言，更为持久，也远具哲学意蕴。"随即，作为例证，他特地用注释说："这里值得注意的是，乔叟诗作里的动人部分使用的几乎全是纯粹语言，甚至至今也仍然被人们广泛阅读。"[1]

也就是说，乔叟使用的那种"纯粹语言"是来自"普通生活"中人们"真实使用的语言"，正是这样的语言最"具哲学意蕴"和生命力。乔叟是英语诗歌史上第一个有意识地在诗歌创作中提倡和实验使用口语的诗人。他从《声誉之宫》开始实验，并在随后的作品，特别是《坎特伯雷故事》里大量使用口语。[2]前面提到，华兹华斯亲自参与对乔叟作品的"现代化"翻译；因此他对乔叟的语言，特别是对乔叟在英语诗歌史上使用口语的划时代创举，十分了解并颇为赞赏。

与华兹华斯一道同为"湖畔派"诗人的罗伯特·骚塞（Robert Southey，1774—1843）也同样推崇生活语言而反对华丽辞藻。同绝大多数浪漫主义诗人一样，他也特别推崇乔叟，并在各种语境中赞扬乔叟诗作。在新古典主义时代，乔叟曾因用语"粗糙"、缺乏华丽风格而饱

1 William Wordsworth, "Preface to *Lyrical Ballads*," in W. J. B. Owen and Jane W. Smyser (ed.), *The Prose Works of William Wordsworth*, Vol. I, Oxford: Clarendon, 1974, pp. 143, 144.

2 关于乔叟对在诗歌创作中使用口语的实验与提倡，可参看拙著《英语文学之父——杰弗里·乔叟》中关于《声誉之宫》一章。

受指责；与之相反，骚塞认为，乔叟同斯宾塞、莎士比亚和弥尔顿一道是“我们最伟大的诗人”，而且“只有莎士比亚能与之比肩”。他特别强调说，乔叟

> 是按节奏而非音步创作，他的耳朵把他引入诗歌的抑扬顿挫和各种形式，后来各种实验证明，那与大众的趣味最为一致；因此可以认为，那最符合我们语言的特性。在他的一些小作品里，他降下身段使用华丽风格，这种风格在他的时代已经开始显得做作；他使用它似乎是为了表明，他在更重要和更好的作品中有意识地拒绝这种风格。他大量借鉴法国和意大利作家，但他所有的移植都打下他个人才能的烙印，而他的独创性作品因拥有只有最高等级的独特天才才能赋予的精神、力量与生气而卓尔不群。[1]

与新古典主义文学家和批评家相反，骚塞认为，拒绝华丽风格而使用英格兰人生活中的语言和与之一致的自然节奏是乔叟的独特性和诗歌成就。任何熟悉乔叟作品的读者，都不会不注意到，自《声誉之宫》起，特别是在《坎特伯雷故事》中，乔叟有意识并系统地将充满生活气息的日常口语用于诗歌创作，因此在同样十分推崇运用生活语言的浪漫主义诗人那里自然引起了共鸣。

另外，与新古典主义相比，浪漫主义特别推崇想象力。前面提到的利 · 亨特，他不仅积极参与翻译乔叟诗作，而且作为浪漫主义者，他特别强调想象力，也特别欣赏乔叟的想象力，并把他同许多最杰出的诗人进行比较：

> 乔叟［具有］关于现实生活最强的想象力，除荷马、但丁和莎士比亚外，无人能与之相比，而在喜剧性描绘方面，他则不输于任何人。蒲柏几乎没有想象力，却富于幻想（fancy）；柯勒律治缺乏幻想，却有精美的想象力。在有史以来的全部诗人里，唯有莎士比亚在两方面都

1 Robert Southey, *Select Works of the British Poets, from Chaucer to Jonson*, London: Longman, 1831, p. 1.

臻于完美。[1]

乔叟诗作中所体现的奇异想象力及其产生的美和诗意是浪漫主义诗人和批评家所关注的一个主要方面。托马斯·坎贝尔（Thomas Campbell，1777—1844）受新古典主义传统影响，一直比较注重乔叟对现实的模仿和描写，但他也十分赞赏乔叟作品中，特别是《坎特伯雷故事》之前的诗作里，充满活力的奇特想象。他评论乔叟那些寓意性浪漫传奇说：

在这类新型浪漫传奇里，我们看见使用我们语言的青年缪斯，她喜爱神秘的意义和奇异的形式，只要可能就比那些骑士故事更远离现实；有时我们真希望她能从她那些象征性的城堡回到以前的故事里更为真实的城堡去；但她仍然随着喜爱新奇的冲动去追求缥缈的影子，她生气勃勃、精神高昂，并不缺乏吸引力，却很能带给人愉悦。[2]

尽管他十分欣赏乔叟奇异的想象力，但他紧接着也说："后来乔叟也令人高兴地被吸引到薄伽丘那种更自然的风格上。"[3]

威廉·古德温（William Godwin，1756—1836）相信，作品是作家的内心表达，而作家的思想与情感又与其生活经历和时代密切相关，所以他特别关注乔叟及其作品与乔叟时代之间的关系。他在1804年出版了一部四卷本乔叟传记。虽然这部大部头在叙述乔叟生平方面没有多少建树，而且还因其中太多推测而遭后代学者诟病，但作者关于写传记的指导思想和他对乔叟的评价却有不少值得称道之处。他深刻认识到一个诗人与其时代的密切关系；他说："如果说关于那个时代的事物的知识是乔叟的传记的话，那么这个命题反过来也正确：

1 Paget Jackson Toynbee, *Dante in English Literature from Chaucer to Cary: c. 1380–1844*, Vol. II, New York: McMillan, 1909, p. 131.

2 Thomas Campbell, "Specimens of the British Poets," *The Edinburgh Review, or Critical Journal*, Vol. XXXI, Dec. 1818–Mar. 1819, p. 474.

3 同上。

乔叟的传记也是我们国家的文学史、政治史和内部发展史中某一部分的画面。”[1]所以他认为，传主生平必须放到他生活的历史环境中研究。他说：

> 一个诗人充分而完整的生平必须包括对他生活时代的人们的风俗习惯、思想观念和文学艺术的广泛考察。只有这样，我们才能把握他的思想发展史，以及那些使他成为他这样一个人的因素。必须先探讨乔叟所感受和目睹之事，他如何受教育，他追求了什么种类的知识，是什么样的事物、事件和人物连续不断地出现在他眼前，我们才能进而对他的生平进行严谨而深刻的理解和思考。[2]

古德温是在强调，研究一个诗人之传记的真正意义不仅仅是再现其生平经历，而且也要认识他是如何成为一个什么样的人。他认为，一个诗人写出什么样的诗，首先在于他是什么样的人。只有认识了作者是什么样的人，我们才能更好理解他的诗作。作品是作者或者说作者的主体意识的表现，这正是浪漫主义的基本信条。

所以，古德温在高度评价《特洛伊罗斯与克瑞西达》的艺术成就之后赞叹说：“一句话，那就是《特洛伊罗斯与克瑞西达》！任何一个有能力的评论者在认真细读它之后，都不可能不强烈感受到作者本人高尚的节操和典雅的气质，以及他对任何高贵、美好与公正事物天然的欣赏。”[3]所以，与新古典主义关于文学是对生活的模仿的观点不同，古德温认为文学作品是作者思想和情感的艺术表达，所以他在乔叟诗作里“强烈感受到作者本人高尚的节操和典雅的气质”。

在浪漫主义诗人中，约翰·济慈（John Keats，1795—1821）也特别喜爱阅读乔叟。1817年，他在阅读前面提到的贝尔编辑的《大不列颠诗人：从乔叟到丘吉尔》中的乔叟作品时，诗兴大发，忍不住在书中空

1 William Godwin, *Life of Geoffrey Chaucer: The Early English Poet*, Vol. I, London: Richard Phillips, 1804, p. vii.

2 同上，pp. vi-vii。

3 同上，p, 475。

白处挥笔写下一首十四行诗，抒发读乔叟作品的感受：

这令人愉快的故事犹如树林，
是它甘醇的诗行新近织成，
这甜蜜的地方把读者深深吸引；
他沉浸其中，不时停下脚步，
他常常感到清凉的露珠
　　突然掉下，挂在脸上；
　　听着它婉转的歌声，他能辨别
脚步轻快的朱顶雀欢跳的方向。
…………[1]

济慈多次提到乔叟及其作品，并在写下这首十四行诗之后仅几个月，他在长篇叙事诗《恩底弥翁》(*Endymion*)[2]中向诗神缪斯祷告："……让天堂之神露/掉到我头上，让我的灵魂自由飞翔，/以便在古老的乔叟放歌之处，/我有胆量边走边结结巴巴地讲述。"[3]另外，他在《圣马可日之前夕》(*The Eve of St Mark*)里模仿乔叟的叙事手法和格律，他甚至还在一些诗行里专门使用乔叟时代的词汇。

不过，在浪漫时代对乔叟研究更为深入的是威廉·布莱克(William Blake, 1757—1827)。他是一位重要的浪漫主义诗人、理论家和批评家。他还是一位杰出的画家和雕刻家，他的雕刻作品十分富有想象力，体现出他深刻的思想。他曾根据乔叟在《坎特伯雷故事》的《总引》里的描绘，十分生动地雕刻了29位香客在朝圣路上的群像，并在1809年写下文字说明，对每位香客都给予精当点评。他的雕刻和点评都基于他对乔叟、对乔叟作品和那些香客人物的解读，很有特色，表现出他对乔叟作品的喜爱和深刻理解，同时也充分体现了他的浪漫主义思想。同德莱顿一样，他十分赞赏乔叟人物的丰富多彩以及他们之

1 John Keats, *Complete Poems*, ed. Jack Stillinger, Cambridge: Belknap, 1978, p. 57.

2 恩底弥翁为希腊神话中月之女神所爱的英俊牧童。

3 John Keats, "Endymion," in H. W. Garrod (ed.), *The Poetical Works of John Keats*, 2nd ed., Oxford: Oxford UP, 1958, p. 69.

间的区别。他说:“正如牛顿将星星分类、林奈将植物分类一样,乔叟也将各阶层的人做了分类。”[1]但布莱克与德莱顿之间在对乔叟人物的理解上有本质的不同。德莱顿关于乔叟人物的观点是基于他的新古典主义模仿说,他所强调的是乔叟人物的现实性、真实性和典型性,而浪漫主义思想家和诗人布莱克则是从他的超验主义思想出发看待乔叟人物,认为乔叟笔下的香客们是普遍、永恒的人性乃至超灵的体现,不变的人性将反复以不同形式在不同时代展示。他说:

> 乔叟的香客是构成所有时代所有民族的人物:一个时代消失,另一个时代出现,在凡人看来,它们是不同的,但对于永恒之灵,则完全一样;因为我们看见相同的角色以动物、植物和人的形象反复出现;没有新事物以完全相同的形式产生;具体现象总在变化,而本质绝不改变或衰退。
>
> 关于乔叟人物,如同他在《坎特伯雷故事》里描绘的那样,他们中有些人的名字或者称号被时间改变,但这些人物本身却永恒不变,因此他们只是普遍人性的外貌或身形,而本性(Nature)总是稳居其中。名号不断改换,事物永恒不变。[2]

所以,“乔叟的人物是存在于所有时代的永恒原则的表现”[3]。

但在布莱克看来,不仅乔叟塑造的人物具有反复出现的永恒性,是超灵的间接体现,而且乔叟这样的大诗人更是如此:“乔叟自己是人类伟大的诗性观察者,他在每一个时代都出生来记录其事件并使之永恒;他是作为一个大师、一个父亲、一个杰出之人在履行自己的使命,在仔细观察着从帝王到磨坊主所有人的蠢事;他时而严厉,时而却开玩笑寻乐事。”[4]

布莱克进一步认为:“每一个时代都是一个前往坎特伯雷朝圣的历程;我们都在向前,每一个人都是这些香客中的某一个人物;每一

1 William Blake, “A Descriptive Catalogue of Pictures,” in Geoffrey Keynes (ed.), *The Complete Works of William Blake*, London: Oxford UP, 1966, p. 567.

2 同上。

3 同上,p. 571。

4 同上,p. 569。

个出生的孩子也都在乔叟塑造的人物之中。”[1]可以说，布莱克把浪漫派的超验主义思想发挥到极致。后来，著名的浪漫派作家查尔斯·兰姆(Charles Lamb，1775—1834)说，布莱克对乔叟的评论在乔叟研究中最为深刻。

如果布莱克的乔叟批评强调的是超验的永恒的话，那么另外一位重要的浪漫派诗人与理论家，华兹华斯的朋友塞缪尔·泰勒·柯勒律治则更关注乔叟本人的气质与创作艺术。他同华兹华斯一道出版他们那部被认为开启浪漫主义时代的诗集《抒情歌谣集》时年仅26岁。柯勒律治对乔叟一直十分欣赏。1804年，他在一封信中告诉朋友，他打算写的第一篇文章就是“关于乔叟的天才和他的作品”[2]，而在他去世之前四个月，他还对人说：

> 我对乔叟的喜爱从未中断。在我的老年时代，他那种充满男人味的快乐特别令我享受。他是多么细腻而温柔，但又没有一丝无病呻吟的忧郁或病态的萎靡。在莎士比亚和乔叟那里，诗人对其人物的同情特别卓越非凡；但在前者那里，那是产生于强烈的想象力和智力置换，而后者却轻松自如，仅由其仁慈的快乐天性带来。我们似乎对乔叟是多么了解，而对于莎士比亚我们绝对一无所知。[3]

在这里，柯勒律治除了表达他对乔叟的喜爱和对两位英格兰文学史上最卓越的诗人的赞扬外，同古德温一样，他也表达了诗歌作品是诗人气质和情感的展示的浪漫主义文学观。

正是基于这种观点，他在1818年的一次演讲中，比较了乔叟和薄伽丘分别在《坎特伯雷故事》和《十日谈》里对叙述者人物的表现。他说：

1 Blake, “A Descriptive Catalogue of Pictures,” p. 570.

2 Samuel Taylor Coleridge, “To Sir George Beaumont,” in William Knight (ed.), *Memorials of Coleorton*, Vol. I, Edinburgh: David Douglas, 1837, p. 46.

3 Samuel Taylor Coleridge, *Specimens of the Table Talk of the Late Samuel Taylor Coleridge*, Vol. II, London: John Murray, 1835, pp. 297–298.

> 让我们观察乔叟对自然[1]的热爱，以及他如何愉快地选择他主要作品的主旨。当你思考《十日谈》里那一群男女为躲避瘟疫退居到安全地点时，他们的欢乐使你情不自禁感到他们的冷漠；但在乔叟那里全然不一样，那一群人怀揣不同目的、来自不同背景，他们在朝圣路上的计划使这些故事能最大限度地表现一切。[2]

也就是说，乔叟最广泛地表现英格兰社会以及各阶层的人和他们的生活，归根结底是根源于乔叟对现实的关注和对自然、对生活、对人的热爱；而《十日谈》里所体现出的却是对现实和生命的冷漠。

乔叟研究领域在浪漫主义时代发生的一个后来意义重大但在当时却无人注意的情况是美国学者这支生力军的加入。此后，在19世纪越来越多的美国文学家和学者参与到乔叟学术研究中，并在20世纪逐渐成为这一领域的主力军。这支生力军的开路先锋是著名美国诗人和学者，超验主义领袖拉尔夫·W. 爱默生（Ralph Waldo Emerson，1803—1882）。他很早就培养起对乔叟诗作的兴趣。早在1820年他17岁时，他在日记中写下一段关于自己缺乏数学头脑和分析能力的自嘲，特别有意思。他说："那个青年［指他自己］没有数学头脑，因无法进行几何分析而哭泣，只好在夜晚用乔叟和蒙田、普鲁塔克[3]和柏拉图来安慰自己。"[4]

爱默生多次在文中和演讲里提及、赞扬和评价乔叟。他在被后人赞为美国思想之独立宣言的著名演讲《美国学者》（"The American Scholar"，1837）里说："在阅读伟大的英语诗人乔叟或马维尔或德莱顿之时，我们怀着最现代的愉悦，我的意思是，这种乐趣主要由他们诗歌中超越时代的精髓所引发。当生活在过去世界里的诗人在两三百年前

1 "自然"（nature）在这里不仅仅指狭义的大自然，也包括生活、社会和人类等。

2 Samuel Taylor Coleridge, *Lectures and Notes on Shakespeare: And Other English Poets*, collected by T. Ashe, London: George Bell and Sons, 1908, p. 510.

3 普鲁塔克（Lucius Mestrius Plutarchus, 46?—120），希腊著名历史学家和散文家。

4 Edward Waldo Emerson, "Biographical Sketch," in Ralph Waldo Emerson, *The Complete Works of Ralph Waldo Emerson*, Vol. I, Boston: Houghton Mifflin, 1903–1904, p. xvi.

说的话如此靠近我的心灵，几如我思我说，我充满惊奇的愉悦中包含着敬畏。”不同时代的人之所以能如此心灵相通，他认为，那是因为“所有的心灵是等同的”（the identity of all minds）。[1]爱默生在这里表达的是超验主义关于“超灵”存在于所有人身上的观点，这与前面引述的布莱克的思想一致。

正是从“超灵”或“精神”存在于自然或物质世界之中的超验主义思想出发，爱默生在关于莎士比亚的演讲中告诉听众，不能止步于表象，而要进一步发现莎士比亚、乔叟等诗人在作品中生动描绘的“可见世界”所体现的深层意义：

> 莎士比亚、荷马、但丁、乔叟看到可见世界闪耀出的意义的光辉；他们知道一棵树除结出苹果外还有另外一个用途，谷物除餐用、泥土除耕种和筑路外，也还有其他作用；他们知道这些事物使我们的心灵获得第二种而且更为精妙的丰硕成果：它们是思想的象征，在它们整个自然的历史中传递着对人类生活某种无言的评判。[2]

这是爱默生在《自然》（“Nature”）里阐述的关于自然是精神的象征的超验主义思想在文学批评中的运用。与他的超验主义思想相关联，从他那“所有的心灵是等同的”的观点出发，爱默生特别强调传统与继承。他说：“莎士比亚知道，传统比任何创新都能提供更好的故事”；对于荷马和乔叟这样的伟大诗人，“所有人的智慧都是透明的智慧。他们不仅是诗人，还是图书管理员和历史学家。每一个传奇作家都是这个世界上所有那一百个故事的继承人和使用者”。对于乔叟，他说：

> 在我们所有的早期文学中，乔叟的影响显而易见；而近期以来，不仅

1 Ralph Waldo Emerson, “The American Scholar,” in Alfred R. Ferguson (ed.), *The Collected Works of Ralph Waldo Emerson*, Vol. I, Cambridge: Belknap, 1971, pp. 57–58.

2 Ralph Waldo Emerson, “Shakespeare, or the Poet,” in Douglas Amory Wilson, et al. (eds.), *The Collected Works of Ralph Waldo Emerson*, Vol. IV, Cambridge: Belknap, 1987, p. 124.

蒲柏和德莱顿受惠于他，而且在我们所有的英语文学家那里，我们很容易就能发现大量从他那里得来但没有被公开承认的恩惠。我们因一个人能养育那么多受惠者而惊奇。但乔叟也是一个巨额借贷者。

爱默生接下来指出乔叟借鉴了哪些古典作家，哪些法国、意大利以及英国本土作家，甚至如数家珍般地指出其作品的具体来源，表现出他渊博的知识和对乔叟诗作的极度熟悉。但不知出于何故，他也犯了一个明显的时代错误，说乔叟"似乎不断从莱德盖特和卡克斯顿"那里借用材料。前者晚乔叟一代，而后者晚乔叟几乎整整一个世纪。紧接着，爱默生非常深刻地分析乔叟在大量借鉴基础上的创新：

他如此为他的盗窃辩护——那些东西被他拿走之时毫无价值，而经他之手则成无价之宝。一个人如果曾表明他具有独特的创作能力，他就有资格根据自己的判断从他人的写作中盗窃，这实际上已经成为文学中的一条规则。谁能容纳一种思想谁就能拥有它；同样，它也属于能充分运用它的人。使用借来的想法总有一点别扭，但当我们知道如何处置时，它们就变为我们的东西。

爱默生的结论是："因此，所有的创新都是相对的。每一个思想家都向后看。"[1]爱默生在这里不仅是在一般地谈文学创作或者思想史中关于继承与创新的关系，其实他涉及中世纪作家和乔叟创作中一个核心问题。同其他中世纪文学家一样，乔叟从前辈作家作品中大量借用，他的许多著作的大部分内容都来自其他作家。关于乔叟的借鉴与创新，关于乔叟同其他作家之间的互文，本书将在第二编中具体讨论。

另外一位著名的美国超验主义思想家亨利·戴维·梭罗（Henry David Thoreau，1817—1862）同爱默生一样也十分崇敬乔叟。他在1843年做了一场关于乔叟的演讲，该演讲稿后经扩充成为《康科德河与梅里麦克河上一周》（*A Week on the Concord and Merrimack Rivers*，

1 Emerson, "Shakespeare, or the Poet," pp. 113-114.

1849)中“星期五”那一部分。他强调诗歌是诗人自我之表达的浪漫主义观点，并以他特有的充满诗意的语言赞颂乔叟的清纯与真诚。他说：“我们靠近他犹如靠近一汪最清澈的清泉，那是漫无目的的生活之路最远的源头。与后世诗人们相比，他是那样自然与欢快无忧，我们几乎可以把他看作春天的体现。”[1]乔叟“那种对大自然纯粹而真诚、像孩子般的热爱，在任何其他诗人那里都难以看到”[2]。

在论及乔叟作品时，梭罗说：

> 人物的温和与细腻在他的诗作里到处可见。他随口讲出最单纯最谦卑的言语。在阅读修女院院长的故事时，如果理解了它是在什么精神中所创作和那个小孩怀着什么精神歌唱“赞美圣母”[3]，或者在阅读律师的故事里关于康斯坦丝因将被放逐到海上而与孩子分离的叙述时，没有人不会感到作者天生的真诚和修养。……他特别具有真诚的怜悯和女性的温柔，在这方面华兹华斯仅在少数情况下有所接近，但从未达到他的程度。[4]

梭罗在乔叟作品里或者说乔叟身上所看到的也是他自己在思想上和在生活中所推崇甚至努力实践的价值观念，如大自然般的清纯、孩子般的真诚与普通人的质朴等。所以，他在乔叟诗作里看到的不仅是乔叟的形象，同时也是他自己的影子。

当这些美国浪漫主义思想家和文学家评论乔叟之时，英格兰已经进入维多利亚时代，现实主义已经成为英国文坛的主导。维多利亚时代的主流社会、思想、文化和文学潮流自然也广泛而深刻地影响着乔叟学术研究。

1 Henry David Thoreau, *A Week on the Concord and Merrimack Rivers*, Boston: James R. Osgood, 1873, p. 389.

2 同上，p. 394。

3 原文为拉丁文“o alma redemptoris mater”，来自一首著名的赞美圣母玛利亚的圣歌。在《坎特伯雷故事》中的《修女院院长的故事》里，那位圣徒男孩在生前和被杀害后（宗教奇迹）一直在唱这首圣歌。

4 同1，p. 393。

第二节 维多利亚时代

维多利亚时代是一个学术非常活跃，在自然科学、社会科学和人文学科各个领域都做了许多实实在在的工作而且都取得了很大成就的时代。不仅在英国，而且在整个西欧都是如此，所以连马克思主义都产生于那个时代，那的确绝非偶然。同样，乔叟研究在维多利亚时代也取得了显著成就。在文学批评界，当时占主导地位的是历史主义批评。历史主义批评是现实主义文学理论与实证主义研究方法的结合，它与学术界的历史意识的发展密切相关。受历史主义批评影响，维多利亚时代的学者将乔叟及其诗作放到乔叟时代的历史、社会和文化语境中研究。在历史主义批评的主导下，乔叟时代的社会现实、历史背景、文化因素、英格兰民族意识的发展都成为乔叟批评中关注的重要内容。

维多利亚时代是“日不落”帝国及其殖民主义思想达到巅峰的时期，同时也是英格兰民族意识大发展的时期。在这时期，英格兰知识分子比任何时候都更关注英格兰民族性，更深入探索“英国性”（Englishness），更致力于界定什么是“理想的”英国人和英国人理想的思想意识和行为规范。很自然，也很明显，英国学者和文学批评家对英国性的关注也深入乔叟研究领域，因为英国文学之父身上所体现的英国性或者说在他作品中探讨英格兰民族性和研究英格兰人的思想意识都具有特殊意义。

早在1825年，在维多利亚时代开始之前，一位佚名作者在《回顾评论》（*The Retrospective Review*）上发表长文，评价从1532年的希恩版到1775年的蒂里特版的各种版本乔叟作品，多方面分析乔叟的格律和诗作的特点与成就。但他随即超越文学领域，在更宏观的领域看待乔叟。他指出乔叟诗作是英国的“真实历史”，是英格兰民族“思想史”的核心组成部分。他说：

> 并不仅仅是从文学的角度把乔叟诗歌看作娱乐作品和诗歌想象力的结晶，它们才具有特殊意义。它们充满了更高层面的教益。

它们是他的祖国的真实历史的核心组成部分，不是关于它的攻城略地、战争和革命……而是关于民族思想的历史。人们甚至可以通过它们理解过去时代的趣味，因为趣味与道德和智识的状态以及社会的一般境况密不可分。从这个角度看，即使是最荒唐最夸张的古代浪漫传奇也不无裨益，如果我们能确定它在其产生的时代有多么流行的话。毫无疑问，乔叟的作品，特别是他的《坎特伯雷故事》，以更直接的方式和更大的规模为我们提供信息。它们把充满生活气息的社会的真实画面直接展示在我们面前。我们同我们那些早已长眠的祖先们融合，好像他们与我们生活在同一时代——与他们交谈，听他们说话，参与他们的幽默，遵从他们的习惯；我们变得如此熟悉那些时代的道德、智识和社会状况，好像那活生生的戏剧，带着各自正在发生的事件，刚在我们面前经过。这是历史中最核心最具教育意义的组成部分，是社会思想的进步与革命的最核心最具教育意义的组成部分：比起王朝的更替和帝国的革命来说，这是我们大多数人远更感兴趣的那部分历史。[1]

令人遗憾的是，这位思想深邃的作者没有留下姓名。他深刻指出，“真实历史”的核心不是攻城略地、王朝更替、帝国革命，而是“民族思想的历史”，而乔叟诗作正是英格兰民族思想史的“核心组成部分”。他接着将诗人和历史学家以及他们的作品进行比较，认为文学作品比历史书更有意义，诗人“实际上是最高级别的历史学家”。这是非常有见地的，因为基于对社会现实深刻理解的文学虚构远比一些具体事实更为真实，即更为真切地揭示出社会的本质和更为准确地体现时代精神。不仅如此，他进一步说，诗人是“一位不是只对执政者和政治家，而是对所有会阅读他留下的记载的人进行教诲的历史学家。而那样一位历史学家就是我们伟大的英语诗歌之父——令人尊敬的杰弗里·乔叟”[2]。

毫无疑问，这位佚名作者具有特别独到的见解和超前的意识。他关于文学与历史的关系的观点后来将在维多利亚时代的现实主义文学

1［佚名作者］“Works of Chaucer,” in *The Retrospective Review*, Vol. IX, 1825, pp. 176–177.

2 同上，p. 178。

以及与之相关联并在19世纪后期和20世纪前期在西方文学批评中占统治地位的历史主义批评那里得到进一步发展。而他在大约两个世纪前发表的关于文学文本与历史文本之间不可分割的内在关联以及关于乔叟作品大规模提供历史信息的生动阐释，即使在今天的新历史主义文学批评那里也很难看到更精彩的论述。

另外一位佚名作者于1837年在《爱丁堡评论》(*The Edinburgh Review, or Critical Journal*)上也发表了一篇关于乔叟与英格兰民族意识发展之关系的文章。他认为乔叟是英格兰人民和英格兰民族的诗人。作者很有历史意识，他从英格兰民族在诺曼征服之后的形成过程中去审视英国文学的发展和乔叟的历史地位与成就。他说，诺曼征服"中断了本土文学的发展；民族精神，即民族诗歌的真正灵魂，遭到毁灭，他们的语言像野蛮人的语言一样遭到嘲笑"。所以

> 只有在民族精神再一次形成之时，民族歌手才会涌现。在那时，所有外国的和法国的元素不再窒息而似乎是在升华和丰富本土独具特色的缪斯；于是乔叟这个诺曼人的后裔、朝臣和学者，知识分子和贵族们所喜爱之人，立即成为民族诗人；他将征服者和被征服者的气质和特色结合在一起，整合成独特而鲜明的统一体。……在总体上，文学精神与人民的社会进步同步——随着他们的发展而发展，随着他们的力量的增强而增强。乔叟正是这样开始他的创作，虽然他大量借鉴早期意大利诗歌，虽然也受诺曼影响，但他立即成为一个由民族境况造就的民族诗人，并吸引了整个民族！如我们前面所说，乔叟虽然是一个学者和朝臣，但正是在他那里，纯正、真实、充满活力的英格兰人民的文学精神得以表达。一个学识如此渊博、同统治上层如此交好的人竟会将英语置于法语之上，[1]对于英语是一个极大鼓舞。……乔叟的情感不属于小圈子或宫廷，而是大众和所有人的情感。[2]

1 在乔叟时代，法语是官方语言。

2［佚名作者］"Sketches of English Literature," *The Edinburgh Review, or Critical Journal*, Vol. LXIV, Oct. 1836–Jan. 1837, pp. 520–522.

后来，乔治·道森（George Dawson，1821—1876）也将乔叟看作这样一位把英格兰"各阶级整合在一起"的"民族诗人"和"人民诗人"。他在一次关于乔叟的演讲中称乔叟为"英诗之亚当"。[1]他说，乔叟是"一个民族诗人"，"一个人民诗人"，"他将诺曼贵族的话语和民众的撒克逊诗歌结合在一起；他转向人民，他在把这个民族的各阶级整合在一起这一令人称道的事业中比历史上任何人都做得更多。一个使各阶级的手握在一起的人比一个用充满怒气和严厉的语言把它们分开的人所做之事远更为美妙"。[2]除此之外，道森还敏锐地指出："乔叟是第一位发现了性格的作家，并且使之独具特色。"[3]所以，"在阅读《坎特伯雷故事》时，最令人着迷的是我们能看出，里面的每一个形象都是日常生活中的人"。他甚至说："乔叟教会了莎士比亚如何塑造人物。"[4]在很大程度上，这正是当代美国著名学者哈罗德·布鲁姆后来反复强调的观点。

随着现实主义文学运动发展并逐渐主导英格兰文坛，在乔叟批评中，社会现实、历史语境以及文化因素也越来越受学者关注。换句话说，文学批评家们越来越具有明显的历史意识。在这方面，约翰·希皮斯利比较突出。他在《论早期英国文学》（*Chapters on Early English Literature*，1837）一书中，对维多利亚时代文学批评所重视的许多方面做了开拓性探讨，表现出他比绝大多数批评家具有更超前的历史意识。

首先，他特别重视将文学同时代背景结合起来思考。他把荷马时代和乔叟时代这两个文学史上的重要时代进行比较，认为诗歌在那两个时代繁荣有相似的根源。他说：

> 在那两个时代，不再只有神职人员才是诗人，因此文学不再局限于表现宗教主题。
>
> 在另外一点上，即就诗歌在随后时代受到压抑，或者说衰退而

1 George Dawson, "Chaucer," in George St. Clair (ed.), *Biographical Lectures*, London: Kegan Paul, Trench and Co., 1887, p. 209.

2 同上，p. 207。

3 同上，p. 208。

4 同上，p. 211。

言，文学史上这两个时代也可以进行比较。很明显，在这两个时代诗歌衰退的原因并没有多少不同，那都是因为混乱而不稳定的政治形势。但当时没有戏剧似乎也是一个根源。在根本还没有书籍或者书籍非常稀少的时代，需要游吟诗人的演唱、朗诵、演讲或者戏剧，根据当时的社会状况，总得有其中一种方式，把文学与广大民众联系在一起。[1]

他认为，文学与社会及文化语境不可分而且深受其影响，文学家笔下生动的描绘和形象往往主要不是来自作家的独创而是来自他的生活环境。这与浪漫主义关于作品是作家主体性之表现的观点相去甚远。从这样的观点出发，希皮斯利认为，“乔叟是一个描绘性诗人”，能描绘栩栩如生的画面；而他的描绘、他的意象之所以那样生动如画，就因为那是来源于生活现实。他说，“与人们普遍的观点不同”，在那些生动意象中，

很少可以被看作诗人的创造。人们已经发现，在斯宾塞那里，许多寓意性魔怪的原型可以在他那个时代的节日游行中找到：诗人所描绘的是他在生活中亲眼所见。应该认为，这是描绘性寓意形象的精妙细节的真实来源。由此可见，那就是为什么古代诗人，如描写冲突、恐惧[2]的荷马，描写声誉之神的著名形象的维吉尔，描写战神和维纳斯神庙的斯塔提乌斯[3]，与中世纪诗人们相比，他们描绘的寓意性人物是那样的模糊而笼统。关于这一点，可以通过把斯塔提乌斯的一些段落与乔叟在《骑士的故事》[4]里对它们所做的显著提高进行对比

1 J. H. Hippisley, *Chapters on Early English Literature*, London: Edward Moxon, 1837, p. 33.

2 冲突（Strife）、恐惧（Terror），同死神（Death）一样，都是荷马《伊利亚特》（*Iliad*）中的寓意性人物形象。

3 斯塔提乌斯（Publius Papinius Statius, 45?—96?），古罗马诗人，代表作为史诗《底比斯战记》（*Thebaid*）。

4 乔叟《骑士的故事》的情节来自斯塔提乌斯的《底比斯战记》，但实际上乔叟的直接蓝本是薄伽丘的史诗《苔塞伊达》。

而鲜明地表现出来。关于那些细节，这位英国诗人受益于他亲眼看见的相关油画或者读到过的关于这些画的描述；在他那个时代这些画通常是公共建筑的内部装饰。[1]

希皮斯利强调文学与现实之间的密切关系，甚至认为乔叟塑造的人物在现实中有原型。这在文学批评史上是很超前的。他说："在乔叟那几个有姓名流传下来的朋友或有交往的人中，搜寻去坎特伯雷的一些香客可能的原型，是非常有趣的猜想。那个堂区长是威克里夫[2]吗？或者说牛津学士是那个充满哲理的斯特罗德[3]？那个旅店老板哈利·贝利真有其人吗？"他做如此"猜想"，是因为他认为，在《坎特伯雷故事》里，"许多人物身上以及他们的引言，如乔叟所描绘的那样，极具个性，以至他们非常有可能是来自现实生活"。[4]乔叟人物在现实生活中是否真有相对应的原型并不重要，重要的是他关于乔叟人物根源于生活现实的观点。

希皮斯利另外一个很有价值而且引领乔叟学术研究的观点是，他认为乔叟将古典题材中世纪化。他说，《骑士的故事》"虽然在时间和空间上被转移到古希腊的英雄时代，但在乔叟手里，它是一个地地道道的封建骑士故事"[5]。该观点已被后世乔叟学者广为接受；不仅如此，《特洛伊罗斯与克瑞西达》也被认为是典型的中世纪骑士故事，特洛伊罗斯、赫克托等特洛伊英雄都被乔叟塑造成中世纪骑士，而他笔下的特洛伊被学者们一眼就看出是14世纪的伦敦。

在文学体裁的发展上，希皮斯利也有在当时超越常人的见解。他敏锐地认识到，《坎特伯雷故事》中的故事"可以说是骑士浪漫传奇与小说家们更为现代的各类作品（尽管它们种类繁多）之间的一个环

1 Hippisley, *Chapters on Early English Literature*, p. 126.

2 指乔叟时代著名的宗教改革活动家约翰·威克里夫。

3 斯特罗德（Ralph Strode, 1350?—1400）是牛津教授，乔叟的朋友。乔叟把名著《特洛伊罗斯与克瑞西达》献给他和诗人高尔，并在书中第五部里分别称他们为道德高尚的高尔（moral Gower）和充满哲理的斯特罗德（philosophical Strode）。

4 同1，pp. 154–155。

5 同1，p. 181。

节”[1]。这一观点也早已被接受,有些学者直接认为《坎特伯雷故事》是现代小说的先驱或源头。

不过,希皮斯利在乔叟学术史上最值得称道的成就也许是,他在书中第二章“乔叟在各时代的名望”(“Reputation of Chaucer in Various Ages”)里,根据1598年斯培特版以来各版乔叟文集中收录的各时代关于乔叟的评论文字以及其他一些材料,在历史上第一次对包括乔叟时代在内的各时期诗人、学者对乔叟的评论进行梳理和评述。这可说是最早的乔叟学术史研究。他还针对历史上各时期就乔叟的思想、诗歌性质和创作特点等方面提出的观点和进行的争论表达了自己的意见。他甚至就莎士比亚对乔叟的借鉴和模仿提出看法,认为“莎士比亚在我们伟大而杰出的诗人中第一个精妙地感受到并欣赏乔叟的喜剧力量。的确,在我们最早的诗人的喜剧天才中有许多东西与他的这个钦慕者和模仿者之间极为接近。在使用讽刺性戏仿(satirical parodies)方面这两位诗人似乎被同一种精神所激励”[2]。在这点上,他也可以说是哈罗德・布鲁姆的先驱。

另外,维多利亚文化特别欣赏绅士风度和淑女气质,而这实际上是中世纪封建贵族文化中的骑士精神和宫廷爱情观在现代资产阶级社会和文化语境中的新发展。作为中世纪英国最杰出的宫廷爱情诗人,从第一部长篇《公爵夫人书》开始,除少数短诗外,乔叟创作的所有诗作都全部或主要或至少部分关于爱情,而他的《特洛伊罗斯与克瑞西达》至今被认为是英国文学史上最杰出的长篇爱情叙事诗。前面提到,同时代的法国诗人德尚就歌颂他为“爱神”和“玫瑰之神”,而在他朋友约翰・高尔的代表作《情人的自白》里,他也被称为爱神的信徒。自那以后,各时代的学者、诗人都论及他对爱情的描写。但在19世纪中期之前,学者们往往只是笼统地谈论他作品中的爱情,而没有人去探究他作品中爱情的性质以及与中世纪社会、文化的关系。在维多利亚时代日益重视文学与社会生活和历史文化之关系的大语境中,约翰・威尔逊(John Wilson, 1785—1854)第一次在历史上比较深入地探讨了这个不仅是乔叟作品而且是中世纪欧洲文学(特别是中世纪浪漫传奇和爱情

1 Hippisley, *Chapters on Early English Literature*, p. 174.

2 同上,p. 69。

诗)特别突出的主题。

威尔逊是爱丁堡大学教授,曾受业于格拉斯哥大学和牛津大学。他于1845年在《布莱克伍德的爱丁堡杂志》(*Blackwood's Edinburgh Magazine*)第57期上以克里斯托弗·诺斯(Christopher North)为笔名发表了一篇分析德莱顿评论乔叟的文章。在文章里他说,乔叟

> 部分地属于他的时代,但也部分地超越了那个时代。欧洲复兴时期的民族语言诗歌[1]打下了那个时代之文化风俗一个主要特征的深刻烙印。骑士制这个绝妙的政治机制——在它存在于其中的那些人的思想里它被转换成一种浪漫传奇——把一种对女人奇异的爱慕提升为一种宫廷生活或者至少是宫廷诗歌的律法;对于此,旧时代的编年史中没有留下任何记载。虽然人类这种主要并最强烈的情感在那些歌颂英雄们的歌谣中从来就伴随着战火[作者随即列举了包括荷马史诗在内的许多古典文学作品关于英雄美人的传说],然而在重新苏醒的欧洲出现了一种新型爱情诗,其突出特点是爱情之神被赋予无与伦比的威力,合法地窃取了无上的地位,矫揉造作并毫无节制地表现那种在古代诗人那里虽然强烈但并不夸张的自然情感。[2]

他接着说,新型爱情诗"对爱情这种强烈的自然力量如此夸张……[以至]使男人对女人的崇拜成为宇宙间最伟大的宗教,那是新诗里'甜蜜的疯狂',它如同君主一样长期控制着充满理性之乔叟的诗歌心灵"[3]。他甚至做了认真计算,认为在乔叟诗作里,"大约有三万长短诗行,以押韵对句或者诗节的形式,可以说是奉献给了爱情"[4]。从这可以看出,

1 指从11世纪末和12世纪初开始在西欧逐渐繁荣起来的民族语言文学。在那之前,除盎格鲁-撒克逊时代的英格兰产生了古英语文学外,欧洲各地区只有拉丁语文学。

2 Christopher North [John Wilson], "North's Specimens on the British Critics. No. IV. Dryden on Chaucer," *Blackwood's Edinburgh Magazine*, Vol. LVII, Jan.–June 1845, pp. 617–618.

3 同上,p. 618。

4 同上,p. 621。

他对乔叟诗作下了多么大的功夫。

威尔逊还指出了乔叟诗作的五大特征，除第一种，即“为爱神服务”外，第二种是乔叟对“寓意故事不可抑制的偏爱”。[1]他说《声誉之宫》这个标题就是寓意（allegory）。他在分析了一些乔叟作品的寓意性质后指出，“我们在乔叟那里找到每一种可能的寓意形式”，包括古老的寓言（fable）、隐蔽型寓意（disguising allegory）、创造性寓意（creative allegory）等。他所说的“隐蔽型寓意”是指那种故事中的人或事寓指现实中的人或事的寓意，比如《公爵夫人书》里的黑衣骑士寓指乔叟的保护人兰开斯特公爵（Duke of Lancaster）；而“创造性寓意”则是指拟人化寓意，即以人物形象（也可能是事物）体现某种抽象观念如爱情或真理。

布鲁尔指出，威尔逊“显然是第一个认为乔叟是寓意性作家”的评论家。[2]其实，他也是第一个比较系统地论述中世纪宫廷爱情（courtly love）的近现代学者。因为他没有使用“宫廷爱情”这一术语，所以学者们往往将这一术语的发明权归于法国学者加斯东·帕里斯（Gaston Paris，1839—1903）于1883年发表的一篇关于圆桌骑士浪漫传奇的文章，但那比威尔逊已经晚了近40年。实际上，这一术语也并非帕里斯所发明，它至少可以追溯到14世纪的意大利诗人彼特拉克。彼特拉克曾多次使用这个术语。[3]所以，帕里斯充其量只是在现代“普及”了这个术语。

宫廷爱情现在已经是中世纪文学和文化研究领域或者说中世纪学（medieval studies）极为重要的一个方面。特别是在著名学者和作家、诗人C. S. 刘易斯出版了那部影响了几代学者的名著《爱情寓意：中世纪传统研究》（*The Allegory of Love: A Study in Medieval Tradition*，1936）之后，宫廷爱情已经成为中世纪文化文学研究中最广泛使用的术语之一。关于刘易斯这部著作，后面将具体引述。

维多利亚现实主义文学一个核心原则是典型观，即以典型的人物形象、典型的事件反映现实，或者说反映现实的“本质”。乔叟诗歌中，

1 North, “North’s Specimens on the British Critics,” p. 621.

2 Brewer (ed.), *Chaucer: The Critical Heritage*, Vol. II, p. 58.

3 可参看Joan Ferrante, “*Cortes’ Amor* in Medieval Texts,” *Speculum*, 55, 1980, pp. 685–695。

特别是他在人物塑造中的幽默，一直都为18世纪以来历代批评家和读者所称道。但在19世纪中期，学者们在对乔叟的幽默的认识上发生了争论，然而有意思的是，争论双方都是从现实主义的典型观出发，争论乔叟的幽默是否具有典型性。前面提到的那位热心于现代化乔叟的诗人和学者利·亨特也是一位很有影响的评论家，甚至杰出的浪漫主义诗人济慈对乔叟的兴趣在一定程度上也是受他影响。亨特发表了大量关于乔叟的评论，表现出他对乔叟理解深刻以及对乔叟诗作极为熟悉。他很可能是最早具体分析乔叟的讽刺和幽默的评论家。他以具体例证对乔叟的幽默所做的分析显示出现实主义对典型的重视以及细节对于典型性的特殊意义。他说，乔叟

> 在描述中的幽默带给人最彻底的愉悦，因为那使人同时感到快乐、深刻和满怀善意；如果后一种特性被有些人认为缺乏人格特征而有所不足的话，他们甚至可以用他的人物来源于单独个人，而且那些个人还因此非常不真实自然这样的假设来为之提供证据（如同有些人已经如此做的那样）。我承认，除了这个观点本身的需要外，我看不到任何支持这个假设的根据。阶级特征当然必须多少从组成阶级的个人而来，但乔叟为他的人物增添那些非职业性细节（比如那商人充满问题的婚姻，以及那个地主的纨绔儿子），把它们放入人类的普遍性之中，只会使他的人物形象更为真实。那个厨师小腿上的坏疽，被认为是无端加上的突出例子，其实相反，那很痛苦地符合一个长期呼吸不健康空气之人的情况，而且还与各种佐料和糖浆一道助长其坏脾气。另外，那个厨师还是一个酒鬼。[1]

他认为人物的典型性并非仅仅是其阶级或职业特征的组合，典型性并不排斥普通人各自身上通常会有的各种特点或情况；因为只有现实中真实、活生生的人而非那种抽象的阶级属性的组合更具典型性。特别有意义的是，他那样将厨师腿上的坏疽同他的职业和酗酒结合起来分

1 Leigh Hunt, *Wit and Humour, Selected from the English Poets*, London: Smith, Elder and Co., 1846, p. 75.

析，的确有过人之处，是现实主义文学思想的独到运用。同时，这种分析还显示出那种未来的新批评式细读功力。

不过他的这种类似新批评式的艺术鉴赏力特别体现在他对《骑士的故事》里一个诗行（第 1415 行）“太阳升起，艾米莉同样起了身”（“Up roos the sunne and up roos Emily”）的精彩分析里。或许除了庞德（Ezra Pound, 1885—1972）著名的《在地铁车站》（“In a Station of the Metro”），即使在现代主义诗人那里也很难找到意象如此绝妙并置的诗行。在那些“要求说明”的人看来，亨特说，它除了“夸张”或“比喻”外，“什么都不是”。然而他却感受到丰富的诗意并称其为“美妙诗行”。他说：

> 那需要本能的直觉（animal spirits），或者说一种对大自然无限的爱，才能完全欣赏这个诗行；当我们真正深入里面，才会发现它（通过暗示）包含着明喻、比拟，的确还包含所有其他的想象表达，只是没有直接的说明性话语，而在这种情形中那可以说是毫无必要的评说。诗人让自然自己表述。他向我们指出那两个美丽形象，把它们连接在一起，并满足于仅向它们表达敬意。[1]

这也许是英国文学批评史上最早对意象并置的准确理解，既反映出亨特敏锐的批评眼光，也揭示出乔叟诗歌的一个重要特点。

特别值得称道的是，他还敏锐地注意到，乔叟在人物塑造中从不偏激，总是清醒而平和地看到人物身上的复杂性。他在系统分析乔叟的幽默时说：

> 乔叟的幽默之第三个杰出特点是公平——是真理和人性使他公正处理好人和坏人，公正处理使人物之所以成为那样的人的环境，公正处理对与错、智慧与愚蠢的混合，这些都在他的人物身上表现出来。他最坏的人物身上也有一点可以获救的好的本性，或者至少有一些快乐与率真。即便是卖赎罪券的教士，尽管那样无耻，他也承认他自己是“一个邪恶之人”。他笔下最好的人物，除一人外，都表现出一些

1 Leigh Hunt, *Stories in Verse*, London: Routledge, 1855, p. 24.

缺点。[1]

其实，重视人物身上的多面性和复杂性正是现实主义文学批评思想的主要原则之一，因为现实中的人都是如此。但维多利亚时代著名的诗人、学者和批评家约翰·罗斯金（John Ruskin，1819—1900）却进了一步：他将乔叟幽默中的这一重要特征同"英格兰民族心智"（the English mind）联系在一起。他在《艺术演讲录》（*Lectures on Art*，1870）中说，英国艺术家们有一种局限性，那就是不能进行"更严肃的"思考，"但那也自有其优势"：

> 我们永远也不能在理想或者宗教艺术的最高领域取得成功。因为我们身上有一种奇怪但很具本质性的性格：自征服时代[2]以来，如果不是更早的话，我们就有一种以那些与一定程度的邪恶相关的滑稽形式为乐的嗜好。我认为，最能体现真正的英格兰民族心智的最完美的典型是乔叟；你们会发现，一方面在绝大多数情况下，充满美好的事物有如四月某一天早上[3]的清纯与野性，但即使在这样的气氛中，也有一些即兴的插科打诨的段落，降格去与邪恶调戏；另一方面，那能聆听和欣赏极为粗野之人的玩笑的能力，不管此时之心情如何，随即堕落成为各种形式的幽默，这些幽默形式使一些最伟大、最具智慧也最有道德感的英国作家变得对于我们的青年几乎毫无用处。然而，你也会发现，当英国人完全没有这种内在能力时，他们的才能会比较贫弱而且受到局限。[4]

这是对乔叟作品中所展现的"英格兰民族心智"、英格兰人所特有的那种宽容对待甚至热情欣赏包含善恶美丑的现实生活和复杂人性的"本

1 Leigh Hunt, *Wit and Humour*, p. 69. 那唯一"除外"的人指高尚虔诚的堂区长。

2 指1066年的诺曼征服。

3 乔叟的许多作品都是以美好的四月或五月的一个清晨开始；《坎特伯雷故事》中的香客们就是在一个充满阳光的四月清晨开始了他们的朝圣旅程。

4 John Ruskin, *Lectures on Art*, in *The Works of John Ruskin*, Vol. VIII, New York: John B. Alden, 1885, p. 14.

质性的性格”的深刻理解。

这种“民族心智”或“本质性的性格”实际上是对世界和人的根本态度。1849年，一位佚名学者在《北不列颠评论》(*The North British Review*)第10期上发表一篇长达36页的书评，从另一个角度，即乔叟对现实生活和现实中的人的热爱，来探讨这一问题。这篇长文比较详细地评述了从1833年到1847年间出版的七种关于乔叟的著作。经布鲁尔查证，该作者为著名学者詹姆斯·洛里默(James Lorimer, 1818—1890)。洛里默是学识渊博的学者、教授、哲学家、法学家和作家，曾就读于爱丁堡、波恩、柏林和日内瓦等地。他视野开阔，思想敏锐，在文中表达了许多高度评价乔叟的观点。他特别强调乔叟创作的现实主义性质，他说：

> 乔叟在本质上是一位写人的诗人。他在亲人中成长，完成了一生中最后一项职责，他从来没有，也从不希望在荒野中孤独游荡。他的诗歌关于现实，也关于天堂，但他不在云雾中寻找，而是在人们的关怀中发现大量天堂。我们已经谈到他的乐观，我们能给予他最好的描绘是，如同他出现在他的著作中那样，[1]在所有方面他都是一个快活、合群的人，他从不因为坦承对上帝将他安置于其中的这个世界和对那些他认为完全适合与之共同生活在这个世界里的人们深感满意而羞愧。他完全没有厌世感，从不自命清高，也从不认为这个世界太糟糕而不适合自己。虽然他认为有许多事有待改善，但他并不因为现在的状况而失去信心，而是很高兴地和满怀感激之情地从现状中找出美好。[2]

洛里默在这里涉及乔叟和乔叟诗作的一个极为重要的问题，那就是英诗之父那种令人赞叹的对现实生活和人的根本态度。任何对乔叟作品即使只是比较熟悉的读者，都很难不同意洛里默关于乔叟对待现实，对待生活，特别是对待人的那种宽容和乐观积极的态度的准确把握。虽然已有学者涉及乔叟对生活的肯定，但洛里默是本书作者看到的第一个用如

1 乔叟在许多著作中都塑造了一个与他同名的第一人称叙述者。

2 该书评没有标题，只是分别列出被评论的七种著作的书名、作者和出版信息。引文见 *The North British Review*, Vol. X, Nov. 1848–Feb. 1849, p. 326。

此真诚而赞美的语言直接揭示和明确肯定乔叟对人和生活的积极态度的学者。当然，这种态度并非乔叟独有，尽管他特别突出。实际上，许多中世纪诗人往往比现当代作家持有远为积极的世界观和生活态度，而中世纪也远非文艺复兴学者所曲解和现代人所想象的那样“黑暗”。

由于维多利亚时代的评论家深受现实主义文学思想和历史主义批评影响，因此他们具有比较开阔的视野。他们在评论乔叟时不仅很注意将他放到他的时代中分析，而且还往往同维多利亚时代进行对照。比如，一位佚名作者1859年在《伦敦评论》(*The London Review*)上发表关于1855年版《乔叟诗集》的长篇书评，他在结尾写道：

> 我们已经看到他深陷沉思的高贵脸庞，他漫长的生平和无穷的精力。几个世纪以来，他的影响无限，甚至有可能超越了莎士比亚。他创造的诗歌艺术的语言与方法，一直为英格兰和苏格兰诗人们所遵循。我们已经看到他的天才是多么无边无际；他的爱是多么公正；他对人性的信心是多么执着；他在对待一切事物上是多么坚定、真诚、无所畏惧。我们已经看到所有这一切是多么深厚地根源于那个哺育他并了解他的时代。我们也不能不看到在一个本质上是科学的时代里，诗歌的环境已变得多么不同，多么令人惊奇的不同。[1]

他认为，“本质上是科学的”维多利亚时代与乔叟时代之所以那样“令人惊奇的不同”，是因为“我们失去了那些乔叟时代所拥有的东西，即普遍的诗歌氛围，对诗歌普遍的热爱，对以真实的方式获得教益的期望，……以及对于从捧在手里的书中应该寻找什么的共同信念”。[2]

在维多利亚时代，甚至连出身神学院的学者也受到现实主义文学思想影响。弗雷德里克·D. 莫里斯(Frederick D. Maurice, 1805—1872)出身哈克尼神学院(Hackney Academy)，也就读于牛津和剑桥，是当时著名的牧师和神学家。他在1865年的一次演讲中说，乔叟不仅有宫廷生活的经历，而且“与普通市民紧密接触。他成了那个时代各式

1［佚名作者］“*The Poetical Works of Geoffrey Chaucer*, edited by Robert Bell. J. W. Parker. 1855,” *The London Review*, Vol. XII, Apr. and Jul. 1859, p. 303.

2 同上，p. 295。

各样社会生活的敏锐观察者”。因此，“他不用成为威克里夫那样的改革者，却能通过使人们认识自己和身边的人，通过揭露伪装，通过教导他们睁眼看看周围美好的世界而促进改革运动的发展”。他把乔叟看作威克里夫的改革运动的支持者，但乔叟采取了非常不同的方式。他进一步说，“那些时代流传的英文作品全都与人们的生活和行为密切相关”，而“他的《坎特伯雷故事》直接触及男人和女人们的心与思想，他们的痛苦与罪孽，而且在所有作品中描绘出他那个时代各社会阶层与各行各业最清晰的画面”。[1]在这个演讲里，他既指出了乔叟作品的现实主义性质，也强调了他那些深刻揭露现实的作品所具有的教育功能与促进宗教和社会改革的现实意义。

现实主义文学一个基本特点是对现实中最普通的生活，或者说普通人的生活特别感兴趣，因为并非不同寻常的奇特事件，而是普通人的普通生活最能代表或者反映现实。这也是维多利亚时代那些为现实主义文学思想所主导的批评家们特别赞赏乔叟诗作的方面。1869年，威廉·布莱特利·兰兹（William Brightly Lands, 1823—1882）出版两卷本专著《乔叟的英格兰》（*Chaucer's England*），很全面地分析了乔叟在诗作中对乔叟时代的英格兰社会和英格兰人的艺术表现，发表了很多颇有见地的观点。他特别注意到乔叟作品中人与自然之间亲密和谐的关系，认为那是对当时现实的客观描写。因为“乔叟的天才之特征是客观”，而在乔叟时代，英格兰还没有现代大城市，所以也就没有城市与自然的分离与对立。他指出：乔叟

> 诗歌的主调（key-note）毫无疑问是房屋和田野中、城堡与花园内、森林与河流边欢快而平凡的生活，他没有有意识地区分那是发生在自然或非自然场景之内。各种色彩、声响、气味、炉火、屋顶、磨坊主、漂亮健美的女人、彬彬有礼的骑士以及托钵僧，全都在同一幅画面中。[2]

1 Frederick D. Maurice, *The Friendship of Books: And Other Lectures*, ed. T. Hughes, London: Macmillan, 1874, p. 77.

2 William Brightly Lands, *Chaucer's England*, Vol. II, London: Hurst and Blackett, 1869, p. 234.

除表明乔叟描写的是当时的现实生活外，如此对乔叟诗作中田园诗般平凡生活的赞扬，其实也暗含着具有“批判现实主义”思想的文学家和批评家们对维多利亚时代迅速发展的工业化和城镇化所造成的对大自然的破坏和人与自然的分离与对立的批判。

虽然现实主义作为一个文学流派花了几十年时间才跨越大西洋，但现实主义思潮在美国一出现就参与了对乔叟的评论。尽管美国学者、诗人和废奴主义者詹姆斯·罗素·洛威尔（James Russell Lowell, 1819—1891）的诗歌创作主要属于浪漫主义，但他也不断受到来自大洋彼岸的现实主义影响。洛威尔对乔叟十分崇敬也持有特别见解，他对乔叟的评论大体上基于现实主义文学观，尽管浪漫主义思想也参与其中。他早在26岁时就充满感情地描写乔叟。他关于乔叟最著名的文字是发表在《北美评论》（*North American Review*）上的文章《乔叟》（“Chaucer”）。这篇文章后经扩充，收录在《我的学习之窗》（*My Study Windows*, 1871）里。洛威尔在文中指出乔叟作品本质上的现实主义并比较了《坎特伯雷故事》和几部出自他人之手、同样也运用叙事框架的故事集作品，其中包括薄伽丘的《十日谈》。他认为乔叟的代表作远优于这些作品：

> 乔叟是第一位将今天描绘得似乎与昨天一样好的伟大诗人，他第一个高举明镜反映当前的生活，将它的高层与低等、幽默与悲情等无限的多样性全收入镜中。但他是在大的意义上将生活作为人的生活来反映，从骑士到农夫，他所反映的每一天的日常生活是人性和行为的奇异结合。《坎特伯雷故事》的形式本身就很具想象力。薄伽丘的花园[1]、格拉齐尼的晚宴[2]以及吉拉尔迪的航海旅程[3]，都将他们那些故事很好地结合在一起，但除了相同阶层的人和朋友外，所有其他人全都

1 在《十日谈》里，薄伽丘的青年男女是在风景如画的花园中讲述故事。

2 格拉齐尼（Antonio Francesco Grazzini, 1503—1584）是意大利作家。这里指他使用了叙事框架的故事集《晚餐》（*Le Cene*, 1549）。在该故事集里，人们在晚宴上讲述他们的故事。

3 吉拉尔迪（Giovanni Battista Giraldi, 1504—1573），通常又称钦提奥（Cinthio），是意大利作家、诗人和哲学家。这里指他使用了叙事框架的故事集《埃卡托米蒂》（*Hecatommithi*, 1565）。该故事集的叙事框架是航海旅程，人们在航行中和船停靠时讲故事。

被排除在外，结果也就是将广义的人性排除在外。然而，乔叟选择使用朝圣旅途，那就将我们放到所有人都平等的位置上；指望灵魂获救，而且另外一个世界就在眼前，那就清除了所有的不平等。通过这一选择，并且使泰巴旅店老板总是处于中心位置，他令人愉快地将生活中两个最熟悉的标志——短暂旅途和旅店——联系在一起。我们在研究他时，越来越多地发现他从普通事物中不露声色地升华到普遍真理；而就其人性的宽广而言，他可以与荷马媲美。[1]

洛威尔还将乔叟同但丁和莎士比亚进行比较，从而强调其现实主义态度和英国性。他说："但丁致力于表现现实[2]，而乔叟致力于描绘生活；因此前者是更具有普遍性的诗人，正如后者更是一位民族诗人一样。"他接着说：

但丁向我们展示因对上帝和邻居犯下罪孽而遭受的惩罚，其目的是使我们能避免犯下这样的罪孽，以便我们能在另外一个世界里不受末日审判。乔叟揭露炼金术士、托钵僧和卖赎罪券的小贩的骗局，是为了使我们在这个世界里对他们提高警惕。如果我们要在最高级别和最独特的性质上判断民族性，我们就不会不发现乔叟是莎士比亚真正的先驱和原型。……［他们的］兴趣都是在五彩缤纷的现实世界，而他们传达的教益都是来自现实生活的智慧……[3]

洛威尔随即对乔叟和但丁做进一步对照，并非常正确地指出乔叟身上那种对人与生活发自本性的宽容与乐观。他说：

他似乎不可能发怒。他宽厚地思考着人们的缺点和蠢行，并因为从

1 James Russell Lowell, *My Study Windows*, 18th ed., Boston: Houghton Mifflin, 1883, p. 288.

2 这里的现实（realities）并非指社会现实。对于基督徒（包括但丁）而言，真正或最终的"现实"是上帝、天堂和地狱。

3 同1，p. 254。

未忘记自己也是用同样的泥土所造而更趋于同情而非声讨。他所有著述中都没有愤世嫉俗的踪影。但丁的画笔有时似乎也被他自己内心熊熊燃烧的火舌[1]所玷污。乔叟的笔蘸的是古老的彩绘书饰者们欢快的彩色墨水，并像他们那样耐心细致地描绘，但具有远远超越他们那种画匠般精美的自由。[2]

维多利亚时代乔叟研究的一个重要特点是不断拓宽研究领域。在乔叟诗作中，从早期的《公爵夫人书》到《坎特伯雷故事》，都有大量对大自然非常优美的描写。虽然在此前已经有人提及他对自然的描写，但直到1871年，一位身为牧师的批评家斯托普福德·A. 布鲁克（Rev. Stopford A. Brooke，1832—1916）才首先对乔叟诗作中独具特色的自然描写进行了深入分析。他认为乔叟特别杰出之处有两点。第一点是“他对人极为广泛的兴趣和他朴素而直接地表现人们生活的能力”，在这方面除莎士比亚外“无人能及”。第二点是“他对自然之美某些方面细腻的鉴赏与描写”。他认为，“在对大自然之美的描写方面，英国诗人们超越了所有其他国家的诗人”，而“英国的描绘性诗歌开始于乔叟”。[3]

任何熟悉乔叟作品的人都不能不注意到他所受影响之广泛，而研究乔叟对各种传统的继承、发展和创新正是维多利亚时代学者们的突出成就之一。几乎每个时代的学者、诗人对此都曾涉及，其实乔叟自己在作品中就直接提到许多法国和意大利的诗人和作品。维多利亚时代在这方面的突出进展主要有三个方面：1）更为系统深入；2）除了揭示乔叟所受之影响，也强调他的发展与创新；3）将这些影响同乔叟时代的社会和文化语境结合起来研究。

洛威尔在他关于乔叟的研究中，系统分析了来自拉丁诗人（特别是奥维德）、普罗旺斯新诗人（肇始于11世纪末，主要是关于宫廷爱情主题的抒情诗）、法国北部的游吟叙事诗人（发轫于12世纪中期，主要是

1 原文为“the burning pitch of his own fiery lake”，“fiery lake”在西方文化和文学中通常象征地狱，因此这里除了指但丁有时不由自主地表现出愤怒之外，也暗示愤怒是来自地狱之火。愤怒（wrath）为基督教七大重罪之一。

2 Lowell, *My Study Windows*, p. 255.

3 引文译自Brewer (ed.), *Chaucer: The Critical Heritage*, Vol. II, p. 149。

以宫廷爱情和骑士精神为主题的浪漫传奇)，以及但丁等意大利新诗人的影响。他关于乔叟和但丁的比较研究，无论是在深度还是广度上，在20世纪之前可以说无人能及，而且如上面所提到的，他的一些观点，即使现在来看，也颇有见地。

另外一个比较系统地研究乔叟所受影响的学者是苏格兰批评家威廉·敏托(William Minto, 1845—1893)。他在专著《从乔叟到雪利的英国诗人之特点》(*Characteristics of English Poets from Chaucer to Shirley*, 1874)里研究了中世纪法国宫廷诗歌，特别是《玫瑰传奇》及其作者纪尧姆·德·洛里斯(Guillaume de Lorris, 1200?—1240?)对乔叟的深刻影响。他说，乔叟"可以被描述为英语诗歌之父"，"但把他看作法国和意大利诗人们的伟大家庭之英国儿子和继承人，则更有意义"；而且"作为一个欧洲文学家，他必须被看作最后一位法国游吟叙事诗人(Trouvère[1])"。[2]特别有意义的是，敏托通过考察乔叟时代的社会文化语境，指出乔叟深受法国宫廷诗歌影响的根源：英格兰宫廷文化和骑士文学的繁荣。[3]当时正值百年战争时期，为进行对法战争，爱德华三世(Edward III, 1327—1377年在位)大力提倡骑士精神，而英国在战争初期获得的巨大胜利反过来又极大地促进了骑士文化的繁荣。乔叟正是在这样的文化氛围中开始创作。敏托说，"爱德华统治时期是骑士精神在英格兰的鼎盛时期"，而"这样的氛围对于"乔叟这样的"诗人之发展最为有利"。[4]乔叟自然会把法国宫廷诗人作为学习对象。敏托还指出：在这样的环境中，乔叟的受众也特别钟情于关于爱情和骑士精神的宫廷诗歌；这也决定了乔叟作品的体裁、内容和风格。[5]所以，他在1876

1 Trouvères主要是指12世纪出现在法国北部的一批浪漫传奇诗人，其著名代表是以创作亚瑟王系列浪漫传奇而驰名的特鲁瓦(Chrétien de Troyes，生卒年不详)。与之相对，法国南部普罗旺斯的新诗人(Troubadours)则主要创作爱情诗。

2 William Minto, *Characteristics of English Poets from Chaucer to Shirley*, 2nd ed., Edinburgh: William Blackwood and Sons, 1885, pp. 1, 2–3.

3 在乔叟时代，英国王室和上层贵族仍然讲法语，崇尚法国文化；骑士精神也源于法国。

4 同2，p. 5。

5 同上。

年为《不列颠百科全书》所写的"乔叟"条目中说:"骑士精神对于乔叟所有的作品都是生死攸关的空气,是使它们迅速发芽并养护它们成长的雨露、和风与阳光。"[1]之所以如此,那自然是因为在乔叟时代,骑士精神已经成为当时英格兰主流宫廷文化的核心组成部分;而乔叟从青少年时代进入王府当童仆起,就浸淫在这种文化之中。敏托其实是在强调,乔叟的创作与他的时代和他的经历密不可分。

关于乔叟对欧洲大陆和英格兰各种文学传统的继承,维多利亚时代的乔叟学者也进行了很多研究,有一些评论家对他在传统中的创新发表了一些很好的观点。1859年,一位学识渊博的佚名学者在《伦敦评论》上发表了一篇关于乔叟对传统的继承与创新的文章,观点十分独到。他说,乔叟"只关心讲述一个好的故事",而"对于原创或者创新方面的赞赏毫不在意"。不论在什么地方、什么时代、什么语言、什么人那里发现好的材料,他都会直接拿来,在创作中加以"运用、升华"。他的"《特洛伊罗斯与克瑞西达》是英语中最完美的爱情诗,其内容就大量译自薄伽丘的《菲拉斯特拉托》(*Filostrato*)";而他获益于古代作家,特别是奥维德之处,简直"多得绝对无法计算"。他随即将乔叟时代以及其他所有"伟大时代"同维多利亚时代进行比较,称赞那些伟大时代关注的是诗歌本身,而嘲讽维多利亚时代的诗人们"病态般追求"所谓创新:

> 乔叟与他的时代一样——而且与所有伟大时代一样——有一种满足于世上已有故事与传说的倾向,而不以发掘新鲜故事的方式竭力创新。希腊那些系列史诗诗人[2]是如此,从维吉尔到斯塔提乌斯的罗马诗人是如此,中世纪的浪漫传奇也是如此。实在令人奇怪:那些最钟情于诗歌的时代创作出如此少的新故事,而我们这个对诗歌毫无兴趣的时代却创作出如此多的新故事……现在,几乎每一首新面世

1 William Minto, "Chaucer," in Thomas Spencer Baynes (ed.), *The Encyclopaedia Britannica: A Dictionary of Arts, Sciences and General Literature*, 9th ed., Vol. V, New York: Henry G. Allan, 1891, p. 453.

2 系列史诗诗人(cyclic poets)一般是指荷马时代那些传唱关于特洛伊战争的系列英雄史诗的游吟诗人。除荷马的《伊利亚特》和《奥德赛》(*Odyssey*)外,其他作品只流传下来一些片段。

的诗都是在一个新方向上的实验。我们在对效果和新奇的病态般追求中失去了自我和我们身上最宝贵的部分。

他认为，现代人在追求原创与新奇中还“失去了自特洛伊战争以来”的欧洲文学传统；因此，“我们的诗人不知道应该用什么风格来写作”。他强调应该在传统中创作，所以他说：“同所有最伟大的诗歌一样，乔叟的诗歌可以被称为环境之作。”[1]这里的“环境”（situation）是指历代伟大诗人的作品在欧洲所形成的诗歌环境或者诗歌传统，相当于T. S. 艾略特（T. S. Eliot，1888—1965）在著名论文《传统与个人才能》（“Tradition and the Individual Talent”）里所指自荷马以来的欧洲诗歌传统所形成的“局面”。他们都强调伟大诗人应该在诗歌传统中创作。但这篇文章不仅涉及诗歌创作的一般原则，而且更涉及乔叟乃至中世纪欧洲文学一个本质性问题。中世纪是特别尊崇传统与权威的时代；所有诗人，包括乔叟大量借鉴甚至直接翻译过的法国诗人、但丁和薄伽丘等，全都“肆无忌惮”地从古代、前辈和同时代作家那里大规模借用。贺拉斯曾发展了古希腊的模仿理论，认为文学不仅模仿自然，而且也模仿权威作家和作品。在中世纪特定文化语境中，贺拉斯的模仿论获得空前绝后的运用。对其他诗人的大规模“借用”或者“模仿”也因此成为当时最普遍、最突出甚至是引以为荣的创作方法。可以说，对于喜好互文性研究的学者，再没有比欧洲中世纪文学更引人入胜的领域了。

不过这位佚名学者并非仅强调传统和借鉴；他随后从戏剧性、个性化、直接性和美（真理必然美，接近济慈的“真即美”的观点）四个方面阐述了乔叟的创新与成就，也就是乔叟对所借鉴材料的运用本身或“过程”。他说，乔叟追求的是创作“过程”，而真正的“诗”正是产生于“过程”之中；相反，现代诗人关注的是“结果”或“效果”，因而他们的作品缺乏真正的诗意。他以艾米莉 · 勃朗特（Emily Brontë，1818—1848）的《呼啸山庄》（*Wuthering Heights*，1847）中的希斯克利夫为例，说乔叟就像那个准备和正在进行复仇的充满活力的希斯克利夫，而维多利亚时代的诗人们却像那个在复仇成功时对一切突然失去兴趣甚至失去活

1 作者佚名，引文译自Brewer (ed.), *Chaucer: The Critical Heritage*, Vol. II, pp. 112–113。

下去之愿望的希斯克利夫。[1]所以,真正具有创新性、能创作真正诗歌的是乔叟而非那些刻意追求新奇的现代诗人。

著名诗人、小说家、剧作家和批评家阿尔杰农·查尔斯·斯温伯恩(Algernon Charles Swinburne, 1837—1909)也特别关注乔叟所受到的外国影响和他的中产阶级属性。他相信:"在所有那些都能被称为民族诗人之人的名单里——甚至包括维吉尔——我们可以说乔叟从国外借用最多,而且在改造提高所借用的任何东西上他着力最勤。"他以诗人所特有的隐喻方式说:"在他所有严肃和悲剧性的叙事诗作里,我们都能听到一根法国或者意大利舌头通过英国嘴唇在用条顿语气讲述。"所以他说,"总的来说,乔叟是一个法国或者意大利诗人",同时也"具有英国幽默家的气质"。[2]他认为乔叟是代表中产阶级的诗人,正如但丁"代表黑暗世纪的上层阶级最好最高级的一面不亚于他代表当时的意大利"一样,"乔叟代表那时的中产阶级最好最聪明的一面不亚于他代表当时的英格兰"。[3]

德国著名学者伯恩哈德·滕·布林克(Bernhard ten Brink, 1841—1892)也强调大陆文学,特别是意大利文学对乔叟的深刻影响,但他更注重也更称赞英诗之父对外国文学的"英国化"和"时代化"。他特别比较了乔叟的《骑士的故事》《特洛伊罗斯与克瑞西达》和薄伽丘的《苔塞伊达》(*Teseida*)、《菲拉斯特拉托》,因为那两部乔叟诗作分别改写自薄伽丘的那两部作品。他指出了在这些作品里,乔叟和薄伽丘在场景描写、情节发展特别是人物塑造方面的差异。他说,任何人从《苔塞伊达》转到《骑士的故事》都犹如进入一个不同的世界,以至原作品中那种"形式和内容、现代情调和古代风俗、古老时代和中世纪风格、古典史诗和爱情传奇的格调之间的矛盾看来已被抑制了"[4]。因为乔叟已

1 参看Brewer (ed.), *Chaucer: The Critical Heritage*, Vol. II, p. 114。

2 Algernon Charles Swinburne, "Short Notes on English Poets," in Sir Edmund Gosse and Thomas James Wise (eds.), *Complete Works: Prose Works*, Vol. IV, New York: Russell & Russell, 1968, p. 98.

3 同上,p. 99。

4 Bernhard ten Brink, *History of English Literature* (1893), rep., London: Forgotten, 2013, p. 81.

经把这些作品彻底地英格兰化和中世纪化。布林克说，乔叟将薄伽丘按古典传统塑造的史诗英雄雅典国王忒修斯变成一位"14世纪英国骑士"[1]。他进一步分析以表明，其他主要人物也是如此。

在乔叟学术史上，布林克一个特别重要的贡献是，他通过对乔叟作品的深入研究，试图建立乔叟作品的创作顺序。在维多利亚时代之前，由于学术领域内历史意识的缺乏，学者们通常是将某个作品孤立起来分析，而没有将它放到文学发展，包括作者本人的创作发展中去研究，因此往往不能准确把握作品地位以及作品与作品之间的关系，造成许多误读。布林克发现，乔叟的一些作品，如《公爵夫人书》，存在一些不足，在诗歌艺术上不如《特洛伊罗斯与克瑞西达》或《坎特伯雷故事》那样炉火纯青，是因为它们是诗人的前期作品，诗人的诗艺还未臻完善。根据作品中所反映的诗歌艺术的发展，他将乔叟的创作生涯划分为三个阶段。尽管布林克划分的具体年份和一些作品的分属，随着研究的深入已经有了较大改变，但这一划分大体上为20世纪多数学者所接受。他在乔叟作品之间建立创作顺序和对乔叟创作生涯进行阶段划分的努力是19世纪历史意识的发展在乔叟研究领域的体现，它破除了过去静态地看待乔叟的创作、孤立地研究单部作品的方式，把乔叟创作视为有机整体并放到发展进程中去研究，从而对于更准确把握乔叟的创作发展和成就具有很大意义。

同样，苏格兰学者和批评家威廉・P. 克尔（William P. Ker, 1855—1923）也深入研究了乔叟对各国前辈文学家和作品的继承与创新。他于1895年发表了一篇关于斯基特编辑的六卷本《乔叟全集》[2]的评论文章。该文具体分析了乔叟在许多诗作里对其他文学家的借鉴、改造与升华。他同许多前辈和同时代学者一样，指出乔叟作品中大量材料来自其他文学家。他说，"毫无疑问，乔叟在创作《声誉之宫》时，一直在阅读但丁"，所以大量内容取材于《神曲》。[3]然而尽管如此，他认为："这

1 Bernhard ten Brink, *History of English Literature: Wyclif, Chaucer, Earliest Drama, Renaissance*, trans. Clarke Robinson, New York: Henry Holt, 1893, p. 70.

2 关于斯基特和这个全集，下文将谈及。

3 William P. Ker, "Chaucer," in *Essays on Medieval Literature*, London: Macmillan, 1905, p. 81.

部诗作与《神曲》的差异，如同与任何基督教语言国家里的任何作品的差异一样大。"因此，"要揭示其本质，对《声誉之宫》必须首先从其本身，而非从其所受影响之源"来分析。[1]

克尔特别赞赏《特洛伊罗斯与克瑞西达》，说它是"第一部伟大的现代著作"，包含了人类生活的所有方面和各种情感，"没有一部中世纪作品在人物性格和情感方面像《特洛伊罗斯》那样丰富多彩"；不仅如此，它还是悲剧和喜剧的结合，并"终结了叙事作品和戏剧之间所有那些古老的区分与局限"。[2]虽然《特洛伊罗斯与克瑞西达》的蓝本是薄伽丘的《菲拉斯特拉托》，但乔叟将原作那样"一首轻松的浪漫歌谣"变成了"一个人物性格的故事"，它们的"差异几乎并不小于意大利小说与《罗密欧》或《奥赛罗》(*Othello*)那样的英国悲剧之间的差异，至少在性格表现上是如此"。[3]他还认为，乔叟大体上遵循《菲拉斯特拉托》的情节安排，但在创作这部"悲喜剧"时，"这位英国诗人走上了自己的道路，在这里他没有已知的先驱，却使所有现代语言中的所有戏剧家和小说家全都成为他的继承人"。[4]

后来，在一次名为《乔叟与文艺复兴》("Chaucer and the Renaissance"，1912)的演讲里，克尔进一步探讨了意大利新文学对乔叟的影响；他说："就他结合古代模式，特别是拉丁史诗，来开始思考诗歌现实而言，乔叟属于文艺复兴，被文艺复兴捕捉到了。如果他没有读过意大利作家，没有接触过意大利人那种新的雄心壮志，他就不会做如此思考。"但他随即指出，"他作品中的文艺复兴元素并不多"，他"几乎完全没有"弥尔顿所体现的"文艺复兴那种纯粹的形式主义"。[5]在谈及英诗之父在《特洛伊罗斯与克瑞西达》里对《菲拉斯特拉托》的大规模扩展时，克尔再一次强调了乔叟对薄伽丘的创造性改写。他说："他所增加的，我们大致上可称之为现实。他使故事不局限于在浪漫传奇

1 Ker, "Chaucer," pp. 81–82.

2 同上，pp. 83–84。

3 同上，p. 84。

4 同上，p. 85。

5 William P. Ker, "Chaucer and the Renaissance," in *Form and Style in Poetry: Lectures and Notes*, London: Macmillan, 1929, p. 74.

那有选择性的世界中发展，在那里一切有悖于浪漫感觉的事物都被排除在外，而是使之在有如荷马的伊萨卡、《名利场》和《潘登尼斯》[1]里的伦敦一样真实的场景里发展。”他的结论是：“乔叟双脚都站在现实世界里。”[2]

美国批评家弗兰克·J. 马瑟（Frank J. Mather, 1868—1953）也通过分析乔叟独特的借鉴与创新，高度赞扬乔叟的叙事手法、讽刺艺术和现实主义幽默。他认为乔叟最独具特色的创造性不是在创作故事情节上，而是在如何具体讲述已有的故事。他说：“他所借鉴的一切立马变成他自己的成果。《骑士的故事》变得与《苔塞伊达》极为不同，薄伽丘也很难在《特洛伊罗斯》里看出他的《菲拉斯特拉托》。”他认为：“所有人都知道，情节创造是故事讲述者的才能中最次要的部分。最普通的故事也可能因讲述者丰富的艺术手法而获新生，而最具独创性的故事也会因叙述平庸而受损。”[3]他还特别赞扬乔叟那种“轻松而极富魅力的风格”，并说：“我相信，正是他诗歌那种无与伦比的自然流畅使他在英国诗人中享有独特地位。”[4]

当然，乔叟继承的并非仅仅是欧洲大陆传统，他也不仅仅是在拉丁、法国和意大利文学传统中创作；英格兰本土文学对他也影响极大。这时期的学者在这方面也做了一些探讨。但这方面的研究要到20世纪才会比较系统深入。英格兰本土文学传统的一个重要方面是头韵体。发轫于7世纪的古英语诗歌属于头韵体，但诺曼征服之后，古英语失去了官方语地位，而且中古英语在此后几个世纪里也产生了巨大变化，加之法语节律体诗歌主导着英国诗坛，头韵体诗歌在英格兰随即衰退并一度消亡。但在乔叟时代，英格兰诗坛出现头韵体复兴运动，诞生了大量十分优秀的头韵体佳作。乔叟诗作虽以法语诗歌传统的音步体为

1《名利场》(*Vanity Fair*) 和《潘登尼斯》(*Pendennis*) 都是英国维多利亚时代著名作家萨克雷（William Makepeace Thackeray, 1811—1863）的小说。

2 Ker, “Chaucer and the Renaissance,” p. 79.

3 Frank Jewett Mather, “Introduction,” in Mather (ed.), *The Prologue, the Knight’s Tale, and the Nun’s Priest’s Tale: From Chaucer’s* Canterbury Tales, Boston: Houghton Mifflin, 1937, p. xlv.

4 同上，p. xlvi。

主，但当时十分繁荣的头韵体复兴运动也影响了乔叟，所以英格兰本土的头韵体传统被乔叟吸收和运用于创作。当然，英格兰本土文学传统对乔叟的重大影响并不局限于诗艺，而更在于内容，在于对英国社会现实的关注、对英格兰民族审美心理的体现和对道德探索那种似乎无限的兴趣等方面。

很有意思的是，第一个认真研究乔叟对头韵体的使用并提出特别见解的不是英美学者，而是德国人菲利克斯·林德纳（Felix Lindner, 1849—1917）。他在1876年的一篇文章中说，乔叟对头韵体的使用"远较我们所认为的更加广泛"[1]。对于乔叟使用头韵体的原因，他认为，首先是因为乔叟塑造的人物都使用他们所属阶层所习惯的语言风格。与诺曼上层不同，英格兰"下层民众绝大多数是撒克逊人后裔，他们忠实地保留了那些歌颂其先祖们伟大事迹的歌谣，以及与之相伴的头韵体风格"；而乔叟"多年在伦敦港当税收官"，他"长时期内每天都有机会学习和观察民众语言"，"因此对民众语言的模仿是诗人复活头韵体的一个原因"。乔叟使用头韵体的"第二个原因"是他"对旧风俗旧习惯的喜好；这在他的那些故事中表现得很明显"。所以"我们能比较肯定地说，他对古老的头韵体有一种强烈的自然癖好"。林德纳进一步指出："乔叟使用头韵体形式的第三个原因是为了装饰他的诗歌，使其更具震撼效果。"[2]

另外，维多利亚时代的学者们还探讨了乔叟对后代英语文学的贡献和与后代英语文学家之间的关系。1879年，阿道弗斯·威廉·沃德爵士（Sir Adolphus William Ward, 1837—1924）出版专著《乔叟》（*Chaucer*）。在该书第三章"乔叟及其诗歌的特点"（"Characteristics of Chaucer and His Poetry"）里，他系统分析了乔叟诗歌的各种特点，认为"他是第一个伟大的人物描绘者"[3]，并指出乔叟那种独具特色的人物塑造是他的现实主义的表现。他进一步说："正是乔叟在观察和塑造人物上的才能比任何其他方面都更使他成为我们文学的两个特别重要的

1 Felix Lindner, "The Alliteration in Chaucer's *Canterbury Tales*," in Chaucer Society (ed.), *Essays on Chaucer: His Words and Works*, London: Trubner, 1868–1894, p. 199.

2 同上，pp. 201–202。

3 Adolphus William Ward, *Chaucer*, Fairfield, IA: First World Library, 2003, p. 193.

发展的真正先驱，在这两大发展中人物塑造都是最重要的组成。”他所说的这两大发展是指伊丽莎白时代的戏剧与18和19世纪的英国小说。他认为：“起码对于这些发展的早期阶段，可以说是乔叟指明了方向。”[1]他接着分析了乔叟在戏剧性场面、戏剧性语言和戏剧冲突等方面的手法和成就，认为“乔叟是一个天生的剧作家”，却不幸生活在戏剧还没有成熟的时代。[2]在20世纪，许多评论家都持有相同观点，认为乔叟是一个“碰巧”生活在中世纪的戏剧家。而对于小说发展，学者们认为，他的《特洛伊罗斯与克瑞西达》是英国历史上第一部小说。

当然，维多利亚时代的批评家对英诗之父也不仅仅是赞誉，他们也直接或间接地给予了一些批评。前面引述了拜伦对乔叟的指责。如果说还是“孩子”的拜伦是受到一部分传统观念影响的话，那么尼古拉斯·怀斯曼（Nicholas Wiseman，1802—1865）表达同样的看法就只能是代表了自16世纪宗教改革运动以来宗教界（特别是天主教会）或道德意识比较保守的一类人看待乔叟的正统观点。1855年，怀斯曼在一次关于古今诗人描写自然之美的演讲中，首先赞扬乔叟对自然的热爱与优美描写：

> 我们在英诗之父乔叟那里发现[对自然的]强烈热爱。虽然他知识面太窄，或者说他的观察范围太小，但他具有本能的观察力，而这种观察力总能从强烈的热爱中产生。他对自然任何方面的描绘……还从没有被哪一位现代诗人所超越。[3]

虽然怀斯曼也怀有文艺复兴以来人们对中世纪人那种情不自禁的优越感，认为中世纪人未开化，教育水平低，知识面窄，但他仍然高度赞扬乔叟对自然的热爱和描写。而且他随即说，即使在乔叟之后两百年出现的大诗人斯宾塞，甚至怀斯曼同时代以热爱和描写大自然著称的桂冠诗人华兹华斯，都远不及乔叟。但他马上话锋一转，批评乔叟说，“我不

1 Ward, *Chaucer*, p. 195.

2 同上，p. 197。

3 Nicholas Wiseman, *On the Perception of Natural Beauty by the Ancients and the Moderns*, London: Burns and Lambert, 1856, pp. 5–6.

得不表达一种油然而生的遗憾”，因为在乔叟作品中，“每一次对自然之美的描写都与嬉戏、淫乐、放荡相关联”。[1]

怀斯曼是当时著名的学者，他学识渊博，有很高的文学修养和艺术鉴赏力。但他这样批评乔叟，也并不值得奇怪，因为他还有一个更重要的身份。他是红衣主教，而且还是英格兰在1850年恢复天主教会之后第一位西敏寺大主教。他演讲的主题是古今诗人对大自然的热爱与描写，因此在演讲中他主要是在赞扬英诗之父，但他也没有忘记在赞扬之余以16世纪以来天主教会看待乔叟的主流观点顺便从道德价值方面批评乔叟，以表明态度。实际上，他对乔叟的批评代表了自宗教改革运动以来天主教会对待乔叟的主流观点。

那个时代最重要的英国文学家之一马修·阿诺德同时也是一位很有影响的学者和文学批评家。他在高度称颂乔叟诗歌的同时，也表达了对乔叟的批评。1880年，他在关于英国诗人的著作中指出，乔叟的创作直接受惠于在法国北部产生的法语浪漫传奇，但乔叟的作品“远优于”那些传奇诗，以至于如果我们从传统的浪漫传奇进入乔叟诗作，“我们会突然感到是在另外一个世界”。[2]他认为乔叟作品在内容和风格上都优于它们：“乔叟在内容方面的优势来自他对于人类生活的那种宽广、自由、简明、清晰但也充满善意的观念”；而在艺术风格上，他的“语言具备有如神助的流畅，他的格律具备有如神助的流动性”。他因此“开创了一个时代和创立了一个传统。在斯宾塞、莎士比亚、弥尔顿、济慈那里，我们能追寻到乔叟那种流畅语言和流动格律的传统”。[3]

然而尽管如此，阿诺德认为“乔叟并不是一个伟大的经典作家”，因为他缺少但丁《神曲》的诗行“符合他[指上帝]的意志是我们的至福所在”[4]里那种“高度的严肃性”（high seriousness）。他认为：“乔叟诗歌的内容，他对事物的看法，他对生活的批评，宏大、自由、精明而且充满仁慈，但没有这种高度的严肃性。荷马对生活的批评有这种严肃性，

1 Wiseman, *On the Perception of Natural Beauty*, p. 8.

2 Matthew Arnold, *Essays in Criticism*, 2nd series, London: Macmillan, 1896, p. 27.

3 同上，pp. 27–29。

4 原文为“In his will is our peace”，译文引自但丁：《神曲·天国篇》，田德望译，北京：人民文学出版社，2002年，第18页。

但丁有，莎士比亚也有。”他说，这种高度的严肃性是“我们的精神依靠；而且随着现当代对诗歌日益增长的要求，这种能让我们依靠的功效将会越来越得到重视”。[1]由于他没有分析具体文本来说明，阿诺德这个观点至今仍然极具争议性。但从他对但丁诗行的引用以及他提到的几位“经典作家”和一位15世纪法国诗人来看，他似乎是指乔叟关注现实生活而忽略人的终极命运这类形而上的问题。他如此评价乔叟，可能与维多利亚时代福音运动复兴基督教而极为关注信仰有关，而阿诺德代表着维多利亚时代保守的主流价值观念。

诺思罗普·弗莱（Northrop Frye，1912—1991）于1957年在《批评的剖析》（*Anatomy of Criticism*）里从体裁风格上理解阿诺德的保守文学观，他认为“阿诺德的‘高度的严肃性’很明显与那种把史诗和悲剧——因为它们表现统治阶级的人物并要求高等级的得体风格——看作文学形式中的贵族的观点相关联”，而乔叟创作的是“喜剧和讽刺性”作品，自然也就不具备史诗和悲剧那种“高度的严肃性”。[2]不过，从阿诺德批评乔叟时的语境看，他并非指体裁，而且那些“喜剧和讽刺性”作品只是乔叟诗作中的一部分；正如查尔斯·马斯卡廷（Charles Muscatine，1920—2010）在《乔叟与法国传统》（*Chaucer and the French Tradition*，1957）里所指出，乔叟拥有“包括维吉尔、斯塔提乌斯、但丁和薄伽丘”在内的“‘史诗’血缘”和“高级风格”。[3]无论如何，阿诺德还是高度赞扬了英诗之父及其诗作。他甚至还肯定了乔叟作品中关于现实生活的“诗学真理”（the poetical truth of substance），指出与这种诗学真理相应的是“他在风格与技巧上的高雅精巧。在乔叟那里诞生了我们真正的诗歌”。[4]

维多利亚时代是一个宗教思想复兴和道德观念保守的时代。所以，乔叟研究中一个重要方面是探讨乔叟对待天主教会的态度和他与

1 Arnold, *Essays in Criticism*, pp. 32–33.

2 Northrop Frye, *Anatomy of Criticism: Four Essays*, Princeton: Princeton UP, 1957, pp. 22–23.

3 Charles Muscatine, *Chaucer and the French Tradition: A Study in Style and Meaning*, Berkeley: U of California P, 1957, p. 6.

4 同1，pp. 33–34。

14世纪英国宗教改革运动之间的关系。一些著名批评家，如前面提到的莫里斯以及文艺复兴时期的约翰·福克斯，都认为乔叟是威克里夫的支持者甚至追随者。但这方面最有影响的是德国学者胡戈·西蒙（Hugo Simon，1829—1897）大约在19世纪90年代前期发表的著名文章《乔叟：一个威克里夫派》（"Chaucer a Wicliffite"）。他认为乔叟"毫无疑问"是一个威克里夫派，首先是因为在《坎特伯雷故事》"这部不朽的著作里，我们看到乔叟将辛辣的讽刺尽情倾倒在罗马的代表人物身上，特别是那些托钵僧"，正如威克里夫自己曾在其小册子中"无情地揭露罗马教廷最无耻的腐败"那样；而且除了高尚的堂区长，"所有神职人员和半神职人员香客都遭到他严厉鞭笞"。[1]西蒙进而分析堂区长这个形象，认为与其他宗教界人物相比，堂区长是"一个具有庄严美的光辉形象"，并且被大量批评家看作体现"基督教的仁慈与谦卑、福音派的虔诚和为牧师的高尚使命无私奉献的理想形象"。他相信，这个人物是以"一个威克里夫的追随者，也许就是那伟大的改革家自己，为蓝本塑造的"。[2]然后他在作品中找出许多证据，表明乔叟多次利用其他香客之口直接指出或暗示堂区长是一个"罗拉德"。他还细致分析了堂区长本人在其"故事"中表达的宗教思想。他反问道：如果"我们的诗人不是真诚地仰慕"，"他如何能把一个'罗拉德'塑造得那么美好，并且如我们前面所指出，他同时还表现出对这个改革家的著作和思想是那样的熟悉？"[3]他最后得出结论："至少他在心里其实是一个威克里夫派"[4]。

维多利亚时代乔叟研究中一个特别重要的成就是对乔叟著作的真伪进行鉴别，确定"乔叟正典"（Chaucer canon），同时也对乔叟生平、乔叟创作的发展、乔叟作品的创作顺序进行深入研究和探讨。这是乔叟学术研究的基础工程，维多利亚时代的学者们为此付出了艰辛努力，为

1 H. Simon, "Chaucer a Wicliffite: An Essay on Chaucer's Parson and *Parson's Tale*," in Chaucer Society (ed.), *Essays on Chaucer: His Words and Works*, Part I–IV, London: Chaucer Society, 1868–1894, p. 232.

2 同上。

3 同上，p. 243。

4 同上，p. 292。

20世纪乔叟研究的发展与繁荣打下了坚实基础。这方面最重要的成果是著名乔叟学者沃尔特 · 威廉 · 斯基特推出的六卷本《乔叟全集》(*The Complete Works of Geoffrey Chaucer*, 1894)。

前面第二章谈及,从15世纪开始,特别是在宗教改革运动时期,许多伪作被放到英诗之父名下得以流传,其中包括一些反对天主教和罗马教廷、鼓吹宗教改革的作品以及像《花与叶》这样的优秀诗作。这些伪作被收集在各种乔叟作品集里,甚至一些关于乔叟的评价也建立在这些伪作之上。到了维多利亚时代,有学者开始进行鉴别,有几部具有明显证据(比如提到乔叟时代之后的事件)的伪作被剔除。但这个耗时耗力并且需要极高鉴别力的工作最终在斯基特手里完成。

斯基特是杰出的版本学家,极具学者的敏锐眼光,在版本学、语言学、中古英语和中世纪文化等方面学识渊博。他长期研究乔叟著作,对乔叟的语言和诗歌风格极为熟悉。他在前人研究的基础上,运用其渊博的知识和实证主义的研究方法,经过对《坎特伯雷故事》《特洛伊罗斯与克瑞西达》等许多无可怀疑的乔叟真作[1]长期进行深入细致的分析,总结出乔叟创作的特点,特别是作为语言艺术的诗歌所特有的语法特征、语言风格和节奏韵律等深层次方面的特点,揭示出乔叟作品中那种如同一个人的指纹一样别人无法复制的"乔叟性",并以此为标准进行分析,判断真伪。他通过多年艰苦努力,剔除了大量伪作,确定了"乔叟正典",整理出广受学界高度评价的《乔叟全集》。他将鉴别出的大量伪作收集在一起,于1897年出版全集第七卷(补充卷)《乔叟派和其他作品》(*Chaucerian and Other Pieces*)。1899年,他经过进一步研究和整理,出版了第二版《乔叟全集》;该版成为20世纪各种新版乔叟作品的基础。接着,他出版专著《乔叟正典》(*The Chaucer Canon*, 1900),系统分析乔叟创作的特点和他排除伪作的根据。

斯基特能鉴别出伪作,能建立乔叟正典,并非偶然。维多利亚时代是英格兰(也是整个欧洲)科学迅速发展、学术特别繁荣的时代,其中与乔叟研究直接相关的是语言学、文献学、中世纪学、实证主义哲学及其

1 乔叟在一些诗作中,比如《坎特伯雷故事》的结尾,专门提到自己创作的一些著作。

研究方法，以及学术领域内极为重要的历史意识的发展。[1]对于中古英语、中世纪的社会文化、乔叟时代的诗歌艺术以及乔叟本人，学者们都已经具备了前所未有的丰富知识。就在斯基特编辑他的《乔叟全集》之前和同一时期，乔叟研究已经取得了一些里程碑式的成果。

其中一个特别重要的成果是中古英语研究上的重大进展，这为深入研究乔叟文本以及辨别乔叟作品的真伪打下了基础。在这方面，美国著名学者、民间文学专家、哈佛大学英文系教授弗朗西斯·詹姆斯·蔡尔德（Francis James Child，1825—1896）做出了特别的贡献。蔡尔德通过深入系统地分析乔叟的语言，在前人（比如前面提到的墓园派诗人格雷）研究的基础上，出版了在乔叟学术史上具有划时代意义的著作《乔叟语言探讨》（*Observations on the Language of Chaucer*，1863）。19世纪乔叟研究领域一个争论最激烈的问题是关于乔叟的语言如何发音。在这方面，蔡尔德做出了最大贡献。他通过对几种比较好的乔叟作品手抄稿进行比较研究后指出："再没有比认为乔叟——他是任何时代的诗歌大师——会写出别扭、不流畅、不协调的诗行的想法更荒唐的了。如果一个诗行很糟糕，而且无法改善，我们就可以断定那不是乔叟所写。"[2]现在，学者们对乔叟语言的语法结构、风格、发音（特别是词尾e的发音），乔叟诗行的韵律乃至乔叟诗艺的特点的分析，主要是以这部著作中的研究为基础或者以这部著作的观点为出发点。自中世纪后期以来，英语的巨大变化致使人们对乔叟诗歌的韵律产生了越来越多的误解和指责；蔡尔德的研究最终解决了这个乔叟研究史上长期困扰学者们的最大问题。斯基特的成就自然也与蔡尔德的研究有关。

另外一个为斯基特的成就做出重要贡献的是《牛津英语辞典》（*The Oxford English Dictionary*）的缔造者之一和第二任编辑、著名学者弗雷德里克·詹姆斯·弗尼瓦尔（Frederick James Furnivall，1825—1910）。他于1868年创建乔叟协会（the Chaucer Society），大力推动乔叟研究。弗尼瓦尔在研究早期英语文学和英语手抄稿方面造诣极深，

1 马克思主义的历史唯物主义产生于这时期也非偶然，而且它也反过来进一步影响了学术界的思维方式和研究方法。

2 Francis James Child, *Observations on the Language of Chaucer*, Cambridge: Welsh, Bigelow, 1862, p. 483.

他创建乔叟协会的一个主要目的就是搜集、整理和出版乔叟作品的各种手抄稿。他还对之前和同时代学者对乔叟进行的研究,包括乔叟的生平、作品的手抄稿、各时期的版本、乔叟的语言风格和诗歌韵律等几乎所有方面,都做了总结和分析,为学者们(包括他的学生斯珀吉翁)对乔叟学术史的系统搜集、梳理和研究打下了基础。除此之外,他也和同时代学者一样,对一些作品进行辨伪,清除了一些伪作。特别重要的是,他还对乔叟的创作进行分期,并大体确定了乔叟作品的创作顺序。[1]而在这两方面,他自己也受惠于同时代其他学者,特别是前面提到的德国学者伯恩哈德·滕·布林克和英国学者亨利·布拉德肖(Henry Bradshaw, 1831—1886)的开拓性研究。

乔叟协会大力推动的另外一项重要工程是乔叟生平研究。几个世纪以来,学者们为了给他们的英诗之父添光加彩,在乔叟生平中加入大量猜测、想象和虚构成分。1845年,伦敦古文物学者哈里斯·尼古拉斯爵士(Sir Harris Nicolas, 1799—1848)出版了第一种用科学的历史研究方法写出的乔叟生平,剔除了许多虚构。更重要的是,学者们在乔叟协会支持下,广泛查阅各种档案,收集到许多关于乔叟生平的宝贵记载,从1875年到1900年,分四部分推出乔叟的档案材料《乔叟生平记录》(*Life-Records of Chaucer*),由乔叟协会出版,[2]为20世纪学者们研究乔叟生平打下了坚实基础。

另外特别值得一提的是,美国学者托马斯·雷恩斯福德·劳恩斯伯里(Thomas Raynesford Lounsbury, 1838—1915)在1891至1892年出版了三大卷巨著《乔叟研究:生平与作品》(*Studies in Chaucer: His Life and Writings*)。这部著作不仅研究了乔叟的生平和作品,而且还比较系统地研究了自乔叟时代以来各时期学者与作家对乔叟及乔叟作品的研

1 虽然弗尼瓦尔的分期和作品时间定位都存在一些问题,但其工作对乔叟研究具有重大意义。在此之前,人们只是简单认为《公爵夫人书》等作品存在一些问题,不如《坎特伯雷故事》那样杰出,而从未想到那些作品是乔叟的早期之作,也没有意识到乔叟的诗歌艺术有一个发展过程。参看Derek Brewer, “Introduction,” in Brewer (ed.), *Chaucer: The Critical Heritage*, Vol. II, p. 18。

2 该书后经学者们扩充、修订于1966年出新版,其中包括492条来自乔叟生前的档案材料。

究、模仿、翻译和隐射以及各种乔叟作品版本，可以说是第一部比较系统的乔叟学术史研究。他在书中提出许多深邃见解；但遗憾的是，在20世纪的乔叟研究中他似乎没有得到应有的地位和肯定。劳恩斯伯里高度肯定了乔叟在英语文学史上的地位与成就。他认为，乔叟是英语文学之父，同时也是英语文学史上仅次于莎士比亚的伟大诗人，研究乔叟对于研究英语文学发展具有至关重要的意义。他非常赞赏乔叟的创作，说："即使是最粗俗的题材，他都赋予了一种轻快、一种高雅、一种想象的精致、一种典雅的嬉戏。"他特别赞同乔叟那种在创作中表现出的似乎是天生的轻松自如，说："没有任何其他英语作家是那样绝对地不费力，甚至没有丝毫费力的迹象。"[1]可以说，任何对乔叟的诗作，特别是成熟期的作品有所了解的读者，都会赞同劳恩斯伯里的观点。

从这些可以看出，正是在一个非常有利的学术环境中，通过许多学者的共同努力，斯基特能和其他学者一道在乔叟学术研究中取得重大成就。他们的成就集维多利亚时代乃至五百年来乔叟研究之大成，同时也为20世纪乔叟学术领域的蓬勃发展和空前繁荣打下了基础。

1 Lounsbury, *Studies in Chaucer*, Vol. III, pp. 444–445.

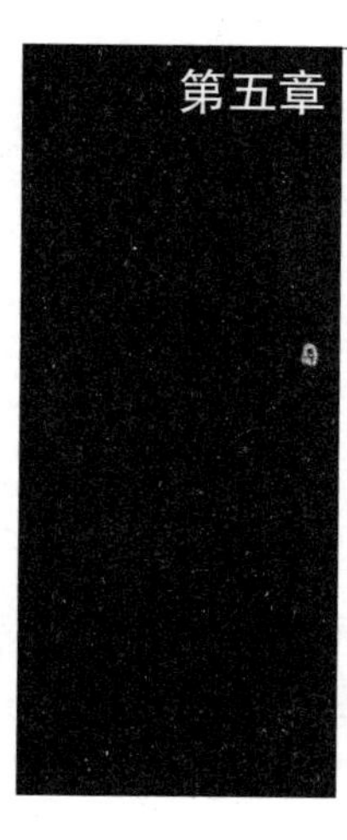

第五章

现当代乔叟研究的发展与成就

在过去五百多年里所取得的丰富成果之基础上，乔叟学术研究在20世纪进入前所未有的繁荣，在广度和深度上全面推进，其成果数量远超过去所有时代的总和。不过在学术价值上，各时代都做出了特殊贡献，其成果各自都有符合其时代的特点和意义，而且都为后来的发展做出了贡献，因此很难简单比较。但现当代的乔叟学者和批评家们对乔叟的生平和思想，对中世纪的社会、文化和文学，了解更为广泛深入，拥有更丰富的知识，而且新时代的人们对新问题的关注也引导甚至促使学者们在乔叟作品中探索许多在过去往往被忽略的方面。更重要的是，在被称为“批评世纪”的时代，大量涌现的各种批评理论为批评家们不断开拓新的视野并提供新的研究方法。在很大程度上，乔叟研究在现当代的进程与文学批评理论的发展大体同步，其特别重要的进展大多与各种批评理论的出现密切相关。因此，现当代乔叟研究可以说是一个世纪以来由于文学批评新理论的涌现所引发的文学批评大繁荣的一个缩影。

不过在20世纪之初，乔叟研究主要还是维多利亚时代以来以人文主义为基础、现实主义批评思想为核心的历史主义批评的延续，学者们重点关注的是乔叟作品对中世纪英格兰社会的反映、乔叟对人物的塑造以及乔叟的成就与各种社会因素和文化传统之间的关系。另外，学者们仍然在乔叟的生平和思想、乔叟著作的版本研究和乔叟学术史的整理等方面进行着扎实的基础性工程，为随后到来的繁荣做准备。在作品方面，在20世纪之前，乔叟研究主要集中在《坎特伯雷故事》《特洛伊罗斯与克瑞西达》等几部代表性作品，而在20世纪上半叶，几乎所有乔叟作品，不论长短，都受到广泛关注和深入分析研究。

特别重要的是，学者们认为，乔叟研究在20世纪进入了现代意义上的学术研究阶段。在此之前，同一般的文学研究一样，乔叟研究更多的是总体上的概述和印象式评论。当然在各时代，特别是在维多利亚时代，学者们也发表了不少真知灼见，而且在乔叟的思想、生平、文学成就和版本研究等各方面都取得了很多突出成就，为后世深入系统的研究打下了基础。但现代学者们认为，严格来说，这些研究大多很难称得上现代意义上的"专业批评"（professional criticism），而只能被视为"业余研究"（amateur studies）。

在英语国家，文学研究中的现代批评之发展主要是20世纪大学教育和大学英文系迅速发展的结果，乔叟研究领域的专业批评自然也是如此。英国学者J. A. 伯罗（J. A. Burrow）说："20世纪乔叟批评的轨迹是由英国和美国大学的英文系之发展所决定。"[1]德里克·布鲁尔是20世纪最杰出的乔叟学者之一，他认为乔叟学术领域的"业余研究"和"专业批评"之间的"平衡点"（并非分界线）是1933年；在那之前，乔叟研究是由"业余研究"主导，但"专业批评"也在不断增强并最终于1933年以后占据主导地位。布鲁尔的所谓"业余研究"传统是指"与批评家的绅士—业余爱好者身份密切关联的那种悠久而且可敬的新古典主义和浪漫主义传统"；而所谓"专业批评"是指"由拿着工资的学院派，而非绅士们"所主导的研究。绅士型业余批评家研究乔叟完全是出自对英诗之父真诚的"热爱"，而在"专业甚至科学批评那里，这种出自对一个作家的热爱而进行研究的观念经常显得滑稽可笑"。[2]

因此这也意味着，学院派是一批经过严格专业训练，运用各种批评武器，以丰富的文献资料和准确的文本引用为证据，对乔叟和乔叟作品进行冷静、"客观"的"科学"分析的职业批评家。在此之前，"业余"批评家们往往不很注重文本根据，文本引用不仅少而且还因往往仅凭记忆而频频出错。另外，与英美高校英文系和职业批评家一同发展的是

1 J. A. Burrow (ed.), *Geoffrey Chaucer: A Critical Anthology*, Baltimore: Penguin, 1969, p. 113.

2 Brewer (ed.), *Chaucer: The Critical Heritage*, Vol. II, p. 1.

专业的文学批评杂志，而且这些杂志也往往由著名大学的英文系主办。许多质量特别高的乔叟研究文字正是来自这些新出现的专业文学批评刊物，而非此前那些一般性杂志。

另外也不无意义的是，在20世纪初期，特别是当维多利亚时代以来乔叟研究领域的两位标志性人物，乔叟协会的创建者弗尼瓦尔和《乔叟全集》的编纂者斯基特，相继于1910年和1912年去世之后，乔叟研究的中心逐渐从具有浓厚绅士传统的英国转向大洋彼岸以科学和职业训练见长，因而不仅在实际生活中而且在学术思想领域也更为务实的美国。这在一定程度上也影响到乔叟研究的策略和方法。美国学者、宾州大学教授阿尔伯特·C. 鲍（Albert C. Baugh）在梳理20世纪上半叶的乔叟研究时说，在那“五十年里，对乔叟的大多数研究以及在这个领域里所取得的最杰出成就都出自美国学者之手，这样说绝非自吹自擂，而只不过是陈述一个简单的事实”[1]。如果说20世纪前五十年是这样的话，那么此后至今的六十多年则似乎更是如此。

第一节 乔叟作品版本、生平和学术史研究

乔叟研究中心转到美国的一个标志是，在其灵魂人物弗尼瓦尔去世后，原乔叟协会逐渐停止了活动，于1912年终止，直到67年后，于1979年在美国俄克拉荷马大学重建“新乔叟协会”（New Chaucer Society），开始出版《乔叟动态》(*The Chaucer Newsletter*)，主要创建者为该校著名教授、乔叟和中世纪文学专家保罗·G. 卢格尔斯（Paul G. Ruggiers，1918—1998），后来协会迁址密苏里圣路易斯大学。在新协会的成立大会也即第一届代表会议（the Inaugural Congress）上，英国著名乔叟学者布鲁尔以《弗尼瓦尔与以前的乔叟协会》(*Furnivall and the Old Chaucer Society*）为题做了第一个年度讲座（Annual Lecture）。新乔叟协会第一任主席为著名乔叟学者E. 塔尔博特·唐纳森（E. Talbot

1 Albert C. Baugh, “Fifty Years of Chaucer Scholarship,” *Speculum*, Vol. 26, No. 4, Oct. 1951, p. 660. 不过这的确多少有一点“自吹自擂”，因为英国仍然拥有像布鲁尔这样一批最杰出的乔叟学者。

Donaldson, 1910—1987);其后,20世纪许多最重要的乔叟专家如查尔斯·马斯卡廷、约翰·H.费希尔(John H. Fisher)、德里克·布鲁尔、贝丽尔·罗兰(Beryl Rowland)、罗伯特·W. 弗兰克(Robert W. Frank)、德里克·皮尔索尔(Derek Pearsall)、吉尔·曼(Jill Mann)、戴维·华莱士(David Wallace)、卡罗琳·丁肖(Carolyn Dinshaw)等都先后担任过该协会主席。协会定期组织世界性的学术年会、发行年刊《乔叟时代研究》(*Studies in the Age of Chaucer*)和半年刊《乔叟动态》,并每年编辑出版《乔叟研究文献汇编》(*Chaucer Bibliography*)。乔叟研究中心转移的另外重要标志是刊物《乔叟评论》(*Chaucer Review*)由罗伯特·W. 弗兰克(他任职该刊主编达36年之久,到2002年才退休)和埃德蒙·赖斯(Edmund Reiss)于1966年在美国宾夕法尼亚州立大学创建,每年发行四期。自创刊以来,《乔叟评论》发表了大量关于乔叟和中世纪文学的高质量文章,成为乔叟研究的重要阵地。

乔叟研究中心转移到美国的另外一个也许更为重要的标志性成就是,1933年,斯基特的学生、哈佛大学教授、著名乔叟专家F. N. 罗宾逊(F. N. Robinson, 1871—1966),在对历代各种乔叟作品版本进行大量研究的基础上编辑出版了新版《乔叟作品全集》。这是20世纪大部分年代里被最广泛使用的标准版本,而且也是其他各种版本乔叟作品的基础。不仅如此,该版本中十分丰富的高质量注释和评论对于阅读和研究乔叟作品极有价值。[1]另外,美国学者们对乔叟各部诗作版本的研究也取得重要成就。比如,1914年,R. K. 鲁特(R. K. Root)整理出包括各种中世纪手抄稿的《特洛伊罗斯与克瑞西达》,为20世纪批评家们对这部重要著作进行深入研究打下了基础和提供了很好的条件。

特别有意义的是,著名美国学者、芝加哥大学英文系主任约翰·马修·曼利(John Matthews Manly, 1865—1940)在20世纪20年代获洛克菲勒基金资助,着手进行两项在乔叟学术研究领域有深远意义的宏伟工程:1)收集、整理、出版所有现存中世纪流传下来的《坎特伯雷故事》手抄稿;2)收集和出版新版《乔叟生平记载》。1924年伊迪丝·里克特

1 20世纪上半叶乔叟研究领域一个突出成就是,除罗宾逊的里程碑式全集版本外,还出版了《坎特伯雷故事》《特洛伊罗斯与克瑞西达》等一系列十分优秀的单部作品版本,为20世纪乔叟研究的发展与繁荣打下了坚实基础。

(Edith Rickert，1871—1938)加盟，经多年努力，他们共同整理出版了八大卷的《坎特伯雷故事》(1940)，其中包括这部巨著现存所有已知的89种中世纪流传下来的手抄稿，对学者们探讨和研究这部著作的创作发展、乔叟创作思想、故事的顺序以及中世纪手抄稿文化，都有相当意义。

当然，对乔叟作品的版本研究并不局限于《坎特伯雷故事》，在对其他作品的研究上也取得不少成果，所以罗宾逊吸取了1933年之后乔叟研究中的一些成果(他对另外一些观点并不同意)，对其1933年版进行修改，于1957年推出《乔叟作品全集》第二版。此后，随着乔叟学术研究在广度和深度上的进一步发展和更多研究成果面世，以哈佛大学教授拉里·D. 本森(Larry D. Benson)为总主编，罗伯特·A. 普拉特(Robert A. Pratt)为顾问，包括美国、英国、加拿大和爱尔兰等多国著名乔叟学者的编委会在1987年推出第三版《乔叟作品全集》，即著名的"河边版"(the Riverside edition)，该版在2008年再一次推出，收录了许多最新的研究成果。这是当前最权威的乔叟作品版本。

这些乔叟著作版本研究上的成果都是20世纪乔叟学术研究领域的基础工程。然而，这些卓有成效而且具有里程碑意义的研究成果并没有结束乔叟作品的版本研究，这在《坎特伯雷故事》上更是如此。由于香客们的故事之间具有内在关联，而非简单地收集在一起，因此这些故事的顺序至关重要，它影响到对单个故事乃至整部作品的理解，但这部杰作未能最终定稿，加之尚有一些故事未能完成，而中世纪留下的大量手抄稿从故事顺序到内容上都存在一定甚至相当的不同；因此，在20世纪，关于这些故事的顺序，乔叟在由谁讲述哪一个故事的安排上的改变，以及一些故事的创作发展等问题，学者们从未停止过探讨和争论，许多重要的乔叟专家，如普拉特、阿尔伯特·鲍、唐纳森、托马斯·J. 加尔巴提(Thomas J. Garbaty)、查尔斯·欧文(Charles Owen)、R. M. 卢缅斯基(R. M. Lumiansky)、费希尔、弗朗西斯·李·厄特利(Francis Lee Utley)等，都参与了这方面的研究，提出了许多见解，对于深化乔叟学术研究具有一定意义。同时，由于中世纪留下的乔叟作品手抄稿比较混乱的状况，这些探讨与争论表明，乔叟诗作的版本只可能更好，而不可能最好。

在乔叟作品版本研究取得不断进展的同时，乔叟的生平，乔叟的思想和创作，以及乔叟同中世纪英格兰和欧洲社会、文化语境的内在关联方面的研究，在现当代也取得了前所未有的成就。在维多利亚时代中、后期，特别是经乔叟协会长期提倡、鼓励和支持，由弗尼瓦尔本人主导，经学者们三十年不懈努力，从各种中世纪留下的档案材料中精心收集到许多关于乔叟生平的原始记录，结为《乔叟生平记录》(*Life-Records of Chaucer*)，由乔叟协会分批出版，为研究乔叟的生平与创作做出了很大贡献；但其收集的材料仍不够系统全面。所以，上面提到的曼利那个获洛克菲勒基金资助的项目之第二部分就是旨在尽可能系统全面地收集仍存于世的所有乔叟生前留下的记载，整理出版新的《乔叟生平记载》作为"科学的"乔叟传记的基础，以替代此前那些想象或虚构多于事实的所谓传记。曼利和里克特的这个课题于1927年开启，课题组历经四十年不懈努力，所收集材料最终由克莱尔·C. 奥尔森和马丁·M. 克洛编辑整理，推出新版《乔叟生平记载》(*Chaucer Life-Records*, 1966)。书中共收集乔叟生前与身后493条有关他的各种历史记载，其中大多数来自王室和政府档案。编辑者讲，该书是一部资料性著作(source book)，所以尽量保持档案记载的拉丁文和法文(另有一条为西班牙文)的原貌，以便使用者"可以自己分析材料并做出自己的结论"[1]。不过，两位编者在书中对资料做了许多说明，并提供了许多学者不同的解读，让读者自己判断。该书自出版以来一直是所有认真研究乔叟及其创作的学者不可忽略的必备书，至于自那以后出版的乔叟传记，没有一部不是主要以它为基础。由于这部著作面世，如哈尔丁·布拉迪(Haldeen Braddy)在关于该书的书评中指出："现在没有其他英语诗人，那甚至包括弥尔顿或者莎士比亚，像乔叟那样有如此多种多样的生平材料供人们研究。"[2]

在《乔叟生平记载》出版之前，关于乔叟的生平与创作方面的研究也取得许多成就，但对乔叟生平的研究，特别是对他的创作与他的生活经历、与中世纪的社会和文化的内在关联等方面的探讨最富创见也

1 Clair C. Olson, Martin M. Crow, "Preface," in *Chaucer Life-Records*, London: Oxford UP, 1966, p. xii.

2 Haldeen Braddy, "Rev. of *Chaucer Life-Records*, ed. Martin M. Crow and Clair C. Olson," *The Journal of English and Germanic Philology*, Vol. 66, No. 3, Jul. 1967, p. 441.

最令人信服的成就都是在这部著作出版之后所取得。不过那并不等于说，该书中那些主要关于乔叟的年金、各种场合获得的赏赐、为出使法国或意大利等地所领的费用、在伦敦海关任职时的薪金和免费住宅、出任肯特郡的治安官、任王室工程总管时遭强盗抢劫等往往十分枯燥的档案记载能为现代读者描绘英诗之父的诗人生涯；相反，那些档案记载本身与文学创作毫无直接关联，那492条乔叟生前留下的记载中没有一条提到甚至暗示他是一位诗人。仅就这些记载而言，我们看到的只不过是一位在中世纪很普通的王府童仆、王室扈从或者有时得到国王和贵族赏赐的下级政府官员或次等外交官。但这些记载展现了按中世纪标准一个人特别丰富多彩的生活，特别是对一位生活在被彼特拉克等意大利人轻蔑地认为是偏僻野蛮的英格兰的知识分子来说具有国际视野的人生经历。所以，这些记载为现当代学者研究乔叟的生平、思想和杰出的创作成就提供了启发，也为他们下结论提供了远非以前那些猜测和虚构可比的更有底气的事实。学者们发现，作为诗人的乔叟的创作生涯之发展与那个档案记载中的乔叟的生活经历不仅不矛盾，而且具有十分紧密的内在相关性。所以，现在乔叟学者们所关注的是如何充分、合理和科学地使用《乔叟生平记载》中的材料。

虽然布鲁尔的《乔叟在他的时代》(*Chaucer in His Time*, 1963)成书于《乔叟生平记载》之前，但他显然也获益于该书的前期成果，即19世纪后期以来发现的许多档案材料。前面提到，布鲁尔是20世纪最杰出的乔叟专家之一，他的许多研究乔叟的著作，如《乔叟》(*Chaucer*, 1973)、《乔叟的传统与创新》(*Tradition and Innovation in Chaucer*, 1982)、《乔叟：作为故事讲述者的诗人》(*Chaucer: The Poet as Storyteller*, 1984)、《乔叟思想》(*Chaucer's Mentality*, 1985)，从不同方面对乔叟及其创作进行了深入研究；而在乔叟生平、乔叟作品评论以及乔叟学术史研究等方面，他更是做出了特殊的重大贡献。在《乔叟在他的时代》里，他运用其渊博的知识，将乔叟的生平、思想和创作放到中世纪英格兰和欧洲的社会、政治和文化语境中研究，提出了不少独到见解。

不过布鲁尔在乔叟生平及其时代方面最有影响的著作是《乔叟和他的世界》(*Chaucer and His World*, 1978)，后来该书在1992和2000

年再版。[1]有书评认为，它开创了历史性文学传记的一个全新体裁（a whole new genre in historical literary biography）。布鲁尔通过把乔叟丰富的生平经历和他的作品放到中世纪的社会和文化语境中进行深入细致的分析，对乔叟做了很深刻的描述：

> 乔叟是英语中第一位文学人物，而我们对他生平轮廓的了解超过了对莎士比亚的了解。他的内心生活记录在他的诗作里，而且他喜欢把自己作为人物放入其中。他是一个了不起的人，一位伟大的诗人，他还是一位朝臣、军人、学识渊博的知识分子、游历广泛的次等外交官。他的经历和兴趣都十分广泛，令人惊奇：从普通生活和猥亵故事到清教式宗教，从炽热的爱情到对哲学和科学同样的迷恋。他了解所有类型的人，不仅是英国的，还有法国、意大利、佛兰德斯、德国的官员、军人、学者、商人—金融家、修士、神父、贵妇人、奴婢，从王国的最高层到除穷人之外的所有下层人。但据他自己所说，他最喜欢的还是独自一人读书。[2]他思想感情丰富：从对孩童满怀深情、对爱恋情有独钟，到一种嘲讽式的玩世不恭。怜悯是他最经常有意识表达的情感，然而即使在处理最严肃的问题时，他也总免不了出言轻佻。[3]

这段描述揭示出乔叟作为人和诗人的一些本质性特征以及他之所以能取得那样杰出的文学成就的一些与其生平有关的根源。

另外一位重要的中世纪文学学者D. W. 罗伯逊的著作《乔叟的伦敦》（*Chaucer's London*, 1968）虽然不是严格意义上的乔叟传记，而是主要着眼于乔叟时代的伦敦社会、文化、宗教，但对于研究乔叟及其作品都很有意义。后面将谈到，罗伯逊特别注重基督教在中世纪的核心地位及其无所不在的影响，他将基督教神学作为中世纪美学的基础和研究乔叟的指导原则，甚至以此对乔叟作品进行具体阐释，并形成了20

1 在2000年再版时，书名改为《乔叟的世界》（*The World of Chaucer*）。

2 布鲁尔显然是指《声誉之宫》里与作者同名的叙述者杰弗里对自己挑灯夜读的描述。

3 Derek Brewer, *The World of Chaucer*, Cambridge: D. S. Brewer, 2000, p. 7

世纪中期乔叟研究中一个重要的历史主义流派。在这部著作里，他主要通过广泛研究关于14世纪伦敦的各种文献资料，重构中世纪社会文化，并侧重于诗人和伦敦社会的世俗性质。他用生动语言描写中世纪伦敦各阶层丰富多彩的生活、思想、日常活动与风俗习惯，对于现代读者了解乔叟时代、认识乔叟和解读乔叟作品，特别是《坎特伯雷故事》，都很有帮助。

针对许多学者相信人性的普遍性并因此而认为中世纪社会与现代没有多大差别的观点，罗伯逊说："相反我想指出，中世纪后期的人们是不同的，他们的世界与我们的颇有差异，而且在总体上人性也大有改变；不过那并不意味着自乔叟时代以来，情况已变得很糟或很好。这种态度只会使多愁善感之人感到失望。"[1]除中世纪以来社会、经济以及人们的价值和道德观念等许多方面都发生了巨大变化外，他认为，

> 各种现代哲学和现代艺术倾向于将现实置于个人之内部。即使在新实证主义者那里，唯我论也隐藏内心，永远只在那里暗示，很难直接面对。但中世纪人倾向于将现实置于他们身外，不是在物质世界的混乱中——他们对此也能确认，而是置放于在我们看来十分抽象的等级体系里。因此，中世纪英国人相对比较接受，或者说希望接受，关于神圣天命（Divine Providence）的传统教导。[2]

罗伯逊随即对中世纪文学思想中两个极为重要的术语"天命"和"命运"（Fortune）进行区分。他区分的根据是罗马政治家和哲学家波伊提乌的著作《哲学的慰藉》，正是乔叟在中古英语时期第一个将这部著作翻译成英文。据刘易斯研究，这部著作的影响在中世纪仅次于《圣经》。波伊提乌关于天命和命运的哲学思想深刻影响了乔叟，所以围绕天命和命运而形成的中世纪文化是理解乔叟作品的重要语境。

1977年，小说家、批评家和中世纪学者约翰·加德纳（John Gardner，1933—1982）出版专著《乔叟生平与时代》（*The Life and Times of Chaucer*）。他尤其关注乔叟如何在中世纪文化和文学传统中创作。

1 D. W. Robertson, *Chaucer's London*, New York: John Wiley and Sons, 1968, p. vii.

2 同上，p. 8。

中世纪特别崇尚权威，在相当程度上，创作与翻译和借用差别并不很明显。若以现代标准衡量，每一位中世纪作家都有抄袭之嫌，而且越伟大的作家往往“抄袭”越多。不了解这一点，就不可能对中世纪文学和文学家的创作进行有意义的研究和评论。加德纳在他这部在一定程度上体现出他小说家的想象性虚构的乔叟传记里，以他自己的创作体验和对中世纪文学创作的深刻理解，特别谈到文学创作中的借鉴与创新问题。他认为，在借鉴方面，翻译和模仿在中世纪具有特别突出的意义。他说：

> 乔叟的早期诗作——如《ABC》这类从法语中比较随意翻译来的诗作（而且根据他自己的说法，他还有其他译作）——反映出他的才能、智慧和语言天分，当然也表现出他乐于用那可以预料的方式学习诗艺：在中世纪，如同在18世纪一样，翻译和模仿先前的伟大诗作通常是成为一个原创性诗人的开端。他最重要的译作《玫瑰传奇》教会了他许多终身受益的技巧……[1]

但作为一个中世纪学者和很有成就而且很具独创性的作家，加德纳对于中世纪的文学创作、对于文学创作中借鉴与创新之间的辩证关系显然也深有体会，所以他特别强调乔叟的独创性。他自己的代表作《格兰代尔》（*Grendel*，1971）就是从被史诗英雄诛杀的魔怪格兰代尔的视角对英语文学史上著名的古英语史诗《贝奥武甫》（*Beowulf*）的创造性改写。因此在《乔叟生平与时代》中，他不仅指出乔叟身上有与其他中世纪作家相同的那些来自传统的东西，而且也特别强调乔叟具有独创性。在该书序言中，他说：“大多数乔叟学者都会认同这个观点：只要把乔叟作品中T. S. 艾略特称之为‘传统’的东西与‘个人才能’分离开来，乔叟就会在他同时代的诗人中凸显出令人惊叹的独创性。”[2]

另外一位著名乔叟学者、斯坦福大学教授唐纳德·R. 霍华德（Donald R. Howard）的著作《乔叟：其生平、作品与世界》（*Chaucer: His Life, His Works, His World*，1987）内容丰富，是研究乔叟生平与其创作

1 John Gardner, *The Life and Times of Chaucer*, London: Jonathan Cape, 1977, p. 128.

2 同上，p. 10。

发展、作品成就之间的内在关系的重要著作。同许多在他之前和之后的乔叟传记学者一样，他也指出，在14世纪中后期，伦敦城里似乎住着“两个杰弗里·乔叟”，“一个是朝臣、外交官和政府官员，而另外一个是诗人”；之所以说似乎有“两个乔叟”，是因为所有流传下来的近五百条关于乔叟的历史记载中竟然没有一条提到他是一位诗人。但霍华德指出，在《声誉之宫》里有一段诗行（指第652—660行）谈到那个名为“杰弗里”的第一人称叙述者“几乎肯定地表明其职责是在伦敦港为国王征收羊毛、皮货和羊毛皮的税收”[1]，而那恰恰是政府档案材料中所记载的那位政府官员乔叟在这部诗作的创作时期所从事的工作。在人口只有五万的伦敦，两个同名同姓而且还在同一时期同一地点做同样的工作而没有留下任何这样的记载，实在令人难以想象。

不过霍华德认为，“一部传记（biography）不仅仅是生平（life）”，而撰写一部中世纪诗人的传记，“我们必须对那个世界下功夫，深入研究”，不能停留在传主的一些生活事实上。他说：

> 在关于一位中世纪人物的传记里，我们需要芭芭拉·图其曼（Barbara Tuchman）所说的“历史之棱镜”，而对于一位诗人，我们则需要休·肯纳（Hugh Kenner）所说的“X光摄像”。我们为何知道乔叟呢？是因为他在中世纪文化中创造出英国文学，因为他在英语中取得那样的成就和成果，自那之后我们才有了文学。毫无疑问，这就是真正的乔叟，他比国王的那位海关税和杂税征收官员乔叟，或者那位据说在舰队街殴打方济各会修士，或者那位强奸了某个茜茜里·尚潘的令人困惑不解的乔叟更为真实——他更为真实，因为我们仍然能阅读他，仍然能在历史中对他进行评估。[2]

也就是说，作为英诗之父的乔叟，他的诗作、他的文学成就、他对英语文学所做的贡献更有意义也更为真实，而且他的作品能引领我们深入他的内心世界，因此它们所反映出的乔叟才是“真正的乔叟”。比如，霍

1 Donald R. Howard, *Chaucer: His Life, His Works, His World*, New York: Dutton, 1987, p. xii.

2 同上，p. xv。

华德在分析乔叟创作转型期(14世纪70年代后期)的重要著作《声誉之宫》时指出:"《声誉之宫》表现出一种内心斗争的成分——那与诗人的希望和目标、与某些文学观念和模式,并且似乎还与他个人生活中一些失意之事有关。"所以,《声誉之宫》可以被看作诗人"个人危机的记录"。[1]当然,这样的"记录"并非有意为之,因而与"谬误"的"意图"无关。

在20世纪后期出版的乔叟传记中,哈佛大学教授德里克·皮尔索尔的《乔叟评传》(*The Life of Geoffrey Chaucer: A Critical Biography*, 1992)是最好的一部。这部著作特别值得称道之处并不在于对乔叟生平和中世纪社会文化提供了多少新的资料,而在于——如同书名"评传"所表明——作者运用新的批评理论,包括新历史主义和心理分析,结合乔叟生平与中世纪英格兰和欧洲的社会文化以及文学传统对乔叟的思想、创作,特别是作品所做的深入研究和表达的许多独到精彩的见解。这部著作对20世纪后期以来研究乔叟有特别的意义。

首先,皮尔索尔质疑巴特(Roland Barthes, 1915—1980)关于"作者之死"和福柯(Michel Foucault, 1926—1984)关于"作者—作用"(author-function)的观点:"尽管他们竭尽全力想销毁作者,我不会去想象福柯和巴特竟然,或者已经,真的会认为他们的著作与他们自己毫无关系,只是在作者—作用的汪洋大海上漂浮。"相反,他"坚信""作者们的生活经历,不论外部还是内心,是他们写作的最有意义的材料。对于作家生平的了解并不能'解释'他的作品,……但可以为我们理解它们提供重要的语境"。[2]

他认为乔叟与其作品的关系,既不像拜伦、王尔德(Oscar Wilde, 1854—1900)与他们的作品那样直接,也不像美国女诗人狄金森(Emily Dickinson, 1830—1886)与其诗作那样隐晦,却非常"紧密"。他说:"在乔叟那里,这种关系似乎出人意料的非常紧密:虽然他很少谈及自己,也很少谈及他对那个时代重大事件的态度,但他在其诗歌中在场的特质使我们非同寻常地想知道他'究竟'是怎样一个人。"当然,

在他那个时代,并非只有乔叟在培养对他作为个体的自己——一个诗

1 Howard, *Chaucer*, pp. 232, 252.

2 Derek Pearsall, *The Life of Geoffrey Chaucer*, Oxford: Blackwell, 1992, p. 5.

> 人——的兴趣。那是14世纪正在发展的趋势，马肖（Machaut）、傅华萨（Froissart）、德尚、克里斯蒂娜·德·皮桑（Christine de Pizan）都在他们的诗作里表现自己，其方式与他们的前辈大为不同。……然而，在培养对自己的兴趣方面，尽管乔叟并非独自一人，但他与众不同：他表现出一种明白无误、始终如一的身份感，那不仅是作为一个诗人，甚至不仅是一个作品中的代理人，而且还是一个真实的人的身份。[1]

以上几部具有代表性的乔叟传记分属不同时代，为不同流派的学者所撰写，但它们都十分重视将乔叟及其创作放置在中世纪的社会文化语境中研究，十分重视考察中世纪的历史信息和意识形态与乔叟思想的内在关联和对他的创作发展之影响。也就是说，乔叟的诗作被看作中世纪历史和文化不可分割的组成部分，同时也是其体现。

20世纪除了在整理出版乔叟作品全集和许多单部作品的优秀版本、研究乔叟生平等领域取得重要成就之外，学者们还在另外一个十分重要的方面为现当代乔叟研究的发展和繁荣创造了条件，那就是对过去历代乔叟研究成果的搜集、梳理与分析。前面提到，从斯培特开始，特别是在维多利亚时代，前辈学者就已经在这个领域下了功夫，但现当代的学者们的成就，不论在广度、深度和系统性方面，都无疑是空前的。

1908年，美国学者埃莉诺·普雷斯科特·哈蒙德（Eleanor Prescott Hammond）经多年搜集梳理，出版了《乔叟文献手册》（*Chaucer: A Bibliographical Manual*）。她将15世纪以来各类有关乔叟的资料或评论中她认为比较有价值的部分，以诗人生平、作品版本、影响与素材来源、《坎特伯雷故事》、其他作品、乔叟的诗艺等许多主题进行分类，按年代安排，并给予简略评述。这部578页的著作，内容丰富，查找容易，其简洁的评述反映出作者严谨的态度、渊博的学识和独到的眼光，立即获得乔叟和中世纪文学研究者们的好评。正如当时一篇书评所说，这样的“乔叟研究资料汇集此前还从未有过”，是乔叟学者们“不可或缺”的手册。[2]即使到了20世纪中叶，学者们还认为“它至今仍然是每一个

1 Pearsall, *The Life of Geoffrey Chaucer*, p. 5.

2 G. C. Macaulay, “*Chaucer: A Bibliographical Manual*, by Eleanor Prescott Hammond,” *Modern Language Review*, Vol. 4, No. 4, Jul. 1909, p. 526.

乔叟学者必须不时参考的著作”[1]。

比哈蒙德稍后，美国学者约翰·埃德温·威尔斯(John Edwin Wells, 1875—1943)在1916年主编出版大部头《中古英语作品(1050—1400)文献手册》(*A Manual of the Writings in Middle English, 1050–1400*)，该书第十六章分九部分(也就是九个主题)综述了各种有关乔叟及其作品的文献资料。他在随后多次增补的续篇中还对资料不断更新。在这章的绪言部分，他首先高度评价英诗之父；他的评价可以说是对此前乔叟研究的总结，也代表了当时的主流观点：

> 杰弗里·乔叟是从诺曼征服到伊丽莎白时代最伟大的英语作家。他是第一个宫廷传统的英语诗人，是在所有那些法国人闪耀光辉的文学领域能与之比肩的第一人，也是首先感受到意大利诗歌的杰出成就并将其运用于创作的诗人。他既有天赋也有才干，他是一个自觉的艺术家，而不仅仅是勤勉的作家。他是那样的卓越，以至我们总是禁不住以古典和现代最杰出的文学家，而非其同胞或同时代人，来评价他。[2]

在乔叟学术史研究中具有里程碑意义的成果是伦敦大学女教授斯珀吉翁的《五百年的乔叟批评与提及：1357—1900》(*Five Hundred Years of Chaucer Criticism and Allusion: 1357–1900*)。斯珀吉翁是弗尼瓦尔的学生，她从1901年开始，长期收集整理20世纪之前五百多年里历代学者和文学家关于乔叟的研究成果以及在文学作品、其他著作或各种文献材料中对乔叟或乔叟作品的评论、引用、改写、提及和隐射。她将成果先由乔叟协会逐年刊印，最终于1925年由剑桥大学出版社分三大卷出版，她去世后又于1961年再版。这部大部头著作将19世纪之前有关乔叟的材料几乎都收录其中，但从浪漫主义运动开始，由于相关材料大幅增加，她只能收集她认为特别有价值或特别有影响的材料。

1 Baugh, “Fifty Years of Chaucer Scholarship,” p. 660.

2 John Edwin Wells, *A Manual of the Writings in Middle English, 1050–1400*, New Haven: Yale UP, 1916, p. 599.

斯珀吉翁根据自己对乔叟学术史的长期研究，为其著作撰写出长达约130多页的长篇引论（Introduction），分九个部分系统梳理了五百年中乔叟学术研究的发展以及各阶段的主要特点和成就，并提出许多深刻见解。她指出，各时代乔叟学术研究深受英语语言、读者趣味影响，同时也受文学思潮和文学批评思想推动。所以，自14世纪乔叟时代以来，对乔叟的评论在不断变化发展，对乔叟的认识也更加深入和丰富多彩。她认为，如果我们能“正确阅读的话”，那些重要的批评家“关于乔叟的评论形成了一部例证丰富的英国文学批评简史”。[1]正是在她对五百余年之乔叟学术史的充分了解和深刻认识的基础上，从这种变化发展的观点出发，她提出了非常有见地的观点，并预见到未来：

> 今天，我们置乔叟于所有人之上，因为他是伟大的艺术家；我们喜欢他的简易，他的清新，他的仁慈，他的幽默；然而很可能，这些并非他三百年后仍受人喜爱的唯一或者甚至主要原因。一个民族的思想意识似乎因时间和经历而更加丰富，从而能在一个伟大诗人的作品中看到越来越多的东西；如果是这样，三百年后喜欢乔叟的人们比起今天喜欢他的人，将会在他身上看到更多的东西而且实际上也能更接近他。[2]

在乔叟学术研究方面，布鲁尔也做出了重大贡献。在他编辑出版的论文集《乔叟与乔叟派》（*Chaucer and Chaucerians*, 1966）里，登顿 · 福克斯的文章《苏格兰乔叟派》（“The Scottish Chaucerians”）和皮尔索尔的《英格兰乔叟派》（“The English Chaucerians”）分别考察了乔叟对15至16世纪苏格兰历史上第一次文学繁荣中那些主要诗人的重大影响和大体同时期乔叟在英格兰的传人们对英诗之父的继承。那时期正是乔叟被尊为英诗之父和被经典化的开始。布鲁尔自己在该书中的压轴之作《1386至1900年乔叟形象之变迁》（“Images of Chaucer 1386–1900”）追溯了五百余年来乔叟“在不同时代显示出的不同面

1 Spurgeon, “Introduction,” *Five Hundred Years of Chaucer Criticism and Allusion*, pp. cxxxi.

2 同上，pp. cxxix。

貌”，认为在英国文学史上，没有一个作家像乔叟那样在长达五百多年的历史上受到持续不断的关注、研究和模仿，也没有一个作家有他那样丰富多彩、复杂多变的形象。他说：

在某一时代乔叟因其艺术雕饰而广受赞扬，在另一时代他却因孩子般的天真而备受称颂；有时人们颂扬他的高尚与道德，有时却谴责他的“不敬与下流”。有的时期显然对他的幽默视而不见，而另一时期却除了他的幽默几乎什么也看不见。文学作品里很像有一面镜子。也许多少有点令我们不安的是，一个时代在一个作家身上看到的竟那么像它自己的形象。我们不断暴露我们自己；其实并非那么简单。时间进程不断展示伟大诗人作品之含义，以至有些新形象，有些在刚出现时看起来似乎只是镜中之像，结果却竟然是真实形象。……我们可以说，各个时代所看到的一系列形象融合成一个综合体，而我们的总体观被时间的变迁所丰富。虽然在文学研究中也有客观现实，但有些知识是不断积累的。[1]

布鲁尔这篇文章在一定程度上为他在1978年编辑出版的两卷本《乔叟批评遗产》（*Chaucer: The Critical Heritage*）做了准备。《乔叟批评遗产》收集了从1385年由法国诗人德尚开启乔叟学术史到1933年为止的155篇文字。其中既有数行的短诗，也有20多页的长文。与斯珀吉翁不同的是，布鲁尔没有试图尽可能全面收集能找到的各种材料，而是收入那些他认为最有价值或最能代表各时代特征的文字，而且尽可能保持原文之原貌，而非像斯珀吉翁那样往往仅摘抄其中某些部分。布鲁尔在每篇批评文字之前都对作者及其文章做了简介。特别值得称道的是，两卷的卷首都有学术性很强的序言，简略但很深刻地梳理了乔叟批评的发展以及各时期乔叟批评的特点。布鲁尔在该书序言中指出：

乔叟批评遗产这一堆文字在英语文学中是独一无二的。没有任何其他作家在如此长的时期中被如此经常和如此广泛地评论。涉

1 Derek Brewer, “Images of Chaucer 1386–1900,” in Brewer (ed.), *Chaucer and Chaucerians*, London: Thomas Nelson and Sons, 1966, p. 240.

> 及乔叟的文学言论和评述构成了英语文学批评发展轨迹的独特标志。一些著名的批评文本与乔叟联系在一起考虑时展示出新的重要性，而另外一些不那么有名的评论则表现出意想不到的意义。[1]

通过对五个世纪来的乔叟学术史的考察，布鲁尔还强调了乔叟对英语文学发展的重大影响。他说："所有后来的主要诗人，以及直到20世纪前三分之一的年代里所有著名的英美文学家，都至少简略提及乔叟。"[2]

除布鲁尔外，另外一些著名学者也编辑出版了类似的论文集。J. A. 伯罗1969年编辑出版的《杰弗里 · 乔叟批评论文集》(*Geoffrey Chaucer: A Critical Anthology*)也囊括了乔叟时代到现代的许多重要的乔叟研究成果，虽然他收集的论文少于布鲁尔，但其中有一些布鲁尔没有收录的文章，而且还包括了直到该书出版前的最新成果(1968)，特别有价值的是，他还收录有乔叟本人对自己的评论。著名学者布鲁姆在他编辑的"布鲁姆编经典批评观"(Bloom's Classic Critical Views)系列丛书中出版了一部《杰弗里 · 乔叟》(*Geoffrey Chaucer*, 2008)，收集了从1397年到1926年之间各时期具有代表性的批评文字。这几部文集虽然类似，但因为所选材料不尽相同，因此具有互补性，是研究乔叟和乔叟学术史的重要参考资料。

除了这些学者从整体上为乔叟学术史研究进行资料收集和整理之外，另外还有学者对乔叟学术史上某些特定时期进行具体和深入的研究。爱丽丝 · S. 米斯基敏(Alice S. Miskimin)的非常有学术分量的著作《文艺复兴之乔叟》(*The Renaissance Chaucer*, 1975)重点研究英国文艺复兴时期，包括那个时代伟大的英国文学家们，对乔叟的研究、评价、学习、借鉴和模仿。作者探讨了乔叟的名声如何发展，如何"从中世纪走向文艺复兴"。她说："此书旨在回溯到他的诗歌影响之开端，回溯到乔叟声名的最初阶段，即当中世纪乔叟逐渐发展成为文艺复兴时期英国文学史的父亲形象之时。"[3]不过，米斯基敏的真正目的并非是考察乔叟对

1 Brewer (ed.), *Chaucer: The Critical Heritage*, Vol. I, p. 1.

2 同上。

3 Alice S. Miskimin, *The Renaissance Chaucer*, New Haven: Yale UP, 1975, p. 9.

文艺复兴文学的影响，而是试图通过对文艺复兴所造就的乔叟，或者说从文艺复兴人的视角，从锡德尼、斯宾塞和莎士比亚等伟大的文学家对乔叟的解读、借鉴、模仿、改写与创造，反过来研究和审视乔叟。她依据的是韦勒克（René Wellek，1903—1995）和沃伦（Austin Warren，1899—1986）的文学理论。她在开篇引用两位理论家的话说："一部作品的总体意义不能仅仅以它对于作者及其同时代人的意义来界定。更确切地说，它是一个增值过程——即由许多时代里它的许多读者所形成的它的批评史——的结果。"[1] 在这个过程中，乔叟经历了"从中世纪乔叟到伊丽莎白人的'英国之荷马'的变形记"，而她就是要"重新思考"其"不断变化的面貌和意义"。从伊丽莎白时代反观乔叟，她考察的"不是那些[乔叟的]次要模仿者，而是锡德尼、斯宾塞和莎士比亚等伊丽莎白时代的伟人，他们重新建构了标准，据此诗人能被称为艺术的创造者"。[2]

在那些关于乔叟学术的"断代史"研究中，另外一部着力甚勤的作品是前面在介绍新古典主义时代的乔叟研究时曾引述过的由威廉·L.奥尔德森和阿诺德·C.亨德森（William L. Alderson and Arnold C. Henderson）撰写的专著《乔叟与奥古斯都时代的学术研究》（*Chaucer and Augustan Scholarship*）。在书中，两位学者探讨和分析了新古典主义时代，特别是1660年到1750年之间，学者和文学家们对乔叟的研究、模仿、借鉴和"现代化"翻译。他们说，该书"描述奥古斯都时代的乔叟学者和编辑们，不是为了纠正他们得到的错误信息或者因为他们那些有别于20世纪的观点而同他们争吵，而是要认识他们为什么会有那样的感觉和观点，并进而根据他们的时代背景和他们的意图来评价他们的积极努力和成就"[3]。

对乔叟作品的版本、对乔叟的生平、对乔叟创作同乔叟时代的社会与文化文学之间的内在关联以及对历代学者和文学家有关乔叟的学术成果或文学活动等各个方面的研究，20世纪都取得了许多很深入也很突出的成就，上面所提到的只是其中一部分。这些方面的研究既是乔叟学术史不可分割的重要组成部分，同时也是乔叟研究在现当代进一

1 Miskimin, *The Renaissance Chaucer*, p. 1.

2 同上，pp. 2, 3。

3 Alderson and Henderson, *Chaucer and Augustan Scholarship*, p. 1.

步发展的坚实基础和有力推动。

第二节 历史主义和新批评时期

如前面所提到的，20世纪初期的乔叟研究仍然主要承接了维多利亚时代的文学思想和批评理论与方法，也就是说，其思想基础仍然是现实主义，而其批评原则主要是历史主义，或者说“旧”历史主义批评。在欧美文化传统中，不论是现实主义还是历史主义，其核心在本质上都是人文主义，即以人和人的生活现实为关注中心。所以，这些乔叟学者重点考察的是中世纪的历史文化背景，进而研究乔叟作品，特别是《坎特伯雷故事》，对社会现实的反映和对真实生动的人物形象的塑造；即使当他们涉及乔叟的艺术手法时，也主要是从现实主义的角度进行分析。同维多利亚时代那些具有强烈批判意识的文学家和批评家一样，他们也特别重视和赞扬乔叟对社会腐败与人的堕落的批判。

剑桥毕业的牛津大学教授沃尔特·雷利（Walter Raleigh，1861—1922）在1905年的一次演讲中分析了乔叟的幽默及其现实主义意义。他说：

> 乔叟极为清醒的头脑和充满常识的批判意识，他敏捷的观察力，他对一切放纵与蠢行的反感，有助于使他成为一个伟大的喜剧诗人。但他并非一个只知抱怨的智者，或者尖刻的讽刺家。他那种宽广而安详的生活哲学，他对性格多样化的喜好，他对所有类型的人的同情，他对所有各类经历的激情——这些是一个幽默家的品质。

他进一步说：“幽默家的一个共同特点”是，“他在人生中看到太多的荒唐；但如果他自己荒诞不经，那怎么办呢？所以他预感到他人的批评，于是以自嘲来减少别人的反驳”。特别有意义的是，他还将乔叟的幽默同其作品的戏剧性联系在一起。他说：“乔叟所有最杰出最深刻的幽默都出现在他作品中那些戏剧性部分……戏剧家站在一旁，不需要为自己辩护。他用几种声音说话，把自己隐藏起来。他直面人生，描写生活，同时在一旁微笑。”[1]他关于乔叟作品的戏剧性的生动阐释，与当时正在出现的现代主义文学关于“非个性化”的理论在本质上很接近。即使在用语上，他这段话也同乔伊斯（James Joyce，1882—1941）在《一个青年艺术家的画像》（*A Portrait of the Artist as a Young Man*，1916）里借斯蒂芬之口所说的关于作者应犹如上帝一般“隐退”的那段很著名的话颇为相似。

雷利具体分析了一些乔叟诗作，认为乔叟的幽默艺术来自他对生活的热爱。他说：

> 戏剧性幽默家发笑，是因为他理解和享受。有史以来，从未有一个诗人对生活的激情与热爱比乔叟更为丰富与宽广。他对自己创作的东西从不仇恨；在他创造的所有领域，太阳同样照耀在邪恶和美好事物之上。对于他塑造的人物，当他们活起来时，他几乎总是他们的欣赏者和支持者。[2]

也就是说，乔叟的幽默充满他对现实生活和人的理解和宽容。雷利的同时代人乔治·圣茨伯里（George Saintsbury，1845—1933）为《剑桥英美文学史》第二卷《中世纪末期》（*The End of Middle Ages*）撰写第七章“乔叟”；在其中“乔叟的幽默”一部分里，他与雷利持相同观点：乔叟的作品“到处是充满善意的幽默”，正是这种幽默“将乔叟和爱迪生和简·奥斯丁（Jane Austen）那样的幽默作家区分开来，因为这些作家虽然从不野蛮，但可能会客气的残忍。残忍和乔叟绝对形同陌路”。[3]

雷利具体分析了一些乔叟作品以证明其观点。他认为《特洛伊罗斯与克瑞西达》里的人物潘达鲁斯，“原本同莎士比亚的福斯塔夫一样”是作为一个“卑劣”人物塑造的，但他“同福斯塔夫一样，活了起来，我们最后竟然几乎喜欢他。他具有精于世故的智慧、机灵的幽默、温柔的

1 引文译自Brewer (ed.), *Chaucer: The Critical Heritage*, Vol. II, pp. 262, 263。

2 同上，p. 264。

3 George Saintsbury, “Chaucer,” in A. W. Ward and A. R. Waller (eds.), *The Cambridge History of English and American Literature*, Vol. II, Cambridge: Cambridge UP, 1908, p. 192.

情感,以及他的创造者那种哲学观。他是一个好朋友,而且同福斯塔夫一样,也是一个诗人”。[1]乔叟对莎士比亚塑造福斯塔夫的深刻影响,后来成为20世纪批评家们的共识,只不过哈罗德·布鲁姆等批评家更赞叹巴思妇人对福斯塔夫的重大影响。

1908年,沃尔特·莫里斯·哈特(Walter Morris Hart)发文分析《管家的故事》,成为第一位认真研究乔叟的喜剧性市井故事的美国学者。他认为,这个故事是乔叟的“英国阶段中创作的最具英国性的故事之一”[2]。在这篇文章里,他深入分析和比较了这个乔叟故事与法国同类市井故事《磨坊主与两个学士》(*Le meunier et les II clers*)。他说,法国市井故事的作者只对其情节感兴趣,而“对其人物不感兴趣。他故事里的人物在情节发展中犹如人体模型,是行为的执行者。他们是市井故事的典型形象,不能算作个性化人物”[3]。与之相比,乔叟远更重视人物塑造。所以,对于乔叟笔下的人物,“我们知道得更多,在我们眼中他们如同真实的人,生活在真实的世界里,在真实的社会中有其位置”。不仅如此,乔叟还塑造了一些次要人物,这些人物也“增加了故事的真实性”。另外,乔叟还加进不少人物、地点、情节上的细节,从而与法语故事那种与社会“隔绝的情形明显相反”,所有这些都“增强了一种复杂的社会关系的印象”。[4]至于来自北方的学士使用“北方方言”,那也是绝好的“人物形象塑造的方法”。[5]他还指出,“乔叟特别倾尽全力强调诗学正义(poetic justice)”:磨坊主自作自受,因其不良品性和不端行为而最终遭到惩罚。[6]

同样,美国哥伦比亚大学教授威廉·威瑟利·劳伦斯(William Witherle Lawrence, 1876—1958)也强调乔叟的现实主义,但他更注重乔叟作品对英国社会现实和英国人生活的反映。他也许是第一个提出

1 Brewer (ed.), *Chaucer: The Critical Heritage*, Vol. II, p. 264.

2 Walter Morris Hart, “The Reeve’s Tale: A Comparative Study of Chaucer’s Narrative Art,” *PMLA*, Vol. 23, No. 1, 1908, p. 30.

3 同上,p. 6。

4 同上,pp. 10, 12。

5 同上,p. 24。

6 同上,p. 29。

乔叟作品是反映中世纪英格兰社会生活的一面"镜子"的评论家。他特别赞赏《坎特伯雷故事》表现了英格兰各社会阶层丰富多彩的人物和生活。他说：

> 这种丰富多彩本身非常有意义。在14世纪末，……文学叙事不再仅仅反映几个界限分明的阶层的理想，它因为英格兰社会更为复杂的结构而变得无限复杂。现在更难以看清英格兰人的生活，因为它再也不是那样简单。……的确，在任何时代都很难找到一个作家有这样宽广的兴趣以至能包容所有阶层的人们，熟悉从圣徒传到酒吧的粗鄙笑料的所有类型的叙事，具有将完美表现其时代的人间喜剧呈现在我们面前的能力，并使他塑造的男女用自己的叙事展示其观念与理想。[1]

这种现实主义的反映论与新古典主义的模仿论在本质上是相通的，而且劳伦斯关于乔叟作品中丰富多彩的社会生活的观点也很接近德莱顿所做的"上帝般的丰富多彩"的精彩阐释。但不同的是，德莱顿所说的是一种静态社会，而劳伦斯具有维多利亚时代发展起来的历史意识，他所说的英格兰社会是一种动态社会，是中世纪发展到乔叟时代特定的社会。特别有见地的是，他进一步指出乔叟作品广阔的视野和丰富的内容与诗人的社会、从政、外交等方面丰富经历的关系，并把他同莎士比亚进行比较。他说，莎士比亚"能将全部的精力投入戏剧之中，而乔叟的文学创作却只能从属于他的工作。莎士比亚一生中最好的年华是在剧院的氛围中度过的，而乔叟为了忠实地完成交给他的使命而不得不经常放下手中的书和中断他的创作"。劳伦斯认为，正是他丰富多彩的经历"给了他宽阔的视野、对人性深刻的洞察和公允的判断，这使他的作品成为他那个时代如此完美的一面镜子。如果他把更多的时间花费在书中，而减少在宽广世界里的时间，他也许就不能那样好地表现他的时代"。[2]的确，也许在表现人性的深刻方面，乔叟不及莎士比亚，但

1 William Witherle Lawrence, *Medieval Story and the Beginnings of the Social Ideals of English-Speaking People*, New York: Columbia UP, 1911, pp. 214–215.

2 同上，pp. 216–217。

在全面表现英格兰社会上，英国文学史上还没有人能比得上乔叟。

20世纪对《坎特伯雷故事》的研究中一个热点是故事中的婚姻主题。这个主题最先由哈蒙德在前面提到的《乔叟文献手册》中指出，她还将具有这个主题的那些故事统称为“婚姻组”(the Marriage Group)。[1]1912年，哈佛教授乔治·L. 基特里奇(George L. Kittredge, 1860—1941)发表很有影响的文章《乔叟关于婚姻的讨论》(“Chaucer’s Discussion of Marriage”)系统分析婚姻主题，因而引发了乔叟研究领域关于这个主题的长期争论。

不过，基特里奇这篇文章的重要意义不仅仅在于对《坎特伯雷故事》里的婚姻主题的分析，而且还在于他对这部杰作之结构上的独到见解。在文章的开篇，基特里奇指出：人们习惯于将《坎特伯雷故事》里的每一个故事都看作“似乎是孤立的部分”来“阅读和研究”，而“几乎不理睬”故事之间的“连接——那些将整部作品整合在一起的生动叙事与对话”。他说：

> 但乔叟的计划很明显。从结构上看，《坎特伯雷故事》是一出人间喜剧。从这个观点分析，香客们是剧中人物，他们的故事只不过是比通常情况稍长的讲话，究其自身而言很有趣(这是毫无疑问的)，但每一个故事的意义首先在于它们揭示出说话人的性格与观点，或者表现在朝圣旅途中旅行者们相互间的关系。换句话说，我们不应仅仅考虑每一个故事与其讲述者之间一般的适宜性，还应该探讨这个故事是否在一定程度上是由相关情形所决定——由当时的氛围，由另外一个香客的言行，由正在进行中的讨论所涉及的主题所决定。[2]

正是从《坎特伯雷故事》里的故事并非单独孤立而是相互关联这一观点出发，基特里奇进而深入分析其中一组以婚姻为主题的故事。

1 Eleanor Prescott Hammond, *Chaucer: A Bibliographical Manual*, New York: Macmillan, 1908, p. 256.

2 George L. Kittredge, “Chaucer’s Discussion of Marriage,” *Modern Philology*, Vol. IX, No. 4, Apr. 1912, p. 1.

他把这组故事看作香客们或者说那些故事的讲述者之间进行的一场对话。他认为巴思妇人是香客们关于婚姻的这场争论的发起者。他主要分析了巴思妇人、学士、商人和地主等几人的引言和故事，以及其他一些香客的参与，揭示了他们由于立场、利益、观念不同而就婚姻问题直接或以故事的方式间接进行的思想交锋，表现出他在细读基础上的洞察力。在此文发表后，许多评论家加入这场争论。有些学者否认存在一个“婚姻组”故事，但更多的人认同这一观点，并指出还有其他一些故事也涉及婚姻主题，比如香客乔叟本人出面讲述的《梅利别斯的故事》。

基特里奇还在1914年做了关于乔叟的系列演讲，这些演讲在1915年以《乔叟及其诗歌》(*Chaucer and His Poetry*)为书名结集出版。在演讲中，他再一次强调，《坎特伯雷故事》里的朝圣旅途绝不仅仅是作为“讲述故事的借口”，“这部伟大的杰作”也并非像“绝大多数读者和许多评论家”所认为的那样，“只不过是一座储藏虚构故事的仓房”。他还相信，“乔叟对那些香客本身如同他对他们那些故事一样感兴趣”。[1]

从新古典主义时期以来，一直有学者就乔叟的香客是类型人物还是个性化人物进行争论。基特里奇的特别之处还在于，他把香客们放在舞台中心，认为他们的朝圣旅途是一出人间喜剧，而他们那些故事的真正意义在于它们是香客们或者说戏剧人物的舞台对话。所以，他是把香客们看作剧中人物。他指出：乔叟

> 拥有塑造香客的天赋，赋予他们每一个人以个性，使他们超越了类型人物。如果我们只有《总引》，我们也许会把香客们视作类型人物。这个错误很普遍，也可以原谅。但我们不能停留于《总引》，我们必须向前进入戏剧。香客们并非静态人物：他们在行动和生活。去坎特伯雷的朝圣旅途是……一出人间喜剧，而骑士、磨坊主、卖赎罪券的教士、巴思妇人和其他香客是剧中人物。《总引》本身并不仅仅是引子：它是第一幕，它使人物开始行动。……香客们不是为那些故事而存在，而是相反。从结构上看，那些故事仅仅是较长的

1 George Lyman Kittredge, *Chaucer and His Poetry*, Cambridge: Harvard UP, 1915, p. 153.

> 独白，直接或间接地表现那些人物的性格。在这点上，它们多少可以被看作哈姆雷特或伊阿古或麦克白的自言自语。但它们并非仅仅是独白，因为每一个故事都是讲给所有其他人听，并得到回应与评论。[1]

也就是说，在《总引》里，尽管他们丰富多彩、形象生动（关于这一点，自德莱顿以降，几乎所有研究《坎特伯雷故事》的学者都高度赞扬），但主要还是中世纪各社会阶层和行业的代表性或典型性人物。但随着朝圣旅途这出"人间喜剧"的开场和进行，戏剧性冲突加剧，香客们也逐渐进入"角色"并不断展示其个性而成为剧中人物。应该说，基特里奇是第一个从动态角度研究乔叟人物的学者。

另外一个十分重视乔叟的人物形象的是学者和小说家奥尔德斯·赫胥黎（Aldous Huxley，1894—1963）。赫胥黎出身名门，来自英国著名的知识分子世家，是进化论生物学家托马斯·亨利·赫胥黎（Thomas Henry Huxley，1825—1895）的孙子。同圣茨伯里等学者一样，他也认为乔叟对现实世界和现实中各式各样的人充满宽容，不过他更强调乔叟并不是从既定的道德伦理出发去对待现实中的人，他对即使是充满缺点的人都那么宽容是出自他对人性的深刻理解和真诚接受；这有可能是受其祖父的科学思想影响。他在1920年的一篇文章中说：

> 除乔叟之外，没有伟大的诗人因为这个世界本身而喜爱它，他喜爱的自然完全是物质性的，是超自然力量的对立面。他把自然秩序，即他所说的"自然法则"，看得高于世上之一切。绝大多数先知和诗人的教导只不过是反对自然法则。乔叟并不反对，他只是接受。正是这种对物质世界的接受使他在英国诗人中独一无二。他不是把自然看作某种精神现实的象征；……他因其本身而喜欢它们。

赫胥黎认为，乔叟对人类也是如此："他接受他所看到的，不论他们是

1 Kittredge, *Chaucer and His Poetry*, p. 154.

高尚还是卑劣”;“他完全没有英国人通常那种强烈的道德伦理偏见。他并不因其同胞们的行为而感到惊恐，他并不想改造他们；他们的性格、他们的动机使他深感兴趣，他站在一旁看着他们，是一个愉快的观察者”。[1]

另外，赫胥黎关于《特洛伊罗斯与克瑞西达》中人物塑造的评论也特别有见地。他认为，乔叟这部作品塑造了“丰满的人物形象”，所以“在许多方面是他最了不起的成就”，而且在“整个英语叙事诗歌领域，无论是在美还是在洞见方面，至今仍然无与伦比”。当人们看到乔叟如何“精确而充满自信”地描写克瑞西达性格的一步步发展，“只能感到奇怪，性格小说竟然会出现得如此缓慢。直到18世纪，叙事艺术家们才开始，而且使用的是散文而非诗歌，来重新发现乔叟在14世纪就已经熟悉了的秘密”。[2]不少现代评论家认为，《特洛伊罗斯与克瑞西达》由于塑造出像克瑞西达那样丰满的人物形象而成为英国文学史上第一部“小说”。

在20世纪初，后来被称为现代主义的文学流派开始出现。现代主义的文学思想也逐渐渗透到乔叟学术领域，开始影响乔叟研究。在英美文学界，现代主义时代由意象主义运动开启。意象主义的领袖人物庞德虽然没有对乔叟做直接深入的评论，但他在文学评论中也多次提及英诗之父，并给予了很高评价。1914年他在《诗刊》上发文评论文艺复兴诗歌；他在文中将乔叟同弥尔顿相比，认为：“乔叟应该被放在每一个人的书架上；弥尔顿是最坏的毒药。”[3]庞德同其他所有深受意象主义影响的现代主义诗人或评论家一样，显然更欣赏乔叟那些注重形象和故事的作品，即他所说的“硬朗风格”(hard style)，而非弥尔顿那种充满议论和装饰的诗歌，即庞德所说的那种“柔软风格”(soft style)。他特别欣赏乔叟创造的那种包融各种风格的传统。他说：“我们英语文学拥有一种各类风格聚集的特点：我们有优秀的乔叟风格，在英语中几乎只有这风格里的‘柔软’可以忍受；我们有优秀的伊丽莎白时代的诗人，

1 Aldous Huxley, *On the Margin*, London: Chatto & Windus, 1923, p. 206.

2 同上，p. 224。

3 Ezra Pound, “The Renaissance: I – The Palette,” *Poetry: A Magazine of Verse*, Vol. V, 1914–1915, p. 231.

他们并非与乔叟风格全无关系。”[1]

庞德对乔叟一直抱有偏爱，甚至将他置于莎士比亚之上。他在二十年后出版的著作《阅读初步》(*ABC of Reading*)中对两位伟大的英国作家做了比较。他说，英国人之所以对莎士比亚评价更高，全是因为“几个世纪以来，英国人的意见受到了对戏剧舞台的热爱、剧场的魔力、对夸夸其谈的华丽辞藻的喜好以及对男女演员的浪漫追捧的欺骗”。其实，“乔叟对生活的理解远比莎士比亚深刻”，而且“他关于生活的知识也更为丰富”。[2]他知道中古英语对阅读乔叟造成了一定障碍，但他认为那不应该成为喜爱读书的人不读乔叟的借口。他说：“不管是谁，只要他因太懒惰而不愿去掌握那并不太大的词汇注释表来读懂乔叟，他就永远没有资格阅读好书。”[3]他甚至说：“在弄清楚已经有多少英语诗歌艺术、多少诗歌品性表现于乔叟诗作之前，没有人有资格对英语诗歌进行衡量和评估。”[4]庞德给予乔叟和中世纪文学如此高的赞赏，显然与他作为现代主义文学家是一个使用革命性技巧的保守主义者这一本质相关，其实他对中世纪、中国与印度等各种古代文化、文学传统全都钟爱有加。

与庞德大约同时代的学者、诗人和小说家G. K. 切斯特顿(G. K. Chesterton，1874—1936)同样也认为乔叟在许多方面比莎士比亚等后代诗人更为杰出。他说，乔叟直接“挑战”“大多数现代人关于中世纪的观念”：

> 已经过时而且观点晦涩的历史学家们告诉[现代人]中世纪意味着肮脏、恐惧、阴郁、自我折磨并折磨他人。即使是研究中世纪美学的专家也告诉他们，它主要充满神秘、一本正经、关注超自然到了排除自然的地步。然而很明显，在这些方面乔叟还不如文艺复兴和宗教改革运动之后的诗人。他甚至明显地比莎士比亚更为理智，比弥尔

1 Ezra Pound, “The Hard and the Soft in French Poetry,” *Poetry: A Magazine of Verse*, Vol. XI, 1917–1918, p. 267.

2 Ezra Pound, *ABC of Reading*, New York: New Directions, 1934, pp. 100–101.

3 同上，p. 99。

4 同上，p. 102。

顿更开明，比蒲柏更宽容，比华兹华斯更幽默，比拜伦或者甚至比雪莱更好交际和更易于与人相处。[1]

切斯特顿进一步谈到他称之为“乔叟式氛围”的那种乔叟的独特性：“最独特的乔叟性是乔叟式氛围（Chaucerian atmosphere），那是一种深入所有具体人物和问题的氛围，一种照射在一切——不论是悲剧的还是喜剧的——事物之上、无处不在的光，它使悲剧不致变得无望而使喜剧不致令人痛苦。”这种乔叟式氛围在很大程度上根源于乔叟特有的理智与宽容，而这种理智与宽容来自乔叟广泛的经历、宽阔的眼界以及对生活和人性的深刻理解。他说：“乔叟是如此宽阔，所以他能入微；也就是说，他能把广阔的生活经历带到对具体甚至偶然事物的乐趣之中。然而，当今文学的主要缺陷正是具体事物只可能偏窄狭小，甚至令人窒息。”他说，乔叟可以同任何类型的人在一起，“他可能会感到他们有趣，但绝不会对他们感到愤怒，而且肯定不会侮辱他们”。乔叟的这种理解与宽容根源于他的“精神价值”和对世界和各色人等的“广泛阅历”。切斯特顿指出：这种理解与宽容正是现代人“最缺乏的”，“如果他们想学这一点，我建议他们去阅读乔叟”。[2]

从庞德等人的思想可以看出，虽然现代主义思潮在西方文学发展史上具有革命性意义，但从本质上讲，现代主义并没有真正脱离从古典时代的模仿论到现代的现实主义这一伟大传统，尽管现代主义者们对于现实的理解与传统的现实主义者不尽相同。[3]杰出的现代主义女作家弗吉尼娅·伍尔夫（Virginia Woolf, 1882—1941）同时也是思想深刻、极具洞察力的文学理论家和批评家。她高度赞扬乔叟的创作和成就。她在《普通读者》（*The Common Reader*, 1925）中说，乔叟具有“现代作家最稀有”的讲述故事的“天赋”，并且受惠于当时英格兰尚未被工业文明损坏的大自然之美的影响：“英格兰还是未遭破坏的国度。他目光所及，除那些小镇和偶然一座城堡外，看到的是一片处女地，绵延不断的青草和树林。”她感叹，那是“英格兰诗人再也不会享有”的“优势”，

1 G. K. Chesterton, *All I Survey: A Book of Essays*, London: Methuen, 1933, p. 174.

2 同上，pp. 177–178。

3 关于这一点，可以参考奥尔巴赫的名著《模仿论》。

因为“那更荒蛮的原野已经失去”。[1]同赫胥黎一样，她也认为乔叟关注的是现实社会，而非来世或超自然的精神世界。她说：“乔叟全神贯注地盯着他眼前的道路，而非眼望来世。他很少陷于抽象冥思。”[2]因此，乔叟致力于表现现实生活中普通人的普通行为，而不是像神父们那样抽象说教。她说：乔叟的

> 道德观表现在男人们和女人们相互关联的行为之中。我们观看他们吃、喝、笑和做爱，不用说一个字就会感受到他们的准则并深深沉浸于他们的道德观。在这里，所有的行为和情感都被呈现出来，没有比这更为有力的说教；因此我们不是被严肃地训诫，而是被留在一旁进行探索、凝视并不得不自己去发现其意义。[3]

很明显，伍尔夫在这里表现出现代主义文学家所强调的非个性化美学思想，即作者不出面干预，而是运用客观手法表现思想和情感，任由读者自己去感受、理解。

另外，伍尔夫还特别强调了乔叟作品中那种不可替代的只有乔叟才有的乔叟性。她说：

> 《坎特伯雷故事》具有无限的多样性，但在此表面之下却是一种突出的统一性。乔叟拥有他的世界；他有他那些年轻的男人；他有他那些年轻的女人。如果我们发现他们漫步进入莎士比亚的世界，我们知道他们是乔叟的而非莎士比亚的人物。[4]

前面梳理过，莎士比亚在多部剧作中运用了乔叟故事的材料，甚至以乔叟作品为蓝本创作，然而即使在他的同名剧作《特洛伊罗斯与克瑞西达》里，那些同名人物也与乔叟塑造的形象明显不同。相对于那些只搞

1 Virginia Woolf, “The Pastons and Chaucer,” in *The Common Reader*, New York: Harcourt, Brace, 1925, pp. 24–26.

2 同上，p. 31。

3 同上，pp. 32–33。

4 同上，pp. 26–27。

理论推导的人，本人就是杰出作家的伍尔夫显然意识到每个作家，特别是伟大作家的独特性，而很难同意"作者之死"的观点。

美国学者、芝加哥大学教授曼利也特别注重乔叟的艺术手法及其渊源，不过他是从乔叟艺术的动态发展中去研究。另外，这位严谨的学者还清除了几个世纪以来硬塞进乔叟生平中的一些虚假猜想。比如，前面提到，一些英格兰学者认为，具有崇高地位的英诗之父必然受过极为良好的教育，他们的争论仅仅在于乔叟上的究竟是剑桥还是牛津，最后双方妥协，终于达成他先后就读于这两所著名大学的共识。然而，曼利的研究令人信服地表明，英诗之父根本没有上过任何大学。

1926年，曼利将此前在英国国家学术院（British Academy）所做的演讲《乔叟与修辞学家》（"Chaucer and Rhetoricians"）发表。这篇文章将乔叟的创作与古典和中世纪修辞学理论和实践联系起来，开辟了乔叟研究中的新领域，在相当长时期内很有影响。需要指出的是，在乔叟时代，修辞（rhetoric）具有宽广的范围，比较接近于现代意义上的诗学（poetics）。曼利认为，乔叟接触过"正规的修辞理论和修辞学家们立下的规则的可能性还没有得到关注"，而实际上"非常有可能乔叟对他那个时代的修辞理论很熟悉"，因为"他具有学者的兴趣而且知识渊博"。他接着细致分析了乔叟作品中对各种修辞手法和模式不同程度的使用。但他认为："乔叟被赋予的不是修辞学家而是艺术家的天赋；他在其艺术发展的道路上发现，一个艺术家的人物不是为他的故事进行修辞装饰，而是把所有的事件与人物作为生活中的形态和行为来考虑。"[1] 他随后又说："乔叟的伟大之处来自他对此不断增长的认识：至少对他来说，扩充一个故事的正确方式不是使用修辞手法来拓展，而是从他那样仔细观察生活的角度来考虑，来想象每一个人物会如何思考和感受，并在想象的情景中表现他们的相貌和行为。"[2]

尽管曼利对乔叟的修辞艺术的探讨是基于中世纪的修辞理论，但这种研究本身在一定程度上反映出当时正在兴起的现代主义文学重视文学形式和艺术手法的倾向。随着现代主义文学思想的发展，一个后来被称为英美新批评的流派逐渐形成。新批评是现代主义文学运动的

1 John Matthews Manly, *Chaucer and Rhetoricians*, London: British Academy, 1926, p. 6.

2 同上，pp. 17, 18。

重要组成部分，它可以说是现代主义的文学和批评理论。新批评特别重视作品的艺术形式和手法。现代主义的文学思想和新批评的批评方法也逐渐影响到乔叟研究。

尽管新批评在理论上往往倾向于将作品同外部世界隔离，但以自由人文主义（liberal humanism）为思想基础的新批评实际上继承了现实主义以人物为中心的文学思想，认为作品的中心是独立自主的人物，而新批评家们所热衷研究的各种艺术手法归根结底都是为了塑造人物；而这其实也正是现代主义文学家们创作的核心，不论是在《尤利西斯》（*Ulysses*，1922）还是在《喧哗与骚动》（*The Sound and the Fury*，1929）里，都是如此，甚至在《荒原》（*The Waste Land*，1922）里我们最终看到的还是那个在里面游荡的人的“幽灵”。新批评的这一基本思想特别突出地体现在它关于抒情诗中诗人与说话者（speaker）或者叙事作品中作者与叙述者的分离的理论与实践里。需要指出的是，虽然新批评将作者与叙述者分离并高调宣扬“意图谬误”的观点，但它并没有真正将作者与作品割裂，更没有宣称它本来就没有的“作者之死”的观念，而是认为作者的所谓“意图”不能作为评判作品的标准。最能体现新批评关于作者的观点的是D. H. 劳伦斯（D. H. Lawrence，1885—1930）的名言：相信故事而不相信讲故事的人（Trust the tale，not the teller）。

乔叟对人物塑造的极端重视和新批评对作家塑造人物之手法的关注正好契合。从20世纪30年代开始，但特别是在40年代之后，新批评在相当长时期里在乔叟学术领域发挥了特别重大的影响并取得了突出成就。随着新批评式的细读策略深入乔叟研究，人们发现，英诗之父并非像过去时代许多学者所认为的那样，是在还未开化的“浑噩”时期碰巧出现的“璞玉”般的著名作家，而是一位熟练使用各种高超诗歌艺术的伟大诗人。不仅如此，他甚至也并非像许多人相信的那样易于被确定，或者那样可以被简单地看作爱情诗人、宫廷诗人、现实主义者或幽默作家。相反，他思想深刻多元、表现手法丰富多彩，他身上或他作品里充满了往往难以把握的模糊性（ambiguity）、难以捉摸的微妙之处和令批评家们永不踏实的不可确定性，而这些恰恰是新批评家们为之神往的特质。

比较早将新批评的细读方法运用于乔叟作品分析的是著名英国评论家燕卜荪（William Empson，1906—1984）。燕卜荪本人并不承认自己是新批评派，但他的批评思想和方法都深刻影响了新批评派。他在那部影响广泛的重要著作《歧义七型》(*Seven Types of Ambiguity*, 1930)里探幽察微，深入细致地分析了文学作品中，特别是其语言层面的各种十分微妙的歧义并揭示其艺术价值。在这部著作里，他也深入分析了乔叟的《特洛伊罗斯与克瑞西达》等作品中许多富含歧义的例子，在乔叟那看似简单明晰的风格中揭示出复杂、丰富的意义。他说："在乔叟的语言里，对歧义的诗学运用已经以不同的形式得到全面发展。"[1]他甚至认为，乔叟的一些诗行"非常像莎士比亚的；它们具有他成熟的风格中所有那些高度浓缩的意象，鲜明的中心隐喻被放置在并不相关的偶然出现的隐喻之中，意义更为丰富"[2]。后来他在《复杂词之结构》(*The Structure of Complex Words*, 1951)一书中，通过对《坎特伯雷故事》里"诚实"一词的用法及其含义的深入分析，对乔叟作品里"持续而且总是双重的讽刺"进行研究。[3]文学作品里的讽刺一直是新批评深入研究的重点，许多乔叟学者也对此做了探讨。其中杰曼·登普斯特(Germaine Dempster)的专著《乔叟的戏剧性讽刺》(*Dramatic Irony in Chaucer*, 1932)系统研究了乔叟作品中的戏剧性讽刺艺术，该书1956年的修订版是新批评派研究乔叟的重要成果之一。

同燕卜荪相似，美国学者罗斯蒙德·图夫(Rosemond Tuve, 1903—1964)教授也致力于乔叟诗作语言层面的细致分析，不过她所注重的不是其歧义，而是揭示其"惯例"(convention)与"传统"。她认为，惯例属于文字和修辞层面的描写方式，而传统则属于更深的层次，包括主题、内容和文化意蕴等。她在《季节与月份》(*Seasons and Months*, 1933)一书里仔细分析了乔叟前期、中期诗作中大量关于季节(特别是春季)和月份(特别是四月和五月)的描写。通过对这些描写的分析，图夫揭示出乔叟的描写与受法国文学、英国本土文学以及拉丁文学的影响而形成的惯例之间的关系。但她指出，乔叟"不仅服从一个文学惯

1 William Empson, *Seven Types of Ambiguity*, New York: New Directions, 1966, pp. 67–68.

2 同上，p. 56。

3 William Empson, *The Structure of Complex Words*, 3rd ed., London: Chatto and Windus, 1977, p. 186.

例”，而且也“遵循一个艺术传统”。[1]所有这些描写在本质上都与宫廷爱情密切相关。

在很长时期内，乔叟的诗歌语言艺术都是学者们研究的热点。比如，约瑟夫·麦尔桑德（Joseph Mersand）十分赞赏乔叟的语言艺术；他非常细致而专业地分析了乔叟的诗歌语言，不禁赞叹道："乔叟是语言上的默林[2]。他在其诗歌里囚禁了各种声音、意义和节奏美，对于此，那些被误导的试图将乔叟现代化的人和太过热情的文本修订者都难以解除其魔法。”[3]另外，鲁思·克罗斯比（Ruth Crosby）的《乔叟与朗诵习俗》（“Chaucer and the Custom of Oral Delivery”, 1938）等论文和多萝西·埃弗雷特（Dorothy Everett）的《乔叟诗歌艺术探讨》(*Some Reflections on Chaucer's "Art Poetical"*, 1950）等著作都是这方面很杰出的成果。

20世纪30年代出现在乔叟研究领域的一部很有洞见的著作出自德国学者、慕尼黑大学英文系主任沃尔夫冈·克莱门（Wolfgang Clemen, 1909—1990）之手。从总体上看，长期以来，乔叟批评家们更关注诗人的后期作品，特别是《坎特伯雷故事》以及《特洛伊罗斯与克瑞西达》这样的杰作。但克莱门则致力于研究乔叟的前期作品，并出版专著《乔叟的前期诗作》(*Chaucer's Early Poetry*)。该著作是他读博士后的成果，1938年用德文出版，1963年出英文版，此后多次再版，产生了很大影响。这部著作通过对乔叟前期几部重要作品的深入分析，揭示出早期乔叟并非像许多学者，包括英美批评家所认为的那样主要是在模仿古典和法语文学传统，而是具有非凡的独创性，因此极大地提高了乔叟前期作品的地位。他说：

> 特别是在早期诗作里，他经常用“暗示”方式来表达，不用言语就使他想表达的意思自己显示出来，并在别人会明白说出的地方保持沉默。今天我们把所有这些都看作艺术技巧的高超表现；而且正是因为这些特点（这类特点在他同时代任何人或紧随其后的继承者那里

1 Rosemond Tuve, *Seasons and Months: Studies in a Tradition of Middle English Poetry*, Paris: Librairie Universitaire S. A., 1933, p. 185.

2 默林（Merlin）是中世纪亚瑟王浪漫传奇里的魔法师。

3 Joseph Mersand, *Chaucer's Romance Vocabulary*, New York: Comet, 1937, p. 2.

都找不到)，乔叟远远超越了时代，直到很久以后英语诗歌才获得如此发展。[1]

克莱门在这里是指那种为现代主义作家们所推崇的客观或戏剧性手法。他进一步指出：在这些早期诗作里，"很明显乔叟发展出新颖的方法来表现其诗歌的意义——这一方法的确使我们感到几乎很现代。将不同的成分不加说明地放在一起，仅仅运用其事件或象征意象的安排顺序或并置，他就能传达一种确切的理解方式，一系列可能性，一连串的选择。读者总是只得自己下结论"。然而，这种类似现代意象主义诗歌大量使用的并置手法可能造成歧义。所以，"我们应该承认这些歧义和开放性问题，而不应该在乔叟如此明显地避免只能有一个意义的地方感到只能局限于一个意义。乔叟并不想为他的读者提供一个完全的答案"。[2]不仅乔叟远远超越了他的时代，如此深刻地认识到乔叟诗作的开放性，克莱门本人的评论也预示到后现代的批评思想。

罗伯特·D. 弗伦奇(Robert D. French)同样也强调乔叟的独创性，不过他更强调的是《坎特伯雷故事》的艺术形式。他在第一版《乔叟手册》(*A Chaucer Handbook*, 1927)里认为这部英语文学史上的杰作在其艺术形式方面没有先例。随即，著名乔叟学者和乔叟作品的版本学家罗宾逊在其1933年版乔叟全集中也赞叹《总引》的独创性："对于《总引》，正如对于去坎特伯雷朝圣这一总体设计一样，还从没有发现有范本。"[3]弗伦奇后来在《乔叟手册》第二版(1947)里进一步表达了这一观点。他说，《总引》是"乔叟最具特色的作品"，其先例"从未被发现过"；特别是其中的人物群像，"不论是在古代还是在中世纪文学作品中，从没有那样的系列描写可能进入乔叟的视野"。[4]

罗伯特·A. 普拉特和卡尔·扬(Karl Young)则相信，乔叟的朝圣旅途的范例并非在先前的文学作品而是在现实生活中。他们说："关于

1 Wolfgang Clemen, *Chaucer's Early Poetry*, London: Methuen, 1963, p. 9.

2 同上，pp. 10, 11。

3 F. N. Robinson (ed.), *The Complete Works of Geoffrey Chaucer*, Boston: Houghton Mifflin, 1933, p. 2.

4 Robert D. French, *A Chaucer Handbook*, New York: F. S. Crofts, 1947, p. 203.

一群人骑马前往坎特伯雷朝圣这一独特设计，他只需要从他周围的生活中获取”，因为“在现实生活中，朝圣旅途作为叙事框架这一设计不断地出现在他面前，他完全可以按他认为方便的真实程度为自己的文学意图随意将其运用”。[1]

所以，威廉 · 威瑟利 · 劳伦斯认为，乔叟使用朝圣旅途作为叙事框架不仅没有先例而且没有必要去找先例。他说：“真的没有必要为乔叟的朝圣旅途寻找先例。的确，在虚构文学中如果没有对一群人结伴而行这一很普通的中世纪风俗习惯的反映，倒是很令人奇怪的。”[2]也就是说，乔叟对朝圣旅途的使用不是根源于文学传统，而是现实生活。

不过詹姆斯 · V. 坎宁安（James V. Cunningham）并不同意这种观点。他承认，朝圣在乔叟时代非常普遍，但他驳斥道：“这种观点等于说，他不需要文学先例来创作他每天在现实生活中看到的事情。但事实并非如此。并非对凶杀和侦破过程的直接观察导致侦探故事的创作；也不是观看上层社会的暴力死亡促使伊丽莎白时代的剧作家们创作悲剧。在很大程度上，一个作家在现实生活中所发现的是他的文学传统使他能看到和处理的东西。”关于文学传统和生活经历，他说：“一个是形式、手法、领会的方式；另外一个是材料、观点、所领会到的东西。因此，如果可能的话，我们应该关心的是去发现存在于乔叟的传统之中的一种文学形式，而《坎特伯雷故事》的《总引》则是这种形式的实现。它必须是这样一种形式：不仅能说明具体的主题和对朝圣旅途的运用或者群像的描写，而且能说明作品的其他成分以及它们的顺序和发展。”他强调：“文学形式只能存在于我所说的传统之中。”[3]

坎宁安相信，同乔叟前期的宫廷爱情诗作一样，《总引》的形式

1 Robert A. Pratt and Karl Young, “The Literary Framework of the *Canterbury Tales*,” in W. F. Bryan and Germaine Dempster (eds.), *Sources and Analogues of Chaucer's* Canterbury Tales, London: Routledge & Kegan Paul, 1941, p. 2.

2 William W. Lawrence, *Chaucer and the* Canterbury Tales, New York: Columbia UP, 1950, p. 38.

3 James V. Cunningham, “Convention as Structure: The *Prologue* to the *Canterbury Tales*,” in *Tradition and Poetical Structure: Essays in Literary History and Criticism*, Denver: Allan Swallow, 1960, pp. 61–62.

也属于以法国名作《玫瑰传奇》为代表的梦幻诗歌所特有的那种引言(prologue)传统。他随即分析了《总引》里许多同《玫瑰传奇》以及乔叟自己的前期作品的那些引言相似的例证。他总结说:"乔叟并非简单地面向现实;他是在运用他所学到和培养起来的方式来理解现实,他既是传统的,也具有独创性,他的独创性在于他将其方法运用于新的材料——旧瓶装新酒。他使一个也许已经变得太做作的传统焕发出生命力。"[1]

著名的英国文学批评家和乔叟学者内维尔·亨利·柯格希尔(Nevill Henry Coghill, 1899—1980)也特别注重对乔叟作品之艺术形式的研究。他还因为用现代英语翻译《坎特伯雷故事》而闻名。该译作于1944年在BBC上首次广播朗诵,大受欢迎,听众达两百多万。但与前面提到的德莱顿等18和19世纪的改写式"翻译"不同,他的译作很忠实于原文诗艺和风格。他的翻译反映出,他不仅注重原作的内容,而且也重视乔叟作品的艺术形式。他在翻译中对乔叟诗艺的重视自然也表现在他对乔叟的研究中;或者反过来说,他在翻译中那么重视乔叟诗作的艺术形式,恰恰是因为他在研究中发现艺术形式是乔叟诗歌不可分割的组成部分,这自然与当时如日中天的现代主义文学思想和新批评理论相呼应。

在他的乔叟研究中,他关于讽刺的分析很有创见。他说:"《坎特伯雷故事》最显著的特征之一是其大量新的趣味和活力,并创造出新风格来容纳之。"[2]他认为,与其前期作品相比,乔叟在《坎特伯雷故事》里一个突出的新发展是他对僧俗两界的无赖极感兴趣,如卖赎罪券教士、托钵僧和磨坊主等;其中尤以卖赎罪券教士为甚,而卖赎罪券教士是"一个讽刺(ironic)而非嘲讽(satiric)景象的中心",是"一个虚荣与伪善的怪物"。乔叟"在思考此人时,超越了简单的嘲讽,进入了讽刺的领域"。讽刺的"根本原则是,真正要表达的意思与语言层面的意思相反,正如在斯威夫特(Swift)的《一个小小的建议》(*A Modest Proposal*)里那样"。[3]在他看来,讽刺远远超越语言或者修辞的层面,而深入作品

1 Cunningham, "Convention as Structure," p. 75.

2 Nevill Henry Coghill, *The Poet Chaucer*, Oxford: Oxford UP, 1949, p. 158.

3 同上,pp. 159, 160。

和人物的本质。比如在卖赎罪券教士讲述的故事中,

> 那三个闹事者想找到死亡[1]来将其杀死,然而真找到他时他们却不知道那人就是死亡,而且他们自己却被自己的动机——贪婪——所杀死。卖赎罪券教士自己的情形具有同样的讽刺性。人们经常说,他是一个失去了灵魂的人,然而并非仅仅如此,他是一个失去灵魂的人,却在向其他灵魂贩卖灵魂救赎,好像所有灵魂救赎都是欺骗。同伊阿古一样,他知道说一切正确的话,并为其私利而说。具有讽刺意义的是,这些话都正确,但他是将其看作嘲讽。

柯格希尔进一步说:

> 我在乔叟式讽刺中看到斯威夫特的讽刺里没有的特质,它超越了所说和所想或者所做与目的两者对立这一根本原则的力量。那是末日的特质,一种关于更高的力量存在的感觉,这些力量看出我们的愿望和行为,并知道那与我们的利益相悖,却与他们为我们定下的另外的目标一致。我们茫然不知,他们却心知肚明。乔叟让我们发现他们知道一切。他如此做的能力来自他长期对命运观的兴趣。……一个貌似自由的意志,自由地为获得早已被命定了的末日而斗争,而那恰恰与其目的相反,还有什么比这更具讽刺性?

柯格希尔认为讽刺是“具有战斗性的诗歌中最致命的形式。在他关于卖赎罪券教士所说的一切中,他表现出他是英语中第一个也是最具洞察力的讽刺家,因为在他的讽刺里还有许多讽刺”。他还指出,其实在《坎特伯雷故事》之前,乔叟已经“在《特洛伊罗斯与克瑞西达》里对这一主题做了探讨。在那部诗作里徘徊着一个可怕的命运,特洛伊的议会呼吁,用克瑞西达去换回安忒诺耳,而安忒诺耳后来将背叛他们的城市。他们自由地选择神祇们早为他们安排好的末日”。[2]柯格希尔

1 在故事中,死亡是以一个寓意人物的形象出现。

2 Coghill, *The Poet Chaucer*, pp. 160–161.

关于乔叟的讽刺艺术的新批评式细读表现出他令人赞叹的深刻洞察力，并揭示出乔叟诗作中一些长期被学者们忽视的本质性特征。

约翰·斯皮尔斯(John Speirs)是英国著名文学理论家和批评家、英美新批评的先驱之一F. R. 利维斯(F. R. Leavis, 1895—1978)的学生；他本人也是一位新批评派评论家。同时，他也深受另一位新批评派先驱艾略特影响，他在其研究乔叟的专著《创造者乔叟》(*Chaucer the Maker*,[1] 1951)里不仅表现出利维斯的影响，而且大量直接引用艾略特的观点。在这部著作中，斯皮尔斯的一个主要目的是通过深入分析乔叟的诗歌艺术来证明乔叟乃"伟大的英国诗歌传统"的创造者。他十分欣赏乔叟的诗歌语言，说它"植根于英国农业民众的口语之中——具体、形象，有如格言"。[2]他指出："乔叟最根本的源泉是他的英语语言。乔叟的人间喜剧的活力与生动来自那共同之源，即'英语之泉'，那也是后来莎士比亚的源泉。"[3]他认为："乔叟和莎士比亚诗歌那种口语化和高度戏剧性的特点表明……诗歌是发展了的社会艺术"；乔叟的诗歌被用于"在集会上高声朗读"，在那种场合中"轻松的气氛和高贵的出身、口语和典雅的结合证明了有教养的诗人和有教养的听众之间和谐的社会关系"。[4]

斯皮尔斯对乔叟的评论也反映出现代主义文学思想的保守倾向。他强调，乔叟诗作植根于那个"人与自然关系和谐"的中世纪文明。他说："乔叟的诗歌表明，他的英国社会是一个比较同质的(homogeneous)社会，在这个社会里不同'阶层的人们'(骑士和农夫)相互依靠、关系密切；与之相比，现代不分阶层的民众却相互隔绝。它表现了在英语文学中至今几乎最具包容性的社会秩序，而且(尽管爆发了农民起义)是最和谐相处的社会秩序。作为学者和王室官员的乔叟是他那个时代整个社会的一员。"[5]《坎特伯雷故事》和艾略特的《荒原》都是以对四月的描写开篇，斯皮尔斯将它们进行比较，说："它们之间出现的差别

1 在词源上，诗人(poet)一词在希腊文的原意是创造者(maker)，所以斯皮尔斯在这里也是指乔叟为创造性诗人，是英国文学传统的创造者。

2 John Speirs, *Chaucer the Maker*, London: Faber and Faber, 1951, p. 21.

3 同上，p. 30。

4 同上，p. 20。

5 同2。

是两个文明阶段之间的差别。那首现代诗表现出关于人与自然之间的不和谐、生活的混乱与错位的意识。人与自然之间的正常关系出了问题，而那种正常关系正是乔叟那愉快的出发点。”[1]关于乔叟和乔叟作品里道德思想的问题，他说：“如果说他并非像但丁那样是一位道德家（moralist），他的诗作却极具道德意义和宗教意义。”[2]也就是说，同其他新批评家一样，斯皮尔斯也认为，优秀文学作品的思想或者道德观念不应是作者思想的直接表达，而是作品的艺术体现。

另外，他特别强调乔叟的诗歌艺术及其对现代小说和戏剧文学所做出的杰出贡献。他说：“在《特洛伊罗斯与克瑞西达》里，他实际上为世界贡献了第一部现代小说。在《坎特伯雷故事》里，他更进一步朝戏剧和小说艺术的方向发展了他的诗歌艺术。”他在研究《特洛伊罗斯与克瑞西达》时还特别指出了中世纪主要叙事体裁浪漫传奇与现代小说之间的渊源。他说：“在这部诗作里，现代读者将会发现，从中世纪浪漫传奇里实际上升华出一部伟大小说——第一部现代小说。”至于《坎特伯雷故事》，他认为那是“中世纪文学中伟大的人间喜剧”。[3]

威廉·K. 温姆萨特（William K. Wimsatt，1907—1975）是新批评派代表人物之一。他在1954年出版新批评派重要著作《语象》（*The Verbal Icon: Studies in the Meaning of Poetry*）。该书包括作者在1941年到1952年间撰写的论文，其中有他和门罗·C. 比尔兹利（Monroe C. Beardsley）共同撰写的《意图谬误》（“Intentional Fallacy”）和《感受谬误》（“Affective Fallacy”）这两篇影响重大的新批评派经典论文。在书中，温姆萨特聚焦于作品的形式，细致考察语言层面的艺术技巧，也就是说，将诗作作为“语象”来研究。该书的第九篇论文分析英语诗歌的尾韵同意义结构的关联。他将乔叟和蒲柏的韵式进行对照分析，指出乔叟如何运用韵式变化服务于叙事和意义，体现了新批评关于文学作品是形式和内容的有机整体的基本观点。

20世纪50年代乔叟领域一部特别有影响的著作是《乔叟与法国

1 Speirs, *Chaucer the Maker*, p. 101.

2 同上，p. 204。

3 John Speirs, “A Survey of Medieval Verse,” in Boris Ford (ed.), *The Age of Chaucer*, London: Cassell, 1954, pp. 10, 15, 10.

传统》。作者查尔斯·马斯卡廷是著名乔叟专家，后来曾出任乔叟协会主席。他在书中运用当时正值鼎盛的新批评理论与方法，深入细致地分析乔叟诗作的艺术形式。他将自己的研究方法称为“文体研究”(a stylist study)。他认为，乔叟的文体主要承传了来自法国传统的两个创作“模式”(modes)，即“宫廷模式”(courtly mode)和以市井故事为代表的现实主义或者他所说的“资产阶级模式”(bourgeois mode)。他分析了这两个模式在乔叟诗作里的表现、结合、交互作用以及英国化。他指出：在乔叟看来，

> 宫廷模式和资产阶级模式，理想主义和实用性，处于讽刺式并置之中。他将它们置于平衡中，充满好感并也批评性地探讨它们各自的本质以及相互影响。……在将他接受的法国传统的文体和意义之遗产创作成广泛包容、易于理解的模式方面，他超越了任何一位欧洲同时代人。[1]

在马斯卡廷的新批评语境中，“文体”实际上等同于诗学或诗歌(文学)艺术(poetics)。他把乔叟诗作视为温姆萨特所说的“语象”(verbal icon)来对乔叟，特别是乔叟诗歌语言中丰富的讽刺、歧义、张力、悖论等，进行系统研究。他说：“我们这一代必然具有自己特殊的鉴赏力。运用像‘讽刺’‘歧义’‘张力’‘悖论’那样的术语来描述乔叟诗歌，就是把我们对一种尚无结论的矛盾思维的那种典型的世纪中期感受(typical mid-century feeling)带入这个主题。”[2]这种所谓“世纪中期感受”其实就是新批评派的文学感受或者说艾略特所颂扬的那种“感知”(sensibility)。

在大量关于乔叟诗作来源之研究(source studies)的基础上，马斯卡廷将新批评的研究方法“带入”对乔叟诗作的研究中。他发现乔叟诗作包含各种与上述两种法国传统的创作模式相关的风格，这些风格共同赋予了乔叟诗作那种“复合意义”(compound meaning)。他说：

1 Charles Muscatine, *Chaucer and the French Tradition: A Study in Style and Meaning*, Berkeley: U of California P, 1957, p. 120.

2 同上，pp. 9–10。

“《坎特伯雷故事》在整体上是混合风格的范例。其中每一个故事，通过类比与对照，从其他故事那里获得意义。作品大的形式是由许多并置与张力构成的结构，其作用在于评定和操控各部分分别产生的意义和在整部作品的语境中揭示其长处与局限。”[1]不过，这种“混合风格”并非只在整体上，或者说并非只在故事之间，更有意义的是，这也是每个故事自身的基本特征。他说，“在这些单个故事的内部发现相同的结构，我们并不感到奇怪”，因为“实际上所有《坎特伯雷故事》[中的故事]都有一定风格上的混合”。[2]由于乔叟作品包含大量不同风格以及它们的混合，马斯卡廷认为：“乔叟诗歌表达出更多不同的复合意义。使用这些在本质上相同的传统风格，但经过不同的调整，乔叟将《修女院教士的故事》创作成讽刺史诗，把《商人的故事》创作成尖刻的嘲讽故事，把《磨坊主的故事》创作成粗俗的喜剧，把《特洛伊罗斯》创作成讽刺弥漫的故事。”关于《特洛伊罗斯与克瑞西达》，他还进一步指出：

> 一代人发现《特洛伊罗斯与克瑞西达》是一部阴郁而严肃的悲剧，另一代人则颂扬其喜剧性。风格上的分析表明，两者都为这部诗作所固有，并造成了它的讽刺性。特洛伊罗斯，同夏洛克[3]一样，如果没有暗藏的愚人底层，就远不会如此有悲剧性，而没有高昂的英雄气质，也就远不会那样喜剧。[4]

在马斯卡廷看来，乔叟诗作的意义和艺术活力在很大程度上都来自作品中各种风格的并置和它们之间的交融与张力。

运用新批评方法对乔叟作品进行深入研究的另外一部典范之作是J. A. W. 贝内特（J. A. W. Bennett, 1911—1981）的《〈百鸟议会〉：一种解读》（*The* Parlement of Foules*: An Interpretation*, 1957）。这部专著对乔叟前期作品《百鸟议会》进行了前所未有的全面分析。一般来说，新批评更长于较短诗作的分析。新批评兴起后，乔叟研究中一个比较重

---

1 Muscatine, *Chaucer and the French Tradition*, p. 222.

2 同上，p. 223。

3 即Shylock，莎士比亚名剧《威尼斯商人》中的犹太商人。

4 同1，p. 9。

要的发展是较此前更加注重诗人创作生涯前、中期那些长期被忽略的较短的诗作。贝内特从诗作开篇到结尾对《百鸟议会》的全面、系统研究就是这一发展的代表成果。特别值得称道的是，贝内特运用他渊博的中世纪社会、文化、哲学、自然科学方面的知识，不仅为其研究建构了深具启发性的历史文化氛围，而且将其运用到对诗作的肌理（texture）分析中。正是通过这样的细读，贝内特深入乔叟作品内涵，揭示出乔叟实乃其朋友和崇拜者厄斯克所称颂的“高尚的哲学诗人”。[1]他认为，乔叟正是从哲学家的高度在《百鸟议会》里探讨“对个人之爱、对天堂之爱、对公众福利之爱的诉求之间的冲突，并思考作为上帝代理人的自然女神[2]与维纳斯之间的关系”[3]。同时，贝内特对诗作的分析还表明乔叟有广阔的视野和“百科全书”般的知识。他说：“后代诗作再也没有这种百科全书的广阔……我们或许可以在《仙后》里发现关于自然的观念在其普遍性上与乔叟的观念相似；然而正如我们下面将看到的，那正是因为在伊丽莎白时代的人中，斯宾塞几乎是唯一一个在乔叟诗作中畅饮并与之具有相同观念的人。”[4]贝内特在1968年出版的另一部著作《乔叟的声誉之书：〈声誉之宫〉阐释》（*Chaucer's Book of Fame: The Exposition of* The House of Fame）除了对《声誉之宫》这部乔叟的前期重要诗作进行文学解读外，还十分详细、系统地分析了作品中从声学到历史极为丰富的各类知识，以表明这是一部比《百鸟议会》包含更丰富的中世纪知识的百科全书式诗作。他还通过分析该诗作里但丁的影响，令人信服地指出，乔叟15世纪的崇拜者莱德盖特将《声誉之宫》誉为《英语之但丁》，不是没有道理的。

同样，E. 塔尔博特·唐纳森在论文《〈磨坊主的故事〉里的通俗诗歌惯用语》（“Idiom of Popular Poetry in the ‘Miller's Tale’”, 1951）中也运用新批评的细读策略仔细分析乔叟在《磨坊主的故事》中的语言运用。他所说的“通俗诗歌惯用语”是指中世纪十分流行的表现典雅宫

1 见前面乔叟时代的乔叟批评部分。

2 自然女神（Nature）在《百鸟议会》中主持鸟儿们的求爱大会。

3 J. A. W. Bennett, *The* Parlement of Foules*: An Interpretation*, Oxford: Clarendon, 1957, p. 7.

4 同上，p. 9。

廷爱情的通俗浪漫传奇诗歌的语言和风格。他通过细致分析揭示出，运用这种典雅的语言风格来讲述发生在小城镇（牛津）下层人中的卑俗通奸故事，产生了独特的戏仿和讽刺性效果。

唐纳森另外一篇文章《乔叟与回避明晰》（“Chaucer and the Elusion of Clarity”）涉及乔叟诗作风格上一个重要特征。长期以来，人们一般认为乔叟作品风格简约，意义明晰，从不晦涩，如果难懂那也仅仅是因为人们不熟悉中古英语；然而唐纳森经深入分析，发现并非如此。除了其他运用新批评方法的批评家所揭示出的讽刺、悖论、歧义等许多使乔叟作品风格多样、意义丰富甚至含混的技巧之外，他认为乔叟还偏爱使用一些“透明清晰的陈述来相互毁灭对方的意义”。因此，如果不仔细阅读，全面把握，人们很可能得出一些片面的结论。他以《特洛伊罗斯与克瑞西达》里克瑞西达的形象为例，说：

> 关于克瑞西达的悖论是，她的确有这些非常不同的形象——那就是为什么在评论中，关于她的阐释那样千差万别：有些评论家把她看作被残酷的命运之神玩弄于股掌的可怜玩偶，另外的人却认为她能明智地适应不可阻挡的命运。然而实际上，他们全都正确，因为那取决于他们选择她身上哪些方面来加以强调。[1]

唐纳森是20世纪中期出现的特别有影响的乔叟学者，也是乔叟研究领域特别具代表性的新批评家。他编辑出版的《现代读者乔叟诗歌选》（*Chaucer's Poetry: An Anthology for the Modern Reader*, 1958）以及他在书中给予的评注，用李 · 帕特森（Lee Patterson）的话来说，“标志着新批评派乔叟的全面到来”[2]。他对乔叟研究特别重要的贡献，同时也是新批评在乔叟学术领域的代表性成就，是他对乔叟作品中作为叙述者之乔叟的研究。他在那篇很有影响的论文《香客乔叟》（“Chaucer the Pilgrim”, 1954）里深入分析了《坎特伯雷故事》的叙述者乔叟的

1 E. Talbot Donaldson, “Chaucer and the Elusion of Clarity,” *Essays and Studies*, 25, 1972, pp. 42, 31–32.

2 Lee Patterson, *Negotiating the Past: The Historical Understanding of Medieval Literature*, Madison: U of Wisconsin P, 1987, p. 21.

身份和艺术作用。他首先区分了乔叟的三种不同身份，即“香客乔叟”、“诗人乔叟”和“那位在当时的历史记载中经常被提到的优秀文职官员，但绝非诗人”的乔叟。他接着指出，他们虽然是“三个不同的身份”，但那并不“排除他们极为相似”的“可能性”，而且“他们经常同处一个躯体之内”；尽管如此，他们也应该被“区分开来”。[1]同诗人“区分开来”的“香客乔叟”，即作者在叙事作品中塑造的叙述者乔叟，是一个独立个体，而独立个体既是自由人文主义也是以自由人文主义为基础的新批评的出发点和关注中心。同时，叙述者与作者——包括隐含作者——的分离不仅体现出新批评所强调的文学作品的客观性，而且也是新批评家们最关注的讽刺、张力、悖论等艺术效果的重要根源。

随即，唐纳森仔细分析了香客乔叟在《坎特伯雷故事》中的表现，对其他香客及其行为的直接或间接的描写与评价，以揭示其性格特征和艺术作用。他得出结论：香客乔叟“属于那个不太可靠的第一人称单数叙述者这一既古老又很新的传统。与他最相同的现代版也许是莱缪尔·格列佛，后者在对善的寻求中令人沮丧地没能发现理性的追求与理性的马们的追求之间的差别”。唐纳森指出，这一传统中还包括乔叟时代的《农夫皮尔斯》里那位追求善却“不能正确评估他之所见”的威尔、《珍珠》(*Pearl*)里“混淆世俗价值与精神价值”的主人公、《情人的自白》里“追寻现实中不可求之爱情”的主人公，“最后当然是《神曲》里的但丁，他是这个家族中最尊贵的成员，而且也可能是这类其他第一人称朝圣者的直接原型”。[2]

后来在1958年的一篇关于《特洛伊罗斯与克瑞西达》的著名文章中，唐纳森再一次表达了作者与第一人称叙述者不等同，后者是作品中的虚构人物的看法，并从这种观点出发对乔叟这部名著，特别是克瑞西

1 E. Talbot Donaldson, “Chaucer the Pilgrim,” *PMLA*, 69, 1954, p. 928.

2 同上，p. 934。莱缪尔·格列佛是18世纪爱尔兰著名作家斯威夫特名著《格列佛游记》的主人公和叙述者；《农夫皮尔斯》的作者为威廉·朗格伦；《珍珠》的作者不详，被学者们根据其代表作称为“《珍珠》诗人”(the *Pearl* poet)或《高文爵士与绿色骑士》的作者“《高文》诗人”(the *Gawain* poet)；《情人的自白》作者为约翰·高尔，这后三位是乔叟的同时代诗人。

达这个性格复杂、形象丰满的人物进行深入分析。他说：

> 乔叟这部最长的单部诗作是他最伟大的艺术成就，也是英语文学最伟大的成就之一。它具有最高级别的伟大诗篇中大多数都有的特征，即总是可以再解读，总是能让不同时代和不同读者得出不同的意义，而且不管他们在最重要的问题上是如何地争执，他们也仍然能分享诗作为他们提供的深刻动人的体验。

关于该作品的叙述者，他认为，“如同大量乔叟作品一样，叙述者的伪装对于解读这部作品十分重要”。在作品开篇，叙述者似乎是“爱神的一位没有获得爱情的奴仆”；但他最重要的是“作为一位知识全部来自书本的历史学家和作为故事情节的无处不在的参与者却从不现身这种具有悖论意义的双重身份”。作为“历史学家”，他似乎是在客观地“翻译”他所获得的一本“古书”，而作为“参与者”，他对故事中的人物和甜蜜的爱情怀有“强烈的情感和主观性”。[1]他身上这种悖论身份极大地增强了诗作的复杂性、丰富性和艺术性。

对叙述者的研究是20世纪中期叙事文学批评中一个重要发展，与新批评密切相关。唐纳森的研究引发了许多乔叟学者的兴趣，他们相继发文出书，分析《坎特伯雷故事》和乔叟其他作品中的叙述者。比如，评论家约翰·M. 梅杰（John M. Major）也认为“香客乔叟”并非诗人乔叟，而是一个虚构人物，而且是“一个在任何情形中都异常敏锐、充满讽刺、非常诙谐的大师”。[2]

在区分诗人乔叟和香客乔叟并以此来深入研究乔叟的艺术风格方面，眼光特别敏锐的要算罗斯玛丽·E. 伍尔夫（Rosemary E. Woolf, 1925—1978）。伍尔夫在研究中世纪文学，特别是中世纪宗教抒情诗和朗格伦的《农夫皮尔斯》方面，很有影响。她在论文《〈坎特伯雷故事〉之〈总引〉里的讽刺家乔叟》（“Chaucer as a Satirist in the General Prologue to the *Canterbury Tales*”, 1959）里，可能比任何批评家都更敏

---

1 E. Talbot Donaldson, “*Troilus and Criseyde*,” in *Chaucer’s Poetry: An Anthology for the Modern Reader*, New York: Ronald, 1958, pp. 965–967.

2 John M. Major, “The Personality of Chaucer the Pilgrim,” *PMLA*, 75, 1960, p. 162.

锐而且令人信服地分析了香客乔叟与诗人乔叟之间不同的身份，并在此基础上以大量例证揭示乔叟的讽刺艺术。她指出：

> 在乔叟创作的时代，还没有后来浪漫主义意义上的个人诗歌(personal poetry)传统，即诗人从不将其个人情感作为诗歌主题。虽然第一人称代词“我”经常用于中世纪叙事作品和抒情诗，但那通常是戏剧性的“我”，也就是说，这个“我”是诗中一个人物，他与诗人的关系与其他人物一样，没有不同。[1]

她进一步指出，乔叟在早期诗歌中大量使用的“我”“属于梦幻诗歌里那类人物的传统，但具有独特的不同特征，他们显得天真、迟钝、充满善意，于是笑料来自诗中这个人物与创作所有这一切的那位诙谐聪明的诗人之间的差异”。这个第一人称叙述者也作为香客出现在《坎特伯雷故事》的叙事框架里，甚至还出面讲述故事。伍尔夫认为：“《总引》里的人物正是主要从香客乔叟而非诗人乔叟的视角来描绘的。很明显，对细节的挑选反映出讽刺家敏锐的选择能力，而那友善、热情、单纯、不予评判的语气却出自香客乔叟。”[2]伍尔夫随即以令人钦佩的新批评细读功夫通过对大量例证的分析揭示出两个乔叟之间明显的差异如何产生出充斥在作品中的乔叟式讽刺。另外，她还探讨了乔叟的讽刺与古典文学中分别以尤维纳利斯(Juvenal，即Decimus Junius Juvenalis，60?—127)和贺拉斯为代表的两种讽刺传统之间的异同与可能的承传关系。

评论家多萝西·贝休伦(Dorothy Bethurum)则考察了乔叟的宫廷爱情诗里的叙述者。她认为《公爵夫人书》里那个讲述公爵的爱情与悲痛的叙述者有如约瑟夫·康拉德(Joseph Conrad，1857—1924)笔下的马洛。她说，乔叟的叙述者“像康拉德的马洛，是过滤真实情感的筛子”，这样的叙述者使诗人“同他诗中的骑士主人公，一个完美的情人，

1 Rosemary E. Woolf, “Chaucer as a Satirist in the General Prologue to the *Canterbury Tales*,” in Rosemary E. Woolf, *Art and Doctrine: Essays on Medieval Literature*, ed. Heather O’Donoghue, London: Hambledon, 1986, p. 77.

2 同上，pp. 77–78。

保持很大的距离。当然,其效果是喜剧性的,却提供了一个理想的技巧形式,使一个中产阶级诗人能记录其保护人(patron)的悲痛”。[1]

不过,伯特兰·H. 布朗森(Bertrand H. Bronson)并不认可存在诗人乔叟和香客乔叟之间的区分,他在《寻找乔叟》(*In Search of Chaucer*, 1960)一书中认为,那种区分是以读者为受众的现代书籍时代的产物;相反,乔叟时代是诗人直接对听众朗诵,因此诗人和他的受众是直接关系,不需要也不存在一个叙述者这样的代理人(persona)。他说:

> 在[乔叟]作品中有一个人无处不在,那就是他自己,已被客观化于他的各种叙事作品中。讨论虚构作品里的作者代理人即使不是一种狂热,也是当下的时髦,而近来人们有一种谈论乔叟的代理人——即他诗中那个“我”——的冲动。我毫不犹豫地说,这些谈论中十之有九都误入歧途并显然是错误的。它是错误的,因为它出自并且是关于一个印刷书籍的世界,而其前提和假设都建立在任何其他世界里都不可能获得的条件之上。人们不时在口头上说乔叟是为朗诵而创作,然而那些论述代理人的人对这个首要的事实却总是看不到或者视而不见,而其含义很少被充分认识。[2]

他进一步说,区分两个乔叟的那种“人格分裂性的观点”“只可能在作者们习惯性地认为他们自己可以同他们的著作、他们的受众完全分离的时代里才可能产生,以至于当他们愿意时他们能用第一人称代词代表他们意愿中的任何人”。[3]

然而布朗森的观点并未获得多少学者赞同。自20世纪中期以来,评论家们几乎全都认可诗人乔叟和香客乔叟之间的区分,认为乔叟作品中那个自称为“杰弗里”的叙述者是作品里的虚构,不能与作者等同。乔治·凯恩(George Kane)在1965年的一次讲座中甚至将叙述者

1 Dorothy Bethurum, “Chaucer’s Point of View as Narrator in the Love Poems,” *PMLA*, 74, 1959, pp. 520, 513. 学者们认为,《公爵夫人书》是乔叟为其保护人兰开斯特公爵而作,公爵夫人死于黑死病,即鼠疫。

2 Bertrand H. Bronson, *In Search of Chaucer*, Toronto: U of Toronto P, 1960, p. 26.

3 同上, p. 28。

"杰弗里"等同于诗人乔叟的观点称为"自传谬论"。[1]不过近年来，也有学者逐渐转变，持有一些新观点。有些学者并不把叙述中的"我"看作一个确定的虚构人物或者说作者的代理人，认为那只不过是在叙述中为"某些地方的效果"(local effects)提供的修辞面具而已，这个第一人称代词实际上"标志着作者的缺席"。[2]乔治·摩根(George Morgan)也指出，评论家们把《坎特伯雷故事》里那个自称为杰弗里的"我"看作"迟钝的叙述者"，其实那"只不过是一个假设而已"。[3]

在否定乔叟作品(以及所有中世纪作品)中有一个叙述者这一点上最突出的是著名中世纪学者和乔叟评论家A. C. 斯皮林(A. C. Spearing)。部分由于受后现代思想影响，他在著作《文本的主体性：中世纪叙事作品和抒情诗里的主体性编码》(*Textual Subjectivity: The Encoding of Subjectivity in Medieval Narratives and Lyrics*, 2005)中发表了颠覆叙述者的观点。他不无讽刺地说，人们在乔叟作品中创造出一个与作者不同的叙述者是为了"提供一种方式，以便否认现代读者所发现的一切不喜欢的东西应由乔叟负责，而是将其归咎于叙述者"[4]。的确，乔叟作品以及中世纪诗作中有"许多不同意识中心的痕迹"，那是"一系列在叙述故事的'我'，起着许多不同的作用，很少有共同之处"，所以并没有形成一个"固定的观点来源"(fixed point of origin)或者"单一的主体"(single subject)，也就是说这些故事"没有一个叙述者"。斯皮林将其称为"没有叙述者的叙事"(narratorless narrative)。虽然这样的叙事没有叙事主体，但并不等于没有主体性。他认为，叙事的主体性是通过使用第一人称代词以及其他一些"指示性"词语(deixis，如我的、我们的、你看、听着、注意等)来将主体性"编码"在文本之中。他说，这种编码是使用"指示性词汇这种语言现象，而不预设这些标示

1 参看George Kane, "The Autobiographical Fallacy in Chaucer and Langland Studies," in George Kane, *Chaucer and Langland*, London: Athlone, 1989, pp. 1–14。

2 David Lawton, *Chaucer's Narrators*, Cambridge: D. S. Brewer, 1985, pp. 6, xiii.

3 George Morgan, "Moral and Social Identity and the Idea of Pilgrimage in the *General Prologue*," *Chaucer Review*, 37, 2003, p. 288.

4 A. C. Spearing, *Textual Subjectivity: The Encoding of Subjectivity in Medieval Narratives and Lyrics*, Oxford: Oxford UP, 2005, p. 106.

（markers）以形成使文本成为……‘某一意识的产物’那种统一模式或者任何那样的模式的存在会成为作者成就之指标的期望”。因此，这种文本里的主体性是一种“没有主体的主体性”，那个第一人称代词并不代表一个“本体统一的人物”，而只是指示一个主体性。[1]当然，这个主体性来自诗人乔叟。

对于斯皮林的观点，评论家迈克尔·福斯特（Michael Foster）既部分赞同，也有保留。他在德国出版的专著《乔叟的叙述者与自我表现的修辞技巧》（*Chaucer's Narrators and the Rhetoric of Self-Representation*, 2008）中说：“我对乔叟那个指向文本之中和文本之外的人物的第一人称叙述者最感兴趣……一方面，我不认为斯皮林关于‘没有主体的主体性’和不发声的文本的见解站得住脚，部分原因是乔叟创作其作品是为了朗诵……但保留斯皮林关于叙事必须有一个讲述故事但不一定总是虚构的主体立场的观点是很重要的。斯皮林断然认为，‘叙事主体并非一个自我’，不论那是否正确，即使按现代标准，乔叟的诗歌也具有非同寻常的自我意识。”[2]

理查德·诺伊泽（Richard Neuse）也十分注意叙述者的作用，不过他关注的不是作品中的香客乔叟，而是具体讲每一个故事的那位香客。他认为，他们都在“有意识地为这些听众和这一场合改写（或改编）旧故事”。通过他们的共同努力，《坎特伯雷故事》被创作成一部“人间喜剧”。他特别深入地分析了第一个故事的讲述者骑士，认为他的方式“在根本上是喜剧性的和讽刺性的”。[3]他指出，乔叟在《总引》里描写骑士时表达的骑士精神在本质上属于基督教性质，然而骑士所讲述的故事却发生在基督教之前的异教世界。他说：“正是在这里，这个故事的核心讽刺开始：一个骑士传奇被置入古典史诗的框架之中。”[4]诺伊泽特别深刻之处在于，他指出，通过骑士的改写，故事中的异教神灵并非

1 Spearing, *Textual Subjectivity*, pp. 95, 52, 94, 48, 33, 94.

2 Michael Foster, *Chaucer's Narrators and the Rhetoric of Self-Representation*, Bern: Peter Long, 2008, p. 22.

3 Richard Neuse, "The Knight: The First Mover in Chaucer's Human Comedy," *University of Toronto Quarterly*, No. 3, Vol. 31, 1962, p. 300.

4 同上。

是真能控制人们命运的力量，而只不过是人们自身本质的“隐喻”。在他所称的这个“喜剧性社会”里，“控制和秩序来自下面”，[1]也就是说，决定人们命运的不是高高在上的神灵，而是人们自身的本性。因此他认为：

> 《坎特伯雷故事》里的世界处于不断生成的过程中。《总引》里的静态群像是暂时的幻象：它们的主体摆好姿势准备从其禁锢状态中跳入更完整的存在，而前往坎特伯雷的旅途正是这些戏剧性人物将其本性表演出来的舞台。这些故事本身就是香客们的自我不断展示的组成部分，因此这也是获得新的洞见的途径和增强朝圣所暗含的群体纽带的交流方式。最后，他们获得的自我认识是超越自我之旅途的一个阶段，是迈向个体完善的一步。[2]

保罗·瑟斯顿（Paul Thurston）的专著《乔叟〈骑士的故事〉之艺术歧义》（*Artistic Ambivalence in Chaucer's "Knight's Tale"*）同样也通过深入分析，揭示了这个看似典型的浪漫传奇故事其实是包含丰富歧义的艺术杰作。同许多艺术杰作一样，不同层次的读者都能欣赏它并从中发现不同的价值。瑟斯顿指出，对于一般读者，那只是一篇优秀的宫廷爱情传奇，但“对于老练的读者，《骑士的故事》则是一部讽刺骑士传统那已被神圣化的制度及其文学和社会基础的艺术作品”[3]。而该诗作中大量“艺术歧义”正是表层的浪漫传奇（romance）和深层的讽刺（satire）交互作用所造成。他进一步指出，乔叟故事里的幽默与讽刺是薄伽丘原作里所没有的。特别是在比较了《骑士的故事》和宫廷爱情传统的一些代表作之后，他认为，它们之间在表面上虽然有不少相似之处，但实际上它颇为不同，“可以被解读为不仅是对诗作中描写的那些人物以及社会环境而且也是对它在表面上与之相似的文学体裁十分有趣的讽刺之作”[4]。换句话说，它与约两百年后出现的《堂吉诃德》（*Don Quixote*）颇有一些相似之处。

1 Neuse, "The Knight," p. 310.

2 同上，p. 311。

3 Paul Thurston, *Artistic Ambivalence in Chaucer's "Knight's Tale,"* Gainesville: U of Florida P, 1968, p. ix.

4 同上，p. 149。

第三节 当代多元研究

唐纳森、贝内特、马斯卡廷等优秀的乔叟评论家不仅运用新批评的理论与方法深入分析乔叟作品，他们也是学识渊博的中世纪学者，且具有深刻的历史意识，因此他们能克服新批评那种忽略作品的历史和文化语境的倾向，总能把他们的历史意识和有关中世纪的知识运用到乔叟诗歌的研究之中。也就是说，他们将乔叟及其诗作与乔叟时代和中世纪的社会和文化结合起来研究。然而，也有新批评家机械运用新批评方法，将乔叟作品同其时代分隔，将研究局限于乔叟的艺术形式和手法，因此受到其他批评家的质疑与反对。从20世纪中期开始，一些反对新批评的学者以及此后不断涌现的各种新的批评流派进入乔叟研究领域，从而造就了当代乔叟学术研究异彩纷呈的进一步繁荣。

就在新批评尚如日中天之时，普林斯顿大学教授D. W. 罗伯逊就开始挑战新批评派那种将作品与其时代分隔的倾向，而提倡在中世纪文学研究中运用历史主义批评。他在一篇关于乔叟的早期诗作《公爵夫人书》的文章里说："乔叟的诗歌对于我们意味着什么呢？就'情感上的深刻'或'严肃的思想'而言，它毫无意义，除非我们能运用历史想象力将我们放到乔叟受众的位置上，尽我们所能，让我们像他们一样思考，像他们一样感受。"[1]

罗伯逊的代表著作是《乔叟引论》(*A Preface to Chaucer: Studies in Medieval Perspectives*, 1962)。在书中，他除了在细读文本上与新批评略有相似之处（只不过他的细读并非聚焦于诗歌语言的艺术技巧）外，他的历史主义解读方式与新批评形成鲜明对照。特别值得称道的是，罗伯逊运用其渊博的中世纪知识和卓越的语言能力，广泛收集和阅读中世纪的一手文献资料，其中包括大量来自中世纪修道院的拉丁文和法语文献与艺术作品，以及19世纪以来欧洲所有主要国家里对乔叟和

1 D. W. Robertson, Jr., "The Historical Setting of Chaucer's 'Book of the Duchess,'" in D. W. Robertson, Jr., *Essays in Medieval Culture*, Princeton: Princeton UP, 1980, pp. 255–256.

相关领域的研究文献，并将这些文献资料用于对乔叟诗作的解读或阐释，以揭示乔叟作品中蕴含的中世纪历史文化意义，从而建构起一种独特的类似中世纪上千年的释经（exegesis）传统的批评方式，因此被学者们称为“释经式批评”（exegetical criticism），有时甚至被直接称为“罗伯逊批评”（Robertsonianism）。可以看出，他的历史主义批评与早前的“旧”历史主义批评相去甚远，而在一定程度上开了新历史主义批评的先河。早在1951年，他在论文《中世纪文苑中的慈善教义》（“The Doctrine of Charity in Medieval Literary Gardens”）中就已经使用这种释经方式分析《磨坊主的故事》的一些诗行。

尽管罗伯逊这种将文本置于当时的历史文化语境中研究、用各种文献来解读文学文本的方式与后来的新历史主义批评颇有相似之处，但他所关注的主要是中世纪主流文化中的宗教文本，因为他相信中世纪文化本质上就是基督教文化，中世纪文学文本同宗教文本一样，体现基督教教义和神学思想。他试图揭示出“中世纪美学原则”，并以此来分析乔叟作品那种“中世纪晚期风格”。不过在他看来，中世纪美学原则显然以基督教神学为基础。他强调，中世纪文学以基督教神学，特别是奥古斯丁（Augustine of Hippo，354—430）阐释的关于慈善和贪婪的教义为核心，其重要性在于教育意义。但中世纪文学家也并非直接表达，而是以象征寓意的方式体现基督教思想，文学批评就是要通过分析作品的象征寓意揭示文学作品的思想内容或者教育意义。所以在本质上，罗伯逊的文学批评，包括乔叟批评，是一种中世纪释经式的寓意解读（allegorical interpretation）。

早在1952年，罗伯逊在一篇关于《特洛伊罗斯与克瑞西达》的论文里，就运用这种寓意式解读分析特洛伊罗斯的“堕落”，认为“他的堕落是对亚当的堕落的回应(an echo of the fall of Adam)”[1]。不过需要指出的是，罗伯逊的释经式方法或者说寓意式解读最初并非系统运用在乔叟研究中，而是用于对乔叟时代另外一位卓越诗人威廉·朗格伦的杰作《农夫皮尔斯》的解读。他在1951年出版重要著作《〈农夫皮尔斯〉与圣经传统》（Piers Plowman *and Scriptural Tradition*）。正是在这部著作中，他

1 D. W. Robertson, Jr., “Chaucerian Tragedy,” in Richard J. Schoeck and Jerome Taylor, *Chaucer Criticism*, Vol. II, Notre Dame: U of Notre Dame P, 1961, p. 118.

发展和使用了这种与当时的主流文学批评不同的研究方法并造成很大影响，但他的这种批评方法在《乔叟引论》中得到最系统的运用。

罗伯逊的批评方法和对乔叟的研究引发了热烈的争论。20世纪中期以及随后的许多重要乔叟学者都加入这一辩论。有些人认为他是20世纪“最有影响”，甚至“最杰出的乔叟专家”，并遵照他的解读方式分析乔叟诗作。同时，另外一些批评家，特别是新批评派或受新批评派影响的批评家，则加以反驳。这两大派的论战和他们的批评实践一直延续到20世纪后期，为乔叟研究做出了重大贡献。著名的中世纪和乔叟研究领域的新历史主义批评家李·帕特森在《与过去协商：中世纪文学的历史解读》(*Negotiating the Past: The Historical Understanding of Medieval Literature*, 1987)一书的第一章里系统研究了20世纪大多数年代里的乔叟研究状况和成果，他总结说：“这两个卓越的批评构建(two great critical formations)，阐释批评和新批评，在过去25年里是乔叟研究领域最有效的研究方法并将继续对这一领域发挥决定性影响。尽管它们充满敌意，这两种立场——一个是激进的历史主义，另一个大体上对历史解读相关的问题漠不关心——却被它们共同参与的英语文学研究之历史发展捆绑在一起。”[1]

罗伯特·P. 米勒(Robert P. Miller)的文章《乔叟的卖赎罪券教士、〈圣经〉里的阉人和〈卖赎罪券教士的故事〉》(“Chaucer’s Pardoner, Scriptural Eunuch, and ‘The Pardoner’s Tale’”, 1955)就是按罗伯逊的阐释批评方法，运用《马太福音》(Matthew)里的经文来解读《卖赎罪券教士的故事》。R. E. 卡斯柯(R. E. Kaske)的论文《教父释经：一辩》(“Patristic Exegesis: The Defense”, 1959)也是使用这种研究方法的经典文章。他在文中主要是对照《圣经》里的《雅歌》(Canticles)来阐释《磨坊主的故事》里那些来自《雅歌》或者与之相仿的诗行。通过对两者的对照分析，卡斯柯指出：在这个故事里，“在喜剧这个最简单的层面上，存在《雅歌》及其各类神秘联系被置入市井故事的语境中产生的那种不协调，以及对经文的颠覆和各种喜剧性修改”。而在所有这些背后

1 Lee Patterson, *Negotiating the Past: The Historical Understanding of Medieval Literature*, Madison: U of Wisconsin P, 1987, p. 3.

是“阿伯沙朗和艾丽森的淫荡与新郎和新娘[1]的慈善之间更为重要的对比。正如神圣的慈善是由《雅歌》里高雅的意象所表现，对肉欲的贪婪不仅是由阿伯沙朗极端的愚蠢、艾丽森淫荡的言行，以及作为报偿淫荡情人们最终获得的极度秽行戏剧性地表现出来，而且也部分地由此象征性地界定”。[2]

罗伯逊式批评的一位重要支持者是罗伯逊的学生伯纳德·F. 胡佩（Bernard F. Huppe，1911—1989）。胡佩是重要的中世纪文学专家，他在乔叟和《贝奥武甫》等研究方面很有成就。他在其代表作《〈坎特伯雷故事〉的一种解读》（*A Reading of the* Canterbury Tales，1964）的序言里说他完全接受罗伯逊的方法，因为它能“在我难以企及的学术深度和广度上毫无疑问地、完全地阐释……乔叟的传统”[3]。与罗伯逊一样，他认为，在中世纪世俗文学和宗教文学同根同源，因此应该把乔叟放到中世纪基督教教义传统中解读。他说：“乔叟应该很希望传递一种比较具体的教义真理，因为他是在一个比奥古斯丁更为古老，但通过他巨大的权威在中世纪出现的文学传统中创作。”[4]他随即按他的观点，运用基督教神学和中世纪文化知识，对乔叟笔下的人物及其故事进行解读。

罗伯特·M. 乔丹（Robert M. Jordan）既受到罗伯逊影响，也在许多方面与之不同。同罗伯逊一样，他也强调乔叟是在中世纪的文学与美学语境中创作，因此他试图揭示中世纪美学的一些基本特征，以此来研究乔叟作品。他在其代表性著作《乔叟与决定创作的语境》（*Chaucer and the Shape of Creation*，1967）中承认：“我向［罗伯逊］学到许多东西，而且在许多观点上与他相同，特别是他对中世纪艺术的理念核心的领会。但我必须……就他过高估计基督教释经传统在乔叟诗作中

1 阿伯沙朗和艾丽森为《磨坊主的故事》里的人物。耶稣在福音书里多次称自己为新郎，而教会是其新娘。因此，这里的新郎指耶稣，新娘指教会和获救基督徒的灵魂。

2 R. E. Kaske, “Patristic Exegesis: The Defense,” in Dorothy Bethurum (ed.), *Critical Approaches to Medieval Literature*, New York: Columbia UP, 1960, p. 59.

3 Bernard F. Huppe, *A Reading of the* Canterbury Tales, Yellow Springs: Antioch, 1964, p. vi.

4 同上，p. 5。

的重要性表示异议。"[1]他所强调的中世纪美学的特征不是象征寓意，而是他从柏拉图美学思想发展而来的一种"非有机结构"(inorganic structure)。当然，他的这种美学理论所针对的主要是当时在英美文学批评中仍占统治地位的新批评，因为新批评把文学作品看作像一棵树一样的有机整体。他认为中世纪美学与现代美学有根本上的不同。他说，作为"乔叟艺术"之"基础"的中世纪美学"把艺术并非看作一个有机体，一棵活的植物，而是一件非有机的物品，……具有平面以及建筑上的维度"。所以，"乔叟叙事"里充满"不规则和不统一"，以及"没有解决的矛盾和叙事视角的冲突"，而它们是"乔叟艺术意义的重大决定因素"。[2]不仅如此，他认为许多现代乔叟批评家广为认可的观点，比如符合性格的人物塑造、香客人物性格与其所讲述的故事之间的内在关联、叙述者的特殊意义，以及基特里奇关于《坎特伯雷故事》的"戏剧论"等，都是评论家们强加给乔叟作品的，并非乔叟作品本身所具有，那也是中世纪文学本身没有也不可能有的。

另外，也有不少人对罗伯逊的观点持更为直接的反对态度。唐纳森发表了一篇很有名的文章《设计骆驼，或者将中世纪一般化》("Designing a Camel; Or, Generalizing the Middle Ages", 1977)。他认为，这种方法的结果适得其反。他讽刺说："现在流行的中世纪的形象看起来像一峰骆驼，那出自一个中世纪研究委员会，尽管它竭力想设计出一匹马。"[3]之所以如此，那是因为这种倾向于一般化的寓意性解读忽略了文学作品本身的独创性和艺术性。

另外，针对罗伯逊在《乔叟引论》中认为，人们不应该在乔叟作品里"寻找深刻的心理表现、强烈的戏剧冲突、性格丰满的人物、现实主义和精心安排的情节发展"等长期以来广受赞誉的特征，因为"它们与14世纪的创作风格相左，在14世纪，没有人会从心理学上进行思考，

1 Robert M. Jordan, *Chaucer and the Shape of Creation*, Cambridge: Harvard UP, 1967, p. 2.

2 同上，pp. 8–9。

3 E. Talbot Donaldson, "Designing a Camel; Or, Generalizing the Middle Ages," *Tennessee Studies in Literature*, 22, 1977, p. 1.

正如没有人会依据微分学或马克思主义辩证法来思考一样"的观点，[1]约翰·洛勒（John Lawlor）在书评里反驳说："那么我们是否也可以说，在14世纪没有人可以提供或享受一顿美餐，因为没有人知晓维生素的理论？"[2]

当代著名乔叟学者唐纳德·R. 霍华德也对罗伯逊只从基督教道德层面解读乔叟作品的观点提出批评。"对于那些认为乔叟时代纯粹是基督教文明，没有内部冲突，而且读者们从所有诗作中都期待获得道德启迪的人"，他想说："如果受众的期待是那样的狭窄，那很难解释为什么［《坎特伯雷故事》里］包含极为众多的不同故事，为什么它对于即使是现在那些认为基督教似乎只不过是历史上一个令人厌烦的错误的人也具有使之深感愉悦和深受教益的不竭能量，以及为什么人们会为，比如说，亨利逊的《克瑞西达的遗嘱》或《贝林的故事》[3]里表现出来的乔叟作品的叙事而非其道德特征感到激动。"[4]

霍华德的《〈坎特伯雷故事〉之观念》（*The Idea of the* Canterbury Tales，1976）是一部很有影响的力作。在书里，他接受唐纳森关于诗人乔叟与香客乔叟不能等同的观点，并据此质疑人们长期以来所持作品远未完成，还有大量故事未来得及写出之观点，认为所谓每个香客在来回路上各讲两个故事的说法其实是出自旅店老板之口，由叙述者转述，诗人是否曾经有这样的计划并不重要，关键是体现作者最终意图的现有文本是否完整。他同意弗莱在《批评的剖析》里所说，"这部现有作品已经准确记录下作者的意图"[5]，所以他认为这部杰作"没能完成却完整"（unfinished but completed）[6]。

1 D. W. Robertson, *A Preface to Chaucer: Studies in Medieval Perspectives*, Princeton: Princeton UP, 1962, pp. 276–277.

2 John Lawlor, "Rev. of *A Preface to Chaucer: Studies in Medieval Perspectives*," *JSTOR: Review of English Studies*, new series, Vol. 15, No. 60, Nov. 1964, p. 417.

3 亨利逊的《克瑞西达的遗嘱》和《贝林的故事》分别是作为乔叟的《特洛伊罗斯与克瑞西达》和《坎特伯雷故事》的续篇来创作的。

4 Donald Roy Howard, *The Idea of the* Canterbury Tales, Berkeley: U of California P, 1976, pp. 6–7.

5 Northrop Frye, *The Anatomy of Criticism*, Princeton: Princeton UP, 1957, p. 87.

6 同4，p. 1。

关于他对“观念”（idea）这一术语的运用，他说：

> 一部文学作品的观念与其“意图”并不相同——作者的意图可能受挫或被颠覆，有时这是好事，而且那可能没有被意识到。作品的意图——如同其形式、统一、结构、风格或“世界”——能在作品中判定并与作者时代的文化相关。所有这些都是作品观念的一部分。……观念有如海洋：它们包容丰富，不断变化，很难提取出来。《坎特伯雷故事》之观念的某些方面早在乔叟时代之前就已存在；当他将作品写在纸上之时它似乎已经发生一些变化；而且，随着历代读者们将其领会与表达，自他去世以来它已经经历了许多变更。[1]

这段话，特别是书中各章对《坎特伯雷故事》的“解剖式”（霍华德喜欢使用这个词）的分析表明，霍华德所揭示出的“观念”既指作品的意图、主题思想、体裁、形式、风格、结构，也包含乔叟时代以及中世纪使这部杰作得以产生的社会、宗教、哲学、文学、科学、生活风俗所组成的“海洋”般丰富的语境。“观念”既在作品之外也深深而且“很难提取”地融入或者说充盈于作品之中；另外，它是动态的，随着受众的变化而有所改变。

同样，著名女学者吉尔·曼也十分注重还原中世纪社会文化语境，并将乔叟置于其中进行研究。她在1973年出版了一部很有影响的专著《乔叟与中世纪阶层讽刺文学》（*Chaucer and Medieval Estates Satire*）。在这部著作里，她将乔叟的人物塑造放到中世纪“社会阶层”（estates of society）以及中世纪文学特有的所谓“阶层文学”（estates literature）或者说“阶层讽刺文学”（estates satire）的语境中进行研究。如前面各章的叙述所表明，在乔叟学术史上，长期存在着关于乔叟人物，特别是《坎特伯雷故事》里塑造的人物，是属于个性化人物还是典型人物的争论。有人相信他们是代表乔叟时代英格兰社会各阶层的典型人物；有些人认为他们具有独特个性，甚至是以乔叟熟悉的一些人为原型塑造的；

1 Howard, *The Idea of the* Canterbury Tales, pp. 1–2.

而另外一些学者则认为，乔叟人物并非属于某个时代，而是普遍人性的体现。但吉尔·曼认为，《坎特伯雷故事》，特别是它那以塑造人物群像而闻名于世的《总引》，属于中世纪特有的一种文学体裁：阶层讽刺文学。她说，《总引》的"内容和形式都表明它属于那种关于社会'阶层'(estates)的文学"，它"可以被界定为对社会所有阶层的讽刺性表现"。[1]她认为这种体裁"与社会生活密切相关"[2]。关于乔叟的人物塑造，她进一步指出：

> 乔叟之所以倾尽全力赋予其人物以"生命"，使之有如个性化人物，明显就是因为他们将在《坎特伯雷故事》这出戏剧中像个性化人物那样行动；他们将像个体的人会做的那样相互谈话和应对。因此"个性化"的一面对于这些故事的框架来说至关重要。然而"典型性"的一面对于乔叟在整部作品里的意图而言同样至关重要。即使处于未完成的状态，《坎特伯雷故事》最显而易见的一点也是它的无所不包的广泛性。它明显是指向普遍性，试图囊括当时文学中所有的主题、风格和体裁并使其成为它们辉煌的总汇。在一定程度上，这个引子以其广泛的格调和气氛成为后面部分的样本。其严肃的理想境界——分属骑士阶层、教士阶层和劳动阶层——分别体现在骑士、堂区长和农夫的人物形象中，它们在喜剧和粗野的格调之外增加了严肃的格调，以便乔叟能在此基础之上将其作品的主要部分包容进来。但除此之外，通过在内容和形式上都明显指向阶层文学，《总引》也为包括在《坎特伯雷故事》里的丰富体裁做出了贡献。由于阶层文学以体现普遍性为其宗旨，也由于其题材为整个社会，而其他的体裁正是从社会这个"原始素材"中选择它们自己的兴趣领域，因此以阶层文学来起这种引导性作用，是特别适合的。

正是在强调这种以表现社会所有阶层为主旨的包容性之基础上，吉

1 Jill Mann, *Chaucer and Medieval Estates Satire: The Literature of Social Classes and the General Prologue to the* Canterbury Tales, London: Cambridge UP, 1973, p. 1.

2 同上，p. 2。

尔·曼进一步揭示出《坎特伯雷故事》内在的和本质上的多元性质，因为乔叟作品中的思想和体裁等各方面的多元实际上是根源于乔叟时代社会的多元。她指出：

> 但《坎特伯雷故事》并非任何简单意义上的文学体裁总汇。这部作品的方法不是增添式的，而是辩证的；这些故事相互修正，甚至相互矛盾，以强调它们各自不同甚至相互对立的含义之方式来探讨各种主题。有的时候，我们能在各种变换之中追寻一个主题思想的发展，甚至在那些没有统一的思想之处也能发现其发展；值得注意，是争吵刺激[香客们]讲述故事。这种表现矛盾与冲突过程的总体效果是使我们的价值观念相对化，直到堂区长的绝对价值出现，他绝不会接受任何妥协或修正——然而，将这些绝对价值指派给作品内的一个人物（而且甚至不是给叙述者），乔叟在某种意义上也是将这些价值相对化。[1]

贝丽尔·罗兰也将乔叟作品置于中世纪文化语境中考察。不过她主要关注的是乔叟对动物的描写和动物在中世纪文化中的特殊意义。她在专著《盲目的野兽：乔叟的动物世界》（*Blind Beasts: Chaucer's Animal World*, 1971）里对中世纪的动物观和动物的文化意义进行了系统考察，并非常认真地检测了乔叟作品里的动物形象。她指出，乔叟在其作品中广泛描写和大量提及各种动物；比如，他100多次一般性地提及动物，而仅狗和马就分别提及多达近50次和150多次。[2]尽管如此，罗兰认为，乔叟"并不太重视动物世界"，"对自然界本身并没有多大兴趣"，他对动物的描写"通常并不能被看作是写实的，而几乎总带有象征意义"。在她看来，乔叟笔下的动物"代表人性中卑下的方面"。[3]她著作的标题"盲目的野兽"取自乔叟的短诗《命运》（"Fortune"）。在该诗里，诗人称那些对人类命运无知的人为"无知的

1 Mann, *Chaucer and Medieval Estates Satire*, p. 190.

2 Beryl Rowland, *Blind Beasts: Chaucer's Animal World*, Kent, OH: Kent State UP, 1971, pp. 57, 165, 112.

3 同上，pp. 21, 57, 73, 21。

野兽，充满卑劣的欲念”（该诗第69行）。不过从总体上看，罗兰并没有将她详细陈述的动物在中世纪的文化意义很好地运用于对乔叟诗作的分析；换句话说，她对各种动物的文化意义的陈述与她对乔叟作品中那些动物的分析显得脱节，因而没能很好揭示出动物在乔叟诗歌里的文化和文学意蕴。

当然，现当代乔叟研究并不仅仅关注乔叟诗歌的形式、内容、主题思想、历史信息、社会背景和文化意蕴。乔叟是英诗之父，他的主要成就是诗歌创作，许多英语诗歌的基本格律和韵式都由他奠定。20世纪中期以来，有一批学者一直致力于乔叟诗歌韵律的研究。詹姆斯·G. 索斯沃斯（James G. Southworth）在专著《乔叟的诗律和他的追随者们》（*Chaucer's Prosody and His Followers*, 1962）中指出，乔叟诗歌的格律是建立在英语口语之上，这是很有见地的；但他并不接受大多数乔叟学者的观点，认为五步抑扬格并非乔叟诗行的基本格律。

伊恩·罗宾逊（Ian Robinson）是研究乔叟韵律的专家。他在20世纪70年代初接连出版两本研究乔叟的专著：《乔叟诗歌韵律：中古英语诗歌传统研究》（*Chaucer's Prosody: A Study of Middle English Verse Tradition*, 1971）和《乔叟与英格兰传统》（*Chaucer and the English Tradition*, 1972）。两部著作都重点研究乔叟在英国文学传统中极为重要的地位。他的研究最突出的特点是将乔叟诗歌艺术放到英语诗歌传统中考察。前一部主要考察乔叟对英诗韵律的创造性实验与成就以及对英语诗歌未来发展的巨大贡献：乔叟之后六百多年英语诗歌的各种基本格律韵式几乎全为英诗之父所奠定。

在第二部著作里，罗宾逊集中研究从《公爵夫人书》到《坎特伯雷故事》乔叟所有重要著作的内容和艺术手法，并将乔叟的创作与同时代两位最杰出的诗人——《农夫皮尔斯》的作者威廉·朗格伦和《高文爵士与绿色骑士》的作者（佚名）——进行对比，另外还分析了乔叟对苏格兰诗人和后代英格兰诗人的影响。他赞叹乔叟对英语的创造性运用、对英格兰社会的丰富描写、对各种文学传统的包容以及广阔的视野。

罗宾逊特别强调乔叟作品的历史意义和民族性。他说：“在所有的意义上,《坎特伯雷故事》是乔叟那群人跨越14世纪英格兰的旅程。”在14世纪的历史语境中,乔叟运用英语表现英格兰社会实际上就是创造出真正的英国文学:“乔叟创作《坎特伯雷故事》其实是创造英国文学”,是“创造一个民族文学,在里面一个民族开始发现和认识自己”。[1]他赞叹乔叟对各种中世纪文学体裁和文学传统的广泛运用。他说:“《坎特伯雷故事》的绝大部分体现了在那之前还各不相干的各种传统。乔叟把它们几乎全运用于创作:他的文学范围极为宽广,而他也正是那样宽广地表现社会。通过超越单一传统并利用不同传统进行相互评判,乔叟因而凌驾其上进行独立评论。”不仅如此,“乔叟将这些不同的传统集合在一起创造出文学的共同语言”。特别重要的是,“乔叟的文学是自《贝奥武甫》之后首次带上其世界的英语文学。……乔叟运用想象力将其时代的生活带入《坎特伯雷故事》之中:正确阅读这些故事就等于理解乔叟的世界”。[2]

《乔叟与英格兰传统》最后一章的标题为“父亲乔叟”,罗宾逊在里面总结了乔叟对英国文学和英语文学传统的“创造”。如果说罗宾逊重点强调乔叟对英国文学的“创造”的话,那么在研究乔叟与英国本土传统的关系方面,P. M. 基恩(P. M. Kean)的两卷本《乔叟与英语诗歌之形成》(*Chaucer and the Making of English Poetry*, 1972)则特别注重乔叟对英格兰本土或者说英语已有传统的继承和运用。这是一部主要研究乔叟在英国文学传统中“独特的个人成就”的力作。所以,除了分析乔叟“特殊的成就”,作者还努力“回答乔叟在那个他生前身后都源远流长的传统中处于什么位置的问题”。他说:

> 英语是乔叟诗歌所选用的语言中介;在那个时代他完全可以选用法语或者拉丁语——他的朋友高尔在其主要著作中就使用这两种语言。如果完全没有考虑到使用民族语言创作诗歌在他之前已经有源远流长的传统这样一个事实,那就很难想象他会选用英语创作。实际上,特别是在浪漫传奇和抒情诗方面,他的确表现出他毫无疑问熟

1 Ian Robinson, *Chaucer and the English Tradition*, Cambridge: Cambridge UP, 1972, pp. 282, 283.

2 同上,pp. 285, 286。

知一些前辈的作品。

换句话说，乔叟不是白手起家"创造"出英国文学，而是在早已存在的英语文学传统中创作。但作为"英语诗歌的创造者"，他在两个方面与他的"任何英语前辈最少相似之处"，即"他创作的规模和他认为适合诗歌内容之类型"。[1]

因此，基恩认为："在不仅用英语创作诗歌而且还在很大程度上往后看这个意义上，乔叟是英语诗歌的创造者。另外，他对他发现的传统做出贡献，以至在他之后，诗人们能以新的方式创作出与此前完全不同的作品；在这个意义上，他也创造了英语诗歌。"针对前面引述过的马斯卡廷在那部影响广泛的著作《乔叟与法国传统》中关于乔叟的创作源自法国宫廷文体和市井故事模式的观点，基恩驳斥说："没有批评家会怀疑［法国文学的］影响对乔叟创作手法的发展的重要性这一事实。但那只不过是事实的一部分。不论乔叟阅读过多少法文著作，他也不能因此而成为第一位英国诗人。"[2]

几年后，约翰·费希尔在新乔叟协会举办的第二届世界学术会议（新奥尔良）上以《乔叟与法国影响》（"Chaucer and the French Influence"）为题所做演讲中针锋相对地说：

> 我并不否认［乔叟］是一个英国人，用英语为英国受众创作，但我相信，如果乔叟没有把一种新的诗歌模式和语言内化于英语之中，他就不可能创作出他的那些诗作和产生他那样大的影响。正如温姆萨特所指出，与其说乔叟是把法国材料置于在本质上是英国风格的基模（matrix）之上，还不如说他的风格之发展是以法国风格为基础。[3]

叙事学是20世纪中后期文学批评理论的重要发展。许多批评家

1 P. M. Kean, *Chaucer and the Making of English Poetry*, London: Routledge and Kegan Paul, 1972, pp. 1, 1–2.

2 同上，p. 3。引文中字体变化为原文所有。

3 John Fisher, "Chaucer and the French Influence," in Donald M. Rose (ed.), *New Perspectives in Chaucer Criticism*, Norman, OK: Pilgrim, 1981, p. 178.

自然也将其运用于乔叟作品研究。其实，前面着重引述过的关于叙述者乔叟的研究就是运用叙事理论的重要成果。但V. A. 科尔韦教授(V. A. Kolve)独辟蹊径，将叙事与意象结合起来，从"叙事意象"(narrative images)这么一个特殊角度研究乔叟的叙事艺术。他在专著《乔叟与叙事意象》(*Chaucer and the Imagery of Narrative*)中说："'叙事意象'……对揭示出它们的故事至关重要[欧文会说'关键的'，勒耶尔(Leyerle)会说'核心的']；它们象征潜在的意义[图夫会说'寓意'，罗伯逊和皮克林(Pikering)会说'形象意义']；而它们的象征意义极具特色地从属于它们隐藏其中等待被发现的虚构故事的写实表层。"[1]他在书中主要分析了《坎特伯雷故事》前四个完整故事里的核心叙事意象，如《骑士的故事》里关押阿塞特和帕拉蒙的监狱以及竞技场，《磨坊主的故事》里的自然、诺亚方舟与大洪水，《管家的故事》里的死神和没戴辔头的马，《律师的故事》里没有舵的船和海洋等，以及它们在叙事中的作用与意义。比如，科尔韦将《骑士的故事》里监狱这个叙事意象同宫廷爱情传统的"囚牢"相关联，并进而通过忒修斯关于命运的阐述同"生活的牢笼"结合起来，令人信服地对故事的叙事艺术及其深层意义做了深入探讨。同样，他将《律师的故事》里没有舵的船在无边海洋上的漂流之象征意义结合人生乃至精神上的朝圣旅途来分析作品之叙事艺术也很有创见。

二十多年后，科尔韦于2009年出版了《揭示性意象：乔叟与叙事意象之二》(*Telling Images: Chaucer and the Imagery of Narrative II*)。在这部著作里，他进一步研究乔叟作品里那些控制叙事的核心意象。不仅如此，他还将学术界近年来的一些新观点运用到乔叟研究中，强调乔叟是一位突出的人文主义者。他认为，在《特洛伊罗斯与克瑞西达》这部被普遍看作是英语文学中最杰出的宫廷爱情诗作里，诗人描写出高尚的异教世界并突出颂扬人文精神。他说："在我看来，《特洛伊罗斯与克瑞西达》似乎并不仅仅是关于性爱的诗作。在其最高的追求上，它也是从人文主义同情出发创作的关于异教悲剧的诗作。"[2]

1 V. A. Kolve, *Chaucer and the Imagery of Narrative*, Stanford: Stanford UP, 1984, p. 72.

2 V. A. Kolve, *Telling Images: Chaucer and the Imagery of Narrative II*, Stanford: Stanford UP, 2009, p. 253.

除了以上这些相对而言比较传统的研究之外，一些新涌现的批评理论也逐渐深入当代乔叟批评领域。但值得注意的是，相对于各种新批评理论在近现代文学家的研究中的运用，新理论在乔叟领域的进展比较滞后。著名学者默顿·W. 布卢姆菲尔德(Morton W. Bloomfield)在新乔叟协会于1980年在新奥尔良召开的第二届国际学术会议上说："应该记住，还很少有现代文学理论被用于乔叟。正如新批评大约花了15年左右的时间，才在20世纪50年代到达乔叟一样，新的文学理论也是如此，现在快要来到乔叟了。"当然他也指出，在运用新理论研究乔叟方面已经有少许成果，所以"我们即将见证乔叟批评中的新潮流"。[1]

布卢姆菲尔德所说的已经被运用于乔叟批评的新理论包括弗洛伊德(Sigmund Freud, 1856—1939)的心理分析。20世纪中期以后，心理学，特别是弗洛伊德的心理分析，对文学批评产生了重大影响，也逐渐进入乔叟研究领域。在这方面，斯皮林的论文《克瑞西达的梦》("Criseyde's Dream", 1964)运用弗洛伊德理论分析克瑞西达的梦，是一个很好的范例。在《特洛伊罗斯与克瑞西达》第二卷里，克瑞西达在听到特洛伊罗斯对她倾心相爱的信息后那天晚上，梦见一只雄鹰用利爪掏走她的心，而她并不感到疼痛。通过对作品的语境和克瑞西达的梦境的分析，斯皮林认为，这个梦充满歧义，可以在不同层面上解读，比如它既可以被理解为"在非个人层面上暗示诗作后面的发展而非探索克瑞西达内心的动机"，也可能是"揭示她自己的意愿""可能与命定处于平衡状态"。[2]关于在中世纪文学批评中使用心理分析方法的问题，他说：

> 当人们试图运用心理分析解读一个中世纪梦境时，他们很可能是将其象征意义翻译成其他术语。但这些术语似乎是可以接受和有相关意义的；如此情况并不值得大惊小怪。当然，乔叟对心理学一无所知，那是他去世五百年后才发展起来的。但他的主题是人性，弗洛伊德的也是。只要乔叟在其诗作中成功地探索了人性，我们就应该相

1 Morton W. Bloomfield, "Contemporary Literary Theory and Chaucer," in Donald M. Rose (ed.), *New Perspectives in Chaucer Criticism*, Norman, OK: Pilgrim, 1981, p. 25.

2 A. C. Spearing, *Criticism and Medieval Poetry*, New York: Barnes and Noble, 1964, pp. 107, 108.

信，他的诗作可以用任何时代的心理学来解读。[1]

斯皮林的这一观点在随后的半个多世纪里得到验证。弗洛伊德、荣格（Carl Gustav Jung，1875—1961）、拉康（Jacques Lacan，1901—1981）等学者的成果与思想都被陆续运用到乔叟研究中。不仅如此，后面将提到，这些思想还与身份理论、女性主义、后殖民主义、新历史主义、性别理论、酷儿理论等许多新思想结合在一起研究乔叟作品中人物的身份意识和主体性建构。

新历史主义在当代乔叟研究中是一个比较突出的批评流派，而且自20世纪70年代以来已取得一批十分重要的成果。乔叟领域的新历史主义批评家不同程度地受到19世纪和20世纪初期的"旧"历史主义批评、以罗伯逊为代表的历史主义"释经式"研究以及各种新的批评理论的影响。

在运用新历史主义批评方面，保罗·斯特罗姆（Paul Strohm）比较突出。他注重探讨乔叟的创作与乔叟时代各种社会文本之间的关联。他在那部颇有影响的著作《社会乔叟》（*Social Chaucer*，1989）中认为，"中世纪后期的社会关系结构提供了理解[乔叟]生活中的事件和他诗作的主题思想之语境"[2]。他通过研究"包括法律提案、人头税记载、政论文章和文学叙事等各种乔叟生活时代里的文本所反映出的复杂而变化着的社会关系结构"，发现在乔叟时代，英格兰社会已经不再仅仅是传统的分层式等级社会，而是并存着"中世纪盛期的等级制"和正在迅速发展的"横向的工商世俗""社会关系"。从《公爵夫人书》到《坎特伯雷故事》，乔叟受众的发展正好反映出这种社会变革，而其作品则"包含着纵向和横向两种社会描写形式之间充满活力的竞争；此竞争其实与中世纪后期被描述为从封建社会向资本主义过渡的社会变革相关联"。[3]

在运用新历史主义研究乔叟的评论家中，最具洞见性也最有影响的或许要算帕特森。除了前面提到的那部极有价值的乔叟传记外，帕特森的《与过去协商：中世纪文学的历史解读》是运用新历史主义研究

1 Spearing, *Criticism and Medieval Poetry*, p. 107.

2 Paul Strohm, *Social Chaucer*, Cambridge: Harvard UP, 1989, p. ix.

3 同上，p. x。

中世纪文学的代表性著作,受到广泛重视。在该书开篇的《历史批评与乔叟研究的发展》(“Historical Criticism and the Development of Chaucer Studies”)里,帕特森深刻分析了美国20世纪乔叟研究之发展,认为乔叟学者们在历史背景研究方面(historical scholarship)取得卓越成就,却没能很好地把它同乔叟作品本身的研究相结合,而这种脱节最具代表性地体现在新批评解读与以罗伯逊为代表的释经式研究之间的对立上。他认为,它们之间的对立无法调和正是“中世纪研究被边缘化”的症结所在。

帕特森在2010年出版的论文集《认识的行动:中世纪文化论文集》(*Acts of Recognition: Essays of Medieval Culture*)收入他在1981年到2001年发表的一些论文和新写的一篇关于《特洛伊罗斯与克瑞西达》的文章。该书开篇论文正是《与过去协商》里的开篇《历史批评与乔叟研究的发展》,这可看出帕特森是如何重视这篇文章和里面表达的观点。这些论文表现出他在其整个学术生涯中一直坚持的新历史主义研究方法和一直关注的中世纪政治、意识形态、宫廷、风俗、诗学以及中世纪人的自我意识等重要问题。他坚持过去和现在不可分离的历史主义观点,认为“我们对过去的责任就是我们对现在的责任;只有当我们能完全和准确地理解已经逝去的,我们才能理解我们自己”[1]。所以,他在书中对中世纪文学的研究体现出过去和现在、个人和社会之间的辩证关系的协商。比如,在他新写的文章《〈特洛伊罗斯与克瑞西达〉的体裁与来源》(“Genre and Source in *Troilus and Criseyde*”)里,他认为,乔叟称这部诗作为“悲剧”是因为“在中世纪古典史诗被称为悲剧”,而史诗也是一种历史。乔叟之所以对薄伽丘这部以宫廷爱情为主题的作品[2]而非那部将特洛伊题材历史化的《菲拉斯特拉托》如此感兴趣,是因为该作品里的爱情被运用来掩饰特洛伊的陷落,从而能探讨“微不足道的个人的选择——如果那是选择的话——与历史大事件之间的关系”。[3]

另外,帕特森在对耶鲁大学英文系本科生所做的一次关于乔叟的

1 Lee Patterson, *Acts of Recognition: Essays of Medieval Culture*, Notre Dame: U of Notre Dame P, 2010, p. viii.

2 指薄伽丘的《苔塞伊达》。

3 同1,pp. 202, 214。

演讲中深入浅出地运用新历史主义的理论和方法分析乔叟。他说：“我将讨论14世纪后半叶英格兰的经济、社会和政治环境，乔叟在世上的位置，以及这些与乔叟诗歌的关系。”他把这称为“文学批评中的历史主义阐释（historicist account）”；他说，如果需要一个“标签”，那么“最准确”的就是“将其称为唯物主义的”批评方法。他指出，在“中世纪英语诗人中”，乔叟“最现代也最少中世纪性”。其主要原因是，中世纪那些主要诗人中唯有乔叟最关注那最能体现现代性的本质问题，即“人物性格”；他说，“在哲学上和政治上我们将其称为个体主义（individualism）”。正是这种个体主义将乔叟和现代人联系在一起。他认为：作为“英诗之父”的乔叟的“独创性（originality）在于他重视个体，这使他成为那歌颂个体主义的批评和政治传统的绝妙开端”。

帕特森随即简述了乔叟时代的经济、社会和政治环境，特别是那些极为深刻地影响了英格兰社会和民众以及乔叟本人的生活与社会位置的黑死病、百年战争、农民起义、血腥的宫廷斗争等重大事件以及乔叟本人的经历。他得出的第一个结论是：乔叟的“社会身份”“无法界定”，因为证据表明

> [他]处于几个边缘分明的社会构成之间。他不是资产阶级，不是贵族，不是神职人员——然而他参与到所有这三个集团之中。也许这种准确的社会定位的缺乏有助于我们理解——虽然我们不能肯定说是它造成——乔叟对个体性的兴趣，一种对我称为没被社会决定的主体性的兴趣，一种对心理特征和内在性的关注，在他的诗中这无处不在。

帕特森的第二个结论是“关于《坎特伯雷故事》的产生与意义”。他说，此前乔叟所有作品（除《声誉之宫》外）都属于宫廷传统，也就是说，是“在贵族世界的意识形态和文化语境中创作的”。然而“《坎特伯雷故事》却并非如此”。关于乔叟创作中这一重大变化的原因，他说：“我确信14世纪80年代发生的事件震撼了乔叟，使他脱离了他艺术创作和生活的语境，即他本就日益感到不满的贵族文化。其结果——我们因此受益匪浅——就是《坎特伯雷故事》。”这些故事“没有直接评

述当时的问题。它们当然不是贵族式的，但它们也没有对贵族世界的视野提出替代性的社会愿景。相反，它们通过将注意力集中于个人、集中于人物性格而完全逃离政治。换句话说，《坎特伯雷故事》主要是以从现实退出来回应时代”。[1]

杜克大学教授戴维·罗兰·亚尔斯（David Roland Aers）也是比较早将新历史主义运用于乔叟研究的学者。他在专著《乔叟》（*Chaucer*, 1986）里说：“同任何人一样，乔叟在他生活于其中的历史语境里写作，并也为之写作。由于我们的个人经历与身份必然具有社会性，所以诗人依赖于他置身其中的文化所提供的语言、思想、行事活动与集体经历。这些语境并非写作的‘背景’，那只是历史学家才感兴趣的比较遥远的参考点。相反，它们铭刻在文本精微的细节之中，弥漫其中，赋予其活力，建构其形式。因为沉浸于历史中的文本是社会行为（social acts）。”由于所有文本都是由“处于各种真实的关系中活生生的人”在“各种决定性（社会的、政治的、语言的、性别的、文学的）的体系之中”“制作”的，因此“任何试图理解文学的尝试都必须将其回置（re-place）到产生它的各种话语网络、社会关系和实践活动之中，努力发现它所针对的是什么样的问题、什么样的疑问”。[2]

随着其他新的批评理论在乔叟研究领域取得进展，20世纪80年代后期以来，女性主义理论和性别研究在乔叟学术领域也取得重要进展，并迅速成为当代乔叟研究中一个很重要的方面。值得注意的是，在乔叟研究领域，女性主义和性别理论往往同新历史主义等文化批评结合在一起。亚尔斯可以说是这方面的一个代表人物。他的《共同体、性别和个体身份》（*Community, Gender, and Individual Identity*, 1988）一书就是从新历史主义的角度出发进而对乔叟以及其他中世纪诗人作品中的性别问题和个体身份进行研究。他认为：

意义的产生和个体的经验不可能脱离特定共同体的社会关系以及

1 以上引文译自Professor Patterson, “Chaucer,” http://www.yale.edu/engl125/text-only/lectures/lecture-1.html, Nov. 12, 2014。

2 David Roland Aers, *Chaucer*, Atlantic Highlands, NJ: Humanities Press International, 1986, pp. 1–2.

> 在阶级、性别、政治治理、宗教、军队,而且也往往包括种族的主流安排中展示出来的权力构架来理解。因此,希冀对一个特定文本进行中肯的解读,就必须将其放回到产生它并决定它的范围的各种话语和社会实践组成的网络之中。同时,每一个文本都暴露出这个网络的一些方面,并可能展示出那个时代的各种目标、意识形态和焦虑。[1]

亚尔斯随即突出运用性别理论并结合新历史主义来探讨《农夫皮尔斯》等几部最杰出的中古英语文学作品。书中第三章“宫廷共同体中的男性身份——《特洛伊罗斯与克瑞西达》里对自我的热爱”分析特洛伊罗斯的男性身份的建构。他认为这部英语文学史上最杰出的宫廷爱情诗“在特定的阶层和文化中探讨异性爱情在男性身份建构中的作用”。他说,这部诗作“在塑造特洛伊罗斯上表现出深刻的社会想象和文化心理”。他指出,“这位骑士的公众身份及其‘男性的’控制、权力及其不可战胜性在成就他自身的要求之一时受到威胁。在满足其‘拥有’一位宫廷女士的追求时,这位男性使自己感到那长久被遗忘却强烈需要的对女人的依赖”。因此,乔叟“这部诗作不断否定男人历来对女人主体性的否定,它在表面上尊重自己的文化与原材料,却强烈地反对它们的本质,这是它的特性、它的深远意义、它的伟大之标志”。[2]

卡罗琳·丁肖的专著《乔叟的性诗学》(*Chaucer's Sexual Poetics*, 1989)是乔叟学术史上第一部研究乔叟女性人物的专著。作者系统运用女性主义和性别理论研究了一些乔叟的长短诗作,特别是比较突出地表现女性人物的作品,如《特洛伊罗斯与克瑞西达》、《贞女传奇》、《巴思妇人的故事》及其长篇引言、《律师的故事》等,提出了一些关于中世纪性别建构的具有挑战性的观点。她的基本观点是,文学文本可以被看作女性身体,而针对文本所进行的任何“文学活动”(literary activity)都是由男性决定和操控:“文本如同女人的身体被文学和释经

1 David Roland Aers, *Community, Gender, and Individual Identity: English Writing 1360–1430*, London: Routledge, 1988, p. 4.

2 同上,pp. 119, 135, 145, 131。

传统的解读所强暴”。[1]她列举出圣保罗（Saint Paul）、圣奥古斯丁、圣杰罗姆（Saint Jerome）、《坎特伯雷故事》中的旅店老板哈利·贝利、文化人类学学者列维-斯特劳斯（Claude Lévi-Strauss，1908—2009）、中世纪文学和乔叟学者如唐纳森和罗伯逊等，认为他们都“像男人一样”“解读”或者说“强暴”《圣经》、古典文本和包括乔叟诗作在内的中世纪文学文本，强迫它们产生他们所希冀的意义。因此，她不无骄傲地说：“我对中世纪性诗学的讨论，为女性主义文学理论中流行的关于文本如同女人身体，任由男人题写、观赏和解读的观点，提供了更为充分的文化语境。”[2]

她还认为，乔叟不仅已经意识到性别（gender）是一种社会建构，而且通过创作出表现不那么僵硬的性别身份和等级制的诗作来有意识地挑战父权社会，但他的文本却被父权社会强暴。她说：“不论谁控制着意义、语言和文学行为，都与父权社会里的男性相关联。”乔叟“将自己表现为遭到抄写员强奸[3]的受害者：他的文本、他的作品、他的意图都被抄写员的笔强暴”。她接着说：

> 我将证明，正是那将自己放在女性位置上，即充分看到在父权社会中他者地位那种非同寻常而且困难的努力——甚至想象女性身体的快感和疼痛，不论那是五月女士在她的婚礼之夜对性爱的反感，巴思妇人对过去性爱享受的愉悦和对此时肋骨疼痛的悲怜，还是格里塞尔达对将她的“子宫”暴露在公众眼前的抵抗——在很大程度上激发了乔叟的主题关注以及他那种诗歌的形式与结构。[4]

所以，在丁肖看来，“强暴”乔叟文本的不论是他的抄写员，还是所有时代的文学评论家们，其最终根源都是父权社会。

另外一部以女性主义思想评论乔叟的著作是《乔叟的女性人物：

1 Carolyn Dinshaw, *Chaucer's Sexual Poetics*, Madison: U of Wisconsin P, 1989, p. 11.

2 同上，p. 17。

3 这里指乔叟在一首短诗里说自己的诗作因抄写员亚当的疏忽而遭到“强奸”。丁肖认为，“笔历来与男性生殖器相关联”（同上，p. 7）。

4 同1，p. 10。

修女、妻子和亚马孙式女战士》(*Chaucer's Women: Nuns, Wives, and Amazons*, 1990)。作者是普丽西拉·马丁(Priscilla Martin),她在序言中说:"乔叟创作中如此众多的方方面面都已得到学者们和批评家们如此多的关注,而像他对女性的表现那样重要的主题却一直被忽视,似乎令人惊奇。"她认为,"文学评论至今没有看见乔叟的女性人物,那也许是因为它一直在抵制她们所带来的难题"。[1]而

> 这些难题引发出著名的问题:"女人需要什么?""谁画的狮子?"[2]就这些广为所知的追问,我希望增加一个间接的问题:"天晓得她在想什么。"第一个问题后来也被弗洛伊德追问。第二个问题经常为女性主义批评家所引用,对他们而言这个问题预示了他们的下列观点:性别是在以男性为中心的语言里建构的,文学中的女性人物主要是被男性作者所创造,以及女性作家所继承的文学传统主要为男人所传递。第三个问题表明女人不仅被排除在书写话语也被排除在口头话语之外。我会感到很难接受我们对这些问题的认识只不过是"读者的创造"的观点。这些问题直接把我们带到权力主题。对第一个问题的回答是女人要求权力;第二个问题揭示出权力的一个特别根源;第三个问题则是由无权的状况所引出。[3]

在乔叟学者中,前面已经引述过的吉尔·曼也是一位特别有见解而且知识渊博的女性主义批评家。她于1991年在"女性批评系列丛书"中出版的专著《杰弗里·乔叟》(*Geoffrey Chaucer*)很有影响,后来在2002年经修改充实单独再版时,书名改为《女性化乔叟》(*Feminizing*

1 Priscilla Martin, *Chaucer's Women: Nuns, Wives, and Amazons*, Iowa City: U of Iowa P, 1990, p. xii.

2 "女人需要什么?"这一问题由《坎特伯雷故事》里《巴思妇人的故事》中亚瑟王的王后提出。"谁画的狮子?"这一问题受《伊索寓言》影响,由巴思妇人在其引言中提出;原文为:"谁画的狮子?是人还是狮子? /正像教士在经堂中讲的典故,/凭天起誓,若是由女人来记述,/那么她们所记下的男人罪孽,/亚当的同类将永远无法洗涤。"(《坎特伯雷故事》,黄杲炘译,第460页)这是对男权极为精彩的揭示与抗议。

3 同1,p. xiv。

Chaucer)。在新版前言中，作者解释说："新的书名……具有双重意义。首先，它标志着这部著作是从女性主义的立场并参照现代女性主义著作解读乔叟作品。其次，它旨在表明乔叟作品里充斥着一种'女性化的'精神——女性是他的想象世界以及他对伦理和宗教问题进行探讨的核心。"[1]

学者们广泛认为，中世纪对待女性的态度明显是两极对立，并分别以圣母玛利亚和为人类带来无穷罪孽的夏娃为代表。曼指出，这种两极对立在罗马文学中就已经存在，但"当乔叟开始创作之时，他遇到的问题并非仅仅是如何——是作为好人还是坏人——来表现女性，而是如何在表现女性上打破传统的两极对立；更重要的是，如何从她自身来表现女性，而非从男性的立场无休止地对她进行评判"。她说，这部著作旨在"表明乔叟以多么杰出的才干解决了这两个问题，并且也表明他做到这一点不是通过抛弃他继承的文学遗产，而是将其如此充分地吸纳以至那些论战性的充满偏见的漫画像被赋予了全新的意义"。因此，在乔叟作品里"'女人'不是一个可以将几个世纪以来灌输进去的意义清除干净的符号，……相反，他对其加入更多的意义，以至女性处于中心而非边缘，并成为衡量人类一切行为的标准"。[2]

其实，就乔叟对女性所持立场而言，历来存在两派对立观点。曼所代表的一派最早的人物是前面提到的苏格兰早期诗人加文·道格拉斯，他称乔叟为"女性的朋友"（womannis frend）。对这种观点，女性主义批评家伊莱恩·塔特尔·汉森（Elaine Tuttle Hansen）持相反意见。在运用女性主义和性别理论研究乔叟及其诗作上，汉森发表了一些特别独到的见解。她在专著《乔叟与关于性别的虚构作品》（*Chaucer and the Fictions of Gender*, 1992）中"断言"："那种想恢复女性主义者乔叟而不威胁到那个人道主义者乔叟的努力……是误入歧途"[3]，因为人道主义所基于的那个排除女性或者说女性在其中缺席的所谓"人类"（mankind）的观念本身就需要质疑。关于乔叟，她说："作为男性想象力

1 Jill Mann, *Feminizing Chaucer*, Cambridge: D. S. Brewer, 2002, p. vii.

2 同上，p. 2。

3 Elaine Tuttle Hansen, *Chaucer and the Fictions of Gender*, Berkeley: U of California P, 1992, p. 12.

之诗人，乔叟的生涯以一首关于一个死去女人[1]的诗作开始”，而且“乔叟的虚构作品不断表现‘她’[指女性人物]的死亡，他将一个女人带入所表现的生活之中，以便她可以被杀死、除掉、消声和清除”。[2]

与历代评论家的观点相反，汉森通过对《贞女传奇》的研究，认为它“最好被看作是关于男人而非女人的诗作”，或者说是关于所谓“虚假男人”(false men)，即“女性化男人”的作品。她所说的“女性化男人”是指“那些行为有时像据说是女人的举止那样的男人和通常像女人那样被对待的男人”。[3]她说，这部诗作里的“英雄人物”“首先是被形势、命运或内在的弱点所女性化”，而他“随后用来逃避这种身份的方式实际上仅仅是对其加以确认”。汉森的“结论”是，“在这个世界里，女性化是难以避免的，因为父权社会的规则与爱情的规则不相兼容，而男人们在试图建构稳定的性别身份之时则处于由此产生的矛盾之中”。[4]

乔叟研究领域的女性主义批评或者说对乔叟女性人物的研究方面的一部新力作是约翰·A. 皮彻(John A. Pitcher)的专著《乔叟的女性主体:〈坎特伯雷故事〉里的欲望人物形象》(*Chaucer's Feminine Subjects: Figures of Desire in* The Canterbury Tales, 2012)。除女性批评理论外，皮彻还使用解构主义和心理分析等批评思想对巴思妇人等四个香客所讲故事里的女性人物之主体性进行研究。他认为，当前学术界普遍忽视主体性发展史上的中世纪后期这一阶段，“学者们对中世纪著作的探讨仍然将批评的重点放在传统的关于社会和神性身份之上”[5]。相反，皮彻认为:那些“故事将欲望效应前置的方式证明了乔叟作为现代主体性的一位早期建构者的地位”[6]。与20世纪80年代以来包括

1 指《公爵夫人书》里的兰开斯特公爵的夫人布兰茜(Blanche)，她死于黑死病。《公爵夫人书》为悼念她而作，被学者们认为是乔叟的第一部作品。

2 Hansen, *Chaucer and the Fictions of Gender*, p. 56.

3 同上，p. 3。

4 同上，pp. 6, 7。

5 John A. Pitcher, *Chaucer's Feminine Subjects: Figures of Desire in* The Canterbury Tales, New York: Palgrave Macmillan, 2012, p. 1.

6 同上，p. 3。

上面提到的汉森等许多女性主义者和性别理论评论家认为在乔叟作品里"没有'人性'(human nature),只有'男人性'(male nature)和'女人性'(female nature)",而女人是与男人不同的"他者"的观点相反,他认为"乔叟所抨击的一个主要对象恰恰是一种心理实在论(psychological essentialism)的表现形式,它把身体结构看作命运并将生物性别与文化性别加以混淆"。不过,他说:

> 如果乔叟拒绝了关于女性不同的观点,他并没有用对那种普遍人性比性别差异更为根本的观点加以肯定来将其取代。乔叟的作品既不指向性别差异的迷思后面的性别统一的真实,也不设置一个人本主义普遍性来替代厌女主义者的差异性。这些故事而是表明差异的不可划分性,即主体性的易变避开了使之成形的语言系统的两极对立这一事实。[1]

换句话说,在皮彻看来,乔叟笔下的每一个人物,不论男女,其主体性都是独特的,既不能笼统地归于人性,也不能简单地以男女间的差异划分。

另外,当代一些新的文学批评理论如解构主义、心理分析等也进入乔叟研究领域,产生了一批学术成果和揭示出乔叟及其作品中一些此前不为人知的层面。在这方面,马绍尔·莱斯特(Marshall Leicester)的《被解构的自我:〈坎特伯雷故事〉里的主体表现》(*The Disenchanted Self: Representing the Subject in the* Canterbury Tales, 1990)是一部重要著作。虽然莱斯特在书中运用解构主义和心理分析理论着重讨论《巴思妇人的故事》、《卖赎罪券教士的故事》和《骑士的故事》,但他对《坎特伯雷故事》整体上的分析也颇有见地。他书中一个核心关键词是"主体"(subject)。他说:"现在不仅语言学,而且解构主义、拉康式心理分析和某些社会理论,都避免使用'自我'、'个人'和'充满活力的人物'这类表达,而是用'主体'来取代它们。"主体是指"在一个大的结构中的位置,一个各种[心理和社会力量]往来的场所";而根据"本质

1 Pitcher, *Chaucer's Feminine Subjects*, pp. 5–6.

主义或者所谓人道主义的观点”，“自我”则是“一种永恒而且在根本上不变的本质”，但那只不过是“一个幻觉”。[1]

莱斯特进行这样的区分旨在解构长期以来在乔叟学术领域，特别是在《坎特伯雷故事》的研究中，占主导地位的所谓“戏剧性解读”：乔叟的香客们，即故事的叙述者，如同舞台上的戏剧人物，是具有独特个性（也就是莱斯特所说的那种永恒、不变的自我）的形象。他说，乔叟批评家们首先运用关于中世纪社会和文化的知识以及《坎特伯雷故事》的《总引》和相关引言、尾声的材料“在他或她讲述的故事之外建构该香客的形象，然后将每一个故事看作讲述它的那位人物的产品来阅读，而对其意义的解读则受制于我们认为该人物应具有的特点”。也就是说，在每一个故事的后面有“一个控制、限定和确保所表达之内容有确切意义的独特人物”，而该人物有一个先于并外在于故事文本的自我。但莱斯特“坚持认为那里没有任何人，只有文本”。不过，如果故事文本之外没有自我，故事之内却有，他将其称为“文本的声音（或者主体）”，即“语言的代码和习俗”的“作用”。在文学文本里，“说话人（speaker）是作为语言的和语义的关系由文本自身创造的主体”。他说：“我认为《坎特伯雷故事》，特别是那些故事，正是这种文本。这些故事是人格化艺术（impersonated artistry）的例证，它们注重的不是先在的人物如何创造语言，而是语言如何创造人物。”也就是说，那些作为叙述者的香客是被他们的故事文本所塑造。于是，莱斯特驳斥了评论家们把故事中一些不符合香客—叙述者身份的段落看作诗人乔叟的话语的观点，比如《磨坊主的故事》里那些对于没有受过教育而且在道德上很成问题的磨坊主来说，似乎“太好”和“太聪明”的段落。他认为，“早在任何一位乔叟批评家之前，旅店老板和这部诗作的总叙述者[2]就已经在将他类型化”，[3]就已经在根据自己的观点虚构出一个故事文本之外的磨坊主，将其定型，并以此来衡量他的故事文本。然而，他

1 Marshall Leicester, *The Disenchanted Self: Representing the Subject in the* Canterbury Tales, Berkeley: U of California P, 1990, p. 14.

2 旅店老板是《坎特伯雷故事》里“故事会”的主持人，总叙述者指参与朝圣的杰弗里，即评论家们所说的“香客乔叟”。

3 同1，pp. 7, 9, 9, 10, 10, 11。

的故事文本实际上却颠覆了这一形象。关于他这部著作的书名里包含的"disenchantment"这个词，莱斯特解释说，那本身就是"颠覆"或"解构"(undoing)的意思。[1]不过，莱斯特"坚持认为"："我既非解构也非心理分析化(psychoanalyzing)乔叟的文本。"相反，他只不过是在"描述《坎特伯雷故事》这个文本本身所表现的东西"。也就是说，在他看来，解构和心理分析是《坎特伯雷故事》本身的本质性特点，他只不过是将它们揭示出来，而非在运用解构和心理分析来研究乔叟诗作。所以，他说："不仅诗人而且至少他的人物之一，卖赎罪券教士，是积极的解构主义者，他们有意识地以滑稽的方式模仿正统话语来暴露它们深层的矛盾。"[2]

在运用心理分析方面，奥拉尼·弗拉登堡(Aranye Fradenburg)是一位比较突出的乔叟学者。她长期致力于运用心理分析，特别是拉康的方法，研究乔叟。她在多年研究的基础上出版了论文集《牺牲你的爱：心理分析，历史主义，乔叟》(*Sacrifice Your Love: Psychoanalysis, Historicism, Chaucer*, 2002)。在书中，她运用心理分析理论并结合文化理论研究《公爵夫人书》、《修道士的故事》、《骑士的故事》、《贞女传奇》和《特洛伊罗斯与克瑞西达》，她关注的中心是愿望与伦理。她说："愿望与伦理之间的关联……处于我对牺牲所做的思考的中心。我把牺牲解读为快乐的一种形式和行为，是受到心理分析关于愿望推动主体性的原则的启发。"[3]她根据拉康理论阐释弗洛伊德关于"死亡愿望"的原则，并将其运用于对修道士讲述的那些悲剧故事的分析。她说，修道士"是一个畸形形象，他并不使人仅仅回想起任何一种传统的死神形象。[4]他使人想到某种像意愿那类谋杀性的东西"[5]。她进一步说："我认为《修道士的故事》表明，潜在的毁灭性在所有时代都无所不在，

1 Leicester, *The Disenchanted Self*, p. 15.

2 同上，p. 16。

3 Aranye Fradenburg, *Sacrifice Your Love: Psychoanalysis, Historicism, Chaucer*, Minneapolis: U of Minnesota P, 2002, p. 2.

4 指中世纪，特别是14世纪黑死病流行后，欧洲出现的各种死神的绘画形象。

5 同3，p. 134。

而且永远不会消失。”[1]

与之不同，威廉·伍兹（William Woods）则从另外一个视角，运用当代空间理论研究乔叟。他在《乔叟式空间：乔叟开篇故事里的空间诗学》（*Chaucerian Spaces: Spatial Poetics in Chaucer's Opening Stories*, 2008）中分析了《坎特伯雷故事》开篇的六个故事以及《船长的故事》。他认为，与《特洛伊罗斯与克瑞西达》里有一个统一的虚构世界不同，在这些故事里有

> 许多不同的世界，其中每一个在不同的程度上都是其叙述者和人物的需求与梦想的反映。一个骑士的世界与一个磨坊主的世界不同，如同从他的身份与阶级的角度他看待事物会不同一样。这样的不同决定细节的选择。具有代表性的细节后面是骑士或者磨坊主的空间意识，即在其日常活动和关于未来的计划中，他看待可能性、希望与局限的方式。

所以，乔叟的人物“占据的空间或地点都在静静地展示其社会身份和个人意图，并不动声色地推动着叙事”。[2]

有意思的是，后殖民等新理论也被运用于乔叟研究。丁肖在介绍后殖民、女性批评和酷儿理论用于乔叟研究时说：“《律师的故事》的叙述在‘9·11’之后进入了毁灭性话语的历史。我使用这种强烈的断言是指，在西方国土上进行的伊斯兰极端暴力活动的新语境中，这个故事里那些东方主义式表现的意义改变了：它们成为东西方之间那种你死我活的关系的一部分。”正因为如此，她认为，在中世纪和乔叟研究中运用后殖民理论有助于在“9·11”之后破解东西方对立：由于中世纪专家和后殖民理论家都不受启蒙运动那种两极对立的线性思维模式制约，“将中世纪学者和后殖民理论家们的那些洞见结合在一起，我们能理解《律师的故事》那种超验的——非理性的、不由因果关系的自然律

1 Fradenburg, *Sacrifice Your Love*, p. 152.

2 William Woods, *Chaucerian Spaces: Spatial Poetics in Chaucer's Opening Stories*, New York: State U of New York P, 2008, pp. 1, 2.

法所决定的——防卫机制也许能挫败男性帝国主义统治”。[1]

约翰·M. 鲍尔斯(John M. Bowers)也将后殖民理论运用于乔叟研究,不过他更注重乔叟在语言上的反拉丁语殖民主义“起义”。他认为英格兰在7世纪之前经历了“罗马的两次征服与殖民”:第一次是“罗马军团的短暂胜利和帝国的军事统治”;[2]第二次是“教皇格里高利派遣的传教团获得的永久成功。这次基督教的罗马征服的一个核心部分是将拉丁语作为经书和礼拜的语言而强行推进,最终使其成为神学、历史记载、教育、科学和法律语言”。这种拉丁语殖民持续到乔叟时代,比如“《乔叟生平记载》中收集的14世纪拉丁语文档证实,这种语言侵略在政府、金融和经济事务中持续获胜。不过,俗语的词汇和语序对这些拉丁语文本的影响也显示出对它的侵蚀和它的本土化进程,而乔叟以其作为行政官员和文职人员的一生参与其中”。[3]更重要的是,“在14世纪的最后几十年里,乔叟以其广泛的翻译活动发动了一场抗击这种外国侵略的文学起义”。鲍尔斯随即历数乔叟对波伊提乌的《哲学的慰藉》的翻译和在许多作品如《公爵夫人书》、《声誉之宫》、《特洛伊罗斯与克瑞西达》及《坎特伯雷故事》的一些故事里,以及在另外一些现在已经散失的作品和译作中,用英语翻译、借用和改写拉丁语文学作品如奥维德的《变形记》、维吉尔的《埃涅阿斯纪》和一些拉丁语神学著作。[4]

然后,鲍尔斯将乔叟与同时代的杰出诗人高尔和朗格伦相比,以突显乔叟对拉丁语的殖民霸权的颠覆。他说:“与同时代的伦敦人威廉·朗格伦和约翰·高尔的做法相比,乔叟避免使用拉丁语,显得非

1 Carolyn Dinshaw, “New Approaches to Chaucer,” in Piero Boitani and Jill Mann (eds.), *The Cambridge Companion to Chaucer*, 2nd. ed., Cambridge: Cambridge UP, 2003, p. 286.

2 指公元43年,罗马皇帝克劳狄一世(Claudius, 10 BC—54 AD)跨海征服不列颠南部,开始了三个多世纪的罗马统治,直到5世纪盎格鲁-撒克逊人迁入前夕,罗马军团于406—407年分批撤退。

3 John M. Bowers, “Colonialism, Latinity, and Resistance,” in Susanna Fein and David Raybin (eds.), *Chaucer: Contemporary Approaches*, University Park, PA: Pennsylvania State UP, 2009, p. 117.

4 同上,pp. 117-118。

常与众不同。朗格伦在《农夫皮尔斯》的文本中如此大量混用拉丁语引文，以至其诗作可被称作两种语言的混合。”朗格伦对拉丁语引文的癖好“牺牲了他诗作的英国性”。而高尔更是使用多种语言创作的诗人，他不仅创作多部长篇拉丁语作品，连其英语代表作《情人的自白》(*Confessio Amantis*)也以拉丁语为书名，诗中更包含大量拉丁语引文。另外，乔叟在作品中“还对拉丁语进行嬉戏性嘲讽”，[1]以进一步颠覆拉丁语的霸主地位。

在现当代文学批评领域，对读者或受众的研究也是一个热点，这也深入乔叟研究中。凯西·考西博士(Kathy Cawsey)的专著《20世纪乔叟批评：阅读受众》(*Twentieth-Century Chaucer Criticism: Reading Audiences*, 2011)将福柯在《什么是作者》("What Is an Author")中提出的关于作者是一种“作用”(function)的理论加以延伸，认为受众也可以是一种作用，并把这种她称之为“受众作用”的很独特的接受理论用来研究基特里奇、刘易斯、唐纳森、罗伯逊、丁肖和帕特森等几位20世纪不同流派且特有影响的乔叟学者和批评家的研究成果。

考西说：“这里的受众可以界定为乔叟时代的中世纪受众，也可界定为所有时代的所有人。无论何种情况，这位‘读者’起着控制批评家的解读的作用。批评家对‘读者’进行界定或设想的方式决定了对于那位批评家来说什么样的解读才正当、有理和令人信服。”[2]她认为，其实乔叟本人就极为重视受众。她说：“乔叟深深着迷于受众。他的那些主要作品全都包含一些内在受众——他的叙述者们(他们本身就是古代作家的受众)和听故事的人物。乔叟担心他现实生活中的受众会如何阅读他的诗作，他们会怎样以他没有预见到或并非其本意的方式解读它们，他们会如何曲解他的话使之面目全非。”[3]她进一步

1 Bowers, "Colonialism, Latinity, and Resistance," pp. 118–119.

2 Kathy Cawsey, *Twentieth-Century Chaucer Criticism: Reading Audiences*, Farnham, UK: Ashgate, 2011, p. 5.

3 同上，p. 1。的确，乔叟在一些作品中，比如《特洛伊罗斯与克瑞西达》和《坎特伯雷故事》，特别是《贞女传奇》的引子里，多次甚至极为戏剧性地表达了这种担心。不过，那不仅仅是乔叟的担心，很可能他同时代的受众，不论是他的读者还是听他朗诵的贵妇人们，的确对他的作品产生了不同解读，甚至误读(可参看《贞女传奇》的引子)。

指出：

> 乔叟诗作还很具体地体现出每一位中世纪作者都深刻体会的一个实实在在的困境：乔叟不仅仅是一位作者，也是一个受众，一个古典和早期中世纪作家们的读者。他怎样才能成为那些作家的一个“好的”受众，既忠实于他们作品的精神与主旨，同时也使自己成为一个独创性作家，为一个新的时代、语言、社会重新讲述和重新解读那些故事？在他的作品中，乔叟经常否认自己对创作身份有多强的主张，相反却强调作为受众的作用。他坚持说，他是在重述、编纂、翻译或者传递他所听到的故事，而非在创造或“写作”。然而他清楚知道，即使是简单借用或翻译都会不可挽回地改变“原作者”的作品。乔叟对受众所起作用的兴趣并非无关紧要或者一时兴起，而是他一生都面对的问题。[1]

不过，考西指出：“本书不仅研究乔叟作品中关于受众的观念，而且考察这些年来批评家们设想乔叟的受众的方式。它追溯20世纪六位重要乔叟专家的著作中关于乔叟受众的各种观念，叙述那些观念如何变化，它们的变化既受影响于也决定着作为一个学科的乔叟研究和英语文学研究里的各种主要批评思潮。因此，本研究有助于把握关于乔叟诗作多得令人难以招架的不同解读和阐释。当关于‘受众’的各种定义随时间推移而变化，对乔叟的解读也是如此。”[2]

对于乔叟研究领域的各种新批评理论，也并非所有人都赞同，有些学者以比较“传统”的研究与之对抗，而有些学者则激烈反对。马斯卡廷在一篇发表于1990年的文章中注意到那种以传统方式对抗的现象。他指出：“在20世纪的乔叟形象中，还有一个方面最令人惊奇也最令人困惑，即宗教的，几乎是清教徒般的乔叟，在20世纪中期突然并强有力地冒出来，而且至今仍未消失。这个乔叟在本质上是乔叟传统中一个新成分；但它与20世纪后期的鉴赏力实在难以关联。”他说，这里并非指乔叟在“神学教义上的立场”，不是指“他是正统派还是改革派”，是

1 Cawsey, *Twentieth-Century Chaucer Criticism*, p. 2.

2 同上，pp. 8–9。

一个天主教徒还是一个罗拉德，该问题曾是文艺复兴时期关注的焦点，但现在已经淡化。马斯卡廷指的是"他的虔诚的性质，即他的宗教情感的本质、范围、深度和强度"。[1]他认为：实际上学者们是

> 将此种乔叟宗教，连同在乔叟文本中新发现的对称性、整体性和正统性，看作最初盛行于20世纪中叶的形式主义批评迟开的花朵。后来，它似乎成为一个保守运动的组成部分，这个运动在与文学领域既成体制里不断增长的激进思想倾向的抗争中一直在积聚力量。现代批评的几乎每一个其他方向上的发展都对文本的完整性以及文学传统形成威胁：解构主义、新马克思主义批评、读者反应理论、女权主义理论、新弗洛伊德主义、阐释学、表演论——它们全都威胁要整个改变我们历来对文学传统本身的理解，或者改变那种我们历来认为文学传统可以被理解的方式。也许，乔叟宗教之所以具有持续不断的力量，正是部分地因为它在一场为了应对深刻的文化威胁而团结起来打的一场保卫战中所做出的贡献。[2]

当然，从注重文本本身去研究乔叟的宗教性只是这场"保卫战"的一个方面。这场"保卫战"的核心是仍然把乔叟视为诗人，把他的作品首先看作文学艺术之成就而非主要作为政治、社会或心理文本，并将其置于英国文学传统发展中去研究。自新批评之后，自基恩等学者深入考察乔叟与英国文学传统的深厚渊源以来，即使自80年代至今各种"新新批评"如日中天并侵入乔叟领域之后，这方面的研究不仅仍然在进行而且取得了重要成就，如果仅从量上看，甚至可能不在少数。许多重要的乔叟专家和学者，如第一任新乔叟协会主席唐纳森、乔叟专家霍华德及著名文学理论家和批评家布鲁姆等，都参加了这场"保卫战"。

在这场保卫战中，远比研究乔叟的宗教性更为突出的是，学者们特别致力于将乔叟同英格兰文学传统结合起来，不仅研究乔叟的文学成

1 Charles Muscatine, "Chaucer's Religion and the Chaucer Religion," in Ruth Morse and Barry Windeatt (eds.), *Chaucer Traditions: Studies in Honour of Derek Brewer*, Cambridge: Cambridge UP, 1990, p. 250.

2 同上，pp. 260–261。

就本身，也探讨乔叟的诗歌创作对英语文学发展的巨大贡献。唐纳森在《泉边的天鹅》(*The Swan at the Well: Shakespeare Reading Chaucer*, 1985)中深入研究乔叟对莎士比亚的重大影响。如其书名所示，作者借用斯宾塞的比喻，将乔叟视为清泉，而莎士比亚则是在泉边畅饮的天鹅。专著系统探讨和深入分析莎士比亚在其剧作，特别是《仲夏夜之梦》《两个贵族亲戚》《特洛伊罗斯与克瑞西达》《罗密欧与朱丽叶》等作品中对乔叟故事如《特洛伊罗斯与克瑞西达》《骑士的故事》《托帕斯爵士》《商人的故事》《巴思妇人的故事》的理解、借鉴和改写；他认为，除了其他方面的影响外，"乔叟的诗作是莎士比亚剧作的潜结构(substructure)"[1]。专著揭示了英格兰文学中这两位最杰出的代表人物之间的关系和莎士比亚对乔叟奠定的英国文学传统的继承与发展。

在积极捍卫文学传统方面，也许没有人能与当代极有影响的文学理论家和批评家布鲁姆相比。这位所谓"耶鲁四人帮"之一的著名学者其实与他的同事们保持着相当大的距离。他对当前流行的许多他认为偏离文学的美学价值的新批评流派持激烈的反对立场，将它们统统斥为"憎恨学派"，并像堂吉诃德一样同它们进行"战斗"。他学识渊博，视野开阔，眼光独到，著述极为丰硕，对西方，特别是英美的文学传统和经典作家，做了系统深入的研究。

布鲁姆自然也加入了"乔叟保卫战"，对乔叟的经典性和在西方文学传统中的地位发表了许多很有洞见性的观点。他在那部影响广泛的著作《西方正典》(*The Western Cannon: The Books and School of the Ages*, 1994)里说："除了莎士比亚，乔叟要算是英语作家中最杰出的一位。这一断言虽然只是对传统评价的重复，但在世纪之末它对我们却极有价值。阅读乔叟或自古以来他在文学上少数几位对手的作品——如但丁、塞万提斯和莎士比亚的作品——可以使人产生恢复洞见的愉快效果。"[2]同唐纳森一样，他也特别强调乔叟对他认为处于西方"经典的中心"的莎士比亚的影响；他认为，乔叟是莎士比亚"最真实也最有内在关联的先辈"，对于

1 E. Talbot Donaldson, *The Swan at the Well: Shakespeare Reading Chaucer*, New Haven: Yale UP, 1985, p. 5.

2 哈罗德·布鲁姆：《西方正典——伟大作家和不朽作品》，江宁康译，南京：译林出版社，2011年，第82页。

前者莎士比亚这位最具原创性的天才文学家“背负了唯一真正的文学欠债”。[1]他说:“即使把奥维德或‘英国的奥维德’马洛都算上,也没有任何作家像乔叟一样给予了莎士比亚如此重大的影响。乔叟式的暗示……是莎士比亚原创性最伟大的起点,即他表现人类个性的方法。”[2]

布鲁姆高度称颂乔叟的人物塑造,他认为,“乔叟不像但丁那样只会偏爱自己的人物贝亚特丽丝,他似乎对一切喜剧创作都怀有审慎的喜爱”。特别重要的是乔叟人物身上的“内在性”,他说:“乔叟数世纪前已预示的内在性,我们现在常把它与文艺复兴和宗教改革联系起来;他笔下的男女人物开始形成一种自我意识……在《坎特伯雷故事》中,在弗洛伊德之后被我们称为深层心理学的东西已数度出现,它与道德心理学形成对照,并经由莎士比亚而臻于完善。”乔叟笔下“最具有内在性和个性的人物”是“巴思妇人和赎罪券商”,前者是“一位伟大的活力主义者”,[3]而后者则是西方文学史上“第一位虚无主义者”;他认为“赎罪券商突出的个性是他最不同寻常的创造”。[4]

布鲁姆进一步指出乔叟在人物塑造上对莎士比亚的影响。他说:

> 乔叟描写事物的基本秘诀在于将剧情发展和人物与语言联系在一起,这使他笔下的巴思妇人成了福斯塔夫的先辈,使赎罪券商成了伊阿古和爱德蒙的主要榜样。当我们见到阿丽丝和赎罪券商出现时,他们在倾听自我并由此而分别摒弃了游戏和欺骗之道。莎士比亚巧妙地抓住了这一启示,从福斯塔夫开始广泛地扩展主要人物自我倾听的效果,尤其是他们的变化能力。

他认为这是“莎士比亚成为经典核心的关键原因”。[5]他相信“只有乔叟有能力教给莎士比亚表现的奥秘,他的伟大经典性最终在于赎罪券商这一阴郁的先知形象,这一形象的后代仍在生活中和文学中与我们

1 布鲁姆:《西方正典》,第36,37页。

2 同上,第83页。

3 同上,第87,88页。

4 同上,第95页。

5 同上,第37页。

相伴”[1]。

在同“憎恨学派”战斗方面，布鲁姆具有强烈的使命感，因此他不仅自己著书立说，而且运用他渊博的知识、犀利的批评眼光和令人叹服的勤奋，大量编辑关于西方特别是英美经典作家、作品的论文集，广泛收录他所认同的那些经典论述。他所编辑出版的论文集的数量远远超出任何学者。他显然是将这些论文集作为同“憎恨学派”斗争的武器。关于乔叟及其作品，他就编辑出版了三部论文集，并且不断收集新材料将之再版。

他为这些论文集撰写了非常有见解的序言，高度评价乔叟的成就和贡献。在这些序言里，他注重的是文学性和文学传统。在为五百多年的乔叟学术史论文集所写的序言里，他再一次强调了继承与创新的关系以及乔叟对莎士比亚的影响，并用他著名的“影响的焦虑”理论解释莎士比亚为什么从未提到乔叟。他说：

> 实际上莎士比亚受惠于乔叟超过包括奥维德、克里斯托弗·马洛和日内瓦英文版《圣经》的主要译者威廉·廷代尔在内的任何前辈。然而，莎士比亚从未提及乔叟，也许其原因如同乔叟从未提到他真正的先驱薄伽丘一样。犹如最伟大的喜鹊，莎士比亚很愉快地用双手偷窃，乔叟也是如此。最强大的作家感到最强烈的焦虑，因此会压制任何可能引发影响的焦虑的人物。康德教导说，壮美取决于主观的、个人的、私下而非公开的否定。

他总结说：“乔叟表明，他移植的是语汇和意思，而非人物形象。乔叟的人物是他自己的塑造，他因此而为莎士比亚对人那种更令人惊奇的再创造树立了榜样。”[2]

当然作为伟大的文学家，乔叟不仅仅与莎士比亚、与英国文学传统关系密切，而且与欧洲的拉丁、法国和意大利等主要文学传统也渊源深厚。这个重要方面在现当代也是乔叟学术研究中一个极为重要的领

1 布鲁姆：《西方正典》，第99页。

2 Harold Bloom, “Introduction,” in Bloom (ed.), *Bloom’s Classical Critical Views: Geoffrey Chaucer*, New York: Infobase, 2008, pp. xi, xiii.

域,引起热烈的争论,并取得了特别突出的成就。

第四节 乔叟与欧陆文学比较研究

乔叟能取得那样杰出的成就,能被后代尊为英语文学之父,其中一个重要原因是他具有广阔的视野,能从中世纪欧洲丰富的文化文学传统中孜孜不倦地学习,在其中吸纳思想、学习诗艺、获取灵感和采用材料。自法国诗人德尚开启乔叟学术史以来,学者们就一直十分重视这方面的研究,因此在乔叟学术领域,传统的"影响研究",或者说"来源研究"(source study)或比较研究一直在发展,而且取得了很大成就,同时也为乔叟研究做出重大贡献。在维多利亚时代,乔叟协会收集、整理了一系列乔叟在创作中借鉴和模仿过的材料,以《原型与类似》(*Originals and Analogues*)为标题于1872至1888年之间分部分出版。到了现当代,更多学者参与到对乔叟所受的各种广泛影响的追寻之中,除英格兰本土传统外,乔叟同法国文学、意大利文学和拉丁文学之间的广泛而深刻的联系也被不容置疑地建立起来,为人们阅读、理解和研究建立了十分有利的历史和文学传统语境。特别是在20世纪70年代以后,受巴赫金理论、互文理论、符号学、比较文学以及文化研究等各种新批评思想影响,这一研究进一步迅速发展,成为乔叟学术领域极为重要的组成部分。

总的来说,对乔叟的文学创作最重要的外来影响主要是拉丁文学、法国文学和意大利文学。乔叟眼界极高,而且具有敏锐的鉴别力,所以他所学习和借鉴的都是各传统中最优秀的人物、最具代表性的作品或者对他最为有用的成果。他对外国和前辈文学家的学习和借鉴自然极大促进了他的创作发展。在19世纪后期,他的创作发展被学者们根据他所受的影响以及他的诗歌因此而使用的风格、体裁和内容划分为法国阶段、意大利阶段和英国阶段。虽然这种划分后来受到一些学者的修正或质疑,但应该说它在一定程度上反映了乔叟的创作生涯和诗歌发展的大体走向,同时也表明英诗之父多么广泛地吸收了欧洲大陆文学传统并将其创造性地运用于英语诗歌的创作与发展。

前面引述过的著名乔叟学者基特里奇早在1914年的一次演讲中就对三个阶段做了分析，然后提醒人们谨慎对待乔叟创作生涯的三阶段划分。他说："最后，第三阶段被称为'英国[阶段]'……并非因为乔叟受控于英国风格（犹如在法国阶段受控于法国风格一样），也不是因为他被英国作家所启发和解放（犹如在意大利阶段被意大利作家所启发和解放一样），而是因为他的天才被投向英国的生活和英格兰人的性格。"所以，那三个形容词的含义不同。不仅如此，"这样清晰的三阶段划分还掩盖了乔叟生涯的整体发展，那当然是不断增长的过程。乔叟在学习意大利文学时并没有忘记法国文学，而且他把所学到的一切都带进了英国阶段"。[1]

不过也有学者反感谈及拉丁、法国和意大利文学对乔叟的影响，认为乔叟是纯正的英国诗人，那大多是出自英美学者的"爱国"热情。其实在乔叟时代，民族意识、民族文化和民族国家的界限还不如现在这样分明。正如庞德所说，在乔叟时代，西欧各地区分享共同的文化："在乔叟从事创作之时，英格兰仍然是欧洲的一部分。同一个文化从费拉拉[2]、巴黎一直延伸到英格兰。……他与傅华萨[3]和薄伽丘共同参与同一种文化。"相比之下，"在莎士比亚时代，英格兰已经变得狭小"。也就是说，在文艺复兴时期英格兰已经同欧洲大陆分离。他认为，乔叟的"思想是欧洲的思想（mind of Europe），而非一个附属地或边远区域的思想"。的确，乔叟广泛使用来自欧洲大陆的文学艺术，"但乔叟并非外国人。那是他的文化"。[4]庞德对中世纪人的民族意识和文化身份的理解是很有见地的，而且这一观点自20世纪末以来，得到一些学者的进一步发展。

然而不论人们怎样解读乔叟所受到的广泛影响，源自欧洲大陆的拉丁文学、法国文学和意大利文学是乔叟创作不可分割的组成部分，而且在很大程度上正是这些外来文学及其传统悖论性地使乔叟成为英诗

1 George Lyman Kittredge, *Chaucer and His Poetry*, Cambridge: Harvard UP, 1915, p. 27.

2 费拉拉（Ferrara），意大利北部城市。

3 傅华萨（Jean Froissart, 1337?—1405?），乔叟同时代重要法国诗人，曾任英王爱德华三世王后的私人秘书，乔叟深受其影响。

4 Pound, *ABC of Reading*, pp. 100–101.

之父。

二

在来自大陆的三大影响中，拉丁文学的影响在乔叟创作生涯中贯穿始终。关于乔叟创造性地借鉴古典或者说拉丁文学来发展英语文学的功绩，海伦·库珀说："是乔叟给予了英语诗歌那种自觉意识和自信，他能如此，不是通过回望他所使用的语言在过去创作的诗歌，而是借鉴那些他知晓的任何诗歌中最优秀的范例。在这方面，最著名的是，他在《特洛伊罗斯与克瑞西达》的结尾说：

> 但我的小书，不要去招人妒忌，
> 要向所有的诗歌表示谦卑，
> 步维吉尔、奥维德、荷马、卢坎和斯泰斯
> 后尘，亲吻他们的足迹。
>
> （*Troilus*, Vol. V, ll. 1789—1792）

在这里，他很含蓄地视自己为这一行列中的第六位诗人。"[1]也就是说，乔叟表面上似乎很谦卑，但实际上是暗自将自己同这些在中世纪所尊的最伟大的诗人并列，表明他自视甚高，充满自信。

尽管如此，学者们的研究表明，乔叟的确很"谦卑"地向这些古典诗人（荷马除外）学习，从他们那里吸取思想和艺术营养；而且除非为了达到自己独特的创作目的，他一般还是比较"忠实"于原作的。E. 巴

---

1 Helen Cooper, "Chaucerian Poetics," in Robert G. Benson and Susan J. Ridyard (eds.), *New Readings of Chaucer's Poetry*, Cambridge: D. S. Brewer, 2003, p. 46. 卢坎（Marcus Annaeus Lucanus, 39—65）是罗马诗人，代表作为史诗《法沙利亚》（*Pharsalia*），描述恺撒与庞培之间的内战。这部史诗虽未完成，却被誉为维吉尔的《埃涅阿斯纪》之外最伟大的拉丁文史诗。斯泰斯（Stace），即描写七雄征战底比斯的12卷史诗《底比斯战记》的作者斯塔提乌斯。其实乔叟并没有直接读过荷马的著作，他是间接从拉丁诗人处得知这位伟大诗人。除荷马外，这些古典诗人都程度不同地影响了乔叟的创作，其中奥维德的影响最为广泛而深刻，其次可能是维吉尔。虽然《骑士的故事》以底比斯征战为背景，但其直接来源是薄伽丘的《苔塞伊达》。

格比·阿特伍德（E. Bagby Atwood）指出："在处理古典主题时，只有在没有现成材料可以被改写来达到其叙述意图时，乔叟才会自己虚构。"[1]

不过，乔叟不仅是向诗人们学习。他在生前就被尊为"哲学诗人"，因为他在诗作里往往致力于探讨人的命运；而他关于命运的基本观点主要来自有古典时代最后一位和中世纪第一位哲学家之称的波伊提乌的名著《哲学的慰藉》。这部著作在中世纪极有影响，盎格鲁–撒克逊时代著名的阿尔弗雷德大王曾将其译成古英语文本。乔叟一生最重要的翻译活动是用英语翻译中世纪法语名诗《玫瑰传奇》和拉丁语著作《哲学的慰藉》；两部著作的翻译都广泛而深刻地影响了他的创作。

伯纳德·L. 杰弗逊（Bernard L. Jefferson）第一个比较系统地研究了《哲学的慰藉》对乔叟的影响。他于1914年在普林斯顿大学完成博士论文《乔叟与波伊提乌的〈哲学的慰藉〉》（*Chaucer and* The Consolation of Philosophy *of Boethius*），后经修改于1917年由普林斯顿大学和牛津大学两个出版社同时出版，后来又多次再版。在这部很有影响的力作中，杰弗逊深入探讨了波伊提乌的哲学对乔叟的思想，特别是对他的命运观的重大影响。在很大程度上，正是因为这种影响，乔叟作品中表现出对处于中世纪无休止的动乱中的人生和命运深刻的哲学思考。杰弗逊研究了乔叟许多作品，特别是《特洛伊罗斯与克瑞西达》里的命运观。他指出："除了他们自身的弱点外，特洛伊罗斯和克瑞西达并没有做任何事来造成他们的灾难，但也正因为如此，他们的命运更为可怕。"他进一步说，他们"因此是一连串他们所不能控制的事件的受害者"，而克瑞西达更"是被潘达鲁斯，被环境，被她自己的好奇心"以及她的"善良、性格弱点和不断减少的勇气""一步步引向"悲剧。[2] 乔叟是中世纪欧洲第一位具有真正悲剧思想的诗人，杰弗逊的分析实际上间接触及乔叟悲剧思想的来源。

关于乔叟所受大陆文学影响方面，20世纪前期的学者中，哈佛大学教授约翰·利文斯通·洛斯（John Livingstone Lowes，1867—1945）

1 E. Bagby Atwood, "Two Alterations of Virgil in Chaucer's *Dido*," *Speculum*, Vol. 15, No. 4, 1938, p. 455.

2 Bernard L. Jefferson, *Chaucer and* The Consolation of Philosophy *of Boethius*, New York: Haskell, 1917, p. 121.

做了特别深入系统的研究。他的乔叟研究受惠于前辈基特里奇。他在著作《杰弗里·乔叟》(*Geoffrey Chaucer*, 1934)中认为,乔叟和莎士比亚、弥尔顿一样是英国最伟大的诗人。这部著作深刻影响了著名乔叟专家唐纳森等许多20世纪中期的乔叟学者。他在1930年12月3日做的一次演讲中,简洁而比较全面地探讨了乔叟所受的拉丁、法国和意大利文学影响,发表了一些很有见地的观点。他说:“英语诗歌一个特别杰出之处是,在它里面个人经历……和书籍之间相互交融”;而“在英国诗人那长长的辉煌名单中没有人像乔叟那样在其伟大诗歌中如此显著地例证了生活和书籍之间特有的交互影响”。[1]在强调了乔叟丰富多彩的生活经历之后,他指出英诗之父阅读非常广泛,除英语之外,还能阅读法语、拉丁语和意大利语。但他反对像许多学者那样将乔叟的创作发展“机械”地分为法国、意大利和英国三个阶段。他认为乔叟的创作是逐渐发展的,意大利文学对他的影响也不是在他从佛罗伦萨回到伦敦后才突然涌现。

关于拉丁文学的影响,他认为乔叟主要是从拉丁文原本和中世纪改写的浪漫传奇中获得。他特别仔细地列举了法国文学和意大利文学对他的广泛而深刻的影响。但他认为乔叟并非是简单地将各种来源的材料堆积在一起;相反,像维吉尔、弥尔顿和柯勒律治一样,他“天生”具有一种在创作时“整合储存在记忆”中之材料的“非凡能力”。比如,“来自薄伽丘的一个短语会引导出但丁的一些包含着同样短语的诗行,而结果则是乔叟自己的产品”,但它却因为“从那两方获得的战利品而意义大为丰富”。[2]正是因为乔叟具有那样的艺术天赋,尽管在早期作品《公爵夫人书》里,他从古罗马和同时代法国诗人那里广泛借鉴,但“那些借用来的材料被如此巧妙地整合在一起,以至五百多年来竟然没有人怀疑,这部诗作原本并非整个是一部作品”。[3]更重要的是,“随着他创作能力的增强”,“阅读书籍在他诗歌艺术里所起的作用在减

1 John Livingstone Lowes, *The Art of Geoffrey Chaucer*, London: Humphrey Milford, 1931, pp. 3, 4.

2 同上,p. 19。

3 同上,p. 25。

少，而他对生活的阅读却发挥着更大作用”。[1]所以，乔叟能向他从前辈和同时代诗人那里借来的“旧瓶里大量灌进令人头晕的新醇酒”。[2]

同许多20世纪初的乔叟学者一样，洛斯也特别欣赏《特洛伊罗斯与克瑞西达》这部根源于古典文学的作品，尤其是其中克瑞西达和潘达鲁斯这两个塑造得极为优秀的人物形象。他说：“乔叟的克瑞西达具有令人困惑和复杂的女性气质，除了在莎士比亚和一两个伟大的小说家那里，她至今无人能比”；而潘达鲁斯则是“乔叟自己的幽默、文雅和现实生活中的智慧之体现”。他认为，在《特洛伊罗斯与克瑞西达》里，乔叟在英国文学中首次使作家同作品保持距离，而那也是《坎特伯雷故事》里那些更为杰出的故事的明显特点。他说，那“正是乔叟在观察人类喜剧时最终能保持的睿智而优雅的距离；而当潘达鲁斯开口说话时，人们奇怪地感到似乎有什么东西在后面”。洛斯认为，这些以及其他一些特点，“暗示出乔叟对生活的阅读以及他对薄伽丘的阅读”。因此，“生活与他对那些伟大的意大利作家的阅读使他成为艺术大师”。[3]

在研究古典作家或者说拉丁作家对乔叟的影响方面，保罗·M. 克洛甘（Paul M. Clogan）的观点有独到之处。由于古典作家的中世纪文本都有大量注解和评论，因此他认为，乔叟和其他中世纪诗人所受古典作家的影响并非单纯来自古典作家的文本本身，而是来自这类已经被注解和评论“中世纪化”了的版本。他的博士论文《乔叟与中世纪斯塔提乌斯》（“Chaucer and the Medieval Statius”）系统研究斯塔提乌斯对乔叟，特别是对《骑士的故事》《声誉之宫》《特洛伊罗斯与克瑞西达》等作品的影响。在以该研究为基础发表的文章《乔叟与〈底比斯战记〉评注》（“Chaucer and the *Thebaid* Scholia”）里，他分析了中世纪遗留下来的《底比斯战记》手抄稿文本中的18份，认为其中包含的“大量注解与评论”有助于我们“重新评判斯塔提乌斯对乔叟影响之程度与性质”。[4]这篇论文的真正意义不在于具体的结论，而在于如何看待和分

1 Lowes, *The Art of Geoffrey Chaucer*, p. 20.

2 同上，p. 24。

3 同上，pp. 29, 30。

4 Paul M. Clogan, “Chaucer and the *Thebaid* Scholia,” *Studies in Philology*, Vcl. LXI, 1964, pp. 599, 603.

析古典作家对乔叟和其他中世纪诗人的影响。

路易斯·B. 霍尔(Louis B. Hall)同克洛甘一样,也强调在中世纪文化传统中研究古典文学的影响。他反对单纯地在古典作家的作品中寻找乔叟创作的影响之源和进行简单比较,因为那忽视了古典文学在中世纪特定文化语境中已经形成的传统,而中世纪作家们正是在那个传统中创作而非仅仅是在某部作品里搜寻值得借鉴的材料。许多学者早就注意到乔叟对维吉尔的借鉴主要集中在《声誉之宫》和《狄多传奇》两部作品中。霍尔在评论乔叟对维吉尔的借鉴时,并没有将这两部作品同《埃涅阿斯纪》做简单比较以便发现乔叟对维吉尔的借鉴;相反,他一方面将这两部作品对《埃涅阿斯纪》的借鉴进行相互对照,同时还把它们与"《埃涅阿斯纪》在中世纪传统中编辑"的五种版本进行比较研究,以揭示乔叟所受影响来自整个传统而非单个文本。他提出批评说,那种搜寻影响之源的"方式忽视了这样一个事实,即在整个中世纪时期已经形成一个改写维吉尔的传统"。[1]他进而指出:"乔叟[对维吉尔]的改写应该在同这一传统的整体而非其单个例证的关系中进行评判。"[2]

前面提到,拉丁文学,特别是奥维德的诗歌,对乔叟影响深刻而广泛,但许多学者倾向把这种影响主要局限于《坎特伯雷故事》之前的作品。然而理查德·L. 霍夫曼(Richard L. Hoffman)认为,奥维德的深刻影响并没有在乔叟创作这部杰作之时突然终止,相反,这位拉丁诗人的影响在这部著作中仍然十分广泛。他的《奥维德与〈坎特伯雷故事〉》(*Ovid and the* Canterbury Tales)这部显然受到罗伯逊影响的专著就是要"表明奥维德对乔叟的影响并没有在创作《贞女传奇》之后突然终止,甚至没有明显下降,相反,《坎特伯雷故事》实际上表现出奥维德确切无疑的影响"[3]。霍夫曼比此前任何学者都更彻底地探讨和研究了奥维德对乔叟的代表作之影响。除了揭示乔叟在这部作品中直接引用和间接影

1 Louis B. Hall, "Chaucer and the Dido-and-Aeneas Story," *Medieval Studies*, Vol. XXV, 1963, p. 149.

2 同上,pp. 148–149。

3 Richard L. Hoffman, *Ovid and the* Canterbury Tales, Philadelphia: U of Pennsylvania P, 1966, p. viii.

射奥维德著作外，他还系统分析了乔叟在叙事结构、叙事手法和思想主题等方面向奥维德借鉴。霍夫曼坚信，奥维德的《变形记》是《坎特伯雷故事》的主要源泉之一。

霍夫曼长期研究古典诗人对乔叟的影响，或者说乔叟对古典诗人的借鉴与运用。他说："所谓'古典作品'，我们自然是指拉丁文古典作品，因为不幸的是，乔叟没有任何可能真正阅读过希腊作品。"他随即列出那些程度不同地影响过乔叟的拉丁作家：奥维德、维吉尔、斯塔提乌斯、尤维纳利斯、西塞罗（Marcus Tullius Cicero，106—43 BC）、塞涅卡（Seneca，4? BC—65 AD）和波伊提乌等。当然，在这些作家中，奥维德的影响远超他人。霍夫曼说："至少从德莱顿时代以来，还没有人试图否认乔叟所喜欢的罗马权威作家是奥维德这一无法避开的事实。"其次，"很自然，唯有可能位居第二的是维吉尔"，而且"乔叟对《埃涅阿斯纪》相当熟悉"。[1]针对有些学者关于奥维德对乔叟的影响在《贞女传奇》之后，当乔叟创作全面描写英格兰现实的《坎特伯雷故事》时已经减弱的观点，他做了系统反驳，并总结说：

> （1）奥维德对乔叟的影响在创作《贞女传奇》之后肯定没有减弱，因为《故事》里充斥着来自奥维德的各种类型的材料——完整故事、神话和形象细节、谚语以及其他道德格言——主要取自《变形记》、《爱的艺术》、《女杰书简》(*Heroides*)和《岁时记》(*Fasti*)；(2)乔叟通常将《变形记》作为神话手册来使用；(3)乔叟认为奥维德是一位伦理哲学家而不仅仅是故事讲述者；(4)乔叟不仅重视奥维德的寓言之意思或表面意义，而且也重视其教育或道德意义，中世纪盛期对奥维德作品的那些标准阐释是帮助理解乔叟如何阅读奥维德的途径，因此对我们解读乔叟作品语境里的奥维德材料的意义大有裨益；最后(5)乔叟充分意识到自己对他所喜爱的这位罗马诗人的多方面依靠，似乎很喜欢把自己表现为一位英国奥维德。[2]

1 Richard L. Hoffman, "The Influence of the Classics on Chaucer," in Beryl Rowland (ed.), *Companion to Chaucer Studies*, Toronto: Oxford UP, 1968, pp. 162–163.

2 同上，p. 163。

学者们普遍认为，乔叟是中古英语诗人中最杰出的宫廷爱情（courtly love，也译为典雅爱情）诗人，而中世纪欧洲宫廷爱情诗一个主要源泉就是古罗马诗人奥维德。迈克尔·A. 卡拉布雷塞（Michael A. Calabrese）集中研究了乔叟对奥维德爱情诗艺术的承传，其专著《乔叟的奥维德式爱情艺术》（*Chaucer's Ovidian Arts of Love*，1994）是这方面的突出成果。他指出："奥维德是乔叟所喜爱的诗人，在精神上与之最为接近，他提到其名字的次数超过任何其他文学权威。在许多方面，乔叟就是'中世纪之奥维德'。" 当然，奥维德广泛而深刻的影响绝非局限于乔叟："没有任何一位古典作者对中世纪产生过如此巨大的影响，他出现在任何时期任何类型的中世纪著作里。"[1] 不仅如此，"奥维德[还]是中世纪性诗学之父"[2]。

不过，卡拉布雷塞告诫说，在中世纪，所谓"'奥维德'并非仅仅指诗人自己创作的作品"，而且也指"任何中世纪文本中"都会大量"包含的注解、分类以及道德化和寓意化阐释"；所以"乔叟对修辞和爱情的兴趣也不仅仅是在奥维德之原作，而且也在那些对文本的评论"。因此，"乔叟的奥维德是这个'中世纪奥维德'，是这个由学术和诗歌的文本、评论、例证所组成的广泛延伸的网络"。[3] 关于爱情诗的创作，卡拉布雷塞以巴思妇人的引言和故事为例，说明奥维德对乔叟乃至中世纪文学界和思想界极为复杂甚至十分矛盾的影响。他说：

> 关于爱情，乔叟对奥维德的理解广泛而深刻。人们只需看看巴思妇人的《引言》，就会发现奥维德在乔叟诗作里是多么丰富多彩。作为妇人，她在她那具有好战性的婚姻艺术里明显采用奥维德的爱情原则并将其具体化。她讲述了一个《变形记》里的故事，而她第五任丈夫詹金那部反女性主义文集里却有一份《爱的艺术》。[4]

1 Michael A. Calabrese, *Chaucer's Ovidian Arts of Love*, Gainesville: UP of Florida, 1994, p. 1.

2 同上，p. 2。

3 同上，p. 3。

4 同上，p. 4。《爱的艺术》（*Art of Love*）是奥维德关于如何"征服"女性但实际上带有戏讽性质的著作，在中世纪流传广泛，特别是对宫廷爱情文化和文学极有影响。

换句话说，这对在婚姻关系上剑拔弩张的夫妇对奥维德各取所需，但又针锋相对。由此可见，乔叟对奥维德的理解的确广泛而深入。

同样，肯尼斯·P. 克拉克（Kenneth P. Clarke）也认识到被“中世纪化”了的拉丁文学文本的特殊性质。他细致考察了奥维德作品的中世纪手抄本上大量的注解、阐释和评论，这些评注既用拉丁文也用民族语。他认为奥维德文本和那些写在书页边缘的大量材料共同影响着乔叟和中世纪读者的阅读和理解。他说：

> 奥维德作品的那些手抄本以它们不同的表现和阐释形式为中世纪受众提供了关于如何阅读和思考那些文本的各种不同方式。整个页面就是把文本和页边材料融合在一起的阅读过程。书页边缘占据一个反响和回应的空间：评论常常抄录在此，有时译文伴随着拉丁原文。人们已经注意到乔叟受到这些评论影响，但许多人也发现他抵制它们所体现的那些无所不在的神话和道德说教传统。

所以，通过“探讨这一拉丁文与民族语的组合”，人们可以发现“意大利如何提供了一个不同的奥维德，以及这为什么应该被考虑为是乔叟的‘意大利’传统的一个层面”。[1]

约翰·V.弗莱明（John V. Fleming）在其对乔叟的最新研究（2010）中也强调奥维德的重大影响，不过他特别关注乔叟和中世纪宫廷爱情诗人们对奥维德的爱情诗和爱情观的承传。他从新历史主义的角度对此进行探讨，指出：“中世纪最重要的爱情诗人生活在奥古斯都时代的罗马”，而“奥维德这位最伟大也被最广泛阅读的拉丁爱情诗人为中世纪那些持‘世俗之爱’和‘精神之爱’的对手之间进行协商提供了背景”。他认为：“杰弗里·乔叟是我们语言中第一位知识渊博的诗人。”[2]而乔叟渊博的知识自然包括对拉丁诗人，特别是对奥维德的理解和把

1 K. P. Clarke, *Chaucer and Italian Textuality*, Oxford: Oxford UP, 2011, p. 10.

2 John V. Fleming, “The Best Line in Ovid and the Worst,” in Robert G. Benson and Susan J. Ridyard (eds.), *New Readings of Chaucer's Poetry*, Cambridge: D. S. Brewer, 2003, pp. 51, 53.

握，而且那广泛影响了他的创作。这种新历史主义式的“协商”最突出地表现在巴思妇人的引言和故事之中。

另外一位对乔叟产生了深刻影响的古典思想家是享有最后一位古典哲学家和第一位中世纪哲学家之称的波伊提乌。乔叟甚至亲自翻译了《哲学的慰藉》这部据说在中世纪的影响仅次于《圣经》的哲学名著，[1]将其命名为《波伊斯》(*Boece*)。关于波伊提乌对乔叟的影响，早已有大量研究，但A. J. 明尼斯(A. J. Minnis)在其编辑的论文集《乔叟的〈波伊斯〉与波伊提乌的中世纪传统》(*Chaucer's* Boece *and the Medieval Tradition of Boethius*, 1993)中并不仅仅探讨波伊提乌对乔叟的影响，而是如他所说，把乔叟的《波伊斯》“放到对《慰藉》的研究和翻译的传统之中，从而将这部译作同其智识语境(intellectual milieu)相联系以最好地理解其意义”，并在“使乔叟的翻译成为可能的文化中对其准确定位”。[2]如同上面提到的奥维德文本一样，《哲学的慰藉》也被大量的注解和阐释“中世纪化”了。在对该书众多的注解和阐释中，明尼斯认为，中世纪英国经院哲学家尼古拉斯·特勒维特(Nicholas Trevet, 1257?—1334?)的评论和阐释“是《波伊斯》的主要来源”；而特勒维特又受惠于12世纪法国经院哲学家孔什的威廉(William of Conches, 1090?—1154?)和其他许多中世纪学者对该书的阐释。所以，特勒维特对《慰藉》所做的在当时“广为流传”的阐释是“典型的中世纪注解”。[3]这里的所谓“中世纪注解”，实际上是中世纪学者们运用基督教经院哲学对《哲学的慰藉》里的古典哲学思想进行解读。在中世纪，甚至“翻译有时也被描述为一种阐释。如果《波伊斯》被看作这种体裁，它可以被认为是很成功的”[4]。换句话说，乔叟的《波伊斯》是遵循对《哲学的慰藉》进行基督教阐释的传统。反过来，波伊提乌被基督教化了的哲学思想，特别是他的命运观，又深刻影响了乔叟。他的《骑士的故事》、《特洛伊罗斯与克瑞西达》和其他一些著作都不同程度甚至

1 请参看Lewis, *The Allegory of Love*, p.157。

2 A. J. Minnis, “Preface,” in Minnis (ed.), *Chaucer's* Boece *and the Medieval Tradition of Boethius*, Suffolk: D. S. Brewer, 1993, p. vii.

3 同上，pp. vii, vii, viii。

4 同上，p. ix。

系统地表达了波伊提乌那种被基督教化了的命运观。

二

除拉丁文学外，法国文学也对乔叟产生了极为重要的影响，有些学者甚至认为那是乔叟创作最重要的文学源泉。中世纪法国文学对乔叟的深刻影响特别表现在宫廷爱情诗传统上。乔叟的第一部重要著作《公爵夫人书》被认为是英语文学中第一部真正意义上的宫廷爱情诗，而他的代表作同时也是英语文学传统的奠基之作《坎特伯雷故事》里许多故事，比如《骑士的故事》，也是典型的宫廷爱情浪漫传奇。乔叟能以宫廷爱情诗开始其诗人生涯，并一生从事这方面的创作，自然是因为他16岁进王府后，一直浸淫在充斥王府和宫廷的法国文化文学氛围之中，而且他最初的文学范本也全是法国传统的作品。

在研究乔叟与法国文学渊源方面，在20世纪前期，一位特别重要的乔叟学者是C. S. 刘易斯。这位牛津出身的牛津大学和剑桥大学教授著作等身，是一位很有影响的中世纪学者、文学史家、小说家、文学批评家和神学家。他对中世纪文化、文学、社会和历史都有深入系统的研究。因此，他对乔叟的研究既具有宽阔视野，也特别强调将乔叟放到中世纪文化语境中分析。与此前大多数乔叟学者更加关注《坎特伯雷故事》不同，他的研究聚焦于乔叟早、中期那些他称之为"宫廷爱情"传统的诗作，特别是杰作《特洛伊罗斯与克瑞西达》，认为这些诗作深受以《玫瑰传奇》为代表的法国宫廷爱情梦幻寓意诗传统影响。他说乔叟是英国最杰出的"宫廷爱情诗人"，并将其放到宫廷爱情这个他长期系统研究的中世纪文化传统中分析。

刘易斯在《乔叟对〈菲拉斯特拉托〉做了什么？》（"What Chaucer Really Did to *Il Filostrato*", 1932）一文中说，学者们"主要致力于"研究乔叟是"一位戏剧性和心理表现方面的独特天才，那是完全正确而恰当的"；但问题是，这些研究描绘出"一个与任何时代和地域无关的荒谬抽象的作者形象，甚至遵循着20世纪而非14世纪的美学观"。[1]作为历史意识深厚的中世纪学者，刘易斯对此显然感触很深。在文章

1 C. S. Lewis, "What Chaucer Really Did to *Il Filostrato*," in C. S. Lewis, *Selected Literary Essays*, Cambridge: Cambridge UP, 1969, p. 26.

里，他就乔叟在《特洛伊罗斯与克瑞西达》中对薄伽丘原作所做各种改写进行深入比较分析，认为乔叟所做的“首先和最重要的”是将《菲拉斯特拉托》“中世纪化”。[1]而乔叟中世纪化薄伽丘原作的核心是按中世纪文化和文学中的宫廷爱情传统、模式和精神来创作出英国文学史上最伟大的宫廷爱情诗作。他说，乔叟是“作为一个宫廷爱情诗人来处理《菲拉斯特拉托》”；所以，“他大多数的修改是为了改正薄伽丘在反对宫廷爱情准则上犯下的错误”。[2]他认为，《特洛伊罗斯与克瑞西达》“比其蓝本具有更生动更人性化的诉求”，因为“尽管其出身卑下，规则迂腐，宫廷爱情本身在本质上更符合人性，或者至少更符合欧洲性”，其实“相比于文艺复兴时期”，“有些中世纪的事物更具普遍性”。[3]

在对中世纪欧洲和英国文学的研究中，刘易斯最重要的贡献之一正是对中世纪宫廷爱情传统的深入探讨和系统阐释。他的专著《爱情寓意：中世纪传统研究》是20世纪上半叶研究中世纪文学最有影响的著作之一。他说，宫廷爱情并非像有些人认为的那样是历史上“早已结束的插曲”，而是一直延续至今的重要传统：它“将普罗旺斯的爱情诗同中世纪后期的爱情诗连接在一起，随后又通过彼特拉克和其他许多人，连接当今的爱情诗”。[4]他系统探讨了宫廷爱情产生的根源并把宫廷爱情的特点总结为“四个标志：谦卑（Humility）、高雅风度（Courtesy）、私通（Adultery）和爱情宗教（Religion of Love）”[5]。他在书中多次将宫廷爱情称为“宗教”，因为在他看来，如同宗教，宫廷爱情也有其“神祇”（爱神，God of Love）以及一整套教义、仪式和术语，而且“是真正宗教的对手（rival）与戏仿（parody）”。[6]

宫廷爱情，顾名思义，自然是上流社会的“爱情”。乔叟学者唐纳

1 Lewis, “What Chaucer Really Did to *Il Filostrato*,” p. 27.

2 同上，pp. 28, 29–30。

3 同上，pp. 28, 43–44。

4 C. S. Lewis, *The Allegory of Love: A Study in Medieval Tradition*, Oxford: Oxford UP, 1936, p. 3.

5 同上，p. 2。

6 同上，p. 22。

德·R. 霍华德指出，在中世纪人看来，"爱情"是上流社会的"专利"。所以，"虽然性和婚姻属于所有人，但爱情……只属于上等阶级"。[1]爱情必然而且必须同高贵的出身和宫廷内优雅的举止结合在一起。但另一方面，爱情反过来也使人高尚，使人纯洁，使人气质高雅，彬彬有礼。刘易斯认为，在中世纪人看来，"只有高雅的人才懂爱情，但也正是爱情使他们高雅"[2]。正如"高雅"的英文词courteous所表明，"高雅的人"在中世纪是指宫廷中人，主要是王公贵族和骑士。

《爱情寓意》的第五章专门分析乔叟诗作，特别是《特洛伊罗斯与克瑞西达》。刘易斯将其称为"歌颂爱情的伟大诗篇"[3]。他认为这部作品是中世纪宫廷爱情的典范之作，从人物塑造、主题发展、情节安排到场面描写全都符合宫廷爱情范式，但同时又独具特色。同赫胥黎等许多20世纪初的乔叟学者一样，他尤其欣赏克瑞西达这个英国文学史上第一个具有心理深度、性格复杂的女性形象。针对15世纪以来人们对克瑞西达背叛爱情的严厉谴责，刘易斯从人物性格、社会环境和女性地位等多方面系统分析了她背叛特洛伊罗斯的主客观原因，认为："如果在顺境中，克瑞西达会成为一个忠实的情人，或者忠贞的妻子，一个慈爱的母亲，一个善良的邻居——一个幸福的女人和一个为她周围所有的人带来幸福的源泉。"[4]也就是说，克瑞西达的悲剧是由强大的社会、政治、战争和道德压力以及一个毫无自卫能力的弱女子自身的弱点共同造成。因此，克瑞西达是作为生活在中世纪现实社会中一个活生生的人物来塑造的。另外，他特别赞叹乔叟对真情的描写。关于特洛伊罗斯站在城墙上等待克瑞西达回来的那个在所有英国文学作品中最催人泪下的场面，他说，特洛伊罗斯等待克瑞西达的情景是那样令人心酸，以至"也许没有人愿意读第二遍"[5]。

1 Donald R. Howard, *Chaucer, His Life, His Works, His World*, New York: E. P. Dutton, 1987, p. 103.

2 Lewis, *The Allegory of Love*, p. 2.

3 同上，p. 197。

4 同上，p. 157。

5 同上，p. 195。

刘易斯关于宫廷爱情传统的观点随即引起广泛讨论，开辟了中世纪学（Medieval Studies）和乔叟研究中一个新领域，但也受到许多批评家质疑，他们认为宫廷爱情在中世纪现实中并不存在。比如，著名中世纪学者和乔叟专家，印第安纳大学教授唐纳森斥之为“神话”。他在1965年的一篇文章《宫廷爱情神话》（“The Myth of Courtly Love”）中略带讽刺地说：“宫廷爱情为研究一个非常沉浸于爱情的时代提供了一个那样吸引人的背景，以至于如果它从未存在过的话，学者们也会很方便地把它建构出来——实际上他们已经这样做了，至少是部分如此。”[1]同许多反对“宫廷爱情说”的学者一样，他也对这个术语本身提出质疑，认为它并非为中世纪人所用，而是出自1883年法国学者加斯东·帕里斯的一篇主要研究亚瑟王浪漫传奇中著名骑士兰斯洛特与亚瑟王王后的爱情的文章。[2]不过，不仅宫廷爱情这个术语，而且对宫廷爱情主题的研究，至今仍然盛行于中世纪文学和乔叟研究领域。通过20世纪中期这场比较广泛的争论，学者们对于中世纪文化和乔叟诗作的文化内涵都有了更深入的理解。其实，宫廷爱情是否真像中世纪文学作品里描写的那样存在于现实生活中并不重要，真正重要的是，宫廷爱情所体现的理想和价值观念以及它所倡导的行为规范确是西方实实在在的文化现实，而且在西方社会近千年来的发展中所起作用可以说无可替代。

在乔叟研究中，刘易斯关于宫廷爱情的论述以及学者们关于这个问题的讨论在20世纪50年代产生了重要影响，其中一个特别显著的成果是前面提到的马斯卡廷的重要著作《乔叟与法国传统》。在这部影响广泛的著作里，马斯卡廷运用新批评理论与方法，致力于从他所说的“文体”或者说诗歌艺术切入考察乔叟的创作与法国传统的关系。他认为：“在英语文学史上，乔叟是一个异类。他没有重要的先驱。”[3]换句

1 E. Talbot Donaldson, “The Myth of Courtly Love,” in *Speaking of Chaucer*, London: Athlone, 1970, p. 155.

2 不过这一说法也不准确，许多支持“宫廷爱情说”的学者指出，中世纪诗人的确用过这个术语（amor cortese 或 cortesi amanti 等），比如普罗旺斯诗人，以及乔叟同时代意大利大诗人彼特拉克，都多次用过。

3 Muscatine, *Chaucer and the French Tradition*, p. 224.

话说，乔叟文学艺术之源泉不在本土英语文学，而主要来自法国文学影响。他说："他最根本的语言基模（matrix）是英语；但如果说他的词汇和句法是他周围的英语，他的文体却并非如此。乔叟诗作风格最突出的源泉——他的文学基模——并非来自英语、拉丁或者意大利文学；他的风格在本质上明显来自那些在12和13世纪的法国产生并传播开来的传统。"虽然许多学者都强调了马肖等同时代法国诗人对乔叟的深刻影响，但马斯卡廷认为乔叟"同马肖的亲缘关系远不如他同在那之前的世纪里那些伟大诗人们亲密"。[1]

乔叟早期一项重大文学活动是翻译13世纪法语宫廷爱情诗作《玫瑰传奇》。这部著作对中世纪欧洲文学的影响超越了任何作品。乔叟的翻译不仅开启了他的文学生涯，而且也使他在文学界一直享有盛誉。前面提到，乔叟同时代著名法国诗人德尚曾写诗称颂他为"伟大的翻译家"和"玫瑰之神"。更重要的是，乔叟对该诗作的翻译影响了他一生的创作。马斯卡廷在《乔叟与法国传统》中指出：我们

必须强调他一生对《玫瑰传奇》的运用表明：乔叟的法国文学遗产远超过他与格朗松的个人交往[2]和对现代诗歌的早期兴趣。的确，他同马肖的亲缘关系远不如他同在那之前的世纪里那些伟大诗人们亲密。他是纪尧姆·德·洛里斯和让·德·莫恩，伟大的法国浪漫传奇作家——克雷蒂安·德·特鲁瓦、戈蒂埃·达拉斯和《弗拉明戈》[3]的佚名作者——以及那些列那诗人[4]和他们那种自然主义传统之兄

1 Muscatine, *Chaucer and the French Tradition*, p. 5.

2 格朗松作为乔叟同时代的法国宫廷爱情诗人，14世纪70年代后长期在乔叟的保护人兰开斯特公爵府中任职。

3《弗拉明戈》（*Flamenca*）是13世纪产生于法国南部的俗语浪漫传奇诗作。

4 纪尧姆·德·洛里斯和让·德·莫恩（Jean de Meun, 1240?—1305?）为《玫瑰传奇》作者。克雷蒂安·德·特鲁瓦是创作亚瑟王系列浪漫传奇最早也是最著名的法国诗人。戈蒂埃·达拉斯（Gautier d'Arras, ?—1185?）为法国北部的游吟诗人。列那诗人（Renart poets）指大约创作于1170—1245年的故事集《列那传奇》（*Roman de Renart*）的作者，该书长达四万余行，主要包括各种喜剧性动物寓言故事，这些故事的中心角色是一只狐狸，名叫列那（Reynard）；这些故事由多位诗人创作，他们长于现实主义和心理描写。

弟们的共同传人。[1]

马斯卡廷通过深入分析认为，在乔叟创作生涯的所有阶段，从他的宫廷爱情浪漫传奇到《坎特伯雷故事》里的市井故事，从他的抒情风格到现实主义甚至自然主义的描写里，人们都能看到这些法国诗人形成的传统广泛而深刻的影响。

哈尔丁·布拉迪在系统综述法国传统对乔叟之影响的文章中也强调《玫瑰传奇》和其他法国诗人对乔叟的广泛影响并特别指出，乔叟不仅仅是翻译家，他很快将这些影响吸纳入自己的创作。他说："从《公爵夫人书》起，乔叟从一个翻译家发展成为作家，虽然还是一个高度模仿型作家。他仍然处于《玫瑰》影响之下，但现在他在阅读其他一些同时代诗人如德尚、马肖、让·傅华萨，以及奥通·德·格朗松，他很可能认识所有这些人。"[2]同时，布拉迪也对将乔叟的创作生涯简单划为三个阶段的观点持保留态度。他在文章结尾说："很清楚，他没有一个以次要作品开始或结束的单独的法国阶段。我们在这里只能说，从某一个或另外一个法国作家那里借鉴来的情感表达和叙事内容在其整个创作生涯里都存在于他的记忆之中。"[3]

詹姆斯·温姆萨特(James Wimsatt)是特别注重传统的中世纪文学学者，其重要著作《寓意与镜：中古英语文学的传统与结构》(*Allegory and Mirror: Tradition and Structure in Middle English Literature*, 1970)系统研究了包括乔叟作品在内的中古英语文学中的寓意传统。但在具体研究乔叟诗作方面，他最负盛名的著作是《乔叟与法国爱情诗人:〈公爵夫人书〉的文学背景》(*Chaucer and the French Love Poets: The Literary Background of* The Book of the Duchess, 1968)。在这部著作里，他将乔叟的早期重要诗作《公爵夫人书》放到法国宫廷爱情传统中研究。他在书中用了约三分之一的篇幅简述从13世纪名诗《玫瑰传奇》到乔叟时代的马肖和傅华萨等28位法国宫廷爱情

1 Muscatine, *Chaucer and the French Tradition*, p. 5.

2 Haldeen Braddy, "The French Influence on Chaucer," in Rowland (ed.), *Companion to Chaucer Studies*, p. 125.

3 同上。

诗人的作品，为《公爵夫人书》建构了宽广的“文学背景”，然后他十分细致、几乎是一行一行地考察乔叟作品的出处或所受影响。虽然在此之前，许多批评家都已经注意到甚至评论过这些影响，但温姆萨特是第一个将这些影响集中起来分析研究的学者，从而使《公爵夫人书》与法国宫廷爱情传统之间的关系更加清晰。特别值得称道的是，正是通过如此细致的比较研究，他发现这部诗作里宫廷爱情传统特有的寓意性向写实性发展的倾向；也就是说，乔叟诗作里的梦境更具真实性，尽管温姆萨特没能进一步指出这种真实性的心理特征。在很大程度上，这种心理真实是乔叟在法国宫廷诗歌梦幻传统中创作所表现出的最重要的独创性。比如，在法国宫廷爱情诗里，梦境一般都逻辑清晰，而在《公爵夫人书》里，乔叟的梦境却表现出真实梦境的非理性。

阿迪斯·巴特菲尔德（Ardis Butterfield）甚至从一个更为广阔的视野看待法国传统对乔叟的影响。她说研究“法国的文化主导及其对乔叟的意义”并非仅仅是将

> 法国文学视为乔叟之“背景”。从历史的角度往后看，乔叟似乎是伟大的英国文学之父；但从14世纪后期的角度看，他似乎只不过是强盛而浩瀚的法语书面文学中小规模的英国辉煌之稀有例案而已。……乔叟不仅从法国书面文学深入吸纳，而且参与到遍及中世纪欧洲的广阔的文学文化之中，这种文化也是由法国作家们所决定和引导。从中世纪角度看，乔叟是法国文化历史的一部分，而非法国文化是乔叟历史的一部分。[1]

在分析了法国文学文化（literary culture）对乔叟的影响之后，巴特菲尔德总结说：

> 理解乔叟继承的法国遗产，是一个不仅要欣赏其表层暗示和绝妙回应而且也要探索其深度的问题。这揭示出乔叟在多大程度上总是

1 Ardis Butterfield, “Chaucer’s French Inheritance,” in Piero Boitani and Jill Mann (eds.), *The Cambridge Companion to Chaucer*, Cambridge: Cambridge UP, 2003, p. 20.

“已经”很法国：他不能从那些文化习惯向前迈进或离开，因为它们不仅仅是深植于他的家庭和职业环境，而且深蕴在几百年来的思维和写作方式之中。他对法国文化的浸润超越了一个来源或一个阶段；那是思想和语言之习惯。如果我们认识到法语是乔叟的自然语言而非习得或陌生的语言，我们就能更好地领会他的英语那种真正国际化的特性。[1]

她后来在2010年再一次强调“乔叟的法国性（Frenchness）并非一个阶段”[2]，也就是说，它贯穿乔叟整个诗人生涯，渗透到“乔叟性”或者说乔叟的“英国性”里。

批评家戴维·华莱士甚至在一篇研究乔叟继承意大利遗产的文章中也强调法国文化和文学对乔叟的深刻影响：乔叟并非“试图成为（如他的维多利亚崇拜者所提示的那样）一位‘英格兰诗人’”，因为“对于他的诗歌和王室工作来说，他的国度都并非‘英格兰’，而是从岛国东南那四分之一的地域延伸到欧洲大陆（直到1558年加莱一直在英国手中）的那片国土”，所以“乔叟的成就”“不是作为一个英格兰诗人宣布独立，而是——在这方面其策略有如乔伊斯——发展特征明显的本地诗歌，即便他将其更广泛深入地融入欧洲文化交往的各种潮流之中”。[3]华莱士在这里是指，“那片国土”当时属于法国文化区域。

三

乔叟的大陆文学渊源另外一个极为重要的方面是以但丁、彼特拉克和薄伽丘为代表的意大利新文学。在这方面，乔叟学者们在总体上已经达成广泛共识，但在一些具体问题上，特别是在乔叟与薄伽丘的关系方面，一直存在争论，甚至在相当长时期内出现直接而且激烈的交

1 Butterfield, “Chaucer’s French Inheritance,” p. 34.

2 Ardis Butterfield, “France,” in Susanna Fein and David Raybin (eds.), *Chaucer: Contemporary Approaches*, University Park, PA: Pennsylvania State UP, 2009, p. 28.

3 David Wallace, “Chaucer’s Italian Inheritance,” in Boitani and Mann (eds.), *The Cambridge Companion to Chaucer*, p. 37.

锋；这些争论也成为现当代乔叟研究特别重要的组成部分。

一般来说，在这三位杰出的意大利文学家中，但丁和薄伽丘对乔叟的影响特别广泛而且深刻。相比之下，彼特拉克的影响要小一些，虽然乔叟曾充满敬意地提到彼特拉克，说这位“可敬作家”是“桂冠诗人，他优美的修辞/把熠熠光辉洒上意大利诗歌”，并明说《学士的故事》来自彼特拉克的拉丁故事；[1]但实际上该故事是彼特拉克译自薄伽丘的《十日谈》。

前面引述过的洛斯在其专著《杰弗里·乔叟》里，也探讨了乔叟创作的大陆文学渊源。但在他看来，那些充其量只是他创作的材料。他特别对乔叟和但丁做了系统比较以证明他的观点。学者们早已揭示出乔叟深受但丁影响，在15世纪《声誉之宫》就已被称作《英语之但丁》。洛斯也说，当乔叟在创作这部作品之时，他可以“随意”从《神曲》中摄取材料。但尽管如此，他对两位诗人进行比较说：“我认为，可能再也没有什么比乔叟和但丁之间的对比更为鲜明。”也就是说，但丁对乔叟的广泛影响并没有使乔叟失去自己独特的创造性而变得像但丁；相反，这种影响更增强了乔叟的独特性。所以他说：“借用是一个不恰当而且具有误导性的词。”[2]

前面曾提到德国学者克莱门1938年的博士论文《乔叟的前期诗作》(英文版，1963年)，他在里面也认真考察了但丁对乔叟前期创作的影响。他分析《声誉之宫》如何受惠于《神曲》时说：“《神曲》对乔叟的影响并非其基本设想、观念和‘内容’，而是但丁的表现方法”，即那种再现诉诸感官的生动意象与细节的

> 强度、准确与观察力。乔叟肯定因发现了这样一位诗人而印象深刻：他竟然能将奇迹与幻境描写得犹如现实并将自己的反应表达得如此生动，以至一切事物似乎都正在他面前发生。这肯定是乔叟正在致力于寻找以提高其诗歌艺术的东西，却不能在他的法国同时代

1 乔叟：《坎特伯雷故事》中《学士的故事》第39，32—33行。

2 John Livingstone Lowes, *Geoffrey Chaucer*, Bloomington: Indiana UP, 1958, rep. of 1934, p. 103.

人那里找到。[1]

不过,B. G. 库恩斯(B. G. Koonce)的观点有所不同。他认为,乔叟同但丁不仅在表现方法上接近,而且在更深层次上被中世纪传统联系在一起。他在指出《声誉之宫》同《神曲》在主体结构和三个部分里的主要意象之间的类似之处后说:

> 虽然这些类似之处使人难以怀疑乔叟是在有意模仿但丁的朝圣之旅,然而但丁的注经式象征[2]同乔叟的非宗教虚构不论在意图还是意义上都没有什么表层对应;不过如果从象征寓意上看,那些类似反映出一个基督教传统的共同体,它把乔叟的意象与但丁的朝圣旅途之精神意义联系在一起。[3]

很显然,这种"基督教传统的共同体"的看法与庞德关于西欧共享统一文化的观点颇有相似之处。

在现当代研究乔叟的意大利文学渊源方面,意大利学者们特别热心;其中意大利著名学者皮耶罗·博伊塔尼(Piero Boitani)著述尤为丰富,特别有影响。博伊塔尼是意大利的英国中世纪文学专家,欧洲英语语言与文学研究学会(European Society of English Studies)主席(1989—1995),现为该学会荣誉主席。他系统研究了14世纪但丁、彼特拉克和薄伽丘三位意大利文学家对乔叟的影响,其专著《乔叟与薄伽丘》(*Chaucer and Boccaccio*, 1977)集中探讨乔叟的《骑士的故事》与薄伽丘的《苔塞伊达》之间的关系。除揭示乔叟在材料、风格和情节安排等许多方面对薄伽丘的借鉴外,他还特别指出:《苔塞伊达》"为这位

1 Clemen, *Chaucer's Early Poetry*, pp. 90–91.

2 指但丁自己在一封给朋友的信中所说,阅读《神曲》要像解读《圣经》那样在四个层面,即文字层面、寓意层面、道德层面和神秘层面,来揭示其象征寓意。参看 James I. Wimsatt, *Allegory and Mirror: Tradition and Structure in Middle English Literature*, New York: Pegasus, 1970, p. 24。

3 B. G. Koonce, *Chaucer and the Tradition of Fame: Symbolism in* The House of Fame, Princeton: Princeton UP, 1966, p. 81.

英国诗人打开了一个文化和诗歌的空间”[1]。他后来进一步发挥了意大利文学家们在宏观上对英诗之父的影响这一观点。1983年他编辑出版了多位很有影响的学者的论文集《乔叟与14世纪意大利》(*Chaucer and the Italian Trecento*)。在“序言”里,他说:

> 对于来自本质上的盎格鲁–法语文化[2]的乔叟,但丁、薄伽丘和彼特拉克肯定显得像是激进的先锋派。这些意大利诗人深植传统之中——那传统也是乔叟的背景——但他们在那上面建造了一个新世界。古典著作、中世纪拉丁文化以及宫廷和法语文学形式都被消化吸收并被重新制作成此前欧洲文学从未有过的作品。在薄伽丘那里,浪漫传奇向所有可能的方向发展,包括史诗。梦幻诗在薄伽丘和彼特拉克手里成为获取盛名的领域。……特别是,现代诗人以及各种诗歌[3]的地位都获坚定捍卫和高度颂扬。[4]

他认为,意大利诗人们对乔叟的思想和诗歌创作在这些宏观层面都产生了重大影响,甚至在很大程度上改变了乔叟的创作方向。

沃伦·金斯伯格(Warren Ginsberg)也认为乔叟的意大利之行改变了他的创作方向。但他更关心的是,但丁等意大利文学家如何影响乔叟,或者说英诗之父如何阅读和理解在那之前英格兰还从未有过因此他深感陌生的意大利文学。在专著《乔叟的意大利传统》(*Chaucer's Italian Tradition*, 2002)中,金斯伯格说:“乔叟是他那个时代唯一访问过意大利并以最著名的意大利诗人之作品为基础创作诗歌的诗人。”[5]他

1 Piero Boitani, *Chaucer and Boccaccio*, Oxford: Society of the Study of Medieval Language and Literature, 1977, p. 125.

2 盎格鲁–法语文化指在英国的法语文化,在乔叟时代这是英国上层社会的主流文化。

3 “各种诗歌”原文为“poetry in general”,其意思是,不仅宗教诗歌和拉丁诗歌,其他类型诗歌也受颂扬。

4 Piero Boitani, “Introduction,” in Piero Boitani (ed.), *Chaucer and the Italian Trecento*, Cambridge: Cambridge UP, 1983, p. 3.

5 Warren Ginsberg, *Chaucer's Italian Tradition*, Ann Arbor: U of Michigan P, 2002, p. vii.

的意思是说，当时英格兰文学中没有意大利文学的明显影响，更不用说传统。那么，乔叟的意大利传统是怎么形成的呢？金斯伯格的观点十分新颖；他认为，当乔叟碰上深感陌生的意大利文学作品，他需要“向导”，所以他使用薄伽丘来帮他阅读但丁，同样也反过来借助但丁来理解薄伽丘，这样就“促使他不是分别学习他所知道的意大利14世纪作家，而是把他们结合起来研读”。乔叟就是这样“形成了他的意大利传统”。不过，但丁、彼特拉克和薄伽丘这三位深刻影响了乔叟的意大利大诗人之间实际上也以各自独特的方式相互修正和“误读”，比如“彼特拉克的抒情诗和人文主义著作”有时也使薄伽丘“创新”但丁。一个像乔叟这样的外来者对他们之间的复杂关系很难理解。金斯伯格说：“这些诗人相互接受的文学和社会历史是当地传统的一部分，乔叟对此知之甚少。”不仅如此，这些意大利诗人所接受的文化文学传统以及他们生于其中的城市社会语境，乔叟全都不熟悉。他认为，乔叟的意大利传统实际上是乔叟在对意大利诗人们的对照阅读中形成的“意大利传统”和他所不知道的另外一个“意大利传统”之间的“对话”。[1]当然，乔叟对意大利文学家的解读并不仅仅受控于他对但丁等文学家的“对照阅读”，而且更深刻地受到他自己的英格兰传统和他已经内化了的法语传统的影响。在他阅读意大利文学家时，这些已经被他内化的传统自然也进入了他的理解过程，有助于他的创造性阅读，更有助于他在创作中的创造性借鉴。

在意大利诗人中，但丁对乔叟的影响最早表现出来，也最先引起人们的重视。《声誉之宫》就由于在结构、情节、意象等许多方面受惠于《神曲》，且诗中许多诗行也是译自《神曲》，而在15世纪被称为《英语之但丁》。自那以后，如前面各章所提及，许多学者都探讨过但丁对乔叟的重大影响。在现当代批评家的研究成果中，霍华德·H. 施勒斯（Howard H. Schless）的著作《乔叟与但丁》（*Chaucer and Dante: A Revaluation*, 1984）最为系统全面。在书中，施勒斯在分析乔叟与14世纪意大利社会文化之间的关系之后，细致考察了但丁在乔叟几乎所有作品中的影响，这些著作包括《声誉之宫》、《安妮丽达与阿塞特》

1 Ginsberg, *Chaucer's Italian Tradition*, p. viii.

(*Anelida and Arcite*)、《百鸟议会》、《特洛伊罗斯与克瑞西达》、《贞女传奇》、《坎特伯雷故事》和一些短诗。他总结说:"乔叟似乎在两个主要方面受惠于但丁:为内容而进行的少许改写与翻译以及为语言和戏剧性效果而大量借用的短小意象。"他指出:所有这些改写与借鉴"都被吸收进总体材料(general material)之中并被改造来适合乔叟的诗歌意图"。他说,乔叟"总是很好地把控其材料",他并不"抄袭但丁那种'四层意义'[1]的复杂结构"。因为,"对于乔叟,诗歌首先是具有娱乐性、道德性,而非表达教条;然而对于但丁,诗歌是表达……热烈持有的神学和政治信条的中介"[2]。所以,"虽然两人都在'现实'中寻找他们的象征意象,乔叟却一直是一位对人而非对信条感兴趣的诗人,他满眼看见的都是他周围的生活;如果他借鉴了但丁的普遍性(universal)视野,他也只是提取那些有助于他解释人之世界的方面,而他自己就是它多么真切的一部分,是它多么真切的象征"[3]。

在乔叟与意大利文学家的关系中,他与薄伽丘的关系最为复杂,最为扑朔迷离,也是20世纪大半个世纪里学者们最关注的热点,并且导致了一场涉及许多学者的大论战。自然,意大利学者在这方面特别积极,而且研究也特别深入。著名意大利乔叟学者彼得·博尔盖西(Peter Borghesi)同前面提到的19世纪德国学者布林克等人一样,特别关注乔叟与薄伽丘的关系。他在1903年出版了很有影响的著作《薄伽丘与乔叟》(*Boccaccio and Chaucer*)。他认为,乔叟之所以对薄伽丘的《苔塞伊达》特别感兴趣并将其改写成《骑士的故事》,是因为其"人物充满激情和生命力",尽管情节并不精彩。他进而指出:从浪漫传奇作品"《玫瑰传奇》里的寓意人物"到"《苔塞伊达》里的人性化人物"是"迈向更优越的文学形式之一大步"。[4]这显然表现出博尔盖西的现实主义文学思想,因为将人物塑造置于情节之上是现实主义文学与浪漫传奇的主要区别之一。

1 指但丁在告诉人们如何阅读其《神曲》时所讲的四层意义,见前注。

2 Howard H. Schless, *Chaucer and Dante: A Revaluation*, Norman, OK: Pilgrim Books, 1984, p. 246.

3 同上,p. 247。

4 Peter Borghesi, *Boccaccio and Chaucer*, Bologna: Nicholas Zanichelli, 1903, p. 30.

博尔盖西还指出，在他之前，许多杰出的学者如斯基特都已经对两部作品做过认真的比较研究，认为《骑士的故事》的2,300多诗行里有大约270行直接译自《苔塞伊达》，大约500行改写自后者。至于乔叟为什么将薄伽丘9,000多行的长篇史诗大幅度缩减到2,000多行，他认为，那是因为在朝圣路上，若故事太长，没有人会感兴趣，而且也需要留出时间让别的香客有机会讲述他们的故事。

同样，博尔盖西还就乔叟的《特洛伊罗斯与克瑞西达》对薄伽丘的《菲拉斯特拉托》的借鉴与改写做了在当时最深入的比较研究。薄伽丘原作5,704行，而乔叟的诗作8,246行，乔叟从薄伽丘那里采用了2,730行，大约占三分之一。剩下的“三分之二要么是乔叟自己的，要么是取自波伊提乌、但丁和彼特拉克，另外还有许多是来自对奥维德的模仿”[1]。尽管乔叟在诗中大量取材于薄伽丘，但他将三个主要人物塑造成全新的形象，以至“我们把《特洛伊罗斯与克瑞西达》看作是新的创作”，是“最优秀的古代英语爱情诗”，从里面“涌现出一种新的生活”，一种“比意大利诗作中更为道德更为纯洁的生活”。因此，不仅在“许多部分”而且在“总体上”，“乔叟都比薄伽丘更为优秀”，因为乔叟虽然在写作、人物和风格等方面“缺乏统一性”，但他在“情感的深刻方面和激情的表达上更为杰出”，他作品里“所有地方都表现出对生活的真切理解”。[2]

博尔盖西还就乔叟与薄伽丘、《坎特伯雷故事》与《十日谈》做了比较细致的探讨，进行了认真比较。同历代几乎所有乔叟学者一样，他也认为《坎特伯雷故事》是英诗之父的代表作，“因为当他创作这部作品时，他已经拥有更丰富的生活知识，他的风格已经提升并更加稳定、更加清晰、更为灵活、更具表现力，但最重要的是更受大众欢迎。他的幽默和想象力如此无与伦比，仅莎士比亚能与之媲美”[3]。他认为，《坎特伯雷故事》和《十日谈》从风格到内容都“大体属于同一类作品”，都是关于现实生活的“人间喜剧”。他还指出他们之间许多类似之处，比如两位作家都是“戏剧出现之前的剧作家”，“他们能轻易深入每一个人

1 Borghesi, *Boccaccio and Chaucer*, p. 38.

2 同上，pp. 42–43。

3 同上，p. 48。

心灵的深处”，而且“他们还是关于他们时代的真正的历史学家”。[1]很有意义的是，博尔盖西还认为，

在赞美女性的许多优秀品质方面，他是但丁、彼特拉克和薄伽丘之后的第一人，而在英格兰他则是前无古人。……如果乔叟在许多地方揭露和嘲笑过女人，那或许是为了纠正她们那些可笑的行为。这部作品有力地证明，他知道一个有德行的女人是多么值得赞美，而任何颂词在她面前都多么微不足道。[2]

著名学者埃里希·奥尔巴赫(Erich Auerbach, 1892—1957)是一位视野特别开阔的犹太裔德国学者。他知识渊博，是20世纪最杰出的语文学家(philologist)、文学批评家和比较研究学者之一。他在纳粹时期逃离德国，先任教于土耳其，后赴美，在任教于耶鲁大学时是后来的马克思主义文论家弗雷德里克·詹姆逊(Frederic Jameson)的博士论文导师。其代表作《模仿论：西方文学中的现实表现》(*Mimesis: The Representation of Reality in Western Literature*)出版六十多年来，一直受各国学者高度推崇。他在这部著作里也对中世纪欧洲文学做了深刻研究。在另外一部著作《拉丁时代后期与中世纪的文学语言与公众》(*The Literary Language and Its Public in Late Latin Antiquity and in the Middle Ages*, 1958)里，奥尔巴赫同许多此前的学者一样，将乔叟的《坎特伯雷故事》同薄伽丘的《十日谈》进行比较，认为乔叟的诗作远胜后者。他说：

在中世纪，还没有哪个地方像14世纪的英格兰那样具体而真实、充满同情与幽默地描写深邃而多样的社会潮流。自然，我想到的是乔叟的《坎特伯雷故事》，它在风格上与《十日谈》媲美，而作为时代的现实画卷却胜过那部意大利作品。它们之间本质上的差别可以通过它们的叙事框架的比较看出：乔叟的叙述者是来自生活中各阶层的香客；他们形象鲜明，他们之间的关系被生动地表现出来。于是，仅

1 Borghesi, *Boccaccio and Chaucer*, pp. 64–68.

2 同上，pp. 62–63。

这个框架就提供了英格兰社会生活的生动画卷。

相反，薄伽丘那些逃离瘟疫的青年叙述者们却“全都属于同一个社会上层而且形象模糊”。[1]奥尔巴赫还从其他方面进一步揭示了乔叟作品的优越之处。

以上这些学者，同历代许多乔叟专家一样，都注意到并深入探讨了乔叟与薄伽丘之间的关系。那自然是因为从他的大量作品看，在前代和同时代作家中，乔叟对薄伽丘的借鉴似乎最多。然而，虽然乔叟在作品中广泛提到他所借鉴过的各时代和各国作家，同时向权威学习和向同行借鉴在中世纪不仅广为盛行而且值得骄傲，但一直令学者们迷惑的是，乔叟从未提及薄伽丘。正因为如此，在现当代乔叟研究中，特别是在关于乔叟与薄伽丘的关系中，一个长期困扰学者们的最大问题是，乔叟是否知道薄伽丘，是否读过《十日谈》。英诗之父与薄伽丘的关系，特别是《坎特伯雷故事》这部英美人深感骄傲而且在很大程度上被看作现代英语文学的奠基之作的作品是否受到《十日谈》影响的问题，也引发了20世纪乔叟研究中涉及学者最多、持续时间最长而且往往也最动感情的争论。

其实，长期以来，由于乔叟的许多重要著作，特别是他两次意大利之行后，从14世纪70年代后期开始创作的许多重要作品，如《骑士的故事》、《特洛伊罗斯与克瑞西达》、《贞女传奇》以及《坎特伯雷故事》的体裁、总体布局、框架叙事和其中至少六个故事都程度不同但明显取材于甚至直接改写自薄伽丘的著作，因此学界几乎都认为乔叟深受薄伽丘影响，甚至有可能在意大利见过后者。

但美国学者休伯提斯・M. 卡明斯（Hubertis M. Cummings，1884—1963）将其博士论文《薄伽丘的意大利文著作对乔叟作品之影响》（*The Indebtedness of Chaucer's Works to the Italian Works of Boccaccio*，1914）整理充实，于1916年出版，改变了这一似乎已经形成的共识。他在书中对两位作家的许多作品做了分析对比，承认乔叟的《特洛伊罗斯与克瑞西达》和《骑士的故事》两部作品分别是以薄伽丘的《菲拉斯特拉托》

1 Erich Auerbach, *The Literary Language and Its Public in Late Latin Antiquity and in the Middle Ages*, trans. Ralph Manhein, Princeton: Princeton UP, 1965, p. 325.

和《苔塞伊达》为蓝本。但他认为，因为当时的作品通常不署名，乔叟并不知道它们是谁的作品，甚至不知道它们由同一个作家创作。同时他不仅否认乔叟的其他著作受薄伽丘影响，而且断言乔叟根本就不知道有薄伽丘其人。他的结论是，对乔叟而言，正如“其他那些不计其数的、他赖以借用其素材的文学库藏（storehouse）一样”，薄伽丘的作品充其量也只是一个“库藏”；乔叟“从未成为他的文学信徒。他没有软弱无能地把他作为导师来模仿”，而且“除了在《特洛伊罗斯与克瑞西达》和《骑士的故事》里外，乔叟的叙事艺术没有受到薄伽丘艺术的影响。没有任何根据可以推断，乔叟因薄伽丘影响而把故事讲得更好”。[1]卡明斯的著作出版后，在英美广获赞同，不少学者继而效法，发表了大量论文和专著，支持卡明斯的观点，试图证明不仅乔叟不知道薄伽丘，而且他的作品，特别是英国人引以为骄傲的《坎特伯雷故事》，也没有受过后者影响。

比如，威拉德·法纳姆（Willard Farnham）撰文承认，乔叟显然熟悉《苔塞伊达》等薄伽丘作品，但他坚信，英诗之父“绝没见过《十日谈》”。他解释说，因为“薄伽丘自己对这部著作极为反感，那虽然不能将其销毁，但肯定影响了它的流通”[2]。而“《十日谈》远不如薄伽丘其他作品那样广为流传”，因此在意大利之行途中，对意大利文学还不熟悉的“青年”“乔叟很可能在通常卖书的地方，没有注意到这部”“不仅是用俗语而且是用俗语散文讲述下层民众之无聊故事”的作品的手抄本。[3]其次，就《十日谈》译本而言，即使在广泛影响了乔叟的法语文学界，该书的“法文译本迟至1414年[乔叟于1400年去世]才出现”。正是在这一年，这个法译本首先出现在英国，第一个拥有《十日谈》的英国人是格拉斯特公爵汉弗莱（Humphrey，1390—1447）。公爵是著名收藏家，其图书馆收藏的意大利著作在当时的英国无人能比，他甚至收藏了几乎全部薄伽丘的拉丁文著作，但他的收藏中却没有意大利文版《十日谈》。法纳姆认为，这也证明《十日谈》很少流传，因而“很难获得”。

1 Hubertis M. Cummings, *The Indebtedness of Chaucer's Works to the Italian Works of Boccaccio*, Menasha, WI: George Banta, 1916, pp. 198–199.

2 Willard Farnham, "England's Discovery of the *Decameron*," *PMLA*, No. 1, Vol. 39, 1924, p. 124.

3 同上，pp. 130–131。

而在英国，对《十日谈》的系统翻译开始于1566年，但要到1620年才出现完整的英译本。[1]所以他认为，没有迹象表明在乔叟时代，《十日谈》在英国出现过，自然乔叟也就没有机会看到。

与法纳姆从文本流通状况证明乔叟没有机会看到《十日谈》不同，赫伯特·G. 莱特（Herbert G. Wright）试图从《坎特伯雷故事》文本内部证明乔叟从不知道《十日谈》。他说："文本中没有令人信服的证据表明乔叟曾经读过其中任何故事或者《坎特伯雷故事》的框架结构曾受到《十日谈》框架的启发。"[2]而斯韦特科·泰代斯基（Svetko Tedeschi）则从另一个方面证明乔叟没有读过《十日谈》。他说："薄伽丘的《十日谈》包括100个故事，而乔叟被认为仅仅知道或模仿了其中六七个，那么另外那93个呢？在《坎特伯雷故事》里它们没有踪迹。因此似乎很有可能，他对《十日谈》里任何故事都一无所知。"[3]他的意思是说，由于在中世纪诗人们往往相互借用故事，乔叟很可能是从其他诗人那里受到那六七个故事影响，否则他就不会只模仿那么区区几个。的确，一个例证是，《学士的故事》虽然源自《十日谈》，但乔叟明说那借用自彼特拉克的拉丁文故事。泰代斯基的观点似乎也不无道理。

直到20世纪70年代，这种否定乔叟知道薄伽丘和《坎特伯雷故事》受过《十日谈》影响的观点，还大体上占据主导地位。乔叟的诗歌艺术和他对英国文学发展的巨大贡献都最集中也最杰出地表现在《坎特伯雷故事》里，或许正因为如此，许多英美学者即使能承认乔叟的其他作品受到薄伽丘影响，也决心要维护它的"纯粹性"。但即使在这段时期，一些学者仍然坚持认为英诗之父知道这位意大利文学家，而且他的这部杰作的确受惠于《十日谈》。

关于乔叟从未提到薄伽丘的问题，博尔盖西在那之前于1903年出版的书中就已经做了探讨和推测。他认为乔叟知道薄伽丘，但他是一个十分谨慎的宫廷诗人，而薄伽丘由于出版《十日谈》而受到教廷和世

1 Farnham, "England's Discovery of the *Decameron*," pp. 129, 132–133, 139.

2 Herbert G. Wright, *Boccaccio in England from Chaucer to Tennyson*, London: Athlone, 1957, p. 114.

3 Svetko Tedeschi, "Some Recent Opinions about the Possible Influence of Boccaccio's *Decameron* on Chaucer's *Canterbury Tales*," *Studia Romanica*, 36, 1974, p. 872.

俗当局的谴责和迫害，并且在他忏悔之后仍然有关于他腐败堕落的谣言流传，所以乔叟害怕因尊崇薄伽丘而名声受损，特别是"怕受到国王责备"[1]。这种推测有一定道理，因为乔叟的确生性谨慎，不论在创作中还是在政治上都竭力避免招惹麻烦、卷入是非。[2]另外，他认为乔叟有意不提薄伽丘的推测还得到"乔叟关于得体（decorum）的观念强于薄伽丘"这一事实的支撑。[3]

另外一位很有影响的意大利学者、罗马大学的英国文学教授马里奥·普拉兹（Mario Praz，1896—1982）也认为乔叟知道薄伽丘，但对这个问题提出不同看法。他是从中世纪的文化和乔叟本人的思想倾向上考虑。由于中世纪是一个特别崇尚权威的时代，乔叟与同时代人一样认为古典和前辈诗人是文学创作的权威，而薄伽丘与乔叟大体上属于同辈作家。他在1927年指出："乔叟的做法——如我们已经看到的那样——总是追溯到更古老的源泉，认为那更具权威性。薄伽丘只是乔叟和更古老的源泉—— 一个故事所依赖的最终权威——之间的一个连接点。"在14世纪意大利文学家中，但丁显然更有权威，而且乔叟在精神实质上也与之更接近；所以乔叟充满尊敬地提到但丁，而且他也被称为"英语之但丁，而非英语中的薄伽丘"。[4]其实，就精神实质而言，乔叟与薄伽丘更接近，而且普拉兹似乎也自相矛盾。比如，在详细分析但丁、彼特拉克和薄伽丘等意大利伟大作家对乔叟的影响之后，如同时期英美许多批评家一样，他也特别强调乔叟的现实主义本质。他说："但乔叟并不仅仅是在读书，他也是生活的直接观察者。"他进而认为："前往另外一个世界的朝圣旅程不在乔叟的选择中。他紧紧抓住他喜爱的日常世界，……在这个朝圣旅途上我们遇到的不是魔鬼或天使，而是形形色色的普通人；乔叟只对人感兴趣。"[5]他对乔叟的看法无疑是正确

1 Borghesi, *Boccaccio and Chaucer*, p. 41.

2 关于这一点，可参看本书作者的《英语文学之父——杰弗里·乔叟》，北京：社会科学文献出版社，2005年。但哈罗德·布鲁姆关于文学家对于前辈强势作家深感焦虑的理论也不无道理，关于这一点，本书将在第二编中涉及。

3 同1。

4 引文译自Brewer (ed.), *Chaucer: The Critical Heritage*, Vol. II, pp. 421, 424。

5 同上，pp. 426, 423。

的；然而相对而言，但丁更执着于“前往另外一个世界的朝圣旅程”，而薄伽丘却像乔叟一样对“日常世界”和“形形色色的普通人”显然更感兴趣。当然，乔叟也的确有比薄伽丘更关注精神追求的倾向，比如他选择极具宗教意义的朝圣旅途而非《十日谈》里的那种田园生活作为其代表作的框架结构，就绝非偶然。

到了20世纪70年代，仍有一些学者因怕危及乔叟的“天才”和英诗之父的“名声”而坚持卡明斯的观点。埃德蒙 · 赖斯说：“乔叟的天才……并非是由薄伽丘的天才所造就——至少就《坎特伯雷故事》而言是如此。”[1]但在这一时期，随着研究的深入和越来越多的材料被发掘出来，越来越多的学者已经对乔叟知道薄伽丘而且《坎特伯雷故事》受到《十日谈》影响的观点持肯定态度。此后，“肯定派”取代“否定派”，在这场长达大半个世纪的争论中终于占据了主流地位。

实际上，即使在那之前，也一直有一些学者坚持认为乔叟知道薄伽丘而且《坎特伯雷故事》受到《十日谈》影响。俄克拉荷马大学教授卢格尔斯在指出薄伽丘对乔叟的各种影响之后针对卡明斯的“库藏”观点尖锐指出：薄伽丘

> 对于乔叟不仅仅是发掘各种财富的场地。薄伽丘是风格的榜样，是在诗节体中构造长篇叙事之能力的范例，是主题与风格之得体结合的导师，以及各种古典典故和史诗形式之来源。不仅如此，在《玫瑰传奇》之后，他还是性爱与各种更广大的命运之力量可能结合的表率；在这方面，英格兰和美国学术界倾向于以降低薄伽丘来抬高乔叟。[2]

不过，他同时也强调乔叟与薄伽丘作品之间的不同以及乔叟在创作中

1 Edmund Reiss, “Boccaccio in English Culture of Fourteenth and Fifteenth Centuries,” in Giuseppe Galigani (ed.), *Il Boccaccio nella cultura inglese e anglo-americana*, Florence: Olschki, 1974, p. 872.

2 Paul G. Ruggiers, “The Italian Influence on Chaucer,” in Rowland (ed.), *Companion to Chaucer Studies*, pp. 149–150.

的深化与提高。他说:“然而《骑士的故事》和《特洛伊罗斯》改写自薄伽丘的事实不应该使我们无视它们的独创性。”他进一步指出:

> 乔叟与薄伽丘之间在处理《特洛伊罗斯与克瑞西达》上的差别深刻而广泛。乔叟在创作他的版本时年龄更大也更稳定。他不像薄伽丘那样因已终止的爱情遭受痛苦而被强烈的个人意图所驱动。他在本性上更具明显的宗教倾向;受到来自波伊提乌和但丁的哲学启示,他更具思想的深刻和态度上的超然。他作为历史学家和报道者的客观姿态使读者既能移情于情节,同时也能置身事外而保持一定判断力。有必要先阅读薄伽丘以便领会乔叟是如何运用但丁和波伊提乌来深化诗作的风格而且还将它大为改变,使其转到令人信服的戏剧性对话的方向。在扩展过程中,毫无疑问,乔叟对人类之爱的评论与一种超验的理念主义相联系,并将浪漫性爱与人之灵魂的最高愿望置于一种微妙平衡。但论辩、争吵和劝说的实质又将作品与一种同样持续不断的现实主义倾向相关联,而那正是这部诗作的一个伟大之处。[1]

对“肯定派”地位之提高做出特别贡献的是罗伯特·P. 米勒编辑出版的重要著作《乔叟:影响之源与背景》(*Chaucer: Sources and Backgrounds*, 1977)。米勒广泛收集了基督教神学及古希腊罗马和中世纪哲学、文化、文学等各领域中深刻影响了乔叟的各种著作和思想的材料,以揭示“一个乔叟在其中从事创作的权威文学传统”[2]。这部著作提供了极为丰富的第一手材料,对深入探讨乔叟的思想与创作之渊源,对乔叟进行互文性研究,都极为有用。米勒认为,应该把乔叟“看作一个‘权威’传统的一部分,这个传统经其直接前辈延伸到伟大的古典‘学士’,甚至通向那创世的六天”[3]。也就是说,乔叟所继承的是以古希腊罗马和《圣经》为源头的西方文学主流传统。不过需要指出的是,在

1 Ruggiers, “The Italian Influence on Chaucer,” pp. 150, 152–153.

2 Robert P. Miller (ed.), *Chaucer: Sources and Backgrounds*, New York: Oxford UP, 1977, p. 8.

3 同上,p. 3。

这里希腊罗马的古典传统并非是同《圣经》传统分离的另一个源头，而是古代哲人对蕴藏于上帝创造的“自然之书”(the Book of Nature)里的“真理”的揭示，而古典神话里的那些神祇也被寓意性解读，获得了与“基督教思想一致”的“道德和哲学‘意义’”。[1]所以，“异教作家们”在这一传统中也有其“位置”，而“古典诗人们”的作品也可以被运用于“基督教目的”，[2]因此也同《圣经》和基督教作家们的作品一样被广泛运用于乔叟诗作之中。

在米勒收集的那些影响了乔叟创作的各种材料中，也包括薄伽丘的著作。他说：“由于某种原因，乔叟从未提及乔瓦尼·薄伽丘(1313—1375)的名字。然而，通过使其成为他的主要影响源之一，他至少很巧妙地承认了薄伽丘同彼特拉克和但丁一道是意大利三位伟大学者—诗人之一。”[3]不仅如此，关于乔叟在《坎特伯雷故事》里对《学士的故事》改写自彼特拉克的拉丁文故事(该故事是彼特拉克译自《十日谈》的最后一个故事)所做的说明，米勒指出，乔叟手边就有彼特拉克给薄伽丘的那封赞颂《十日谈》并说明他为什么翻译那个故事的信件。[4]更重要的是，彼特拉克对该故事的拉丁译文正是包括在那封信里。[5]也就是说，乔叟显然知道彼特拉克的拉丁文故事译自薄伽丘的《十日谈》。

就在《乔叟：影响之源与背景》出版的同一年，评论家唐纳德·麦克格拉底(Donald McGrady)在《乔叟评论》上发表了很有影响的论文《对乔叟与〈十日谈〉的再思考》(“Chaucer and the *Decameron* Reconsidered”)。他在文中对卡明斯直接提出批评，并对那么多人肯定其观点表示不理解。他说：“卡明斯没有为他那五页的研究对《十日谈》做细致的分析，而更像是将一个预设的观点加诸这个问题。从卡明斯研究方法中存在的这些缺陷来看，他的成果竟不断被作为标准的权威

1 Miller (ed.), *Chaucer*, p. 7.

2 同上，p. 4。

3 同上，p. 86。

4 同上，p. 136。彼特拉克给薄伽丘的信，见该书第137—140页。

5 见John Strong Perry Tatlock, *The Development and Chronology of Chaucer's Works*, Gloucester, MA: Peter Smith, 1963, p. 158。

而引用，多少令人感到奇怪。”[1]其实，卡明斯那缺乏充分论据和严密论证的观点能那么轻易被英语世界的许多学者接受，是因为他们有意无意地需要此类观点来“捍卫”他们的英诗之父。

关于卡明斯的观点为什么能得到那么多人支持和为什么在那么长的时期内学界主流不顾那么多的文本证据而否定乔叟知道薄伽丘，特别是否定《坎特伯雷故事》受到《十日谈》影响，后来贝德勒在2000年的一篇文章里总结说，“有三个原因使学者们不情愿面对乔叟知道《十日谈》的证据”：第一个“可以被称为爱国主义或者民族主义”；第二，人们相信“如果乔叟那令人赞叹的诗歌艺术哪怕只是一部分学自另外一个诗人——不管他是什么民族——都会因为那使他仅仅是一个模仿者或学生而导致他的伟大受损”；第三，“薄伽丘因《十日谈》被认为是道德名声不好的作家”。[2]所以，学者们（自然是英美学者们）竟然会对大量文本证据视而不见。

针对承认乔叟或者《坎特伯雷故事》受到薄伽丘影响会危及乔叟的“天才”之观点，斯坦福大学著名乔叟学者霍华德大不以为然。他认为乔叟的天才恰恰在于他对前代和同辈诗人的吸收、借鉴和创造性运用。在前面引述过的20世纪70年代那部重要著作《〈坎特伯雷故事〉之观念》里，他坚持认为乔叟知道薄伽丘并受其影响。他后来在《乔叟：其生平、作品与世界》这部很有影响的著作中进一步“总结了薄伽丘对乔叟的影响”：

> 大约从1380年开始，他在阅读薄伽丘的作品，对它们进行模仿、运用和改写。到1386年，……他已完成《苔塞伊达》的早期诗稿，[3]完成了《特洛伊罗斯与克瑞西达》（他对《菲拉斯特拉托》的改写）；也

1 Donald McGrady, “Chaucer and the *Decameron* Reconsidered,” *Chaucer Review*, 12, 1977, p. 4.

2 Peter G. Beidler, “Just Say Yes, Chaucer Knew the *Decameron*: Or, Bringing the *Shipman's Tale* out of Limbo,” in Leonard Michael Koff and Brenda Deen Schildgen (eds.), *The* Decameron *and the* Canterbury Tales, London: Associated UP, 2000, pp. 27–28.

3 指以薄伽丘的诗作《苔塞伊达》为蓝本的诗稿《帕拉蒙和阿塞特》（*Palamon and Arcite*），后来该诗稿经修改后作为《骑士的故事》放入《坎特伯雷故事》。

许开始了关于君王之堕落的短诗，它们以薄伽丘的《名人鉴证》(*De Casibus*)为蓝本，将成为《修道士的故事》；已经计划或许已经开始《坎特伯雷故事》的创作，那可以说是以《十日谈》为蓝本；并以《名女录》(*De Claris Mulieribus*)为蓝本已经计划《贞女传奇》，即使还没有动笔的话。那就是薄伽丘对乔叟总体上的影响，实际上涉及乔叟后来所有的创作。[1]

他认为乔叟不提广泛影响其创作的薄伽丘的确是一个难解之谜：

他一次也没有提到他的名字。这是一个巨大的谜，因为仅从牵涉到的作品数量——诗行数量——考虑，薄伽丘对乔叟的影响超越了任何其他人。乔叟有时的确提及并赞扬同时代作家，而薄伽丘在14世纪后期非常有名，尽管其姓名有时与他人的名字混淆。更重要的是，他从未像效仿薄伽丘那样效仿过但丁或彼特拉克：他直接改写了薄伽丘的两部意大利语诗作，并在此后他整个创作生涯里在作品的体裁上追随他。然而每一次，他都做了改动，尽力将其提高。要理解这一影响，我们需要……尽可能揭示薄伽丘在诗歌和散文中究竟在做什么，尽管他在文学史上是一个谜；而且我们需要看清乔叟如何理解薄伽丘的创作，即使乔叟是错的。[2]

关于乔叟不提薄伽丘这个谜，N. R. 哈夫利(N. R. Havely)试图从中世纪文化传统的角度来解释。他说：

在这点上，乔叟有可能是在遵照中世纪比较通常的做法；比如，薄伽丘自己在《苔塞伊达》的文本和注解中就从未提及斯塔提乌斯，虽然《底比斯》[3]几乎肯定是其中一些情节的来源。对薄伽丘一些作品的作者，乔叟也许真不知道或搞混了。就《名人鉴证》而言，这是可能的；但要认为所有作品都是如此，就太难了。对于一个至少两次访

1 Howard, *Chaucer: His Life, His Works, His World*, p. 261.

2 同上，pp. 189–190。

3 指斯塔提乌斯的《底比斯战记》。

问过意大利而且还在佛罗伦萨待过一段时间的人来说，把一两部作品的作者搞错可以看作是无知，但把这么大一批作品的作者整个忽视看来是有意为之。[1]

华莱士长期致力于研究乔叟与薄伽丘之间的文学关系。他在20世纪80年代出版专著、发表文章，重点研究薄伽丘前期作品对乔叟的影响，或者说乔叟对薄伽丘前期作品的运用与借鉴。他说："乔叟对薄伽丘前期民族语言[指意大利语]作品的利用超过任何语言中任何一类作品。"这些作品包括《菲拉斯特拉托》、《苔塞伊达》、《菲洛柯洛》(*Filocolo*)、《爱情的幻影》(*Amorosa Visione*)、《菲埃索拉的女神》(*Ninfale Fiesolano*)。[2]不过，华莱士并非仅仅在乔叟作品里寻找来自薄伽丘的材料和影响。他的研究包括"从最细微的细节翻译到文化领域最宏观、最抽象的问题"。他将乔叟对薄伽丘的借鉴置于欧洲文化文学传统的大背景中探讨，认为："在对乔叟的'转化艺术'做任何描述之前，都必须先考虑乔叟所借鉴之文本的文学与历史'构成'"，而"研究薄伽丘前期作品以及使它们得以成形的那些特别复杂的拉丁、法国和意大利影响使我们能明白乔叟为什么会对它们如此钟情"。[3]因此，"在将乔叟作为欧洲作家进行历史性研究方面，没有题目比这能提供更好的机会"[4]。也就是说，考察乔叟为什么以及如何对薄伽丘作品借鉴和运用最能将这位英国诗人还原到产生他的历史和文学语境之中，将他"历史化"(historicise him)。

15年后，华莱士在为《〈十日谈〉与〈坎特伯雷故事〉》一书所写的"后记"里再一次强调："乔叟从薄伽丘那里比从任何语言里的任何作家都借鉴更多。"他认为，《坎特伯雷故事》受到了《十日谈》影响，尽管"乔叟似乎不太可能拥有或者能经常使用一部《十日谈》"，

1 N. R. Havely, *Chaucer's Boccaccio: Sources for* Troilus *and the* Knight's *and* Franklin's Tales, Cambridge: D. S. Brewer, 1980, p. 12.

2 David Wallace, *Chaucer and the Early Writings of Boccaccio*, Suffolk: D. S. Brewer, 1985, p. 1.

3 同上，p. 2。

4 同2。

正如广受但丁影响的“彼特拉克在家里没有一部但丁的《神曲》”一样。他认为，在他为之撰写“后记”的这部书里的论文“加强了《十日谈》对《坎特伯雷故事》的影响主要是在作品的框架结构和故事安排上启发了乔叟这一主流观点”。[1]第二年，他在研究《十日谈》的专著中则更进一步说：“《坎特伯雷故事》是《十日谈》在英国之影响最重要的见证。”[2]

他后来在2011年的一篇论文中再一次深入分析“‘乔叟继承的意大利遗产’这一极为复杂的问题”，认为以但丁、薄伽丘和彼特拉克为代表的意大利新文学“对乔叟作为一个诗人的发展具有根本意义”的是“可以用自己的母语创作出达到欧洲最高标准的诗歌之观念”。[3]关于乔叟与但丁的关系，华莱士认为：

> 乔叟是但丁在14世纪最真实的继续者，因为正是在乔叟手里但丁的文本再一次展现其革命性潜力。……乔叟从但丁那里学到很多东西，但最重要的，很简单，就是对自己的语言保持信念：民族语言必须从内部进行革命性变革，而不是在外部拼贴和修补。法语的文化优势不需要而且(尽管彼特拉克为之竭尽了全力)不容置疑：之前的法语成就对欧洲文学文化具有根本意义。而且没有民族语言有希望获得拉丁语那样的权威：因为与拉丁语不同，没有民族语言能使自己不受时间影响。然而正是在时代变迁中这种抵制变化的无能为力或者无法对变化漠不关心，保证了民族语言那种特别的风采：因为人类的经历毕竟是不断变化、成长、败落和

1 David Wallace, “Afterword,” in Koff and Schildgen (eds.), *The* Decameron *and the* Canterbury Tales, p. 317.

2 David Wallace, *Giovanni Boccaccio:* Decameron, Cambridge: Cambridge UP, 1991, p. 111.

3 Wallace, “Chaucer’s Italian Inheritance,” p. 37. 但丁和薄伽丘等文学家的意大利语(母语)作品及其成就之所以对诗人乔叟的发展具有“根本”意义，主要是因为当时在英国，如同在欧洲大陆上一样，拉丁语仍然是主要的学术和文学语言。不过，甚至连但丁和薄伽丘等人也使用拉丁语撰写他们认为更高雅或更具学术性的著作，而乔叟所有的作品，包括长短诗作和关于天文仪器的学术论文，全都是使用英语。

再生的经历。是民族语言，而非拉丁语，提供了人类生存最精确的镜鉴。[1]

著名的文学理论家和批评家布鲁姆也就乔叟与意大利文学家之间的关系发表了很有见地的观点，而对于乔叟不提薄伽丘，更有其独特看法。关于早在15世纪就已经被称为《英语之但丁》的《声誉之宫》里但丁对乔叟的影响，布鲁姆说："《声誉之宫》受到《神曲》的启发，但又是对后者的善意讽刺"，而"《坎特伯雷故事集》在某一层面对但丁而言是一种怀疑式的批评，特别是针对作者与自己图景的关系。乔叟和但丁的差距在于气质，他们是两位性格不相容的人"。关于薄伽丘，他则认为："作为比薄伽丘更具有讽刺才能更具有创造实力的作者，乔叟把《十日谈》改造成《坎特伯雷故事》的方式是十分激进的，可以说是彻底改写了薄伽丘的架构。如果我们把两部作品对照来读，两者之间并没有什么相似之处；但是如果没有薄伽丘这个未获认可的中介，那么乔叟那种成熟的讲故事模式可能就不会产生。"[2]

布鲁姆在更深层次上揭示出乔叟对意大利文学家，其实也是对其他各种文学前辈或传统的继承与创造性改写。他显然相信《坎特伯雷故事》受到《十日谈》影响，但他还是很谨慎，在这里用了"薄伽丘这个未获认可的中介"这一说法，因为他知道，尽管经过这么多年的研究和争论，认为乔叟知道薄伽丘和《坎特伯雷故事》受到薄伽丘和《十日谈》影响之观点已在学界成为主流，但毕竟还没有确凿无疑的证据。

后来在为他编辑的历代乔叟研究论文集所写的序言里，他同样相信英诗之父深受薄伽丘影响。他说，"乔叟从未提到他真正的先驱薄伽丘"，正如"莎士比亚从未提及乔叟"一样，虽然乔叟对莎士比亚的影响超过任何人。他说，乔叟同莎士比亚一样，"犹如最伟大的喜鹊"，"很愉快地用双手偷窃"。根据他著名的"焦虑"理论，布鲁姆解释说："最强大的作家感到最强烈的焦虑，因此会压制任何可能引发影响的焦虑的

1 Wallace, "Chaucer's Italian Inheritance," p. 53.

2 布鲁姆：《西方正典》，第85页。

人物。”[1]所以，不论是莎士比亚还是乔叟，都没有提及对他们影响最广泛最深刻的前辈。

第五节　乔叟在中国

乔叟在中国的接受和研究已经有上百年历史。乔叟的代表作也已经有了不同版本的中文译本，而且在中国学界引起了热烈的关注和讨论。中国学者对乔叟的研究热情正日渐增加。因此追溯和分析乔叟在中国的传播、译介和研究的历史很有必要也很有意义。一百年来，乔叟在中国的历程大体上可以概括为民国的早期萌芽、新中国前期的苏联模式、改革开放后的多元化解读三个阶段。这三个阶段既有极大差异，也有连贯发展。

一、民国时期的乔叟研究（1913—1948）

1911年清政府结束对中国的统治后，中国社会迈入民国时期。此间乔叟第一次被引入中国，中国的大学开始设置课程谈论乔叟，各大期刊、书籍上出现了对乔叟的简略介绍和扼要评价，中国学者也开始编辑出版乔叟的英文作品和翻译乔叟的代表作。乔叟研究自此进入萌芽阶段。

（一）寓言式引入和译介

欧洲传教士从16世纪后半叶开始来到中国。他们来中国的必携之物，除了《圣经》，还有《伊索寓言》。《伊索寓言》是最早被翻译成中文的西方文学作品，因为寓言这种强调道德意义的故事更容易被当时的中国人接受。这也解释了为什么乔叟作品在中国最初也是以寓言形式出现。

1913年，商务印书馆编辑孙毓修[2]在《小说月报》上开始撰写《欧美

---

1 Harold Bloom, “Introduction,” in Bloom (ed.), *Bloom’s Classical Critical Views: Geoffrey Chaucer*, New York: Infobase, 2008, pp. xi, xiii.

2 孙毓修（1871—1923），自1907年起在商务印书馆编译所当编辑，著有《欧美小说丛谈》，并于1909年在《东方杂志》上发表《读欧美名家小说札记》。

小说丛谈》一栏，开谈第二篇便介绍"孝素之名作"，紧随在第一篇《希腊拉丁三大奇书》之后。这也是国内目前已知的比较系统地介绍乔叟的最早文字。孙毓修提及"孝素诗集之最传者坎推倍利诗也"[1]，指出作品"其事悉深于世故。老于阅历。英人既以其古也而尊之。又以其意思深长可以风世也"[2]。文中选译了"The fox repaid in his own coin"和"The men who went to kill Death"[3]两个故事，没有给出中文标题，但明确指出其"与伊索寓言相似"。[4]译文采用半文言文散文体裁，是对故事内容的概括性讲述，且在事件阐述和道德说教的设定上都带有中国化特征。

1916年至1925年间，林纾与陈家麟[5]合作翻译了八篇《坎特伯雷故事》中的故事，刊登在《小说月报》第7卷第12号至第8卷第10号。其中四篇[6]被标为"寓言"，两篇[7]标为"琐言"，还有两篇[8]标为"丛译"。只有《林妖》一篇署"英国曹西尔原著"，其余都未标明原著者。两人合译的另一篇为《加木林》，[9]因发表时林纾已去世，故署名为"林琴南遗稿"，文中仍未提及原著者和原书名。林纾译笔生动，用的是文言文，但也有漏译误译，不过与孙毓修的介绍性翻译相比已有很大进步，故事大部分情节都有保留。

孙毓修和林纾的译文都不是译自乔叟的中古英语原文。孙所译两个故事原文由约翰·亚历山大·哈默顿（John Alexander Hammerton，1871—1949）改写，收集在阿瑟·米（Arthur Mee，1875—1943）编著的

1 孙毓修：《欧美小说丛谈》，《小说月报》第4卷第1号，上海：商务印书馆，1913年，第6页。

2 同上，第7页。

3 即《修女院教士的故事》和《卖赎罪券教士的故事》。

4 同2。

5 林纾（1852—1924），字琴南，晚清著名翻译家；陈家麟为1880年生人，曾先后赴英、美、德、法等国学习交流，是林纾翻译工作后期的主要合作者。

6 这四篇是《格雷西达》（"The Clerk's Tale"）、《林妖》（"The Wife of Bath's Tale"）、《公主遇难》（"The Man of Law's Tale"）和《死口能歌》（"The Prioress's Tale"）。

7 这两篇是《鸡谈》（"The Nun's Priest's Tale"）和《三少年遇死神》（"The Pardoner's Tale"）。

8 这两篇是《魂灵附体》（"The Squire's Tale"）和《决斗得妻》（"The Knight's Tale"）。

9 即"The Tale of Gamelin"，刊登在《小说月报》第12卷第13号。《加木林》被认为是没有写完的《厨子的故事》，是一篇浪漫传奇。但《坎特伯雷故事》里并无此故事。

《少年儿童百科全书》(1908)里。[1]1924年6月，七个故事全被译为中文，作为"乔塞的《肯脱白来故事》"一章被收入王昌谟等人编译的《欧美名著节本》[2]上册。此书属商务印书馆的少年百科全书系列，译文简洁浅显，用语流畅活泼。1935年，《英语周刊》从第141至第150期连续刊载七篇"Stories from Chaucer's 'Canterbury Tales' "，由E. G. Chow对英文原文做半文言文译注。经过笔者反复比对核实，此七篇故事当为哈默顿用现代英文改写而成。

据马泰来先生考证，林纾所译也不是根据乔叟原著，而是根据查尔斯·考登·克拉克[3]用现代英语编写的青少年读物*Tales from Chaucer*。[4]1929年，《乔氏坎城旅谈本事》初版由商务印书馆在上海发行，原文就是克拉克的*Tales from Chaucer*。这是目前发现的英文版乔叟作品第一次单独成册在中国出版发行。葛传槼任此书校注者，在介绍中写道："克拉克对乔叟的改写有如兰姆对莎士比亚的改写"。[5]

(二)民国时期大学课堂对乔叟的介绍和接受

在此期间，中国的大学也开始开设课程，讲授英国中世纪文学及乔叟。从1903年京师大学堂开设"英国文学门"以来，英国文学或欧洲文学类课程或多或少都提到乔叟。1917年周作人在北京大学开设的"欧洲文学史"课程对"Chaucer"有明确阐述。[6]1924至1925学年北京大学《英文学系科目说明书》列出"乔叟Chaucer及其时代之研究"课程，说明是"第三、四年生选修"。"Chaucer"在这里第一次被翻译成"乔

1 John Alexander Hammerton, "Chaucer's Canterbury Tales," in Arthur Mee (ed.), *Children's Encyclopedia*, Vol. 2, London: Educational Book Company, 1908, pp. 492–499. 感谢坎达丝·巴林顿(Candace Barrington)教授和西密歇根大学德怀特·B. 瓦尔多(Dwight B. Waldo)图书馆的特藏部馆员帮笔者查证故事来源。

2 此书为"少年百科全书"丛书第二类，王昌谟为商务印书馆编辑。

3 查尔斯·考登·克拉克(Charles Cowden Clarke, 1787—1877)，英国文学评论家。

4 马泰来：《关于〈林纾翻译作品全目〉》，《读书》1982年第10期，第141页。

5 Ke, Hertz C. K.(葛传槼), "Introduction," *Tales from Chaucer*(《乔氏坎城旅谈本事》), by Charles Cowden Clarke, Shanghai: The Commercial P, 1929, p. iii.

6 此资料来自1918年9月26日《北京大学日刊》"文本科本学年各门课程表"之"英国文学门"第一、二、三学年课程表，表中显示周启明为欧洲文学史授课教师，该课为选修课。周启明即周作人的别名。

叟”。[1]由于此说明书未署名，此译名由谁而定不得而知；但当可推想，时任英文系主任的胡适和教学主力陈源、温源宁、张韵海、徐志摩、林语堂等皆为可能人选。

当时就读的学生后来撰写的回忆录里也提及当年学习乔叟的情形。季羡林在《清华园日记》里提到一名在清华任教的美国人毕莲（A. M. Bille），她每逢给新生上课便背诵《坎特伯雷故事》的开头几段。台湾作家齐邦媛回忆，孙家诱先生在1945年任教武汉大学，在英国文学史课堂上曾念乔叟的中古英语原文。另外，胡适、杨业治、李赋宁、杨周翰等人在日记或回忆录里也都谈及他们在国外学习中世纪英语和乔叟的情况。

（三）民国期刊与文学史、文学选读书籍对乔叟的译介

随着现代大学制度的建立和文学课程的设置，中国学人开始大量撰写或翻译西方文学史相关书籍。此间出现的各类英国文学史及文学作品选集里，已经出现对乔叟作品的介绍。尽管大多书写简略，但仅从标题就可以看出，当时学者对于乔叟在英国文学史上的崇高地位已有充分认识。1917年，邝富灼、周越然编纂的《英美文学要略》一书里有“The Age of Chaucer: The Fourteenth Century”一章。1917年周作人在《欧洲文学史》里“文艺复兴之前驱”部分指出：“英语之势［……］至Chaucer而大定，立近世文学基本”[2]。他在1925年还以“子荣”署名在《一部英国文选》中也提及“绰塞”，强调“现代英文［……］从他发生”[3]。1933年，在清华任教的英国教授吴可读（A. L. Pollard）的《西洋小说发达史略》在第一章“Early Novels”里提到“Canterbury Tales”，将其作为英国早期小说介绍。龚质彬1934年编著的《英文英美诗歌小史》第四章为“Poetry During the Age of Chaucer”。文中概括介绍了中古英语的特点，并选

1 此外，1928年曾虚白在《英国文学ABC》里把“Chaucer”译为“乔叟”，1929年玄珠（茅盾的笔名）在《骑士文学ABC》里也将其译为“乔叟”。由此可见，方重并非如很多学者认为是第一个将“Chaucer”译为“乔叟”的人，但他的大量翻译作品使“乔叟”之名在中国学界广为传播则是毋庸置疑的事实。另外，“乔叟”也是中国台湾学者用得最多的译名。不过，梁实秋在中国台湾出版的《英国文学史》里译为“巢塞”。

2 周作人：《欧洲文学史》，上海：商务印书馆，1918年，第18页。

3 周作人：《一部英国文选》，见《周作人散文全集第四卷：1925—1926》，钟叔河编订，桂林：广西师范大学出版社，2009年，第236页。

"The Oxford Scholar"为例，加以现代英文的注释说明。1938年段洛夫翻译发表《英国中世纪第一诗人：乔塞评传》一文，原文为莫狄（William Vaughn Moody，1869—1910）和洛维特（Robert Morss Lovett，1870—1956）的《英国文学史》(*A History of English Literature*)中部分章节。

此外，王靖、欧阳兰、曾虚白、林惠元、徐名骥、张越瑞、金东雷、柳无忌和曹鸿昭撰写或翻译的英国文学史书籍都或详或略地介绍了乔叟及其作品。这些书大都涉及乔叟的崇高文学地位，重点介绍的多是《坎特伯雷故事》。林惠元翻译的《英国文学史》[*English Literature from "Beowulf" to Bernard Shaw*，弗雷德里克·塞夫顿·戴尔默(Frederic Sefton Delmer)著]提到乔叟的"幽默诗"《赠给他的空囊》("To His Empty Purse")[1]，以及乔叟为儿子撰写的科技论文《论星盘》("Treatise on the Astrolabe")。金东雷的《英国文学史纲》特别介绍了乔叟诗作的三种不同韵文体。文学杂志此时也开始译介乔叟。1923年，《英文杂志》[2]甚至编辑刊登了"Geoffrey Chaucer"的肖像画，并附上英文简介，这也是目前已知的国内第一次刊印乔叟画像。1935年，开明（周作人的笔名）在《论语》杂志上发表根据中古英语版本翻译的《巴斯妇人的故事》，译文采用白话文，故事翻译得轻松活泼，与原文风格颇为相似。这些作者试图利用"文学左右世运之力""收潜移默化之效"，以期达到当时流行的"改造国民性"的主旨。[3]

抗日战争和解放战争期间，西洋文学研究书籍的出版和论文的发表大为减少，但战乱中的中国学人没有忘记乔叟。1943年到1944年，方重教授翻译了《康妥波雷故事》的五个故事和巴斯妇人的"引言"，还为之写了介绍文章《乔叟和他的康妥波雷故事》；这些文字后来结集成册以《康特波雷故事》为书名于1946年出版。[4]故事按中古英语版本

1 即"The Complaint of Chaucer to His Purse"，方重译本为《乔叟的怨诗致钱囊》。

2 即民国期刊*The English Student*。

3 引文出自王靖的《英国文学史》(上海：泰东图书局，1927年)中的三篇序言，原书中无页码。

4 方重在1943至1944年间发表在期刊上的乔叟译作和文章分别是《巴斯妇的自述》《林边老妪：康妥波雷故事之一》《腔得克列与波德洛特：康妥波雷故事之一》《乔叟和他的康妥波雷故事》《三个恶汉寻找死亡：康妥波雷故事之一》《童子的歌声》。1946年结集成册出版时加上《意大利故事》(即"The Clerk's Tale")。

翻译，有极少诗行被略去未译，如巴斯妇人的部分过于直白的、对丈夫的放肆评论和诅咒的诗行就被省略号代替或被完全删去。方重的工作为他后来成为中国最有影响力的乔叟译者打下了基础。由此可见，乔叟研究在民国时期就已经初步奠定了基础。尽管这些研究只是对作家作品的大略介绍和总体评价，也仍然为评价和分析新中国乔叟研究领域的状况提供了一个借鉴和参照。

二、新中国成立之后前三十年的乔叟研究（1949—1979）

新中国成立初期，教育和文学领域都学习和照搬苏联经验，苏俄文学在中国大受欢迎，这也影响到中国学者对英国文学和乔叟的研究。乔叟被看作中世纪新兴资产阶级的代表，作品揭露了封建阶级的腐败。同时，在一系列政治运动中，也有人认为，乔叟作品难读且与新中国的社会主义建设毫不相干，不符合新中国的国情。

（一）苏联式解读

在这一时期，乔叟研究深受苏联文学批评风格影响。新中国成立初期，教育部编写英国文学史课程教学大纲，在第一章“中世纪文学”里，主要重点是“乔叟和他的‘坎特伯雷故事集’，指定‘总引’为必读材料。学生可用现代英译本或中译本阅读‘罪僧的故事’，进行课堂实习”[1]。大纲要求课程需强调“乔叟在英国民族文学发展中的地位。乔叟的创作道路以及1381年起义对乔叟创作所起的决定性作用。[……]乔叟语言的人民性。高尔基称乔叟为英国现实主义的奠基者”[2]。大纲为读者应怎样理解乔叟做了指引，从中也可看出这一解读深受苏联学界影响。事实上，这个教学大纲主要就是根据莫斯科大学、列宁格勒师范学院的英国文学史教学大纲制定的。

这时期真正做乔叟研究的学者不多，李赋宁先生是其中很重要的一位。1957年，李赋宁在新创刊的《西方语文》上发表文章《英国民族标准语的形成和发展》，指出“乔叟的作品流传极广，因此把伦敦方言

1《英国文学史教学大纲（草案）》，中华人民共和国高等教育部审订，北京：高等教育出版社，1956年，第54页。

2 同上，第4页。

的特点传播到全国各地，成为大家模仿的对象”[1]。同年，他还在《西方语文》上发表论文《乔叟诗中的形容词》上、下篇，详细谈论乔叟使用形容词的特点。1962年，他的文章《乔叟的含蓄讽刺》在5月30日的《文汇报》上发表，文中举《坎特伯雷故事》总序的几个片段来说明乔叟的含蓄讽刺的某些特点。后来这篇文章被收入李赋宁1996年出版的《英国文学论述文集》一书。

1957年，杨周翰的《评〈坎特伯雷故事集〉和〈特罗勒斯与克丽西德〉》也在《西方语文》上发表。文章评论方重对这两部作品的翻译，既肯定了方重的贡献，也对译文提出了一些具体意见。1959年，由戴馏龄等人翻译的《英国文学史纲》出版，原作者是苏联人阿尼克斯特(A. Аникст)。书中第一章第三节“乔叟”用近20页的篇幅详细介绍乔叟生平和作品，指出：“乔叟是新兴资产阶级英国的第一个伟大的作家。”[2]但他绝不是代表资产阶级剥削利益的思想家。他超越了中世纪思想的界限，是“真正的民族的作家”[3]。“乔叟处在资产阶级社会的摇篮，充满着希望和乐观主义”[4]。1964年，杨周翰等人主编的《欧洲文学史》出版，书中提到乔叟，称他开始了英国资产阶级文学，乔叟的故事体现了反封建倾向和人文主义思想因素，暴露了封建阶级尤其是教会的腐朽败落。

由于当时的中国处于建设新社会、整风反右时期，学界对乔叟看法不一。刘世沐发文批评李赋宁的《英国民族标准语的形成和发展》一文思想觉悟不高，完全接受资产阶级的一套；他认为，李赋宁过分强调乔叟的作用是错误的。张载梁认为，《乔叟诗中的形容词》体现了资产阶级厚古薄今的研究方向，作者没有考虑到“当前社会主义事业的需要”[5]。甚至连对西方前现代文学研究甚深的杨周翰先生也批评《乔叟诗

1 李赋宁：《英国民族标准语的形成和发展》，《西方语文》1957年第1卷第1期，第40页。

2 阿尼克斯特：《英国文学史纲》，戴馏龄等译，北京：人民文学出版社，1959年，第41页。

3 同上，第42页。

4 同上，第58页。

5 张载梁：《西语研究中厚古薄今的倾向要彻底清除——评李赋宁〈乔叟诗中的形容词〉》，《西方语文》1958年第2卷第3期，第266页。

中的形容词》一文中所体现的资产阶级思想是"颓废的、唯美的,毫无思想性可言",学者不能"追随资产阶级治学的老路",要争取"把红旗插在以后发表的每一篇文章上"。[1]这些评论表明,当时的乔叟研究往往与新中国的主流意识形态相联系。

(二)方重的翻译

相对于学术评论,我国乔叟研究领域在这一时期所取得的成就主要还是在对乔叟作品的翻译上。方重是这一时期除李赋宁之外又一个重要的乔叟学者。他在参考各种版本的基础上,首次将《坎特伯雷故事》全文从中古英语译成中文,于1955年由上海译文出版社出版,书名为《坎特伯雷故事集》。方译本基本上都用散文翻译,侧重表达作品的叙事内容。至于原作的诗格和韵律则用注释说明,也有很少一部分抒情诗用诗体译出。为了使乔叟作品更易于被中国读者接受,方重将译文中一些词句"中国化"。方译本通俗贴切,与乔叟原文的诙谐调侃相一致,很好地表达了原文风格。

方重曾说,要译好作品,"就应当努力使自己具备诗人(或小说家)所具有的理想、感情、意境。……翻译英国乔叟的作品,就要注意他的文学、哲学以至宗教的修养,要注意十四世纪英国的社会、文化背景"[2]。方译本在1983年由上海译文出版社重印,添上了19页的《译本序》,并对正文做了一些修改。方重将书名中的"集"字去掉,以免与一般的短篇小说集混同,改为《坎特伯雷故事》。在《译本序》里,除充分肯定乔叟的艺术成就外,他也指出,乔叟"未能摆脱当时的宗教思想的束缚,……宣扬了消极容忍的人生哲学,……对于市民阶层的纵欲抱着欣赏的态度来讴歌爱情,反对禁欲主义。这些是我们所不能赞赏的地方"[3]。

1943年,方重曾将《屈罗勒斯与克丽西德》尝试翻译成散文,由重庆古今出版社出版,但方重认为此译作错误较多,在1955年译完《坎特

1 杨周翰:《一定要把社会主义的红旗插在西语教学和研究的阵地上!》,《西方语文》1958年第2卷第3期,第228,229页。

2 方重:《翻译应以研究为基础》,《译林》1983年第4期,第220页。

3 方重:《译本序》,见乔叟:《坎特伯雷故事》,方重译,上海:上海译文出版社,1983年,第17页。

伯雷故事集》后一鼓作气重译此书，并由新文艺出版社在1955年出版，新译本定名为《特罗勒斯与克丽西德》。在书后还用诗体选译了八首乔叟抒情短诗。这当为中国学者第一次系统地向中国读者无删减地介绍乔叟的部分短诗。

1962年，方重的《乔叟文集》上、下卷出版，译著根据的版本是F. N. 罗宾逊所编牛津大学版《乔叟作品全集》第二版（1957），并参考了其他版本。除乔叟的译作和科技论文《论星盘》外，该译本几乎包括诗人所有创作性作品。对于乔叟的叙事作品，方重主要采用散文体翻译，另外收录的20首短诗则基本按照原有格律用诗体译出。方重在《译者序》中称赞“乔叟担当起英国中世纪和英国文艺复兴运动之间的承上启下的历史任务”[1]。此部译著在1979年重新印刷出版，迄今仍是中国唯一的乔叟作品全译本。

方重的乔叟翻译在中国广受认可，很多中国学生正是通过他的译著初次接触乔叟作品。“乔叟”这一译名也是通过他的译作被中国读者广为熟知。他的翻译大力推动了乔叟研究在中国的发展。遗憾的是，在1966年至1976年间，由于“文革”影响，除翻译领域外，中国的乔叟研究几乎陷入停滞。直到1977年恢复高考后，西方文学课程再一次出现在大学课堂上，乔叟研究也随之开始复苏，其主要表现之一就是1979年《乔叟文集》的重印。

三、近三十几年中国的乔叟研究（1980年至今）

随着“文革”的结束和改革开放不断深入，自20世纪80年代以来，外国文学尤其是英国文学的研究，在中国再次繁荣发展，中国学者也再次关注乔叟和他的作品，中国的乔叟研究开始呈现出多元化发展趋势。相较于早期的概略介绍、新中国成立初期的苏联批评模式，此时的乔叟研究更加注重乔叟作品的社会文化语境、丰富内涵和艺术形式。

（一）对作品内涵的多元化探索

在这时期，尤其是在20世纪90年代以后，中国出版的英国文学史、

1 方重：《译者序》，见乔叟：《乔叟文集》上卷，方重译，上海：上海文艺出版社，1962年，第XVIII页。

英国文学选读等各类书籍大为增多，数量不少于两百种，[1]且绝大多数对乔叟及其作品有比较准确的介绍。李赋宁先生仍是这时期大力推动中国乔叟研究的学者。1990年，他在《外国著名文学家评传》的"乔叟"条里写道，中国读者"应该学习他的诗歌技巧和修辞手法，学习他的讲故事的本领(叙述才能)，学习他的含蓄、微妙的幽默和讽刺，学习他的真诚、善良、仁慈、宽恕和悲天悯人的品质以及他的积极的、不懈的改造人、改造社会的创作实践"[2]。后来在为《中国大百科全书》(1993年版)写的"乔叟"词条里，李先生总结道：乔叟视野广阔，观察深刻，善于写人普通、共同的特点，因此他的作品能长期吸引读者。他的艺术是现实主义艺术，"莎士比亚和狄更斯在不同程度上都是乔叟的继承人和弟子"[3]。此外，何其莘先生在《英国中古时期文学史》中的"乔叟"一章中认为，对于乔叟，文学的最终目的是寓教于乐。他还指出，乔叟作品表现出独特的英国色彩，表明新的英国本土文学正在崛起。

这段时间，中国学者研究乔叟的专著也开始出现。1990年，鲍屡平的《乔叟诗篇研究》出版，是中国出版的关于乔叟最早的著作之一。书里收集八篇乔叟研究的论文，大多是对故事文本的分析以及乔叟生平和创作的总结。研究乔叟的博士论文也逐渐开始出现，论文题材多样，探索方式不一。

现代西方文学批评理论开始引入乔叟研究中，其中运用得最多的是俄国批评家巴赫金的理论。1999年，刘乃银的专著《巴赫金的理论和〈坎特伯雷故事集〉》出版，结合巴赫金的对话、狂欢、杂语性等小说理论分析《坎特伯雷故事集》中的《总引》和市井故事。史亚娟2008年的博士论文《文化的狂欢——文化诗学视野下的〈坎特伯雷故事〉》从文化诗学相关理论角度出发，研讨作品中不同体裁的故事与中世纪诸种文化之间以及诸种文化彼此之间的对话、狂欢及商讨关系，认为中

1 此结果是根据2016年2月10日中国知网、北京大学图书馆等各大学图书馆检索的电子数据汇合而成。

2 此词条后来被再次收入李赋宁的论文集里。参看李赋宁：《乔叟》，见《英国文学论述文集》，北京：外语教学与研究出版社，1996年，第36页。

3 此词条后来也被再次收入李赋宁的文集里。参看李赋宁：《乔叟》，见《蜜与蜡：西方文学阅读心得》，北京：北京大学出版社，1995年，第90页。

世纪晚期以基督教为代表的主流文化与各种非主流文化间的互动对话和交流融合，孕育出以文艺复兴为代表的新的时代精神和文化运动。2014年汪家海的博士论文《多元与对话——〈坎特伯雷故事〉的对话性研究》探讨了作品中所蕴含的复调性、狂欢化、互文性等多层面的对话，旨在指出，作品中的多元对话特征，实际上是中世纪英格兰多元文化社会和文坛多元文化思潮的反映。[1]另外，乔叟的女性人物也受到中国学者的特别关注，如张亚婷2009年的博士论文《母亲与谋杀：中世纪晚期英国文学中的母性研究》中，就用一章文字对《坎特伯雷故事》中的母子关系和母亲在文本中的再现政治进行研究。

中国学者也开始研究《坎特伯雷故事》之外其他的作品。1996年，袁宪军的专著《乔叟〈特罗勒斯〉中的爱情观》出版，书中探讨《特罗勒斯与克丽西德》中神圣之爱和世俗之爱的关系，认为世俗之爱是达到神圣爱的必要途径，两者其实是统一的。2011年，刘进的专著《乔叟的梦幻诗研究：权威与经验之对话》出版，专著从中世纪十分重要的命题“权威”和“经验”切入，诠释乔叟的梦幻诗与欧洲中世纪梦幻文学传统、宫廷文化、书籍以及诗歌艺术的关系。

同时，中国学者对于乔叟作为宫廷诗人的身份特别感兴趣，将之与知识分子论、中国知识分子境遇等话题联系起来讨论。杨周翰先生在《十七世纪英国文学》里的《忧郁的解剖》一文中比较了中英文学里知识分子主题最早的起源。他认为，英国文学里描写的知识分子，乔叟的牛津学者属最早之列。牛津学者贫困潦倒却斯文拘谨、藏书丰富，颇有中国古风。与之相比，自《诗经》以降，中国文学里亦不乏知识分子咏贫的诗作。2010年，丁建宁的专著《超越的可能：作为知识分子的乔叟》出版，书中探讨体现在乔叟身上的知识分子特质：社会批评、大众启蒙和为人为文的智慧。2014年，李安的专著《乔叟文学思想研究》出版，书中着眼于乔叟早期的三部作品《公爵夫人书》、《声誉之宫》和《百鸟议会》，揭示作品表达的乔叟作为一名人文主义者对人生的思考和他的人生理想。

总体介绍和诠释乔叟其人、其作品思想风格的书籍开始出现。

1 除这几篇论文外，此节提及的袁宪军、刘迺银、刘进、丁建宁、李安的著作都是在他们同名的博士论文基础上修改出版的。

2005年，肖明翰教授的《英国文学之父：杰弗里·乔叟》出版，书中对乔叟的生平、创作、文学成就进行了深入研究。作者在后记里总结道，乔叟是中世纪文学的集大成者，也是现代英语文学传统的奠基人。对他的研究，可以说是研究中世纪英国文学和考察英语文学传统形成的最好切入点。2009年，肖明翰教授的《英语文学传统之形成——中世纪英语文学研究》上、下册出版，针对乔叟这样一个“中世纪英语文学集大成者和英语文学新发展最重要的开拓者和奠基者”[1]，书中单列一章，用很大篇幅、尽可能详尽地分析了他的主要作品，还具体阐释了乔叟对英语语言和英诗诗艺的贡献、乔叟与中世纪后期欧洲悲剧精神的复苏的关系，使读者对乔叟有比较全面深刻的了解。此外，2012年王守仁等著的《英国文学批评史》也将肖明翰关于乔叟文学思想的论文以“乔叟”为标题收入书中。

（二）对作品表现形式的注重

李赋宁对乔叟作品语言和修辞的研究在此阶段得到中国学者的继承。此时的乔叟研究对作品表现形式更加注重。2000年陆扬的《欧洲中世纪诗学》里就有一章专门探讨“乔叟和框架式结构”。《坎特伯雷故事》中24个故事的排列顺序和9个片段之间的关系，都让学者们大伤脑筋。他认为，松散的结构框架可能只好解释为诗人有意突破亚里士多德非完整不美的结构传统了。欧洲诗学注重内在逻辑的封闭性结构传统，而阿拉伯传统注重个别和整体具有同等意义的开放式框架结构。《坎特伯雷故事》的结构形式受阿拉伯影响很明显。在其框架式结构形式里，中世纪封闭内向的宇宙观向文艺复兴的博大胸怀过渡。2007年陈才宇的《古英语与中古英语文学通论》一书里有“乔叟”一章，谈论乔叟各阶段的作品，特别是分析“法布罗”（fabliau）这种文学体裁在乔叟作品中的运用。该体裁的故事生动而接近现实生活，为广大百姓喜闻乐见，因此乔叟为它平反，借《坎特伯雷故事》让它发扬光大。关于乔叟为什么在《坎特伯雷故事》的诗体故事里穿插几个散文故事，陈才宇分析道，乔叟的初衷就是要通过形形色色的故事反映形形色色的人、反映当时的时代。除了全方位地反映当时时代风貌，乔叟还全方位地

1 肖明翰：《前言》，见《英语文学传统之形成——中世纪英语文学研究》（上），北京：社会科学文献出版社，2009年，第2页。

展示当时的文学风貌。曹航2008年写成的博士论文《乔叟〈坎特伯雷故事〉之独创性》,从包括语言艺术在内的三方面探讨了作品的独特和伟大。2009年,沈弘的《英国中世纪诗歌选集》选译乔叟的《美人无情》("Merciles Beaute")一诗,并在书中《试论中古英语诗歌的特征和意义(代序)》一文里详细分析了乔叟的诗歌特点。该书在中国台湾出版发行,标志着中国大陆和中国台湾学界在中世纪研究领域的一次合作。

对表现形式的注重更明显地表现在对乔叟作品的诗体翻译中。这时期出现了更多乔叟作品的翻译,如范守义对《坎特伯雷故事》的部分节译和屠岸对乔叟短诗的选译等。最有影响的是黄杲炘的诗体译本《坎特伯雷故事》,该译本于1998年首次出版,已多次修订再版。黄杲炘在1998年版的《译者前言》里谈到翻译《坎特伯雷故事》的目的:为此名著提供一个诗体译本,证明诗是可译的,尤其是叙事诗可译性更大。他采用"以顿代步"、译作与原作音节数相应的方法,顿数与字数兼顾,对原作进行等行翻译,尽量保持原作格律。黄译本是迄今《坎特伯雷故事》唯一的中文诗体译本。

1999年,吴芬用诗体翻译出版《特洛勒斯与克丽西德》。译者感到若完全遵循原文君王体韵式,则难免在其他方面做出牺牲,因此采取折中办法,仅让每节最后两行押韵,也尽量让诗句流畅、优美。在《译者序》里,吴芬还谈到《特洛勒斯与克丽西德》的独创性,认为虽然主要人物形象都有程式化成分,却又有所超越。另外,作品中的第一人称叙述者有两重声音:客观冷静的撰史人和虽然无形但感情完全投入的参与者。这两种不同的声音引起人们对乔叟妇女观的争议。

从80年代开始,中国还开始出现多个《坎特伯雷故事》的新译本。根据笔者初步统计,共计有13个版本。这些译本都采用散文体,部分译本标明是外国文学启蒙读本或简易读本。其中好几本译本的原本都是由迈克尔·韦斯特(Michael West)改写的现代英文本。方重和黄杲炘的译本也被台湾出版商采用发行。

这段时间中国也引进了国外有名的乔叟研究或中世纪研究文本。2000年,剑桥文学指南系列丛书《乔叟研究》(*The Cambridge Chaucer Companion*)由上海外语教育出版社引进,并由中国专家在书的前言里向读者大致介绍了这本论文集的主要内容。2007年,J. A. 伯罗的著作

《中世纪作家和作品：中古英语文学及其背景（1100—1500）》（*Medieval Writers and Their Work: Middle English Literature, 1100–1500*）（修订版）由沈弘翻译成中文。原作自出版以来就被评论界认为是介绍中古英语文学的经典之作，书中多处对乔叟及其作品详细解读。

另外一个可喜现象是，硕士研究生也进入乔叟研究领域，使得这一研究队伍更加多元化。这表明乔叟和乔叟研究在中国进一步普及。根据中国知网和国内各大学图书馆的电子数据，这期间，尤其是进入21世纪后，已经有近20篇硕士论文探讨乔叟及其作品，[1]其中大部分是分析《坎特伯雷故事》，特别是探讨巴思妇人和婚姻、女性主题。

自1980年以来，关于乔叟研究的各类期刊文章也迅速增多，截至本节完成前，中国知网和国家图书馆等的电子数据搜索结果显示共有100多篇相关论文发表。[2]其中肖明翰教授发表了近30篇相关论文，沈弘教授发表了6篇，推动了中国乔叟研究的发展。这些论文运用多种批评理论研究乔叟对英国文化文学发展的贡献和与乔叟时代的社会文化的内在关联，分析乔叟作品的文学体裁、创作主题、人物形象、写作风格，并探讨乔叟的文学思想和在作品中体现出的作者意识，使乔叟研究在中国呈现出初步繁荣的局面。本节以部分期刊论文为例，来探讨乔叟的文学成就，并以此结束乔叟在中国的接受史研究。沈弘教授在2009年的论文里，从英语语言史和诗歌传统的角度追溯英诗的早期发展，通过对英诗形式和体裁演变的分析，认为仅从现代英诗形式的发轫和传承这个角度考察，乔叟就无愧于“英语诗歌之父”的称号。肖明翰教授在论文里则认为，《坎特伯雷故事》更集中地表现了乔叟的诗歌艺术和他对英国文学的贡献，它拓宽了英国文学的主题，丰富了创作手法，注入了人文主义新精神，开创了英国现实主义文学新传统，代表了英国文学发展的新方向。肖教授还认为，乔叟的诗歌自我在其作品中无处不在，形成了独特而不可复制的“乔叟性”。六百多年来，尽管对乔叟的艺术形象的阐释不断变化丰富，乔叟研究空前繁荣，但“乔叟性”却日益明

1 此结果是根据2016年2月10日中国知网、北京大学图书馆等各大学图书馆检索的电子数据汇合而成。

2 此结果是根据2016年2月10日中国知网、国家图书馆等各大图书馆检索的电子数据汇合而成。

显突出。正是这种独特的“乔叟性”使乔叟有别于其他大家，也成就了他的伟大和深刻。

本节的研究表明，乔叟在中国的研究持续了一个多世纪，其间既经历了曲折和阻碍，也取得了长足的进步。有志于从事其中的中国学者越来越多，研究方法也渐与国际接轨。中国学者对乔叟的多种阐释无疑丰富了对乔叟的认知，可以想象的是，“乔叟性”也会在中国文化语境里凸显出来。相信在不久的将来，乔叟研究在中国将取得进一步繁荣！

第六节 乔叟在日本

英诗之父乔叟最早被跨洋介绍到日本，据考证可追溯至明治维新时期的1870年前后，[1]并于20世纪初开始步入日本高校讲堂。日本学者在该领域的代际努力与厚积薄发终使其在20世纪60年代开始博得国际学界关注，并从七八十年代起不断产出世界级研究成果，得到各国同行认可。东洋学者也由此在世界乔叟学界成为继欧美学者之后的又一重要且特殊的研究群体。本节回顾日本已有上百年历史的乔叟及作品教育和研究经纬，总结其研究贡献和经验，分析其研究角度、方法、特征、走向和有待完善之处，同时也期望为同为东方文化背景的中国学者展示一个可供借鉴的研究模式、研究态度和治学思想。

一、乔叟研究在日本的起步和发展

明治到大正年间日本近代大学的创立为乔叟及其作品在高校的扎根提供了契机。东京帝国大学（即后来的东京大学，下文简称东大）、庆应义塾大学（下文简称庆应）和广岛大学先后成为乔叟教育和研究的三大重要据点，而分别由市河三喜（1886—1970）、西胁顺三郎（1894—1982）和桝井迪夫（1914—1992）等几位杰出东洋学者逐次引领下的集体努力奠定了乔叟研究在日本的基础，并对此后一个多世纪以来日本人才培养、研究格局的形成和发展产生了深远影响。

1 参见川澄哲夫：『日本英学史』第1卷（上），东京：大修馆书店，1988年。

相比因重希腊语、拉丁文而轻英语之旧习于1894年方成立的牛津大学英文系，东大英文学科甚至在更早的1887年9月即开始设置。夏目漱石（1867—1916）在此毕业后，作为日本文部省海外留学奖学金的首批受益者于1900年赴英国伦敦大学学院师从名师威廉·P.克尔学习英国文学，1903年归国回母校任教。高宫利行和安德鲁·阿莫尔（Andrew Armour）（1982）经考证夏目漱石当时的教案，认为他在日本高校开讲授乔叟作品之先河；[1]夏目漱石的学生金子健二（1880—1962）曾回忆，从东大英文科毕业的文学家兼翻译家上田敏（1874—1916）在1903年也回母校做过一次关于乔叟的公开讲座；而金子健二则是1917年正式出版的首部完整日译本《坎特伯雷故事》的译者。1916年留英归来的市河三喜在上述前辈和受聘于东大的牛津学者约翰·劳伦斯（John Lawrence，1850—1916）博士所奠定的基础上，一手强化了母校英文科古英语和中古英语语文学教学及研究的传统。这位英文科首位日本人教授于1926年以斯基特版《乔叟全集》为底本编著了日本首部英文版《乔叟作品选编》的大学教材，并于1935年出版语法书《古英语和中古英语入门》，明确了日本学界研读中古英语作品必须先从直接接触一手文本做起的治学规范。市河三喜1934年编写的《〈坎特伯雷故事〉总序歌注释》、他任会长的日本英文学会会刊《英文学研究》在1938和1939年分别刊载的中山竹二郎和清水时郎探讨乔叟语言特征的论文，以及1946年《市河三喜退职荣休纪念文集》中上野景福研究乔叟专门词汇和特殊抄写法的论文等一系列日本最早期的乔叟语言研究成果，均由这位日后被誉为日本英语语言文学界的最高指导者一手推出，孕育了日本学界在该领域的研究底蕴。

稍晚于东大，从1926年起，留学牛津回归母校庆应的西胁顺三郎，将牛津英语语文学和文学的不可分割体系介绍至日本学界，并带领庆应逐步发展成为日本又一英国早期语言文学的传统强校。这位后来的诺贝尔文学奖候选者日译的两卷《坎特伯雷故事》于1949年由东西出版社最早出版，至今仍被视为日文全译本的经典之一，多次再版。其高徒厨川文夫（1907—1978）继承恩师衣钵，注重手抄本研究，并在庆应文

1 参见 Toshiyuki Takamiya and Andrew Armour, "Kairo-ko: A Dirge," *Arthurian Literature II*, Cambridge, 1982, pp. 92–94。

学部本科和研究生的教学中，直接以斯基特版和F. N. 罗宾逊版的《乔叟全集》为教材。厨川文夫1962年发表在《英语青年》上的论文《乔叟与地方方言文学》同乔叟专家布鲁尔四年后的研究不谋而合。学者安东伸介认为这一学术贡献在当时已达到世界级水准，只是由于用日文写作而错失了一次被世界认可的机会。

几乎同时，日本西部的广岛大学学者桝井迪夫完成的《乔叟研究》(1962)和《乔叟的尾韵词汇结构》(*The Structure of Chaucer's Rime Words*, 1964)两部专著确立了他本人在日本甚至国际乔叟学界的重要位置。前者为日文，桝井迪夫一方面全面分析了乔叟作品的文学主题和可行性研究方向，并从语文学角度揭示其语言在句法、韵律和修辞上的研究空间，另一方面也详细总结了数百年来英美乔叟研究的成果和格局分类——在大的语文学和阐释批评两大框架之下，前一类包括文本、索引、出典、语言和韵律等分支，后一类则涵盖作品及时期、主题、社会历史环境等方向。日本至今的乔叟研究仍基本遵循这一结构。后一本著作为英文，专门性更强，东方人与西方文化之间的距离，反而帮助桝井从词汇、句法、文体和语义等角度更为客观地考据乔叟的脚韵用意和匠心。这一成果随即得到世界学界的瞩目和好评，后来成为权威的"河边版"《乔叟作品全集》(*The Riverside Chaucer*, 1987)的重要依据文献之一。

第二次世界大战结束后的20世纪五六十年代，随着日本经济复苏和社会稳定，包括乔叟研究在内的中世纪英语语言文学领域队伍迅速壮大。学者们逐渐意识到，在1928年成立的日本英文学会之外，还应有一个针对性更强的学会组织。于是在1954年和1965年，日本关东及北部地区的中世英文学谈话会和关西及以南地区的中世英文学研究会两个民间地方性学术团体分别成立。西部团体的两位创始人同志社大学校长上野直藏(1900—1984)和关西大学教授广瀬捨三(1911—2002)均专攻乔叟研究，加之上述桝井迪夫的强大影响，直接推动了关西地区乔叟研究的发展。1984年两地方团体正式合并为制度规范的全国性组织日本中世英语英文学会，而原有组织仍继续保留，以东西支部的形式就近开展交流活动。据日本中世英语英文学会现任副会长地村彰之统计，至2015年底，近500名会员中，乔叟学者共计51人。乔叟的相关研究始终为学会活动的重中之重。[1]1992年，更为专门的日本乔叟学会亦宣告成立，至2016年3月底，学会已举办95场各类演讲和研讨活动。[2]此外，1969年，在厨川文夫和桝井迪夫等学者倡议下，东大建立了中世英文学研究及资料中心（Centre for Medieval English Studies），在寺泽芳雄等教授组织下，汇总和整理日本学者中世纪英语语言文学的各项研究成果。中心从1975年起共出版五部日文版《日本学者中世纪英语英文学研究论文及书目》（1975，1979，1983，1994和2001年），其中收录日本学者1950年至1994年3月40多年间的乔学论文、书评和专著等总计1,021项；[3]中心还集全日本学者之力主持过"乔叟词汇研究项目"的开展；虽然很多成果由于各种原因没有公开，中心在20世纪90年代也已无疾而终，但其在日本学界曾起到的作用举足轻重。

基于乔叟研究的特殊性，日本学者一直非常注重同国际学界的接轨和合作。英国权威乔叟学者布鲁尔早在20世纪50年代就曾在日本国际基督教大学任教数年，和安东伸介等日本学人建立了良好的同行关系。1974年，后者在日本组织创办了中世纪英语语言文学的国际性英文刊物《诗学》（*Poetica*），半年一期，发表了各国学者大量乔叟研究的优秀成果，业已跻身国际学界一流学刊之列。[4]桝井迪夫（1976）和大泉昭夫（1987）等人还出面在宫岛和京都等地多次组织国际乔叟研讨会，吸引和邀请了包括H. L. 罗杰斯（H. L. Rogers）、拉尔夫·艾略特（Ralph Elliott）和理查德·巴伯（Richard Barber）等世界级学者与会并分享研究成果，极大提高了日本乔学在世界的地位和关注度。这一传统也由日本后辈学人沿袭至今。[5]

1 日本中世英语英文学会目前为止的31次年会和31期学刊《中世英语语言文学研究》（*Studies in Medieval English Language and Literature*）中，与乔叟有关的内容始终占一定比重。

2 详情参见该学会网站主页：https://sites.google.com/site/chaucerkenkyukai/。

3 由于该系列书志不对外公开，此统计数据由寺泽芳雄教授之子、东大研究生院综合文化研究科寺泽盾教授个人提供给笔者。

4 比如1993年第37期*Poetica*的全部7篇论文中，4篇为乔叟研究方向，均由世界权威学者投稿。

5 日本中世英语英文学会至今也先后举办过11次由世界级乔学专家主讲的特别演讲会。

二、乔叟研究在日本的总体状况和趋势

借助于日本完善的书志学体制，其百年乔叟研究状貌及成果发展基本清晰，依学科规律大致分为译介、语文学和文学阐释批评三部分。译介多在早期阶段，有一定自发性。后两者则与桝井迪夫在20世纪60年代确定的研究格局一脉相承，呈现出一种集体遵循和合作性。

在一定程度上，乔叟作品的日语译本既是日本乔叟研究的一个起点，也代表着日本学界一项重要成果。综合各类重要书志文献，[1]乔叟作品至今的日译本统计如下：《坎特伯雷故事》全译本有13个版本，节选译本27部（篇）；《特洛伊罗斯与克瑞西达》和《百鸟议会》各5部；《贞女传奇》4部；《公爵夫人书》、《声誉之宫》和《玫瑰传奇》各3部；《安妮丽达与阿塞特》和完整的《乔叟短诗集》各2部；《乔叟的怨诗致钱囊》和《责反复无常的女性》（"Against Women Unconstant"）等单篇短诗的日语译文则零星散见于学刊杂志；另外还有乔叟英译的《哲学的慰藉》1部。

乔叟著作译本总体数量偏少，新作亦疏，日本学界直到2001年才陆续将其所有作品基本译全，且至今无日文版《乔叟作品全集》。究其原因，应与市河三喜在乔叟研究之初所立下的"必须直接研读一手文本"之行规及其深远影响有关，因此在早期基础译介工作告一段落之后，学者们更多投入中古英语文献本身之中。以乔叟代表作《坎特伯雷故事》为例，目前实际只有金子健二、西胁顺三郎、桝井迪夫和笹本长敬的4部日语全译本，其余9部均系围绕原版的补遗修订本，且除笹本长敬版新近完成于2002年之外，前3部均在20世纪70年代之前完成。金子健二1917年版系首部日译《坎特伯雷故事》，其底本为斯基特1895年的《学生版乔叟》（*The Student's Chaucer*）这一公认权威版本，译文因此也接近原著本来面目；西胁顺三郎的1949年版以意译为主，展现了译者本人的诗人灵性，技巧娴熟，文采丰富，但与乔叟本来风格有一定出入；桝井迪夫的1973年版则以一个语言学者的惯性思维，按原文逐字逐句

1 此处主要的参考文献资料为《明治·大正·昭和翻译文学目录》（日本国立国会图书馆编，东京：风间书房）和《翻译图书目录（明治至2013年）》[日外アソシエーツ（Nichigai Associates, Inc.）编]。

推敲翻译，规范严谨，遵循乔叟文字原貌，但略显繁琐和呆板；笹本长敬的2002年版因时间优势而具备了兼收旧本精华之特点。相比于《坎特伯雷故事》的几部全译本，仅偏重于总引和几个代表性故事的节选译本则数目居多，但一般多集译介与研究为一体，译文中常附有批评性注释，内容涉及典故、宗教、文化和语言等方面，可归为学术性翻译。高见颖治（1928）、吉田几次郎（1931）、亘理俊雄（1934）、吉田新吾（1949）、大山俊一（1956）、御舆员三（1959）、繁尾久（1982—1985）以及武居正太郎（1973，1993，2000）和莉部恒德（2000）等的此类代表性译作均反映出日本学界注重文本细节、深入谨慎而并不一味求全的作风。乔叟另一名著《特洛伊罗斯与克瑞西达》在近半个世纪中也仅有刈田元司（1942）一个日译本，随着20世纪80年代以来乔叟文本和语文学研究的发展，宫田武志（1987）、冈三郎（2006）和笹本长敬（2012）才又陆续推出新译本，其中后两者中的注释和索引使其超越一般的译作，尤显学术价值。盐见知之（1981）的《乔叟短诗》和田中幸穗（2004）的《百鸟议会》二译本亦为译介研究结合之典范。另外，最近二十多年间地村彰之和中尾佳行等学者利用计算机技术对乔叟作品的写、刊本展开的全面比对研究，因发现诸版本间的众多差异甚至谬误而逐渐引起世界学界的重视，其成果有望率先推动新一轮日译乔叟作品工作的兴起。

百余年来，日本学界一直遵循市河三喜最初的定位，始终将乔叟作品的文本和语文学研究视为该领域之基础和核心。在汇总大泉昭夫（1968，1995）、田岛松二（1999）和三浦步（2016）等学者所整理的乔叟研究文献及书目的基础上，[1]本部分沿用后两位学者根据该研究实际发展而新界定的相对桝井迪夫（1962）更为细致的分类法，对日本学者至2016年上半年的乔叟研究成果做出如下统计：论文总计645篇，其中词汇和构词法（205），句法（157），韵律、文体和修辞（97），版本和语

1 参见大泉昭夫：*A Classified Bibliography of Writings on English Philology and Medieval English Literature*, Tokyo：NAN’UN-DO，1968；*A Bibliography of Writings on Chaucer's English*，3rd ed.，Georg Olms Verlag AG，1995；田岛松二：『わが国における英語学研究文献書誌1900—1996』，东京：南雲堂，1999年；三浦步：http://www013.upp.so-net.ne.jp/HEL/bibliography.html，2016年。此处亦参考业已关闭的日本中世英文学研究及资料中心的五部相关书志学著作（1975，1979，1983，1994和2001年）。

言表现(54)及语义语用(44)等五个方向的论文最为集中,超过总数的86%;语词索引(28),语音音系(17),形态(10),文字、词缀和标点(9),方言(5),人名(1)及分类不明(18)等内容则较少。专著总计47部,其中接近一半为版本研究(20),其余依次为韵律、文体和修辞(7),辞典和索引(6),句法(4),词汇(4),综合(4)及语义语用(2)等内容。

1933年,上田一雄发表在广岛文理科大学学刊《英语英文学论丛》上的《英语史中之乔叟》系本研究目前为止所发现的日本首篇乔叟语文学研究论文,它探讨了诗人语言的音读问题;而上述诸如更早的高见颖治(1928)和吉田几次郎(1931)等学者的学术性翻译本质上亦属文本语文学研究范畴。[1]虽然基于市河三喜"文本至上"之同一原因,但与乔叟作品的日译实践起步后即长期处于进展缓慢甚至停滞状态相异,乔叟文本和语文学研究则从20世纪五六十年代开始,在以桝井迪夫为中心,包括三浦常司、松浪有、小野茂、宫田武志、须藤淳、武居正太郎、山根周和大泉昭夫等诸多乔叟学者集体努力下,其量和质都开始实现突破;七八十年代至今则又有高宫利行、河崎征俊、池上昌、田岛松二、樋口昌幸、中尾佳行和地村彰之等学者引领该研究持续发展。这种较为严格的一脉相承使整个研究经纬清晰连贯,章法有序,全面均衡,但又重点突出,尤显日本学者的集体偏好和特质。随着现代语言学学科体系的细化和内容的充实,日本学者的乔叟语言研究也从桝井迪夫时期的索引、出典、韵律等传统规划出发,逐渐扩展完善至上述小到音素标点,大到篇章文体,研究范围亦涵盖诗人全部作品。但与此同时,研究者们一般也仅借用现代语言学科所提供的视角来深入探讨诗人的语言表现及规律,而很少运用各类层出不穷的现代理论去解读和论证诗人的语言,即使乔姆斯基(Noam Chomsky)和韩礼德(M. A. K. Halliday, 1925—2018)的理论在此也极为鲜见。学者们始终以文本和具体语言实例的分析统计为重,比如在乔叟是否确立了现代英语的SVO语序,其分词表现的完善程度,以及否定句式的多样性等句法类研究中,学者们注重合作跟进,数十年间以整理诗人各部作品的实例为基本手段,逐步汇总出诗人的各类句法特点、全貌及其对现今相关

1 此类学术性翻译作品已按照日译本统计,此处不再做二次统计。

语言表象之影响和贡献。同时，日本人所特有的精细、审慎、理性和严谨作风在此也尽显无余，其中乔叟语汇研究体现得尤为突出。这类着眼于细小单位的微观研究成果占上述所有文本语文学研究论文专著总数近三分之一；加之与其密切相关的音系语音，语词索引，形态，文字、词缀和标点，方言，辞典和人名等也包含语词的其他研究成果，这一比例更超过一半。从20世纪30年代起，学者们全方位从乔叟语词的发音与形态、un-/y-/-e/-able等词缀、词源、外来语、感情/颜色/季节/动植物/人物描写等专有词汇、同义词、复合词组、介词短语、词形的屈折变化等方面展开了长期深入的研究。日本学者的相互合作传统和更广范围的语汇研究亦带动了在这一特殊范畴上延绵不断的各类研究。比如1974年，加藤知己首次采用KWIC（Keyword in Context）理念和刚兴起的计算机技术出版了《马洛礼作品词汇索引》(*A Concordance to the Works of Sir Thomas Malory*)；1975年，土屋唯之随即借鉴完成了《〈坎特伯雷故事·总引〉词汇索引》(*A Concordance and Glossary to the General Prologue of the* Canterbury Tales)，这一未公开出版的尝试为之前多依附于乔叟译介中的用语索引和解释提供了一种独立和基本完整的参考模式，并迅速推动了乔叟词汇索引这一基础研究的发展；之后土屋唯之(1983—1988，1991—1995，1999，2000和2004年)又历经近三十年按照字母顺序重新整理修订了《总引》用语索引；1988年，桝井迪夫出版了更为专门的基于约翰·马修·曼利和伊迪丝·里克特校勘版《坎特伯雷故事》的《〈坎特伯雷故事〉新押韵词索引》(*A New Rime Index to* The Canterbury Tales，1940)；在此期间，东大中世英文学研究及资料中心集全日本学者之力组织编写的三期论文集《乔叟关键词研究》(*Key-word Studies in Chaucer*，1984，1987，1990)对此研究起到承上启下的作用；大泉昭夫编写的十卷《乔叟作品用语总索引》(*A Complete Concordance to the Works of Geoffrey Chaucer*，1991—1992)、四卷增订版(1994—1995)和五卷《乔叟作品词汇索引》(*A Lexical Concordance to the Works of Geoffrey Chaucer*，2003)不仅使日本学者的这一研究开始在世界乔叟学界占据重要一席，还直接为下一轮考察单位更大的乔叟作品的版本研究提供了条件和坚实基础。从1994年起，松尾雅嗣和中尾佳行与诺曼·F. 布莱克(Norman F. Blake)和戴维·伯恩利(David Burnley)

等欧美学者合作编订了亨瑞特（Hengwrt）版《坎特伯雷故事》手抄本的各类词汇索引。几乎与之同步，如前文所述，松尾雅嗣、中尾佳行和地村彰之等学者又同日本兴盛的IT界合作，借助不断发展的电子高科技手段扩大考察范围，依序展开对乔叟作品重要手抄本和刊本逐字逐行校勘整理。这一全面细致的版本研究持续至今，得到西方同行一致认可，堪称国际学界之典范。下面第三小节将对此适当陈述。

另外，乔叟文本语文学研究与乔叟诗作文学研究也存在不可分割的关系。如上所述，早在乔叟研究在日本起步之初，这一原则遂由西胁顺三郎借鉴牛津模式而确立。近一个世纪以来，日本学界对此始终遵循。文本语文学和文学研究均以“文本为本”，且互相支撑。前者无法脱离乔叟作品的周边环境和核心内容而孤立研究语言，后者也无法忽视诗人和誊抄者手下的各类语言表象，并多借用前者相关研究成果而深入阐释批评。很多乔叟语文学学者在研究积累到一定阶段后，利用自身的语言优势和对文本的掌控，逐渐拓宽视野，转向诗人作品的历史环境和欧洲文学传统之关联等阐释批评性研究。比如最近在日本英文学会第88届大会（2016）中，地村彰之、西村政人、大野英志和笹本长敬等语文学学者组织召开了题为“乔叟与欧洲大陆之影响”的专场研讨会。其中，西村政人通过韵脚音节表现和宗教思想的一显一隐两个角度，比较了薄伽丘的叙事诗《菲拉斯特拉托》和《苔塞伊达》同乔叟的《特洛伊罗斯与克瑞西达》和《骑士的故事》之异同，并最终肯定意大利文学思想和风格对乔叟的潜移默化的影响；大野英志以《梅利贝与普鲁登丝之书》（*Le Livre Mellibée et Prudence*）和《梅利别斯的故事》中表达义务命令含义的动词和情态动词等细微处为出发点，探讨了法语原作对诗人英文再创作的具体导向作用；笹本长敬则从文学翻译的考量，论证了欧洲中世纪后期名篇《格里塞尔达的故事》之意大利语版（薄伽丘）、拉丁语版（彼特拉克）及若干法语版（译者不明）作为蓝本对乔叟《学士的故事》的叙事结构所产生的影响。这些研究也反映出新一代日本学者既注重保持紧跟国际学界研究趋势的传统作风，又力求平衡全面高水准的新动向。

然而在诗人及其作品的解释批评性文学研究中，最初由市河三喜和西胁顺三郎所确立的“语言文本为本”和“语文学文学为一体”的治学原则似乎在日本经济高速发展期间曾一度贯彻不力。与语言现象及其规律的相对显性不同，学者铃木孝夫（1993）所称的隐性的“文化束缚”——东方学者与西方思想文化之间的某种天生距离，使文学研究难度和对日本研究者的要求均会更高。[1]高宫利行（1995）认为日本的乔叟文学研究成果基本为“量众质瘠”。[2]本研究经整理和综合安藤胜编著的八卷《英美文学研究文献要览》（1945—2009）和新乔叟协会会刊《乔叟时代研究》的汇总记录发现，[3]从明治四十年（1907）至2009年的百年间，日本学者的乔叟文学研究论文共计1,047篇，其中诗人及作品的总括性批评研究为328篇，而在具体作品专门研究中，《坎特伯雷故事》（443）和《特洛伊罗斯与克瑞西达》（136）最受关注，数目也最多，其余依次为《百鸟议会》（41）、《声誉之宫》（37）、《公爵夫人书》（31）、《贞女传奇》（18）、《玫瑰传奇》（7）、《短诗》（5）和《哲学的慰藉》（1）；专著总计27部，其中综合性文学研究为16部，接近总数的60%，而在专门作品研究中，《坎特伯雷故事》9部，《特洛伊罗斯与克瑞西达》和《公爵夫人书》各1部。[4]20世纪50年代之前日本学界仅有5篇相关论文，50年代为49篇，此后30年论文专著数量均剧增，60和70年代分别为119（2）和154（4）篇/部，80年代达到峰值为307（10）篇/部，90年代稍有回落至264（3）篇/部，新世纪前十年亦减至176（8）篇/部。[5]同时期内该类文学方向的研究成果在数量上远超上述更为基础的语文学文本研究的645篇论文和47部专著这一现象，似显文学研究直接越过语文学而有悖学科规律之嫌，铃木孝夫（1993）甚至还指出一些用日文写作的乔叟文学研究专著存在抄袭欧美学者成果的现象。尽管如此，日本乔叟文学研究也构建出一定的学术研究体系，那虽不及语文学研究所

1 参见铃木孝夫：「日本の社会科学・人文科学はなぜ国際性がないのか？」，『学習院大学言語共同研究所紀要』第16号，1993年，第64—70页。

2 参见Takamiya, Toshiyuki, “Chaucer Studies in Japan: A Personal View,” in Woodward, Daniel & Martin Stevens (eds.), *The Ellesmere Chaucer: Essays in Interpretation*, San Marino and Tokyo: Huntington Library Press and Yushodo Co. Ltd., 1995, pp. 327–335。

3 参见安藤胜编：『20世紀文献要覧体系——英米文学研究文献要覧（1945—1964—2009）』，东京：日外アソシエーツ/纪伊国屋书店。

4 此外，还有80篇/部欧美学者在日本发表/出版的乔叟文学研究的英文（或日译）论文/专著。

5 括号中的数字为各类别专著的数目。

呈现的鲜明的日本学术特色和风格，但自80年代后期起，安东伸介、繁尾久、佐藤勉、斋藤勇、河崎征俊、高田康成和松田隆美等一批新老学者在长期厚积薄发之后也逐渐展示出自己的实力。

在西方，对乔叟及其作品的评论始自14世纪后期，至今六百余年。斯珀吉翁系统考察和收集了下至1900年的五百余年中对乔叟及其作品的评论、提及和隐射。1900年前后，日本最初对乔叟及其作品的推介即依托于彼时英国乔学研究的成熟发展背景。基于由夏目漱石、市河三喜和西胁顺三郎等东大、庆应教授组成的留英学院派之直接推动，日本乔学研究也因此从起步伊始便深受英国研究体系和布局之影响。在最早的五篇文学研究论文中，明治四十年（1907）无名作者发表于《六合杂志》的《寸言——杰瑞米·泰勒、弥尔顿和乔叟》、20世纪40年代神山正治收录于《简明英国文学史3》中的《乔叟及其作品》以及中山竹二郎（1948）登载于九州大学《文学研究》学刊的《乔叟之〈特洛伊罗斯与克瑞西达〉》均为对乔叟及其作品的一般概述和介绍性论文；而庄司浅水（1931）和德富猪一郎（1934）刊载于《书物展望》的另两篇论文则分别论述了英国人威廉·莫里斯（William Morris）对其私家凯尔姆斯科特印刷所（Kelmscott Press，1891—1898）修订出版的《乔叟文集》之贡献和该私家版本的内外部具体特征，直接与国际学界同步接轨。50年代后，日本学界亦一直持续跟进和重视国际研究的前沿及趋向。据本研究考证，桝井迪夫（1955）和田中幸穗（1959）最早分别撰写和翻译了有关世界乔学研究状况的综述性论文；前者在六七十年代继续追踪当时国际学界各时间段的最新动态。同时期还有生地竹郎（1968）、武居正太郎与添田裕（1968）和须贺川诚三（1973）陆续汇编了国内外乔叟研究书志；80年代初前后，式井久美子（1979）、菊池亘（1981）和河崎征俊（1983）等学者也结合时代背景较为系统地论述了乔学研究的变迁；90年代，滨口惠子（1991）亦详细整理出世纪末乔学研究的新方向。因此在这些成果推动之下，日本集团性质的乔学阐释批评研究得以长期有条不紊地展开，但同时也基本沿袭西方乔学之内容和方法。

纵观日本学者的乔叟批评研究，即使在正式起步的50年代，当时的49篇研究成果也已经覆盖诗人的宗教观、女性观、知识储备和作品中的自然问题、讽刺风格、喜剧精神、梦幻色彩、现实主义和中世纪文学传统等相当广泛的内容，甚至还涉及乔诗同法国文学和意大利诗歌之间的渊源。

至20世纪60年代，桝井迪夫几乎以一己之力奠定了日本乔学阐释批评研究的基本布局。他认为20世纪的乔学研究重镇已移至美国，在多方综合借鉴曼利、基特里奇、洛斯和约翰·S. P. 塔特洛克（John S. P. Tatlock）等美国乔叟学者研究的基础上，他为日本学界指出了由外及内的研究方向：外部主要包括乔叟身处的历史环境和时代、诗人的身份特质和文学贡献；内部即文本本身，直指作品的结构、叙事、主题内容、诗学特征、艺术性、独创性、描写技巧等。他还结合国际学界的势态，对乔叟主要作品的研究提出针对性提示，比如《坎特伯雷故事》的文本内容真伪以及婚姻组的研究，《特洛伊罗斯与克瑞西达》和《公爵夫人书》中人物和作者的心理释义。桝井迪夫还通过借用F. R. 利维斯提出的但丁文本分析方法（Dante must be interpreted by Dante），告诫日本学者切记"从乔叟中来，再到乔叟中去"。他甚至还指出，当时美国学者所热衷的乔叟作品的出典研究这一流行方向并不适合本来就有文化差异的日本人，日本学者还是应精读文本。[1]桝井迪夫在继市河三喜之后再次强调的"文本之根本"这一原则在前述的乔学语文学研究部分得到较好贯彻，但在随后三十多年间文学研究的一度井喷式飞跃中似被偏离。尽管如此，桝井迪夫在日本乔学界仍影响深远，比如在式井久美子（1984）总结日本对《特洛伊罗斯与克瑞西达》的文学研究的论文中，我们不难发现学者们二十多年的研究几乎就是按桝井迪夫60年代初提出的宫廷爱情、悲剧性、命运论、性格描写、心理小说、浪漫文学传统等可行性方向来进行和深入。[2]由此可见，日本乔学研究体系早在60年代就已基本构建完成。

再至20世纪70年代，日本乔学研究体系已得以夯实加强，154（4）篇/部成果中的阐释批评内容更为丰富立体，哲学、美学、宗教、社会学、心理学和环境科学等解读角度均有涉猎。随之整个80年代，乔学研究在这十年的论文专著数量（307篇/部）几乎等于此前所有成果之总

1 参见桝井迪夫：『チョーサー研究』，东京：研究社，1962年，第275—336页。

2 参见式井久美子：「日本における Troilus and Criseyde 研究」，『Sella 白百合女子大学英語英文学科紀要』第13号，1984年，第85—97页。

和。但由于过于依赖此前已较为成熟定型的框架体系，研究似乎受限于前辈学者推崇的西方传统，多集中于历史、女性、婚姻、宗教、写作手法、作品的形式内容和结构技巧等层面的评论。加之受在日本泡沫经济环境中学界教育界的“唯论文论”指挥，虽研究成果数目剧增，然而文学研究者们自身的东方背景之硬伤以及精读文本能力之欠缺，又往往造成人云亦云和重复现象严重，鲜见突破；另外，对具体作品的考察也呈明显跟风选择性，即使日本学者最为关注的《坎特伯雷故事》，也大多仅聚焦于骑士、学士、巴思妇人和磨坊主等有限几位人物。即使如此，日本学者的相关研究在此时期也仍不乏亮点。从1986年开始，在连续数届新乔叟协会的年会中（International Congress of the New Chaucer Society），精通拉丁语和欧洲其他数种语言的东京大学教授高田康成通过运用但丁和乔叟的命运论对《特洛伊罗斯》中的天国思想的分析、由《声誉之宫》引申出的政治文化历史论和力比多理论精神分析在乔诗中的体现等系列学术论文开始赢得国际学界的关注和首肯。

进入20世纪90年代，随着与国际学界直接交流日益频繁，单纯介绍西学成果类的论文似乎已不合时宜。日本学界一方面继续从周边论、权威经验论、人际关系论、性别主义、女性主义、反女性解放和基督教教义等西方现代批评视角展开乔叟研究，并在中世纪经济、教育、王权政治、乔叟之独创性等由外及内的探讨中取得一定成绩。其中尤其在乔诗与法国、意大利诗歌的关系研究上，借助此前数十年六反田收（1969）、斋藤国治（1972）、盐见知之（1978，1984）、须藤淳（1983）和川上彰子（1989）等学者从作品形式内容和技巧结构等相对显性角度展开考察的积淀，白井俊隆（1991）和菅野正彦（1995）以第三方中立角度评价了法意文学对乔诗的实际影响，开始向英美传统的“抬法贬意”观提出质疑，亦打破了早期桝井迪夫“不碰原典”的禁锢。另一方面，日本学界也以此为契机，开始反思一味效仿西学的被动局限性和建设自身学术特色的必要性。高宫利行在1994年都柏林新乔叟协会年会上提出“乔叟与日本古典文学”（Chaucer and Japanese Classical Literature）的新研究方向。但相比本国学者，这一建议似乎在欧美学者中更早见效。1995年，邦尼·惠勒（Bonnie Wheeler）率先对乔叟和日本中古三十六歌仙之一的平安时期女诗人、《源氏物语》作者紫式部的叙事风格进行了对比；同年芭芭拉·史蒂文森（Barbara Stevenson）也从跨文化的角度对《平民地主的故事》和日本13世纪文学作品《鸣门中将物语》中主人公的反封建和封建意识展开了论述，令乔叟学界为之一振。[1]

新世纪十年间，虽然日本学者一时还难以完全摆脱西方现代文论和传统热点之影响和束缚，仍旧热衷于恋爱婚姻、命运论、诗学特征、人物描写和喜剧色彩等陈旧套路，但在数量上相关论文专著已锐减至176篇/部，比20世纪90年代少近百篇/部，反映出日本学界在转型反思期的现实状况。尽管如此，同时期也还有两类研究呈现新意。首先，安东伸介（2000）最先开始展开乔诗和日本古典文学的比较研究，具体分析了《修道士的故事》中的落难情节与日本中世纪文学中常见的贵族流放传奇间的异同。石野晴美（2000）和多介谷有子（2004）等学者也相继尝试比较《医生的故事》与日本中世纪谣曲《仲光》的叙事特征以及乔诗与和歌的技巧风格。另外，乔叟版本目录研究经过半个多世纪的努力，又适逢前述20世纪90年代以来中尾佳行和地村彰之等关西学者利用高科技持续展开的乔叟写本刊本比对研究之推动，奥村让（2000）、德永聪子（2000，2001）、吉田和男（2003）、相田周一（2004）、池上昌（2008）和中尾佳行（2008，2009）等学者以日本人特有的缜密作风展开关于乔叟版本真伪甄别和系统考证的学术实践，以期尽可能还原诗人原作之本真。日本学者的这些集体贡献已逐渐得到世界学界认可。

此外，尽管近年来日本学者的乔叟批评有一定改观和新的趋向，但长期以来总体特征不明确已是不争的事实。在战后数十年的研究经纬中，仅有两个贯穿始终、相对较为明显的研究重点——技术和技巧。前者指日本学者热衷于将其情有独钟的女权主义、婚姻观、宗教论等现代文论作为一种工具来剖析甚或割裂乔诗。因其紧随西学，难言独有，加之对包括中古英语词汇、句法、历史文化内涵等在内的文本本身缺乏足够的掌控能力，似乎更接近于一种技术性操作，而非实质性贡献。在此，即使日本学界积累深厚的前辈似乎也在所难免。比如由牛津大学出版社出版的《英语研究年鉴》（*The Year's Work in English Studies*，

1　参见Valerie Allen and Margaret Connolly, "IV: Middle English: Chaucer," *The Year's Work in English Studies*, Vol. 77, published for the English Association by Oxford UP, 1996, pp. 210–249。

1994)(简称《年鉴》,*YWES*)在评价上年度世界乔叟研究状况时,就直言野口俊一的论文《乔叟〈骑士的故事〉中的祈祷者》("Prayers in Chaucer's 'Knight's Tale'")内容空洞,似乎仅停留在分析诗人语言的层面,在乔叟和薄伽丘的比较中无法给出有说服力的结论,"令人失望";同时斋藤勇的《乔叟的下跪的托钵修士》("Chaucer's Kneeling Friar")一文中关于反语的阐释亦被指论证徒劳,无新意。[1]技巧则指半个多世纪以来,以佐藤勉、盐见知之、山中利夫、藤本昌司、河崎征俊和松田隆美为代表的日本学者所坚持的有关乔诗显性技巧的考察,具体包括形式与内容,结构与含意,叙事手法与角度,人物描写,戏剧因素,作诗法,口语体,作者、主人公及读者间关系,对比,反复,照应,比喻和讽刺等内容。此类研究建立在语文学基础之上,相比前者更遵守西胁顺三郎早先提出的"英语语文学和文学之不可分割"原则,也更具积极意义。且由于研究对象的相对表象性,异文化背景的学者亦易发现独特发展空间。目前日本学者关于乔诗结构的研究已显示出较高的实力和水平。

三、日本乔学界之突出研究成果

从1919年起,由英国英语协会(English Association)和美国现代语言协会(Modern Language Association of America)每年组织国际英语语言文学界一流学者教授编纂的《年鉴》(*YWES*)系分门别类汇总和评述前年度世界英语语言文学研究顶级成果的大型权威资料性工具书。其中"乔学研究"部分是俯瞰和判断乔学最新最高成就及研究趋向的一个相对便利直接的窗口和依据。

基于上述日本乔学发展的特殊周期,本部分仅重点考察1980至2010年间《年鉴·乔学研究》中所记载的日本学者的相关研究工作。[2]在日本乔学界相对独立成熟的最近30年中,除去上述两位文学前辈的

---

1 参见Valerie Allen and Margaret Connolly, "IV: Middle English: Chaucer," *The Year's Work in English Studies*, Vol. 75, published for the English Association by Oxford UP, 1994, pp. 167–200。

2 参见*The Year's Work in English Studies*, Vols. 61–89 (1980–2010), published for the English Association by Oxford UP。

反例之外，共有30多位学者的44项研究成果得到国际学界高度评价。其中语文学类15项，文学类13项，与西方同行合作完成的论文集/专著9项，版本学类6项和综合类1项。

在《年鉴》收录的语文学成果中，词汇及以词汇为基础的研究有13项，其余2项为句法研究。1987年，桝井迪夫8篇完成于1958到1974年间的论文被结集成书以《乔叟感受语言之研究》(*Studies in Chaucer's Language of Feeling*)为书名出版。《年鉴》(1988)评价这一文集在注重细节和精读文本的基础上，从专门词汇出发，以独特视角由小见大展示诗人写作意图和作品整体内涵。桝井迪夫同年出版的关于《坎特伯雷故事》中押韵词形态研究的专著《〈坎特伯雷故事〉新押韵词索引》更被视为等同于伊莎贝尔·马绍尔(Isabel Marshall)和莱拉·波特(Lela Porter)的开山经典《乔叟短诗手稿文本的押韵词索引》(*Ryme-Index to the Manuscript Texts of Chaucer's Minor Poems*, 1887)的又一力作，且与后者只列出词汇的韵尾相比，前者还给出了完整的押韵词结构。音韵韵律学这一基础学科在日本后辈学者中也得到有效传承。池上昌在专著《韵词与读法》(*Rhyme and Pronunciation*, 1984)中从音韵学的角度尝试还原了乔诗韵词的具体读法；大泉昭夫(1991)则更注重实践，他按字母顺序列出乔诗中所有押韵词，其索引还包括押韵词汇的前后诗行。另外，他利用计算机技术将"河边版"《乔叟作品全集》数据化，完成了十卷本《乔叟作品用语总索引》。这一巨幅索引不仅包括乔叟作品中的每一个词，还细化至词汇所处句法位置和韵脚位置的使用频率、复合词组和惯用表现等多类内容。这一浩大工程被《年鉴》(1991)高度评价为超越传统经典、约翰·S. P. 塔特洛克和G. 肯尼迪(G. Kennedy)于1927年所编人工索引本的登峰之作。《年鉴》(1994)还引用威拉德·麦卡蒂(Willard McCarty)再度肯定大泉昭夫的巨大贡献："实为一个先进全面的乔叟作品数据库"。但在日渐兴起的基于计算机技术的乔学研究风潮中，日本学者又始终保持清醒。中尾佳行(2003)在实例考证乔诗中"Moot/Moste"和"Shal/Sholde"的具体使用语境和复杂多样的语义后，明确指出借助计算机以情态或实意动词划分这类词汇时的局限性，其误差数据也有力证明了人类能动判断和思考的重要性。同时，樋口昌幸(1987)从词源学角度解读了《卖赎罪券教士的故事》中

"deeth"一词频繁出现的原因及其推动旅店老板和卖赎罪券教士之间意图交流之功效。中尾佳行长期关注《特洛伊罗斯与克瑞西达》中有关心理表现的词汇，他（1993）以"pite"和其一系列同义相关词为例，论证了此类词汇对渲染女主人公情绪变化起到的作用。另外，中尾佳行、岩崎春雄、菅野正彦和吉川史子等一批学者也对乔叟的各类词汇进行考察，并深入句法现象，阐述了乔叟在英语语言发展史上所做出的独特贡献。

在《年鉴》中，亦有日本学者的13项乔叟文学性研究成果得到正面评价。但如前述高宫利行所言，质和量间的比例存在一定程度失衡。在数量众多的乔诗技巧研究中，仅有三项引起国际学界关注。佐藤勉（1987）探讨了《特洛伊罗斯与克瑞西达》中叙述者和读者间的关系。他指出诗人将自己隐身于悲剧性故事和抱有同情心的读者之间，保证了长诗的客观性，并构建了诗人特有的中世纪叙事诗模式。汤浅信之（1993）考察了《坎特伯雷故事》中乔叟为诸香客起名的艺术性和本来意图，但认为只有部分人物的姓名寓意在后续故事中得以展现。安东伸介聚焦于文学传统，先是（1985）追溯了英国中世纪浪漫文学元素和技巧在乔叟英译文本中的体现，之后（2000）又立足于自身的东方文化背景，将乔诗和日本中世纪文学中英雄落难情节进行比较。在对文本内容的解读中，繁尾久（1988）认为诗人在《特洛伊罗斯与克瑞西达》中将世俗之爱拔高到神圣高度。野口俊一（1991）在总结学界有关"乔诗中的自然观"之先行研究基础上，肯定诗人的自然观包含有波伊提乌哲学思想，但也认为这种"自然"并未体现作品所言的"创造万物生命"之内涵。高田康成（1991）论述了《声誉之宫》的叙述视角自经验主义至超验主义的转移，并证明乔叟的政治反权威论主张与《百鸟议会》中共通利益思想（commune profit）一脉传接。菊池秋夫（1996）则集中考察了《百鸟议会》中的王权政治因素，指出高贵的雄鹰和众鸟类间的冲突实际隐射了当时理查德二世和其他政客贵族的明争暗斗。新世纪以来，滨口惠子关于殖民主义和女性问题的系列研究将日本乔学的阐释批评研究带到一个新的高度。从2006年到2008年，《年鉴》连续三年介绍了她的四项学术贡献。她（2005）运用后殖民主义理论阐释《骑士的故事》里亚马孙女人国在被雅典国王忒修斯征服过程中，女王希波吕塔对奴役文化的种种抵抗。另外，她（2007）还充分利用自身的东方背景和性别优势，在解读中世纪东方文化中女扮男装现象的基础之上，认为《学士的故事》里学士心目中的东方是一个禁锢女性的地方，也是异教所在地。

在版本学方面，日本学者自20世纪90年代后期以来取得了一些成果，《年鉴》着重评介了其中六项。向井刚（1997）详细考证了1526年理查德·品逊版《百鸟议会》刊本，认为它是综合早先多部抄写本的成果，真实度和可信度较高。德永聪子（2001）与传统看法不同，她鉴于《坎特伯雷故事》之1498年沃尔德版与之前80年代卡克斯顿第二版在各故事前后顺序和文本表现上存在诸多差异，断定前者并非后者的复制再版。新世纪初，庆应资助的人文科学电子新情报技术开发项目（Humanities Media Interface Project）同大英图书馆联手合作将卡克斯顿的两版《坎特伯雷故事》数据化，为研究英国早期印刷书籍提供了极大便利。德永聪子（2004）即受益于该成果，经放大铅字字体，她详尽总结了卡克斯顿活字字面的各类特征。《坎特伯雷故事》德拉米尔版（Delamere）写本由于高宫利行斥资购入而被学界重新编号为“高宫写本32”（Takamiya MS 32）。鉴于高宫利行本人的学术影响力，近年来该写本的关注度也骤然急升，海伦·库珀、A. S. G. 爱德华兹（A.S.G. Edwards）和丹尼尔·W. 莫瑟（Daniel W. Mosser）等大批知名学者也都加入新的考证工作之中，《年鉴》（2006）就此评论日本学者在某种程度上引领了乔叟版本研究的一个新方向。

长期以来，与国际学界的学习交流与合作不仅使日本学者视野得以开阔，也促进了其研究工作的良性发展，因此他们也始终重视这一学术传统的保持和发扬。20世纪90年代开始在整体研究实力达到一定高度后，他们同世界一流学者、研究机构和出版社的合作成果也随之增多。《年鉴》详细推介了其中十项。1990年，高宫利行应编者鲁思·莫尔斯（Ruth Morse）和巴里·温迪厄特之约，为纪念乔学权威布鲁尔荣退出版的文集《乔叟传统》（*Chaucer Traditions*）撰写《布鲁尔学术成果及生涯》（“A List of the Published Writings of Derek Brewer”）一文。次年，他与理查德·比德尔（Richard Beadle）同剑桥大学出版社合作，为此前荣休的安东伸介编著了纪念文集《乔叟到莎翁》（*Chaucer to Shakespeare*）。当他本人于2004年离任庆应时，松田隆美、理查德·A. 利纳瑟尔（Richard A. Linenthal）和约翰·斯科希尔（John Scahill）三人合作为其汇编了《中世纪书籍与现代收藏者》（*The Medieval Book and a Modern Collector*）一书，最终由雄松堂和博伊德尔及布鲁尔（Boydell & Brewer）两家世界一流出版社联手推出。书中包括多部首次刊印的珍贵中世纪手稿和吉尔·曼、海伦·库珀及林内·R. 穆尼（Linne R. Mooney）等知名学者的论文。此外，日本雄松堂与美国亨廷顿图书馆（Huntington Library）合作，利用高科技将后者的镇馆之宝艾莱斯米尔版（Ellesmere）《坎特伯雷故事》手抄本同尺寸同色质高清晰度翻印复制，于1995年正式出版《新艾莱斯米尔版〈坎特伯雷故事〉影印写本》（The Canterbury Tales *by Geoffrey Chaucer: The New Ellesmere Facsimile*）；这一240页的影印本被《年鉴》（1996）称为当年度乔学界“最可喜可贺的成果”。两家机构还适时出版了论文集《艾莱斯米尔之乔叟》（*The Ellesmere Chaucer: Essays in Interpretation*），由丹尼尔·伍德沃德（Daniel Woodward）、马丁·斯蒂文斯（Martin Stevens）和阿兰·T. 盖劳德（Alan T. Gaylord）等14位著名学者解读该手抄本的物质证据、内部特征、重要地位以及对原作的忠实程度。高宫利行认为，是日本强大的经济和科技实力最终帮助日本学者突破瓶颈，成为继西方学者之后乔叟版本研究中的又一重要力量。[1]另外，由斋藤俊雄、中村纯作、山崎俊次、井上永幸、田畑智司（2002，2004）编写的两部有关如何利用语料库和计算机技术处理分析中世纪文献的专著，小仓美知子（2006）策划推出的探讨语文学和现代语言学相结合之可能性及具体研究方法一书，铃木美保子与罗丝安娜·杜法特（Roseanna Dufault）合编的女性主义主题论文集等四部著作也得到《年鉴》高度评价。

综上所述，日本译介和研究乔叟的一百多年历程始于明治维新后开放的大学教育，在一批有西学背景的学者努力下，其起步伊始就博采众长，坚持文本至上理念，发展自身优势和特长。在专门人才培养上，日本大学极为严格。据日本国立国会图书馆统计，截至目前日本总共

1 参见前注。

仅有19位乔叟研究学者获博士学位。他们都是日本乔学界的重量级人物。有严苛的教育为后盾，历代学者承传优良学术传统，大力发展自己的特色，日本乔学才能那样成就斐然。这些值得同为东方文化背景的中国学者、学界和教育界深思和借鉴。

第二编

乔叟学术史研究

第一章 乔叟的经典化历程

莎士比亚逝世后，其主要竞争对手本·琼生赋诗悼念。琼生是英国文艺复兴时期新古典主义的代表人物、桂冠诗人、剧作家和批评家，其声名当时尚在莎士比亚之上。他追随者众多，形成了一个很有影响的文学团体，被称为“本的儿子们”(Sons of Ben)。尽管琼生与莎士比亚创作理念不同，且私下对莎氏也不无微词，但作为真正的艺术家和眼光敏锐的批评家，他无疑清楚莎士比亚的伟大。虽然他在悼念诗里也说莎士比亚“不大懂拉丁，希腊语更糟”(此乃事实)，但仍然高度颂扬，认为“他不归某一时期，而属千秋万代”。[1]对这样的赞誉，莎士比亚显然受之无愧。这也表明，真正伟大的文学家甚至能赢得对手的钦佩。

在英国，另一位对此赞誉同样受之无愧而且也赢得了历代文学理念不同的“对手”们尊敬的文学家是乔叟。他早在15世纪就被尊为“大师”(mayster)和“父亲”(fadir)，自那以后从未有人与他争夺英语诗歌之父的荣耀。不仅如此，也唯有他拥有英语世界历史上最长久且从未间断的学术研究和文学批评，而乔叟研究本身在英语文学批评领域也已经形成一个重要传统。可以说，一部乔叟学术史就是一部英语文学批评史的缩影。

乔叟之所以能成为英诗之父，之所以六百多年来能一直被各时代各流派的诗人和作家满怀敬意地赞扬和借鉴，被持各种政治立场、

1 Ben Jonson, “To the Memory of My Beloved Master William Shakespeare, and What He Hath Left Us,” in *The Works of Ben Jonson*, Vol. 3, London: Chatto and Windus, 1910, p. 288.

不同宗教信仰甚至学术思想相互对立的学者和批评家孜孜不倦地探讨与研究，那是因为他不朽的诗作不仅最全面地反映了中世纪英格兰的社会文化和最深刻地表达了当时英格兰人的思想情感，而且也特别能满足所有时代的需求，或者说所有的时代都能在其作品中发现它们的需要。真正伟大的文学作品是能满足所有时代之无限需求的不竭源泉。

各时代文学家对乔叟的借鉴与发展，各时代学者对他的解读与研究，在本质上就是他经典化的历程。一个作家的经典化历程也就是他的文学成就、他的思想和艺术中的方方面面在不同时代、不同社会文化语境中从不同的视角被逐渐揭示出来和加以系统阐释、为历代文学家所借鉴和发扬并因此而不断丰富和发展文学传统的历史。一个伟大文学家的经典化历程随时代变迁不断推进，没有终点。一些作家在生前或一定时期内声誉卓著，但可能经不起时间考验，终被历史淘汰。乔叟的朋友高尔和15世纪英国最重要的诗人莱德盖特，直到16世纪都大体与乔叟齐名，然而到了文艺复兴后期，他们都逐渐被乔叟抛在后面，现在他们只被看作中世纪作家，而不属于所有时代。

自14世纪以来，英国社会、政治、经济、文化等所有方面都经历了巨大变化，乔叟英诗之父的地位却日益巩固。一部乔叟学术史就是一部乔叟在深刻的社会变革中、在不同历史时代里不断经典化的历史，乔叟经住了时间的考验和不同学术思想的挑战，满足了各时代的要求，甚至不同程度地体现了各时代的精神，名副其实地属于所有时代。反过来，乔叟学术史，乔叟经典化的历程，也从一个特殊角度折射出英国社会、文化与思想的变迁和英格兰民族的发展，因此探讨乔叟为何以及如何被经典化，深入研究和分析乔叟经典化的历程，也可以从一个特别有意义的侧面，特别是从英格兰民族的形成和从英格兰民族文化与民族意识发展的进程，来通观英格兰历史古今之变。

乔叟在英语文学草创之初，在英语还非成熟的文学语言之时，通过广泛借鉴和不倦实验与探索，创建了英诗诗艺，创作了包括《特洛伊罗斯与克瑞西达》和《坎特伯雷故事》在内的许多永远令英语世界骄傲的传世佳作，基本奠定了六百多年来的英语诗歌传统。毫无疑问，乔叟在生前已经是英格兰诗坛的重要人物，同时代主要英国作家如约翰·高尔和厄斯克在作品里都对他表达了敬意。法国著名诗人德尚为他写了一首热情洋溢的诗，将他同苏格拉底和维吉尔相比，给予了当时最高的赞誉。

然而根据现存文献，国内提到他的都是与他同属伦敦派、主要在宫廷爱情传统中创作的文学家；英格兰另外一批重要文学家，头韵体复兴运动的诗人们，对他却从未提及。尽管德尚是法国人，但英国文坛和法国诗界当时联系紧密，而且他们俩都在宫廷爱情传统中创作，他把乔叟也主要是作为《玫瑰传奇》的译者和思想深刻的爱情诗人来颂扬。所以严格地说，在他生前，乔叟主要是被一些贵族上层和宫廷文人认为是一位重要甚至杰出的诗人，但他还没有真正被经典化，没有被视为民族诗人，更没有被尊为英诗之父。

乔叟开始被经典化是在15世纪初的亨利五世时期。那是英国历史上十分特殊的时代，是英格兰民族形成、民族意识迅速发展的时期。在这样的时代，英国特别需要发展自己的民族文学以弘扬英格兰民族精神，而乔叟恰恰最好地体现了英格兰民族精神，因此乔叟的经典化开始于时代的需要。不过，乔叟的经典化也并非突然出现，更非是对此前乔叟评论的颠覆，相反，15世纪的乔叟评论在本质上是14世纪的乔叟评论的延续与发展，只不过15世纪前期那个特殊的时代把乔叟的地位提升到前所未有的高度，而且他的声名不仅遍及英格兰文坛，随即还远播苏格兰。

15世纪前期英国的社会和文化，以及英格兰民族在此时形成，都是长期历史发展的结果，特别是14世纪一系列重大变革和事件的必然；而其中最重要的是英法之间的长期战争。在14世纪上半叶，在乔叟出世之前不久，英王爱德华三世为争夺法国王位，开始了同法国那场断断续续长达百余年的战争，史称英法百年战争。百年战争所造成的社会变革的深化、爱国热情的高涨，特别是英格兰民族发展的加速，既是乔叟创作的重要社会、文化和心理基础，也是乔叟随即被经典化的根本原因。

在战争前期，在爱德华和黑王子统帅下，英国取得一系列重大胜利，甚至俘虏了法国国王和一大批贵族。受胜利刺激，加之统治阶层为鼓励民众支持战争而大力宣扬，以及不间断地举行大型骑士比武，[1]爱国热情和骑士精神在14世纪中期迅速升温，掀起前所未有的高潮，骑士精神也成为当时英格兰主流宫廷文化的核心组成，并超越了传统意义，成为英国人爱国热情和英格兰民族精神发展的载体和表达。所以毫不奇怪，就连流传至今并在英国政治文化发展史上具有重大意义的嘉德骑士制（the Order of the Garter）都产生于这样的氛围中。

乔叟从青少年时代入王府当童仆起，就浸淫在这种文化之中，并在这样的文化氛围里开始其创作生涯。正如《不列颠百科全书》中"乔叟"条目所指出："骑士精神对于乔叟所有的作品都是生死攸关的空气，是使它们迅速发芽并养护它们成长的雨露、和风与阳光。"[2]所以，乔叟大量作品都是以弘扬骑士精神为主题，其中《特洛伊罗斯与克瑞西达》和《骑士的故事》是英国历史上诠释中世纪骑士精神最杰出的诗作。乔叟作品触及时代脉搏，也是时代精神最好的文学表达。

不仅如此，在中世纪以及随后各时期的英国人看来，乔叟特别重要的贡献还在于他对英语语言的发展。属于日耳曼民族的盎格鲁–撒克逊人在5世纪开始迁徙到不列颠群岛，这些异教徒在6和7世纪逐渐皈依了基督教；正是在传教士的影响下，这期间诞生了第一代盎格鲁–撒克逊知识分子。在7世纪，随着古英语书面语的出现，盎格鲁–撒克逊诗人们创作出最早的古英语诗歌。在随后四百年里，古英语诗歌是欧洲唯一的书面民族语言文学。

在那四百年里，盎格鲁–撒克逊民族处于形成之中，然而1066年的诺曼征服中断了这一历史进程，也结束了当时欧洲唯一的民族语言古

1 比如有学者指出："在那些年里，骑士比武成了贵族们生活中的家常便饭。"见Anthony Tuck, *Crown and Nobility: England 1272–1461,* 2nd ed., Oxford: Blackwell, 1999, p. 111。特别是在1346年的克雷西大胜后，从当年10月到1348年5月，爱德华接连举行了19次大比武，平均每月两三次，每次时间长达一两个星期。也就是说，这期间的大比武，几乎是连续不断。参看John H. Fisher, *The Importance of Chaucer*, Carbondale, IL: Southern Illinois UP, 1992, p. 7。

2 William Minto, "Chaucer," in Thomas Spencer Baynes (ed.), *The Encyclopaedia Britannica: A Dictionary of Arts, Sciences and General Literature*, 9th ed., Vol. V, New York: Henry G. Allan, 1891, p. 453.

英语的官方书面语地位。如同在当时所有西欧国家一样，在英格兰，拉丁语成为官方、教会和学术领域的超级语言。在12世纪，法国南部普罗旺斯新诗和北部浪漫传奇发展与繁荣起来；在随后两个多世纪里，法语诗歌引领西欧文坛。在讲法语和遵循法国文化的英国王室和上层贵族主导下，法语也成为英格兰的官方书面语和主要文学语言。于是英国出现了教会和学术界使用拉丁语，官方和文学家们使用法语，广大普通民众则讲英语的局面。在失去官方语言的地位之后，经几个世纪的巨大变化，曾高度发达而且产生出《贝奥武甫》、《十字架之梦》(*Dream of the Rood*)、《流浪者》(*The Wanderer*)等优秀文学作品的英语，现在"沦落"为没有受过教育的民众的口语，无论作为书面语还是文学语言都极不成熟。然而因祸得福，正是这样的"沦落"使原本已经越来越远离日常生活的古英语再一次回到广大民众的生活中，避免了像拉丁语那样永远成为"死"的语言，而是在历经巨大变化之后再生为充满生气的中古英语，为未来英语文学的发展和辉煌做准备。

尽管中古英语书面语尚不成熟，但乔叟特别伟大之处便在于，他一生全都使用英语创作，就连他为儿子撰写的关于天文仪器的学术论文也用的是英语。不仅在英国，甚至在整个欧洲，当时有名可查的重要作家，如高尔、但丁、彼特拉克、薄伽丘等，都用拉丁语撰写学术著作或者他们认为更为高雅的著作，而唯有乔叟将民族语言用于所有创作。他广泛借用其他语言的词汇与表达法，通过长期实验，探索出符合中古英语特点的节律和韵式，创作出可以与任何时代的杰作媲美的传世佳作，不仅指明了英语文学未来发展的方向和奠定了英语文学传统，而且使英语发展成为可以同法语和意大利语媲美的民族文学语言，能胜任任何体裁的创作。当然，中古英语如此重大的发展并非因乔叟一人之力，但他无与伦比的贡献得到了自15世纪以来所有时代的重要诗人和学者的认同与颂扬。[1]

由于他的这些重要成就和贡献，他去世后很快就在15世纪初，特别是在亨利五世时期开始被经典化。亨利五世(1413—1422年在位)是一位雄才大略的国王，很有政治抱负和军事才能，但英年早逝，在位仅

1 关于这一点，请参看前一编中各时代诗人学者的评论。

九年。他在位期间，英法百年战争掀起新高潮，英国取得一系列重大胜利，占领大片法国领土，以至在他死后，英军尚能攻占巴黎，他年仅11个月的儿子也加冕为法国国王。同时，亨利五世还是一位很有思想、很有远见的政治家，在推动民族团结、促进英格兰民族的形成和民族意识的发展上做出了重要贡献。

正是在亨利五世时期，诺曼征服在英格兰造成的统治阶层与广大民众之间长期分裂从而不能形成统一的英格兰民族的状态终于结束。诺曼征服改变了英国历史的方向和英格兰民族发展的进程。征服者威廉在黑斯廷斯战役和在随后几年镇压叛乱的战争中，以及通过为巩固统治而采取的各种严厉手段，系统地消灭了盎格鲁-撒克逊贵族，用诺曼人和他在欧洲各地招募的追随者在英格兰制造出一个控制了政治权力和经济命脉的新的贵族阶级。这个阶级凭借在战场上赢得的无可争辩的权力使自己从欧洲大陆带来的思想观念和文化习俗成为英格兰的主流意识形态和主流文化。同时，来自欧洲大陆的王室和贵族们并没有放弃他们在大陆的财产和利益，没有中断与大陆的联系，他们中许多人时常往来于海峡两岸，而诺曼王室因为在大陆仍然拥有大片领土，前七位英国国王实际上主要住在大陆。后来，英国王室和高等贵族仍然主要是同大陆，特别是法国王室和贵族通婚，比如亨利五世本人的王后就是法国公主。每一位新的王后或贵族夫人都会带来一批法国随从，以至到了14世纪，英国王室和高等贵族仍然讲法语和遵循法国文化。换句话说，英国统治阶级和广大普通民众还没有真正融合为一个统一的民族。

一个民族往往是在同外部的冲突中形成。英法百年战争为英格兰民族的形成提供了重要契机。战争刺激了英国民众的爱国热情和民族自豪感，而且使“外来”的王室和贵族最终融入英格兰社会，成为真正的英国王室和英国贵族。其实在14世纪，英国王室和贵族们已能讲英语，并熟悉英国文化，但他们为保持自己的优越感而有意同被他们统治的普通民众拉开距离。但长期的对外战争迫使英国统治阶层同本国人民共命运和认同本国文化，而不是同敌人和敌国文化联系在一起。在百年战争中，各阶层的英国人最终形成一个具有统一民族意识和统一文化认同、一致对外的统一民族。当然这并不是说统治阶级与广大民众之间没有矛盾冲突，实际上在这期间，英国的阶级矛盾有时十分尖锐，比如在1381年还爆发了英国历史上最大规模的农民起义；但这种矛盾冲突并不影响各阶层对统一民族的认同。乔叟的诗作最好地体现了英格兰民族的形成。在《坎特伯雷故事》里，来自僧俗两界几乎所有阶层的30位香客象征性地组成一个统一的英格兰社会，他们之间充满矛盾冲突，但也有一个大的共同目标，向一个共同的方向前进，所以他们斗而不破。这样的冲突与统一同样也突出地表现在《百鸟议会》里。

民族意识的加强和升华反过来要求和促进民族语言和民族文学的发展，因为民族意识需要民族语言和民族文学来表达和弘扬。为得到民众对战争的支持，爱德华三世曾到议会演讲，说法国人妄图“毁灭英语”。[1]另外，对于骑士大比武这一当时十分重要的活动，除1348年为嘉德勋位制举行的大比武用的是法语箴言（mottos）外，他为其他所有大比武选用的箴言全是英语。正是在对法战争取得一系列重大胜利之后，英国国会在1362年第一次以英语开幕并在发言中使用英语；同年国会还决定，诉讼程序一律使用英语。[2]虽然该决议未能完全执行，在习惯法[3]法庭上，法语一直使用到1731年，但其他法庭都陆续使用英语。另外，同样也是在14世纪60年代，虽然文件和书面记录仍然使用法语，但商业和政府部门的口头语言似乎已经是英语。[4]从这些可以看出，在爱国热情高涨、民族意识大为发展的60年代，英国朝野都在重视和提高英语的地位。1381年农民大起义期间，理查德二世还用英语对起义农民发表演说。乔叟正是在60年代开始其创作生涯。

到15世纪，英语地位继续上升，亨利五世极为重视激发英国人的民族情绪和爱国热情。在还是王子（即莎士比亚笔下的“哈尔王子”）时，他就大力提倡使用英语和发展英国文学。亨利五世自己身体力行，

1 Janet Coleman, “English Culture in the Fourteenth Century,” in *Chaucer and the Italian Trecento*, p. 34.

2 ［作者不详］“The English Language in the Fourteenth Century,” http://icg.fas.harvard.edu/~chaucer/language.html, Jan. 14, 2003.

3 习惯法（common law），即非国会制定的法律，而是由古老习俗或者法官判例演变而来的法律。

4 Fisher, *The Importance of Chaucer*, p. 8.

是第一位用英语写手谕的国王。1417年他给大法官（Lord Chancellor）下的一道手谕第一次使用了英语，自那以后，他的正式手谕全都用英语。他使用英语特别注意语法规范和修辞，所以他的手谕成为当时书面英语的典范，为众人模仿。[1]到1430年，英语取代法语成为英国国会和政府文件的官方正式语言。百年战争开始后，经几代英国人长达百年的努力，英语终于从下层民众的口语上升到全民族的语言和官方正式语言。这一过程几乎同百年战争相始终，这也正是自诺曼征服之后英语文学第一次大繁荣的时期；而在英语书面语、文学语言的发展和英语文学创作中，乔叟的贡献全都无与伦比。

作为有远见的政治家，亨利五世自然也意识到文学的特殊意义和作用，所以他一直鼓励和赞助诗人们用英语创作。早在登基之前，他在1412年就曾授意当时最著名的诗人莱德盖特"用我们自己的语言"翻译特洛伊战争的故事。[2]而他特别重视特洛伊的故事，则是因为在不列颠民间传说乃至一些"史书"，比如12世纪前期蒙莫斯的杰弗里（Geoffrey of Monmouth，1100?—1155?）那部在中世纪影响广泛甚至可以被看作风靡欧洲各国的亚瑟王浪漫传奇之主要源头的著作《不列颠君王史》（*Historia Regum Britanniae*，1134?）里，不列颠都被认为是由特洛伊后裔所创建，伦敦也被称为"新特洛伊"（Troia Nova）。当然，他鼓励诗人们用英语"翻译"特洛伊故事，是为了宣扬不列颠承接特洛伊文明以激励英格兰民族精神。在他的鼓励和支持下，莱德盖特创作了一部长达三万多行的诗作《特洛伊书》，那至今仍然是英语文学史上最长的诗篇之一。另外值得注意的是，英国诗人们在1410年前后创作的许多作品，其中包括那些涉及对乔叟赞颂的诗作，大多与亨利王子有关。这些诗要么是献给亨利，要么是由亨利授意所作。也正是在这一时期，乔叟的名声迅速上升；从1407年起，他就被许多诗人热情歌颂，被尊为"乔叟大师"（mayster Chaucer）和"父亲"（fadir）。[3]

莱德盖特是乔叟儿子托马斯的朋友，曾见过老诗人。他在几乎所有作品中都提到和称颂他的"乔叟大师"，说乔叟第一个用"黄金般的

1 Fisher, *The Importance of Chaucer*, p. 9.

2 请参看Crow and Olson (eds.), *Chaucer Life-Records*, p. 146。

3 请参看Fisher, *The Importance of Chaucer*, pp. 148–150。

甘露”滋润“我们的语言”，“使我们的语言完全改变”；[1]所以“您是我们英格兰民族语言/诗人之花，您前无古人，/用修辞的花朵使我们的语言美丽辉煌”[2]。特别有意义的是，这时并非只有少数人颂扬乔叟，他说：“整个国度都对他唱出赞美之声，/因为他是我们语言之北极星”[3]。这与乔叟生前只为少数人所知的情况已极为不同。莱德盖特还专门用一个长达两百多诗行的段落来逐一简述和评价乔叟诗作。这表明他对乔叟作品十分熟悉，而非对他的大师只给予空泛的赞扬。温迪厄特指出：“莱德盖特对乔叟的赞颂是如此地频繁和如此地持续不断，而且莱德盖特自己的作品是那样广为流行，他实际上确立了15世纪赞颂[乔叟]的标准。”[4]席尔默也说，自莱德盖特之后，对英诗之父如此赞颂，在随后三代诗人中从未中断。受他影响，乔叟被后继者们尊为“诗歌艺术之花”，“我们美丽语言的第一位奠基者”，“不列颠的崇高词章诗人（noble Rhetor poete）”。[5]

同莱德盖特一样，15世纪前期另外一位著名诗人霍克列夫也曾亲眼见过乔叟。所以他说，“为让人们牢记他的形象”[6]，他凭记忆画下一幅著名的乔叟肖像。自他之后到现当代，包括浪漫派诗人和艺术家布莱克等许多人根据这幅肖像以及他们对乔叟作品，特别是《坎特伯雷故事》的理解，画出了大量乔叟肖像，突出乔叟作为诗人的一些特点。这些肖像也成为经典化乔叟的一个方面。另外，霍克列夫还高度颂扬乔

1 John Lydgate, *The Life of Our Lady*, ed. J. Lauritis, et al., Pittsburgh: Dusquesne, 1961, ll. 1633–1637.

2 John Lydgate, *The Serpent of Division*, ed. Henry Noble MacCracken, London: Henry Frowde, 1910, p. 65.

3 John Lydgate, *The Fall of Princes*, ed. Henry Bergen, London: Oxford UP, 1919, ll. 251–252.

4 Barry Windeatt, "Chaucer Traditions," in Ruth Morse and Barry Windeatt (eds.), *Chaucer Traditions: Studies in Honour of Derek Brewer*, Cambridge: Cambridge UP, 1990, p. 3.

5 转引自 Walter F. Schirmer, *John Lydgate: A Study in the Culture of the XV Century*, trans. Ann E. Keep, Berkeley: U of California P, 1961, p. 32。

6 Thomas Hoccleve, "From *De Regimine Principum* on Chaucer," in *English Poetry (1170–1892)*, select. and ed. John Matthews Manly, Boston: Ginn and Company, 1907, p. 47.

叟，将他比作亚里士多德和维吉尔："在我们语言中，谁是哲学之心/亚里士多德，不是您还有何人？ /而且无人不知，您还漫步/在维吉尔的诗歌之路。"[1]他用了不少诗行热情赞美他的"大师"和"父亲"，称他为"亲爱的导师和敬爱的父亲，/我的乔叟大师"[2]。他因此成为最早尊乔叟为"父亲"的诗人。此后在所有时代，这一称谓一直为乔叟独享，并最终定格为"英语诗歌之父"。

除这两位见过乔叟并对他执弟子礼的诗人外，其他一些诗人也参与了乔叟的经典化。比如，一位佚名作者在诗作《典雅之书》中称颂乔叟为"华美语言之父与雄辩的奠基人，/您给整个不列颠带来光明"，并说"父亲乔叟"、"大师杰弗里""从未离去，他和我们同在"。[3]同其他经典化乔叟的诗人一样，他不只颂扬乔叟的个人成就，而且更强调他"给整个不列颠带来光明"。也就是说，乔叟不仅被看作一个杰出作家，而且还是全民族的诗人。我们将看到，在日不落帝国达到顶点、英格兰民族意识再次大发扬的维多利亚时代，乔叟的经典化达到另一个高潮时，关于乔叟是民族诗人的观点也将进一步发展和升华。[4]

不过，经典化一个作家最重要的还不是赞誉，经典化的核心是借鉴和模仿，是继承和发扬。一个时代的赞誉很可能在下一个时代被遗忘，许多名重一时的作家都不幸遭遇了这样的命运，所以只有被不断地借鉴和模仿才有可能使一个作家进入永恒，进入生生不息的传统。因此，一个作家是否真正被经典化要看他是否活在后辈的创作之中，是否进入文学发展的主流甚至决定其方向，他奠定的传统是否被继承与发扬。乔叟在15和16世纪被经典化的最重要标志与发展是，几乎所有主要的英格兰和苏格兰诗人们都在创作中广泛借鉴和模仿他；正是他们的借鉴和模仿，而非他们的赞誉，继承和发展了乔叟奠定的传统，使他真正成为他们的"父亲"，成为真正意义上的英诗之父。

莱德盖特这位修道士是15世纪最多产的英国诗人，身后留下十四万多行诗作。他在诗艺和内容上都追随他的大师，他的许多作品

1 Hoccleve, "From *De Regimine Principum* on Chaucer," p. 47.

2 转引自 Brewer, *English Gothic Literature*, p. 133。

3 转引自 Burrow (ed.), *Geoffrey Chaucer: A Critical Anthology*, p. 44。

4 请参看前面第一编第四章第二节。

都是对乔叟诗作的借鉴、模仿与扩充。他的《黑衣骑士怨歌》来源于乔叟的《公爵夫人书》。他的代表作之一，长达三万余行的《特洛伊书》，即他遵亨利王子之嘱用"我们的语言"创作的特洛伊故事，使用的基本韵律正是乔叟创造的五步抑扬格。他那部三万六千余行的《王者之败落》至今仍然是英语中篇幅最长的诗作。这部著作基本上是按乔叟的悲剧模式对《修道士的故事》中那些短小"悲剧"以及其他许多故事的大幅度扩充。他的另外一部重要作品《底比斯之围》也受乔叟的《骑士的故事》影响，他甚至模仿《坎特伯雷故事》的《总引》，借用乔叟创造的朝圣旅程这一叙事框架，把自己也描写成一名香客，加入乔叟的香客们的朝圣行列，同他们一样讲述了自己的故事。莱德盖特自己没有创立诗歌传统，但他的重要地位和他的作品在当时以及在文艺复兴时期的广泛影响却对乔叟开创的英诗传统的确立和发展很有意义。尽管没有他的成就，乔叟也会被经典化，但他无疑是经典化乔叟的第一人；而且可以说，他在英国文学史上最重要的贡献恰恰是继承和发展了乔叟奠定的音步体英诗传统，并同其他乔叟派诗人一道使之在与自14世纪中期以来成果斐然的头韵体英语诗歌复兴运动的竞争中最终在15世纪英格兰诗坛胜出，成为近现代英语诗歌的主流。

霍克列夫同莱德盖特一样是乔叟诗歌艺术的崇拜者。虽然他不像莱德盖特那样直接以乔叟作品为创作的蓝本，他却更注重遵循乔叟的诗艺和发扬乔叟创作中关注生活现实的倾向。他的主要作品都是按乔叟创造的英语诗歌形式创作。他特别喜欢每节七行、韵式为ababbcc的所谓"乔叟诗节"，即后来被称为"君王体"（rhyme royal）的著名诗节形式。

"乔叟诗节"是乔叟受法国诗歌的启发而创造的，特别适用于叙事。它最先用于《百鸟议会》，后用于《特洛伊罗斯与克瑞西达》以及《坎特伯雷故事》里风格比较高雅的故事。这种诗节是15和16世纪英语叙事诗中最通常的诗体，后来莎士比亚、弥尔顿等许多诗人都用过，成为英语诗艺的重要组成部分。它之所以被称为"君王体"，是因为据说是由苏格兰国王詹姆斯一世创作的名著《国王之书》使用的就是这种诗体。该诗作者在书中高度赞扬乔叟，说他"像桂冠诗人一样至高无上"[1]。除

1 Matthew P. McDiarmid (ed.), *The Kingis Quair of James Stewart*, Totowa, NJ: Rowman and Littlefield, 1973, p. 117.

使用乔叟诗节外,《国王之书》还深受乔叟作品,特别是《特洛伊罗斯与克瑞西达》之影响,乔叟开创的英诗传统随即也逐渐成为苏格兰诗歌的主流传统。

其实在15和16世纪,苏格兰诗人们特别推崇乔叟。当时苏格兰还是一个独立王国,乔叟对苏格兰文学的重大影响有助于英格兰和苏格兰之间文化上的融合,对后来两个地区的统一起了一定促进作用。除《国王之书》的作者外,受乔叟诗歌影响最深的中世纪苏格兰文学家有罗伯特·亨利逊、威廉·邓巴、沃尔特·肯尼迪、加文·道格拉斯、大卫·林赛等诗人,他们被称为"苏格兰乔叟派"。

苏格兰乔叟派诗人也参与了乔叟的早期经典化并将他苏格兰化。他们广泛借鉴和模仿乔叟,将乔叟的诗歌艺术运用于苏格兰文学创作,开创了苏格兰文学史上第一个繁荣时期。罗伯特·亨利逊被认为是"苏格兰乔叟派中最接近乔叟的诗人"[1]。他对乔叟的借用或借鉴在许多作品中都很明显。他的代表作《克瑞西达的遗嘱》在一定程度上可以说是他专为乔叟的《特洛伊罗斯与克瑞西达》写的续篇。他在诗作中对克瑞西达的背叛给予严厉惩罚,让她患上麻风,沿街乞讨,最后悲惨死去。邓巴则在诗歌语言艺术方面更突出地借鉴乔叟。他说乔叟"用天堂般美妙的鲜活言辞/使我们的语言光辉无比。/因为你,英语超越世上一切语言"[2]。他模仿乔叟为理查德二世的婚事撰写的名著《百鸟议会》,创作《蓟与玫瑰》以祝贺苏格兰国王詹姆斯四世与英格兰公主玛格丽特的豪华婚礼。同《百鸟议会》里一样,邓巴诗作里的聚会也由自然女神主持,只不过乔叟的参会者只有鸟类,而邓巴将走兽和植物也包括进来。邓巴的同时代诗人道格拉斯在他的《埃涅阿斯纪》译本第一部的引言中,将"尊敬的乔叟,无与伦比的诗人"比作"天堂的号角"与"测时的日晷和规则的制定者",感谢他为英语诗歌"带来生命的清泉"。[3]不仅如此,他的长篇诗作《荣誉之宫》从标题到内容都借鉴《声

1 Denton Fox, "The Scottish Chaucerians," in D. S. Brewer (ed.), *Chaucer and Chaucerians*, London: Nelson, 1966, p. 172.

2 William Dunbar, *The Poems of William Dunbar*, ed. James Kinsley, Oxford: Oxford UP, 1979, p. 37.

3 Gawin Douglas (trans.), *The Æneid of Virgil*, Vol. I, New York: AMS, 1971, p. 14.

誉之宫》，而且从格律和诗节形式、语言的使用到情节结构、人物形象的塑造以及对"荣誉之宫"的描写，他都直接模仿《声誉之宫》和乔叟其他诗作。登顿·福克斯认为，《荣誉之宫》"不仅表明道格拉斯多么受惠于乔叟，而且还反映出他对乔叟的理解是多么深刻——道格拉斯这部诗作是一部对《声誉之宫》非常有意义的评论"[1]。

在16世纪，当苏格兰和英格兰之间的冲突日益严重，苏格兰面临被吞并的威胁之时，乔叟仍然在苏格兰享有崇高地位。《苏格兰的怨诉》是苏格兰文学史上第一部散文作品，作者可能是一位名叫罗伯特·威德邦的苏格兰人。这部作品是苏格兰人面对英格兰的军事和文化入侵做出的反应。针对英格兰关于苏格兰属于英国的宣传，它强调苏格兰从来就是独立王国。然而有意思的是，作者在讲述苏格兰的文化传统和文学渊源时给出一份苏格兰人喜爱阅读的书单，里面位列第一的正是《坎特伯雷故事》。[2]从这可以看出，经苏格兰诗人和读者对乔叟的学习、模仿、借鉴和容纳，乔叟诗歌已深入苏格兰主流文学，英诗之父已成为苏格兰人崇敬的经典作家。

乔叟经典化历程上特别重要的一步发生在15世纪后期。大约在1476年，威廉·卡克斯顿将印刷术引进英国，在西敏寺创建了第一个印刷所，那是英国文化史上一件大事，随即新技术参与到乔叟的经典化之中并发挥了前所未有的作用。卡克斯顿是一位成功的商人，在欧洲大陆经商达30年之久，同时他还是一位学识渊博的学者、见解独到的文学评论家和很有眼光的版本学家。他生活在中世纪向文艺复兴转变的时代，深受人文主义和各种新思想影响，回英国后全身心投入英国文化建设，甚至亲自翻译出版了20多种著作。他的印刷所最早印刷出版的书籍中就包括大多数乔叟的主要著作，如《坎特伯雷故事》(短期内出了两版)、《特洛伊罗斯与克瑞西达》、《声誉之宫》、《安妮丽达和虚假的阿塞特》、《铜殿》(即《百鸟议会》)以及译著《哲学的慰藉》。其他新成立的印刷所也纷纷出版乔叟作品。比如理查德·品逊的印刷所和温金·德·沃尔德的印刷所分别于1492年和1495年也印刷出版了《坎特

1 Fox, "The Scottish Chaucerians," p. 193.

2 参看 Agnes Mure Mackenzie, *An Historical Survey of Scottish Literature to 1714*, London: Alexander Maclehose, 1933, p. 26。

伯雷故事》。在印刷费用不菲，能阅读诗作的人并不很多的情况下，在不到20年的时间里，一部大部头诗作仅在伦敦就出了四个版本，这在当时极为罕见。

卡克斯顿还在他为乔叟著作写的前言和后记中留下许多极有见解的评论文字。他高度颂扬乔叟对英语发展的杰出贡献和高超的英诗艺术，称他为“高尚而伟大的哲人”和“桂冠诗人”。[1]他比较深入地认识到并高度评价了乔叟之所以被后世尊为英语文学之父的那些重要贡献。其中特别重要的是，他在历史上第一个注意到乔叟诗作的现实主义倾向。他说：“我决定印刷《坎特伯雷故事》，因为我在里面发现许多关于每一个行业和阶层的绝妙故事：首先，他们中每一个人的状况和穿着打扮都被尽可能真实地描写。”[2]这个在今天看来似乎太“普通”的观点涉及这部著作的现实主义这一本质性特征，在当时十分独到，要到两个世纪后才被德莱顿超越。另外，具有特殊意义的是，他强调诗作里“每一个行业和阶层”实际上揭示出乔叟是对整个英国社会和英格兰民族“尽可能真实地描写”。换句话说，他之所以不惜重金一再出版这部著作，就因为它真实描写了英国社会和统一的英格兰民族。卡克斯顿从大陆回到正处于文艺复兴前夕的英格兰，作为一个在文化领域引领潮流的知识分子，他得风气之先，敏锐感到英格兰民族意识正在高涨，并认识到被他称为“令人崇敬的父亲”的乔叟及其诗作最好地表现了英格兰民族，所以他说：“我认为，他理应得到高尚的英格兰王国永恒的赞誉与感谢。”[3]于是他的印刷所一建立就立即着手出版乔叟著作。

先进的印刷技术大幅度降低了生产成本，将大量书籍投放市场，完全改变了中世纪手抄本价格昂贵、数量极少的状况，使乔叟作品远更为容易到达学者、文学家甚至一般读者手中。新技术的参与能极大地推进和深化乔叟的经典化，不仅仅因为那拓宽了乔叟诗作的受众，而且还在于具有专业的文献和版本知识的学者能为读者提供尽可能高质量的版本。中世纪誊抄员（scribe）往往因为知识的局限、疏忽和其他一些原

1 William Caxton, "'Prologue' to *The Canterbury Tales* (2nd ed., c. 1484)," in N. E. Blake, *Caxton's Own Prose*, London: Andre Deutsch, 1973, p. 61.

2 同上，p. 62。

3 William Caxton, "'Epilogue' to *Boethius* (c. 1478)," in Blake, *Caxton's Own Prose*, p. 59.

因造成错讹，更严重的是，他们还随意改动原作，因此中世纪手抄稿，特别是那些几经转手的手抄稿，一般都存在许多错误甚至重大缺陷。乔叟本人就曾写过一首小诗《乔叟致誊稿人亚当》，抱怨他“未能誊抄忠实”且“过于疏忽”，以致诗人不得不“每天/花尽了功夫去删改、去擦抹”。[1]所以他十分担心他死后，誊抄员会损坏他的诗作。他在《特洛伊罗斯与克瑞西达》的结尾专门表达了这种担心：“主啊，不要让人因此抄错，/也不因其发音不准搞错韵律。”（*Troilus*, Vol. V, ll. 1795—1796）然而他不幸言中，中世纪流传下来的乔叟作品手抄稿（其中仅《坎特伯雷故事》就有80多种）全是他死后在15世纪誊抄，全都程度不同地存在错讹。尽管卡克斯顿没能也不可能修订所有这些错讹，[2]但他尽自己所能订正了一些错误，而且在第一版《坎特伯雷故事》（大约1478年）出版后不久，他从朋友处得到另外一部手抄稿，尽管与前一版只稍有差别，但他认为更好，于是在1484年毫不犹豫地根据该稿本印刷出版了第二版。这反映出他对乔叟的景仰和对这部杰作的高度推崇，同时也体现了他作为学者的严谨和对英国文化事业的使命感与责任感。

卡克斯顿关于乔叟作品中现实主义的评论，有可能受到当时正在兴起的新古典主义模仿论影响，所以他对乔叟那种在中世纪文学中少有并为此前的诗人和学者视而不见的现实主义描写特别赞叹。[3]新古典主义的影响将随着文艺复兴运动在英国发展而不断加强，并深入乔叟研究中和参与乔叟的经典化。但在英国文艺复兴运动的前期，影响对乔叟的解读和决定乔叟地位的最主要因素是宗教改革运动。在16世纪，宗教改革是改变英国历史发展方向、变革英国社会、进一步塑造英格兰民族特性和发展英格兰民族精神的决定性力量。尽管亨利八世支

1 本诗译文引自乔叟：《乔叟文集》，方重译，上海：上海译文出版社，1979年，第756页。

2 经过历代学者们不懈的集体努力，特别是维多利亚时代学者们的系统搜集、考证与研究，在19世纪末才基本上订正了这些错讹，为现代读者和学者提供出高质量的乔叟全集版本。

3 虽然同时代诗人威廉・朗格伦在《农夫皮尔斯》的前面部分里也有对英格兰社会的现实主义表现，但不论是在广度上还是在深度上，特别是在对细节的描写上，都无法与《坎特伯雷故事》相比。

持和推动宗教改革并非真正出于信仰，而更多是为了王位继承，但如果没有得到改革派和新教徒的强大支持，他也不敢同罗马教廷决裂。

王权与改革派的结盟形成强大的力量，从政治、宗教、经济到意识形态所有领域全方位改变着英国社会，同时也前所未有地加强思想控制。改革派们试图在各个领域清除天主教影响，因此越来越多的书籍被列为禁书。1542年，英国颁布新法案以“清除王国内所有异端邪说”，结果改革运动之前的大多数书籍和文章遭禁，在文学界只有乔叟和高尔两位诗人的著作被容许阅读，并且在可以阅读的文学作品中只有《坎特伯雷故事》被专门提及。[1]

乔叟能有此殊荣，自然与一个多世纪以来他被经典化而在文学界享有崇高地位有关；但宗教改革在本质上也是一个颠覆权威的运动，而被推翻的权威也不在少数。实际上，乔叟的地位不降反升的根本原因是他的作品符合改革派的意识形态要求，并为他们提供了反对天主教会的思想武器。他在作品中，特别是在《坎特伯雷故事》里，大量揭露和辛辣讽刺中世纪教会人员的腐败与堕落。他作品中这些此前被人们普遍忽略的内容在新的意识形态关照下，在时代的需求中现在凸显出来，大受欢迎，被改革派用来攻击天主教会。另外，乔叟笔下的正面人物堂区长也被看作罗拉德派，甚至被一些人认为是乔叟同时代那位有欧洲宗教改革运动启明星之称的威克里夫本人的形象。《坎特伯雷故事》里几次提及罗拉德派，而乔叟本人也的确有几位罗拉德朋友。所以这些似乎都在向改革派证明，乔叟是碰巧生活在14世纪的新教诗人。

乔叟的香客中有12名教会人士，后来在快到坎特伯雷时，他们又碰到一个教士和他的跟班。在这些神职人员中，只有“穷教士”堂区长是一个“思想和作为”都“崇高”的基督徒，而其他人大多口是心非、贪婪虚伪、腐败堕落。乔叟对宗教人士的批判，特别是对卖赎罪券教士、托钵僧和教堂差役的揭露和讽刺，其深刻与巧妙无与伦比。美国学者哈罗德·布鲁姆认为，乔叟的卖赎罪券教士这个形象深刻影响了莎士比亚，是伊阿古的蓝本。不过，也许最令改革派兴奋的是，乔叟早在14世

1 请参看James Simpson, “Chaucer’s Presence and Absence, 1400–1550,” in Piero Boitani and Jill Mann (eds.), *The Cambridge Companion to Chaucer*, 2nd ed., Cambridge: Cambridge UP, 2003, p. 266。

纪就揭露和批判了教会贩卖赎罪券和虚假圣物以骗取钱财；而贩卖赎罪券正是马丁·路德（Martin Luther，1483—1546）和改革运动谴责的天主教会的主要腐败行径之一。

然而尽管乔叟是虔诚的基督徒，但严格地说他并非宗教诗人，他在诗作里反对的主要是教会人士的腐败堕落，而非天主教会本身。当然这并不影响宗教改革派对他的赞赏与推崇。相反，一些并非出自乔叟笔下的反对天主教会的文学作品，如《高地的杰克》《农夫的故事》《香客的故事》等，还被放在他名下，依托他崇高的声名得以流传。

另外，这时期的乔叟研究受新教影响，特别关注乔叟作品的道德价值。其实自盎格鲁-撒克逊时期以来，英语文学就极为注重作品的道德意义，并形成了英语文学中进行道德探索这一核心传统，乔叟自然也不例外。他在《坎特伯雷故事》里以高尚正直的堂区长为榜样指出：教士们应该“先拿出行动然后再教导”，而“最为可耻的事情/便是牧羊人肮脏而羊群干净！”“黄金若锈掉，铁还有什么办法？”（第一组第497，503—504，500行）同样，他对所有教会和世俗人士的腐败劣行的揭露和讽刺本身就体现了他对道德价值的重视。宗教改革运动时期的评论家们正因为注重道德价值，所以比前人更能理解和欣赏他诗作里的道德意义。

诗人斯蒂芬·霍斯是国王亨利七世的内府扈从。他曾说：“啊！高尚的乔叟，您总知道/如何寓教于乐最富成效。”[1]他相信乔叟诗作告诉我们怎样“清除我们的罪孽”并用“美德之火/点燃我们的心灵；/他所有作品都富有/教益，全是天籁之音”。[2]伊丽莎白女王的家庭教师阿斯卡姆是当时名重一时的学者和学识渊博的人文主义者，也是著名的清教徒和宗教改革运动活动家。他自然特别注重乔叟作品里的宗教思想和对罪孽的谴责，他说：“掷色子和玩纸牌是令人讨厌的无所事事，是美德的仇敌，你们沉浸其中，是毁灭你们的青春；乔叟在《堂区长的故事》里

1 Stephen Hawes, *The Minor Poems*, ed. Florence W. Gluck and Alice B. Morgan, London: Oxford UP, 1974, p. 3.

2 Stephen Hawes, *The Pastime of Pleasure*, ed. William Edward Mead, London: Oxford UP, 1971, pp. 54–55.

说得多么好：那是直通地狱的绿色通道。”[1]歌颂勤劳、反对懒惰与享乐一直是清教徒的核心价值观念，而谴责天主教会的腐败一直是宗教改革运动的推动力和重要组成。不过，当时也有一些人批评乔叟，认为他的作品，特别是那些市井故事淫秽低下。

不论是赞扬乔叟寓教于乐，还是歌颂他是虔诚的神学家和反天主教的宗教改革运动先驱，或者认为他的作品有害无益甚至引诱青年堕落，都主要是在当时宗教改革运动时期复杂的历史、政治、文化语境中从不同流派的基督教思想和道德价值观念出发来解读乔叟，而且也的确揭示出乔叟诗作中的一些重要方面，并符合宗教改革运动的意识形态和社会要求。但这些解读都比较忽略他的创作本质和诗歌艺术。真正理解并竭力模仿和借鉴乔叟诗歌艺术从而进一步经典化乔叟的是随后出现的一批杰出文学家。

在英格兰，与宗教改革运动同时发展并密切交织在一起的是文艺复兴运动。上面提到的伊丽莎白女王的家庭教师阿斯卡姆就既是著名的宗教改革人士，也是推崇古典文化的文艺复兴思想家。随着文艺复兴运动的深入发展，古典哲学、古希腊罗马的文化思想和文学理论同中世纪以来的西欧和英格兰本土各种传统一道影响和造就了英国历史上一批最伟大的文学家。伊丽莎白继位之后，几十年来英国国内激烈的社会、宗教和政治冲突逐渐缓和，局势得到稳定，经济蓬勃发展，国势日益强盛，并于1588年的海战中击败西班牙的无敌舰队，最终确立了英国的海上霸权，为未来的日不落帝国打下了基础。伊丽莎白时代也成为英国历史上自亨利五世以来又一个爱国热情高涨、民族意识大发展的时代。同百年战争中产生了英国历史上第一次文学大繁荣的乔叟时代一样，伊丽莎白时代也是一个需要并造就一大批伟大文学家来表现一个充满活力的国度和弘扬高昂的民族精神的时代。伊丽莎白文学是英国文学史上特别辉煌的成就，同时也是以乔叟诗作为代表、形成于中世纪的英国文学传统进一步发展的一个特别重要的环节。

在这些英国文学家中，莎士比亚是更伟大的作家，但在弘扬民族精神、体现民族意识和直接表现充满由宗教改革和文艺复兴释放出来的

1 Roger Ascham, *English Works*, ed. William Aldis Wright, Cambridge: Cambridge UP, 1904, p. 23.

活力的英格兰社会等方面最杰出的诗人无疑是斯宾塞，他被尊为“诗人之诗人”（poet's poet）。斯宾塞对乔叟极为崇敬，他去世后，人们按其遗愿将他埋葬在西敏寺“诗人之角”乔叟墓旁。如果说莱德盖特是英国文学中的乔叟传统在15世纪形成之时的主要传人的话，那么在文艺复兴时期，斯宾塞则是乔叟传统最重要的代表。

斯宾塞除了高度颂扬乔叟外，也像莱德盖特等推崇乔叟的前辈诗人一样，对英诗之父广泛借鉴和模仿，继承和发展乔叟奠定的文学传统。虽然他为了回击有些人对乔叟语言的诋毁而生硬地模仿过乔叟古奥的英语，但他的杰出之处在于，他并没有停留在表面模仿，他对乔叟的解读与借鉴深入乔叟创作的本质。一方面，他像先前一些英格兰和苏格兰诗人们那样续写乔叟故事。他续写了乔叟未完成的《扈从的故事》，将其称为“盗取”。如同乔叟本人从奥维德、薄伽丘等许多诗人那里“盗取”故事一样，他实际上也是改写与再创作，是继承与发展。在一定程度上，他把乔叟的骑士浪漫传奇改写成史诗，以骑士们的高尚美德和英雄业绩服务于他歌颂英格兰民族精神和升华人们的道德品质的主旨。

另一方面，斯宾塞从乔叟那里“盗取”的自然不仅仅是一个故事，更是诗歌艺术。他在那个越来越崇拜古希腊罗马的时代，在学习古典文学艺术的同时，决心继承和发扬乔叟奠定的英格兰本土诗歌传统。他的作品，从早期的《牧羊人日历》和《母亲胡伯特的故事》到代表作《仙后》，全都反映出乔叟的影响。[1]他从乔叟那里“盗取”的，从主题、题材到艺术手法，甚至遣词造句，十分广泛。但更重要的是，他的《仙后》体现出乔叟那种包容一切的广阔视野、丰富多彩的艺术手法、切中时弊的批判精神和对人生命运的深入思考。和《坎特伯雷故事》一样，他的诗作，比如《仙后》，也包容各种体裁、风格和题材，它既是史诗，也是浪漫传奇；既是英格兰的寓意历史，也是对英格兰社会现实、政治矛盾以及同罗马天主教的剧烈冲突的艺术反映。在当时，除莎士比亚外，他的作品最具有包容一切的广泛性。正是在所有这些方面，他继承了乔叟传统的精髓。德莱顿后来说：“斯宾塞不止一次暗示，乔叟的灵魂

1 参看 Lounsbury, *Studies in Chaucer*, Vol. III, pp. 44–45。

进入了他的身体，他是[乔叟]去世两百年后出生的儿子。”[1]

当然，在英国文学辉煌的时代，致力于模仿和借鉴英诗之父的并不只有斯宾塞和诗人们。伊丽莎白文学中最灿烂的成就是戏剧，当时许多剧作家都在借鉴乔叟，都从他作品中吸取灵感和创作材料，而且剧作家们对乔叟的借鉴几乎与英国现代戏剧的出现和发展同步。当现代戏剧在英国开始萌动之时，一位叫理查德·爱德华兹的剧作家就以《骑士的故事》为蓝本创作了剧作《帕拉蒙和阿塞特》，于1566年在牛津大学专门为伊丽莎白女王演出。[2]随着英国戏剧的繁荣，乔叟那些脍炙人口的故事更成为剧作家们的宝库。

根据汤普森的研究和统计，从1558年到1625年，在莎士比亚之外，剧作家们除以各种方式大量提及、影射或借鉴乔叟，还直接以乔叟故事为蓝本创作了至少13个剧本。在这13个剧本中，有3个以《特洛伊罗斯与克瑞西达》、3个以《学士的故事》、2个以《骑士的故事》为蓝本，另外还有5个分别以《律师的故事》、《医生的故事》、《梅利别斯的故事》、《巴思妇人的故事》和《平民地主的故事》为蓝本。[3]除此之外，还有一些剧本也涉及乔叟故事。[4]在斯培特的1598年版乔叟全集出版后三年里，有五部剧作以乔叟作品为蓝本创作，其中包括莎士比亚的《特洛伊罗斯与克瑞西达》。从这些可看出伊丽莎白戏剧对乔叟的借鉴。

如果说斯宾塞旗帜鲜明地颂扬乔叟的话，莎士比亚则从未直接提及乔叟。然而正是这位从未提到乔叟的莎士比亚，比同时代任何剧作家都更广泛地借鉴乔叟。正如汤普森指出的，“莎士比亚对他作品的运用最为广泛而且最有意义”[5]。莎士比亚最早在大约创作于16世纪80年

1 John Dryden, “Preface” to *Fables: Ancient and Modern*, in Vinton A. Dearing (ed.), *Works of John Dryden*, Vol. VII, Berkeley: U of California P, 2000, p. 25.

2 请参看 Lounsbury, *Studies in Chaucer*, Vol. III, pp. 68, 69。

3 参看 Ann Thompson, *Shakespeare's Chaucer: A Study in Literary Origins*, New York: Barnes & Noble, 1978。

4 参看 Barry Windeatt, “Chaucer Traditions,” in Ruth Morse and Barry Windeatt (eds.), *Chaucer Traditions: Studies in Honour of Derek Brewer*, Cambridge: Cambridge UP, 1990, p. 14。

5 Thompson, *Shakespeare's Chaucer*, p. 218.

代末的悲剧《泰特斯·安德洛尼克斯》里提到“声誉之宫”。[1]此后，他在剧作中多次提到或影射乔叟其他作品。

根据汤普森的研究，在莎士比亚的36部半剧作中，共有29部以各种方式不同程度地借鉴了乔叟作品，其中包括只言片语的借用、思想观念的回应、人物形象的隐射以及情节事件的借鉴。[2]在这些方面，思想上的承传、人物形象上的照应以及故事情节的接近特别重要。她认为，即使那些来自古希腊罗马的故事，莎士比亚也常常是从被乔叟“本土化”了的版本中借用材料。另外，由于受文艺复兴时期新古典主义文学思想的影响，同其他剧作家一样，莎士比亚也特别看重乔叟那些风格比较高雅、文学价值特别高的作品。所以，汤普森在分析莎士比亚对乔叟喜剧作品的借鉴时指出：“是骑士和律师的故事，而非磨坊主和管家的故事，与[莎士比亚的]喜剧类似。”[3]另外，《罗密欧与朱丽叶》和《仲夏夜之梦》在主题、情节和人物方面都很明显深受惠于《特洛伊罗斯与克瑞西达》、《骑士的故事》和其他一些故事，而《罗密欧与朱丽叶》还受到《贞女传奇》里皮拉缪斯和忒斯彼的悲剧故事影响。但莎士比亚直接以乔叟作品作为蓝本创作的作品是《特洛伊罗斯与克瑞西达》和《两个贵族亲戚》，前者的蓝本是乔叟的同名长篇诗作，而后者的蓝本则是《骑士的故事》。

早在19世纪就有学者指出，莎士比亚的《特洛伊罗斯与克瑞西达》“完全按乔叟的故事顺序，有许多段落明显受其影响，潘达鲁斯这个人物未经改动被直接采用”[4]。当然，这位学者关于潘达鲁斯这个人物的观点值得商榷，因为乔叟和莎士比亚笔下的这个人物有相当差别。实际上，莎士比亚在情节发展、人物命运、性格塑造、主题思想等许多方面都对乔叟原作做了重大改写，正如乔叟对薄伽丘的原作做了重大改写一样。《两个贵族亲戚》是莎士比亚和弗莱契大约于1612年共同创作，是

1 参见 William Shakespeare, *The Tragedie of Titus Andronicus*, Act II, ll. 689–690: “The Emperour’s Court is like the house of Fame, /The pallace full of tongues, of eyes, of eares”。

2 参看“Appendix,” in Thompson, *Shakespeare’s Chaucer*, pp. 220–221。

3 Thompson, *Shakespeare’s Chaucer*, p. 83.

4 Roscoe Addison Small, *The Stage-Quarrel Between Ben Jonson and the So-Called Poetasters*, New York: AMS, 1966, pp. 154, 155.

莎士比亚一生中最后一部剧作，也是他作品中唯一指明是以乔叟故事为蓝本的著作，不过那段颂扬乔叟为故事原作者的"开场白"很可能出自弗莱契之手，但显然也得到了莎士比亚的首肯。同《特洛伊罗斯与克瑞西达》一样，《两个贵族亲戚》也是对乔叟原作的改写与再创作。

需要强调的是，莎士比亚对乔叟的借鉴特别突出地表现在人物塑造而非故事情节上。许多评论家都指出了《亨利四世》、《亨利五世》和《温莎的风流娘儿们》里那个极为杰出的戏剧性人物福斯塔夫与乔叟的巴思妇人之间的"亲缘"关系，而美国学者布鲁姆则更进一步，他深刻分析了乔叟的巴思妇人和卖赎罪券教士对莎士比亚的人物，特别是福斯塔夫和伊阿古的深刻影响。

在《西方正典》里，布鲁姆以他特有的开阔视野、渊博学识和深邃洞见系统研究了西方文学传统。他认为莎士比亚处于西方文学传统的核心，而对莎士比亚最重要的影响来自乔叟。他说，乔叟是莎士比亚"最真实也最有内在关联的先辈"；对于乔叟，莎士比亚这位最具原创性的天才文学家"背负了唯一真正的文学欠债"。[1]他说："即使把奥维德或'英国的奥维德'马洛都算上，也没有任何作家像乔叟一样给予了莎士比亚如此重大的影响。乔叟式的暗示……是莎士比亚原创性最伟大的起点，即他表现人类个性的方法。"[2]

布鲁姆特别强调莎士比亚对乔叟人物的"内在性"的借鉴，他说："乔叟数世纪前已预示的内在性，我们现在常把它与文艺复兴和宗教改革联系起来；他笔下的男女人物开始形成一种自我意识。"[3]他指出："莎士比亚巧妙地抓住了这一启示，从福斯塔夫开始广泛地扩展主要人物自我倾听的效果，尤其是他们的变化能力。"他认为这是"莎士比亚成为经典核心的关键原因"。[4]他相信"只有乔叟有能力教给莎士比亚表现的奥秘，他的伟大经典性最终在于赎罪券商这一阴郁的先知形象，这一形象的后代仍在生活中和文学中与我们相伴"[5]。

1 布鲁姆：《西方正典》，第36，37页。

2 同上，第83页。

3 同上，第87页。

4 同上，第37页。

5 同上，第99页。

布鲁姆用他著名的"影响的焦虑"理论解释莎士比亚为什么从未提到乔叟。他说:"莎士比亚从未提及乔叟,也许其原因如同乔叟从未提到他真正的先驱薄伽丘一样。犹如最伟大的喜鹊,莎士比亚很愉快地用双手偷窃,乔叟也是如此。最强大的作家感到最强烈的焦虑,因此会压制任何可能引发影响的焦虑的人物。"他总结说:"乔叟的人物是他自己的塑造,他因此而为莎士比亚对人那种更令人惊奇的再创造树立了榜样。"[1]其实,早在维多利亚时代,乔治·道森就已经指出:"乔叟教会了莎士比亚如何塑造人物。"[2]

另外很值得研究的是伊丽莎白时代新古典主义的代表人物本·琼生与乔叟的关系。在英国喜剧发展史上,琼生占有特殊地位,他将英国喜剧主流从莎士比亚式的浪漫喜剧转向城市喜剧,是英国现实主义喜剧的先驱,并直接而深刻地影响了复辟时代的喜剧或者说"风俗剧"(comedy of manners)和萧伯纳(George Bernard Shaw, 1856—1950)的喜剧以及维多利亚时代小说家们。琼生对乔叟著作十分熟悉,他甚至在他的《英语语法》(*The English Grammar*)[3]的第二部分里25处引用乔叟作为例证。正因为他对乔叟作品那样熟悉,他才敢于嘲笑斯宾塞"模仿古人而写的根本不是语言"[4]。如果说莎士比亚模仿和借鉴的是乔叟那些比较高雅的喜剧性浪漫传奇或者说浪漫传奇中具有喜剧性的内容的话,琼生借鉴的则主要是乔叟那些被其他新古典主义者认为比较"低俗"的市井故事。尽管同莎士比亚一样,他没有直接提及乔叟,甚至没有像莎士比亚那样改写乔叟作品,但在人物塑造、道德评判、情节安排乃至讽刺幽默和喜剧性氛围等方面,他的城市喜剧明显都与乔叟的市井故事有亲缘关系。特别有意义的是,他对他所辛辣讽刺的人物的理解和宽容与自宗教改革运动以来那种往往容易走极端的人士的心理不

1 Harold Bloom, "Introduction," in Bloom (ed.), *Bloom's Classical Critical Views: Geoffrey Chaucer*, New York: Infobase, 2008, pp. xi, xiii.

2 George Dawson, "Chaucer," in George St. Clair (ed.), *Biographical Lectures*, London: Kegan Paul, Trench and Co., 1887, p. 211.

3 该书大约写于1620年前后,但原稿毁于1625年的火灾;他后来重写,并收入"琼生著作1640对开本"(1640 folio of Jonson's Works)中。

4 转引自Lounsbury, *Studies in Chaucer*, Vol. III, p. 64。

同，他在其喜剧《人人高兴》（*Every Man in His Humour*）的前言中说，他在剧中嘲讽的是"人之蠢行，而非罪恶"[1]，其目的是完善人类。而这恰恰与乔叟对他所嘲讽甚至谴责的人物的宽容态度极为相似。后来维多利亚时代的批评家们将深刻揭示出乔叟这一重要而且特别令人钦佩的方面并给予高度的赞扬，认为那表现出乔叟对人性的深刻理解。

伊丽莎白文学在英国文学发展史上占有无与伦比的地位，那不仅因为它取得了辉煌的成就，而且也因为它上承中世纪英语文学传统，下启近现代英语世界文学大繁荣的局面。正是因为斯宾塞和莎士比亚等许多杰出文学家对乔叟的模仿与借鉴，对乔叟传统的继承与发展，乔叟进一步融入英语文学发展的主流和近现代英语文学的繁荣，乔叟作为经典作家和英语文学主流传统之源头的地位也进一步确立。特别有意义的是，当时在英国文坛占主导地位的是新古典主义，其代表作家如锡德尼和本·琼生等遵循三一律等原则，而与他们不同，斯宾塞、莎士比亚等更具有乔叟所体现的英格兰本土传统那种丰富性与包容性，这对于英语文学在当时的繁荣和未来的发展都至关重要。

当然，斯宾塞和莎士比亚等文学家特别注重借鉴乔叟那些体裁和风格都比较高雅的作品也反映出新古典主义在这时期的重大影响。自但丁等意大利青年知识分子在13世纪后期点燃文艺复兴的火种之后，复兴古典文化的运动逐渐蔓延到西欧其他地区。文艺复兴迟至15世纪后期才真正波及英格兰，并在16世纪加速发展，到伊丽莎白时代成为英国思想文化界的主流。随着文艺复兴运动在英国深入发展，古典主义，或者说是在欧洲当时特定的社会文化语境中被基督教化了的新古典主义，逐渐主导了英国文坛和文学思想。

新古典主义崇尚理性，注重典雅、得体、平衡、精致、明晰、节制、工稳的文学艺术思想也深入乔叟研究领域，影响着对乔叟的解读与评价。特别是当那些新古典主义批评家们既没有像斯宾塞和莎士比亚那样深刻领悟乔叟创作的博大精深，也没有像后来新古典主义的代表诗人和批评家德莱顿那样正确运用模仿论深入乔叟创作的本质，而是停留在作品的表层，用这些批评观点去衡量乔叟诗作，那自然会发现许多"缺

1 Ben Jonson, *Every Man in His Humour*, ed. Percy Simpson, Oxford: Clarendon, 1919, p. 6.

陷”。首先，用新古典主义原则来评判具有中世纪文学艺术那种突兀奇特的浪漫想象特征的乔叟诗作，正如用古希腊的建筑风格或标准去评价中世纪哥特建筑一样，自然会评出问题。其次，自乔叟时代以来，英语经历了从中古英语到现代英语的巨大变革，有些词汇失去了前缀或后缀，特别是许多词结尾的e不再发音，因此在极为关注韵律工整的新古典主义者看来，乔叟的诗行显得“粗糙”。加之由于乔叟的中古英语日益“古奥”，许多文艺复兴人越来越感到难以读懂乔叟，所以这时期的评论家对乔叟持有越来越多的保留，乔叟研究也在17世纪逐渐进入低潮期。

在新古典主义影响下，甚至一些十分尊崇乔叟的诗人学者也往往不同程度地对乔叟有所保留。著名诗人和新古典主义代表人物锡德尼虽然在那篇阐释新古典主义文学原则的著名文章《诗辩》里对乔叟表达了尊敬，但他主要是赞扬乔叟那部风格高雅的《特洛伊罗斯与克瑞西达》，说它“无比优秀”。他隐晦地批评乔叟“仍有很大缺陷（great wants）”。他很客气地没有说明是什么样的“缺陷”，但从上下文看，那应该是指乔叟作品里那些不符合他所说的在“我们在这个清明的时代里”所遵循的新古典主义原则的内容和表现风格。锡德尼随即大度地“原谅”乔叟作品的“缺陷”，因为他是在一个“浑噩的时代里”生活和写作。[1]在这里，锡德尼明显表现出文艺复兴人对中世纪普遍抱有的那种居高临下的优越感。[2]另外比如，诗人、剧作家和评论家托马斯·纳什虽然对乔叟很崇敬，但也认为“乔叟、莱德盖特、高尔，以及其他类似的人，……生活在愚昧的统治之下”[3]。

如此对乔叟既推崇又批评，是新古典主义者们颇为普遍的态度。著名学者亨利·皮查姆写了一部很有影响的书《完美绅士》，从各个方面系统论述如何造就“完美绅士”。他认为“诗歌是上天恩赐”，对培养

1 Katherine Duncan-Jones (ed.), *Philip Sidney*, Oxford: Oxford UP, 1989, pp. 213, 242.

2 文艺复兴思想家们特别反感取他们所崇拜的古典时代而代之的中世纪，将其轻蔑地称为“黑暗世纪”而无视其所创造的高度文明。

3 Thomas Nashe, “Preface to Greene’s *Menaphon*,” in G. Gregory Smith (ed.), *Elizabethan Critical Essays*, Vol. I, Oxford: Oxford UP, 1904, p. 318.

绅士极为重要。[1]对于乔叟，他说："尊崇我们的诗歌之父杰弗里·乔叟吧，尽管其风格由于过时可能会令你不快，但在那使人讨厌和粗糙的外壳下面，却隐含着奇妙的内核和甜蜜的创造。"[2]对英诗诗艺做过深入研究的威廉·韦伯认为："对于许多耳感敏锐的现代英国人，[乔叟的]韵律也许听起来别扭粗俗，但如果我们平心而论，再加上良好的判断力并考虑他写作之时代，实际上我们就能看到一个真正诗人真实而完美之形象。"[3]同样，理查德·布拉斯维特也说："产生这些故事的时代使[乔叟]无法写出好的语言，但他丰富的想象力却使他在另一方面无与伦比。"[4]威廉·科威尔则更直截了当，他说，乔叟等人"未经提炼的粗俗语言完全不符合我们时代对高雅的要求"[5]。

根据他们所推崇的"得体"(decorum)原则，新古典主义者特别强调使用高雅风格表现高雅内容。所以他们反感乔叟那些所谓内容"低下"甚至"淫秽"的市井故事，尤其反感他竟然把各种体裁、风格、题材、主题全都极为不同的一大堆故事全放在一部作品里，认为那极不"得体"。

对于这些批评和指责，有学者出面为乔叟辩护。这些学者同样深受新古典主义影响，但他们能超越新古典主义局限，发表了许多关于乔叟的真知灼见。正是由于他们也是新古典主义者，他们的观点、他们对乔叟的理解和辩护特别有针对性，因而对在新古典主义时期维护和进一步提高乔叟经典作家的地位都有特殊意义。

1597年，博蒙特在给1598年新版乔叟全集的编纂者斯培特的一封长信中对新古典主义者对乔叟的各种指责给予了系统回应。斯培特将

1 Henry Peacham, *Peacham's Compleat Gentleman, 1634, with an introduction by G. S. Gordon*, Oxford: Clarendon, 1909, p. 78.

2 同上，p. 94。

3 William Webbe, "A Discourse of English Poetrie," in Smith (ed.), *Elizabethan Critical Essays*, Vol. I, p. 241.

4 Richard Brathwait, *Richard Brathwait's Comments in 1665 upon Chaucer's Tales of the Miller and the Wife of Bath*, ed. Caroline F. E. Spurgeon, London: Kegan Paul, Trench, Trubner, 1901, p. 98.

5 引自 Spurgeon, *Five Hundred Years of Chaucer Criticism and Allusion*, Vol. I, p. 142。

该信作为前言放在全集中刊出，足见他高度赞同博蒙特的观点。关于学者们就“得体”对乔叟的指责，博蒙特反驳说：“他让他的磨坊主、他的厨师、他的木匠讲述他们那些直率而有趣的故事，正如他使他的骑士、他的扈从、他的律师和他的学士讲述适合他们的故事一样，他究竟离得体多远？”[1]他并非像当时许多新古典主义者那样，将“得体”原则拘泥于使用高雅风格表现高雅题材，而是认为“得体”是指不同的人物或不同体裁、题材和内容的作品使用不同的风格。他的这一观点后来得到新古典主义的代表人物、桂冠诗人德莱顿高度赞同并被系统阐述。

与得体原则相关联的是新古典主义关于寓教于乐的文学思想。它由古典诗人贺拉斯提出并一直为中世纪以来历代文学家所遵循和强调，并成为新古典主义的基本原则之一。寓教于乐的核心是作品的道德教益，而道德教益在本质上是模仿论的延伸，因为对自然和生活之本质的模仿必然会提供正确的范本，会具有教育意义。正如新古典主义的代表人物、诗人和英国历史上最有影响的批评家约翰逊博士评论莎士比亚时所说，文学作品“最重要的就是模仿自然和指导生活（to copy nature and instruct life）”[2]。正是根据这一原则，自宗教改革运动以来，乔叟也受到一些评论家责难，说其作品淫秽，引导青年犯罪。前面就此已有引述。另外一些人则认为乔叟作品缺乏幽默，枯燥无味，不能愉悦读者。比如，著名诗人和散文大家爱迪生在一首致友人的诗中评论乔叟说：“他用粗俗的手法徒劳地搞笑，/却无论怎样也难赢得读者笑声。”[3]后来，著名诗人蒲柏指出，爱迪生写这首诗时还“太年轻”，他并没有读过乔叟，而是“仅仅根据道听途说”给出评价，所以“他对乔叟的描绘与事实直接相悖；他竟然指责乔叟缺乏幽默”。[4]的确，任何读过乔叟的人都

1 引自 Brewer (ed.), *Chaucer: The Critical Heritage*, Vol. I, pp. 137–138。

2 Samuel Johnson, “Preface to Shakespeare,” in Walter Raleigh (ed.), *Johnson on Shakespeare*, London: Oxford UP, 1925, p. 30.

3 John Dryden (ed.), *Miscellany Poems: Containing Variety of New Translations of the Ancient Poets Together with Several Original Poems by the Most Eminent Hands*, Vol. IX, London: Printed for Jacob Tonson at Shakespeare’s Head, 1694, p. 288.

4 转引自 Joseph Spence, *Anecdotes, Observations, and Characters of Books and Men*, London: John Murray, 1820, p. 149。

知道，乔叟最不缺的恰恰就是幽默。不过，爱迪生的失误似也表明，当时已没有多少人认真读乔叟，而且具有悖论意义的是，这一指责来自道听途说恰恰说明这种看法比较普遍。

其实乔叟特别重视寓教于乐。他在《坎特伯雷故事》的开篇和结尾都明确强调，香客们的故事必须既有趣又有教育意义。[1]针对这类指责，韦伯反问道，除乔叟外，

> 谁还能更有趣地提出如此有益之建议和充满睿智之高见，并说他的关注似乎仅为思想和教育意义？或者说，谁还能以更大智慧和更精确手法展示让人高兴、令人愉悦之情节，好像他只讲述有趣故事而别无他意？所以，这就是好诗之真正基础：既有教益，又妙趣横生。[2]

关于乔叟的幽默，大诗人弥尔顿的外甥爱德华·菲利普斯也有深刻理解和高度评价，而且他还独具慧眼，认识到乔叟的幽默与其现实主义的人物塑造之间的内在关联。菲利普斯由弥尔顿亲自培养，因此弥尔顿敏锐的文学鉴赏力和对乔叟的喜好都影响了他。菲利普斯说：

> 乔叟的幽默，虽然在《坎特伯雷故事》中十分突出，但主要是在人物身上表现出来，而且他也是以幽默的方式介绍他们。在这方面，特别有意义的是，他对现实的深刻了解对他大有裨益，使他能够准确描绘出古代人的行为和风俗画卷，而这样的画卷他同时代的任何民族都没能留给后代。正是在乔叟对人物的描写中，我们看到祖先们不同的职业和追求，他们的各种风俗习惯和丰富多彩的消遣，他们全都直接来自生活，被表现得同样真实、栩栩如生。他是一位人性的裁判，他深刻的洞察力使他能看清他们的细微弱点，或辨别他们的癖好；他是一位艺术家，他知道如何恰当地选择情景和主导性特征，以便塑

1 关于这一点，下一章分析乔叟的文学思想和他对自己作品的评论时将具体说明。

2 Webbe, “A Discourse of English Poetrie,” p. 251.

造完美的肖像。[1]

菲利普斯强调乔叟创作的核心是人物塑造，而乔叟笔下那些“栩栩如生”的“真实”人物“全都直接来自生活”。这一评论以新古典主义的模仿论为基础，已经涉及乔叟创作的现实主义本质，这种观点上承卡克斯顿，后来被德莱顿全面发展，将深刻影响此后每一代乔叟学者。

模仿论是新古典主义的核心，它产生于古希腊，发展于古罗马，在中世纪被基督教化，在文艺复兴时期成为文学艺术的主流理论，盛行于18世纪，后来在维多利亚时期发展成为现实主义，而20世纪的现代主义文学在本质上也是其新发展。德国学者埃里希·奥尔巴赫的著作《模仿论：西方文学中的现实表现》涉及荷马史诗以降到现代主义文学的大量西方经典作品，不论在广度还是深度上都是研究这一文学传统最杰出因而也是最有影响的专著。在乔叟学术史上，杰出的新古典主义批评家、有英国现代文学批评之父之称的桂冠诗人德莱顿运用模仿论研究乔叟，发挥了至关重要的作用，使乔叟的创作终于被新古典主义主流文学思想接纳，成为乔叟经典化历程中重要一环或者说重要阶段。

德莱顿很早就对乔叟发生兴趣。早在17世纪70年代，同莎士比亚一样，他借鉴乔叟诗作《特洛伊罗斯与克瑞西达》创作出同名剧作。在该作序言里，他追溯了故事的演化史，特别提到乔叟的贡献及其对莎士比亚同名剧本的影响，[2]而他自己的同名剧则是这一传统的进一步发展。不仅如此，他一直想用现代英语翻译同时代人已经感到难以读懂的乔叟诗作，但由于遭到包括他的赞助人在内的许多朋友反对，这一愿望长期未能实现。

在他生命的最后时期，他从荷马、奥维德、乔叟和薄伽丘的作品中选出一些故事，用当时的英语翻译，再加上一些他自己的作品，用《寓言集》为书名出版，终于完成了夙愿。对于乔叟的经典化，这部著作的特

1 Edward Phillips, *Theatrum Poetarum Anglicanorum: Containing the names and characters of all the English poets, from the Reign of Henry III to the close of the Reign of Queen Elizabeth*, Canterbury: Simmons and Kirkby, 1800, p. 99.

2 John Dryden, “Preface” to Vinton A. Dearing (ed.), *Troilus and Cressida*, in *Works of John Dryden*, Vol. XIII, Berkeley: U of California P, 2000, pp. 226–227.

殊贡献主要在两方面：1）德莱顿在该书著名的序言中对乔叟做了前所未有的深入研究，发表了一些300多年来一直影响着乔叟研究的深刻见解；2）他开启了长达150年的"现代化"乔叟的翻译运动。乔叟于是逐渐走出其研究史上的低潮期。

德莱顿根据新古典主义模仿论，深入分析了乔叟对人物的描写，认为乔叟

> 肯定是一个本性杰出、无所不包的人，因为正如人们所清楚看到的，他把他那个时代整个英格兰民族中各式各样的风俗习惯和心理特征……全都囊括于《坎特伯雷故事》之中，没有遗漏任何一类人物。他的香客们不仅在爱好上而且在长相乃至性格上全都各具特色，互不雷同。……他们的故事的内容与题材，以及他们的叙事方式，完全适合他们各自不同的教育、气质和职业，以至于把它们中任何一个故事放到另外任何一个人口中，都不适合。即使那些严肃庄重的人物也被用几种不同类型的庄重加以区分：他们的话语完全符合他们各自的年龄、职业和教养，完全适合他们，也只适合他们。[1]

这也许是乔叟学术史上引用次数最多的一段话。他关于《坎特伯雷故事》里的香客叙述者和他们各自的故事之间的内在关联，即每个香客正好适宜甚至只能讲述他所讲的故事的观点，至今仍然被认为是对《坎特伯雷故事》最有洞察力的评论。在分析了乔叟笔下一些特别独特的香客形象之后，德莱顿情不自禁地赞叹道，他们"如此丰富地呈现在眼前，令我眼花缭乱，无所适从。我只得引用谚语才足以说明：这是上帝的丰富多彩（God's plenty）"[2]。德莱顿指出的乔叟人物塑造中这种内在性、深刻性和丰富性揭示出乔叟作品的现实主义性质，也就是说他的研究把英诗之父对《坎特伯雷故事》的创作同新古典主义以及后来的现实主义文学这一主流传统紧密地联系在一起。

德莱顿进一步认为，乔叟模仿他那个时代的人，不仅着眼其衣着行

1 Dryden, "Preface" to *Fables*, p. 37.

2 同上。

为，也不仅表现他们的社会属性，而且也模仿人的本性。所以他说：

> 我们的男女先祖们，如同他们在乔叟时代那样，全都展现在我们面前；他们的主要特点仍然在人类中体现出来，甚至仍然存在于英格兰人身上，虽然他们有了其他叫法，而不再被称作修士、托钵僧、教士、女修道院院长、修女；因为人类从来都是不变的，其本性中的东西从未失去，虽然所有的事物都在变化。[1]

德莱顿认为，乔叟从一个特定时代切入，深入人的本性和人类生活的普遍性。他的这一观点后来将被浪漫主义诗人和思想家，特别是布莱克进一步阐释和发挥。

德莱顿视野广阔，站在英语文学的发展和英语文学传统承传之高度，将乔叟作为英诗之父，作为英语文学传统的源头来看待和研究。他在英国文学史上第一个指出了英语文学的主流传统，他说："弥尔顿是斯宾塞的诗歌之子。……斯宾塞不止一次暗示，乔叟的灵魂进入了他的身体，他是［乔叟］去世两百年后出生的儿子。弥尔顿向我承认，斯宾塞是他的原型。"[2]他所揭示出的英语文学的主流传统后来得到包括蒲柏、阿诺德、爱默生等许多重要文学家和学者的一致赞同，当然这一传统中还得加上德莱顿自己。在他之后不久，蒲柏就说："要指出我国诗歌大的发展走向，很容易；乔叟、斯宾塞、弥尔顿和德莱顿是其主要标志。"[3]

正因为德莱顿重视传统，重视乔叟作为英语文学传统源头的特殊地位，他在生命的最后时期着手现代化乔叟。由于英语发生的巨大变化，在德莱顿时代，即使是知识精英们阅读乔叟也往往深感困难。德莱顿认为这是英格兰民族的重大损失；他还说："一想到自薄伽丘和彼特拉克的时代以来，意大利语变化极小，而不借助一部古旧的字典他们就

1 Dryden, "Preface" to *Fables*, p. 37.

2 同上p. 25。

3 转引自Spence, *Anecdotes, Observations, and Characters of Books and Men*, pp.84–85。

不能阅读乔叟时代的英语，英格兰人就备感屈辱。”[1]因此，他决心用现代英语翻译乔叟，以便英格兰人能阅读他们的英诗之父。

德莱顿翻译乔叟是对时代需要的回应，立即得到热烈反响，许多诗人起而效法，使这一被称为“现代化乔叟”（modernize Chaucer）的运动持续了150年之久，许多第一流诗人，如蒲柏和华兹华斯等，都加入其中。许多乔叟作品，特别是《坎特伯雷故事》里几乎所有故事都被翻译甚至反复翻译出版。自詹姆斯时代之后，特别是自17世纪中期以来，乔叟研究已进入低潮，乔叟虽然还受尊敬，但阅读其作品的人越来越少，能“准确理解”的人，如德莱顿所说，更是“微乎其微”；而且越来越多的人认为乔叟“枯燥、过时”，并质疑他的诗歌艺术。所以，现代化乔叟的运动对于人们阅读和了解乔叟作品，维持乔叟经典作家的地位都起到了一定作用。

德莱顿不仅用现代英语，而且用当时最主要也是最能体现新古典主义思想的英雄对句诗体翻译乔叟；更重要的是，在很大程度上他是用他所信奉的在当时占据主流地位的新古典主义文学思想在改写乔叟。他在《寓言集》的序言里对其翻译做了说明。另外，他还说：“我承认，乔叟只是一颗粗糙的钻石，他先需要打磨才能发光。”[2]所以，他在“翻译”中用他的新古典主义思想对乔叟进行“打磨”。在他之后150年里，现代化乔叟的诗人们也全都比较随意地改动、增删或者说“打磨”乔叟诗作，因此他们的译作全都与乔叟原作有相当距离。这些作品既无原作神韵，也达不到这些诗人自己诗作的水平。然而不幸的是，18世纪人的总体倾向却是认为这些“现代化”译作远胜原作。比如，英国哥特小说传统的创立者贺拉斯·沃波尔在1781年的一封信中坦承：“我更喜欢德莱顿的译作，而非乔叟的原著。”[3]所以，这些译作对乔叟和乔叟作品造成额外伤害，因为它们既阻碍人们阅读原作，同时又使读者误以为被高度推崇的英诗之父的作品原来也不过如此，甚至很还不如这些平

1 John Dryden, “To the Right Honourable Robert, Earl of Sunderland,” in *Works of John Dryden*, Vol. XIII, p. 223.

2 Dryden, “Preface” to *Fables*, pp. 39–40.

3 Horace Walpole, “To the Rev. William Mason,” in Peter Cunningham (ed.), *The Letters of Horace Walpole, Earl of Oxford*, Vol. VIII, London: Richard Bentley, 1858, p. 108.

庸的译作!

18世纪中期开始出现的浪漫主义运动把乔叟的经典化推到新的阶段。同新古典主义文学家和学者一样,浪漫主义作家和学者也致力于用自己的文学理论和批评思想去解读和经典化乔叟。但不同的是,浪漫主义诗人和思想家对乔叟的评论正是从质疑新古典主义对乔叟的误读和指出现代化乔叟中的失误开始。桂冠诗人托马斯·沃顿是英国早期浪漫派诗人、墓园派代表人物之一,也是重要文学评论家。他在《英国诗歌史》里对蒲柏现代化乔叟的译作《声誉庙堂》给予了中肯批评:"蒲柏以他通常的典雅风格与和谐的诗律模仿"乔叟的《声誉之宫》,所以"他既没能正确表现这个故事,也损坏了它的特色","犹如将柯林斯廊柱放入哥特式殿堂一样"。[1]他敏锐地认识到,新古典主义诗人往往是在用他们那一套与中世纪文学极为不同的美学原则衡量和改写乔叟,所以自然会"发现"乔叟作品的"缺陷"。其实,尽管德莱顿那样推崇乔叟,他也不无遗憾地说:"我并不否认,由于他生活在我们诗歌的草创期,他的作品并非都是和谐的统一体,他有时将一些琐碎之事同一些伟大的事件凑在一起。"[2]

浪漫主义运动为乔叟研究提供了新的思想和新的视角,因此人们能在新古典主义者认为是缺陷的地方发现美。沃顿说,乔叟作品有如"哥特式教堂"一样"过度的放纵"和"如此浪漫如此不合常规",而"对于具有如此结构的诗作,那样的放纵至关重要,甚至是产生美的因素"。[3]如果说新古典主义崇尚的是"秀美"(the beautiful),那么浪漫主义崇尚的则是"庄严美"(the sublime)。所以浪漫派诗人更能欣赏墓园派代表诗人格雷在乔叟作品中发现的那种"令人敬畏的伟大"(terrible greatness)[4]。沃顿告诉人们,乔叟作品"充满情感与庄严美","他古雅的

1 Thomas Warton, *The History of English Poetry from the Close of the Eleventh Century to the Commencement of the Eighteenth Century*, London: Printed for Thomas Tegg, 1840, p. 170.

2 Dryden, "Preface" to *Fables*, pp. 39–40.

3 同1。

4 Thomas Gray, "Some Remarks on the Poems of John Lydgate," in Gray, *Essays and Criticism*, p. 103.

风格，他浪漫的内容，他狂放的描绘，他天然而古朴的表达，把我们带入某种神话般的境界，全都给我们的想象力带来极大满足”。[1]同时代人理查德·赫德在其研究中世纪浪漫传奇的著作中，也批评了新古典主义对中世纪浪漫传奇的指责，他说：“如果一个建筑师用希腊建筑的标准来衡量哥特建筑，他只会看到畸形和缺陷。但哥特建筑有自己的规则，如果用这些规则来考察，人们就会发现，如同希腊建筑一样，它自有其价值。”[2]

新古典主义者一直诟病乔叟的诗歌语言，特别瞧不起那些“伦敦粗俗的”下等人的语言。浪漫主义诗人的观点恰好相反。一个大的诗歌运动，特别是具有革命性意义的诗歌运动，往往都是从语言开始，而且也往往都钟爱充满生气的口语。尽管新古典主义者口气轻蔑，但他们指出乔叟使用下等人的语言，却也歪打正着。乔叟的确大量使用普通民众生活中的口语。首先，在当时英语恰恰是英国普通民众的生活语言。其次，崇尚高雅的新古典主义者也许没想到，如果让那些来自社会下层没有文化的香客操高雅语言，是否“得体”。乔叟早在《声誉之宫》里就试验使用普通民众的口语，而《坎特伯雷故事》里大量而且卓有成效的口语创作正是英诗之父最重要的文学成就之一。

浪漫主义运动针对新古典主义发动的诗歌革命的一个重要方面正是在语言上。华兹华斯和柯勒律治在1798年共同出版的《抒情歌谣集》被学者们认为开启了英国文学的浪漫主义时代，而华兹华斯为该书撰写的序言被看作是浪漫主义的宣言，同时它也可以被看作是提倡在诗歌中使用口语的宣言。华兹华斯甚至说，他们这部诗集的“主要意图”就是“采用人们真实使用的语言”来描写选自“普通生活的事件与情形”。他认为，“那种产生于通常的生活经历和情感的语言，比起诗人们经常用来取代它的语言，更为持久，也远具哲学意蕴”。这显然也是在间接指责新古典主义诗人用所谓典雅的文学语言取代生活口语。尽管他也认为乔叟语言已经变得古奥，并热心参与现代化乔叟的翻译，但

1 Thomas Warton, *Observations on the* Fairy Queen *of Spenser*, 2nd ed., Vol. I, New York: Haskell, 1969, p. 197.

2 Richard Hurd, *Letters on Chivalry and Romance*, London: Printed for A. Miller, 1762, p. 61.

他敏锐地认识到，乔叟使用的正是他那个时代的口语。所以他说："这里值得注意的是，乔叟诗作里的动人部分使用的几乎全是纯粹语言，甚至至今也仍然被人们广泛阅读。"[1]所谓纯粹语言，他是指那种在生活中实际使用，还没有被"玷污"的语言。他的朋友，同为湖畔派诗人的骚塞也表达了相同观点。

与新古典主义的模仿论不同，浪漫主义的一个基本思想是，作品是作者内心世界的表达。浪漫时代第一部乔叟传记的作者威廉 · 古德温认为："任何一个有能力的评论者在认真细读[《特洛伊罗斯与克瑞西达》]之后，都不可能不强烈感受到作者本人高尚的节操和典雅的气质，以及他对任何高贵、美好与公正事物天然的欣赏。"[2]浪漫派诗人与理论家柯勒律治极为欣赏乔叟，他说："他那种充满男人味的快乐特别令我享受。他是多么细腻而温柔，但又没有一丝无病呻吟的忧郁或病态的萎靡。"他赞叹乔叟"对其人物的同情特别卓越非凡"，并认为那是"由其仁慈的快乐天性带来"。[3]柯勒律治在这里从浪漫主义关于文学是作者内心表达的理念出发，认为乔叟作品中到处洋溢的热情与欢快是他"仁慈的快乐天性"的表现，而后来维多利亚时代的批评家们则普遍从现实主义文学观的角度，研究乔叟即使在批评、讽刺乃至谴责中也表现出的令人钦佩的乐观与宽容，认为那显示出英诗之父对现实和现实中的人的深刻理解。

浪漫派重要诗人布莱克则更进一步。他从浪漫主义的超验论出发，认为不仅乔叟作品是乔叟的思想感情的表达，而且乔叟的人物甚至连乔叟本人都是永恒不变的人性乃至超灵的体现。布莱克是一位很了不起的画家和雕刻家，他十分崇敬乔叟，特别赞叹其人物塑造。他根据乔叟在《坎特伯雷故事》里生动的描绘，雕刻出29位在行进途中栩栩如

1 William Wordsworth, "Preface to *Lyrical Ballads*," in W. J. B. Owen and Jane W. Smyser (ed.), *The Prose Works of William Wordsworth*, Vol. I, Oxford: Clarendon, 1974, pp. 143, 144.

2 William Godwin, *Life of Geoffrey Chaucer: The Early English Poet*, Vol. I, London: Richard Phillips, 1804, p. 475.

3 Samuel Taylor Coleridge, *Specimens of the Table Talk of the Late Samuel Taylor Coleridge*, Vol. II, London: John Murray, 1835, pp. 297–298.

生的朝圣者群像，突出了乔叟赋予他们的特点，并对每一位香客给予了精彩的点评。他的雕刻与点评都深刻地体现了他的浪漫主义思想。他认为，“乔叟的香客是构成所有时代所有民族的人物”。他进一步说：“他们中有些人的名字或者称号被时间改变，但这些人物本身却永恒不变，因此他们只是普遍人性的外貌或身形，而本性（Nature）总是居于其中。”[1]所以，“乔叟的人物是存在于所有时代的永恒原则的表现”[2]。

但在布莱克看来，不仅乔叟塑造的人物具有反复出现的永恒性，而且乔叟这样的大诗人更是如此：“乔叟自己是人类伟大的诗性观察者，他在每一个时代都出生来记录其事件并使之永恒；他是作为一个大师、一个父亲、一个杰出之人在履行自己的使命，在仔细观察着从帝王到磨坊主所有人的蠢事；他有时严厉，有时却开玩笑寻乐事。”[3]他进一步说：“每一个时代都是一个前往坎特伯雷朝圣的历程；我们都在向前，每一个人都是这些香客中的某一个人物；每一个出生的孩子也都在乔叟塑造的人物之中。”[4]布莱克的确把浪漫派的超验主义思想发挥到极致。后来，著名的浪漫派作家兰姆说，布莱克对乔叟的评论在乔叟研究中最为深刻。

在浪漫时代影响最大的历史浪漫传奇小说家是司各特。他的作品在欧美广受欢迎。他的影响如此之大，以至在20世纪30年代，美国南方识字和不识字的家庭都往往会在客厅里放上一本《圣经》和一本司各特的小说。司各特对中世纪历史和文化极为熟悉；他在其历史小说中复制中世纪社会风俗和文化习惯，在很大程度上“复活”了中世纪浪漫传奇。司各特对乔叟十分熟悉也极为欣赏，他在大多数小说以及许多诗作里都引用乔叟诗行或隐射乔叟故事，特别是竭力借鉴乔叟作品中特有的那种中世纪气氛。因此，任何熟悉《骑士的故事》和《特洛伊罗斯与克瑞西达》等乔叟作品的读者在阅读司各特的《艾凡赫》等关于中世纪骑士和宫廷爱情的历史浪漫传奇小说时，都不会不感受到乔叟

1 William Blake, “A Descriptive Catalogue of Pictures,” in Geoffrey Keynes (ed.), *The Complete Works of William Blake*, London: Oxford UP, 1966, p. 567.

2 同上，p. 571。

3 同上，p. 569。

4 同上，p. 570。

作品那种特有的神韵，而新古典主义诗人们那些现代化乔叟的译作所缺乏的主要就是这种神韵。从这也可以看出，在对乔叟创作的精神实质的理解上，浪漫派比新古典主义者似乎更胜一筹，因为尽管他们与中世纪文学家们在时间上相隔更远，但他们与其“浪漫”前辈在精神上却更为接近，因此能更深刻地理解他们的前辈。

浪漫主义时期作家们的评论与借鉴以及学者的研究显然进一步加强了乔叟经典作家的地位。然而浪漫派对乔叟的青睐并没有阻碍乔叟获得在维多利亚时代继之而起的一批持相当不同的文学思想和批评理论的文学家和学者更多的赞誉。维多利亚时代是英国历史上又一个伟大的时代。英国在伊丽莎白时代打败西班牙无敌舰队，开始了它殖民帝国的历史征程，而日不落帝国在维多利亚时代达到全面鼎盛时期，那也是英格兰民族意识再一次蓬勃发展并反过来更加重视民族精神的时期。另外，在工业革命推动下，维多利亚时代是英格兰（也是整个欧洲）科学和研究方法迅速发展、学术特别繁荣的时代。在与乔叟研究密切相关的人文和社会科学领域，如语言学、文献学、中世纪学、实证主义哲学及其研究方法，以及学术领域内极为重要的历史意识的发展都在取得长足进步。这些都为乔叟研究的深入发展打下了基础，提供了条件，但也为经典化乔叟提出新的挑战。在英格兰文坛和文学批评界，现实主义取代浪漫主义成为文学思想的主流，而现实主义文学思想同实证主义理论和研究方法的结合发展出历史主义批评。在维多利亚时代，现实主义文学思想和历史主义批评主导（当然并非全面控制）了乔叟学术研究领域，或者说主导了维多利亚时代那特定的社会文化语境中乔叟的经典化。

受现实主义文学思想影响，历史主义批评在本质上试图将作家和作品置放于其产生的社会和文化环境中研究。然而这并不等于说历史主义批评只着眼于过去。正如德国学者罗伯特·魏曼（Robert Weimann）所指出：历史主义批评需要“在对过去历史的审视和现实的社会和文化诉求之间建立某种相关性”；也就是说要揭示作家和作品“过去的重要性”和当前的“现实意义”。[1]其实，历史主义批评本身就

1 Robert Weimann, *Structure and Society in Literary History: Studies in the History and Theory of Historical Criticism*, Charlottesville: UP of Virginia, 1976, p. 1.

是维多利亚时代的产物，它自然要回应维多利亚时代的诉求。

维多利亚时代的乔叟研究恰到好处地体现了现实主义文学思想与历史主义批评的结合与“过去的重要性”和“现实意义”之间的相关性。当然这种相关性并非只出现在维多利亚时代，其实在所有时代，特别是在15世纪和伊丽莎白时代的乔叟研究中都十分突出。换句话说，与此前各时代一样，乔叟在维多利亚时代的进一步经典化与该时代的文学思想和时代要求密切相关。维多利亚时代的乔叟批评中一个特别突出也特别有意义的特点是，许多评论家在指出和分析乔叟作品的现实主义性质以及与之密切相关的社会批判、人物塑造、典型性格、细节真实、讽刺幽默以及喜剧性等特征外，同时还认为甚至强调乔叟是体现英格兰民族意识或者说“英国性”（Englishness）的“民族诗人”。

这不难理解，随着英国国势强盛和海外殖民扩张，此时日不落帝国如日中天，维多利亚时代也成为继百年战争和伊丽莎白时代之后第三个民族意识特别高涨的时代。受此影响，英国学者和文学家们特别注重乔叟作品中的民族性；或者也可以反过来看，他们需要既表达了英格兰民族性，同时又具有英诗之父这样崇高地位的乔叟来体现他们大力弘扬的民族意识和民族精神。在这一点上，维多利亚时代与此前各时期有一个微妙而重要的不同点。在以前，乔叟被经典化成“英语诗歌之父”，那主要是因为在英语文学成长时期人们特别强调他在英语语言和诗歌艺术方面的贡献，从而使英国文学能与欧陆文学媲美；也就是说，早前的英格兰学者们是通过高度颂扬乔叟杰出的文学成就来间接表达他们的民族精神。而在19世纪，乔叟被颂扬为“民族诗人”，那表明他们在加强对英格兰民族精神的研究，并以强调英诗之父的民族性来直接表达日不落帝国时代英国人的自豪感。

早在1825年，一位佚名作者论及各种版本的乔叟作品，多方面分析乔叟的格律和诗作的特点与成就，称乔叟为“伟大的英语诗歌之父”。他指出乔叟的现实主义性质，说乔叟作品“把充满生活气息的社会的真实画面直接展示在我们面前”。但他认为：“并不仅仅是从文学的角度把乔叟诗歌看作娱乐作品和诗歌想象力的结晶，它们才具有特殊意义。它们充满了更高层面的教益。它们是他的祖国的真实历史的核心组成部分。……是关于民族思想的历史。”[1]

另外一位很有历史意识的佚名作者于1837发表了一篇关于乔叟与英格兰民族意识发展之间的关系的文章。他认为:“在总体上,文学精神与人民的社会进步同步”,所以“只有在民族精神再一次形成之时民族歌手才会涌现”。他说,诺曼征服“中断了本土文学的发展;民族精神,即民族诗歌的真正灵魂,遭到毁灭”。而当英格兰民族精神再一次出现时,乔叟“立即成为民族诗人;他将征服者和被征服者的气质和特色结合在一起,整合成独特而鲜明的统一体。……乔叟的情感不属于小圈子或宫廷,而是大众和所有人的感情”。[2]

乔治 · 道森同样也将乔叟看作一位把英格兰“各阶级整合在一起”的“民族诗人”和“人民诗人”,因为“他将诺曼贵族的话语和民众的撒克逊诗歌结合在一起;他转向人民,他在把这个民族的各阶级整合在一起这一令人称道的事业中比历史上任何人都做得更多。一个使各阶级的手握在一起的人比一个用充满怒气和严厉的语言把他们分开的人所做的远为美妙”。[3]另外,同许多其他维多利亚时代的评论家一样,著名诗人、学者和批评家约翰 · 罗斯金也说:“我认为,最能体现真正的英格兰民族心智(the English mind)的最完美的典型是乔叟。”[4]

当然,深受现实主义文学思想影响的维多利亚时代学者们也普遍指出了乔叟作品的现实主义性质。其实,正如民族性与民族的历史和现实密切相关一样,乔叟作品体现的民族意识同现实主义密不可分:正是因为他深刻描写了英格兰现实而触及时代精神,塑造出根源于现实生活中各阶层的英格兰人物形象而揭示了英格兰民众的心智和情感诉求,所以他的作品能那么突出地表达英格兰民族意识。前面提到的道

1 [佚名作者] “Works of Chaucer,” in *The Retrospective Review*, Vol. IX, 1825, pp. 176–177.

2 [佚名作者] “Sketches of English Literature,” *The Edinburgh Review, or Critical Journal*, Vol. LXIV, Oct. 1836–Jan. 1837, pp. 520–522.

3 George Dawson, “Chaucer,” in George St. Clair (ed.), *Biographical Lectures*, London: Kegan Paul, Trench and Co., 1887, p. 207.

4 John Ruskin, *Lectures on Art*, in *The Works of John Ruskin*, Vol. VIII, New York: John B. Alden, 1885, p. 14.

森在强调乔叟诗作的民族性的同时，还特别赞叹乔叟对人物性格的塑造。他甚至认为，“乔叟是第一位发现了性格的作家，并且使之独具特色”[1]；而现实主义文学的核心正是人物塑造。

学者们不仅赞叹乔叟对英格兰现实的描写和对人物的塑造，他们更钦佩他对现实所持的积极态度，他对生活的乐观，以及他对他所批判乃至谴责的人物的一种可贵的理解与宽容。其实，同维多利亚时代那些致力于社会批判的文学家们一样，乔叟对形形色色的人物和社会现象的批判在本质上也是对人和生活的积极态度。所以，乔叟能获得维多利亚时代文学家和批评家们的理解和赞扬。

詹姆斯·洛里默是学识渊博的学者、教授、哲学家、法学家和作家，曾就读于爱丁堡、波恩、柏林和日内瓦等地。他视野开阔，思想敏锐，发表了许多高度评价乔叟并且很有代表性的精彩观点。他特别赞叹英诗之父积极的人生态度；他说，乔叟的

> 诗歌关于现实，也关于天堂，但他不在云雾中寻找，而是在人们的关怀中发现大量天堂。我们已经谈到他的乐观，我们能给予他最好的描绘是，如同他出现在他的著作中那样，在所有方面他都是一个快活、合群的人，他从不因为坦承对上帝将他安置于其中的这个世界和对那些他认为完全适合与之共同生活在这个世界里的人们深感满意而羞愧。他完全没有厌世感，从不自命清高，也从不认为这个世界太糟糕而不适合自己。虽然他认为有许多事有待改善，但他并不因为现在的状况而失去信心，而是很高兴地和满怀感激之情地从现状中找出美好。[2]

任何对乔叟作品即使只是比较熟悉的读者，都很难不同意洛里默关于乔叟对待现实、对待生活，特别是对待人的那种宽容和乐观积极的态度的准确把握。然而，洛里默不仅揭示了乔叟的思想和乔叟作品的

1 Dawson, “Chaucer,” p. 208.

2 该书评没有标题，只是分别列出被评论的七种著作的书名、作者和出版信息。引文见*The North British Review*, Vol. X, Nov. 1848–Feb. 1849, p. 326。据英国学者布鲁尔考证，该书评作者为洛里默。

本质性特征，而且也表现出维多利亚时代的学者与文学家们自己的精神风貌。其实不仅英国学者，同时代的美国人也有感于乔叟那种基于对人和现实的深刻理解的宽容。美国著名文学家洛威尔还就此将乔叟同但丁进行对照。

洛威尔首先强调了乔叟的现实主义，他说：乔叟“第一个高举明镜反映当前的生活，将它的高层与低等、幽默与悲情等无限多样性全收入镜中。但他是在大的意义上将生活作为人的生活来反映，从骑士到农夫，他所反映的每一天的日常生活是人性和行为的奇异结合。”[1]他接着说，乔叟“似乎不可能发怒。他宽厚地思考着人们的缺点和蠢行，并因为从未忘记自己也是用同样的泥土所造而更趋于同情而非声讨。他所有著述中都没有愤世嫉俗的踪影。但丁的画笔有时似乎也被他自己内心熊熊燃烧的火舌所玷污”[2]。

同洛里默一样，洛威尔也将乔叟的宽容同他的民族性和现实主义相联系。他在谈及乔叟对托钵僧和卖赎罪券教士等人的邪恶的批判及其意义之后，随即将他同莎士比亚一道评论说：“如果我们要在最高级别和最独特的性质上判断民族性，我们就不会不发现乔叟是莎士比亚真正的先驱和原型。……［他们的］兴趣都是在五彩缤纷的现实世界，而他们传达的教益都是来自现实生活的智慧。”[3]维多利亚时代最重要的文学家和学者之一阿诺德也说：“乔叟在内容方面的优势来自他对于人类生活的那种宽阔、自由、简明、清晰但也充满善意的观念。”[4]这些很有影响的评论只不过是在当时这一相当普遍的观点的几个例子而已。这么多维多利亚时代人能在乔叟身上发现这个被前人所忽略或视而不见的重要方面，那本身也是这个时代的思想意识的表现。

乔叟作品中另一个为维多利亚时代人高度重视的方面是他对中世纪骑士精神和宫廷爱情的描写。骑士精神和宫廷爱情是中世纪中后期宫廷文化和宫廷文学的核心和最主要的内容，尽管彬彬有礼、风度优雅

1 James Russell Lowell, *My Study Windows*, 18th ed., Boston: Houghton Mifflin, 1883, p. 288.

2 同上，p. 255。

3 同上，p. 254。

4 Matthew Arnold, *Essays in Criticism*, 2nd series, London: Macmillan, 1896, p. 27.

的骑士只存在于文学作品中，而与中世纪现实中那些行为粗野、打斗成性的武士有天壤之别。其实在很大程度上，骑士精神本身就是中世纪教会和宫廷试图“驯化”武夫们的一种努力的文学表现。乔叟在这种文化中成长并在这种文学传统中创作，其作品大部分与此有关，是英国历史上最杰出的宫廷爱情诗人。然而自他同时代的高尔、德尚等人以降到维多利亚时代之前，诗人学者一般都只是笼统谈及他作品中的爱情，而没有认真探究他作品中爱情的性质以及与中世纪社会文化的关系，也没有具体分析和系统研究他对骑士精神和典雅爱情的描写。

维多利亚时代学者在乔叟研究中开辟了这一新领域，因为乔叟对骑士精神的歌颂和对典雅爱情的描写与这个时代的需求恰好契合。日不落帝国的鼎盛，英格兰民族意识的发展，英格兰民族的优越感，对英国知识精英们产生了一种特殊的影响。他们深感英格兰人的傲慢和粗鲁与其民族地位和身份不符，因此特别关注规范英格兰人的行为举止，正如中世纪天主教会曾竭力用基督教精神教化打斗成性的封建贵族一样。他们试图塑造理想中的绅士形象，于是中世纪文学作品中的骑士成为他们的榜样。这与斯宾塞的想法有相同之处。斯宾塞在《仙后》的序言中明说，他这部诗作旨在“通过道德和高雅的训练培养绅士或高尚的人”。他心目中理想的“绅士”是亚瑟王子，他要“竭力将亚瑟塑造成勇敢的骑士”[1]作为时人的榜样，他甚至塑造出12位完美的骑士来体现12种美德。维多利亚时代人热衷于研究乔叟作品里的骑士精神和对典雅爱情的描写，其原因大体也是如此。这既是时代的需要，也是他们进一步经典化乔叟的重大举措。

在维多利亚时代日益重视文学与社会生活和历史文化之关系的大语境中，爱丁堡大学教授约翰·威尔逊率先比较系统深入地探讨了这个不仅是乔叟而且是中世纪欧洲文学（特别是中世纪浪漫传奇和爱情诗中）最突出的主题。他说：“欧洲复兴时期的民族语言诗歌打下了那个时代之文化风俗一个主要特征的深刻烙印。骑士制这个绝妙的政治机制——在它存在于其中的那些人的思想里它被转换成一种浪漫传奇——把一种对女人奇异的爱慕提升为一种宫廷生活或者至少是宫

1 Neil Dodge (ed.), *The Complete Poetical Works of Edmund Spenser*, Boston: Houghton Mifflin, 1908, p. 136.

廷诗歌的律法。”[1]他所说的“复兴时期”是指欧洲12世纪文艺复兴，西欧民族语言文学也发轫于该时期。他认为乔叟是英语文学中这类浪漫传奇的代表诗人。他甚至做了认真计算，认为在乔叟诗作里，“大约有三万长短诗行，以押韵对句或者诗节的形式，可以说是奉献给了爱情”[2]。他接着对乔叟的宫廷爱情浪漫传奇做了系统分析，总结出五大特征。威尔逊及其同时代人对乔叟骑士爱情传奇作品所做的开拓性研究在20世纪获得重大发展，成为乔叟研究中的一个主要领域，而其中最有影响的成果是著名学者和作家、诗人C. S. 刘易斯出版的那部影响了几代人的名著《爱情寓意：中世纪传统研究》。尽管有学者提出质疑，认为不论是骑士精神还是宫廷爱情，都只存在于文学作品中，而非中世纪的真实现象，但这种有点离题的质疑并没有多大影响这方面的研究。因为，首先，学者们本来研究的主要就是文学作品；其次，中世纪骑士浪漫传奇在那几百年里成为当时最主要的叙事文学，受到那么广泛的欢迎，出现了那么多的作品，那本身就有深刻的社会和文化根源，十分值得研究；再次，作为一种持续发展、影响广泛的世俗理想和文化追求，骑士精神和宫廷爱情本就是一种文化现实，而且在欧洲文明进程中发挥了重大作用，并深深积淀在西方人的文化心理中，至今影响着人们的思想意识和行为举止。其实，同乔叟经典化历程中此前各时代的文学家和学者们一样，维多利亚时代的知识精英们以及他们的后继者对乔叟各方面的研究在相当大的程度上正是着眼于他那些深深触及时代精神的作品在他们各自时代的现实意义或者说与他们各自时代特别发生共鸣的那些方面。正如德莱顿、布莱克等许多文学家和学者所指出，各时代的人和人类历史上的各阶段其实大体相同或者说在本质上是相通的。

另外，同以前各时代一样，乔叟对文学创作的影响特别重要。一个经典作家如果不能影响新一代作家的创作，他的经典性实际上也就终止了。乔叟的经典性当然没在维多利亚时代终止。只不过到了近现代，由于人们越来越强调独创，作家们似乎越来越羞于承认受到前辈的影响。美国著名文学家和学者爱默生特别强调乔叟对“所有英语文学

1 Christopher North [John Wilson], “North’s Specimens on the British Critics. No. IV. Dryden On Chaucer,” *Blackwood’s Edinburgh Magazine*, Vol. LVII, Jan.–Jun. 1845, p. 617.

2 同上，p. 621。

家”的广泛影响，同时也注意到作家们对所受影响保持沉默的现象。他在1850年的一篇论文中说：“在我们所有的早期文学中，乔叟的影响显而易见；而近期以来，不仅蒲柏和德莱顿受惠于他，而且在我们所有英语文学家那里，我们很容易就能发现大量从他那里得来但没有被公开承认的恩惠。我们因一个人能养育那么多受惠者而深感惊奇。”[1]福克纳（William Faulkner, 1897—1962）恐怕是最致力于创新、最具有探索精神的现代美国小说家之一；或许正因为如此，他才敢于那样大谈自己对前辈的借鉴，甚至将其戏称为“抢劫”。他宣称：“如果一个作家不得不抢劫他的母亲，他也会毫不犹豫；《希腊古瓮颂》（“Ode on a Grecian Urn”）抵得上任何数量的老太太。”[2]

在那些像莎士比亚一样没有公开承认受乔叟恩惠的维多利亚时代作家中包括一些最重要的作家，如狄更斯（Charles Dickens, 1812—1870）和萨克雷。人们早已知道，狄更斯对乔叟十分熟悉，比如他自己创办并亲自编辑的周刊《全年》（*All the Year Round*）上就发表过大量有关或提及乔叟的文章，并刊登了许多关于乔叟著作的广告。[3]不仅如此，狄更斯还在一封给朋友的信里仅凭记忆就从《卖赎罪券教士的故事》里引用了一大段。[4]凯特·瓦恩特（Kate Wiant）在其论文里系统研究了狄更斯的《大卫·科波菲尔》（*David Copperfield*）与《坎特伯雷故事》之间的关联并指出：“狄更斯的《大卫·科波菲尔》是对中世纪寓意的新颖改写，那特别反映出乔叟的《坎特伯雷故事》的影响。他们的作品使用相似的邪恶形象，表明狄更斯在按同一个模式创作，但他有自己的意图，即促进维多利亚时代的中层和下层阶级去改变阶级社会制度。”[5]

1 Ralph Waldo Emerson, “Shakespeare, or the Poet,” in Douglas Amory Wilson, et al. (eds.), *The Collected Works of Ralph Waldo Emerson*, Vol. IV, Cambridge: Belknap, 1987, p. 113.

2 James B. Meriwether and Michael Millgate (eds.), *Lion in the Garden*, New York: Random, 1968, p. 239.

3 Kate Wiant, “Dickens and the Sins of Society” (MA Thesis), Texas Wesleyan University, 2008, pp. 41–43.

4 同上，p. 45。

5 同上，p. 3。

另外，近来越来越多的学者注意到乔叟对于狄更斯的影响。比如，2015年杰里米·坦布林(Jeremy Tambling)在牛津大学的《英语》(*English*)杂志的第一期上发表论文《狄更斯与乔叟》("Dickens and Chaucer")分析乔叟对狄更斯作品的影响。其实，熟悉狄更斯和萨克雷等维多利亚时代小说家们的作品的学者，在他们作品里对英格兰社会特别是伦敦社会的现实主义描写和深刻批判、在他们塑造的生动人物群像、在他们特有的幽默中都可能感受到乔叟的存在。也许乔叟的影响、乔叟的传统那么深入英语文学主流、深入作家们的创作之中，似乎已经成为一种集体无意识，是一种不需要特别说明的事实。

在维多利亚时代后期，除了对乔叟及其作品进行直接研究外，学者们还在其他一些方面对乔叟的经典化做出了很有意义的贡献。1868年，著名学者弗尼瓦尔创建乔叟协会，大力推动乔叟研究。乔叟协会在那期间主要做了两项特别值得称道的工作。一是组织学者搜集、整理和出版中世纪流传下来的各种乔叟作品手抄本。通过对大量手抄本的对照分析和深入研究，学者们清除了历代放在乔叟名下的伪作。在这方面，著名乔叟学者斯基特的成就无与伦比。他通过多年艰苦努力，剔除了大量伪作，奠定了"乔叟正典"，整理出广受学界高度评价的六卷本《乔叟全集》。他随即又将鉴别出的伪作收集在一起，于1897年出版全集第七卷(补充卷)《乔叟派和其他作品》。1899年，他经过进一步研究和整理，出版了第二版《乔叟全集》;该版成为20世纪各种新版乔叟作品的基础。接着，他出版专著《乔叟正典》，系统分析乔叟创作的特点和他排除伪作的根据。

乔叟协会大力推动的另外一项对乔叟学术研究具有重要意义的工程是乔叟生平研究。自15世纪出现的第一个乔叟小传开始，历代学者在乔叟生平中加入大量猜测、想象和虚构成分。1845年，伦敦古文物学者哈里斯·尼古拉斯爵士出版了第一种用科学的历史研究方法写出的乔叟生平，剔除了许多虚构。在19世纪后期，学者们在乔叟协会支持下，广泛查阅各种档案，收集到许多关于乔叟生平的记载，从1875年到1900年，分四部分推出乔叟的档案材料《乔叟生平记录》，由乔叟协会出版。这些材料后经学者们进一步扩充和修订，最终由奥尔森和克洛编辑整理，推出新版《乔叟生平记载》，书中共收集乔叟生前492条有关他的各种历史记载，其中大多数来自王室和政府档案，外加一条关于乔叟墓碑的记载。至此，现代学者们对乔叟生平的了解不仅超过对所有中世纪文学家，而且超过对莎士比亚的了解。

进入20世纪后，乔叟研究在历代成就的基础上全面繁荣发展。20世纪乔叟研究在三个方面的发展具有特别意义。第一，研究的中心和主要力量从英国转移到美国；第二，由于大学里英文系的发展，同整个文学批评领域一样，乔叟研究也从以前的"业余研究"发展成为现代学术意义上的"专业批评"；第三，20世纪各种批评理论的涌现极大地拓宽和深化了乔叟研究。其中特别是第三点在很大程度上决定了20世纪乔叟研究的方向与成就，这些理论既对乔叟的经典地位提出了新的挑战，也以前所未有的广度和深度继续着经典化乔叟的历程，揭示出大量乔叟诗作中蕴藏的不朽价值。

在文学研究领域，20世纪被称为批评理论的世纪。自30年代新批评开始主宰英美文学批评界之后，特别是在60年代一些新新批评挑战新批评以来，各种批评理论层出不穷。乔叟受到从新批评到新历史主义，从结构主义到解构主义，从女性批评到后殖民研究，以及原型批评、生态批评、文化批评、心理分析、酷儿理论等所有新理论的拷问，它们全都在乔叟诗作中揭示出此前被忽视的各种文学价值、历史信息、文化意蕴和社会意义。如同在此前所有时代一样，乔叟也经受住了所有的考验，满足了时代的需求，保持和发展了他的经典地位。

回顾和探讨乔叟经典化的历程，我们发现，一个作家的经典化实际上是伟大作家杰出的文学成就同各时期的时代精神、社会需求以及思想文化发展相互作用、共同协商的结果；对于真正伟大的作家，那是一个永无止境的进程。同时我们也看到，在乔叟的经典化历程中，不仅学者和批评家们的研究，而且文学家们，特别是那些最杰出的文学家们在创作中对乔叟的模仿和借鉴，对乔叟传统的继承与发展，对乔叟的经典化具有特别重要的意义。在英国文学史上，恰恰是像斯宾塞、莎士比亚、德莱顿、华兹华斯、狄更斯等最具英国性、最深地植根于英国文学传统的文学家最尊崇也最热衷于借鉴乔叟，或者反过来说，往往正是因为他们最热衷于模仿和借鉴英诗之父，他们才特别具有英国性。同时也正因为如此，不断繁荣发展的英国文学形成了从乔叟到斯宾塞、莎士比亚、弥尔顿、德莱顿、蒲柏、华兹华斯、济慈、狄更斯、萨克雷，再到现当代英语文学的核心传统，而经典化乔叟的历程在一定程度上也就是一部英国文学发展繁荣的历史。

第二章 乔叟的成就与互文

在乔叟学术史上，最持久、争论最多而且有时还最让人动感情的问题是英诗之父的创作与各国文学、各种文化传统之间的关系以及与其他文本、其他作家之间的互文。这个问题在现存最早论及作为诗人的乔叟的文献，即同时代法国诗人德尚在作为给乔叟的回信而写的一首诗里就已出现。德尚不仅提及乔叟在诗作中广泛引用、模仿、借鉴奥维德和维吉尔等诗人和哲学家，而且还特别高度赞扬他对在几个世纪里广泛影响了西欧中世纪文学的著名法语长篇叙事诗《玫瑰传奇》的翻译，并称颂乔叟是在"天使国度"里创作爱情诗的"玫瑰之神"。德尚实际上已经涉及乔叟与古典作家和以《玫瑰传奇》为代表、当时在西欧文学界占主导地位的法语宫廷诗歌传统之间的互文。当然，他那些赞赏乔叟的诗行也明显表露出英法百年战争时期法国人的爱国热情和对法国文化的自豪感：不论你乔叟多么了不起，你也只不过是在移植"法国玫瑰"而已。同样，在五百多年后的20世纪，在长达半个多世纪的时期里，许多英美学者拒绝承认乔叟借鉴过薄伽丘，特别是否认《十日谈》对《坎特伯雷故事》的影响，[1]其实也有相似因素在作祟。

自德尚之后，对乔叟作品中的互文性的研究在所有时代从未中断，而且在20世纪甚至引发了乔叟学术研究史上牵扯学者最多、争论最激烈的论战。时至今日，最新面世的许多文章论著仍然热衷于运用各种新的批评理论和方法从不同角度对乔叟所受之各种深刻影响、对乔叟

1 关于这方面的论战，请参看前面第一编第五章第四节相关部分。

同各国和各时代的作家与传统之间的广泛互文进行深入探讨分析。互文研究可以说贯穿了六百多年的乔叟学术史，是乔叟学术史的核心组成部分。同时，也正是乔叟与英格兰、欧洲乃至东方的各种文化、文学、历史文本以及英格兰社会文本之间盘根错节的互文关系特别深刻地揭示出乔叟杰出的文学成就和乔叟作品难以穷尽的丰富意蕴，并引发了大量争论。

当然，互文研究绝非乔叟学术史所独有。互文是文学创作的本质，所有文学家概莫能外。可以说，没有互文就没有文学创作。不过，虽然最原初的文学一出现就已经在互文，而互文性质的"研究"也古已有之，但互文理论的提出和迅速发展却在20世纪中期之后。互文理论是由朱丽娅·克里斯蒂娃（Julia Kristeva）在巴赫金（Mikhail Bakhtin，1895—1975）对话理论的基础上提出。她认为："每一个词（文本）都是一些词（文本）的交汇点，人们至少可以从中读出另一个词（文本）。"她特别赞赏"由巴赫金最先引入文学理论的这一洞见：任何文本都是由引语建构而成的马赛克；任何文本都是对其他文本的吸收和转化。互文性概念取代了主体间性之观点，诗学语言至少可以双重阅读"。[1]罗兰·巴特随即对其学生的互文理论进行发挥，认为"文本并非只是释放唯一'神学'意义（作者—上帝的'神示'）的一串单线的文字，而是一个多维空间，在里面各种各样的作品——它们中无一独创——混合与碰撞。文本是由来自无数文化中心的引语组成的网"[2]。如果这里的所谓"独创"是指不与其他文本发生互文，那么"它们中无一独创"则是指所有文本都是互文文本，那无疑是对的，但如果认为"无一独创"是指作者不发挥作用，甚至不存在，那就值得商榷了。[3]

在研究互文性方面，美国学者和批评家哈罗德·布鲁姆也在各种著述中多有论及，发表了许多深刻见解。他说，"一首诗的意义只能是另一首诗"，因此文学"批评是摸清一首诗通达另一首诗的隐蔽道路的

1 Julia Kristeva, "Word, Dialogue and Novel," in Toril Moi (ed.), *The Kristeva Reader*, New York: Columbia UP, 1986, p. 37.

2 Roland Barthes, "The Death of the Author," in Roland Barthes, *Image, Music, Text: Essays*, select. and trans. Stephen Heath, London: Fontana, 1977, p. 146.

3 本书作者关于巴特"作者之死"之观点的看法，请参看本编第四章。

艺术”。[1]他后来进一步指出：

> 诗歌不过是一些词，这些词指涉其他一些词，这其他的词又指涉另外一些词，如此类推，直至文学语言那个无比稠密的世界。任何一首诗都是与其他诗歌互文的……（写作）不是创作，而是再创作。就算强势诗是一个新的开端，亦只是再次开始。[2]

从表面上看，布鲁姆与巴特关于互文的观点十分相似，但在一个本质性问题上他们针锋相对。巴特用文本的互文性来论证“作者之死”以“解放”文本；与之相反，布鲁姆坚信并强调作者的存在和在创作中发挥的关键作用。布鲁姆根据其著名的“影响的焦虑”理论，从西方文学传统的广阔视野，深入研究“强者诗人”之间的影响和诗歌传统的继承与发展，认为“一部成果斐然的‘诗的影响’的历史……乃是一部焦虑和自我拯救之漫画的历史，是歪曲和误解的历史，是反常和随心所欲的修正的历史，而没有所有这一切，现代诗歌本身是根本不可能生存的”。[3]不论是深感焦虑还是自我拯救，也不论是歪曲还是误读，全都是以作者的存在为前提，全都最终指向作者，全都强调作者的作用。布鲁姆在多部著作中阐释、运用和发挥“影响的焦虑”理论，深入分析诗人之间的关系，研究文学传统的形成、承传与发展。特别是在那部影响广泛的著作《西方正典》里，他以广阔的视野和深邃的洞见运用该理论系统研究西方各国历代经典作家之间通过影响、误读、叛逆等互文关系形成的以莎士比亚为中心的西方文学主流传统。

同样，他也运用该理论探讨了乔叟与前辈、同时代和后代经典作家之间的互文，特别是乔叟与他受惠最多却从未提及的薄伽丘以及与受

1 哈罗德·布鲁姆：《影响的焦虑》，徐文博译，北京：三联书店，1989年，第101，102页。

2 转引自王瑾：《互文性》，桂林：广西师范大学出版社，2005年，第71页。

3 同1，第31页。

他影响最深但也从未提到他的莎士比亚之间的关系。[1]布鲁姆说：

> 莎士比亚受惠于乔叟超过包括奥维德、克里斯托弗·马洛和日内瓦英文版《圣经》的主要译者威廉·廷代尔在内的任何前辈。然而，莎士比亚从未提及乔叟，也许其原因如同乔叟从未提到他真正的先驱薄伽丘一样。犹如最伟大的喜鹊，莎士比亚很愉快地用双手偷窃，乔叟也是如此。最强大的作家感到最强烈的焦虑，因此会压制任何可能引发影响的焦虑的人物。[2]

无与伦比的影响会引发无与伦比的焦虑，所以乔叟和莎士比亚都选择对自己最重要的"恩人"保持沉默。当然，这只是布鲁姆的一家之言。关于乔叟为什么不提薄伽丘，学者们做了大量考证和探讨，给出了从他不知道薄伽丘到薄伽丘因写出《十日谈》受到罗马教廷谴责而"名声不好"，因此生性谨慎的乔叟不愿惹麻烦等许多不同的解释或猜测。

虽然乔叟从未提及薄伽丘，但他提到甚至反复提到许多他在创作中以从模仿到回应、从误读到借鉴、从照抄到改写、从翻译到意释、从缩写到拓展等各种方式广泛受惠过的各国和各时代的文学家，并且为此深感骄傲。在总体上，比起莎士比亚等文艺复兴时期的作家们，更不用说以"独创"为自豪的现当代文学家，乔叟以及他的中世纪同行们在谈及自己所受恩惠方面远为坦诚。

文艺复兴之后，特别是自浪漫主义时代以来，个性主义空前发展，人们张扬个性，强调个体价值，"独创"自然也随之广受推崇，似乎成为至高无上之标准。维多利亚时代一位乔叟学者对在他看来是对"新奇"的"病态般追求"提出批评。他嘲讽说："我们这个对诗歌毫无兴趣的时代却创造出如此多新故事……现在，几乎每一首新面世的诗都是在一个新方向上的实验。我们在对效果和新奇的病态般追求中失去了自

1 在莎士比亚和弗莱契共同创作的剧作《两个贵族亲戚》的"开场白"里，作者高度赞扬乔叟并说明该剧作是根据乔叟故事（即《骑士的故事》）创作；但那部分很可能是出自弗莱契之手。

2 Bloom, "Introduction," in Bloom (ed.), *Bloom's Classical Critical Views: Geoffrey Chaucer*, p. xi.

我和我们身上最宝贵的部分。”[1]这位学者指出一个深刻悖论：文学家们在“病态般追求”新奇中反而失去“自我”；因为他认识到，真正的自我不会无中生有。自我诞生于传统，所有人的背后都是无尽的“源泉”。对肩负文化传承使命的文学家们而言，那自然更是如此。这也如艾略特所指出，一个诗人的“作品最好的部分，而且最具有个性的部分，很可能正是已故诗人们，也就是他的前辈们，最有力地表现了他们作品之所以不朽的部分”[2]。同样，爱默生在研究莎士比亚时也发现：“莎士比亚知道，传统比任何创新都能提供更好的故事。”[3]

其实，越是伟大的文学家或思想家就越多地受惠于前辈和同时代人，也越深地植根于各种传统之中。那位深受东西方文化传统影响、被视为宣布了美国思想独立[4]的诗人和思想家爱默生在感叹“在我们所有的英语文学家那里，我们很容易就能发现大量从[乔叟]那里得来但没有被公开承认的恩惠”之余，进而指出：“但乔叟也是一个巨额借贷者。”他如数家珍般地列出乔叟的许多“借贷”，并认为“所有的创新都是相对的。每一个思想家都向后看”。[5]

与那些不得不开口讲“创新”闭口谈“独创”、只能悄悄“往后看”而不愿或不敢“公开承认”恩惠的现当代人不同，乔叟有幸生活在特别崇尚源泉、尊重“权威”的时代。在乔叟和中世纪人的话语里，“权威”和“作家”往往是同一个词auctour（即author，writer，creator，authority等）。[6]也就是说，在乔叟和中世纪人眼里，作家有很高地位，被认为是权威，特别是那些历经千年而仍享盛名的古典作家，更是备受尊崇的权

1 作者佚名，引文译自Brewer (ed.), *Chaucer: A Critical Heritage*, Vol. II, pp. 112–113。

2 T. S. 艾略特：《艾略特文学论文集》，李赋宁译，南昌：百花洲文艺出版社，1997年，第2页。

3 Emerson, “Shakespeare, or the Poet,” in Wilson (ed.), *The Collected Works of Ralph Waldo Emerson*, Vol. IV, p. 113.

4 爱默生的名作《美国学者》被称颂为“美国思想独立宣言”（the Declaration of American Intellectual Independence）。

5 同3，pp. 113–114。

6 来自拉丁语*auctorem*，原意为“使增加之人”（one who causes to increase）。乔叟也用auctorite一词来指抽象意义上的权威。

威；他们的著作被视为创作的典范和艺术的标准，是材料和灵感的源泉，被中世纪作家们广泛模仿、借鉴和改写。乔叟在其诗作中至少13次谈及和称颂他所尊崇的“权威”。[1]他关于“从古老的田野，/年年产出新谷，/从先前的典籍，/人们必将获得新知”（*Parlement of Foules*, ll. 22—25）[2]的观点与孔夫子那句“温故而知新”的名言惊人相似。智者的观点总是很相似。乔叟自然是出于对中世纪文学的深刻认识和对自己诗歌创作的切身体会有感而发。他的诗作就是在古典时代以来各国文学家们精耕细作的田野里种出的“新谷”，而他作品里致力于表达的则是他从历代典籍中获得的“新知”。

现在，没有任何学者会质疑乔叟是在他那个时代最深厚的文化文学土壤里耕耘，在里面吸取在中世纪所能获得的最丰厚的营养。历代学者们早已通过深入细致的分析研究，在乔叟诗作里揭示出大量古典文学家和思想家、中世纪大陆各国以及英格兰本土的诗人和学者对他的广泛影响。[3]在这方面，学者们已经达成共识，不同的是他们对这些影响的评估，是他们对这些影响在乔叟的创作生涯中所起作用的认识。早期的学者和批评家们特别重视古典作家对乔叟的影响，那是可以理解的，因为古典作家享有极高的地位和荣誉。他们将乔叟称为英格兰的荷马、奥维德、维吉尔，主要是歌颂英诗之父，但那并不一定表明他们认真研究过乔叟作品如何对这些古典诗人学习和借用。在维多利亚时代之前，也许真正理解乔叟与其他诗人之间深刻互文关系的是15世纪的一些英格兰诗人和15与16世纪的苏格兰诗人。比如，如果他们没有认真考察《声誉之宫》和《神曲》，没有注意到从作品结构、成段诗行到许多重要意象，两部作品都十分相似，他们也就不会称《声誉之宫》为《英语之但丁》。这些“乔叟派”诗人们（Chaucerians）之所以对乔叟作

1 此数据来自乔叟作品词汇表，请参看Norman Davis, et al. (eds.), *A Chaucer Glossary*, Oxford: Oxford UP, 1979, p. 9。

2 本章中乔叟诗作（除《坎特伯雷故事》外）引文均译自F. N. Robinson (ed.), *The Works of Geoffrey Chaucer*, Boston: Riverside, 1957。下面引文之诗名和行码随文注出，不再另注。

3 关于乔叟所受影响之广泛，可参看Robert P. Miller (ed.), *Chaucer: Sources and Backgrounds*, New York: Oxford UP, 1977，以及其他著作。

品下那么大功夫，自然是因为他们是迄今为止所有时代中对乔叟作品从内容到形式进行最广泛、最直接也最坦诚的模仿和借鉴的一代诗人。

不过，真正在学术上对乔叟与各国和各时代诗人们之间的互文关系进行比较全面、系统而且深入的研究开始于维多利亚时代后期。通过深入分析，那时期的学者们认为，乔叟在创作生涯的前期和中期主要分别受法国诗歌和意大利诗歌影响，到了14世纪80年代中期以后，即创作《坎特伯雷故事》时，他才成为地道的英国诗人。乔叟的创作发展受此观点影响而被划分为法国时期、意大利时期和英国时期。这一观点长期为许多乔叟学者所接受。但在20世纪初，已经有学者对此提出质疑。著名乔叟专家基特里奇在肯定这一划分具有一定合理性之后，也提醒人们应谨慎对待："这样清晰的三阶段划分还掩盖了乔叟生涯的整体发展，那当然是不断增长的过程。乔叟在学习意大利文学时并没有忘记法国文学，而且他把所学到的一切都带进了英国阶段。"[1]而另外一些评论家则直接反对这样的划分。

反对这样划分的评论家又分为相互对立的两大阵营。其中一派认为乔叟一直是在法国文学传统中创作。曾任乔叟协会主席的乔叟专家马斯卡廷认为，乔叟的文学艺术的源泉不在本土英语文学，而主要是来自法国文学的影响。他说："乔叟诗作风格最突出的源泉——他的文学基模（matrix）——并非来自英语、拉丁或者意大利文学；他的风格在本质上明显来自那些在12和13世纪的法国产生并传播开来的传统。"[2]相反，另外一些学者则认为，尽管乔叟受到外来影响，但他自始至终都是在"他生前身后都源远流长的"英国文学传统中创作。针对马斯卡廷的观点，基恩反驳说："没有批评家会怀疑［法国文学的］影响对乔叟创作手法的发展的重要性这一事实。但那只不过是事实的一部分。不论乔叟阅读过多少法文著作，他也不能因此而成为第一位英国诗人。"[3]而庞德则认为，对于乔叟，法国文化并非外来文化，因为在乔叟时代，西欧

1 George Lyman Kittredge, *Chaucer and His Poetry*, Cambridge: Harvard UP, 1915, p. 27.

2 Muscatine, *Chaucer and the French Tradition*, p. 5.

3 Kean, *Chaucer and the Making of English Poetry*, p. 3. 引文中字体变化为原文所有。

各地区分享共同的文化："在乔叟从事创作之时，英格兰仍然是欧洲一部分。同一个文化从费拉拉、巴黎一直延伸到英格兰。……他与傅华萨和薄伽丘共同参与同一种文化。"也就是说，乔叟的"思想是欧洲的思想（mind of Europe），而非一个附属地或边远区域的思想"。所以，虽然乔叟广泛使用来自欧洲大陆的文学艺术，"但乔叟并非外国人。那是他的文化"。[1]

关于许多学者认为对乔叟影响最为广泛深刻的薄伽丘，美国学者卡明斯则坚信，乔叟"从未成为他的文学信徒。他没有软弱无能地把他作为导师来模仿"，而且"除了在《特洛伊罗斯与克瑞西达》和《骑士的故事》里外，乔叟的叙事艺术没有受到薄伽丘的艺术的影响。没有任何根据可以推断，乔叟因薄伽丘的影响而把故事讲得更好"。[2]他认为，即使乔叟在《特洛伊罗斯与克瑞西达》和《骑士的故事》里借用过《菲拉斯特拉托》和《苔塞伊达》，他显然也不知道它们出自薄伽丘之手，而《十日谈》他则肯定没有读过。卡明斯的著作出版后，在英美广获赞同，不少学者继而效法，发表了大量论文，出版了众多专著，支持卡明斯的观点，试图证明乔叟既不知道薄伽丘，他的作品，特别是英国人引以为骄傲的《坎特伯雷故事》，也没有受过后者的影响。卡明斯的观点引发了乔叟学术史上最激烈的论战，许多很有影响的学者都牵涉其中。

当然，上面只是学者们关于乔叟与各国和各时代文学家们之间的互文关系的较有代表性或者说影响比较大的观点中的一部分。从本质上看，除了一定程度上的"爱国"因素外，这些观点主要涉及传统与发展、继承与创新、个人与传统、英格兰本土传统与欧洲大陆传统之间的关系以及对中世纪文化文学观念的认识等十分重要的问题。有些学者倾向于将它们对立起来，而不是辩证地把它们结合或者统一起来考虑。下面我们将看到，这在本质上也与乔叟本人的文学思想和创作精神相违背。

乔叟能成为英国文学之父，能创作出那些永远让英语国家的人们感到骄傲的文学成就，能奠定六百多年来的英语文学传统，那绝非偶

1 Pound, *ABC of Reading*, pp. 100–101.

2 Hubertis M. Cummings, *The Indebtedness of Chaucer's Works to the Italian Works of Boccaccio*, Menasha, WI: George Banta, 1916, pp. 198–199.

然。除了他本人天资聪慧外，他还极为刻苦，嗜书如命。他在《声誉之宫》里描绘自己从海关下班回家后，如何闭门苦读，"直到两眼发直"的情景（第650—658行）。他的几部诗作都是以与他同名的第一人称叙述者读书到深夜进入梦乡开始。他还多次不无骄傲地提及自己的藏书。在中世纪，书籍都是羊皮纸手抄本，极为昂贵。梵蒂冈教廷拥有当时欧洲最大的图书馆，根据保存下来的书目统计，1353年教皇图书馆的藏书一共为1,389本，要到1369年（大约是乔叟创作《公爵夫人书》之时）才超过2,000本，[1]而《贞女传奇》的叙述者乔叟的藏书竟然多达60本。当然，我们无法确定家境从不富裕的诗人乔叟是否真有那么多藏书，或许那只是他梦寐以求的"奢侈"。但他爱书爱读书却是不争的事实。所以，他诗作中才有那样多的引经据典，那样广泛丰富的互文。

乔叟还有一个得天独厚的优势，那就是，他在当时英格兰诗人中拥有最丰富多彩的人生经历。他出身中产阶级，父亲为伦敦酒商，与欧洲大陆各地商人和伦敦各阶层都有广泛联系。特别还因为，他家为英国王室和贵族供酒，加之乔叟父亲在王室争斗中有幸站在最终胜出的爱德华三世一边，乔叟一家与王室一直保持良好关系，所以少年杰弗里能进王府做童仆，此后也一直为王室服务并出任王国政府官员。在中世纪，对于来自平民家庭、胸怀上进心的青少年，上等贵族的城堡就是最好的培训学校。这在英国尤其如此，因为即使在诺曼征服四百年后，英国王室和上层贵族仍然主要讲法语和遵循法国宫廷习俗。不进王府，平民子弟自然难以亲身体验上层文化，而不熟悉上层文化，他们也就难以获得好的职位和升迁机会。不仅如此，王室童仆还能系统学习法语和参与中世纪贵族常举行的诗歌吟唱等各种文化文学活动。[2]乔叟从小浸淫于这样的文化文学氛围，如庞德所说，法国宫廷文化成了"他的文化"。所以毫不奇怪，从最早的改写之作《ABC》到《坎特伯雷故事》，他的全部作品都充满与法国文学传统和法国诗作的广泛互文。其实，乔叟能那样生动真实地描写中世纪上层社会，显然也受益于他长期在

1 请参看Janet Coleman, "English Culture in the Fourteenth Century," in Boitani (ed.), *Chaucer and Italian Trecento*, p. 52。

2 后来，乔叟本人就为贵族们吟唱诗作。中世纪流行的乔叟作品手抄稿中还留下一幅乔叟为贵妇人们吟唱诗作的图画，吟诵内容很可能是《特洛伊罗斯与克瑞西达》。

王府的生活。在这方面，有学者指出，没有如此经历的薄伽丘在描写宫廷生活时就往往显得力不从心。

不仅如此，由于他学识渊博，眼界开阔，气质高雅，深得王室信赖，因此多次受王国政府差遣，出使欧洲大陆。特别重要的是，他至少两次前往已经处于文艺复兴运动中的意大利，其中一次长达半年之久，而且主要就住在出了意大利新文学三杰但丁、彼特拉克和薄伽丘的佛罗伦萨。[1]他是当时唯一去过意大利、亲身感受到意大利新文学的英格兰诗人，即使在他去世后相当长一段时期内也没有英格兰诗人前往意大利。[2]因此，他自然也是当时唯一以但丁等意大利文学家为典范进行创作的英格兰诗人。正是在他从意大利回来后不久，意大利新文学的影响在他的诗作中开始大量涌现，从而开启了他随后二十多年的创作生涯中与意大利文学从未间断的互文，其第一部标志性诗作就是被称为《英语之但丁》的《声誉之宫》。自那之后，他的每一部诗作在一定程度上都是与但丁、彼特拉克特别是与薄伽丘互文的产物。

然而，乔叟毕竟是出生、成长和生活在英格兰社会及其文化文学传统中的诗人。他孩提时代生活在伦敦平民之中，后来做过伦敦海关的税收官、肯特郡的治安官、国会议员、王室工程总管和森林管理人，因此他深入英格兰社会的方方面面，广泛接触各阶层民众，甚至熟悉各类工匠。在所有这些方面，中世纪英格兰诗人中无人能及，他的诗作因而也能与英格兰社会文本进行有关阶级冲突、经济矛盾、利益纠纷、情感诉求以及风俗习惯等内容丰富的生动互文。所以，不论乔叟采用什么样的诗歌体裁，借鉴来自哪种传统的艺术手法，他塑造的都是英格兰人物形象，描写的都是英格兰人的生活，呈现的都是英格兰的社会现实，表达的都是英格兰人的思想和情感。同时，尽管他改变了英语诗歌的发展方向，但英国本土文学传统，从古英语头韵体诗歌到节律体中古英语浪漫传奇，也为他所模仿、借鉴或戏仿，被他容纳进他所奠定的英语文学传统之中。

1 乔叟于1372年12月至1373年5月第一次出使意大利期间，正逢佛罗伦萨文学界在张罗由薄伽丘主讲但丁《神曲》的盛事。

2 见Warren Ginsberg, *Chaucer's Italian Tradition*, Ann Arbor: U of Michigan P, 2002, p. vii。

历代学者都已经就乔叟对前辈和同时代文学家的借鉴和与他们的互文做了大量探讨和研究。在美国，爱默生是最早研究乔叟的学者之一，而且由于他渊博的知识和深邃的思想，他的见解特别深刻而独到，达到了思想家的深度。他认为对传统的继承和同大量甚至数量无限的各种文本的互文（尽管他没有使用这个术语）是荷马、乔叟和莎士比亚这样最具独创性的伟大作家创作的核心和本质。他认为，“莎士比亚知道，传统比任何创新都能提供更好的故事”；对于荷马和乔叟这样的伟大诗人，“所有人的智慧都是透明的智慧。他们不仅是诗人，还是图书管理员和历史学家。每一个传奇作家都是这个世界上所有那一百个故事的继承人和使用者”。[1]在列举出乔叟对前辈和同时代文学家的大量借用之后，爱默生说：

> 他如此为其盗窃辩护——他拿走之时那些东西毫无价值，而经他之手则成无价之宝。一个人如果曾表明他具有独特的创造力，他就有资格根据自己的判断从他人的写作中盗窃，这实际上已经成为文学中的一条规则。谁能容纳一种思想谁就能拥有它；同样，它也属于能充分运用它的人。使用借来的想法总有一点别扭，但当我们知道如何处置时，它们就变为我们的东西。[2]

这段话思想隽永，用语精当，堪称经典。爱默生将文学家们之间的互文称为“盗窃”，这与大约一个世纪后美国最具“独创性”的现代主义作家福克纳的说法极为相似。福克纳曾以现代作家少有的坦率“大言不惭”地谈及自己的“盗窃”。他甚至宣称：“如果一个作家不得不抢劫他的母亲，他也会毫不犹豫；《希腊古瓮颂》抵得上任何数量的老太太。”[3]他自己就在《沙多里斯》（*Sartoris*, 1929）、《圣殿》（*Sanctuary*, 1931）、《去吧，摩西》（*Go Down, Moses*, 1942）等许多作品里“抢劫”了济慈的希腊古瓮。

爱默生在这里强调的是乔叟能将“盗”来之物化为己有的那种“独特的创造力”，并进而把文学家们对同行的创造性“盗窃”上升为“文

1 Emerson, “Shakespeare, or the Poet,” pp. 113–114.

2 同上，p. 113。

3 Meriwether and Millgate (eds.), *Lion in the Garden*, p. 239.

学中的一条规则"。爱默生也许是最早直接指出互文具有普遍性的思想家。不论人们是用比较粗俗的字眼"盗窃",抑或更为文雅的说法"借鉴",抑或更为理论性的术语"互文",其揭示出来的在本质上都完全一样,那就是,文学创作从来就是广泛互文的结果。但爱默生说,那些东西在乔叟拿走之时"毫无价值",就值得商榷了。爱默生的本意是说,乔叟"盗窃"来的只不过是一些砖头石块那样的建筑材料,是乔叟"独特的创造力"将其化为雄伟的哥特大教堂那样的艺术神殿。然而,从其他文本中拿来的东西并非像山上开采的石料那样"清纯无瑕";它们已饱含意蕴,它们后面还隐藏着思绪万千的作者和深厚久远的传统,也就是说,它们本身就已经是"众声喧哗"的热闹场所,因而把各种"声音"也带进新文本中。或许更重要的是,乔叟以及所有"盗窃"同行的文学家拿过来的远不只是意蕴本已丰富的建筑材料,而且还有更宝贵的建筑艺术、结构和风格。也就是说,乔叟从前辈和同时代诗人那里拿来的往往还有整个的传统。在中世纪,文学家们最注重的正是对传统的运用,他们那些真正意义上的创新都产生于如何将传统运用得更好,所以像《坎特伯雷故事》那样大量容纳并巧妙运用各种传统的作品能成为流芳百世的文学丰碑。

由于中世纪特别尊崇权威,文学家们都以遵循传统、广泛模仿和借鉴历代文学权威为正途为荣耀,而且全都明目张胆,因此中世纪文学的互文特别明显。乔叟所有的作品全都是这方面的典范。乔叟一生中第一个大的文学活动是翻译13世纪法语诗作《玫瑰传奇》。这部诗作由洛里斯和莫恩创作,是宫廷爱情和骑士传奇的代表作品,在西方文学史上有里程碑意义。乔叟创作的第一部重要诗作《公爵夫人书》被认为是英国文学史上"第一首真正的英语宫廷诗"[1],而英语宫廷诗所遵从的主要就是由《玫瑰传奇》所代表的法语宫廷爱情诗传统。

《公爵夫人书》是乔叟为兰开斯特公爵而作。公爵是爱德华三世的四王子,在英国政坛举足轻重,他大儿子亨利后来在1399年推翻理查德二世,登上王位,开创了英国历史上的兰开斯特王朝。公爵与夫人布兰茜感情甚笃,夫人于1368年染黑死病(鼠疫)去世,公爵深感悲痛。乔

1 Velma Bourgeois Richmond, *Geoffrey Chaucer*, New York: Continuum, 1992, p. 147.

叟献上此诗，颂扬公爵夫妇的爱情，安慰公爵。诗作采用的是由《玫瑰传奇》所开创、在当时宫廷爱情诗里最通常的梦境形式。全诗1,333行，有专家研究统计，其中竟有914行程度不同地来自其他作品。[1]除古罗马诗人奥维德的《变形记》外，那些作品大都是当时流行的法语宫廷爱情诗。另外，诗作中的第一人称叙述者在梦境中还看见窗户玻璃和四周墙壁上分别绘着维吉尔的《埃涅阿斯纪》所描写的特洛伊战争场景和《玫瑰传奇》的故事。

中世纪骑士宫廷爱情诗在欧洲文学史上具有里程碑意义，是人文主义在中世纪欧洲文化文学中的重大发展。对此，恩格斯（Friedrich Engels，1820—1895）给予很高评价，他说，"中世纪的武士之爱"是"头一个出现于历史上的性爱形式"。[2]在很大程度上，法国宫廷爱情诗是以奥维德所代表的拉丁爱情诗传统与12世纪文艺复兴时代西欧社会文化相结合的产物。[3]奥维德可以说是中世纪宫廷爱情诗传统的重要源头，也是当时所有爱情诗人模仿和借鉴的权威。乔叟以奥维德《变形记》里国王塞克司（Ceix）和王后亚克安娜（Alcyone）的爱情以及国王遇难后王后在悲痛中寻求安慰的故事开篇，这就为这部诗作的文学传承和主题思想做了定位。

在《公爵夫人书》与之互文的法国宫廷爱情诗中，乔叟借鉴最多的是纪尧姆·德·马肖（Guillaume de Machaut，1300—1377）的两部重要作品：《爱情泉之故事》(*Le Dit de la Fonteinne Amoureuse*，1361）和《波希米亚王之公断》(*Le Jugement dou Roy de Behaingne*，1349）。乔叟选用这两部诗作自有其深刻意图。马肖是乔叟前辈，是当时法国最享盛誉的宫廷爱情诗人和作曲家，其诗作在英国十分流行，为许多英国诗人竞相模仿。14世纪60年代，法国国王的二王子曾作为人质逗留英国。

1 请参看John H. Fisher (ed.), *The Complete Poetry and Prose of Geoffrey Chaucer*, New York: International Thomson, 1977, p. 543。

2 恩格斯：《家庭、私有制和国家的起源》，北京：人民出版社，1954年，第66页。

3 另外还包括正在迅速繁荣的法国南部新型抒情诗以及十字军东征所带来的波斯和阿拉伯爱情诗的影响等一些重要因素。另外值得指出的是，波斯和阿拉伯爱情诗其实也受到奥维德等古罗马诗人影响。关于中世纪骑士精神和宫廷爱情浪漫传奇文学的产生与发展，可参看拙著《英国文学传统之形成——中世纪英语文学研究》(北京：社会科学文献出版社，2009年）中的相关章节。

他也是诗人,同马肖有诗作唱和。他到英国之前刚结婚,马肖的《爱情泉之故事》就是为安慰他的离愁而写。《波希米亚王之公断》写的是一位女士同一位骑士的争论,前者忠心的情人已被死神夺走,后者的情人却被发现另有私情,他们的争论是,究竟谁更为痛苦。他们最后请波希米亚王公断,所得结论是,被情人背叛的骑士更为痛苦。这两首诗的内容正适合乔叟写诗安慰公爵的目的,所以他从中借用了许多材料。正是通过与《玫瑰传奇》、《变形记》、马肖的诗作以及许多类似作品之间广泛的互文,乔叟不仅将《公爵夫人书》置于宫廷爱情诗传统之中,而且创作出英国文学史上第一部真正意义上的宫廷爱情诗。

当然,乔叟并非仅仅"盗窃"奥维德或法国诗人,而且还与英国的社会文化文本进行互文。乔叟这部诗作里有许多隐射英国现实的诗行。诗作的第一人称叙述者多次意味深长地提到白色,并且还专门让黑衣骑士说:"她叫白色美人,/那是我夫人的芳名。"(*The Book of the Duchess*, ll. 847—848)布兰茜(Blanche)的意思正是白色。另外在临结束时,诗人告诉我们,黑衣骑士住在"长长的城堡,外围白色宫墙,/圣约翰做证,它就坐落在富裕山上"(ll. 1317—1318)。"长长的城堡"(long castel)暗指兰开斯特(Lancaster,即long castle),"白色的宫墙"自然是隐射布兰茜,而"圣约翰"也是在暗示公爵的名字约翰;至于"富裕之山"(riche hil),则是因为约翰在被授予公爵爵位之前是里士曼(Richmond,意思是rich mount,即rich hill)伯爵。所以毫无疑问,诗中的黑衣骑士不是别人,正是兰开斯特公爵,他刚去世的夫人自然就是布兰茜,而布兰茜的去世将诗作与当时极为严峻的黑死病现实情况联系在一起。另外,"黑衣骑士"也暗指约翰的哥哥、著名的"黑王子"(Black Prince)。黑王子是爱德华三世的王储,一生战无不胜,特别是在1356年的普瓦捷之战中指挥英军一举击溃法国军队,生擒法国国王和一大批贵族。他在英国和西欧享有极高声誉,被赞为骑士的典范。对战功卓著的黑王子的暗示还暗中呼应叙述者在梦中看到的特洛伊战争的场景。英国人相信不列颠是由埃涅阿斯之后代布鲁图(Brutus)所创建,因此他们也是特洛伊人的后裔。12世纪的威尔士人蒙莫斯的杰弗里还因此撰写出《不列颠君王史》。这部著作在12世纪末演化成由拉亚蒙(Layamon)撰写的中古英语第一部长篇叙事诗《布鲁图》(*Brut*)。

在《声誉之宫》里，乔叟让蒙莫斯的杰弗里代表不列颠文明，同荷马、维吉尔等各国伟大诗人一道被放置在声誉之宫的金属立柱上。通过这样丰富的互文，乔叟在《公爵夫人书》里既巧妙地将中世纪骑士精神的两个核心组成部分武功和爱情结合在一起，也隐射英法百年战争和不列颠历史传说，表达英格兰人的爱国热情和民族意识，并进而在如此广阔的思想境界中和令人振奋的精神高度上安慰痛苦中的公爵，的确是匠心独运。

一般来说，法国宫廷爱情诗和骑士浪漫传奇很少指涉现实，其故事往往发生在虚无缥缈的幻境中，而乔叟则通过暗示英国现实和历史，与英格兰社会文本互文，把诗作明确植根于英国现实生活和文化文学传统，使之成为第一首真正意义上的英国宫廷爱情诗。所以，如霍华德所指出，虽然乔叟作品中“没有一部没有打下法国宫廷诗歌的印记；然而他……的任何作品也都不可能由法国人写出”[1]。之所以如此，那是因为不论他的题材来自什么时代与国度，在本质上他所描写的是英格兰社会，他所塑造的是英格兰人物形象。

关于这一点，早在17世纪，大诗人弥尔顿那位他亲自精心培养的外甥菲利普斯就已经敏锐地认识到。他强调指出：乔叟笔下那些“栩栩如生”的“真实”人物“全是不列颠人”，“全都直接来自生活”，他们根源于乔叟“对现实的深刻了解”。他甚至不无骄傲地说：“特别有意义的是，他对现实的深刻了解对他大有裨益，使他能够准确描绘出古代人的行为和风俗画卷，而这样的画卷他同时代的任何民族都没能留给后代。”[2]

乔叟的第二部重要诗作《声誉之宫》无疑也是如此。他在诗中有意识地指涉英格兰，在该诗第二部一开始，叙述者杰弗里就宣布：“现在听我说，所有/能懂英语的人，/听我把我的梦来讲述”(*House*, ll. 509—511)。这也许是一个英国诗人第一次在诗里强调他是为英国

1 Donald R. Howard, *Chaucer, His Life, His Works, His World*, New York: E. P. Dutton, 1987, p. 164.

2 Edward Phillips, *Theatrum Poetarum Anglicanorum: Containing the names and characters of all the English poets, from the Reign of Henry III to the close of the Reign of Queen Elizabeth*, Canterbury: Simmons and Kirkby, 1800, p. 100.

人创作。更重要的是，诗人在诗里直接表现他本人的生活：他在海关“算清账目”后下班回家，闭门读书直到“两眼发直”；他“过着隐居般的生活”，从不东走西串，更不听闲言碎语，因而写作“信息”（tidings）告罄（ll. 642—659），所以朱庇特派雄鹰来把他带到声誉之宫去寻找创作材料。在诗作后面部分，极富喜剧性的“声誉之宫”和“谣言之宫”在很大程度上正是对生活现实的寓意性表现。除了与英格兰社会和他自己的生活文本之间进行互文外，这部诗作的互文还涵盖了哲学、神学、文学、古典神话乃至自然科学等中世纪几乎所有知识和文化领域，其互文面远比《公爵夫人书》更为宽广；在一定程度上，这也是在回应《玫瑰传奇》第二部分里那种百科全书式的互文。

同《公爵夫人书》一样，这部诗作也沿用了《玫瑰传奇》开创的梦幻传统，并且诗里仍然有不少对拉丁和法国诗歌的引用和隐射。但它不是描写爱情的诗作，而是从另外一个侧面反映或者说表现中世纪人文主义的重大发展，那就是对文学创作的思考以及对与之相关的声誉的探讨和肯定。基督教历来强调把谦卑作为人的美德，而把虚荣（Vanity）列为“七大重罪”（Seven Deadly Sins）之首。声誉与虚荣之间难以扯清的关系自然使人对声誉敬而远之。因为基督教认为，是在魔鬼关于人若吃禁果“便如神能知善恶”[1]的引诱下，人才犯下原罪，所以唯有上帝的声誉才是“真正的声誉”[2]，人的声誉不仅虚假，而且是人堕落的根源，诗人们也因此往往“隐姓埋名”，以致大量中世纪文学作品没有留下作者姓名。但随着古典人文主义在意大利复兴和但丁、彼特拉克等文学家获得崇高声誉，人们对声誉的性质和意义逐渐产生了新的看法。被罗马议会正式加冕为罗马帝国灭亡之后欧洲第一位桂冠诗人的彼特拉克甚至写了一部名为《凯旋》（*Trionfi*）的作品，其中第四部分即为《声誉之凯旋》（“Trionfo della Fama”）。他用寓意手法一步步描写爱神丘比特战胜世界，贞洁女神战胜丘比特，死神战胜贞洁女神，最后声誉女神战胜死神的故事，表达了他认为流芳百世的声誉可以战胜死亡的思想。该诗是对人的价值的高度赞颂，而《声誉之宫》在一定

1《创世记》3：5。

2 B. G. Koonce, *Chaucer and the Tradition of Fame*, Princeton: Princeton UP, 1966, p. 15.

程度上正是对《声誉之凯旋》的回应。在“声誉”这个历史悠久、意蕴复杂的词里，人们能听到古典文化与中世纪思想、人文主义与基督教神学、日耳曼传统与基督教传统的对话，而乔叟对声誉性质的探索也暗含人文主义同基督教神学的互文。在中世纪特定的宗教文化语境中，对人特别是对文学家的声誉的肯定和赞颂，实际上是对人的形象和人的价值的肯定和颂扬，是人文主义思想发展的表现。

如上面所提到，乔叟的《声誉之宫》在一定程度上是对彼特拉克的《声誉之凯旋》的回应。所以不难理解，创作于诗人从意大利回国之后的《声誉之宫》互文的主要对象是意大利新文学。乔叟在佛罗伦萨期间，当地文学界正在张罗由薄伽丘讲解《神曲》的系列讲座的盛事。但丁、彼特拉克和薄伽丘在意大利所享有的崇高声誉使乔叟深感震撼，那与在英格兰一个无论多杰出的诗人都不值得在档案里记下一笔的情形的确有天渊之别。[1]同时，具有人文主义思想的意大利新文学也给这位多年来一直在探寻英诗发展方向的青年诗人以重要启示，为他打开了新的领域。在很大程度上，《声誉之宫》是乔叟深入研读意大利新文学，特别是研读但丁《神曲》的成果。所以，这部诗作里有大段大段的诗行借用自但丁，而且其整体结构也模仿《神曲》。有学者认为：“除开两首诗之间在主题、规模和手法上的巨大差异外，我们应该看到，[《声誉之宫》的]第一部就是乔叟的《地狱篇》，第二部是他的《炼狱篇》，而第三部则是他的《天堂篇》。”[2]不仅如此，如同但丁在《神曲》里为自己漫游地狱、炼狱和天堂塑造了一个见识非凡的引路人，即《埃涅阿斯纪》的作者古罗马诗人维吉尔一样，乔叟也为自己遨游天空、声誉之宫和谣言之宫塑造了一个知识渊博、口若悬河的引领人，一只对天文、地理、声学、物理、哲学无所不知的雄鹰。《声誉之宫》对《神曲》的模仿、借用、借鉴如此突出而明显，以至15世纪的英格兰诗人们直接将其称为《英语之但丁》。

不过《声誉之宫》里特别有意义也特别深刻的是诗作开篇与维吉尔的《埃涅阿斯纪》和奥维德的《变形记》《女杰书简》的互文。乔叟说他在12月10日那天晚上做了“一个奇妙的梦”(l. 62)，梦中人“杰弗

1 乔叟生前留下的492条档案记载中没有一条提及或暗示他是一个诗人。

2 Koonce, *Chaucer and the Tradition of Fame*, p. 10.

里”，或者说诗人在作品中的第一人称代理人（persona），梦见自己“在一座玻璃建构的庙宇之内”（l. 120），那是维纳斯神庙，里面有许多金色塑像。在一块铜匾上，他读到维吉尔的诗句，随即这些诗句竟然变成活动人物。更妙的是，他明明是在读维吉尔的史诗《埃涅阿斯纪》中的诗句，但他所“看到”的狄多和埃涅阿斯的爱情故事与其说是在《埃涅阿斯纪》里，倒不如说出自奥维德的《变形记》和《女杰书简》。中世纪文学作品描写“梦境”，大都清楚明晰，有条不紊，这样的“混乱”或“矛盾”绝无仅有，那是乔叟的神来之笔，使之更具梦境特有的那种超现实主义的非理性。更重要的是，在这部探讨声誉性质的诗作里，乔叟把奥维德的爱情故事放到维吉尔史诗里，无形中对文学人物形象进行了解构。因为在维吉尔史诗里，埃涅阿斯是创建罗马城的英雄，他离开狄多、牺牲爱情是为了完成神（和历史）赋予的伟大使命；然而到了奥维德那里，他却成了背信弃义、始乱终弃的负心汉。这样一来，乔叟就巧妙地暗示了文学创作的虚构性和声誉变化无常的本质。

但这并不等于说，乔叟否定声誉的意义。恰恰相反，在《声誉之宫》特定语境中，《埃涅阿斯纪》与《变形记》《女杰书简》之间在埃涅阿斯与狄多的爱情故事上的互文表现出乔叟对诗人声誉的深刻见解。后来在声誉之宫，杰弗里既看到门外冰壁上那些也许曾经声名卓著的名字已变得模糊不清，也观看了声誉女神决定声誉的可笑与随意，但在大殿内他同样也瞻仰了从大门到神坛的两排金属立柱上屹立着的那些各民族历史上最伟大的诗人和作家，他们都肩负各自民族的“声誉”。他们中有底比斯的斯塔提乌斯、希腊的荷马、犹太人约瑟夫、12世纪前期撰写《不列颠君王史》的“英国的杰弗里”，自然也包括维吉尔和奥维德。这些伟大诗人永垂不朽的形象与前面《埃涅阿斯纪》和《变形记》《女杰书简》之间相互解构产生的互文不仅表达出乔叟对文学虚构性的理解，而且也反映了他关于文学创作和诗人声誉的深刻认识：诗人的永恒声誉并不在于他所塑造的人物的历史真实，而是来自他不朽的文学艺术和他作品所体现的人类文明的传承。

另外，他选一个与他同名的人代表英格兰民族站在立柱上自然也非偶然，因为在“英国的杰弗里”后面是深厚的不列颠历史和文化传统以及中世纪欧洲最广泛流传的叙事文学的源头。蒙莫斯的杰弗里的

《不列颠君王史》在一定程度上是根据7世纪盎格鲁-撒克逊历史学家比德（Bede，673—735）的拉丁文《英格兰人教会史》（*The Ecclesiastical History of the English People*）和一些年鉴，更多是基于各种书面和口头民间传说以及他自己的文学虚构用拉丁文写成。这是一部承载着不列颠厚重的历史与文化并深刻影响了英格兰民族意识的发展和中世纪西欧叙事文学繁荣的著作。书中生动描写了埃涅阿斯的后裔布鲁图如何创建不列颠的传说以及历代不列颠君王的事迹与更替的"历史"；不仅如此，后来风靡欧洲的亚瑟王系列传奇也第一次比较系统地出现在这部"历史"书里。在乔叟时代，西欧各种语言（当然也包括中古英语）中大量亚瑟王传奇仍然十分盛行，[1]而杰弗里关于李尔王的描写也赋予莎士比亚灵感，成就了西方一部伟大悲剧。乔叟将与自己同名的杰弗里放到崇高的位置上，把他同其他西方文学一些伟大传统的奠基者在自己诗作的语境中进行互文，一方面表明他赞颂《不列颠君王史》那种同《埃涅阿斯纪》和《变形记》一样不朽的文学成就和表达他作为英国人的自豪感，同时也以此体现他对声誉之性质的探讨和他对声誉的渴望与肯定。后来在《特洛伊罗斯与克瑞西达》的结尾，他也吩咐那部"小书"去"步维吉尔、奥维德、荷马、卢坎和斯泰斯/后尘，亲吻他们的足迹"（*Troilus*, Vol. V, ll. 1791—1792）。很明显，乔叟希望由于这部他深感骄傲的杰作，他将像维吉尔、奥维德等伟大诗人一样永享盛誉；而他对声誉的渴望，他的作者意识的表达，则是他对个人价值的肯定，是在意大利新文学的影响下他的人文主义思想的发展。

乔叟的下一部重要作品《百鸟议会》是英诗史上第一部以五步抑扬格和"君王体"诗节形式创作的重要诗作，它开辟了英诗发展史上的新篇章，从而具有特殊的地位和意义。同样，这部诗作里也充满了中世纪各种文化文学传统以及文学文本与社会文本之间广泛而复杂的互文。与《公爵夫人书》和《声誉之宫》相同，乔叟在这部诗作里仍然使用了他从《玫瑰传奇》等宫廷爱情诗中借用来的梦境形式并大量使用宫廷爱情诗的程式，这就为这部描写鸟儿们寻找配偶的寓言性作品建造了文化和文学语境。也同前两部作品里一样，《百鸟议会》以叙述者埋头读书开

1《坎特伯雷故事》中著名的《巴思妇人的故事》就是以亚瑟王朝为背景。

篇，只不过这次他手中的书是《西皮奥之梦》(*The Dream of Scipio*)，那是古罗马思想家西塞罗的《共和国》(*De Republica*)的结尾部分。乔叟用了7个诗节，共49行(ll. 36—84)来叙述西皮奥的梦境。西皮奥的祖父亚佛里坎努斯(Scipio Africanus Major, 237—183 BC)为著名罗马将军，是迦太基名将汉尼拔(Hannibal, 247—181? BC)的主要对手。在西塞罗书中，他出现在西皮奥梦里，带孙子在天上遨游并教导他说，只有以"公众利益"为目标，一个人死后才会得到"永恒幸福"(*Parlement of Foules*, ll. 47—49)，而乔叟这部作品的主要部分关注的正是最重要的"公众利益"："鸟儿们"寻找理想的配偶，享受爱情与延续后代。

随即叙述者进入梦乡，梦见亚佛里坎努斯如同带西皮奥遨游一样将自己带到一座被墙围起来的园子。园门上方刻着两段意思完全相反的铭文。其中一段金色铭文说，"这是美妙旅程之路"，里面是"永恒的五月"，"通过我人们将进入乐园，/其心灵将获抚慰，致命伤将得以痊愈；/通过我人们将到达极乐之源"(ll. 127—131)。与之相反，另一段黑色铭文则告诫说，"通过我的人将遭致命打击"，里面是毫无生机的荒园，树木无叶无果，鱼被"禁锢在干涸"的溪中，这是"悲痛之源"(ll. 134—139)。学者们指出，这两段铭文分别来自《神曲》中对天堂和地狱的描写。

叙述者来到的是爱情之园，那两段铭文很明显是在暗示：爱情会导致幸福和痛苦，会带来生命和死亡。爱情的这种极端的两面性，爱情为"甜蜜的苦痛"，是古罗马关于爱情的经典观点，并为中世纪宫廷爱情诗人们所广泛接受。另一方面，乔叟用但丁关于天堂和地狱的描写来表现爱情的两面性也带有一定戏仿成分，并为随后描写鸟儿们寻觅配偶的喜剧性场面做了铺垫。乔叟塑造的以爱神"丘比特，我们的主人"(l. 212)为主人的爱情之园形象地体现了古罗马爱情观。与之相对，园中的维纳斯神庙则表现出爱情堕落为性欲，而庙内墙壁上绘出的关于海伦、狄多、埃及艳后、赫拉克勒斯、特里斯特姆、特洛伊罗斯等一大批历史上或传说中毁于爱情的名人的悲剧故事则表现了对爱情的背叛。

与"爱情之园"和"维纳斯神庙"相对，或者说在与古典文化的互文语境中，乔叟随即描写鸟儿们求爱求偶的喜剧性寓意场景，对爱情的性质从不同角度做了广泛探讨。如果说乔叟对"爱情之园"和"维纳斯神庙”的描写主要来自对各种古典作品的借鉴和模仿，那么随后的所谓“百鸟议会”则是乔叟的“独创”。这部分是全诗中心，共406行，占全诗700行[1]一半以上。然而即使在这部分，我们也能发现里面丰富的互文，而乔叟正是以此对爱情、对人民的利益，甚至对英格兰的社会和政治都表达了很深刻的见解。另外，诗作主要是以寓言的形式表现鸟儿们寻找配偶，因此诗人很自然地大量使用宫廷爱情话语，从而把宫廷爱情传统与价值观引进诗作，既与古典爱情观形成互文，也与鸟儿们寻求配偶的自然需求相对照。不过，这部分首先是同当时一场复杂的国际斗争互文。

“百鸟议会”一开始，三只雄鹰为争夺一只高贵的雌鹰展开辩论，它们使用典型的宫廷爱情话语表达自己对雌鹰的爱，以证明自己才最值得拥有雌鹰的爱情；然而学者们指出，诗中的各种暗示表明，那只雌鹰是指卢森堡大公的姐姐，波希米亚的安妮公主（Anne of Bohemia，1366—1394），而那三只雄鹰则分别指英王理查德二世、法国国王查理五世（Charles V，1364—1380年在位）的大王子［未来的查理六世（Charles VI，1380—1422年在位）］以及与安妮已订婚七年的日耳曼贵族弗里德里希。

所以，三只雄鹰对雌鹰的争夺实际上暗指围绕安妮公主所展开的一场十分复杂的国际斗争，从而使诗作与英格兰面临的国际政治形成互文，深化了诗作的现实意义。当时正值天主教历史上“大分裂”时期（the Great Schism，1378—1414），出现了在梵蒂冈和法国阿维尼翁的两位教皇，分别由罗马和法国支持。罗马教廷出于反对法国和阿维尼翁教廷的战略考虑，要求英国同神圣罗马帝国通过联姻结成反法同盟；而法国为了阻止英国和神圣罗马帝国结盟，打破腹背受敌的局面，国王查理五世向卢森堡家族提议，由其王储迎娶安妮。另外，弗里德里希自然也不愿放弃自己的权利。由于乔叟创作此诗时，各方博弈仍在激烈进行，所以主持“百鸟议会”的自然女神决定留待来年再定。这场斗争的结果是，1381年5月1日，英国和卢森堡家族终于达成联姻协议，翌年1月14日，15岁的安妮成为英国王后。由此可见，理查德二世和安妮的

1 见E. T. Donaldson (ed.), *Chaucer's Poetry*, Glenview: Scott, Foresman and Company, 1975。但另外一些版本，比如F. N. Robinson (ed.), *The Works of Geoffrey Chaucer*, 2nd ed. (Boston: Houghton Mifflin, 1957)，则只有699行。

婚姻是欧洲中世纪典型的政治婚姻，是波谲云诡的国际斗争的产物。[1]诗中叙述者明显站在代表理查德二世的雄鹰一方，表达了作者的爱国情怀和对英国利益的关注。

当然特别重要的是，主持“百鸟议会”的既非“瞎眼”的丘比特，也非代表淫欲的维纳斯，而是自然女神。自然（nature）也指本性，乔叟让自然女神主持鸟儿们寻找配偶的“百鸟议会”，其实是在暗示，“鸟儿们”应该按自己的意愿根据自己的本性寻找爱侣，决定自己的命运。在自然女神主持下，鸟儿们皆大欢喜，都找到了自己满意的爱侣，最后成双成对回家。鸟儿们按本性寻找爱侣，与前面爱情之园和维纳斯神庙中的情况，以及以矫揉造作的宫廷爱情掩盖下的政治婚姻，都形成强烈的互文对照，凸显了诗人强调尊重人的本性的人文主义思想。

另外，诗人将鸟儿们寻找配偶的热闹场面称为“议会”（parliament），也暗含与在乔叟时代英国政治生活中日益重要的议会这一特殊的政治文本进行互文。鸟儿们根据自己的本性和各自利益对爱情发表大量相互冲突甚至直接对立的观点，特别是就哪一位雄鹰应该获得那只雌鹰所进行的无休止的争吵，也是在暗讽英国议会里各阶级和各利益集团之间无穷无尽的争吵与争斗。不仅如此，乔叟在诗中一口气列举出34种鸟，简洁地指出它们各自的特性，并据此将它们划分为不同的类别和等级，它们的争论十分生动地描绘出它们不同的本性和利益。很明显，乔叟是在将诗作与英国社会文本进行互文，而鸟儿们相互间的冲突明显隐射或者反映当时英国社会各阶层之间的矛盾与斗争。如此将文学文本与社会文本进行全方位互文，乔叟后来在《坎特伯雷故事》里达到了欧洲中世纪文学中无人超越的高峰。

在14世纪70年代中期之后，乔叟创作中一个显著特点是意大利新文学的影响越来越突出，而在这方面的主要表现是薄伽丘逐渐成为他最重要的借鉴或者说互文对象。乔叟于1378年5月第二次出使意大利，9月回国，很快薄伽丘的影响就开始在他作品中涌现。从此他的创作与薄伽丘作品结下不解之缘；他除了继续借鉴法国宫廷爱情诗诗人、拉丁作家和但丁、彼特拉克等诗人外，他此后的每一部作品在一定程度

1 值得指出的是，理查德二世与安妮王后感情深厚，安妮于1394年去世，理查德极为痛苦，以至下令撤除了她住过的宫殿。

上都可以说是同薄伽丘作品互文的产物。在他此后二十多年的创作生涯中，薄伽丘超越了任何其他作家，成为他最重要的互文对象。

薄伽丘作品中最先获乔叟关注的是《苔塞伊达》。《苔塞伊达》是薄伽丘根据古罗马诗人斯塔提乌斯的史诗《底比斯战记》和其他一些古代传说创作的史诗，是薄伽丘的主要作品之一。薄伽丘对这部诗作十分重视，他以维吉尔的代表作《埃涅阿斯纪》为蓝本，按传统史诗的模式精心创作。它不仅像一般史诗那样，也分为12部，而且其行数也同《埃涅阿斯纪》一样，刚好9,896行（有些版本比《埃涅阿斯纪》多一个诗节）。《苔塞伊达》主要是关于古希腊英雄忒修斯征服亚马孙和底比斯的战争，其中也包括底比斯的两个王子帕拉蒙和阿塞特与忒修斯的妻妹艾米莉的爱情故事。作家骄傲地宣称，这是第一部用"粗俗"语言创作的英雄史诗。[1]

乔叟在70年代后期从这部作品里吸取材料和灵感，创作了一部没有完成的作品《安妮丽达与阿塞特》，其中阿塞特这个人物就来自《苔塞伊达》，但安妮丽达却是乔叟塑造的人物。这部现存357行的作品全名是《美丽的安妮丽达的泣诉与背信弃义的阿塞特》（*The Compleynt of Feire Anelida and Fals Arcite*）。这个名字表达出这首诗的主题，同时也表明安妮丽达是乔叟按奥维德的《女杰书简》和《变形记》里的狄多塑造的，而这个故事在总体上同乔叟本人在《声誉之宫》的开头所描写的狄多和埃涅阿斯的爱情故事属同一类型。所以，这个作品表现出同薄伽丘、奥维德以及法国宫廷爱情诗传统的互文。

不过，《安妮丽达与阿塞特》虽然从《苔塞伊达》里吸取了一些材料，但严格地说，《帕拉蒙和阿塞特》（*Palamon and Arcite*）才真正是乔叟以《苔塞伊达》为基础改写和创作的作品。学者们认为，它大约创作于1381年前后，后经修改，以《骑士的故事》为标题作为开篇故事收入《坎特伯雷故事》。《帕拉蒙和阿塞特》，或者说《骑士的故事》，是一部

1 参看Pearsall, *The Life of Geoffrey Chaucer*, p. 119。薄伽丘所说的俗语指拉丁语之外的民族语言，但此说并不准确。其实远在他之前已经出现一些用民族语言创作的英雄史诗，比如古英语史诗《贝奥武甫》和古法语史诗《罗兰之歌》（*Chanson de Roland*）等许多作品，只不过这些作品不是像他的《苔塞伊达》那样产生于一位诗人的书斋，而往往是成形于许多民间游吟诗人的传唱。

在形式与内容上都十分成功的杰作，它表现出乔叟过人的创作才能和英国诗歌艺术的成熟。

薄伽丘的《苔塞伊达》气势磅礴，场面辉煌，是一部典型的史诗。乔叟无疑对它极为欣赏，从中吸取了大量材料用于自己的创作。《骑士的故事》的情节发展不仅大体上遵循《苔塞伊达》，而且许多诗行也逐字逐句译自后者。据亨利·沃德（Henry Ward）统计，《骑士的故事》的2,250行中，有272行直接译自《苔塞伊达》，另外还有510行在语言上程度不同地接近后者，两者相加，占诗行总数约三分之一。不仅如此，《骑士的故事》里还有许多诗行虽然在语言上和《苔塞伊达》的诗行不同，但在内容上却相同或接近。[1]由此可见《骑士的故事》受《苔塞伊达》影响之深。

但乔叟并非只是在简单模仿《苔塞伊达》。首先，他把后者近万行的篇幅压缩到2,250行。被他删掉的主要是原诗中大量的征战和比武场面。比如在《苔塞伊达》里，雅典国王忒修斯率大军打败亚马孙的战争场面长达整整一卷，而乔叟只用了几行一带而过。相反，他却用典型的宫廷爱情诗风格精心描写帕拉蒙和阿塞特对艾米莉的爱情和他们两人为此发生的冲突与生死争斗，这样薄伽丘以民族命运为主线的史诗就被改造为以爱情为中心的英国中世纪骑士传奇，但原诗的史诗风格不仅参与到诗作中恢宏的大比武场面，而且也提升了对个人命运的表现。在突出个人命运方面，乔叟超出了所有同时代的英国文学家，而这在很大程度上受惠于包括薄伽丘在内的意大利人文主义文学家的影响。

不过，乔叟在《骑士的故事》里表达的命运观直接来自古罗马后期的哲学家波伊提乌的名著《哲学的慰藉》。波伊提乌出身显赫，来自一个古老的罗马贵族世家。他博学多才，在古典文化和中世纪经院哲学之间起了承上启下的关键作用，被尊为“古罗马的最后传人，经院哲学的第一先驱”[2]。但丁在《神曲》里称他为天上12盏明灯之一（《天堂篇》，X：125）。著名的中世纪文化和文学学者刘易斯认为，这部著作的

1 参看 Hubertis M. Cummings, *The Indebtedness of Chaucer's Works to the Italian Works of Boccaccio*, New York: Phoeton, 1967, p. 128。

2 转引自 Richmond, *Geoffrey Chaucer*, p. 158。

影响在中世纪仅次于《圣经》。

波伊提乌将古典哲学同基督教神学思想结合起来，对天道、信仰、人的命运、人的自由意志、尘世的无常和天国的永恒以及社会、政治、秩序等方面都进行了深入探索，对中世纪的思想和神学产生了重大而深远的影响。特别有意义的是，波伊提乌用幸运女神不停转动一个巨大的命运之轮的意象来形象地体现他关于世事难料、命运无常的观点，这一意象后来出现在包括一些乔叟诗作和《头韵体亚瑟王之死》(*The Alliterative Morte Arthure*)等许多中世纪文学作品里。不仅如此，在随后一千多年的历史中，哲学家、神学家、诗人乃至统治者都十分重视这部著作。盎格鲁-撒克逊时代著名的阿尔弗雷德大王以及后来文艺复兴时期的伊丽莎白女王都亲自把这部拉丁文著作翻译成当时的英语。乔叟本人也曾将其翻译成中古英语，取名《波伊斯》。费希尔、霍华德等学者认为，那是为了便于少年国王理查德二世学习。

当然乔叟本人的创作显然也因翻译《哲学的慰藉》而深受波伊提乌影响，他因此被时人赞为“哲学诗人”。他不仅翻译了这部著作，而且还专门写了一些被称为“波伊提乌诗”(Boethian poems)的短诗。这些诗现存五首，基本上都是按《哲学的慰藉》里的一些章节或某些观点写成。比如《过去时代》(“The Former Age”)的基础是《哲学的慰藉》第二卷里的第五首诗，而《命运》明显是根据波伊提乌描绘的幸运女神的形象而创作，另外女神转动命运之轮的著名意象也多次出现在乔叟作品中。当然，波伊提乌对乔叟的深刻影响主要表现在他1380年以后的那些代表作里。

在《骑士的故事》里，帕拉蒙和阿塞特起伏跌宕的命运可以说是波伊提乌的命运观的艺术表达，而在他们之间决定命运的大比武造成难以预料的戏剧性结局后，国王忒修斯的长篇独白正是对波伊提乌命运观的阐释。如果说乔叟通过引进法国宫廷爱情传统而将《苔塞伊达》改写成杰出的骑士浪漫传奇，那么与波伊提乌的哲学思想互文则进一步将作品提升为探索命运的“哲学”诗。也就是说，乔叟不仅在讲述中世纪特色的“三角恋”，更是在运用帕拉蒙和阿塞特的故事来探讨和表达他对中世纪变化不定的社会里人的命运的哲学思考。

除了在《骑士的故事》里，波伊提乌的哲学思想自然还出现在乔叟其他一些作品里，比如《坎特伯雷故事》里香客乔叟亲自出面讲述的《梅利别斯的故事》，但最系统也最深刻地表现在《特洛伊罗斯与克瑞西达》里。这部八千多行的诗作是乔叟三部完整的作品之一（另外两部是《公爵夫人书》和《百鸟议会》），也是作者生前最引以为骄傲的作品，他甚至希望自己能因为它而像荷马、维吉尔等伟大诗人一样百世流芳。[1]它的确是一部杰作，刘易斯称它为“歌颂爱情的伟大诗篇”[2]，霍华德赞美它为“英语语言中第一部也是最伟大的爱情叙事诗”[3]；它还因其突出的现实主义人物塑造、细节描写，特别是对克瑞西达的性格和内心世界前所未有的深刻而细腻的展示，而被誉为“世界上第一部现代意义上的小说”[4]。

《特洛伊罗斯与克瑞西达》是以薄伽丘的《菲拉斯特拉托》为基础创作的。不过，特洛伊罗斯和克瑞西达之间的爱情故事本身并非来自薄伽丘。特洛伊罗斯是特洛伊国王的小儿子，荷马在《伊利亚特》里曾略有提及，维吉尔的《埃涅阿斯纪》简略但生动地描述了他英勇战死的情形。后来6世纪一位拉丁诗人创作了特洛伊罗斯和一个名叫白瑞西达的女子的爱情故事，但并没有得到流传。在12世纪，法国诗人伯努瓦（Benoît de Sainte-Maure，?—1173）创作了一部长达三万多行的叙事诗《特洛伊传奇》（*Le Roman de Troie*）。他在里面虚构了特洛伊罗斯和克瑞西达的爱情，后经13世纪意大利作家圭多（Guido delle Colonne，1210?—1287?）在其拉丁语散文著作《特洛伊毁灭史》（*Historia destructionis Troiae*）中增添和润色，该故事得到较为广泛的流传。薄伽丘在历代前辈的基础上创作了《菲拉斯特拉托》。所以，特洛伊罗斯与克瑞西达的故事实际上是历代文学家们的共同创作。后来莎士比亚主要根据乔叟的浪漫传奇创作同名剧作，而德莱顿在新古典主义时代延续这一传统，也创作了一部同名剧作。这个故事的“成长”是互文研究的极好个案。

1 见该作第五部第1789—1792行。

2 Lewis, *The Allegory of Love*, p. 197.

3 Howard, *Chaucer,* p. 345.

4 George L. Kittredge, *Chaucer and His Poetry*, Cambridge: Harvard UP, 1915, rpt. 1970, p. 109.

虽然《特洛伊罗斯与克瑞西达》和《骑士的故事》在相当程度上都改写自薄伽丘作品，但它们的改写方式大为不同。《苔塞伊达》是史诗风格、内容气势磅礴的“高雅”作品，乔叟将其大幅度缩写成两千多行的骑士浪漫传奇。与之相反，《菲拉斯特拉托》使用的是一种被称为cantare的体裁，它在意大利刚兴起，是一种以情节取胜，长于描写打斗、冒险和性爱，符合市民趣味的通俗叙事体裁。乔叟用适合宫廷爱情浪漫故事和悲剧的高雅诗歌文体，把薄伽丘仅三千余行的作品扩展成长达八千多行的英国文学史上最杰出的宫廷爱情骑士浪漫传奇。尽管如此，薄伽丘将特洛伊罗斯与克瑞西达的爱情故事与正在意大利兴起的市民文化互文以塑造人性化的人物形象的方式也参与到乔叟创作之中，有助于乔叟在作品中增加情感色彩并在跨越时空将特洛伊罗斯塑造成中世纪骑士的同时，也使他和克瑞西达的爱情能部分地超越程式化的宫廷爱情模式而具有动人的情感。

虽然乔叟在描写特洛伊罗斯与克瑞西达的故事中引入宫廷爱情话语，从而极大地提升了作品的体裁与风格，而且也在很大程度上改写了作品的主题与人物的形象，但《菲拉斯特拉托》的基本情节和一些艺术手法也参与到乔叟作品的建构之中。《菲拉斯特拉托》一个突出特点是人物心理的描写，乔叟将其创造性地用于诗作，塑造出克瑞西达这个在莎士比亚之前英格兰文学中最杰出的女性形象。薄伽丘使用的具有现实主义特色的创作手法也被乔叟创造性地运用到人物塑造、情节叙述、人物的行为举止和社会风俗的描写之中。同时，如同薄伽丘将特洛伊意大利化，乔叟也致力于英格兰化特洛伊。学者们指出，乔叟笔下的特洛伊其实就是“新特洛伊”，或者说是乔叟时代的伦敦。所以，虽然乔叟描写的是特洛伊战争，但通过与薄伽丘文本和英格兰社会文本的互文，他作品中真正展现的是中世纪伦敦和英格兰社会。

同在《骑士的故事》里一样，波伊提乌的哲学思想和命运观在《特洛伊罗斯与克瑞西达》里具有重要的互文意义，极大地升华了作品的主题思想，使一部表现宫廷爱情的乔叟浪漫传奇成为一部探讨命运的哲理性诗作。作品中频频出现的命运女神那令人生畏的轮子的意象以及那些表达波伊提乌关于天道、命运和个人意志的思想的段落，既预示着特洛伊罗斯的毁灭不可避免，也突出了“命运”不可抗拒的思想，反映出在变化莫测的中世纪现实生活中不论是个人还是国家民族的命运都不可预测。

同样重要的是,与波伊提乌的哲学思想的互文还促成了乔叟的一个极为重要的贡献:在中世纪文学中复活悲剧精神。中世纪之前,古希腊悲剧曾高度繁荣,然而随着基督教成为欧洲的权威宗教、古希腊罗马的异教文化体系在耶和华面前分崩离析,古典悲剧也湮没在历史封尘之中。全知全能全善并绝对公正的上帝掌管着宇宙万事万物和人生前死后之一切,自然也就不会发生什么悲剧。

其实不论是古典悲剧,还是文艺复兴时期的悲剧,都辉煌于曾经统管一切的宗教意识形态处于解体之中,人文主义思想迅速发展并同传统宗教观念既紧密交织在一起又发生激烈冲突的时代。人文主义思想的大发展是悲剧产生的前提。没有人文主义的发展,没有人对掌握自己命运的要求,没有高大的人的形象,就不可能产生真正意义上的悲剧。这就是为什么中世纪欧洲在14世纪以前没有也不可能产生出悲剧性文学作品的根本原因。

但自12世纪文艺复兴以来,随着基督教与伊斯兰两大文明的持续碰撞,欧洲的社会与经济经历着深刻变革,古典人文主义思想得以复兴。乔叟受到人文主义思想影响,同时巨变中的欧洲和英格兰现实也促使这位思想敏锐的诗人思考和探讨处于动乱中的人们的命运。乔叟的悲剧观直接来源于波伊提乌运用古典哲学对天道、信仰、人的命运和自由意志、尘世的无常和天国的永恒以及社会、政治、秩序等方面进行的深入探索和因此而产生的命运既变化无常又不可抗拒的思想。正是在乔叟深受意大利人文主义思想影响的"意大利时期",他在认真研读和翻译波伊提乌。于是,他长期对天道和命运的思考、波伊提乌关于命运和悲剧的观念和人文主义思想这三个方面在他思想中的碰撞,终于促使悲剧精神在欧洲复苏。[1]可以说,乔叟的悲剧思想是他同哲学、文化和社会等多种文本互文的结果。《特洛伊罗斯与克瑞西达》最好地体现了他的悲剧观;他在该作品结尾处将其称为"我小小的悲剧"(*Troilus*, Vol. V, l. 1786)。关于乔叟的悲剧思想,本编下面关于乔叟的文学思想

1 关于这一点,可参看拙文《乔叟与欧洲中世纪末期悲剧精神的复苏》,《解放军外国语学院学报》2007年第2期。

一章里将进一步说明。

不过,《特洛伊罗斯与克瑞西达》主要还是一部宫廷爱情浪漫传奇,乔叟作品中最典型的“悲剧”是《修道士的故事》里那些短小故事。乔叟这些所谓“悲剧”故事在一定程度上也是同薄伽丘互文的结果,因为《修道士的故事》受薄伽丘的《名人鉴证》影响,而且其中一些故事直接来自薄伽丘,但薄伽丘从未把《名人鉴证》看作悲剧。当然,同《菲拉斯特拉托》一样,《名人鉴证》里的故事也往往另有出处。所以,无论是薄伽丘还是乔叟的故事,都是无穷无尽的互文网络中的一个节点。另外,特别有意义的是,《修道士的故事》还包括了一些乔叟时代的名人从“高位堕落”甚至毁灭的真实故事,那更加凸显了他的创作与现实文本的互文以及他的悲剧思想的现实意义。

与《修道士的故事》和《名人鉴证》之间的关系相似,乔叟在创作《坎特伯雷故事》之前最后一部重要作品《贞女传奇》在一定程度上也是以薄伽丘的《名女录》为范本。这部未完成的诗作包括埃及艳后克莉奥佩特拉和奥德修斯的妻子珀涅罗珀等十个贞女节妇的故事(故事为九个,其中一个故事有两位女主人公)。所有这些女子都生活在基督教之前的古希腊和罗马时期,她们的事迹大多取材于奥维德,但乔叟显然也参考了维吉尔特别是薄伽丘等古今诗人的作品。更重要的是,乔叟对这些故事根据自己的观点都做了新的解读。所以,在每个故事里读者都能感受到乔叟与历代文学家的互文。

《贞女传奇》是乔叟第一次尝试创作短篇故事集,在一定程度上为创作《坎特伯雷故事》这部杰作做了准备。由于乔叟从未提及薄伽丘,《坎特伯雷故事》与薄伽丘那部故事集性质的名著《十日谈》之间的互文关系在很长时期内是学界争论的一个热点。经过长期研究和争论,现在大多数学者都认为乔叟不仅知道薄伽丘,而且他的代表作也受到《十日谈》影响。

当然,薄伽丘也不是第一个创作故事集的作家。在14世纪,故事集,包括具有叙事框架的故事集,并不少见,它们中有一些是早在几百年前就从梵文或阿拉伯文翻译成拉丁文的;另外一些则是把欧洲和其他地区的故事收集在一起,有的多达三百个故事。来自阿拉伯世界的《一千零一夜》(*The Arabian Nights*)在当时也颇为流行。乔叟的朋友高尔的代表作《情人的自白》也是一部有叙事框架的故事集。其实,《十日谈》本身就从古希腊罗马、中世纪、印度、中亚、阿拉伯文学借用了不少故事情节,就连薄伽丘本人亲自出面在第四天的前言里所讲的那个表现人文主义思想的著名故事,也是来自一个小和尚看见姑娘,被告知是老虎的印度佛教故事。薄伽丘和乔叟都是这一传统的集大成者。

薄伽丘的特殊贡献是用《序言》、《结语》和每天以及每个故事的前言后语构建成高度发展的叙事框架,并使之成为故事集不可分割的组成部分。作者在作品开篇详细讲述了1348年的黑死病(即鼠疫)在佛罗伦萨造成的灾难、恐惧和人们道德上的堕落,并说有十个幸存的青年为逃离瘟疫,结伴去乡下避难,并以讲故事取乐。这样作者就不仅交代了他们聚在一起讲故事的原因,而且将作品文本同社会文本互文,而这个故事集的一些深刻意义正是在这样的互文中揭示出来。

应该说,《十日谈》的叙事框架给了乔叟最重要的启示。这一启示有两方面的意义:其一是叙事框架对整部作品的艺术价值,其二则是薄伽丘利用叙事框架同社会文本进行互文。我们将看到,在这两方面乔叟都受益于并创造性地超越了薄伽丘。除此之外,《坎特伯雷故事》中还有六个故事可能来自《十日谈》。

大体上按《十日谈》的模式,《坎特伯雷故事》也用《总引》,各故事前后的引子、尾声,以及全书的结束语,把所有故事整合在一起,使这部作品成为有机整体,而非单个故事的堆砌。但这个高度发展的叙事框架不论在作品中的结构功能还是其本身的文学成就都远超《十日谈》里的叙事框架,特别是那长达八百多行的《总引》是全书的核心,具有很高的艺术价值,是英国文学史上最杰出的成就之一。同样,巴思妇人的长篇引言也是英国文学史上少有的杰作。在《总引》里,乔叟不仅说明了香客们讲故事的起因、时间和地点,而且全面生动地介绍了各位香客。薄伽丘只是笼统地介绍了七女三男十位故事讲述者,他们全是来自同一阶层的青年。乔叟的香客则多达三十位,且年龄不一,身份不同;他们来自僧、俗两界,上至贵族下至工匠农夫,除王室和农奴外,囊括了英格兰社会几乎所有阶层,在前往坎特伯雷朝圣的路上他们象征性地组成了一个动态的英格兰社会。不仅如此,乔叟还通过对这些人物的生动刻画,特别是生动描写他们之间的互动和十分复杂的关系,突出他们针对各故事所做的评论和运用故事所进行的相互攻讦，形象地揭示了英格兰社会中各阶层之间以及内部的利益冲突和思想矛盾。在如此全面表现英格兰社会及其矛盾冲突方面，至今还没有一部作品能与《坎特伯雷故事》相比。

乔叟对这些代表英格兰各阶层的人物以及他们之间的复杂关系的生动描写不仅是作品同英格兰社会文本展开全方位互文，而且还因此塑造出个性化的人物形象，进而使他们同他们各自讲述的故事之间建立起内在的有机关联；也就是说，每一位故事讲述者正好适合讲述他或她所讲述的故事。正是因为乔叟那些来自不同阶层而且往往性格迥异的人物讲述了不同体裁不同风格的故事，乔叟极大地拓宽了《坎特伯雷故事》的互文面。乔叟这部杰作囊括了中世纪欧洲当时几乎所有主要的体裁，如骑士浪漫故事、市井故事、悲剧故事、喜剧故事、传奇、圣徒传、历史传说、动物寓言、宗教奇迹故事（miracle story）、宗教寓意故事（religious allegory）、布道词等；而每一个体裁、每一种风格后面都有深厚的传统，也都包含丰富的历史文化意蕴。乔叟的文本与它们之间以及它们相互之间都进行着广泛互文。《坎特伯雷故事》这部英国文学传统的重要奠基之作深刻而丰富的意义在很大程度上正是产生于这种广泛的互文。

值得指出的是，乔叟的互文包括对“敌对阵营”的长处也创造性地借鉴和运用，而对“己方”的弱点也给予批评。比如，在乔叟时代，古英诗的头韵体传统处于复兴之中，产生了一些极为杰出的作品，与以乔叟为代表的音步节律体诗歌处于竞争之中。乔叟卓有成效的探索与创作对于节律体最终胜出成为现代英语诗歌的主要传统起到关键作用，但他也把头韵体的优秀成分吸纳到自己的创作之中，比如他在《骑士的故事》里用头韵体风格描写激烈的比武场面，使之铿锵有力、宏伟壮观。同时，乔叟这个英国文学史上最杰出的节律体浪漫传奇作家也嘲讽并戏仿了那些粗制滥造的节律体传奇故事。他在《坎特伯雷故事》中极具讽刺性地亲自出马讲述那种矫揉造作的流行风格的《托帕斯爵士》而被香客们嘲笑，没能讲完就被戏剧性地轰下台；那使他在塞万提斯之前两个世纪就嘲讽了这类作品，而《托帕斯爵士》也许是历史上对骑士浪漫传奇最早的戏仿。

虽然所有文学家在创作之时都不可避免地在进行广泛互文，但同哪些文本互文、如何互文，文学家们却颇为不同。不是互文与否，而是选择什么样的文本并与之如何互文反映出作家的天赋、匠心与知识结构。换句话说，互文不仅没有消解作家的存在，反而凸显了作家的作用和意义。乔叟学术史上许多学者在不同的立场上从不同的方面所做的大量研究表明，乔叟之所以能取得那么杰出的成就，能对后世英语文学的发展产生持续不断的深刻影响，在很大程度上就在于他明智而广泛地选择了大量具有深厚传统和社会意义、对他的创作最有价值的各式文本进行最富有创造性的互文。

第三章 乔叟形象的变迁与乔叟性

作为英诗之父，杰弗里·乔叟保持着几项纪录，其中之一是他拥有英国文学史上最长久而且不间断的学术研究和文学批评。从他生前开始，六个多世纪以来，尽管由于英语的巨大变化造成的语言障碍等因素，曾在新古典主义时代也出现过低潮，但文学界和学术界对他的评论和研究从未中断。

不过，乔叟虽然早在15世纪初就已被英格兰诗人们尊为"大师"(mayster)和"父亲"(fadir)，六百多年来，他的形象却一直在不断变化，在不同的时代或不同的人眼里，他似乎呈现出很不同甚至相互对立的形象。在很大程度上，六个多世纪以来的乔叟研究史就是一部乔叟形象的变迁史，或者更准确地说，是乔叟的形象越来越丰富同时学者们在乔叟作品中所揭示出的"乔叟性"却越来越清晰的历史。自同时代法国著名诗人德尚于14世纪80年代赞颂乔叟的诗作起，在诗人们的笔下，在学者们的研究中，乔叟的形象一直在发展变化，不断丰富。他被看作"伟大的翻译家"，"英语语言之父"，"哲学诗人"，"雄辩的修辞家"，"英语诗歌之父"，"英格兰的荷马、索福克勒斯和维吉尔"。在宗教改革运动中，由于乔叟在作品里批判和嘲讽了天主教会的修士与神职人员，他被塑造成一位"虔诚的神学家"、"新教徒"诗人、宗教改革运动的先驱和"当之无愧的威克里夫派"；有人说他的作品"寓教于乐最富成效"，"清除我们的罪孽"并用"美德之火/点燃我们的心灵"。1542年，英国颁布法案以"清除王国内所有异端邪说"，结果绝大多数书籍和文章都遭禁止，在文学界只有乔叟和高尔两位诗人的著作被容许阅读，并且在可以阅读的英国文学作品中只有《坎特伯雷故事》被专门提及。更有意思的是，当被容许阅读的书籍越来越少之时，被归在乔叟名下的伪作却越来越多。一些明显具有反罗马教会和反教皇倾向的作品如《高地的杰克》、《农夫的故事》、《香客的故事》和其他一些作品都被归在他名下，而一些比较优秀的诗作如《花与叶》也被错误地认为出自他的手笔。但另一方面，也有人谴责乔叟，说他的诗作“与基督和他的使徒们的教义直接对立”，教唆“淫乱”，“毒害青年心灵”，应被列为“禁书”，认为阅读《坎特伯雷故事》如同“亵渎神灵、骂脏话、玩纸牌、掷色子”一样使人堕落，而《修女院教士的故事》中关于爱情的动物寓言更“是彻头彻尾的无聊、有毒的引诱和甜言蜜语的虚荣”。关于他的诗歌语言，有人说那是“清纯英语之源泉”，其韵律“自然流畅”；与之相反，也有人认为他使用“未经提炼的粗俗语言完全不符合我们时代对高雅的要求”，而他的韵律更是“别扭粗俗”。有人赞扬他创造了“上帝的丰富多彩”，而有人则责备他的作品杂乱无章、良莠不齐，完全不符合“得体”(decorum)的原则。到了20世纪，对乔叟的研究全方位展开，有学者深入探讨了乔叟所受的影响，认为他是欧洲大陆传统的传人，另外有学者则认为他本质上是英格兰本土传统的承前启后者。有人认为薄伽丘对他影响最大，而有人认为他根本不知道薄伽丘其人，特别是他的代表作《坎特伯雷故事》根本没有受到《十日谈》影响。有学者认为他的创作发展分为法国时期、意大利时期和英国时期三个阶段，另外的学者则持相反观点，认为他自始至终都是地道的英格兰诗人。有人认为他难能可贵地在中世纪突出地表达了女权思想，相反却有人认为他贬低、丑化女人。还有人认为他为“9·11”后的美国指出了一条同伊斯兰国家建立正确关系的道路，等等。这是同一个乔叟吗？

另外，中世纪作品往往不署名，所以大量中世纪文学作品至今不知出自何人之手，历史文献中更少留下关于文学家的记载。但由于乔叟与王室关系密切，是比较重要的官员，有相当高的知名度，其经历也可谓丰富多彩，所以我们对其生平了解较多，甚至超过了我们对晚他约二百年的莎士比亚的了解。学者们经过长期系统、深入的搜寻，在各种档案材料（不包括文学作品）中，找到492条乔叟生前留下的关于他的记载，它们现在全部收入由克洛和奥尔森编纂的《乔叟生平记载》。一个诗人留下这么多确凿的文字记载，不仅在中世纪英国绝无仅有，即使在文艺复兴时期，在英国文学家中，除非出身显贵，否则也不多见。

然而，乔叟能为后世留下那么多关于他的记载，与他是一个诗人和他为英国文学做出的杰出贡献，全都不沾边。那492条记载大多涉及其公务、年金、职务、诉讼、所受赏赐和出使外国等情况，而没有一条哪怕是暗示他是一个诗人，自然更没有一条提及他的文学作品。仅就这些记载而言，我们看到的是一个王府的童仆、随主出征的扈从、多次出使外国的外交官，以及海关官员、国会议员、郡治安官、王室工程总管和森林管理人，我们无论如何也猜想不到，他竟然还是一位诗人。人们不禁会问，这位在生前有幸留下这么多记载的官员乔叟与那位六个多世纪以来在英语世界享有崇高声誉的英诗之父是同一个人吗？

如果是的话，看来比较令人信服的解释是，诗人在中世纪似乎并不是值得记下一笔的人物。这或许也表明，中世纪人似乎没有“作者身份”（authorship）的观念，没有把作家同他的作品联系起来，也就是没有认识到作家与他的作品之间的独特关系。这种状况，以及上面所说乔叟形象的变迁，似乎很符合罗兰·巴特关于作者之死的观点。巴特该观点的基础是，所谓作者只不过是现代社会的虚构，根本就不存在。他说：

> 在民族社会，叙事从来不是由一个人（person），而是由一个中介（mediator）、一个巫师（shaman）或者一个演唱者（relator）进行，是他的“表演”——他对叙事规则的熟练掌握——而非他的“才智”能获得赞赏。作者是一个现代人物，他毫无疑问是由我们的社会所创造；那是因为在中世纪终结之时，在英国的经验主义、法国的理性主义和宗教改革运动对个体的信念的影响下，我们的社会发现了个体的特殊价值。[1]

巴特这个说法，有几点值得商榷。首先，巴特将游吟诗人的身份（巫师或演唱者）同他这个人完全分离，因此认为他只是机械地“表演”，而没有也不可能有任何创造。然而这与古代文献的记载和学者们

1 Roland Barthes, “The Death of the Author,” in Roland Barthes, *Image, Music, Text: Essays*, select. and trans. Stephen Heath, London: Fontana, 1977, pp. 142–143.

的研究并不相符。的确,游吟诗人们是在传统中进行演唱,是在大量利用历代前辈和自己积累的程式化(formulaic)语言和技巧进行表演,演唱内容也往往为听众所熟知。但这并不妨碍,更不禁止游吟诗人即兴发挥和创造。[1]实际上,即使是同一个故事,也没有两个诗人的演唱甚至同一个诗人的两次演唱完全一样。与巴特的观点相反,著名的古英语史诗《贝奥武甫》生动地记载了一位歌手是如何在演唱传统中即兴创作的:在贝奥武甫杀死魔怪凯旋的路上,一位"极富诗才"的"歌手"运用传统"曲子即兴填词",将贝奥武甫诛杀魔怪的英雄事迹创作成"一篇动人的故事"。[2]这是关于氏族社会里英雄歌谣如何产生的宝贵记载,生动体现了传统与创新的辩证关系。在这里,我们实在很难认同这位武士歌手的创作仅仅是与"才能"完全无关的"表演"这一说法。

其次,巴特从氏族社会跳到中世纪终结之时(从巴特提到英国的经验主义、法国的理性主义和宗教改革运动来看,他实际上是指16和17世纪),从氏族社会的演唱一下跳到中世纪终结之时的书写,正是为了支撑他关于作者是现代社会产物的观点。我们可以暂不考虑古希腊罗马和其他古代文明,但创造了很高文明的上千年的中世纪为什么被轻松抹去?我们也可以暂不考虑古希腊罗马或者中世纪汗牛充栋的拉丁著作,从7世纪到11世纪四百年的古英语书面文献(特别是取得了非常高成就的古英语文学)也可以暂被看作可以忽略不计的个案,但我们无法不考虑12世纪文艺复兴之后到巴特所说的"中世纪终结"之时那四五百年里西欧各国书面民族语言文学的繁荣。下面我们将谈到,关于作者的现代观念正是萌发于这一时期。

但巴特的主要问题是,他把作者等同于关于作者的观念。作者是在作家创作作品时同时创造的,是作家在创作过程中无法不投射进作品中的那一部分自我,即使原始社会的游吟诗人也不完全例外,因为每一个游吟诗人的演唱都有一定独特性。只要作品被创作出来,不论我们是否认识到,甚至不论我们是否知道作家的名字,作者就已经存在。巴特那样大幅度跨越或者说割断历史,显然是想以此来证明作家和他的作品之

1 关于游吟诗人的程式化演唱与个人发挥,请参看 Albert B. Lord, *The Singer of Tales*, Cambridge: Harvard UP, 1964。

2 详见《贝奥武甫》,冯象译,北京:三联书店,1992年,第868—874行。

间本来并没有关系，作者只不过是突然被现代社会无中生有地凭空创造出来而已。实际上，现代社会所创造的或者说所建构的不是作者，而是关于作者的观念，或者更准确地说，是关于作者的现代观念，因为下面将谈到，即使在中世纪也有关于作者身份的相当明确的观念。也就是说，现代社会并非凭空创造出作家和作品之间的关系，而仅仅是“发现”了，或者更准确地说，只是进一步认识到这种本来就存在的关系。

近几十年来，特别是自20世纪80年代以来，学者们的研究表明，其实关于作者的观念也并非出现在现代社会，而是一直存在于被巴特抹去了的中世纪，并一直处于变化发展之中。在12世纪文艺复兴之后，恰恰是在巴特所给出的作者被虚构出来的时间上限之前的四五百年里，随着人文主义和经院哲学的兴起和发展，同时也随着这时期书面民族语言文学的发展与繁荣，关于作者身份的观念和理论获得重大发展，而关于作者的现代观念也正是在这一时期在中世纪原有的关于作者的观念之基础上逐渐发展和形成。这时期西欧社会、文化和文学发展中的一个核心因素是人文主义的发展。巴特认为，作者的出现与人的个体价值的提高相关；如果他将作者的出现改为关于作者身份的现代观念的发展，则是正确的。

对中世纪的作者身份，著名中世纪学者明尼斯做了广泛研究，他在专著《关于作者身份的中世纪理论》(*Medieval Theory of Authorship*, 1984)中首先界定了中世纪有关作者的两个广为运用的术语：作者(auctor)和权威(auctoritas)。他说，“在[中世纪]文学语境中，‘作者’这个术语指作家和具有权威的人”；因此，“一个作家的著作(writings)包含或者说拥有抽象意义的‘权威’，它具有强烈的真实性和睿智的含义”；另外，“在具体的意义上说，一个‘权威’是来自一个作者之作品的引文或节选”。一个作家(writer)要被尊为“作者”，他的著作必须符合“两条标准”：“‘内在价值’(intrinsic worth)和‘真实性’(authenticity)”。在中世纪，“内在价值”必须“以某种方式符合‘基督教真理’”；而要“具有‘真实性’，一种说法或者一篇作品必须是一个有名有姓的作者的真实著作”。[1]明尼斯随即引用13世纪一位多明我神

1 A. J. Minnis, *Medieval Theory of Authorship*, London: Scolar, 1984, pp. 10–11.

学家的话说，那些著作“被称为伪经(apocryphal)是因为作者不明。但它们毫无疑问包含真理，所以为教会所接受”。这位神学家继续说：“如果它们既无作者也无真理，它们就不可能被接受。”[1]由此可见，中世纪不仅有关于作者的观念，而且把作者看得极为重要。

更重要的是中世纪人认为作者在作品生产中所起的作用。随着12世纪经院哲学的兴起，亚里士多德关于因果关系的思想被运用于研究作者与作品的关系，并以此揭示作品产生的各种因素。中世纪人往往在著作前面的“引言”(prologue)中说明著作产生的因素、意图和作品内容。明尼斯将其称为“亚里士多德式引言”(Aristotelian prologue)。他通过对这些引言的研究，归纳出使作品产生的四种原因(causes)：直接原因(causa efficiens)、材料原因(causa materialis)、形式原因(causa formalis)和最终原因(causa finalis)。直接原因就是作者本人；材料原因指作者所有材料之来源；形式原因指作者的写作手法，如篇章结构等；而最终原因则是指作者写作该书要达到的最终目的。[2]在这四个原因中，作为直接原因的作者无疑占据核心地位，其他三个原因也都与他直接相关。明尼斯还进一步指出，在13世纪出现的“对个体作者(individual auctor)节操新的强调产生了两个结果：在各种写作手法的运用方面对作者的兴趣和对‘作者生平’的表率作用的兴趣。在13和14世纪，所有各种作者，不论属于基督教还是异教，都在道德和创作层面受到考察”[3]。

尽管这里主要涉及宗教领域的作者，但明尼斯指出，同样的作者观念也适用于波伊提乌、奥维德、西塞罗、维吉尔、贺拉斯等古典思想家和诗人，同时也深刻影响了中世纪文学家如意大利的彼特拉克、薄伽丘与英国诗人高尔、厄斯克和乔叟等。不过在作者意识的发展方面，明尼斯没有谈及那个时代的法国诗人们，其实他们的作者意识甚至领先于并影响了包括乔叟在内的欧洲其他国家的诗人。

然而具有悖论意义的是，正因为中世纪人如此重视作者的作用，那些并非直接阐释《圣经》和基督教神学的文学家们，其身份和声誉往往

1 转引自Minnis, *Medieval Theory of Authorship*, p. 11。

2 见Minnis, *Medieval Theory of Authorship*, pp. 112–113。

3 同上，pp. 28–29。

受到基督教压制。其原因是，基督教认为，声誉（fame）十分危险地接近基督教所谴责的所谓"七大重罪"之首的"虚荣"。基督教谴责虚荣，是因为《圣经》里蛇引诱人说，如果人吃了禁果，"便如神能知道善恶"（《创世记》3：5）。所以基督教认为，是人想变得像神一样的虚荣导致了人的堕落。然而教会对作者声誉的压制恰恰表明，中世纪人意识到作者的身份与作用。

但尽管受到基督教压制，中世纪诗人们仍然以不同方式表现自己的作者身份。早在英语文学产生之初，大约生活在8世纪后期或9世纪初的古英语诗人基涅武甫（Cynewulf）在其诗作《基督之二》（*Christ II*）快结束时，将其名字用如尼文字母（runic letters）分散安插在一些诗行里。学者们一般认为，他这样做是为了忏悔自己的罪孽，希望读者或听众"为他的灵魂祷告"。[1]但如果仅仅是这样，他完全可以像中世纪大量忏悔诗作者那样，不用把自己的名字硬塞进去；因为对于全知全能的上帝，忏悔者是否附上自己的名字毫无意义。相反，他将那些与诗文完全无关，来自古日耳曼部落有关巫术而当时极少人能看懂的如尼文字母安插在诗行里，似乎有"欲盖弥彰"之嫌：这位被学者们认为有可能是一位主教的诗人既想使自己的声名与诗作永存，又怕被人斥责为虚荣。[2]

在12世纪前期，本编前面曾提到的英格兰"历史"学家蒙莫斯的杰弗里在《不列颠君王史》的引言里，明确交代了自己撰写这部所谓"史书"的目的，并在书中其他一些地方一再提及他自己，表现出他的作者意识。大约在12世纪末，主要运用古英语头韵体诗歌传统创作中古英语第一部长篇叙事诗《布鲁图》（长达16,095行）的作者拉亚蒙在作品中也简略谈到自己的创作目的，以及如何广泛游历和收集材料，表现出这位早期英国诗人的作者意识。到了14世纪乔叟时代，英国文学家们

1 参看C. L. Wrenn, *A Study of English Literature*, London: George G. Harrap, 1967, p. 123。本文作者也曾这样认为，见拙著《英语文学传统之形成——中世纪英语文学研究》（上），北京：社会科学文献出版社，2009年，第104，122页。

2 希望自己声名永存是古日耳曼和盎格鲁–撒克逊文化的重要组成，这在基涅武甫同时代那些受日耳曼文化传统直接影响的古英语英雄诗歌里有大量表现，比如《贝奥武甫》。

的作者意识得到进一步发展与表达，更多作家有意识地把自己的个人信息带入作品，比如中世纪最杰出的英语诗作之一《农夫皮尔斯》的作者威廉·朗格伦就是如此，而长期与乔叟齐名的著名诗人约翰·高尔更在其代表作《情人的自白》结尾，认真介绍了自己的三部拉丁文著作，而且还在里面赞颂自己的朋友乔叟。

当然，在中世纪英格兰文坛，作者意识最突出的显然是乔叟。他在多部作品中都塑造了一个与自己同名的第一人称叙述者，并通过他在多部作品里列出他的主要作品目录，甚至多次对自己的作品进行评论和表达自己的创作思想。在《声誉之宫》这部系统探讨声誉本质、为声誉正名，甚至可以被看作英语文学史上第一部关于诗歌创作的诗作里，第一人称叙述者杰弗里还借雄鹰之口述说自己的文学创作、海关工作以及算清账目下班后闭门夜读直到“两眼发直”的生活（*House*, ll. 614—659）。他对自己海关工作的叙述也是现代学者们确认诗人乔叟与那位留下492条记载的政府官员乔叟为同一人的有力证据之一：在当时人口仅约五万、知识分子更是凤毛麟角的伦敦，同时生活着两位同名同姓、同在伦敦海关工作[1]的人，而在薪酬记载中却只有一人，实在令人难以置信。

同样在《声誉之宫》里，乔叟描写声誉之宫门前竖立着“肩负”各自民族“声誉”的荷马、斯塔提乌斯、维吉尔、奥维德等伟大诗人，显然是为文学家的声誉正名，而他选择来代表英格兰的诗人恰恰是与他同名的“英国的杰弗里”，[2]这也绝非偶然。尽管叙述者否认来声誉之宫是为寻求声誉（ll. 1874—1875），但在作者内心，他很可能也想成为这样一个“肩负”英格兰文明的诗人。当然，作为英诗之父的乔叟，在英国文学史上，的确没有人比他更有资格站在声誉之宫前的立柱上。在声誉之宫里观看了声誉如何产生之后，杰弗里身旁一个人问他，是否也是来寻求声誉；他以“脑袋起誓”，矢口否认，并说：

如我死后，没人瞎糊弄

1《声誉之宫》创作于14世纪70年代后期，乔叟在伦敦海关的工作从1374年到1386年。

2 即前面提到的《不列颠君王史》之作者蒙莫斯的杰弗里。

我的名声，我就心满意足。
我最了解我是什么样的人。
对自己的行为和思想，
我自作自受，别无他图，
重要的是，我只需
弄明白我的诗歌艺术。

（ll. 1876—1882）

有谁能相信写出这样诗行的乔叟竟然可能会没有作者意识？

在《特洛伊罗斯与克瑞西达》这部作者十分满意的诗作的结尾，乔叟很“谦虚”地将这部长达八千多行的诗作称为“我小小的悲剧”（V, l. 1786）以表明其作者身份，并说：

但我的小书，不要去招人妒忌，
要向所有的诗歌表示谦卑，
步维吉尔、奥维德、荷马、卢坎和斯泰斯
后尘，亲吻他们的足迹。

（V, ll. 1789—1792）

诗人虽说要“表示谦卑”，但他显然渴望因创作了这部他十分满意的著作而像荷马等伟大诗人一样流芳百世。

尽管中世纪文学作品一般不署名，但乔叟却专门在《贞女传奇》和《坎特伯雷故事》等以用他自己名字命名的人物为第一人称叙述者的著作里一再列出自己的主要诗作目录，以流传后世，显然比那位只能悄悄地把自己的名字用人们不认识的如尼文字母塞进诗作的基涅武甫更为“明目张胆”。很有价值的是，这不仅成为后代学者确定乔叟著作的依据，而且使他们能更容易从中总结出“乔叟性”并据此制定剔除大量托乔叟之名的伪作的标准。关于这一点，下面将谈到。在《贞女传奇》的引言里，叙述者杰弗里不仅列出自己的著作目录，而且特别有意义的是，他还虚构了一个很富喜剧性的场景。他这位多年来忠心耿耿颂扬爱神的“仆人”，因为翻译了《玫瑰传奇》和写了《特洛伊罗斯与克瑞西达》，得罪了爱神，被爱神斥责为“专写糠秕”（*Legend of Good Women*, G, l. 312）[1]的“老糊涂虫”（l. 315）。后经“王后”阿尔刻提斯为他求情，爱神才同意对他的“轻微的处罚”：传诵“节妇、贞女、贤妻”忠于爱情的“光辉事迹”和揭露“负心汉对她们的背弃”，并且要年复一年，到死方止（ll. 471—485）。学者们认为，那表明乔叟很可能因为描写了克瑞西达的不忠而遭到浸淫于女士崇拜的宫廷爱情诗歌传统的受众，特别是上层社会的女士们的指责。同时那也表明，诗人需要为他的作品承担责任。不论是受众的指责还是诗人在这里做出的喜剧性反应，都表现出中世纪人和乔叟自己的作者意识。

其实，在《特洛伊罗斯与克瑞西达》的结尾，乔叟就已经在“恳求美丽的女士，/和高贵的夫人”，不要因为该书揭露了“克瑞西达的不忠/和罪孽而对我发怒”。他辩护说，克瑞西达的“罪孽”不是他的编造，女士们“可以从他人的书中读到”。并且他宣布：“我将很高兴大书特书……/珀涅罗珀的忠贞和阿尔刻提斯的高尚[2]”（*Troilus*, Vol. V. ll. 1772—1778）。由于《特洛伊罗斯与克瑞西达》是一部悲剧性作品，在该书结尾，乔叟还提到，希望上帝“赐他力量，在他死前，/写出一些喜剧”（V. ll. 1787—1788）。学者们一般认为，这表明乔叟已经有了创作被一些学者称为“人间喜剧”的《坎特伯雷故事》的打算。作者在作品中直接给出的这些重要信息，不仅透露出未来15年中他大致的创作计划、内容和体裁，而且还表现出他试图将他中、后期几部作品的创作整合成多少相关联的艺术统一体的意图，反映出他作为一个完全成熟的文学家驾驭创作的强烈的作者意识。

乔叟的作者意识还特别明显地表现在《坎特伯雷故事》里。在这部著作中，乔叟也塑造了一个同名叙述者（学者们通常将其称为“香客

1 Geoffrey Chaucer, *Legend of Good Women*, in Robinson (ed.), *The Works of Geoffrey Chaucer*. 该诗作手抄稿现存F和G两种，这里采用G稿。下面对该诗的引文卷码行码随文注出，不再另注。

2 珀涅罗珀（Penelope）是荷马史诗《奥德赛》主人公奥德修斯的妻子，以对丈夫的忠贞而闻名于后世。阿尔刻提斯（Alcestis）是希腊神话中塞萨利（Thessaly）国王阿德墨托斯（Admetus）的王后，阿德墨托斯是曾去海外觅取金羊毛的英雄之一。阿尔刻提斯代替丈夫赴死，后被大力神赫拉克勒斯救活。

乔叟”或“叙述者乔叟”）。乔叟于1385年10月就任肯特郡治安官，不久迁居格林尼治，直到14世纪90年代后期。格林尼治是从伦敦到坎特伯雷的必经之地，而他作为治安官，每月必须前往坎特伯雷办案，在途中他无疑会经常碰见成群结队前往坎特伯雷朝圣的香客，他甚至很有可能像诗作里的香客乔叟那样与他们结伴而行。很可能正是这样的亲身经历给了诗人灵感，想到以香客们讲故事消遣的朝圣旅途作为故事集那令批评家们惊叹的叙事框架。在香客们途经格林尼治时，叙述者乔叟甚至还遥指他自己（其实也就是诗人乔叟）的住处调侃说：“瞧格林尼治，那儿无赖可不少”（第一组第3907行）。

更重要的是，乔叟在诗中一再用大段诗行表明，[1]自己只不过是客观描写香客们的行为举止和忠实记录他们的言谈和故事，他们的言行和故事都与自己无关。他说：“故事得照录，不管是坏还是好，/要不然，就是我对材料掺了假”（第一组第3174—3175行），而且“无论是谁，要复述别人的故事，/就得尽量复述原话的每个字”，“要不然他就歪曲原来的故事”（第一组第731—732及第735行）。他这样反复强调，既是为了同磨坊主等人所讲的淫秽故事撇清关系，也表达了他关于作者不得进行干预、人物言行是其性格的体现因此应统一的创作思想。很难想象一个没有意识到自己作者身份的“中介”会如此“谨慎”并如此反复、明确地表达自己的创作思想。乔叟甚至还搬出柏拉图和耶稣这样的权威，说自己只不过以他们为榜样行事：

《圣经》里面基督的说话很朴素，
而你们知道，这完全不是粗俗。
柏拉图也说（读他书的都赞同）
语言和行动必须是一对亲弟兄。

（第一组第739—742行）

乔叟那些使用第一人称叙述者的作品，特别是《坎特伯雷故事》，全都是他在这里表达的创作思想的杰出体现。他的“客观”手法也获得历

1 例如，可参看《总引》第725—745行，《磨坊主的故事》第3167—3186行等段落，也可参看本编后面第四章“乔叟文学思想”中相关部分。

代评论家和学者的高度赞扬。

同在《贞女传奇》里一样，在《坎特伯雷故事》结尾，感到已临近生命终点的老诗人再一次列出自己的作品目录，并对它们进行了简单评判，认为自己许多译著和诗作不符合基督教道德观念，宣布将它们收回。不论他是真心还是假意，这都无可辩驳地证明乔叟清楚地意识到自己的作者身份，知道他与那些作品之间的关系，否则他不会甚至无权将其收回。上面这些例证充分表明，不仅作者，甚至连作者意识以及关于作者身份的观念都不是由现代社会建构或虚构；相反，正如学者们的研究所指出，欧洲中世纪已经形成了关于作者身份的系统理论，尽管那与现代作者身份理论有一定距离。

巴特特别反感作者的一个原因是，由于作者的出现，“文学的形象被强制性地以作者，以他的性格、生平、趣味、情感为中心；在绝大多数情况下，文学批评就是这样：谈论波德莱尔（Baudelaire）的作品意味谈论波德莱尔这个人的失败，谈论凡 · 高（van Gogh）的作品就是谈论他的疯癫，谈论柴可夫斯基（Tchaikovsky）的作品就是谈论他的恶习”[1]。然而这并不符合绝大多数承认作者存在的批评家们的批评实践，而且六个多世纪以来连续不断的乔叟学术史也显然不能支持这种似乎有点“耸人听闻”的说法。首先，专门研究乔叟生平的著述在研究乔叟及其文学成就的汗牛充栋的著作中只占极少数。其次，即使在《乔叟生平记载》这部使人们更加了解诗人生平的著作出版后，呈爆炸式增加的恰恰不是关于乔叟的生平，而是对乔叟作品的思想内容与艺术成就以及它们与乔叟时代的社会文化的关系的深入探讨；该书中的档案材料主要是为学者们多角度研究乔叟及其作品提供了启发、线索、旁证和丰富的社会文化信息。正是在20世纪，乔叟的全部作品，不论长短，才被认真深入地全面研究，而在这些研究中，所谓“强制性地以作者”为“中心”显然与实际情况大为不符，它们中绝大多数都主要是研究乔叟的作品。

即使在相对而言数量并不多的乔叟传记中，学者们更关注的也是如何将发现的档案材料运用于研究乔叟的创作发展。他们令人信服地揭示出乔叟的个人经历与他的创作生涯之间的内在关联。比如，他的

1 Barthes, “The Death of the Author,” p. 143.

意大利之行有助于学者们解释：为什么在14世纪70年代后期，他能创作出被称为《英语之但丁》的《声誉之宫》？以及为什么他这个一直浸淫于法国宫廷文化和法国诗歌传统之中的英格兰诗人的创作中几乎是突然涌现出那样广泛的意大利文学影响？同样，他迁居格林尼治并就任肯特郡治安官的生活经历也有助于批评家们理解，为什么乔叟能那么令人赞叹地把香客们前往坎特伯雷朝圣途中讲故事消遣作为《坎特伯雷故事》的叙事框架，并进而认识到这个框架所体现的特殊而深刻的现实和文学意义。换句话说，就绝大多数学者和批评家而言，他们关注的中心是他的创作，他的文学成就，他作品的艺术手法，他的人物塑造，他对英格兰社会的描写，他对英格兰人的思想意识和情感的表达，他作品中的文化意蕴和历史信息，他对英格兰和欧洲大陆文学传统的继承与创新，他对包括莎士比亚在内的后代英国文学家的重大影响，以及他对英国文学发展的贡献。也就是说，他们关注的中心归根结底是他的作品，而非他的“绯闻”(尽管他的确有绯闻)。本章前面提到，在各历史时期乔叟的形象不断变化，出现了那么多不同的形象，但严格来说，其中没有一个是基于对作品外的乔叟的研究，相反，它们全是学者们在各自的社会文化语境中根据自己的思想观念在乔叟作品中解读出来的。当然，乔叟的这些形象在一定程度上反映出各时代批评家自己的形象，但它们同时也根源于乔叟作品，因为他们不可能在高尔或莎士比亚的作品中看到那样的形象。

如果巴特质疑以作者为中心的文学批评是为了强调作者隐退以便为以作品为中心的文学批评打开更广阔的空间，那么作为一种批评原则，那自然无可厚非。其实在他之前，现代主义文学家、俄国形式主义者和英美新批评派在这方面，在对旧历史主义批评纠偏上，已经做了大量卓有成效的努力。从表面上看，巴特似乎是20世纪文学批评领域“去作者化”这一重要传统的继承者，然而在本质上并非如此。对于现代主义文学家和新批评派，“去作者化”或者说“作者隐退”是方法论(methodological)而非本体论(ontological)问题。也就是说，他们并没有否定作者的存在，而是如新批评派著名的“意图谬误”论所说，文学批评要以作品而非作者意图为根据或标准，也即D. H. 劳伦斯所说：相信故事，而非相信讲故事的人(Trust the tale, not the teller)。作者意图，如果能知道的话，可能给我们以启发,但也可能局限我们的视野,甚至把我们引入歧途。

现代主义文学推崇非个性化,致力于使用客观手法,因此也强调作者隐退。乔伊斯在《一个青年艺术家的画像》里说:“一个艺术家,和创造万物的上帝一样,永远停留在他的艺术作品之内或之后或之外,人们看不见他,他已使自己升华而失去了存在,毫不在意,在一旁修剪着自己的指甲。”[1]这段被广为引用的话表明,创作文学作品的艺术家,或者说像乔伊斯那样的现代主义艺术家,并非真的不存在,而是像“创造万物的上帝一样”,只是“人们看不见他”(invisible)而已。现代主义文学家中,非个性化理论最著名的代表人物也许要算艾略特,但他那著名的“客观对应物”(objective correlative)理论表明,他只是认为诗人不应该像浪漫主义诗人那样直抒胸臆,而是要使用客观手法,运用生动具体的意象来客观地体现思想感情。也就是说,诗人不应直接出面表达乡愁,而只要运用“枯藤老树昏鸦,小桥流水人家,古道西风瘦马”这样的“客观对应物”,天涯沦落人的情怀在不露诗人痕迹的情形中就已经强烈地体现出来。所以,不论是在《尤利西斯》或是在《荒原》里,乔伊斯或艾略特都无处不在。其实,在艾略特去世之后,随着学者们对其个人生活了解的深入,人们发现诗人描写的“荒原”不仅隐喻现代西方人的精神世界,而且也根源于作者自己的家庭生活和内心体验。也就是说,这位非个性化文学的代表作家实际上是在运用非个性化手法探讨和表现相当个性化的内容。所以,从《普鲁弗洛克的情歌》(“The Love Song of J. Alfred Prufrock”, 1915)开始,读者在他作品里无处不感受到他那种看不见的上帝般的存在。

由此可见,现代主义文学强调非个性化创作,并不表明作者不存在或者死亡,或者说在创作中不起作用;恰恰相反,非个性化创作对作家们的要求反而更高。福克纳在创作《喧哗与骚动》时,不断查看他的笔记本;后来在创作《寓言》(*A Fable*, 1954)时,他干脆把小说中那一个星期里每天发生的主要事件直接写在他书房的墙上,好随时查对,以免出错。[2]尽管创作《喧哗与骚动》或《寓言》的作者不一定或不完全是那

1 詹姆斯 · 乔伊斯:《一个青年艺术家的画像》,黄雨石译,北京:外国文学出版社,1983年,第253页。

2 现在人们参观福克纳故居,仍然能在他书房的墙上看见他当年写下的《寓言》的主要事件。

个在生活中拒绝使用空调的比尔，但那个在密西西比州挥汗如雨的酷暑里精心选择每一个词，对手稿反复修改、大段重写甚至为是否使用标点或是否使用斜体而大费苦心，并因此而不可避免地将自己投射进作品之中但还得费尽心机使"人们看不见他"的福克纳显然不仅仅是"语言网络"或"社会能量"，而是具有超强作者意识和对创作具有超强驾驭能力的作者。其实，他显然比巴特更清楚他把自己投射进他的作品之中。所以他说："那种能不动声色地、以完全超然和鉴赏的态度描写其生活时代的冷漠才俊不存在于我们之中。"[1]所以，在他的名著《押沙龙，押沙龙！》(*Absalom, Absalom!* 1936)里，昆丁·康普生在探索象征南方历史的斯特潘家族之兴衰史时表现出对南方强烈的爱恨心情，用路易斯·鲁宾(Louis Rubin)的话说，那是"来自福克纳的内心深处，并且反映了现代南方作家同南方之间的关系"[2]。福克纳甚至还说过，他自己就是《喧哗与骚动》里的昆丁·康普生。当然，如劳伦斯所说，这里我们不能完全相信他；但他在很大程度上把自己的思想情感投射到作品中，投射到昆丁身上，则是不争的事实。

这些成就辉煌、经验丰富的诗人和作家似乎更能触及创作的本质，似乎也更能认识到作者与文本的关系，这其中也包括巴特在《作者之死》("The Death of the Author", 1967)里推崇的保罗·瓦莱里(Paul Valéry, 1875—1945)。巴特说，瓦莱里"从未停止过质疑和嘲笑作者"，而"所有转向作者的内心对他来说似乎都是彻头彻尾的迷信"。然而，正是瓦莱里说过："艺术的目的和创作手法的原则恰恰是表达对一种理想状态的印象，在那样的状态中，那个拥有它的人能够自发地、轻松自如地、毫不费劲地创作出对他的本性和我们的命运的壮丽而结构精美的表达。"[3]瓦莱里在这里不仅没有"嘲笑和质疑"那个"拥有""一种理想状态的印象"的作者，相反高度肯定了他的作用，并把他表达其"本

1 William Faulkner, "An Introduction to *The Sound and the Fury*," *Mississippi Quarterly*, 26, 1973, p. 412.

2 Louis Rubin, "The Dixie Special," in Doreen Fowler and Ann J. Abadie (eds.), *Faulkner and the Southern Renaissance*, Oxford, MS: U of Mississippi P, 1982, p. 37.

3 Paul Valéry, "Remarks on Poetry," in T. G. West (trans. and ed.), *Symbolism: An Anthology*, London: Methuen, 1980, pp. 59–60.

性”和那种“对理想状态的印象”作为“艺术的目的”。这似乎很难支持巴特对他的“推崇”。

杰出的现代主义文学家伍尔夫以其对历代文学家的深入研究和她作为杰出文学家的极为丰富的创作体验为依据，发表了许多见解深刻的观点。她同艾略特、乔伊斯一样是非个性化文学理论的代表人物。正是这位在理论上强调作者“隐退”并在创作中身体力行的文学家，禁不住赞叹乔叟的“客观”手法，她说，在乔叟作品（这里特别指《坎特伯雷故事》）里，“所有的行为和情感都被呈现出来……因此我们不是被严肃地训诫，而是被留在一旁进行探索、观察并不得不自己去发现其意义”[1]。我们下面将谈到，正是这位强调作者“隐退”的文学家，在英国文学史上第一个明确揭示出乔叟作品中那种不可替代的只有乔叟才有的乔叟性。

所有这些强调作者“隐退”的现代主义文学家们根据自己的创作体验都没有否定作者的存在。但《一个青年艺术家的画像》这部以客观手法写出的近乎自传体的小说和《喧哗与骚动》或者《达洛维夫人》（*Mrs Dalloway*）或者《荒原》与其作者的关系自然不尽相同。当代著名乔叟学者皮尔索尔说：

> “生平”与“作品”的关系可能有多种形式。它可能非常明显，如拜伦、奥斯卡·王尔德和西尔维娅·普拉斯（Slyvia Plath）的情况那样，在那里作品几乎就是生平的附录；它或者非常微妙，比如在艾米莉·狄金森那些19世纪很低调的女诗人那里，就是如此。在乔叟那里，这种关系似乎出乎意料的紧密：虽然他很少谈及自己，很少谈及他对同时代重大事件的态度，但他在其诗歌中存在的状况却在我们心中激发出非同寻常的欲望，想去了解他“究竟”如何。

皮尔索尔随即指出，我们真正想探寻的并非生活中“真实”的乔叟那个人，而是“他建构其诗歌自我（poetic self）的方式”。[2]虽然乔叟的诗歌

1 Virginia Woolf, “The Pastons and Chaucer,” in *The Common Reader*, New York: Harcourt, Brace and Company, 1925, pp. 32–33.

2 Derek Pearsall, *The Life of Geoffrey Chaucer: A Critical Biography*, Oxford: Blackwell, 1992, p. 5.

自我与在海关工作甚至坐在书桌前的乔叟不能等同，但却密切相关。

巴特显然不会同意这个观点。他认为，作品与书桌前那个人没有关系，他充其量只能像游吟诗人那样模仿前人，“绝无创新”：

> 我们现在知道，文本并非只是释放唯一“神学”意义（作者—上帝的“神示”）的一串单线的文字，而是一个多维空间，在里面各种各样的作品——它们中无一独创——混合与碰撞。文本是由来自无数文化中心的引语组成的网。……作家只能模仿先前的姿态，绝无创新。他唯一的能力是以这样一种方式混合作品，用一些作品对抗另外的作品，以致绝不会停留在其中任何一个作品之上。他如果想表达自己，他至少应该知道，他想“翻译”的那个内在的“东西”本身就仅仅是一部已经成形的字典，它里面的字只可能用其他的字来解释，如此这般，以至无穷。[1]

这段关于文本之间互文关系的论述很有道理，也很精彩。但如果以互文关系来否定作者的存在就走远了。首先，如果作家想表达的“东西”是一部“字典”，那么它与通常那种“死”的字典不同，因为没有也绝不可能有两部这种内在的“字典”完全等同，而里面收录的“字”和相互“解释”的方式更不可能完全一样。其次，互文碰撞的确为文本的产生发挥着重大作用，也为文本永不停息的发展与生长或者巴特所说的书写注入永恒生命力。但作者为什么就不能在决定与哪些作品碰撞，如何碰撞，碰的程度、角度、维度上有意无意地起作用呢？其实，所有国家的文学，所有的文学作品，自然也包括中国诗词，全都遍布典故，全都与各种和各时代的文本碰撞互文，但用什么材料、什么典故，如何用，用于何处，与前后左右如何关联，如何层层伏笔、步步推进，全靠作者精心安排，大有讲究。没有真正的文学作品是文本们自个儿碰撞出来的。

早期的乔叟和他的朋友高尔都主要在法国宫廷诗歌传统中创作，他们的作品里都广泛存在同时代法国诗人以及奥维德等古典作家的大

1 Barthes, “The Death of the Author,” p. 146.

量作品的互文碰撞，但为什么在乔叟那里“撞出”的是《公爵夫人书》，而在高尔那里“撞出”的却是显著不同的《情人的自白》？乔叟批评家们广泛注意到，一直在法国诗歌传统中创作的乔叟，其作品在14世纪70年代后期，几乎是突然而且显著地呈现出在那之前英格兰文学中没有而且在乔叟之后相当一段时期内也不会再现的意大利新文学的重大影响，而这种影响为什么就没有出现在高尔或任何其他英格兰诗人的作品里，那难道仅仅是因为文本之间的误打误撞？英诗之父的个人经历、他的两次意大利之行、他的眼界和学识、他多年对英语诗歌艺术的实验与探索、他对意大利新诗的敏锐感悟和他诗人的艺术匠心全都无济于事？人们还可以进一步问，同住在人口仅约五万、诗人屈指可数的伦敦城里，为什么乔叟时代的三位大师，乔叟、高尔和朗格伦（前两者还是相互唱和的诗友），却分别走出三条不同的道路：朗格伦主要在古英语头韵体诗歌传统中创作，高尔从未走出法语宫廷诗歌传统，而乔叟却创造性地融合法语宫廷诗传统、意大利新文学传统和英格兰本土诗歌传统，开拓出未来六百余年的英诗发展道路？美国学者哈罗德·布鲁姆将“作者之死”斥为“神话”。他反问道：“如果《李尔王》（*King Lear*）和《哈姆雷特》（*Hamlet*）是由‘社会能量’所写成的，那为什么这些能量恰恰在斯特拉福工匠之子的身上比在强壮的泥瓦匠本·琼生身上更具艺术生产性？”[1]

其实，乔叟创作中突然呈现意大利新文学的影响之原因不难解释：乔叟不久前刚去过意大利，其中一次长达半年，而且主要就待在产生了意大利新文学三杰——但丁、彼特拉克和薄伽丘——的佛罗伦萨。当时佛罗伦萨文学界正在热议并为之做准备的一场盛事正是将由薄伽丘推出关于《神曲》的系列讲座。在这样热烈的气氛中，来自被彼特拉克轻蔑地称为“野蛮国度”之英格兰的青年诗人乔叟显然受到用俗语创作、以人文主义为核心的意大利新文学的震撼。所以，在他出使意大利回国后不久，意大利文学的影响就很快凸显出来，创作出被15世纪英格兰诗人们称为《英语之但丁》的重要著作《声誉之宫》，并且在他文学生涯余下的二十多年里意大利文学一直是他特别突出的互文对象。

乔叟的杰出成就在很大程度上的确来自巴特所说的同其他各种传

1 哈罗德·布鲁姆：《西方正典——伟大作家和不朽作品》，江宁康译，南京：译林出版社，2011年，第44页。

统的文本的碰撞。在与乔叟"碰撞"过的文学家中，学者们一般认为，对他影响最大的是薄伽丘。乔叟大多数主要著作，特别是1380年后的全部重要诗作都广受薄伽丘影响。他与薄伽丘作品的互文包括改写、扩展、缩写、成段翻译、情节模仿、意象借用等，而所有这些都是基于他自己的创作目的和文学思想。比如，乔叟中后期三部杰作中，《特洛伊罗斯与克瑞西达》大幅度扩展《菲拉斯特拉托》，《骑士的故事》却将12大卷的史诗《苔塞伊达》的征战情节大规模删减，仅突出其中的爱情故事，而《坎特伯雷故事》对《十日谈》的借鉴主要是框架结构，但也对此做了创造性改进。难道所有这些都仅仅是模仿或者文本间漫无目的的碰撞，而没有英诗之父根据自己的创作意图的精心操控、匠心独运？实际上，越杰出的诗人越具有独特性，在真正杰出的诗人那里，丰富的互文性只会增加其独特性。这同样已为乔叟杰出的文学成就和乔叟学术史所证明。学者们的研究越是深入，就越会发现乔叟作品互文之广泛，而他作品中那独特的乔叟性也越加清晰突出。另外，也值得指出的是，学者们还注意到，尽管乔叟广受薄伽丘影响，但薄伽丘在描写宫廷生活方面总显得有点力不从心，不如乔叟那样游刃有余。他们认为那是因为薄伽丘没有像后者那样从小长期生活在王府和宫廷。这显然表明，作者的个人经历不可避免地会参与到创作之中。

特别有意思的是，乔叟对但丁，甚至连对他影响相对较小的彼特拉克，都充满敬意地在作品中多次提到和高度赞颂，然而唯有对他受惠最多的薄伽丘一直保持令人迷惑的沉默。这也成为20世纪乔叟学术研究中一个大热点，许多重要的乔叟学者都兴趣盎然地加入了这场关于乔叟是否知道薄伽丘、《坎特伯雷故事》是否受到《十日谈》影响的持续了大半个世纪的论战。布鲁姆也参与其中。他认为乔叟不提薄伽丘，正如莎士比亚从不提乔叟一样，都证明了他关于"影响的焦虑"的理论。布鲁姆关于"影响的焦虑"的理论自不待言是以作者存在为前提和对作者作用的肯定，而他那部影响广泛的著作《西方正典》就是研究以莎士比亚为中心、由一些最经典的作家共同形成的西方文学传统。

意大利之行不一定是乔叟生平中一个特别重要的事件，却是他创作生涯的转折点。关于他意大利之行的几条记载在乔叟及其作品之间建立起更为紧密的关系；它们是学者们解释乔叟创作发展的重要佐证，也为解读乔叟中、后期作品拓宽了视野，提供了启示、线索和历史文化信息。当然，巴特不会这样看。相反，他认为作者或者说“作者—上帝”限制甚至窒息作品的意义。他说：“给文本一个作者就是给文本强加一个限定，给它一个最终的所指，将书写终结。”而“通过拒绝给一个文本（以及作为文本的世界）指派一个‘秘密’，一个终极意义，文学解放出可以被称为反神学的行动，一个真正革命性的行动，因为拒绝禁锢意义归根结底就是拒绝上帝及其位格（hypostases）——理性、科学、律法”。[1] 对于信奉解构与多元的后现代，这个很雄辩的论断特别有吸引力。然而，同《作者之死》一文里许多其他说法一样，这个以“解放”和“革命”的名义下的论断似乎也缺乏事实依据。

首先，将作者视为上帝，那本身就是一个没有根据的伪命题。乔伊斯在上面引用的那段话里，也将作者比喻为上帝，但那主要是就作者的“隐身”而言。相反，如肖恩·伯克（Sean Burke）在《作者之死与复活》（*The Death and Return of the Author*）一书中所指出，巴特将作者拔高来与上帝类比，那本身就是“歪曲”。上帝被认为全知全能，是世界的不需要原因的因，不需要结果的果，他的意志不容置疑，否则他就不是上帝；[2] 然而除巴特为了达到以尼采著名的“上帝之死”的宣言来类比“作者之死”，从而为他的文章增添宏大意义的目的外，有谁赋予过作者这样至高无上的神圣属性？伯克举例说，巴赫金所说的复调小说的作者就绝非神一样统管一切。不仅如此，早在巴特之前，人们就以基督教《圣经》是人而非上帝所书写而指出其中的谬误与迷信，而如此具有“解放”意义地质疑《圣经》及其作者的恰恰是巴特等后现代主义者所竭力反对和嘲讽的启蒙思想家及其同盟军自然神论者。如果连长期以来被视为至高无上的《圣经》都因为是由人——尽管是像摩西和马太那样拥有先知和圣徒光环的权威——所书写而失去神圣，那还有什么书的作者可以享有上帝的权威？如果作者没有上帝那样决定一切的权威，也就是说，文本本来就没有被禁锢，可以由读者“自由”解读，那又何来“解放”一说？

1 Barthes, “The Death of the Author,” p. 147.

2 Sean Burke, *The Death and Return of the Author: Criticism and Subjectivity in Barthes, Foucault and Derrida,* 2nd. ed., Edinburgh: Edinburgh UP, 1998, p. 25.

其次，这种"作者—上帝"禁锢作品意义的说法也与文学批评的实际情况，特别是与乔叟这样的经典作家的学术史发展不符。尽管在19世纪后期和20世纪初，旧历史主义批评曾有过分强调作者的倾向，但人们对任何文本的解读其实从来也没有真正完全受控于所谓作者"指派"的意义；况且就那种过分强调作者的倾向而言，其问题出在批评家，而非出自作者的存在。实际上，在巴特以宣布作者死亡来解放文本之前，没有任何一部作品的意义因其作者而真正受到窒息，即使以上帝无上的权威也从未能阻止人们对任何神学经典，包括对《圣经》本身进行各种解读的无限可能性。比如从基督教创建之初到宗教改革运动那一千多年里，尽管基督徒们坚信上帝是《圣经》的真正作者，但他们对《圣经》的不同解读不论在数量上还是在意义的矛盾冲突方面都超出了人们对任何文本的解读，[1]而且还不幸引发大量流血冲突。如果作者（包括上帝这样的作者）并没有或没能"禁锢意义"，那么以"作者之死"来"解放"作品似乎也就无从说起。诚如鲁迅先生评《红楼梦》有言："单是命意，就因读者的眼光而有种种：经学家看见《易》，道学家看见淫，才子看见缠绵，革命家看见排满，流言家看见宫闱秘事。"文学解读，古今中外，无不如此。

所以，如伯克所说："巴特与之斗争的那种作者中心论本身在很大程度上就是虚构的。"[2]也就是说，巴特自己虚构出一个窒息文本意义的大写的"作者—上帝"（Author-God），然后加以讨伐。其实，远在巴特建构"作者—上帝"的伪命题之前，"有一千个读者就有一千个哈姆雷特"这类可用于几乎所有经典文学形象的似乎很俗的"老生常谈"，实际上早已提前颠覆了巴特试图强加给作者的那种能"强加"给作品一个"唯一"意义的霸权。老生常谈虽然很俗，但它之所以能成为老生常谈，恰恰因为它多少有一些根据，因此自然也就比缺乏事实依据的理论推导更有说服力。

同样，乔叟研究也不支持作者终结批评的观点，《坎特伯雷故事》在那之前近六百年的批评史证明，尽管无幸获得巴特的"解放"，但这部

1 比如，在《农夫皮尔斯》里，朗格伦对基督教上千年的历史中激烈对立的各种神学争论和引用《圣经》来打"《圣经》仗"的状况做了精彩表现。

2 Burke, *The Death and Return of the Author*, p. 26.

英语文学传统的奠基之作并没有因为有乔叟这样一位被尊为英诗之父的强力作者而影响其获得本章开头所提到的汗牛充栋般而且往往非常不同甚至相互对立的解读。[1]乔叟学术史上一个重要发展是1966年《乔叟生平记载》面世。它最初由成立于1866年的乔叟协会所倡导并分部分陆续出版，是经几代乔叟学者近百年共同努力的重要成果。这不是一部传记作品，而是一部档案资料汇集。

现在，可以说没有一个认真研究乔叟的学者不直接或间接参考《乔叟生平记载》这部极为重要的著作。[2]然而自它出版以来半个世纪的乔叟研究令人信服地表明，这些有助于研究乔叟其人的档案材料不仅没有限制或束缚人们对乔叟作品的解读，相反它们为学者和批评家们从不同角度对乔叟及其作品进行不同的探索和解读提供了线索、证据和启发。这部著作既是19世纪后期以来新一轮乔叟研究热潮的重要成果，同时也有助于开启乔叟研究史上最近这半个多世纪的繁荣。正是在这一时期，乔叟研究向各个方向发展，取得了前所未有的丰硕成果。当然，这绝不是说乔叟学术研究的新发展全部或者主要得力于这部著作，但关于乔叟生平的研究没有禁锢乔叟作品，没有终结相反却促进了乔叟批评的进一步发展，却是不争的事实。

所以，文学批评实践与乔叟研究的学术史表明，对作者生平的掌握和研究不仅不会限制对作家及其作品真正有价值的理解和研究，也不仅有助于更准确地把握作家的创作思想和解读其作品，甚至还可能启发我们的思维和拓宽我们研究其作品的视野，并使我们的研究更有底气。这对于像乔叟这样经历丰富、知识渊博、广受各种文化文学传统影响而又离我们比较遥远的大作家，则更是如此。实际上，乔叟学术史表明，对乔叟作品的研究与对乔叟其人、乔叟的生平与思想的探讨和分析这两方面往往同步发展、相互促进。

六个多世纪以来，历代学者在各个时代特定的社会、文化、政治、思想和文学语境中对乔叟和乔叟作品进行研究，塑造出无数乔叟的形象。现在回到本章开头的问题：这些形象背后是同一个乔叟吗？他们的差

1 本章开头提到的那些解读绝大多数是针对《坎特伯雷故事》。

2 书中那些记载主要是拉丁文，所以不懂拉丁文的学者只能间接了解和运用其中材料。

异如此之大，他们有共同性吗？其实，所有这些以及没有包括在这里的另外许多乔叟形象，绝大多数都主要是从他丰富多彩的作品中解读出来的。虽然这些形象无一不闪现着批评家自己的影子，但它们产生于批评家们从不同视角对乔叟作品的审视和对乔叟作品不同方面的总结。也就是说，它们是批评家们同乔叟作品对话的结果。不论这些形象多么不同，它们都与乔叟的作品有一定血缘关系，它们身上都多少带有一些神秘而独特的“乔叟性”。正是这种乔叟性使它们不可能出现在高尔或者莎士比亚的作品中。

乔叟性是乔叟在创作时不可避免地投射到作品中的那部分“诗人自我”。它不等同于伦敦海关那位税收官或者肯特郡的治安官，但与他们血肉相连。在作品中，它是一个复杂的综合体，在从创作意图、谋篇布局、情节安排、人物塑造到遣词用句、韵律使用等所有层面上，它都发挥着作用。虽然这种乔叟性在乔叟不同的作品中不完全相同，但它具有相对稳定性，可以被专家们解码和识别。正是这种乔叟性使乔叟的作品有别于任何其他作家的作品。比如，同许多后辈文学家一样，莎士比亚也深深受惠于乔叟，而且他的有些剧作直接取材于乔叟作品。但即使这两位作家的同名作品《特洛伊罗斯与克瑞西达》也非常不同。伍尔夫以其杰出作家特有的敏锐与深邃，在英国文学史上第一个明确揭示出乔叟作品中那种不可替代的只有乔叟才有的乔叟性或她说的“统一性”。她相信，如果乔叟人物闯入莎士比亚的领域，人们立即就能认出这个不速之客：

> 《坎特伯雷故事》具有无限的多样性，但在此表面之下却是一种突出的统一性。乔叟拥有他的世界；他有他那些年轻的男人；他有他那些年轻的女人。如果我们发现他们漫步进入莎士比亚的世界，我们知道他们是乔叟的而非莎士比亚的人物。[1]

当然，这种“统一性”并非乔叟作品中才有，所有作家的作品都必然带有该作者的遗传基因，它可以成为学者们鉴别作品的密码。比

1 Woolf, “The Pastons and Chaucer,” pp. 26–27.

如，学者们经研究发现，在有幸留存下来的许多中世纪佚名手抄稿中，有四部优秀作品具有共同的特性，被认为出自同一人之手。在这些作品中，《高文爵士与绿色骑士》和《珍珠》属于最杰出的中古英语诗作之列。由于对作者一无所知，学者们根据自己对作品的喜好将这四部诗作的作者统称为《高文》诗人或《珍珠》诗人。同样，学者们正是通过对乔叟性的研究，剔除了自15世纪以来托附在乔叟名下的大量伪作。

由于英诗之父日益显赫的声名，也由于乔叟在宗教改革运动中是被容许阅读的两个英语文学家之一，因此自15世纪开始，越来越多的作品，特别是那些反对天主教会的文学作品，如《高地的杰克》《农夫的故事》《香客的故事》等，托附在他名下得以流传。它们被收集到文艺复兴时期以及后来的各种乔叟作品集里，其中《花与叶》在19世纪还受到杰出诗人华兹华斯高度赞扬。在维多利亚时代，有一些伪作因为提到乔叟时代之后的事件而被识破，但这一需要渊博学识、高超鉴别力与深厚耐心的甄别工作直到19世纪末才在著名乔叟学者斯基特手中完成。斯基特通过长期对《坎特伯雷故事》《特洛伊罗斯与克瑞西达》等乔叟本人提到的那些确信无疑的乔叟作品进行深入研究，总结出乔叟创作的特点，特别是作为语言艺术的诗歌所特有的语法特征、语言风格和节奏韵律等深层次方面的特点，揭示出乔叟作品中那种如同一个人的指纹一样别人无法真正复制的"乔叟性"，并以此为标准进行分析，判断真伪。他将鉴别出的大量伪作（其中少数已经由稍早或同时代的学者认定为伪作）收集在一起，于1897年作为他编辑的乔叟全集的第七卷（补充卷）《乔叟派和其他作品》出版。1899年，他经过进一步研究和整理，出版了第二版《乔叟全集》；该版成为20世纪各种乔叟作品版本的基础。接着，他在1900年出版专著《乔叟正典》，系统分析乔叟创作的特点和他排除伪作的根据。

剔除伪作是乔叟学术领域重要的基础工程，为现当代乔叟学术研究的繁荣打下了基础。如果作者在创作中不起作用，不能在其作品中留下无法作伪的特征，乔叟作品中没有不可替代的乔叟性，学者们又如何能剔除那些伪作，确定"乔叟正典"？乔叟学术史表明，与对乔叟作品日益丰富的解读和乔叟不断变换的形象大体上同步发展的正是乔叟作品中被揭示出来的乔叟性越来越突出，越来越清晰，并成为区分他的作品与其他作家的作品的标志。无论学者们对他的作品的解读差异有多大，也无论他们的观点如何对立，他们都不会认为《坎特伯雷故事》或小诗《真理》（"Truth"）有可能是他人之作。

乔叟学术史还从反面为乔叟的作者身份或者说乔叟性提供了一个有力而且特别有意义的证据，那就是长达150年的试图将乔叟"现代化"的运动的失败。由于在乔叟去世后，特别是在文艺复兴时期，英语经历了从中古英语到现代英语的巨大变化，人们越来越感到难以阅读乔叟的诗作。所以，从17世纪末到1841年的一个半世纪里，一些特别喜爱和推崇乔叟的英国诗人、学者持续不断地努力，用现代英语将乔叟作品翻译出版。这个被后来的学者们称为"现代化乔叟"的运动由桂冠诗人、现代英国文学批评之父约翰·德莱顿揭幕，随即许多诗人学者陆续参与，其中包括新古典主义时期最杰出的英国诗人亚历山大·蒲柏。这个运动一直持续到1841年。那一年，包括浪漫主义大师威廉·华兹华斯在内的一批诗人翻译出版了一卷乔叟作品。华兹华斯在19世纪初就翻译了一些乔叟故事，在20年代发表。在1841年版乔叟译作出版后，华兹华斯等人余兴未尽，他们联系丁尼生、勃朗宁等大诗人，准备出第二卷，对方也答应加入，但这个计划最终无疾而终，没有下文。这个由一位桂冠诗人开启的运动终于在另外一位桂冠诗人手里落幕。

在那150年里，许多乔叟作品，特别是《坎特伯雷故事》里的故事，被诗人们反复翻译出版。尽管这些译作对于"挽救"乔叟的名声[1]起到一定作用，德莱顿和蒲柏等人的译作也曾得到时人赞赏，但严格地说，在这些数量不小的译作中，没有一部真正成功的作品，现在除了有学者出于研究目的外，没有人再会去读这些译作。这些译作或许保持了原作内容，甚至在蒲柏等大诗人笔下获得更为典雅的风格，然而在本质上，它们损害了原作最宝贵的品质，即使原作之所以那样杰出的那种不可取代的乔叟性。

这些"译作"之所以失败，首先是因为它们并非严格意义上或者说现代意义上的翻译作品。诗人们实际上是在按他们个人的理解，按他们

1 乔叟的名声在17和18世纪处于低潮。

时代的主流文学思想和风格对乔叟诗作进行比较随意的修改、增删。其次，他们试图复制乔叟，但又不可能完全抛弃自己的身份，真正成为乔叟。结果是，这些所谓译作既没有他们自己的作品所体现的他们自己的独特性，也毁坏了原作里的乔叟性。这些译作程度不同地都成了平庸的模仿作。比如，蒲柏笔下的巴思妇人低下庸俗，完全失去了乔叟原作中那个杰出的艺术形象身上那种蔑视权威、挑战主流意识形态的庄严美(sublimity)。中国成语“邯郸学步”恰到好处地说明了问题的本质。

其实，就在“现代化”乔叟的运动如火如荼之际，就有一些有识之士拒绝参与并提出批评。桂冠诗人和重要的文学批评家、文学史家托马斯·沃顿在《英国诗歌史》一书里对蒲柏现代化乔叟的译作《声誉庙堂》给予了批评：

> 蒲柏以他通常的典雅风格与和谐的诗律模仿了这个作品[乔叟的《声誉之宫》]。但正因为如此，他既没能正确表现这个故事，也损坏了它的特色。……试图将整齐划一的形式和精确的意象同按如此浪漫如此不合常规的原则建构的作品结合起来，就犹如将柯林斯廊柱放入哥特式殿堂一样。当我阅读蒲柏对[乔叟]这部作品的典雅的模仿之作时，我感到我是行走在一些被不合时宜地放入西敏寺大教堂的现代纪念物之中。[1]

蒲柏是英国最杰出的新古典主义诗人，他不由自主地将自己新古典主义式的“柯林斯廊柱”不合时宜地放入乔叟的“哥特式”大教堂，从而破坏了乔叟作品的乔叟性或者伍尔夫所说的那种“统一性”。

同样，对于华兹华斯的乔叟故事译作，同时代诗人沃尔特·萨维奇·兰多也给出了中肯的批评。他直截了当地说：“[华兹华斯]不可能写出《坎特伯雷故事》，正如他不可能写出《失乐园》《斗士参孙》……一样。”[2] 兰多与华兹华斯交往颇多，对他十分了解。他显然相信每个诗

1 Thomas Warton, *The History of English Poetry from the Close of the Eleventh Century to the Commencement of the Eighteenth Century*, London: Printed for Thomas Tegg, 1840, p. 170.

2 转引自 John Forster, *Walter Savage Landor: A Biography*, Vol. 2, London: Chapman and Hall, 1869, p. 506。

人都自有其不可复制的独特性。其实，兰多也被霍恩和华兹华斯邀请参加第二卷乔叟作品的翻译，但他在给霍恩的回信中对这种徒劳无益的所谓翻译断然拒绝。他说，“的确，我非常赞赏［乔叟］”，但“为了换上极薄（哪怕更加清澈透明）的玻璃片而打碎他那幽暗但描绘丰富的玻璃，我绝不会参与”。[1]在他看来，任何一部杰作都不可复制，“现代化乔叟”不仅徒劳无益，而且只会破坏原作的美。

在那150年里，不是少数诗人偶然不成功，而是包括各时期最杰出的英国诗人在内的所有那些试图现代化乔叟的诗人全都不成功。不论是不是碰巧，就在兰多发出那封信之后，现代化乔叟的运动终于结束。它不一定是因为兰多的信而终结，但兰多的批评可以说为这一运动做出了恰当的总结，也揭示了它不可能成功的根本原因：如同斯基特的深入研究一样，英格兰诗人们持续不断的努力最终归于失败的历史事实充分证明了乔叟的作者身份，以及乔叟作品的乔叟性不可复制。

1 Walter Savage Landor, “From a Letter to Horne,” in John Anthony Burrow (ed.), *Geoffrey Chaucer: A Critical Anthology*, Baltimore: Penguin Books, 1969, p. 89.

第四章 乔叟文学思想

乔叟学术史的研究为我们提供了在历史的动态发展中从不同侧面和层面审视乔叟的广阔视野。本编前面一章谈及，乔叟的形象在乔叟学术史上不断演变和丰富，而乔叟形象的演变在很大程度上是各时代的文学家和学者们，在不同历史语境中从不同的角度使用不同的研究方法分析乔叟诗作的结果，同时也是乔叟诗作中无所不在的乔叟性之不同方面的展现。除了一些出自偏见或明显误读的观点外，这些研究揭示出乔叟的思想和文学成就许多重要方面，为我们进一步研究英诗之父打下了坚实基础，而这对于研究乔叟的文学思想也同样如此。

乔叟丰硕的创作不仅取得了令历代英格兰人深感骄傲的成就，大体奠定了英语诗歌数百年发展的传统，他因此理所当然地被尊为英诗之父；同时，在文学理论方面，他留下的许多真知灼见也早已深入并一直是英国文学思想的核心组成部分。虽然乔叟的文学思想不等于他的创作，但他的创作显然是他的文学思想的最好体现，所以研究他的文学思想也可以提供一个能深入他无限丰富的文学宝藏的很好的切入点。六百多年来关于乔叟的许多学术成果直接或间接涉及乔叟研究中有关英诗之父的文学思想这一核心问题，而他自己也在诗作中以各种方式表达了他对文学的思考和他基本的文学观。

其实，乔叟本人就是他自己作品的第一个有意识的评论家，他的一些文学思想正是通过他对自己诗作的评论表达出来。乔叟在许多作品里使用第一人称叙述者，叙述者以诗人名字命名，要么是杰弗里，要么叫乔叟。尽管这个叙述者往往略显木讷迟钝，有时甚至成为作品中其他人物或者作家自己善意嘲笑的对象，但诗人借助他（有时也借助其他一些人物）在作品中表达了一些十分深刻、精彩的文学思想。在同时代英国诗人中，没有人比他更多、更深刻、更巧妙、更中肯地以各种方式从不同方面评论自己的作品，并直接和间接地表达自己的文学思想。乔叟的文学思想涉及文学本质、文学与生活、文学与语言、人物塑造、叙述者、悲剧观以及文学的功能等许多方面。这些散见于他作品中的观点，由于诗人在英语文学史上的崇高地位而成为英国文学理论的源头之一。同时，他对自己诗作的评论实际上也是乔叟学术史的源头和重要组成部分。本章主要把乔叟作为他自己诗作的评论家来研究，重点分析他在其作品中直接表达和间接体现的文学观点以及他对自己的创作所做的许多评论，以此来探讨他的文学思想。同时，本章也会参考历代乔叟学者的研究成果。

研究乔叟的文学思想，特别重要的是将他和他的观点放到他生活的时代、放到中世纪历史语境、放到他在其中创作的文化文学传统之中来考察，因为乔叟的文学思想既是他卓有成效的创作实践的总结和他毕生对英语诗歌发展所进行的思考，同时也深受中世纪主流文化文学思想、英格兰社会现实以及诗人个人的生活经历和十分丰富的社会活动的影响。但在本质上，同其他中世纪文学家一样，乔叟的文学思想也主要根源于当时的传统文学观。

中世纪文学理论的核心是模仿。这是从古希腊罗马流传下来又经过基督教神学改造过的文学理论。柏拉图继承并发展了古希腊传统的模仿论，他认为物质世界是理念世界的摹本或影子，因而模仿物质世界的文学艺术作品被他贬为“摹本的摹本”。但柏拉图关于理念世界和物质世界的划分和对理念世界的关注同把“上帝之城”和“人之城”分隔并将前者视为永恒真实的基督教一拍即合，而被基督教化了的新柏拉图主义随即成为基督教神学重要的哲学基础，并深刻影响了中世纪的思想文化。

与柏拉图不同，其弟子亚里士多德否认独立存在于具体事物之外的理念，肯定现实世界的真实性，认为本质存在于具体事物之中；这种观念与基督教关于上帝存在于他创造的世界之中的神学思想自然也有相通之处，亚里士多德哲学也成为12世纪兴起的经院哲学的重要基础。在文学理论上，他以其哲学思想为基础，继承、改造和发展了模仿论，使之成为自己诗学思想的核心。他在《诗学》(*Poetics*)里系统阐述了模仿说,认为各种文学艺术“实际上都是模仿”,是对自然和生活,特别是对“行动中的人”的模仿。[1]他同时认为,模仿具有创造性,能深入事物本质,揭示“普遍性”;“诗人的职责”“在于描述”“按照可然律或必然律可能发生的事”,“所以诗所描述的事带有普遍性”。[2]因此,文学作品可以比它所模仿的事物更高、更美、更具本质性。

虽然亚里士多德的《诗学》不为中世纪人所知,但是模仿论通过古罗马文学思想、新柏拉图主义以及12世纪兴起的与亚里士多德哲学密切相关的经院哲学广泛而深刻地影响到中世纪文学和乔叟的创作思想。在古罗马时代,后来深受中世纪人尊崇的诗人贺拉斯继承模仿说,强调对生活的模仿。他说:“我劝告已学得模仿技巧的人将生活和真实的风俗习惯作为自己模仿的对象。”[3]不仅如此,他甚至把模仿的对象推及权威作家及其作品。他说:“把《伊利亚特》改写成剧作远比写一个从未听说过和从未演唱过的题材为好。”[4]这在模仿论的发展史上具有重大意义,他这个忠告特别为中世纪欧洲文学家们所遵从。中世纪是尊重传统、崇尚权威的时代。权威作家创作的权威作品既是令人赞叹的成就,也代表着人们尊崇的传统,因此很自然成为文学家们广泛而反复模仿的对象。关于这一点,前面有关乔叟的互文性一章已做了相应的说明和分析。

在中世纪,从古希腊罗马流传下来的模仿说经基督教“洗礼”成为主流文学理论。建立在基督教神学基础上的中世纪美学思想认为,世界上一切美都来自上帝,都是上帝之美的“流溢”。9世纪学者埃里根纳(Johannes Scotus Eriugena)说,美是“神的显现”[5]。圣奥古斯丁把世界

1 亚里士多德:《诗学》,罗念生译,载《罗念生全集》(一),上海:上海人民出版社,2004年,第21,25页。

2 同上,第45页。

3 Horace, “Art of Poetry,” in Hazard Adams (ed.), *Critical Theory Since Plato*, rev. ed., New York: Harcourt Brace Juvanovich, 1992, p. 72.

4 同上,p. 70。

5 转引自沃拉德斯拉维·塔塔科维兹:《中世纪美学》,褚朔维等译,北京:中国社会科学出版社,1991年,第121页。

看作一首“美丽的诗”，就因为在他眼里，上帝创造的世界体现了造物主的美。因此归根结底，文学艺术不是创造美，而是通过模仿来揭示和表现上帝的美。不过中世纪人认为，上帝之美显然不能直接模仿，文学家们能模仿的只能是上帝创造的世界和因为模仿世界而体现了上帝之美的优秀文学艺术作品。由于上帝之美存在于这两者之中，正如蒲柏在谈及对它们的模仿时所说，“自然与荷马相同”，“因此，要尊重那些古老原则，/对自然之模仿就是对它们的摹写”。[1]他要求文学家们“尊重”和“摹写”的“古老原则”就是以荷马为代表的西方古老的文学艺术传统，而那些为人称颂的作品由于是间接体现上帝之美的典范，自然为历代文学家们竞相模仿。

乔叟关于文学的本质和文学创作的许多基本观点归根结底都根源于中世纪的模仿论。同中世纪大多数文学家一样，乔叟模仿的主要对象首先是他所说的“权威”(auctour或auctoritee)，也就是欧洲历代权威作家和权威作品，包括那些享有盛誉的拉丁诗人和12世纪文艺复兴以来引领西欧文坛的法国和意大利文学家及其著作。乔叟在许多作品里反复强调书籍的权威。《贞女传奇》一开始，他就说，没有人“去过天堂或地狱”，人们只能通过书籍获知“天堂的幸福和地狱里的痛苦”。他进一步说：“如果所有书籍被遗失，/我们将失去记忆的钥匙”。(*Legend of Good Women,* ll. 1—28)在《百鸟议会》里，他歌颂书籍说：“从古老的田野，/年年产出新谷，/从先前的典籍，/人们必将获得新知”(*Parlement of Foules*, ll. 22—24)。在他现存著作中，乔叟不下13处谈及和称颂他所尊崇的“权威”。[2]不过乔叟不只是尊崇“权威”，后面将谈到，他也十分注重“经验”，即现实生活的经历或体验。在很大程度上，他的文学思想和创作成就是模仿权威和模仿现实生活这两方面的结合。

如前面关于乔叟创作的互文性一章所指出，作为文学家，他敬重权威，敬重书籍，把书籍看作素材来源、创作灵感和模仿对象；虽然他被认为是最具原创性的英语文学家之一，但学者们经过长期研究，早已令

1 Alexander Pope, “An Essay on Criticism,” in M. H. Abrams, et al. (eds.), *The Norton Anthology of English Literature*, 3rd ed., Vol. 2, New York: Norton, 1974, ll. 135, 139–140.

2 参看Norman Davis, et al. (eds.), *A Chaucer Glossary*, Oxford: Oxford UP, 1979, p. 9。

人信服地指出，乔叟的每一部作品里都有大量内容来自古代、前辈或同时代的诗人和作家。他“拿来”的从诗行段落到情节内容、体裁风格、象征意象，几乎无所不包。他广泛模仿历代作家作品和各种体裁风格。他“模仿”的方法包括改写、翻译、缩减、扩展、组合、戏仿等，可谓全方位推进。比如，有专家统计，他的第一部重要著作《公爵夫人书》全诗1,333行，竟有914行程度不同地来自其他作品；[1]《声誉之宫》由于在内容、结构和诗行各方面突出模仿但丁，在15世纪被称为《英语之但丁》；而他的名著《骑士的故事》和《特洛伊罗斯与克瑞西达》则主要是分别以薄伽丘的《苔塞伊达》和《菲拉斯特拉托》为基础改写而成。至于他极为推崇的古罗马诗人奥维德，其形象和影子出现在乔叟几乎所有诗作之中。

模仿“权威”是中世纪文学创作最通常的做法。中世纪诗人模仿前辈，从古代作品或相互之间借用材料，不仅司空见惯，而且被视为理所当然，是诗歌创作的正道，也是学识渊博的表现，可以增加自己作品的权威。文学大师如但丁、彼特拉克、薄伽丘、卡普拉努斯（Andreas Capellanus）、特鲁瓦、洛里斯，以及乔叟大量借用过的同时代法国诗人如马肖和傅华萨等，全都把同时代或古代，欧洲或中亚甚至印度的文学作品的故事情节、行文结构、修辞手法乃至大段现成诗行用于自己的创作。在一定程度上，每一部中世纪文学作品都是历代文学家的共同创作。对于互文研究，恐怕没有比中世纪文学更丰富多彩的领域。

很显然，乔叟正是中世纪这种文学思想和创作传统的集大成者。但中世纪的文学模仿（mimesis）并非简单的表层仿制（imitation），而是像亚里士多德所阐释的或者中世纪美学所强调的那样，不仅要形似，而且还要深入精神层面，揭示普遍的真理和模仿上帝的美与善。文学家们可以从权威处获得灵感，也可以从其他作品中借用材料，但他要探索何种问题，表达什么思想和情感，如何体现上帝的美与善，则需要依靠自己的天分、修养、洞察力和创造性。

乔叟对权威的运用和改写特别令人信服地表现出他独特的创造性。实际上，中世纪文学家的创新，主要就表现在新的语境中，为特定

1 参看John H. Fisher (ed.), *The Complete Poetry and Prose of Geoffrey Chaucer*, New York: Holt, Rinehart and Winston, 1977, p. 543。

的创作目的如何把传统运用得更好。比如在《声誉之宫》这部在乔叟的文学思想和创作实践的发展上都有里程碑意义的作品里，我们不仅能看到意大利、法国、拉丁以及英国本土诗歌在艺术手法上对他的影响和基督教、古典哲学以及自然科学在思想上对他的熏陶，而且也能看到诗人与各种权威的创造性互文。在这首梦幻诗里，叙述者梦见自己在维纳斯神庙里一块铜匾上阅读维吉尔的诗句，这些诗句竟然变成活的人物，宏伟的史诗直接在他面前展现。更令人叫绝的是，他明明是在读《埃涅阿斯纪》，但他所"观看"的关于狄多和埃涅阿斯的爱情故事却出自奥维德的《变形记》和《女杰书简》。这样的非理性混乱是神来之笔，是对宫廷爱情诗歌之梦幻传统的创造性运用，它使作品更具真实梦境那种超现实的"真实性"，而非像中世纪梦幻诗里的梦境通常那样逻辑清晰、条理分明。特别有意义的是，他把奥维德的爱情故事放到维吉尔的史诗里，无形中颠覆了埃涅阿斯的形象；因为在维吉尔的史诗里，他是创建罗马的英雄，然而在奥维德笔下，他却成了背信弃义的负心汉。

但乔叟在这里不仅仅颠覆了埃涅阿斯的名声；更重要的是，那还表现出乔叟对文学的性质和创作过程的深入思考。他用奥维德的故事对维吉尔史诗进行"改写"，不仅是对声誉，而且在一定程度上也是对文学创作的解构：埃涅阿斯是什么样的人完全取决于他由谁如何塑造，这就巧妙地揭示了文学的虚构性。随后在《声誉之宫》的主体部分，他生动描写"信息"在"声誉之宫"和"谣言之宫"里如何产生、制作、成型和流传，以揭露文学作品的虚构过程。从这个意义上说，《声誉之宫》或许是世界上第一部具有一定"元诗歌"性质的诗作，是第一部"关于诗歌创作的诗歌"。

同样，乔叟在《贞女传奇》里也"明目张胆"地篡改"历史"，把中世纪人熟知的"荡妇"古埃及艳后克莉奥佩特拉动人地塑造成安东尼忠诚的合法妻子和使"虚情假意"的男人们羞愧的"贞洁"典范（F, ll. 666—668）。[1]乔叟把一些在中世纪人看来是显而易见的"事实"一再"弄错"，表明他是有意识地在作品中十分巧妙地揭示文学本质上的虚构性。当然这并不等于说，他认为文学家可以随意编造，不必顾及真实。相反，叙事层面的虚构是为了更好地表现或者模仿他和中世纪文

1《贞女传奇》有F本和G本两个中世纪流传下来的版本，本章引用的是F本。

学家们所特别关注的精神层面的真实，即准确表达建立在基督教思想和道德观念之上的关于人、关于人性、关于人类社会的真实。

情节上的虚构和它所指向的精神层面的真实之间的关系涉及中世纪文学极为突出的寓意性。受基督教思想影响，中世纪人认为，文学艺术归根结底是要揭示、模仿和颂扬上帝的美，表达基督教的精神和道德观念。然而上帝之美和精神世界不可能直接表现，只能运用象征寓意（symbolism and allegory）的方法；这就决定了以基督教思想为意识形态的中世纪文学艺术本质上的寓意性质。如J. A. W. 贝内特说，象征寓意"是体现精神真实（spiritual truth）的方式"[1]。而塔塔科维兹也指出，"中世纪的思想方法是象征性的，这时期的艺术则是这一思想方法的表现"[2]。

但丁根据中世纪释经传统对《神曲》所给出的阐释方式也表明，象征寓意能最好地模仿和体现精神真实。他在一封信中以《出埃及记》里犹太人穿越红海为例告诉朋友应该如何解读《神曲》：

> 如果我们仅从字面（literal）上考虑，这些诗行表现的是以色列的子民在摩西时代出走；如果从寓意（allegorical）上考虑，表现的则是我们因基督而获救；如果从道德意义（moral）上考虑，表现的则是灵魂在罪孽的悲痛与苦难的状态中皈依上帝恩典；如果从神秘层面（anagogical）上考虑，表现的则是获救的灵魂从尘世中受腐败堕落的奴役走向天堂永恒光荣之自由。虽然这些神秘的意义有不同叫法，但一般来说它们都可以称为寓意，因为它们和字面或者说历史的意义不同。[3]

1 转引自Elizabeth Salter, *"Piers Plowman": An Introduction*, Cambridge: Harvard UP, 1963, p. 81。

2 塔塔科维兹：《中世纪美学》，第175页。

3 转引自James I. Wimsatt, *Allegory and Mirror: Tradition and Structure in Middle English Literature*, New York: Pegasus, 1970, p. 24。但丁在这里揭示的关于中世纪寓意文学作品四个层面的解读来自中世纪一千多年的释经传统。中世纪神学家阿奎那（St. Thomas Aquinas, 1225?—1274）对此有系统阐述。

从本质上看，乔叟的诗歌艺术也是这一思想方法的表现，尽管他的作品不一定都明确体现那四层意义。从第一部重要诗作《公爵夫人书》到他的巅峰之作《坎特伯雷故事》，乔叟大量使用了象征寓意手法，而且还直接创作了一些像《百鸟议会》《修女院教士的故事》那样的寓意作品。在《坎特伯雷故事》里，他说这部著作是要"指出一条完美而光明的路途，/也即去天国的耶路撒冷之道"（《堂区长的引子》第50—51行）。在基督教看来，一部人类历史就是人被赶出伊甸园后，在充满罪孽的尘世中历经磨难与考验，在上帝指引下回归真正的家园"天上的耶路撒冷"[1]。《坎特伯雷故事》里香客们的朝圣旅途寓意人类寻找家园的精神之旅，是"去天国的耶路撒冷之道"。诗人在这部巨著里把现实主义地展示社会万象、百味人生同象征人类寻找精神家园的朝圣旅程结合起来，创作出一部寓意人类回归上帝的"神圣喜剧"。

《坎特伯雷故事》之所以那样成功的一个重要原因就在于它对乔叟时代的英格兰社会的全方位模仿并以此来寓意人类寻求救赎的精神之旅。其实，叙事层面的模仿越具可信性就越能体现精神层面的"真理"性。在英语文学史上，乔叟是第一个全方位注重叙事层面的真实性或可信性的作家，也是第一个不仅具有明显的现实主义倾向而且直接表达了一些现实主义创作思想的诗人。在中世纪文学语境中，这尤为可贵。

乔叟的现实主义文学思想在很大程度上根源于中世纪模仿理论和意大利文艺复兴新文学的影响。贺拉斯关于诗人应该"将生活和真实的风俗习惯作为自己模仿的对象"的观点在中世纪得到基督教神学思想的支持。有学者指出："奥古斯丁对文学'模仿'的理解和古希腊苏格拉底—柏拉图的模仿论相似。他将文学视为对社会生活的虚构性模仿。"[2]只不过在中世纪文学家们看来，模仿生活是手段而非目的。温姆萨特指出："在中世纪，认识这个世界的现象就是阅读上帝的第一本书，即创世之书（他的第二本书自然是《圣经》），而寻找另外一个世界就是去发现人类永恒的家园。"[3]"创世之书"（the book of Creation）指上帝创

1《希伯来书》12：22。

2 董学文主编：《西方文学理论史》，北京：北京大学出版社，2005年，第47页。

3 Wimsatt, *Allegory and Mirror*, p. 17.

造的世界，要认识上帝或者上帝的真理，就需要阅读《圣经》和上帝创造的世界这两本书。中世纪人认为，人类社会正是一出由《圣经》所宣示的上帝的天命（Providence）导演的关于人类被赶出伊甸园后在上帝创造（尽管已遭到人类原罪玷污）的世界里经历磨难、向上帝和人类永恒的家园回归的“神圣喜剧”。在这个世界里，即使是如同《坎特伯雷故事》里揭示的那些罪孽也具有警醒和净化的意义。因此，正确认识现实世界和现实中的人，归根结底，就是认识和表现上帝的善和美。

另外，正在蓬勃发展的意大利文艺复兴新文学也对乔叟产生了深刻影响。乔叟至少两次前往意大利，并在当时新文学中心佛罗伦萨停留近半年之久。他在意大利亲身体会到但丁、彼特拉克和薄伽丘等人所享受的崇高声誉并深受他们关注现实生活的创作之影响，加深了对文学的性质和文学对传承人类文明的重大意义的认识。所以，他在《声誉之宫》里把荷马、维吉尔、奥维德以及12世纪一位与他同名的“英国的杰弗里”等一批承传人类文明的杰出文学家放到青铜柱上，享受永恒的景仰。诗人能享受这样崇高的声誉，在把虚荣视为“七大重罪”之首的中世纪史无前例，那表明人文主义已经有相当发展。另外，他选择杰弗里代表英格兰享受如此崇高的荣誉，除了因为与他同名外，更重要的是因为杰弗里那部尽管传说多于历史但在当时极有影响的著作《不列颠君王史》代表了不列颠文明。这其实也表现出他的民族自豪感，而结合他在诗中所表达的应该在现实生活中寻找写作“信息”的思想（关于这一点，下文将谈到），这也预示着，他将更为关注英格兰民族、英格兰社会现实和现实生活中的英格兰人。

首先，与他的现实主义倾向发展密切相关的是，乔叟努力把现实生活中的语言，特别是生动活泼的英语口语，用于诗歌创作。在英诗发展上，乔叟创造的英诗基本格律五步抑扬格正是以自然流畅的口语为基础。其实，模仿生活中的语言也是文学模仿社会生活的重要方面。文学是语言的艺术，世界各国许多大的文学运动都是从语言开始。同样，英语文学在14世纪后半叶大繁荣也是以中古英语的迅速发展为基础。对英语的重视和对英语文学语言的探索与实验是乔叟文学思想和创作的重要组成部分。虽然中古英语在当时还不是成熟的书面和文学语言，但在当时欧洲所有重要文学家中，唯有乔叟一生坚持使用民族语言从事任何体裁的创作。他如此重视英语，是因为只有英国人自己的语言最能描绘英国社会和表现英格兰人的生活、思想与情感。他在《声誉之宫》里说："所有/能懂英语的人，/听我把我的梦来描述。"(*House*, ll. 509—511)这是自诺曼征服之后，一个英国诗人第一次在诗里直接宣布自己是为"懂英语的人"创作。乔叟还是英国第一位大量运用口语的大师。《声誉之宫》在这方面已相当成功。在《百鸟议会》里，自然女神和鸟儿们的对话表现出他驾驭日常生活语言的能力有新的飞跃，说话者的语言风格因其地位、教养、性格和观点上的差别而不同。到了《坎特伯雷故事》,这已经成为作品的基本性质。

乔叟一生致力于英语发展，孜孜不倦地探索和试验各种适合英语的韵律和诗节形式，成功地使英语胜任任何体裁的创作。毫无疑问，在英语文学语言的发展上，乔叟的贡献无与伦比。英国文艺复兴时期的重要诗人,《仙后》的作者和"乔叟语言"的受益者斯宾塞高度赞扬他对英语发展的贡献，称他为"清纯英语之源泉"。[1]关于乔叟的"清纯英语"，浪漫诗人华兹华斯也给予了高度评价，将其称为"纯粹语言"，即"人们真实使用的语言"。他说，这种"产生于通常的生活经历和情感的语言，比起诗人们经常用来取代它的语言，更为持久，也远具哲学意蕴"；而"乔叟诗作里的动人部分使用的几乎全是纯粹语言，甚至至今也仍然被人们广泛阅读"。[2]美国学者布鲁姆认为莎士比亚同样受惠于乔叟的语言，说他像"'泉边天鹅'，畅饮着乔叟语言的独特甘醴，塑造新型的文学人物"[3]。

当然，乔叟的现实主义文学思想并不仅仅体现在他对生活中的语言的重视上。前面提到乔叟对权威的尊崇和在运用传统上的创造性，而他对传统的创造性运用最突出地体现在他给传统注入现实主义灵魂，从而使古老的故事、权威的体裁和传统的表现手法充满活力，并使他创造的虚构世界接近和反映14世纪的英格兰现实。乔叟尊崇权威，他也一直注重"经验"(experience)。在中古英语里，"经验"大体相当

1 Edmund Spenser, *The Complete Poetical Works of Edmund Spenser*, Cambridge: Cambridge UP, 1908, p. 430.

2 Wordsworth, "Preface to *Lyrical Ballads*, " pp. 143, 144.

3 布鲁姆:《西方正典》,第84页。

于与权威或书本相对的生活体验。在乔叟现存诗作里，他至少提到或阐述“经验”达九处之多，[1]这在中世纪作家中是空前的。比如，巴思妇人一开始就根据她五次婚姻的丰富经验宣称：“要说到婚姻生活的可叹可气，/那么即便世界上没权威典籍，/我凭经验也有足够的发言权。”（第四组第1—3行）乔叟不一定都同意巴思妇人的女权主义激进观点，但他在尊崇权威的同时也注重经验并往往从实际生活的角度观察和思考问题则是不争的事实，而且也获得历代大多数乔叟学者的高度肯定。正是因为乔叟一直注重“经验”或者说生活现实，所以他能迅速而敏锐地领悟以人文主义为核心、以现实主义为基础的意大利新文学的意义。在乔叟时代，没有任何人在广度和深度上像他那样在文学作品中突出表现社会现实和塑造个性化人物。

埃丝特·C. 奎因（Esther C. Quinn）认为，由于乔叟在创作中关注和表现现实，他发展出独特的诗歌艺术来保护自己。她系统地研究了乔叟如何运用中世纪人“所熟悉的各种文学形式来反映［他的受众］和他自己所关注的事情”，认为乔叟的“诗学”“既表达又掩盖”诗人自己的思想以及他对现实和周围的人进行的表现和评述。她将其称为乔叟的“掩盖诗学”（poetics of disguise）。[2]这种诗学使作者隐藏在作品人物之后，由人物出面讲述或评论。也有乔叟学者将其称为“扮演艺术”（art of impersonation）。[3]在政局变幻莫测的中世纪，这种诗歌艺术有利于宫廷诗人在某些场合讲述或许不太适宜的故事和表达与受众相左的观点时保护自己；而诗人对自己的思想和对现实的评述不论是表达还是有意识的掩盖其实都反映出他对现实的关注。不过，“掩盖诗学”不仅具有政治上的意义，它更重要的意义还在文学艺术上。它类似于现代的“客观”或者说“非个性化”手法，这在《坎特伯雷故事》里尤为明显。

1 参看Davis, et al. (eds.), *A Chaucer Glossary*, p. 51。

2 Esther C. Quinn, *Geoffrey Chaucer and the Poetics of Disguise*, New York: UP of America, 2008, p. 2.

3 参看Marshall Leicester, “The Art of Impersonation: A General Prologue to the *Canterbury Tales*,” in V. A. Kolve and Glending Olson (eds.), *The Canterbury Tales: Nine Tales and the General Prologue*, New York: Norton, 1989, pp. 503-518。

在英国文学史上，《坎特伯雷故事》的文学成就和它所体现的现实主义思想都具有里程碑意义。它是英国第一部直接以作者时代的英格兰社会为对象和直接描写他同时代各阶层的英格兰人的重要作品。在这部文学巨著里，乔叟生动地塑造了一群前往坎特伯雷朝圣的香客，描写了他们那充满从阶级利益、思想观念到性格不合乃至个人恩怨的各种矛盾冲突的朝圣旅程。香客中有骑士、修道士、修女、修道院院长、托钵僧、教士、商人、海员、学士、律师、医生、地主、磨坊主、管家、店铺老板、伙房采购、农夫、厨师、差役、卖赎罪券教士、行会成员、各类工匠，也包括乔叟自己。他们来自当时英国几乎所有阶层和主要行业，形成了中世纪后期英国社会的缩影。乔叟对香客们，对他们的言谈举止、他们的思想性格，特别是他们之间大量的交往与冲突，进行了生动细致、妙趣横生的描写，把他们塑造成既代表社会各阶层，又独具特征的个性化艺术形象。他们是英国文学史上第一组形象生动、个性鲜明的现实主义群像。学者们研究发现，香客们之间纷繁复杂乃至难以调和的矛盾冲突不仅出于个人恩怨，更多的还是根源于社会现实，反映了当时英格兰的社会矛盾。

更有意义的是，乔叟的香客们并非仅仅是个性化人物，而且还是与他们讲述的故事具有内在统一性的叙述者。对于乔叟塑造的这些人物形象，英国第一位王室钦定的桂冠诗人德莱顿的观点特别有见地。德莱顿对乔叟的评价主要是基于他的新古典主义思想。新古典主义文学思想的核心是来自古希腊罗马的模仿论，而模仿论的核心是模仿自然（nature，也指本性）和生活。所以，他强调“乔叟无论在何处都遵循自然”[1]，并由此深入，进而揭示出乔叟人物塑造上的现实主义倾向。他说，“所有的香客各具特色，互不雷同”，“他们的故事的内容与体裁，以及他们讲故事的方式，完全适合他们各自不同的教育、气质和职业，以至于把任何一个故事放到任何另外一个人口中，都不合适”。[2]正是因为这些香客—叙述者是个性化人物，他们与自己讲述的故事具有内在统一性，他们的身份和性格决定了他们讲什么样的故事。[3]比如，骑士正适

1 Dryden, “Preface” to *Fables*, p. 34.

2 同上，p. 37。

3 比如《船长的故事》原来是由巴思妇人讲，但这个故事与她的性格和思想都不太合适，于是乔叟改变初衷，让她讲适合她的故事。

合讲他那个骑士浪漫传奇，具有女权思想的巴思妇人正适合讲她那表达女权思想的故事，而女修道院院长讲她的圣徒故事以及磨坊主、管家和厨师等“下等人”讲述粗俗的市井故事，也全都恰到好处。相反，如果让骑士去讲市井故事或者让巴思妇人去讲圣徒传，都会显得不伦不类或者使作品的文学成就大打折扣。与之相对，在薄伽丘的《十日谈》里，青年男女们由于形象模糊，没有被塑造成个性化人物，所以他们中任何一个人去讲那一百个故事中的任何一个，都没有什么区别。

在英国乃至欧洲文学史上，乔叟第一个塑造出一群如此个性化的叙述者人物，突出表现他们与他们讲述的故事之间的内在统一性，并进而以他们的故事来塑造和揭示其思想和性格。乔叟因此创造出一种新的文学体裁：戏剧性独白。戏剧性独白的核心不在于说话者说什么，而在于他所说内容与说话方式揭示出他是什么样的人。乔叟的香客们的故事和语言风格戏剧性地揭示出他们各自的身份、性格、教养和内心世界，把他们塑造成个性鲜明的人物。戏剧性独白后来在莎士比亚、玄学派诗人那里进一步发展，在19世纪诗人勃朗宁和丁尼生那些脍炙人口的诗作里达到顶峰。乔叟创造戏剧性独白是他对英国文学的又一重大贡献，也是他的现实主义创作思想在中世纪特定文学语境中的体现。

乔叟的现实主义文学思想和个性化人物塑造并非他诗人的天才在创作中的无意识显露，他在作品中一再表达了自己的创作思想。为了使他的香客叙述者的身份和性格与他们所讲的故事具有内在关联性，他强调要在“细述这故事之前”揭示香客—叙述者们是“什么人，属于哪个阶层”：

我觉得比较合情合理的做法
是根据我对他们各人的观察，
把我看到的情况全告诉你们：
他们是什么人，属于哪个阶层，
还要讲一讲他们穿什么服装。

（第一组第37—41行）

只有在揭示和确定其身份特点后，诗人才能使香客—叙述者们表现其个性化行为举止和用个性化语言讲述那些“完全适合他们”各自本性、利益和教养的不同风格体裁的故事。比如，生活在社会下层的磨坊主和管家之流使用粗俗语言讲低俗的市井故事，如同骑士、修道士和牛津学士等香客使用高雅的英语讲风格高雅的骑士传奇或悲剧或者女修道院院长讲述宗教故事一样，显然更符合他们的身份、教养和性格，而且他们的语言也生动地反映他们所在阶层和他们的故事所表现的下层社会的实际生活。

由于《坎特伯雷故事》包含各种高雅和低俗的体裁，而香客中许多人来自社会下层，缺乏教养，往往使用脏话俚语，讲述粗俗甚至淫秽故事，因此自文艺复兴时期到18世纪，这部著作及其作者遭到许多持新古典主义文学思想的文学家和学者指责，认为它不符合他们所崇尚的“得体”的美学原则。新古典主义认为一部作品应该具有像古希腊罗马建筑那样稳重、高雅、和谐与统一的风格，注重作品的题材与其体裁、风格一致，并特别强调高雅的内容和高雅的体裁风格。得体是古典修辞和文学的重要原则，亚里士多德和贺拉斯都有系统阐释。相反，《坎特伯雷故事》犹如新古典主义者所鄙视的中世纪哥特式建筑，杂糅各种体裁，形成奇异、突兀乃至怪诞低俗的风格，因此颇受指责和嘲笑。甚至连对这部杰作赞誉有加的德莱顿也不得不十分遗憾地说：“我承认，乔叟只是一颗粗糙的钻石，他先需要打磨才能发光。我并不否认，由于他生活在我们诗歌的草创期，他的作品并非都是和谐的统一体，他有时将一些琐碎之事同一些伟大的事件凑在一起。”[1]

在崇尚文学作品的多元与对话性的现当代，乔叟这种既高雅又粗俗、既高大宏伟又精雕细琢因而囊括一切的“哥特式”风格[2]早已得到广泛的肯定和称颂。其实早在文艺复兴时期，一些眼光独到的学者已经看到《坎特伯雷故事》这种特有的艺术魅力。1597年，弗朗西斯·博蒙

1 Dryden, “Preface” to *Fables*, pp. 39–40. 然而，在现代文学理论看来，同时也根据现当代学者对中世纪文学的研究，这种不同类别、不同性质的元素的杂糅恰恰是乔叟和中世纪文学本质性的特点和杰出之处，被学者称为“哥特式”风格；见下注。

2 英国著名学者布鲁尔在其专著《英国哥特文学》(*English Gothic Literature*, London: Macmillan, 1983）中对中世纪文学和乔叟作品的这种“哥特式”风格进行了深入研究。需要指出的是，这里所说的哥特文学并非指充满恐怖气氛的哥特小说。

特针对新古典主义批评家们对乔叟的指责，在一封长信中做了比较系统而深刻的回应。这封信随即被托马斯·斯培特作为序言之一收入他编辑的新版乔叟全集中。博蒙特反问道："说到乔叟被指责的各种不雅之处，有哪一位罗马诗人在这方面不比他更为出格？维吉尔在《普利阿普斯》里比他严重一千倍，而奥维德在《爱的艺术》和贺拉斯在许多地方与其他人毫无二致。"他甚至用得体原则反驳那些批评者们：

> 不论是普劳图斯还是特伦斯，在这方面也都不能免责，然而这两人却比其他人得到更多原谅，就因为他们遵循了得体的原则，即让他们的喜剧性人物的语言恰如其分地适合他们的性格。难道我们不能说乔叟也正是这样吗？他让他的磨坊主、他的厨师、他的木匠讲述他们那些直率而有趣的故事，正如他使他的骑士、他的扈从、他的律师和他的学士讲述适合他们的故事一样，他究竟离开得体多远？[1]

可见，博蒙特并非像当时许多新古典主义者那样，将"得体"局限于使用高雅风格表现高雅题材，而是将其理解为体裁、人物和语言风格的统一。

不过最早为《坎特伯雷故事》里让各位香客叙述者使用符合其身份和性格的体裁、风格和语言进行辩护的是乔叟本人。他在不同地方反复强调，他必须忠实于他的人物。他指出，香客们使用的是他们自己的语言，讲的是他们的故事，作为诗人，他仅仅是"照直说出"他们的话语和故事，否则就是对他的人物不忠和"歪曲"他们的故事。在《总引》开篇后不久，他就对读者说：

> 不要怪我讲的话粗俗或肮脏，
> 因为我要在这方面实事求是，
> 向你们介绍他们的言谈举止，
> 有时甚至把他们的原话重复。

1 引自 Brewer (ed.), *Chaucer: The Critical Heritage*, Vol. I, pp. 137–138。

他强调说：

无论是谁，要复述别人的故事，
就得尽量复述原话的每个字——
越接近越好，只要有这个能力，
哪怕说这样的话放肆又粗鄙——
要不然他就歪曲原来的故事。

他认为，“复述别人讲的故事”就“容不得更改”，而“必须同样一字又一字说出来”。他甚至借用耶稣和柏拉图的权威为自己辩护：

《圣经》里面基督的说话很朴素，
而你们知道，这完全不是粗俗。
柏拉图也说（读他书的都赞同）
语言和行动必须是一对亲弟兄。

（第一组第726—742行）

如果连耶稣尚且如此，加之柏拉图那样的权威也教导说，人物的言行是性格的体现，必须一致，那他乔叟有什么可以指责的？后来在磨坊主故事的引言里，乔叟又用了二十个诗行（第一组第3167—3186行）再一次强调自己只是原文照录：“故事得照录，不管是坏还是好，/要不然，就是我对材料掺了假”（第3174—3175行）。

不过，乔叟如此反复声明自己忠实于人物，忠实于人物的性格、语言和故事，除了“掩盖”自己，更重要的是在表达要忠实地模仿现实生活和现实中的人的文学思想。因为如果在讲述磨坊主和管家那样的淫秽故事时，他或许有必要“掩盖”自己的话，那么当他讲骑士、修道士以及修女院院长那些高雅故事或者宗教故事时，他显然没有必要“掩盖”自己，但他仍然使用了符合那些讲述者各自身份和性格的风格。这就表明，乔叟并不仅仅是为了“掩盖”。如果仅仅是为了“自我保护”或者“政治正确”，他甚至完全可以不写那些粗俗故事。他显然是认为，市井故事的题材和风格能最好地表现下层民众的生活现实。乔叟如此强调忠实于现实和现实中的人，在寓意模式和浪漫传奇占主导地位的中世纪英格兰文坛无疑是空谷足音。他这样清楚表达他的文学思想，为自己的创作辩护，可以说是英语文学史上现存记录中最早的“诗辩”。

其实乔叟的现实主义倾向在他文学生涯初期已现端倪。乔叟深受法国宫廷诗歌熏陶，其文学生涯以翻译《玫瑰传奇》开始，因此他前期的文学创作遵循法语宫廷爱情诗歌传统。但如果我们把他的第一部作品同时也是英语文学史上第一部真正的宫廷爱情诗《公爵夫人书》与《玫瑰传奇》及其他类似诗作进行比较，就会发现乔叟在运用传统的同时也超越传统。他对宫廷爱情传统最大的超越就是把眼光投向现实生活和表达真情实感，也就是说，把宫廷爱情传统与英格兰社会现实和现实中的人结合起来。宫廷浪漫传奇极为突出的特点是，故事往往发生在虚无缥缈的虚幻世界，在时间和空间上都远离现实，而它表现的情感通常高度程式化。与之相反，《公爵夫人书》表面上以古罗马为背景，也大量运用了程式化的宫廷爱情话语，但它实际上直接取材于作者身边的生活，而且是以安慰他的文学赞助人（patron）、刚失去爱妻的兰开斯特公爵为创作目的。所以，与《玫瑰传奇》等梦幻诗大多使用拟人化寓意人物不同，乔叟笔下有血有肉的黑衣骑士是以兰开斯特公爵为原型塑造的。另外，叙述者卧室里竟然出现马匹，而该马与引路的小狗随即未经交代又神秘消失等十分“混乱”的非理性场景，实际上也是在模仿真实梦境那种超现实情景，从而与传统的宫廷爱情诗里高度理性化、条理清晰的梦境相去甚远。这也表明诗人一开始就注重作品细节上的真实性和可信性。

14世纪70年代后期，在意大利新文学影响下，乔叟在《声誉之宫》里对文学创作以及英语诗歌发展新方向进行了比较系统的探讨。在一定程度上，这部乔叟创作生涯中的“转型性”作品可以说是关于诗歌创作的诗歌，是他的文学思想向现实生活靠近的重要一步。他在诗作开篇对维纳斯神庙的描写很有象征意义。虽然神庙内有辉煌的艺术，但是些没有生命的金色塑像，而神庙外更是一片荒漠。爱神维纳斯的神庙其实象征脱离现实的宫廷爱情诗传统。乔叟意识到，已被程式化的宫廷爱情文学同现实生活相隔太远，不寻找新的材料，不注入新的活力，不改变创作方向，宫廷爱情文学只能是一片没有生机的“荒漠”（*House*, l. 489）。所以，乔叟在诗作中思考诗歌创作的问题和探索新的创作方向，特别是在考虑如何把辉煌的传统同生活现实结合起来。

他在该诗作里随即以他自己为例，表明诗人应该到现实生活中收集创作“信息”。他说自己在工作之余，只闭门读书写作，“过着隐士般的生活”，从不东走西串，也不听闲言碎语，因而写作“信息”告罄，所以朱庇特派雄鹰前来，带他去收集“信息”，也就是创作材料（ll. 642—660）。后来在《百鸟议会》里，诗人梦中的带路人也对他说：“你能观察”，“我将带你去把写作材料获取”（*Parlement of Foules*, ll. 158—168）。《声誉之宫》和《百鸟议会》这两部作品的主要部分就是表现梦中的诗人对寓指现实生活的“声誉之宫”、“谣言之宫”和“百鸟议会”的“观察”。

“声誉之宫”、“谣言之宫”和“百鸟议会”都是乔叟以寓意方式对现实生活的生动描写。它们是现实世界的绝妙象征，反映出他对生活、声誉和历史的深刻理解；而他关于“信息”在那怪异的“谣言之宫”里的制造和流传的喜剧性描述尤为传神。霍华德认为，乔叟关于“信息”是“名声与历史的原始材料”的“观念”是《声誉之宫》的核心。[1]乔叟探讨文学创作与现实生活之间的关系，强调来自现实生活的“信息”是文学创作的“写作材料”的观点，在从抽象观念出发，以宣扬基督教教义和骑士美德为主旨的中世纪，对英语文学的发展具有革命性意义。当然，如前面谈到的，乔叟的以模仿论为核心的现实主义文学思想和创作都最全面、深刻地体现在《坎特伯雷故事》里。

前一章里提到，乔叟复活了悲剧精神，这在欧洲文学发展史上同样具有革命性意义。曾经成就辉煌的古希腊古罗马悲剧随着养育它的古典文化在基督教的凌厉攻势中分崩离析而退场，湮没在历史的封尘之中。乔叟是中世纪欧洲第一位既比较准确理解悲剧的性质，同时又有意识地创作悲剧性作品的文学家。在《坎特伯雷故事》里，乔叟为悲剧下了一个定义：

1 Donald R. Howard, *Chaucer: His Life, His Works, His World*, New York: Dutton, 1987, p. 249.

悲剧是某一种故事……
其主人公曾兴旺发达，
后从高位坠落，掉入苦难，
最终悲惨死去。[1]

（第二组第3163—3167行）

这个定义至今广被学者们引用来说明中世纪后期人们对悲剧的理解和分析那时期的悲剧故事同古典悲剧以及文艺复兴以来的近现代悲剧之间的异同。乔叟的定义不仅是中世纪上千年历史中为悲剧下的第一个定义，而且在那之后相当长时期内也仍然是欧洲人对悲剧最准确的理解。在中世纪，古希腊悲剧和亚里士多德的《诗学》早已失传，就连大诗人和学者如但丁也在《俗语论》（*De vulgari eloquentia*）一书中把悲剧看作是关于高雅主题的高雅诗体，他甚至把自己的抒情诗也算在其中；另外，他还在《神曲》里把维吉尔的史诗《埃涅阿斯纪》也称为悲剧。

当然乔叟所说的"悲剧"实际上都是"故事"而非戏剧。乔叟作品中最典型的"悲剧"是《修道士的故事》里那些短小故事，那17个故事全是上述定义的范本："曾兴旺发达"、身处"高位"的人物最终都坠入"苦难"并"悲惨死去"；他们的遭遇既揭示或暗示出他们自身的"缺陷"，也表现出命运无常不可抗拒。乔叟在《修道士的故事》里自始至终都在刻意强调冥冥之中有一个变化无常但又不可抗拒的力量在左右和毁灭人的命运。特别值得注意的是，《修道士的故事》不仅讲述了自亚当以降古代历史或传说中那些从"高位"坠入"苦难"与毁灭的名人的命运，还特地包括了就发生在他那个时代的现实中的真实事件，反映出他的悲剧思想的现实意义。

乔叟的悲剧观也是他的文学思想的主要组成部分，并与他那以模仿论为核心的现实主义倾向相关联。他对悲剧的理解在当时是独一无二的。关于这一点，凯利（H. A. Kelly）强调指出："没有任何迹象表明，在乔叟同时代以及在他之后直到约翰·莱德盖特接受其观点之前，有

1 引文译自Robinson (ed.), *The Complete Works of Geoffrey Chaucer*。其中"兴旺发达"一词借用自黄杲炘译本。

哪一位作家与他看法相同或受其影响。"[1]乔叟的悲剧思想主要来自他翻译过的波伊提乌的《哲学的慰藉》里对悲剧的简短说明和关于命运变化无常的观点。[2]乔叟在生前就已被尊为"哲学诗人",就因为他一直在对天道,对处在中世纪无休止的社会动荡中的人之命运进行思考。在14世纪70年代中后期,也正是在他接受意大利人文主义思想影响的时期,他认真阅读《哲学的慰藉》,并在80年代初翻译了这部著作。于是,他长期对天道和命运的思考、波伊提乌关于命运和悲剧的观念以及人文主义思想这三个方面在他思想中的碰撞终于促使了悲剧精神在中世纪的复苏。

但很值得探讨的是,《哲学的慰藉》在中世纪极有影响,著名中世纪学者C. S. 刘易斯甚至认为,其影响在中世纪仅次于《圣经》。因此,包括但丁在内的许多人都应该读过这部著作,然而他们全都忽略了那一段仅一行多的简短说明。那或许说明,体现着深刻的人文主义思想和现实意义的悲剧并没有在那些以精神救赎为关注中心的人们心中引起如同在一直思考现实中的人之命运的乔叟心中所引起的共鸣,因此他们才对其视而不见。乔叟在那期间根据他对悲剧的理解创作出《修道士的故事》、《帕拉蒙和阿塞特》(即《骑士的故事》)、《特洛伊罗斯与克瑞西达》和《贞女传奇》等一系列具有悲剧色彩的作品,并且把《修道士的故事》和《特洛伊罗斯与克瑞西达》直接称作悲剧,那显然不是偶然。他的定义和他的悲剧性作品都表达出悲剧的基本精神。乔叟关于悲剧的观点不仅是他的文学思想的重要组成部分,而且后来都融入莎士比亚的悲剧观。[3]在文艺复兴时期,英国悲剧的成就远高于其他任何欧洲国家,这或许同英诗之父在这一领域的开拓不无关系。

乔叟的文学思想中另外一个重要方面是关于文学的功用。他认

1 H. A. Kelly, "The Non-Tragedy of Arthur," in Gregory Kratzmann and James Simpson (eds.), *Medieval English Religious and Ethical Literature*, Cambridge: D. S. Brewer, 1968, p. 96.

2 参看Boethius, *The Consolation of Philosophy*, trans. W. V. Cooper, London: J. M. Dent, 1902, p. 30。

3 参看安·塞·布雷德利:《莎士比亚悲剧》,张国强等译,上海:上海译文出版社,1992年。

为文学能给人以教益、乐趣和心理慰藉。他的第一部重要诗作《公爵夫人书》就表现了文学在精神和心理上的安慰作用。叙述者杰弗里自己在经历八年的痛苦和失眠之后，阅读了奥维德的《变形记》里有关塞克司和亚克安娜的故事，终于成眠，这暗示他在恢复正常，同时也表现出文学作品的慰藉作用。最后他从睡梦中醒来，决定把“这个梦写成诗”(l. 1331)，也就是开始自己的创作生活，写出自己的“塞克司和亚克安娜”，即《公爵夫人书》。在诗里，失去爱侣而深陷痛苦之中的黑衣骑士也在叙述者的引导之下，通过再次体验爱情而振作起来，回到生活中去。

另外，在《坎特伯雷故事》的《总引》里，乔叟指出，最好的故事必须“最有意义最有趣”(of best senténce and most soláce)(第一组第798行)，它既给人“教益”也让人“消遣”找“乐趣”。他借故事会主持人旅店老板之口为获奖故事规定两个条件：

你们之中，谁讲的故事数第一，
就是说，谁按照我们这个规矩，
讲出的故事最有意义最有趣，
那么等大家从坎特伯雷回来，
我们其余的人就出钱备酒菜，
就在这根柱子边请他吃晚饭。

(第一组第796—801行)

文学给人以教益和愉悦的思想根源于贺拉斯。他在《诗艺》里说：“诗人之愿望应该是给人以教益和愉悦，其著作应该既给人以快感，也可用于生活。”[1]但在中世纪，基督教强调文学的教育意义，其愉悦作用充其量只服务于文学的教化功能。不仅如此，基督教甚至还认为，感官愉悦有可能使人忘情于快感而忽略教益，从而阻碍人向上帝皈依。因此，中世纪文学特别强调文学的寓意性质与教化功能而弱化其艺术性和愉悦作用。所以但丁专门用犹太人渡红海的象征意义来说明《神曲》的

1 Horace, “Art of Poetry,” p. 72.

寓意性质。提升文学的艺术价值和愉悦作用、强调教与乐并重是文艺复兴文学思想的重要组成，也是对古典文学思想的复兴，在本质上是人文主义的表现。乔叟把文学的愉悦作用与教化作用并列，或者说将其提高到几乎与教益等同的地位，在英国文学思想的发展上很超前也很有意义，是英国文学中人文主义思想发展的表现。

乔叟不仅直接表达了关于文学的教与乐的观点，而且《坎特伯雷故事》本身也突出地体现了这种思想。这部杰作是宗教精神和世俗追求的结合：香客们的朝圣旅途既是一个讲故事“消遣”找“乐趣”的场合，又是一个寻找精神归宿的神圣历程；他们讲的故事必须是既“有趣”又有“教益”；他们也有两个目标，一个是去坎特伯雷朝圣，另一个则是为那顿饭的奖赏而竞争。这两个目标可以说是分别由圣托马斯和粗俗的旅店老板为代表。同时，坎特伯雷和伦敦则分别象征精神世界和世俗世界。圣托马斯引导香客们从伦敦到坎特伯雷去，而旅店老板自告奋勇同香客们一道去坎特伯雷并不是为了朝圣，而是为了经济利益，为了确保这批人返回伦敦到他那里住店就餐。这样，现实生活和精神旅途、人文追求和宗教意义、世俗利益和灵魂救赎就成为贯穿全书的两条主线，而创作中的现实主义和寓意倾向几乎自始至终都交织在一起。以对现实的模仿来体现和揭示精神层面的“真实”正是乔叟文学思想的核心，也是他创作的本质；或者正如一位文艺复兴时期的评论家在评论和赞颂乔叟诗作时所指出：“这就是好诗之真正基础：既有教益，又妙趣横生。”[1]

乔叟文学思想中另外一个十分重要而且也十分超前的方面是关于作品的接受。其实，前面谈到的乔叟的所谓“掩盖诗学”已经表明，他十分关注读者对其诗作的反应。不过他这方面的思想最直接也最具戏剧性地表现在大约创作于1386—1387年的《贞女传奇》的“引子”里。该“引子”长达500多行，属于乔叟最优秀的诗作之列。它有F本和G本两个版本，其中G本大约是1394—1395年的修改本。在这个“引子”里，乔叟描写了一个十分戏剧性也十分喜剧性的场面。诗人或者说叙述者杰弗里梦见爱神率领一群艳丽的女士来到跟前，但他发现爱神竟然对他“怒目”相视，称他为“死敌”，并严加斥责：“大胆的东西，/老实

1 William Webbe, “A Discourse of English Poetrie,” in G. Gregory Smith (ed.), *Elizabethan Critical Essays*, Vol. I, Oxford: Oxford UP, 1904, p. 251.

说,我宁愿眼前是/一只虫子,也不想见到你”(*Legend of Good Women*, G, ll. 242—244)。梦中的乔叟吓得魂不附体,忙问是何缘故。原来他翻译了《玫瑰传奇》和写了《特洛伊罗斯与克瑞西达》,得罪了爱神。爱神说,《玫瑰传奇》是“违背我的教义的异端邪说”(l. 256),由于乔叟翻译了那东西,“致使聪明才俊离我而去”(l. 257)。更糟糕的是,乔叟竟然又写了一本“英语书”,揭露克瑞西达背弃特洛伊罗斯。他斥责说,自古以来有那么多贞女节妇,乔叟不予歌颂,却偏写克瑞西达的不忠,那是有意诽谤女子。爱神还指出,乔叟自己就有多达60部新旧书籍,里面记满希腊、罗马女子的故事,她们那么高尚贞洁,以至“当今世界找不出一个男人,/就忠贞和善良而言,/可同古代最微不足道的女流媲美”(ll. 242—244)。他甚至以母亲维纳斯的名义起誓,乔叟因“抛掉精华,专写糠秕”(l. 312),和其他“老糊涂虫一样/终将后悔不及”(ll. 315—316)。

这时,“最高贵的王后”阿尔刻提斯连忙出面为乔叟辩护。她的辩护主要有两点:第一,爱神有可能是听信了谗言,乔叟被人诬陷。诗人可能是以此暗示,自己一些诗作受到了某些人指责。第二,乔叟“生性愚笨”,很可能自己都不知道写了些什么,他犯下过错,看来并非本意,因此罪名不应那么严重。不论是爱神的申斥,还是阿尔刻提斯的辩护,都充满喜剧性,表现了乔叟的幽默。随后,阿尔刻提斯话锋一转,列举出乔叟的作品,包括《公爵夫人书》、《百鸟议会》、《声誉之宫》、《帕拉蒙和阿塞特》及其他一些不同类别的诗作,另外还有《哲学的慰藉》等译作。在作品一般不署名的中世纪,这是研究乔叟创作生涯十分珍贵的材料,受到学者们广泛重视;这也明显表现出乔叟的作者意识。当然,阿尔刻提斯列出这些作品,是想表明乔叟为爱神立下过汗马功劳,因此应该从轻发落。

这时叙述者乔叟终于得到机会开口说话。他先感谢王后为他求情,消除了爱神的怒气,接着为自己辩护,说自己写克瑞西达,揭露虚情假意,并非背叛爱神,而“是为了推崇真爱珍惜深情”,因为他是把她作为负心和不忠的反面教材来警诫世人。爱神认为他诽谤女子,阿尔刻提斯则说他愚昧昏聩,不知所云,而他则声明是为了推崇真情,谴责背信弃义。同一部作品,引出如此不同的观点,在世界文学史上,这也许是最早的“读者反应”批评，而且是一位诗人最早在诗作中有意识地运用艺术的形式来探讨自己作品的接受情况，来表现作者的创作目的同读者的解读之间的巨大差异等重要问题。其实，此前在创作那部大约完成于1386年的《特洛伊罗斯与克瑞西达》之时，乔叟就已经预见到，这部表现克瑞西达背叛爱情的诗作会招来习惯于宫廷爱情对女士顶礼膜拜的受众，特别是上层社会的女士们的非议和引起争论（即爱神所听到的所谓谗言和诽谤），所以他在诗作结尾“恳求美丽的女士，/和高贵的夫人”，不要因为该书揭露了“克瑞西达的不忠/和罪孽而对我发怒”。（*Troilus*, Vol. V, ll. 1772—1775）在宫廷文化语境和宫廷爱情文学传统中创作的乔叟自然清楚自己的作品有悖于许多宫廷受众的预期，而该诗作的流传很可能证实了乔叟的预见;《贞女传奇》的“引子”里这个戏剧性场面正是受众的反应以及乔叟的回应的艺术性表现。

乔叟的文学思想，既有直接表达，也有间接的艺术体现，散见于各部作品中，十分丰富，是英国文学思想发展的重要源头，也引起了历代学者和文学家的关注，引发了不同的观点。因此，乔叟学术史为进一步深入研究乔叟的文学思想打下了基础和拓宽了视野，使现代学者能从不同方面更全面地看待英诗之父的创作和思想。作为一个“哲学诗人”，乔叟在欧洲传统文学思想以及自己的创作实践的基础上，在中世纪英格兰的历史和文学语境中，深入研究欧洲古典和同时代的文学成就，努力探索和总结自己的诗歌创作，对文学思想和创作手法、对文学的功用和读者的接受等许多方面进行了理论上的思考或艺术上的表达，提出了一些开拓性的思想和观点。乔叟文学思想的基础是模仿，而现实主义的不断加强是其发展的主要倾向。他在诗歌艺术和文学创作上为英语文学的发展做了巨大贡献，而他表达的文学思想对英国文学理论的发展也有重要意义。

附录一

重要文献

一、乔叟作品主要现代版本（中、英文，以出版时间为序）

Skeat, Walter W. (ed.). *The Complete Works of Geoffrey Chaucer*, 7 vols. Oxford: Clarendon, 1894–1897.

Root, Robert K. (ed.). *The Book of Troilus and Criseyde.* Princeton: Princeton UP, 1926.

Robinson, F. N. (ed.). *The Complete Works of Geoffrey Chaucer*. Boston: Houghton Mifflin, 1933.

— (ed.). *The Works of Geoffrey Chaucer*. Boston: Riverside, 1957.

John M. Manly and Edith Rickert (ed.). *The Text of the* Canterbury Tales, 8 vols. Chicago: U of Chicago P, 1940.

Baugh, Albert C. *Chaucer's Major Poetry*. New York: Appleton-Century-Crofts, 1963.

Pratt, Robert A. (ed.). *The Tales of Canterbury: Complete.* Boston: Houghton Mifflin, 1966.

Donaldson, E. Talbot (ed.). *Chaucer's Poetry*, 2nd ed. New York: Houghton Mifflin, 1975.

Fisher, John H. (ed.). *The Complete Poetry and Prose of Geoffrey Chaucer*. New York: International Thomson, 1977.

Benson, Larry D. (ed.). *The Riverside Chaucer*. New York: Houghton Mifflin, 1987.

Shoaf, R. A. (ed.). *Troilus and Criseyde*. East Lansing, MI: Colleagues, 1987.

方重译：《乔叟文集》（上、下），上海：上海文艺出版社，1962 年。

—：《乔叟文集》，上海：上海译文出版社，1979 年。

—：《坎特伯雷故事》，上海：上海译文出版社，1983 年。

吴芬译：《特洛勒斯与克丽西德》，北京：中国对外翻译出版公司，1999 年。

黄杲炘译：《坎特伯雷故事》，上海：上海译文出版社，2013 年。

二、主要乔叟研究文献资料汇编（以出版时间为序）

Hammond, Eleanor Prescott. *Chaucer: A Bibliographical Manual*. New York: Macmillan, 1908.

Martin, Willard Edgar. *A Chaucer Bibliography, 1925–1933*. Durham: Duke UP, 1935.

Griffith, D. D. *Bibliography of Chaucer: 1908–53*. Seattle: U of Washington P, 1955.

Crawford, William R. *Bibliography of Chaucer: 1954–63*. Seattle: U of Washington P, 1967.

Baird-Lange, Lorrayne Y. *A Bibliography of Chaucer, 1964–1973*. Boston: G. K. Hall, 1977.

—, and Hildegard Schnuttgen. *A Bibliography of Chaucer, 1974–1985*. Hamden, CT: Archon, 1988.

Barthes, Roland. "The Death of the Author." In Roland Barthes. *Image, Music, Text: Essays*. Select. and trans. by Stephen Heath. London: Fontana, 1977.

Peck, Russell A. *Chaucer's Lyrics and* Anelida and Arcite*: An Annotated Bibliography, 1900 to 1980*. Toronto: U of Toronto P, 1983.

Leyerle, John, and Anne Quick. *Chaucer: A Bibliographical Introduction*. Toronto: U of Toronto P, c. 1986.

Bowers, Bege K., and Mark Allen. *Annotated Chaucer Bibliography, 1986–*

1996. Notre Dame: U of Notre Dame P, 2002.

Cawsey, Kathy. *Twentieth-Century Chaucer Criticism: Reading Audiences*. Farnham, UK: Ashgate, 2011.

Allen, Mark, and Stephanie Amsel. *Annotated Chaucer Bibliography: 1997–2010*. Manchester: Manchester UP, 2016.

The University of Texas at San Antonio Library and The New Chaucer Society. *The Chaucer Bibliography Online* (Includes Chaucer studies from 1970 until the present). http://chaucer.lib.utsa.edu/items/search.

三、主要乔叟词典

Benson, Larry D. *A Glossarial Concordance to* The Riverside Chaucer. New York: Garland, 1993.

Davis, Norman, et al. *A Chaucer Glossary*. Oxford: Clarendon, 1979.

De Weever, Jacqueline. *Chaucer Name Dictionary*. New York: Garland, 1996.

Dillon, Bert. *A Chaucer Dictionary: Proper Names and Allusions, Excluding Place Names*. Boston: G. K. Hall, 1974.

Magoun, Francis P., Jr. *A Chaucer Gazetteer*. Chicago: U of Chicago P, 1961.

Scott, A. F. *Who's Who in Chaucer*. New York: Taplinger, 1976.

Tatlock, John S. P., and Arthur Kennedy. *Concordance to the Complete Works of Chaucer and to the "Romoun of the Rose."* Gloucester, MA: Peter Smith, 1963.

四、主要乔叟网站

Chaucer Metapage: http://englishcomplit.unc.edu/chaucer/chpages.htm.

Chaucernet: http://faculty.smu.edu/bwheeler/chaucer/chaucernet.html.

On-line Chaucer Bibliography: http://galaxy.einet.net/hytelnet/FUL068.html.

On-line Medieval Texts: Chaucer: http://www.english.udel/edu/bgastle/etexts.

html.

Studies in the Age of Chaucer: The Yearbook of the New Chaucer Society: http://newchaucersociety.org/pages/entry/sac.

五、欧美部分

Aers, David. *Chaucer, Langland, and the Creative Imagination*. London: Routledge, 1980.

—. *Chaucer*. Atlantic Highlands, NJ: Humanities, 1986.

— (ed.). *Cultures and History, 1350–1600: Essays on English Communities, Identities and Writing*. Detroit: Wayne State UP, 1992.

— (ed.). *Medieval Literature and Historical Enquiry: Essays in Honour of Derek Pearsall*. Cambridge: D. S. Brewer, 2000.

Alderson, William L., and Arnold C. Henderson. *Chaucer and Augustan Scholarship*. Berkeley: U of California P, 1970.

Auerbach, Erich. *Mimesis: The Representation of Reality in Western Literature*. Trans. Willard R. Trask. Princeton: Princeton UP, 1953.

—. *The Literary Language and Its Public in Late Latin Antiquity and in the Middle Ages*. Trans. Ralph Manhein. Princeton: Princeton UP, 1965.

Baldwin, Ralph. "The Unity of the *Canterbury Tales*." PhD Diss. John Hopkins University, 1955.

Baswell, Christopher. *Virgil in Medieval England: Figuring the* Aeneid *from the Twelfth Century to Chaucer*. Cambridge: Cambridge UP, 1995.

Baugh, Albert C. "Fifty Years of Chaucer Scholarship." *Speculum*. Vol. 26, No. 4, Oct. 1951.

—. *Chaucer*, 2nd ed. Arlington Heights, IL: AHM, 1977.

Baum, Paul. "Chaucer's Puns." *PMLA*, 71, 1956.

Bayless, Martha. *Parody in the Middle Ages: The Latin Tradition*. Ann Arbor:

U of Michigan P, 1999.

Beidler, Peter G. (ed.). *Masculinities in Chaucer: Approaches to Maleness in the* Canterbury Tales *and* Troilus and Criseyde. Cambridge: D. S. Brewer, 1998.

Bennett, J. A. W. *Chaucer in Oxford and Cambridge.* Oxford: Oxford UP, 1974.

—. *The* Parlement of Foules*: An Interpretation*. Oxford: Clarendon, 1957.

Benson, C. David. "Chaucer's Pardoner: His Sexuality and Modern Critics." *Medievalia*, 8, 1985.

Benson, Larry D. (ed.). *The Learned and the Lewed: Studies in Chaucer and Medieval Literature.* Cambridge: Harvard UP, 1974.

Benson, Robert G., and Susan J. Ridyard (eds.). *New Readings of Chaucer's Poetry.* Cambridge: D. S. Brewer, 2003.

Besserman, L. L. *Chaucer's Biblical Poetics.* Norman, OK: U of Oklahoma P, 1998.

Birney, Earle. "The Beginning of Chaucer's Irony." *PMLA*, 54, 1939.

Blake, N. F. *The Textual Tradition of the* Canterbury Tales. London: Arnold, 1985.

Blake, Norman (ed.). *The Cambridge History of the English Language, Vol. II. 1066–1476*. Cambridge: Cambridge UP, 1992.

Blake, William. "A Descriptive Catalogue of Pictures." In Geoffrey Keynes (ed.). *The Complete Works of William Blake*. London: Oxford UP, 1966.

Bloch, R. H. *Medieval Misogyny and the Intention of Western Romantic Love.* Chicago: U of Chicago P, 1991.

Bloom, Harold (ed.). *Geoffrey Chaucer's The General Prologue to the* Canterbury Tales. New York : Chelsea House, 1988.

— (ed.). *Bloom's Modern Critical Views: Geoffrey Chaucer*, updat. ed. New York: Infobase, 2007.

— (ed.). *Bloom's Classic Critical Views: Geoffrey Chaucer*. New York: Infobase, 2008.

— (ed.). *Geoffrey Chaucer*. New York: Bloom's Literary Criticism, 2008.

Bloomfield, Morton W. *Essay and Exploration: Studies in Ideas, Language, and Literature*. Cambridge: Harvard UP, 1970.

Boethius. *The Consolation of Philosophy*. Trans. W. V. Cooper. London: J. M. Dent, 1902.

Boitani, Piero. *Chaucer and the Imaginary World of Fame*. Cambridge: D. S. Brewer, 1984.

—. *Chaucer and Boccaccio*. Oxford: Society of the Study of Medieval Language and Literature, 1977.

— (ed.). *Chaucer and the Italian Trecento*. Cambridge: Cambridge UP, 1983.

—, and Jill Mann (eds.). *The Cambridge Companion to Chaucer*. Cambridge: Cambridge UP, 1986.

—, and Jill Mann (eds.). *The Cambridge Companion to Chaucer*, 2nd ed. Cambridge: Cambridge UP, 2003.

—, and Anna Torti (eds.). *Poetics: Theory and Practice in Medieval English Literature*. Cambridge: D. S. Brewer, 1991.

Borghesi, Peter. *Boccaccio and Chaucer*. Bologna: Nicholas Zanichelli, 1903.

Borroff, Marie. *Traditions and Renewals: Chaucer, the* Gawain-*Poet, and Beyond*. New Haven: Yale UP, 2003.

Bowden, Muriel. *A Commentary on the General Prologue to the* Canterbury Tales. London: Souvenir, 1973.

Bowers, John M. *Chaucer and Langland: The Antagonistic Tradition*. Notre Dame: U of Notre Dame P, 2007.

—. "Colonialism, Latinity, and Resistance." In Susanna Fein and David Raybin (eds.). *Chaucer: Contemporary Approaches*. University Park, PA: Pennsylvania State UP, 2009.

Brathwait, Richard. *Richard Brathwait's Comments in 1665 upon Chaucer's Tales of the Miller and the Wife of Bath*. Ed. Caroline F. E Spurgeon. London: Kegan Paul, Trench, Trubner, 1901.

Brewer, Derek. *Chaucer in His Time.* London: Nelson, 1963.

—. *Chaucer*. London: Longmans, 1973.

—. *Chaucer and His World.* London: Methuen, 1978.

—. *Tradition and Innovation in Chaucer*. London: Macmillan, 1982.

—. *English Gothic Literature*. London: Macmillan, 1983.

—. *An Introduction to Chaucer*. London, New York: Longman, 1984.

— (ed.). *Chaucer and Chaucerians*. London: Nelson, 1966.

— (ed.). *Writers and Their Background: Geoffrey Chaucer.* Athens, OH: Ohio UP, 1975.

— (ed.). *Chaucer: The Critical Heritage: Volume I 1385–1837*. London: Routledge & Kegan Paul, 1978.

— (ed.). *Chaucer: The Critical Heritage: Volume II 1838–1933*. London: Routledge & Kegan Paul, 1978.

Brink, Bernard ten. *History of English Literature: Wyclif, Chaucer, Earliest Drama, Renaissance*. Trans. Clarke Robinson. New York: Henry Holt, 1893.

Bronson, Bertrand H. *In Search of Chaucer.* Toronto: U of Toronto P, 1960.

Brown, Peter (ed.). *Reading Dreams: The Interpretation of Dreams from Chaucer to Shakespeare.* Oxford: Oxford UP, 1999.

— (ed.). *A Companion to Chaucer.* Oxford: Blackwell, 2000.

— (ed.). *A Companion to Medieval Literature and Culture, c. 1350–c. 1500.* Oxford: Blackwell, 2007.

Brusendorff, Aage. *Chaucer Tradition.* Milford: Oxford UP, 1925.

Bryan, W. F., et al. (eds.). *Sources and Analogues of Chaucer's* Canterbury

Tales. New York: Humanities, 1958.

Burnley, David. *A Guide to Chaucer's Language.* London: Macmillan, 1983.

Burrow, J. A. *Ricardian Poetry: Chaucer, Gower, Langland, and the* Gawain *Poet.* London: Routledge & Kegan Paul, 1971.

— (ed.). *Geoffrey Chaucer: A Critical Anthology.* Baltimore: Penguin, 1969.

Butterfield, Ardis. *The Familiar Enemy: Chaucer, Language, and Nation in the Hundred Years Way.* Oxford: Oxford UP, 2009.

— (ed.). *Chaucer and the City.* Cambridge: D. S. Brewer, 2006.

Caie, Graham D. "The Significance of the Early Chaucer Manuscript Glosses (with Special Reference to the *Wife of Bath's Prologue*)." *Chaucer Review*, 10, 1976.

Calabrese, Michael A. *Chaucer's Ovidian Arts of Love.* Gainesville: UP of Florida, 1994.

Calin, William. *The French Tradition and the Literature of Medieval England.* Toronto: U of Toronto P, 1994.

Cannon, Christopher. *The Making of Chaucer's English.* Cambridge: Cambridge UP, 1998.

—. *The Grounds of English Literature.* Oxford: Oxford UP, 2004.

—. *From Literacy to Literature: England, 1300–1400.* Oxford: Oxford UP, 2016.

Carruthers, Mary. "The Wife of Bath and the Painting of Lions." *PMLA*, 94, 1979.

Cawley, A. C. (ed.). *Chaucer's Mind and Art.* New York: Barnes & Noble, 1969.

Child, Francis James. *Observations on the Language of Chaucer.* Cambridge: Welsh, Bigelow, 1862.

Clarke, K. P. *Chaucer and Italian Textuality.* Oxford: Oxford UP, 2011.

Clemen, Wolfgang. *Chaucer's Early Poetry.* Trans. C. A. M. Sym. London: Methuen, 1963.

Clogan, Paul M. "Chaucer and the *Thebaid* Scholia." *Studies in Philology*, Vol. LXI, 1964.

Coghill, Nevill Henry. *The Poet Chaucer*. Oxford: Oxford UP, 1949.

Cole, Andrew. "Chaucer's English Lesson." *Speculum*, 77, 2002.

Coleridge, Samuel Taylor. *Specimens of the Table Talk of Samuel Taylor Coleridge*. London: John Murray, 1837.

Correale, R. M., and M. Hamel (eds.). *Sources and Analogues of the* Canterbury Tales, I. Cambridge: D. S. Brewer, 2002.

—. *Sources and Analogues of the* Canterbury Tales, II. Cambridge: D. S. Brewer, 2005.

Corsa, Helen. *Chaucer: Poet of Mirth and Morality.* Notre Dame: U of Notre Dame P, 1964.

Crane, Susan. *Gender and Romance in Chaucer's* Canterbury Tales. Princeton: Princeton UP, 1994.

Crow, Martin M., and Clair C. Olson (eds.). *Chaucer Life-Records*. Oxford: Oxford UP, 1966.

Cummings, Hubertis M. *The Indebtedness of Chaucer's Works to the Italian Works of Boccaccio*. Menasha, WI: George Banta, 1916.

Dane, Joseph A. "The Mechanics of Comedy in Chaucer's *Miller's Tale.*" *Chaucer Review*, 14, 1980.

Davenport, W. A. *Chaucer: Complaint and Narrative*. Woodbridge, UK: D. S. Brewer, 1988.

David, Alfred. *The Trumpet Muse: Art and Morals in Chaucer's Poetry.* Bloomington: Indiana UP, 1976.

Davis, Steven. "Guillaume de Machaut, Chaucer's *Book of the Duchess*, and the Chaucer Tradition." *Chaucer Review*, 36, 2002.

Dawson, George. "Chaucer." In *Biographical Lectures*. Ed. George St. Clair. London: Kegan Paul, Trench and Co., 1887.

Dean, James M., and Christian A. Zacher (eds.). *The Idea of Medieval Literature: New Essays on Chaucer Medieval Culture in Honor of Donald R. Howard.* Newark: U of Delaware P, 1992.

Delany, Sheila. *The Naked Text: Chaucer's* Legend of Good Women. Berkeley: U of California P, 1994.

Dempster, Germaine. *Dramatic Irony in Chaucer.* Stanford: Stanford UP, 1932.

Diamond, Arlyn, and Lee R. Edward (eds.). *The Authority and Experience: Essays in Feminist Criticism.* Amherst: U of Massachusetts P, 1977.

Dinshaw, Carolyn. *Chaucer's Sexual Poetics.* Madison: U of Wisconsin P, 1989.

Donaldson, E. Talbot. "Chaucer the Pilgrim." *PMLA*, 69, 1954.

—. *The Swan at the Well: Shakespeare Reading Chaucer*. New Haven: Yale UP, 1985.

Dryden, John. "Preface" to *Fables: Ancient and Modern. Works of John Dryden*. Ed. Vinton A. Dearing, Vol. VII. Berkeley: U of California P, 2000.

Duncan-Jones, Katherine (ed.). *Philip Sidney*. Oxford: Oxford UP, 1989.

Edwards, Robert R. *The Dream of Chaucer: Representation and Reflection in the Early Narratives*. Durham: Duke UP, 1989.

—. *Chaucer and Boccaccio: Antiquity and Modernity.* New York: Palgrave, 2002.

Ellis, Steve (ed.). *Chaucer: An Oxford Guide.* Oxford: Oxford UP, 2005.

Emerson, Ralph Waldo. "Shakespeare, or the Poet." In Douglas Amory Wilson, et al. (eds.). *The Collected Works of Ralph Waldo Emerson*, Vol. IV. Cambridge: Belknap, 1987.

Erler, M. C. *Women, Reading, and Piety in Late Medieval England.*

Cambridge: Cambridge UP, 2002.

Ewald, Wilhelm. *Der Humor in Chaucer's* Canterbury Tales. Halle: Niemeyer, 1911.

Faulkner, Dewey R. (ed.). *Twentieth Century Interpretations of* The Pardoner's Tale: *A Collection of Critical Essays.* Englewood Cliff, NJ: Prentice Hall, 1973.

Fein, Susanna, and David Raybin (eds.). *Chaucer: Contemporary Approaches.* University Park, PA: Pennsylvania State UP, 2009.

Finlayson, John. "Petrarch, Boccaccio, and Chaucer's *Clerk's Tale.*" *Studies in Philosophy*, 87, 2000.

Foster, Edward. "Humor in the *Knight's Tale.*" *Chaucer Review*, 3, 1968.

Foster, Michael. *Chaucer's Narrators and the Rhetoric of Self-Representation.* Bern: Peter Long, 2008.

Fyler, John M. *Chaucer and Ovid.* New Haven: Yale UP, 1979.

Ganim, John. *Chaucerian Theatricality.* Princeton: Princeton UP, 1990.

Gaylord, Alan T. (ed.). *Essays on the Art of Chaucer's Verse.* New York: Routledge, 2001.

Gillespie, Alexandra. *Print Culture and the Medieval Author: Chaucer, Lydgate, and Their Books, 1473–1557.* Oxford: Oxford UP, 2006.

Ginsberg, Warren. *Chaucer's Italian Tradition.* Ann Arbor: U of Michigan P, 2002.

Godwin, William. *Life of Geoffrey Chaucer: The Early English Poet*, 4 vols. London: Richard Phillips, 1804.

Gradon, Pamela. *Form and Style in Early English Literature.* London: Methuen, 1971.

Gray, Douglas. *The Oxford Companion to Chaucer*. Oxford: Oxford UP, 2003.

Green, Richard Firth. "Changing Chaucer." *Studies in the Age of Chaucer*, 25,

2003.

—. "Further Evidence for Chaucer's Representation of the Pardoner as a Womanizer." *Medium Ævum*, 71, 2001.

Griffiths, Jeremy, and Derek Pearsall (eds.). *Book Production and Publishing in Britain, 1375–1475.* Cambridge: Cambridge UP, 1989.

Grosart, Alexander B. *The Life and Works in Prose and Verse of Robert Greene*. New York: Russell & Russell, 1964.

Halle, Morris, and Samuel Jay Keyser. *English Stress, Its Form, Its Growth, and Its Role in Verse.* New York: Harper & Row, 1971.

Hanna, Ralph. *London Literature, 1300–1380.* Cambridge: Cambridge UP, 2005.

Hansen, Elaine Tuttle. *Chaucer and the Fictions of Gender*. Berkeley: U of California P, 1992.

Harriss, G. L. *Shaping the Nation: England, 1360–1461.* Oxford: Clarendon, 2005.

Harvey, Margaret. *Solutions to the Schism: A Study of Some English Attitudes, 1378 to 1409.* St Ottilien: EOS Verlag, 1983.

Havely, N. R. *Chaucer's Boccaccio: Sources for* Troilus *and the* Knight's *and* Franklin's Tales. Cambridge: D. S. Brewer, 1980.

Hazlitt, William. "On Chaucer and Spenser." In *Lectures on the English Poets*. New York: Dodd, Mead, 1892.

Hinton, Norman. "More Puns in Chaucer." *American Notes and Queries*, 2, 1964.

Hippisley, J. H. *Chapters on Early English Literature*. London: Edward Moxon, 1837.

Hoffman, Richard L. *Ovid and the* Canterbury Tales. Philadelphia: U of Pennsylvania P, 1966.

Horne, Richard Hengist. "Introduction." In Richard Hengist Horne (ed.). *The*

Poems of Geoffrey Chaucer Modernized. London: Whittaker, 1841.

Horobin, Simon. *Chaucer's Language*. New York: Palgrave Macmillan, 2007.

Howard, Donald R. *The Idea of the* Canterbury Tales. Berkeley: U of California P, 1976.

—. *Chaucer: His Life, His Works, His World*. New York: Dutton, 1987.

Hurd, Richard. *Letters on Chivalry and Romance*. London: Printed for A. Miller, 1762.

Johnson, Lynn Staley. "Chaucer's Tale of the Second Nun and the Strategies of Dissent." *Studies in Philosophy*, 89, 1992.

Jost, Jean E. (ed.). *Chaucer's Humor: Critical Essays*. New York: Garland, 1994.

Justice, Steven. *Writing and Rebellion: England in 1381*. Berkeley: U of California P, 1994.

Kabit, Ananya Jahanara, and Deanne Williams (eds.). *Postcolonial Approaches to the European Middle Ages: Translating Cultures*. Cambridge: Cambridge UP, 2005.

Kaminsky, Alice R. *Chaucer's* Troilus and Criseyde *and the Critics*. Athens, OH: Ohio UP, 1980.

Kean, P. M. *Chaucer and the Making of English Poetry*, 2 vols. London: Routledge & Kegan Paul, 1972.

Kelly, H. A. "The Non-Tragedy of Arthur." In Gregory Kratzmann and James Simpson (eds.). *Medieval English Religious and Ethical Literature*. Cambridge: D. S. Brewer, 1968.

Kendrick, Laura. *Chaucerian Play: Comedy and Control in the* Canterbury Tales. Berkeley: U of California P, 1988.

Ker, William P. "Chaucer." In *Essays on Medieval Literature*. London: Macmillan, 1905.

—. "Chaucer and the Renaissance." In *Form and Style in Poetry: Lecture and*

Notes. London: Macmillan, 1929.

Kerkhof, J. *Studies in the Language of Geoffrey Chaucer*, 2nd ed. Leiden, The Netherlands: Leiden UP, 1989.

Kittredge, George Lyman. *Chaucer and His Poetry*. Cambridge: Harvard UP, 1915.

—. "Chaucer's Discussion of Marriage." *Modern Philology*, Vol. IX, No. 4, April, 1912.

Koff, Leonard Michael, and Brenda Deen Schildgen (eds.). *The* Decameron *and the* Canterbury Tales*: New Essays on an Old Question*. Madison: Fairleigh Dickinson UP, 2000.

Kohler, Michelle. "Vision, Logic, and the Comic Production of Reality in the *Merchant's Tale* and Two French Fabliaux." *Chaucer Review*, 39, 2004.

Kokeritz, Helge. "Rhetoric Word-play in Chaucer." *PMLA*, 69, 1954.

Kolve, V. A. *Chaucer and the Imagery of Narrative: The First Five* Canterbury Tales. Stanford: Stanford UP, 1984.

Koonce, B. G. *Chaucer and the Tradition of Fame: Symbolism in* The House of Fame. Princeton: Princeton UP, 1966.

Krier, Theresa M. (ed.). *Refiguring Chaucer in the Renaissance*. Gainesville: UP of Florida, 1998.

Kruger, Steven F. *Dreaming in the Middle Ages*. Cambridge: Cambridge UP, 1992.

Laskaya, Anne. *Chaucer's Approach to Gender in the* Canterbury Tales. Cambridge: D. S. Brewer, 1995.

Lavezzo, Kathy (ed.). *Imagining a Medieval English Nation*. Minneapolis: U of Minnesota P, 2004.

Lawton, David. *Chaucer's Narrators*. Cambridge: D. S. Brewer, 1985.

Leicester, Marshall. *The Disenchanted Self: Representing the Subject in the* Canterbury Tales. Berkeley: U of California P, 1990.

—. "The Art of Impersonation: A General Prologue to the *Canterbury Tales*." In V. A. Kolve and Glending Olson (eds.). *The Canterbury Tales: Nine Tales and the General Prologue*. New York: Norton, 1989.

Lerer, Seth. *Chaucer and His Readers.* Princeton: Princeton UP, 1993.

—. *The Yale Companion to Chaucer*. New Haven: Yale UP, 2006.

Lester, Geoffrey. *Chaucer in Perspective: Middle English Essays in Honour of Norman Blake.* Sheffield: Sheffield Academic, 1999.

Lewis, C. S. *The Allegory of Love.* Oxford: Oxford UP, 1936.

—. *The Discarded Image: An Introduction to Medieval and Renaissance Literature.* Cambridge: Cambridge UP, 1964.

—. "What Chaucer Really Did to *Il Filostrato.*" In C. S. Lewis. *Selected Literary Essays*. Cambridge: Cambridge UP, 1969.

Lindahl, Carl. *Earnest Games: Folkloric Patterns in the* Canterbury Tales. Bloomington: Indiana UP, 1989.

Little, Catherine. "Chaucer's Parson and the Specter of Wicliffism." *Studies in the Age of Chaucer*, 23, 2001.

Lord, Albert B. *The Singer of Tales*. Cambridge: Harvard UP, 1964.

Lounsbury, Thomas R. *Studies in Chaucer: His Life and His Writings*, 3 vols. New York: Russell & Russell, 1962.

Lowell, James Russell. "Chaucer." In *My Study Windows*, 18th ed. Boston: Houghton Mifflin, 1883.

Lynch, Kathryn L. *The High Medieval Dream Vision: Poetry, Philosophy, and Literary Form.* Stanford: Stanford UP, 1988.

—. *Chaucer's Philosophical Visions.* Cambridge: D. S. Brewer, 2000.

— (ed.). *Chaucer's Cultural Geography*. London: Routledge, 2002.

Manly, John Matthews. *Chaucer and Rhetoricians*. London: British Academy, 1926.

Mann, Jill. *Chaucer and Medieval Estates Satire: The Literature of Social Classes and the* General Prologue *to the* Canterbury Tales. London: Cambridge UP, 1973.

—. *Geoffrey Chaucer*. Atlantic Highland, NJ: Humanities Press International, 1991.

—. *Feminizing Chaucer*. Cambridge: D. S. Brewer, 2002.

Margherita, Gayle. *The Romance of Origins: Language and Sexual Difference in Middle English Literature*. Philadelphia: U of Pennsylvania P, 1994.

Martin, Priscilla. *Chaucer's Women: Nuns, Wives, and Amazons*. Iowa City: U of Iowa P, 1990.

McGerr, Rosemarie P. *Chaucer's Open Books: Resistance to Closure in Medieval Discourse*. Gainesville: UP of Florida, 1998.

Meech, Sanford B. *Design in Chaucer's* Troilus. Syracuse, NY: Syracuse UP, 1959.

Mersand, Joseph. *Chaucer's Romance Vocabulary*. New York: Comet, 1939.

Meyer-Lee, Robert J. *Poets and Power from Chaucer to Wyatt*. Cambridge: Cambridge UP, 2007.

Miller, Mark. *Philosophical Chaucer: Love, Sex, and Agency in the* Canterbury Tales. Cambridge: Cambridge UP, 2005.

Miller, Robert P. *Chaucer: Sources and Backgrounds*. New York: Oxford UP, 1977.

Milroy, James. *Variation and Change: On the Historical Sociolinguistics of English*. Oxford: Blackwell, 1992.

Minnis, A. J. *Medieval Theory of Authorship*. London: Scolar, 1984.

— (ed.). *Chaucer's* Boece *and the Medieval Tradition of Boethius*. Cambridge: D. S. Brewer, 1993.

— (ed.). *Middle English Poetry: Texts and Traditions, Essays in Honour of Derek Pearsall*. Woodbridge, UK: York Medieval P, 2001.

—, et al. (eds.). *Medieval Literary Theory and Criticism, c. 1100–1375: The Commentary Tradition*. Oxford: Clarendon, 1988.

—, et al. (eds.). *Oxford Guides to Chaucer: The Shorter Poems*. Oxford: Oxford UP, 1995.

Minto, William. *Characteristics of English Poets from Chaucer to Shirley*, 2nd ed. Edinburgh: William Blackwood and Sons, 1885.

Miskimin, Alice. *The Renaissance Chaucer*. New Haven: Yale UP, 1975.

Morgan, George. "Moral and Social Identity and the Idea of Pilgrimage in the *General Prologue*." *Chaucer Review*, 37, 2003.

Morse, Ruth, and Barry Windeatt (eds.). *Chaucer Traditions: Studies in Honour of Derek Brewer*. Cambridge: Cambridge UP, 1990.

Muscatine, Charles. *Chaucer and the French Tradition: A Study in Style and Meaning*. Berkeley: U of California P, 1957.

Neuse, Richard. *Chaucer's Dante: Allegory and Epic Theater in the* Canterbury Tales. Berkeley: U of California P, 1991.

Nilson, Don. *Humor in British Literature from the Middle Ages to the Restoration: A Reference Guide*. Westport, CT: Greenwood, 1997.

Nolan, Barbara. *Chaucer and the Tradition of the "Roman Antique."* Cambridge: Cambridge UP, 1992.

North, Christopher [John Wilson]. "North's Specimens on the British Critics. No. IV. Dryden On Chaucer." *Blackwood's Edinburgh Magazine*, Vol. LVII, Jan.–Jun., 1845.

Olson, Glending. *Literature as Recreation in the Later Middle Ages*. Ithaca: Cornell UP, 1982.

Olson, Paul A. *The* Canterbury Tales *and the Good Society*. Princeton: Princeton UP, 1986.

Patterson, Lee. *Negotiating the Past: The Historical Understanding of Medieval Literature*. Madison: The U of Wisconsin P, 1987.

—. *Chaucer and the Subject of History*. Madison: U of Wisconsin P, 1991.

—. *Temporal Circumstances: Form and History in the* Canterbury Tales. New York: Macmillan, 2006.

— (ed.). *Geoffrey Chaucer's the* Canterbury Tales*: A Casebook*. Oxford: Oxford UP, 2006.

Payne, F. Anne. *Chaucer and Menippean Satire*. Madison: U of Wisconsin P, 1981.

Pearsall, Derek. *The Canterbury Tales*. London: Allen & Unwin, 1985.

—. *The Canterbury Tales: A Critical Study*. London: Allen & Unwin, 1985.

—. *The Life of Geoffrey Chaucer: A Critical Biography*. Cambridge: Blackwell, 1992.

—. "Chaucer and Englishness." In *1998 Lectures and Memoirs. Proceedings of the British Academy 101*. 281–301. Oxford: Oxford UP, 1999.

—. "The Idea of Englishness in the Fifteenth Century." In *Nation, Court, and Culture: New Essays on Fifteenth-Century English Poetry*. Ed. Helen Cooney. 15–27. Dublin: Four Courts, 2001.

Phillips, Helen, and Nick Havely (eds.). *Chaucer's Dream Poetry*. London: Longman, 1997.

Pinti, Daniel J. (ed.). *Writing after Chaucer: Essential Readings in Chaucer and the Fifteenth Century*. New York: Garland, 1998.

Pitcher, John A. *Chaucer's Feminine Subjects: Figures of Desire in* The Canterbury Tales. New York: Palgrave Macmillan, 2012.

Prendergast, Thomas A., and Barbara Kline (eds.). *Rewriting Chaucer: Cultures, Authority, and the Idea of the Authentic Text, 1400–1602*. Columbus: Ohio State UP, 1999.

Quinn, Esther C. *Geoffrey Chaucer and the Poetics of Disguise*. New York: UP of America, 2008.

Quinn, William A. (ed.). *Chaucer's Dream Visions and Shorter Poems*. New

York: Garland, 1999.

Raybin, David. "Custance and History: Woman as Outsider in Chaucer's *Man of Law's Tale*." *Studies in the Age of Chaucer*, 12, 1990.

Reid, David. "Crocodilian Humor: A Discussion of Chaucer's Wife of Bath." *Chaucer Review*, 14, 1979.

Richmond, Velma Bourgeois. *Geoffrey Chaucer*. New York: Continuum, 1992.

Ridley, Florence. "The State of Chaucer Studies." *Studies in the Age of Chaucer*, 1, 1979.

Robertson, D. W. *Chaucer's London*. New York: John Wiley and Sons, 1968.

—. *A Preface to Chaucer: Studies in Medieval Perspectives*. Princeton: Princeton UP, 1962.

Robinson, Ian. *Chaucer and the English Tradition*. Cambridge: Cambridge UP, 1972.

—. *Chaucer's Prosody: A Study of Middle English Verse Tradition*. Cambridge: Cambridge UP, 1971.

Rodway, Allan. *English Comedy: Its Role and Nature from Chaucer to the Present Day*. Berkeley: U of California P, 1975.

Root, Robert Kilburn. *Poetry of Chaucer: A Guide to Its Study and Appreciation*. Boston: Houghton Mifflin, 1906.

Rose, M. Donald. *New Perspectives in Chaucer Criticism*. Roman, OK: Pilgrim, 1981.

Rossignol, Rosalyn. *Critical Companion to Chaucer: A Literary Reference to His Life and Work*. New York: Infobase, 2006.

Rothwell, William. "Anglo-French and English Society in Chaucer's 'The Reeve's Tale.'" *English Studies*, 87, 2006.

—. "The Trilingual England of Geoffrey Chaucer." *Studies in the Age of Chaucer*, 16, 1994.

Rowland, Beryl. *Companion to Chaucer Studies*, 2nd ed. Oxford: Oxford UP,

1979.

— (ed.). *Essays on Chaucerian Irony*. Toronto: U of Toronto P, 1985.

Rudd, Gillian. *A Complete Critical Guide to Geoffrey Chaucer*. London: Routledge, 2001.

Ruggiers, Paul G. *The Art of the* Canterbury Tales. Madison: U of Wisconsin P, 1961.

— (ed.). *Editing Chaucer: The Great Tradition*. Norman, OK: Pilgrim, 1984.

Salter, Elizabeth. *English and International: Studies in the Literature, Art, and Patronage of Medieval England*. Cambridge: Cambridge UP, 1988.

Salu, Mary (ed.). *Essays on* Troilus and Criseyde. Cambridge: D. S. Brewer, 1979.

Saunders, Corrine (ed.). *Chaucer: Blackwell Guides to Criticism*. Oxford: Blackwell, 2001.

—, and David Bradshaw (eds.). *A Concise Companion to Chaucer*. Oxford: Blackwell, 2006.

Scanlon, Larry. *Narrative, Authority, and Power: The Medieval Exemplum and the Chaucerian Tradition*. Cambridge: Cambridge UP, 1994

Schless, Howard H. *Chaucer and Dante: A Revaluation*. Norman, OK: Pilgrim, 1984.

Schultz, James A. *Courtly Love, the Love of Courtliness, and the History of Sexuality*. Chicago: U of Chicago P, 2006.

Simon, H. "Chaucer a Wicliffite: An Essay on Chaucer's Parson and *Parson's Tale*." Chaucer Society (ed.). *Essays on Chaucer: His Words and Works*, Part I–IV. London: Chaucer Society, 1868–1894.

Simpson, James. *Reform and Cultural Revolution. The Oxford English Literary History. Vol. 2: 1350–1547*. Oxford: Oxford UP, 2002.

Skeat, Walter W. *The Chaucer Canon*. Oxford: Clarendon, 1900.

Smith, G. Gregory (ed.). *Elizabethan Critical Essays*, Vol. I. Oxford: Oxford UP, 1904.

Smith, Jeremy. *A Historical Study of English: Function, Form, and Change.* London: Routledge, 1996.

—. "Chaucer and the Invention of English." *Studies in the Age of Chaucer*, 24, 2002.

Somerset, Fiona. *Clerical Discourse and Lay Audience in Late Medieval England*. Cambridge: Cambridge UP, 1998.

Spearing, A. C. *Medieval Dream-Poetry*. Cambridge: Cambridge UP, 1976.

—. *Medieval to Renaissance in English Poetry*. Cambridge: Cambridge UP, 1985.

—. *Readings in Medieval Poetry*. Cambridge: Cambridge UP, 1987.

—. *The Medieval Poet as Voyeur*. Cambridge: Cambridge UP 1993.

—. *Textual Subjectivity: The Encoding of Subjectivity in Medieval Narratives and Lyrics*. Oxford: Oxford UP, 2005.

Speirs, John. *Chaucer the Maker*. London: Faber and Faber, 1951.

Spurgeon, Caroline F. E. *Five Hundred Years of Chaucer Criticism and Allusion: 1357–1900*, 3 vols. New York: Russell & Russell, 1960.

St John, Michael. *Chaucer's Dream Visions: Courtliness and Individual Identity*. Aldershot, England: Ashgate, 2000.

Staley, Lynn. *Languages of Power in the Age of Richard II*. University Park, PA: Pennsylvania State UP, 2005.

Stillinger, Thomas. *The Song of Troilus: Lyrical Authority in the Medieval Book*. Philadelphia: U of Pennsylvania P, 1992.

— (ed.). *Critical Essays on Geoffrey Chaucer*. New York: G. K. Hall, 1998.

Strohm, Paul. *Hochon's Arrow: The Social Imagination of Fourteenth-Century Texts*. Princeton: Princeton UP, 1992.

—. *Social Chaucer*. Cambridge: Harvard UP, 1994.

—. *Chaucer's Tale: 1386 and the Road to Canterbury*. New York: Viking, 2014.

Sturges, Robert S. *Chaucer's Pardoner and Gender Theory: Bodies of Discourse.* New York: St. Martin's, 2000.

Tatlock, John S. P. *The Mind and Art of Chaucer.* Syracuse, NY: Syracuse UP, 1950.

—. *The Development and Chronology of Chaucer's Works.* Gloucester, MA: Peter Smith, 1963.

Taylor, Karla. *Chaucer Reads the* Divine Comedy. Stanford: Stanford UP, 1989.

Thompson, Ann. *Shakespeare's Chaucer: A Study in Literary Origins*. New York: Barnes & Noble, 1978.

Thompson, N. S. *Chaucer, Boccaccio, and the Debate of Love: A Comparative Study of* The Decameron *and* The Canterbury Tales. Oxford: Clarendon, 1996.

Thompson, W. H. *Chaucer and His Times*. London: Brown & Sons, 1936.

Thynne, Francis. *Animadversions*. Ed. G. H. Kingsley. Oxford: Oxford UP, 1965.

Tolkien, J. R. R. "Chaucer as a Philologist: *The Reeve's Tale.*" *Transactions of the Philological Society*, 32, 1934.

Travis, Peter W. *Disseminal Chaucer: Rereading the* Nun's Priest's Tale. Notre Dame: U of Notre Dame P, 2010.

Treharne, Elaine, and Greg Walker (eds.). *The Oxford Handbook of Medieval Literature in English.* Oxford: Oxford UP, 2010.

Trigg, Stephanie. *Congenial Souls: Reading Chaucer from Medieval to Postmodern*. Minneapolis: U of Minnesota P, 2002.

Tuckwell, Rev. W. *Chaucer.* London: George Bell & Sons, 1904.

Turner, Marion. *Chaucerian Conflict: Languages of Antagonism in Fourteenth-Century London.* Oxford: Clarendon, 2007.

Turville-Peter, Thorlac. *England the Nation: Language, Literature, and National Identity, 1293–1340.* Oxford: Clarendon, 1996.

Wallace, David. *Chaucer and the Early Writings of Boccaccio.* Woodbridge, UK: D. S. Brewer, 1985.

—. *Chaucerian Polity, Absolutist Lineages and Associational Forms in England and Italy.* Stanford: Stanford UP, 1997.

— (ed.). *The Cambridge History of Medieval English Literature*. Cambridge: Cambridge UP, 1999.

Warton, Thomas. *The History of English Poetry from the Close of the Eleventh Century to the Commencement of the Eighteenth Century*. London: Printed for Thomas Tegg, 1840.

—. "Of Spencer's Imitations from Chaucer." In Warton. *Observations on the* Faerie Queene. London: Dodsley, 1754.

Wasserman, Julian N., and Robert J. Blanch (eds.). *Chaucer in the Eighties.* Syracuse, NY: Syracuse UP, 1986.

Wells, John Edwin. *A Manual of the Writings in Middle English, 1050–1400.* New Haven: Yale UP, 1916.

Wetherbee, Winthrop. *Chaucer and Poets: An Essay on* Troilus and Criseyde. Ithaca: Cornell UP, 1984.

Wimsatt, James. *Chaucer and the French Love Poets: The Literary Background of* The Book of the Duchess. Chapel Hill: U of North Carolina P, 1968.

—. *Allegory and Mirror: Tradition and Structure in Middle English Literature*. New York: Pegasus, 1970.

Windeatt, B. A. *Chaucer's Dream Poetry: Sources and Analogues.* Cambridge: Boydell & Brewer, 1982.

Winny, J. *Chaucer's Dream Poems.* London: Chatto and Windus, 1973.

Woolf, Rosemary E. "Chaucer as a Satirist in the General Prologue to the *Canterbury Tales*." In Rosemary E. Woolf. *Art and Doctrine: Essays on Medieval Literature*. Ed. Heather O'Donoghue. London: Hambledon, 1986.

Woolf, Virginia. "The Pastons and Chaucer." *The Common Reader*. New York: Harcourt, Brace, 1925.

Wright, Herbert G. *Boccaccio in England from Chaucer to Tennyson*. London: Athlone, 1957.

Wright, Laura (ed.). *The Development of Standard English, 1300–1800: Theories, Descriptions, Conflicts*. Cambridge: Cambridge UP, 2000.

奥尔巴赫,埃里希:《摹仿论——西方文学中所描绘的现实》,吴麟绶、周新建、高艳婷译,天津:百花文艺出版社,2002年。

布鲁姆,哈罗德:《影响的焦虑》,徐文博译,北京:三联书店,1989年。

—:《西方正典——伟大作家和不朽作品》,江宁康译,南京:译林出版社,2011年。

塞尔登,拉曼,编:《文学理论批评——从柏拉图到现在》,刘象愚、陈永国等译,北京:北京大学出版社,2000年。

六、中国部分[1]

鲍屡平:《乔叟诗篇研究》,杭州:杭州大学出版社,1990年。

曹航:《乔叟〈坎特伯雷故事〉之独创性》,博士论文,上海外国语大学,2008年。

陈才宇:《乔叟》,载陈才宇:《古英语与中古英语文学通论》,北京:商务印书馆,2007年,第194—213页。

丁建宁:《超越的可能:作为知识分子的乔叟》,北京:北京大学出版社,2010年。

范存忠:《英国文学史提纲》,成都:四川人民出版社,1983年。

1 本部分由张炼提供。

方重:《乔叟和他的康妥波雷故事》,《时与潮文艺》1943 年第 2 卷第 1 期。

—:《乔叟的现实主义发展道路》,《上海外语学院季刊》1957 年第 2 期。

管新福:《英国文学经典中的商人和商业 —— 以乔叟到司各特时代的经典文本为例》,博士论文,四川大学,2009 年。

何其莘:《乔叟》,载李赋宁、何其莘主编:《英国中古时期文学史》,北京:外语教学与研究出版社,2005 年。

李安:《乔叟文学思想研究》,广州:暨南大学出版社,2014 年。

李赋宁:《乔叟诗中的形容词(上)》,《西方语文》1957 年第 1 卷第 2 期。

—:《乔叟诗中的形容词(下)》,《西方语文》1957 年第 1 卷第 3 期。

—:《乔叟》,载李赋宁:《英国文学论述文集》,北京:外语教学与研究出版社,1996 年。

—:《乔叟的含蓄讽刺》,载李赋宁:《英国文学论述文集》,北京:外语教学与研究出版社,1996 年。

刘进:《乔叟的梦幻诗研究:权威与经验之对话》,北京:社会科学文献出版社,2011 年。

刘迺银:《巴赫金的理论和〈坎特伯雷故事集〉》,上海:华东师范大学出版社,1999 年。

刘世沐:《必须坚决地清除语言学研究中的资产阶级立场观点和方法 —— 评李赋宁同志〈英国民族标准语的形成与发展〉一文》,《西方语文》1958 年第 2 卷第 3 期。

陆扬:《乔叟和框架式结构》,载陆扬:《欧洲中世纪诗学》,上海:上海社会科学院出版社,2000 年。

沈弘:《试论早期英国文学作品中的“剽窃”问题》,《国外文学》2001 年第 2 期。

—:《乔叟何以被誉为“英语诗歌之父”?》,《外国文学评论》2009 年第 3 期。

史亚娟:《文化的狂欢 —— 文化诗学视野下的〈坎特伯雷故事〉》,博士论文,首都师范大学,2008 年。

汪家海:《多元与对话——〈坎特伯雷故事〉的对话性研究》,博士论文,湖南师范大学,2014 年。

吴芬:《中世纪城市文学:乔叟》,载李赋宁总主编,刘意青、罗经国主编:《欧洲文学史(第一卷):古代至十八世纪欧洲文学》,北京:商务印书馆,1999 年。

肖明翰:《〈坎特伯雷故事〉与〈十日谈〉——薄伽丘的影响和乔叟的成就》,《国外文学》2003 年第 3 期。

—:《〈坎特伯雷故事〉的朝圣旅程与基督教传统》,《外国文学》2004 年第 6 期。

—:《英语文学之父——杰弗里·乔叟》,北京:社会科学文献出版社,2005 年。

—:《试论〈坎特伯雷故事〉的多元与复调》,《外国文学研究》2006 年第 4 期。

—:《乔叟与欧洲中世纪后期悲剧精神的复苏》,《解放军外国语学院学报》2007 年第 2 期。

—:《乔叟的作者意识与乔叟性——兼论"作者之死"》,《外国文学评论》2015 年第 3 期。

杨周翰:《评〈坎特伯雷故事集〉和〈特罗勒斯与克丽西德〉》,《西方语文》1957 年第 6 期。

袁宪军:《乔叟〈特罗勒斯〉中的爱情观》,北京:北京大学出版社,1996 年。

张亚婷:《母亲与谋杀:中世纪晚期英国文学中的母性研究》,博士论文,华东师范大学,2009 年。

七、日本部分(以出版或发表时间为序)[1]

1. 翻译

金子健二(訳):『カンタベリー物語』,2 版,上·下,東京:国際文献刊行会,1926 年。

1 本部分由石小军提供。

西脇順三郎(訳):『カンタベリー物語』,上・中,東京:東西出版社,1949年。

塩見知之(訳・注):『公爵夫人の書』,東京:大学書林,1986年。

宮田武志(訳):『トウローイラスとクリセイデ』,東京:こびあん書房,1987年。

桝井迪夫(完訳):『カンタベリー物語』,上・中・下,東京:岩波書店,1995年。

笹本長敬(訳):『チョーサー初期夢物語詩と教訓詩』,大阪:大阪教育図書,1998年。

笹本長敬(訳):『カンタベリー物語』,東京:英宝社,2002年。

岡三郎(訳・解説):『トロイルス』,東京:国文社,2005年。

2. 文学及版本

论文

広瀬捨三:「チョーサーの「バースの人妻の話」その類話・起原と発展について」,『関西大学文学論集』,1(1),1951年。

吉田新吾:「チョーサーの現実的女性観」,『人文研究』,6(7),1955年。

Sudo, Jun: "Chaucer as a Verse Craft Man",『神戸外大論叢』,14(5),1964年。

小野茂:「言語・文体・写本——Chaucerの場合」,『英語青年』,114,1968年。

大泉昭夫:「Chaucerの散文における文構造」,『人文学』,95(同志社大学),1973年。

丸谷哲勝:「Criseydeに対するChaucerの同情——Boeceとの関連性よりみたる」,『大谷女子大学英文学会誌』,3,1976年。

Takada, Yasunari. "The Brooch of Thebes and the Girdle of Venus: Courtly Love in an Oppositional Perspective." *Poetica*, 29–30 (Shubun International), 1989.

河崎征俊:「チョーサー批評における言葉と内面的解釈の問題: D. S. Brewer を中心にして」,『駒沢大学文学部研究紀要』, 48, 1990 年。

Wada, Yoko : "A Preliminary Account of the Owners of Chaucer Manuscripts from the Fifteenth to the Seventeenth Century",『英文学論集』(関西大), 30, 1990 年。

Jimura, Akiyuki. "Textual Comparison between Blake's and Robinson's Editions of *The Canterbury Tales*." In Masahiko Kanno, Masahiko Agari and Gregory K. Jember (eds.). *Essays on English Literature and Language in Honour of Shun'ichi Noguchi*, Tokyo: Eihosha, 1997.

菊池秋夫 :「テセウスの理想的王権とその限界: The Knight's Tale における政治表象」,『文化』(東北大文学会), 62 (1/2), 1998 年。

海老久人:「「カンタベリー物語」写本群と系統学 —— バース女房をめぐるゴシップ報道」,『英語青年』, 144 (12), 1999 年。

Matsuda, Takami. "The Summoner's Prologue and the Tradition of the Vision of the Afterlife." *Poetica*, 55, 2001.

中尾佳行:「*Troilus and Criseyde*, Cp 写本のデジタル化 — 基本方針と言語特徴 —」,『ことばの普遍と変容: アングロ・サクソン語から世界の言語へ・中世英文学 / 現代言語理論 / 情報工学の融合 —』(Anglo-Saxon 語の継承と変容　叢書 3), 専修大学大学院社会知性開発研究センター, 2008 年。

Haruta, Setusko. "Uncle Pandarus and Aunt Criseyde." *Poetica*, 69, 2008.

专著

桝井迪夫:『チョーサー研究』, 東京: 研究社, 1962 年。

Masui, Michio. *Studies in Chaucer's Language of Feeling*. Tokyo: Kinseido, 1988.

佐藤勉:『「カンタベリー物語」の語り』, 東京: 彩流社, 1998 年。

3. 语文学

论文

上田一雄:「英語史上よりみたる Chaucer」,『英語英文学論叢』, 4（広島文理科大学）, 1931 年。

清水時夫:「Chaucer に於ける Impersonal Verb 概観」,『英文学研究』, 19(日本英文学会), 1939 年。

最上雄文:「Chaucer 発音辞典の試み」,『福岡大学文理論叢』, 9 : 1, 1965 年。

Tsuda, Masa : "The Middle English Vowel Phonemes in *The Book of the Duchess*, Compared with Those in The Romaunt of the Rose (1) (2)",『慶応義塾大学教養論叢』, 49, 50, 1978 年。

Tajima, Matsuji. "The Gerund in Chaucer, with Special Reference to the Development of Its Verbal Character." *Poetica*, 21/22, 1985.

Higuchi, Masayuki : "Chaucer's Present Participle: Attributive Use and Predicative Use",『広島大学総合科学部紀要 V　言語文化研究』, 12, 1986 年。

家入葉子:「「カンタベリー物語」の否定構文 ——Ne, ne ... not, not の分布状況について」,『九州英文学研究』, 6（日本英文学会九州支部）, 1989 年。

Jimura, Akiyuki : "Chaucer's Use of 'un-' Words in 'The Clerk's Tale'", 梅田倍男（編）:『ことばの地平 —— 英米文学・語学論文集』, 英宝社, 1995 年。

笹本長敬:「チョーサーの動物表現について — 猿と馬を中心に」,『大阪商業大学論集』, 112/113, 1999 年。

遠藤裕昭:「後期中英語での代名詞弱形: Chaucer, Gower の脚韻に見る後期中英語の「音声」」, 大阪大学言語文化部, 大阪大学大学院言語文化研究科（編）:『音声言語の研究』, 2003 年。

平林幹郎:「チョーサーの英語に見られるフランス語等の影響につい

て」,『大東文化大学紀要　人文科学』, 42, 2004年。

樋口昌幸:「シンポジウム　仮定法の歴史: Chaucerを中心に」,『英語語法文法研究』, 11（英語語法文法学会）, 2004年。

池上昌:「『カンタベリ物語』のSEEの過去形: Hengwrt / Ellesmere写本と校訂本」, 東雄一郎・川崎浩太郎・狩野晃一（編）:『チョーサーと英米文学　河崎征俊教授退職記念論集』, 東京: 金星堂, 2015年。

专著

Masui, Michio. *Some Observations on Chaucer's Rimes from a Syntactic and Stylistic Point of View*. Tokyo: Kenkyusha, 1957.

中世イギリス研究資料センター（東京大学）: *Key-Word Studies in Chaucer*, 1984年。

Masui, Michio. *A New Rime Index to "The Canterbury Tales" based on Manly and Rickert's "Text of The Canterbury Tales."* Tokyo: Shinozakishorin, 1988.

Oizumi, Akio. *A Complete Concordance to the Works of Geoffrey Chaucer*, 10 vols. Hildesheim: Olms-Weidmann, 1991.

Oizumi, Akio & Hiroshi Yonekura. *A Rhyme Concordance to the Poetical Works of Geoffrey Chaucer*, 2 vols. Hildesheim: Olms-Weidmann, 1995.

Kanno, Masahiko. *Studies in Chaucer's Words: A Contextual and Semantic Approach*. Tokyo: Eihosha, 1996.

菅野正彦:『チョーサーの言葉: 文脈・意味論的研究』, 東京: 英宝社, 1997年。

附录二

人名中外文对照及索引[1]

阿尔弗雷德大王 Alfred the Great 23, 266, 408

阿莫尔，安德鲁 Armour, Andrew 316

阿尼克斯特，A. Аникст, A. 307

阿诺德，马修 Arnold, Matthew 39, 172, 173, 367, 377

阿什顿，彼得 Ashton, Peter 46

阿斯卡姆，罗杰 Ascham, Roger 52, 53, 63, 71, 353, 354

阿特伍德，E. 巴格比 Atwood, E. Bagby 266

埃弗雷特，多萝西 Everett, Dorothy 211

埃里根纳，约翰尼斯·斯科特斯 Eriugena, Johannes Scotus 445

艾里奥特，托马斯 Elyot, Thomas 54

艾略特，拉尔夫 Elliott, Ralph 318

艾略特，T. S. Eliot, T. S. 165, 188, 216, 218, 388, 429, 431

爱德华六世 Edward VI 55

爱德华三世 Edward III 163, 339, 343, 392, 395, 397

爱德华兹，A. S. G. Edwards, A. S. G. 332

爱德华兹，理查德 Edwards, Richard 74, 356

爱迪生，约瑟夫 Addison, Joseph 90, 91, 198, 363, 364

爱默生，拉尔夫·W. Emerson, Ralph Waldo 141—143, 367, 379, 388, 394, 395

安得罗尼库斯，李维乌斯 Andronicus, Livius 63

安东伸介 317, 318, 325, 328, 331, 332

安藤胜 324

1 本附录中日本人名由石小军提供。

奥村让 328
奥尔巴赫,埃里希 Auerbach, Erich 288, 289, 365
奥尔德森,威廉 · L. Alderson, William L. 196
奥尔良的让 Jean of Orleans 19
奥尔森,克莱尔 · C. Olson, Clair C. 17, 184, 381, 417
奥格尔,乔治 Ogle, George 106, 110, 111, 117, 118, 127
奥古斯丁/圣奥古斯丁 Augustine of Hippo 230, 232, 248, 445, 450
奥斯丁,简 Austen, Jane 198
奥维德 Ovid 9, 10, 19, 69, 73, 95—97, 100, 162, 164, 256, 261, 262, 265, 269—273, 287, 355, 358, 365, 384, 387, 389, 396, 397, 400—402, 406, 412, 421—424, 432, 447, 448, 451, 457, 463
巴伯,理查德 Barber, Richard 318
巴赫金,米哈伊尔 Bakhtin, Mikhail 385, 435
巴特, 罗兰 Barthes, Roland 190, 385, 386, 418—420, 427, 428, 430—433, 435, 436
巴特菲尔德,阿迪斯 Butterfield, Ardis 280
白井俊隆 327
拜伦,乔治 · 戈登 Byron, George Gordon 123, 171, 190, 206, 431
鲍,阿尔伯特 · C. Baugh, Albert C. 181, 183
鲍尔斯,约翰 · M. Bowers, John M. 256
鲍威尔,托马斯 Powell, Thomas 128
贝德勒,彼得 · G. Beidler, Peter G. 18, 296
贝尔,罗伯特 Bell, Robert 127
贝尔,约翰 Bell, John 106, 137
贝克,埃德蒙 Becke, Edmund 54
贝内特,J. A. W. Bennett, J. A. W. 219, 220, 229, 449
贝休伦,多萝西 Bethurum, Dorothy 224
本森,拉里 · D. Benson, Larry D. 183
比德 Bede 402
比德尔,理查德 Beadle, Richard 332
比尔兹利,门罗 · C. Beardsley, Monroe C. 217
彼特拉克 Petrarch 5, 18, 22, 35, 50, 63, 71, 72, 94, 96, 110, 153, 185, 275, 281—285, 287, 288, 291, 292, 295, 297, 299, 323, 341, 367, 393, 399,

400, 405, 421, 433, 434, 447, 451
毕莲,A. M.　Bille, A. M.　304
滨口惠子　325, 331
波德莱尔,夏尔·皮埃尔　Baudelaire, Charles Pierre　427
波特,莱拉　Porter, Lela　330
波希米亚的安妮　Anne of Bohemia　404
波伊提乌/波伊提乌斯　Boethius　16, 21, 23, 35, 78, 79, 187, 256, 266, 270, 273, 274, 287, 294, 331, 407, 408, 410, 411, 421, 462
伯恩利,戴维　Burnley, David　322
伯克,肖恩　Burke, Sean　435, 436
伯罗,J. A.　Burrow, J. A.　180, 195, 313
伯努瓦　Benoît de Sainte-Maure　409
柏拉图　Plato　13, 14, 52, 141, 233, 426, 444, 445, 450, 458
勃朗宁,罗伯特　Browning, Robert　129, 440, 455
勃朗宁夫人,伊丽莎白·巴雷特　Browning, Elizabeth Barrett　106, 127
勃朗特,艾米莉　Brontë, Emily　165
博尔盖西,彼得　Borghesi, Peter　286—288, 291
博蒙特,弗朗西斯　Beaumont, Francis　56, 57, 69—71, 90, 362, 363, 456, 457
博伊塔尼,皮耶罗　Boitani, Piero　283
薄伽丘,乔瓦尼　Boccaccio, Giovanni　5, 18, 22, 35, 63, 73, 94—98, 100, 110, 136, 140, 160, 164—169, 173, 228, 244, 262, 264, 267, 268, 275, 281—300, 323, 329, 341, 355, 357, 359, 365, 367, 384, 386, 387, 391, 393, 400, 405—407, 409, 410, 412, 413, 417, 421, 433, 434, 447, 451, 455
布拉德肖,亨利　Bradshaw, Henry　177
布拉迪,哈尔丁　Braddy, Haldeen　184, 279
布拉斯维特,理查德　Brathwait, Richard　88, 362
布莱克,诺曼·F.　Blake, Norman F.　322
布莱克,威廉　Blake, William　138—140, 142, 345, 367, 371, 372, 379
布兰茜,兰开斯特公爵夫人　Blanche of Lancaster　395, 397
布朗,摩西　Browne, Moses　112
布朗,托马斯　Brown, Thomas　100, 101
布朗森,伯特兰·H.　Bronson, Bertrand H.　225
布雷厄姆,罗伯特　Braham, Robert　49

布林克，伯恩哈德·滕　Brink, Bernhard ten　166, 167, 177, 286
布卢姆菲尔德，默顿·W.　Bloomfield, Morton W.　242
布鲁尔，德里克　Brewer, Derek　47, 83, 153, 157, 180—182, 185, 186, 193—195, 317, 318, 332
布鲁克，亨利　Brooke, Henry　111
布鲁克，斯托普福德·A.　Brooke, Stopford A.　162
布鲁姆，哈罗德　Bloom, Harold　20, 76, 77, 148, 151, 195, 199, 259—262, 300, 358, 359, 385—387, 433, 434, 452
蔡尔德，弗朗西斯·詹姆斯　Child, Francis James　176
查理二世　Charles II　81
查理六世，法国国王　Charles VI　404
查理五世，法国国王　Charles V　404
查理一世　Charles I　81
柴可夫斯基，彼得·伊里奇　Tchaikovsky, Pyotr Ilyich　427
池上昌　321, 328, 330
厨川文夫　316—318
川上彰子　327
达尔特，约翰　Dart, John　103, 104
达拉斯，戈蒂埃　d’Arras, Gautier　278
大泉昭夫　318, 320—322, 330
大山俊一　320
大野英志　323
戴尔默，弗雷德里克·塞夫顿　Delmer, Frederic Sefton　305
丹尼尔，塞缪尔　Daniel, Samuel　84
但丁　Dante Alighieri　5, 18, 22, 35, 50, 63, 96, 135, 142, 161—163, 165—167, 172, 173, 217, 220, 222, 260, 261, 267, 281—288, 292—295, 297, 299, 300, 326, 327, 341, 360, 377, 393, 399, 400, 403, 405, 407, 433, 434, 447, 449, 451, 461—463
道格拉斯，加文　Douglas, Gawin　36, 40, 250, 348, 349
道森，乔治　Dawson, George　148, 359, 375
德富猪一郎　325
德莱顿，约翰　Dryden, John　29, 34, 63, 71, 74, 82, 83, 87, 90, 93—104, 106—113, 115—119, 125, 126, 130, 138, 139, 141, 143, 152, 200, 203,

214, 270, 350, 355, 360, 363, 365—369, 379, 380, 382, 383, 409, 440, 454, 456
德兰特,托马斯 Drante, Thomas 54
德雷顿,迈克尔 Drayton, Michael 83
德纳姆,约翰 Denham, John 85
德尚,厄斯塔什 Deschamps, Eustache 18—21, 151, 191, 194, 263, 278, 279, 339, 378, 384, 416
德永聪子 328, 332
登普斯特,杰曼 Dempster, Germaine 210
邓巴,威廉 Dunbar, William 36, 39, 40, 348
邓恩,约翰 Donne, John 83
狄更斯,查尔斯 Dickens, Charles 310, 380—383
狄金森,艾米莉 Dickinson, Emily 190, 431
笛福,丹尼尔 Defoe, Daniel 100
地村彰之 317, 320, 321, 323, 328
蒂里特,托马斯 Tyrwhitt, Thomas 105, 106, 145
丁尼生,阿尔弗雷德 Tennyson, Alfred 129, 440, 455
丁肖,卡罗琳 Dinshaw, Carolyn 182, 247, 248, 255, 257
杜法特,罗丝安娜 Dufault, Roseanna 333
多介谷有子 328
厄尔,约翰 Earle, John 84
厄里,约翰 Urry, John 103, 104, 106
厄斯克,托马斯 Usk, Thomas 21—25, 30, 47, 220, 339, 421
厄特利,弗朗西斯·李 Utley, Francis Lee 183
恩格斯,弗里德里希 Engels, Friedrich 396
恩尼乌斯,昆特斯 Ennius, Quintus 63, 112
法纳姆,威拉德 Farnham, Willard 290, 291
凡·高,文森特 van Gogh, Vincent 427
繁尾久 320, 325, 331
菲利普斯,爱德华 Phillips, Edward 92, 93, 104, 364, 365, 398
费希尔,约翰·H. Fisher, John H. 182, 183, 240, 408
弗拉登堡,奥拉尼 Fradenburg, Aranye 254
弗莱,诺思罗普 Frye, Northrop 173, 234

弗莱明,约翰·V.　Fleming, John V.　272
弗莱契,约翰　Fletcher, John　78—80, 357, 358
弗兰克,罗伯特·W.　Frank, Robert W.　182
弗里斯,爱德华　Foulis, Edward　89, 90
弗伦奇,罗伯特·D.　French, Robert D.　212
弗洛伊德,西格蒙德　Freud, Sigmund　242, 243, 249, 254, 259, 261
弗尼瓦尔,弗雷德里克·詹姆斯　Furnivall, Frederick James　176, 181, 184, 192, 381
福柯,米歇尔　Foucault, Michel　190, 257
福克纳,威廉　Faulkner, William　380, 394, 429, 430
福克斯,登顿　Fox, Denton　38, 40, 193, 349
福克斯,约翰　Foxe, John　49, 60, 61, 174
福斯特,迈克尔　Foster, Michael　227
傅华萨,让　Froissart, Jean　191, 264, 279, 391, 447
盖劳德,阿兰·T.　Gaylord, Alan T.　333
盖伊,约翰　Gay, John　109
冈三郎　320
高尔,约翰　Gower, John　4, 23—25, 37, 44, 47, 49—51, 63, 66, 68, 108, 123, 151, 239, 256, 257, 339, 341, 352, 361, 378, 412, 416, 421, 423, 428, 432, 433, 438
高尔基,马克西姆　Gorky, Maxim　306
高尔特,约翰　Galt, John　123
高宫利行　316, 321, 324, 327, 331—333
高见颖治　320, 321
高田康成　325, 327, 331
戈德弗莱,托马斯　Godfray, Thomas　47
格拉齐尼,安东尼奥·弗朗切斯科　Grazzini, Antonio Francesco　160
格朗松,奥通·德　Granson, Oton de　10, 278, 279
格雷,简　Grey, Jane　55
格雷,托马斯　Gray, Thomas　59, 105, 117, 131, 176, 369
格林,罗伯特　Greene, Robert　68, 69
格留斯,奥卢思　Gellius, Aulus　19
亘理俊雄　320

宫田武志 320, 321
古德温,威廉 Godwin, William 136, 137, 140, 371
广濑捨三 317
圭多 Guido delle Colonne 409
哈夫利,N. R. Havely, N. R. 297
哈蒙德,埃莉诺·普雷斯科特 Hammond, Eleanor Prescott 191, 192, 201
哈默顿,约翰·亚历山大 Hammerton, John Alexander 302, 303
哈特,沃尔特·莫里斯 Hart, Walter Morris 199
哈兹利特,威廉 Hazlitt, William 125, 126
海伍德,约翰 Heywood, John 74
韩礼德,M. A. K. Halliday, M. A. K. 321
汉弗莱,格拉斯特公爵 Humphrey, Duke of Gloucester 290
汉默尔,梅雷迪斯 Hanmer, Meredith 62, 63
汉尼拔 Hannibal 403
汉森,伊莱恩·塔特尔 Hansen, Elaine Tuttle 250—252
河崎征俊 321, 325, 329
荷马 Homer 10, 50, 53, 75, 83, 93, 95, 97, 100, 101, 128, 135, 142, 148, 149, 152, 161, 165, 169, 172, 196, 265, 365, 389, 394, 398, 401, 402, 409, 416, 423, 424, 446, 451
贺拉斯 Horace 15, 54, 62, 68, 69, 165, 224, 363, 421, 445, 450, 456, 457, 463
赫德,理查德 Hurd, Richard 131—133, 370
赫西奥德 Hesiod 68
赫胥黎,奥尔德斯 Huxley, Aldous 203, 204, 207, 276
赫胥黎,托马斯·亨利 Huxley, Thomas Henry 203
黑王子 Black Prince 339, 397
亨德森,阿诺德·C. Henderson, Arnold C. 196
亨利八世 Henry VIII 42, 44, 46, 48, 49, 55, 57, 58, 65, 123, 351
亨利七世 Henry VII 52, 353
亨利四世 Henry IV 25
亨利五世 Henry V 25, 28, 339, 341—344, 354
亨利逊,罗伯特 Henryson, Robert 36, 38, 39, 47, 234, 348
亨特,利 Hunt, Leigh 127—129, 135, 154, 155

胡佩，伯纳德·F.　Huppe, Bernard F.　232
华莱士，戴维　Wallace, David　182, 281, 298, 299
华兹华斯，威廉　Wordsworth, William　105, 106, 111, 122, 123, 126—129, 134, 140, 144, 171, 206, 368, 370, 382, 383, 439—442
怀斯曼，尼古拉斯　Wiseman, Nicholas　171, 172
惠勒，邦尼　Wheeler, Bonnie　327
霍恩，理查德·亨吉斯特　Horne, Richard Hengist　111, 127—130, 442
霍尔，路易斯·B.　Hall, Louis B.　269
霍夫曼，理查德·L.　Hoffman, Richard L.　269, 270
霍华德，唐纳德·R.　Howard, Donald R.　188—190, 234, 235, 259, 276, 296, 398, 408, 409, 460
霍克列夫，托马斯　Hoccleve, Thomas　25, 28—30, 345, 347
霍斯，斯蒂芬　Hawes, Stephen　52, 353
基恩，P. M.　Kean, P. M.　239, 240, 259, 390
基纳斯顿，弗朗西斯　Kynaston, Francis　89, 90, 92
基涅武甫　Cynewulf　422, 424
基特里奇，乔治·L.　Kittredge, George L.　201—203, 233, 257, 264, 267, 326, 390
吉川史子　331
吉拉尔迪，乔瓦尼·巴蒂斯塔　Giraldi, Giovanni Battista　160
吉田和男　328
吉田几次郎　320, 321
吉田新吾　320
济慈，约翰　Keats, John　137, 138, 154, 165, 172, 383, 394
加德纳，约翰　Gardner, John　187, 188
加尔巴提，托马斯·J.　Garbaty, Thomas J.　183
加斯科因，乔治　Gascoigne, George　61, 62
加藤知己　322
菅野正彦　327, 331
杰弗逊，伯纳德·L.　Jefferson, Bernard L.　266
杰克逊，安德鲁　Jackson, Andrew　110
桝井迪夫　315, 317—322, 325—327, 330
金斯伯格，沃伦　Ginsberg, Warren　284, 285

金斯利，詹姆斯 Kinsley, James 37
金子健二 316, 319
井上永幸 333
菊池亘 325
菊池秋夫 331
卡克斯顿，威廉 Caxton, William 32—36, 42, 46, 85, 143, 332, 349—351, 365
卡拉布雷塞，迈克尔·A. Calabrese, Michael A. 271
卡明斯，休伯提斯·M. Cummings, Hubertis M. 289, 290, 293, 295, 296, 391
卡普拉努斯，安德烈亚斯 Capellanus, Andreas 447
卡斯柯，R. E. Kaske, R. E. 231
卡图卢斯，瓦列里乌斯 Catullus, Valerius 69
凯恩，乔治 Kane, George 225
凯利，H. A. Kelly, H. A. 461
坎贝尔，托马斯 Campbell, Thomas 136
坎宁安，詹姆斯·V. Cunningham, James V. 213
康拉德，约瑟夫 Conrad, Joseph 224
考利，亚伯拉罕 Cowley, Abraham 85
考西，凯西 Cawsey, Kathy 257, 258
柯布，塞缪尔 Cobb, Samuel 109
柯格希尔，内维尔·亨利 Coghill, Nevill Henry 214, 215
柯勒律治，塞缪尔·泰勒 Coleridge, Samuel Taylor 122, 135, 140, 267, 370, 371
科尔韦，V. A. Kolve, V. A. 241
科卡恩，阿斯顿 Cockayne, Aston 88
科威尔，威廉 Covell, William 67, 362
克尔，威廉·P. Ker, William P. 167, 168, 316
克拉克，查尔斯·考登 Clarke, Charles Cowden 303
克拉克，肯尼斯·P. Clarke, Kenneth P. 272
克莱门，沃尔夫冈 Clemen, Wolfgang 211, 212, 282
克里福德，刘易斯 Clifford, Lewis 19, 20
克里斯蒂娃，朱丽娅 Kristeva, Julia 385

克罗斯比，鲁思　Crosby, Ruth　211
克洛，马丁·M.　Crow, Martin M.　17, 184, 381, 417
克洛甘，保罗·M.　Clogan, Paul M.　268, 269
肯纳，休　Kenner, Hugh　189
肯尼迪，G.　Kennedy, G.　330
肯尼迪，沃尔特　Kennedy, Walter　36, 348
孔什的威廉　William of Conches　273
库恩斯，B. G.　Koonce, B. G.　283
库珀，海伦　Cooper, Helen　79, 265, 332, 333
奎因，埃丝特·C.　Quinn, Esther C.　453
拉康，雅克　Lacan, Jacques　243, 252, 254
拉亚蒙　Layamon　397, 422
莱德盖特，约翰　Lydgate, John　25, 26, 28—30, 44, 47, 49, 66, 72, 123, 131, 143, 220, 338, 344—347, 355, 361, 461
莱斯特伯爵　Earl of Leicester　94
莱斯特，马绍尔　Leicester, Marshall　252—254
莱特，赫伯特·G.　Wright, Herbert G.　291
赖默，托马斯　Rymer, Thomas　86, 104
赖斯，埃德蒙　Reiss, Edmund　182, 293
兰多，沃尔特·萨维奇　Landor, Walter Savage　128—130, 441, 442
兰开斯特公爵　Duke of Lancaster　153, 395, 397, 459
兰姆，查尔斯　Lamb, Charles　140, 303, 372
兰兹，威廉·布莱特利　Lands, William Brightly　159
朗格伦，威廉　Langland, William　4, 223, 230, 238, 256, 257, 423, 433
劳恩斯伯里，托马斯·雷恩斯福德　Lounsbury, Thomas Raynesford　177, 178
劳伦斯，D. H.　Lawrence, D. H.　209, 428, 430
劳伦斯，威廉·威瑟利　Lawrence, William Witherle　199, 200, 213
劳伦斯，约翰　Lawrence, John　316
勒兰德，约翰　Leland, John　36, 49, 50, 52
勒耶尔，约翰　Leyerle, John　241
雷利，沃尔特　Raleigh, Walter　197, 198
里克特，伊迪丝　Rickert, Edith　182, 184, 322

理查德二世 Richard II 21, 23, 40, 50, 331, 343, 348, 395, 404, 405, 408
利纳瑟尔,理查德·A. Linenthal, Richard A. 333
利普斯科姆,威廉 Lipscomb, William 106, 110
利维斯,F. R. Leavis, F. R. 216, 326
列维-斯特劳斯,克洛德 Lévi-Strauss, Claude 248
林德纳,菲利克斯 Lindner, Felix 170
林赛,大卫 Lyndsay, David 36, 348
铃木美保子 333
铃木孝夫 324
刘易斯,C. S. Lewis, C. S. 23, 153, 187, 257, 274—277, 379, 407, 409, 462
六反田收 327
卢格尔斯,保罗·G. Ruggiers, Paul G. 181, 293
卢坎,马库斯·安内乌斯 Lucanus, Marcus Annaeus 10, 265, 402, 424
卢缅斯基,R. M. Lumiansky, R. M. 183
鲁宾,路易斯 Rubin, Louis 430
鲁特,R. K. Root, R. K. 182
路德,马丁 Luther, Martin 353
罗宾逊,F. N. Robinson, F. N. 182, 183, 212, 309, 317
罗宾逊,伊恩 Robinson, Ian 238
罗伯逊,D. W. Robertson, D. W. 16, 186, 187, 229—234, 239, 241, 243, 244, 248, 257, 269
罗杰斯,H. L. Rogers, H. L. 318
罗兰,贝丽尔 Rowland, Beryl 182, 237, 238
罗斯金,约翰 Ruskin, John 156, 375
洛勒,约翰 Lawlor, John 234
洛里默,詹姆斯 Lorimer, James 157, 376, 377
洛里斯,纪尧姆·德 Lorris, Guillaume de 163, 278, 395, 447
洛斯,约翰·利文斯通 Lowes, John Livingstone 266, 268, 282, 326
洛威尔,詹姆斯·罗素 Lowell, James Russell 160—162, 377
洛维特,罗伯特·莫斯 Lovett, Robert Morss 305
马丁,普丽西拉 Martin, Priscilla 249
马洛,克里斯托弗 Marlowe, Christopher 49, 261, 262, 358, 387
马瑟,弗兰克·J. Mather, Frank J. 169

马绍尔，伊莎贝尔　Marshall, Isabel　330
马斯卡廷，查尔斯　Muscatine, Charles　173, 182, 218, 219, 229, 240, 258, 259, 277—279, 390
马肖，纪尧姆·德　Machaut, Guillaume de　191, 278, 279, 396, 397, 447
玛格丽特，英格兰公主　Tudor, Margaret　40, 348
玛丽一世　Mary I　55
麦尔桑德，约瑟夫　Mersand, Joseph　211
麦卡蒂，威拉德　McCarty, Willard　330
麦克格拉底，唐纳德　McGrady, Donald　295
曼，吉尔　Mann, Jill　182, 235—237, 249, 250, 333
曼利，约翰·马修　Manly, John Matthews　182, 184, 208, 322, 326
梅杰，约翰·M.　Major, John M.　223
蒙莫斯的杰弗里　Geoffrey of Monmouth　344, 397, 398, 401, 422
蒙田，米歇尔·德　Montaigne, Michel de　141
弥尔顿，约翰　Milton, John　37, 81, 92—94, 106, 108, 117, 135, 168, 172, 184, 204, 205, 267, 325, 347, 364, 367, 383, 398
米，阿瑟　Mee, Arthur　302
米南德　Menander　70
米勒，罗伯特·P.　Miller, Robert P.　231, 294, 295
米斯基敏，爱丽丝·S.　Miskimin, Alice S.　195
敏托，威廉　Minto, William　163, 164
明尼斯，A. J.　Minnis, A. J.　273, 420, 421
莫狄，威廉·沃恩　Moody, William Vaughn　305
莫恩，让·德　Meun, Jean de　278, 395
莫尔，托马斯　More, Thomas　72, 74
莫尔斯，鲁思　Morse, Ruth　332
莫雷尔，托马斯　Morell, Thomas　104, 105
莫里斯，弗雷德里克·D.　Maurice, Frederick D.　158, 174
莫里斯，威廉　Morris, William　325
莫瑟，丹尼尔·W.　Mosser, Daniel W.　332
穆尼，林内·R.　Mooney, Linne R.　333
纳什，托马斯　Nashe, Thomas　66, 361
尼古拉斯，哈里斯　Nicolas, Harris　381

诺斯,克里斯托弗(约翰·威尔逊笔名) North, Christopher 152
诺伊泽,理查德 Neuse, Richard 227
欧里庇得斯 Euripides 53
欧文,查尔斯 Owen, Charles 183, 241
帕里斯,加斯东 Paris, Gaston 153, 277
帕特森,李 Patterson, Lee 221, 231, 243—245, 257
庞德,埃兹拉 Pound, Ezra 155, 204—206, 264, 283, 390, 392
培根,弗朗西斯 Bacon, Francis 83, 90
皮查姆,亨利 Peacham, Henry 87, 361
皮彻,约翰·A. Pitcher, John A. 251, 252
皮尔索尔,德里克 Pearsall, Derek 182, 190, 193, 431
皮克林,F. P. Pikering, F. P. 241
皮桑,克里斯蒂娜·德 Pizan, Christine de 191
品逊,理查德 Pynson, Richard 33, 46, 332, 349
蒲柏, 亚历山大 Pope, Alexander 91, 106—108, 110, 111, 113—115, 119, 120, 135, 143, 206, 217, 363, 367—369, 380, 383, 440, 441, 446
普顿海姆,乔治 Puttenham, George 65, 66
普拉斯,西尔维娅 Plath, Sylvia 431
普拉特,罗伯特·A. Pratt, Robert A. 183, 212
普拉兹,马里奥 Praz, Mario 292
普劳图斯,泰特斯·马奇乌斯 Plautus, Titus Maccius 69, 70, 457
普里奥尔,马修 Prior, Mattew 109
普鲁塔克,卢修斯·梅斯特里乌斯 Plutarchus, Lucius Mestrius 141
乔丹,罗伯特·M. Jordan, Robert M. 232
乔姆斯基,诺姆 Chomsky, Noam 321
乔叟/孝素/曹西尔/乔塞/绰塞,杰弗里 Chaucer, Geoffrey
乔叟,托马斯 Chaucer, Thomas 25, 344
乔伊斯,詹姆斯 Joyce, James 198, 281, 429, 431, 435
切斯特顿,G. K. Chesterton, G. K. 205, 206
清水时郎 316
琼生,本 Jonson, Ben 72, 83, 337, 359, 360
荣格,卡尔·古斯塔夫 Jung, Carl Gustav 243
萨克雷,威廉·梅克皮斯 Thackeray, William Makepeace 380, 381, 383

塞涅卡　Seneca　19, 270
塞万提斯　Cervantes Saavedra, Miguel de　132, 260, 414
三浦步　320
三浦常司　321
桑德兰伯爵　Earl of Sunderland　94
骚塞,罗伯特　Southey, Robert　134, 135, 371
瑟斯顿,保罗　Thurston, Paul　228
莎士比亚,威廉　Shakespeare, William　9, 16, 17, 21, 37, 56, 57, 69, 71, 74—80, 83, 86, 89, 93, 94, 116, 125, 135, 140, 142, 148, 151, 158, 161, 162, 172, 173, 178, 184, 186, 196, 198—200, 205, 207, 210, 216, 260—262, 264, 267, 268, 287, 300, 301, 303, 310, 337, 343, 347, 352, 354—360, 363, 365, 377, 380, 382, 386—388, 394, 402, 409, 410, 417, 428, 434, 438, 452, 455, 462
山根周　321
山崎俊次　333
山中利夫　329
上田敏　316
上田一雄　321
上野景福　316
上野直藏　317
神山正治　325
生地竹郎　325
圣保罗　Saint Paul　248
圣茨伯里,乔治　Saintsbury, George　198, 203
圣杰罗姆　Saint Jerome　248
施勒斯,霍华德·H.　Schless, Howard H.　285
石野晴美　328
史蒂文森,芭芭拉　Stevenson, Barbara　328
史密斯,约翰　Smith, John　109
市河三喜　315, 316, 319—321, 323, 325, 326
式井久美子　325, 326
笹本长敬　319, 320, 323
司各特,沃尔特　Scott, Walter　93, 124, 372

斯宾塞，埃德蒙 Spenser, Edmund 9, 20, 21, 49, 52, 56, 69, 71—74, 80, 85, 93, 94, 106—108, 125, 133, 135, 149, 171, 172, 196, 220, 260, 355, 356, 359, 360, 367, 378, 382, 452
斯德纳姆，乔纳森 Sidnam, Jonathan 88, 92, 95, 106
斯蒂文斯，马丁 Stevens, Martin 333
斯基特，沃尔特·威廉 Skeat, Walter William 27, 47, 48, 167, 175, 176, 178, 181, 182, 287, 316, 317, 319, 381, 439, 442
斯科根，亨利 Scogan, Henry 24
斯科希尔，约翰 Scahill, John 333
斯克尔顿，约翰 Skelton, John 45, 46
斯培特，托马斯 Speght, Thomas 56—59, 69, 71, 75, 85, 86, 99, 104, 151, 191, 356, 362, 457
斯皮尔斯，约翰 Speirs, John 216, 217
斯皮林，A. C. Spearing, A. C. 226, 227, 242, 243
斯珀吉翁，卡洛琳·F. E. Spurgeon, Caroline F. E. 16, 36, 46, 73, 83, 115, 177, 192—194, 325
斯塔提乌斯，凯基利乌斯 Statius, Caecilius 70
斯塔提乌斯/斯泰斯，普布利乌斯·帕皮尼乌斯 Statius, Publius Papinius 10, 149, 164, 173, 265, 268, 270, 297, 401, 402, 406, 423, 424
斯特罗德，拉尔夫 Strode, Ralph 150
斯特罗姆，保罗 Strohm, Paul 243
斯托，约翰 Stowe, John 56
斯威夫特，乔纳森 Swift, Jonathan 214
斯温伯恩，阿尔杰农·查尔斯 Swinburne, Algernon Charles 166
寺泽芳雄 318
松浪有 321
松尾雅嗣 322, 323
松田隆美 325, 329, 333
苏格拉底 Socrates 19, 35, 339, 450
苏里戈，斯蒂芬 Surigo, Stephen 35, 36
梭罗，亨利·戴维 Thoreau, Henry David 143, 144
索福克勒斯 Sophocles 53, 113, 416
索斯沃斯，詹姆斯·G. Southworth, James G. 238

塔特洛克，约翰·S. P.　Tatlock, John S. P.　326, 330
泰代斯基，斯韦特科　Tedeschi, Svetko　291
泰伦提乌斯/特伦斯　Terentius Afer / Terence, Publius　65, 69, 70, 457
坦布林，杰里米　Tambling, Jeremy　381
汤普森，安　Thompson, Ann　75, 76, 356, 357
汤浅信之　331
唐纳森，E. 塔尔博特　Donaldson, E. Talbot　181, 183, 220—223, 229, 233, 234, 248, 257, 259, 260, 267, 277
特勒维特，尼古拉斯　Trevet, Nicholas　273
特鲁瓦，克雷蒂安·德　Troyes, Chrétien de　278, 447
藤本昌司　329
提布卢斯，阿尔比乌斯　Tibullus, Albius　69
添田裕　325
田岛松二　320, 321
田畑智司　333
田中幸穗　320
廷代尔，威廉　Tyndale, William　54, 262, 387
樋口昌幸　321, 330
图夫，罗斯蒙德　Tuve, Rosemond　210, 241
图克，布赖恩　Tuke, Brian　48, 49
图其曼，芭芭拉　Tuchman, Barbara　189
土屋唯之　322
托马斯，蒂莫西　Thomas, Timothy　103, 104
托马斯，威廉　Thomas, William　103, 104
瓦恩特，凯特　Wiant, Kate　380
瓦莱里，保罗　Valéry, Paul　430
王尔德，奥斯卡　Wilde Oscar　190, 431
威德邦，罗伯特　Wedderburn, Robert　41, 349
威尔斯，约翰·埃德温　Wells, John Edwin　192
威尔逊，托马斯　Wilson, Thomas　51
威尔逊，约翰　Wilson, John　151—153, 378, 379
威克里夫，约翰　Wycliffe, John　60, 150, 159, 174, 352, 416
韦伯，威廉　Webbe, William　67, 362, 364

韦勒克,勒内 Wellek, René 196
韦斯特,迈克尔 West, Michael 313
维多利亚女王 Queen Victoria 39, 121, 122, 126, 127, 144, 145, 148, 151, 153, 156, 158—160, 162, 164, 165, 167, 170, 171, 173—175, 178—181, 184, 191, 197, 200, 263, 281, 346, 359, 360, 365, 371, 373—381, 387, 389, 390, 439
维吉尔 Virgil 10, 29, 40, 50, 69, 83, 97, 112, 149, 164, 166, 173, 256, 265, 267, 269, 270, 339, 346, 384, 389, 396, 398, 400—402, 406, 409, 412, 416, 421, 423, 424, 448, 451, 457, 461
魏曼,罗伯特 Weimann, Robert 373
温迪厄特,巴里 Windeatt, Barry 25, 332, 345
温姆萨特,威廉·K. Wimsatt, William K. 217, 218, 240
温姆萨特,詹姆斯 Wimsatt, James 279, 280, 450
沃波尔,贺拉斯 Walpole, Horace 113, 368
沃德,阿道弗斯·威廉 Ward, Adolphus William 170
沃德,亨利 Ward, Henry 407
沃顿,托马斯 Warton, Thomas 114, 115, 118—120, 130—133, 369, 441
沃尔德,温金·德 Worde, Wynkyn de 33, 332, 349
沃尔西,红衣主教 Cardinal Wolsey 58
沃伦,奥斯汀 Warren, Austin 196
吴可读 Pollard, A. L. 304
伍德沃德,丹尼尔 Woodward, Daniel 333
伍尔夫,弗吉尼娅 Woolf, Virginia 206—208, 431, 438, 441
伍尔夫,罗斯玛丽·E. Woolf, Rosemary E. 223, 224
伍兹,威廉 Woods, William 255
武居正太郎 320, 321, 325
西村政人 323
西蒙,胡戈 Simon, Hugo 174
西塞罗,马库斯·图利乌斯 Cicero, Marcus Tullius 270, 403, 421
西胁顺三郎 315, 316, 319, 323, 325, 329
希恩,弗朗西斯 Thynne, Francis 57—59
希恩,威廉 Thynne, William 21, 47, 48, 56, 57, 59, 145
希皮斯利,约翰 Hippisley, J. H. 66, 148—151

锡德尼,菲利普　Sidney, Philip　49, 63, 64, 65, 66, 196, 360, 361
席尔默,瓦尔特·F.　Schirmer, Walter F.　24, 26, 345
夏目漱石　316, 325
向井刚　332
相田周一　328
萧伯纳,乔治　Shaw, George Bernard　359
小仓美知子　333
小野茂　321
辛普森,詹姆斯　Simpson, James　48
修斯,亚培兹　Hughes, Jabez　112
修昔底德　Thucydides　53
须贺川诚三　325
须藤淳　321, 327
亚尔斯,戴维·罗兰　Aers, David Roland　246, 247
亚佛里坎努斯　Scipio Africanus Major　403
亚里士多德　Aristotle　29, 52, 62, 64, 312, 346, 421, 444, 445, 447, 456, 461
岩崎春雄　331
盐见知之　320, 327, 329
燕卜荪,威廉　Empson, William　209, 210
扬,卡尔　Young, Karl　212
野口俊一　329, 331
伊福林,约翰　Evelyn, John　91
伊丽莎白女王　Elizabeth I　16, 23, 42, 46, 52, 54—56, 59, 61, 66, 71, 72, 74, 75, 81, 83, 91, 171, 192, 196, 204, 213, 220, 353, 354, 356, 359, 360, 373, 374, 480
刈田元司　320
苅部恒德　320
尤维纳利斯　Juvenal / Juvenalis, Decimus Iunius　224, 270
御舆员三　320
约翰逊,塞缪尔　Johnson, Samuel　50, 115—117, 123, 363
斋藤国治　327
斋藤俊雄　333
斋藤勇　325, 329

詹姆士二世 James II 82
詹姆士一世 James I 81, 83
詹姆斯六世,苏格兰国王 James VI 81
詹姆斯四世,苏格兰国王 James IV 40, 348
詹姆斯一世,苏格兰国王 James I 31, 36—38, 347
詹姆逊,弗雷德里克 Jameson, Frederic 288
中村纯作 333
中山竹二郎 316, 325
中尾佳行 320—323, 328, 330, 331
庄司浅水 325
紫式部 327
佐藤勉 325, 329, 331

附录三

书、报、刊名中外文对照及索引

《1386至1900年乔叟形象之变迁》 "Images of Chaucer 1386–1900" 193

《20世纪乔叟批评：阅读受众》 *Twentieth-Century Chaucer Criticism: Reading Audiences* 257

《ABC》 "ABC" 58, 188, 392

《埃涅阿斯纪》 *Aeneid* 40, 256, 269, 270, 348, 396, 400—402, 406, 409, 448, 461

《艾凡赫》 *Ivanhoe* 124, 372

《艾莱斯米尔之乔叟》 *The Ellesmere Chaucer: Essays in Interpretation* 333

《爱的艺术》 *de Arte amadi / Art of Love* 69, 270, 271, 457

《爱丁堡评论》 *The Edinburgh Review, or Critical Journal* 147

《爱情幻象》 *Amorosa Visione* 298

《爱情泉之故事》 *Le Dit de la Fonteinne Amoureuse* 396, 397

《爱情寓意：中世纪传统研究》 *The Allegory of Love: A Study in Medieval Tradition* 153, 275, 276, 379

《爱情之约》 *The Testament of Love* 21—23, 47, 60, 61

《安妮丽达与阿塞特》/《安妮丽达和虚假的阿塞特》/《美丽的安妮丽达的泣诉与背信弃义的阿塞特》 *Anelida and Arcite / Queen Anelida and the False Arcite / The Compleynt of Feire Anelida and Fals Arcite* 32, 285, 319, 349, 406

《奥赛罗》 *Othello* 168

《奥维德与〈坎特伯雷故事〉》 *Ovid and the* Canterbury Tales 269

《巴思妇人》 *The Wife of Bath* 109

1 本附录中日本书、报、刊名由石小军提供。

《巴思妇人的引言》(蒲柏译) *The Wife of Bath, her prologue, from Chaucer* 107
《百鸟议会》/《圣瓦伦廷节百鸟会议之书》/《铜殿》(乔叟著) *Parlement of Foules / The Temple of Brass* 16, 32, 37, 40, 46, 47, 109, 114, 219, 220, 286, 311, 319, 320, 324, 331, 332, 343, 347—349, 402, 409, 446, 450, 452, 460, 465
《百鸟议会》(无名氏著) *Parliament of Birds* 109
《〈百鸟议会〉: 一种解读》 *The* Parlement of Foules*: An Interpretation* 219
《北不列颠评论》 *The North British Review* 157
《北美评论》 *North American Review* 160
《贝奥武甫》 *Beowulf* 188, 232, 239, 341, 419
《贝林的故事》 "Tale of Beryn" 103, 105, 234
《被解构的自我:〈坎特伯雷故事〉里的主体表现》 *The Disenchanted Self: Representing the Subject in the* Canterbury Tales 252
《变形记》 *Metamorphoses* 256, 270, 271, 396, 397, 400—402, 406, 448, 463
《波希米亚王之公断》 *Le Jugement dou Roy de Behaingne* 396, 397
《波伊斯》/《波伊悉厄斯》 *Boece* 8, 273
《薄伽丘的意大利文著作对乔叟作品之影响》 *The Indebtedness of Chaucer's Works to the Italian Works of Boccaccio* 289
《薄伽丘与乔叟》 *Boccaccio and Chaucer* 286
《不列颠百科全书》 *The Encyclopaedia Britannica: A Dictionary of Arts, Sciences and General Literature* 164, 340
《不列颠君王史》 *Historia Regum Britanniae* 344, 397, 401, 402, 422, 451
《布谷鸟与夜莺》 *The Cuckoo and the Nightingale* 128
《布莱克伍德的爱丁堡杂志》 *Blackwood's Edinburgh Magazine* 152
《布鲁尔学术成果及生涯》 "A List of the Published Writings of Derek Brewer" 332
"布鲁姆编经典批评观" Bloom's Classic Critical Views 195
《布鲁图》 *Brut* 397
《沉思者》 *Il Penseroso* 92
《传统与个人才能》 "Tradition and the Individual Talent" 165
《创造者乔叟》 *Chaucer the Maker* 216
《从乔叟到雪利的英国诗人之特点》 *Characteristics of English Poets from Chaucer to Shirley* 163

《寸言——杰瑞米·泰勒、弥尔顿和乔叟》「寸言——ジエアミー·テーラー、ミルトン、チョーサー」 325
《达洛维夫人》 *Mrs Dalloway* 431
《大不列颠诗人：从乔叟到丘吉尔》 *The Poets of Great Britain: Complete from Chaucer to Churchill* 106, 137
《大卫·科波菲尔》 *David Copperfield* 380
《道德歌谣》 *A Moral Balade Made by Henry Scogane, Squyer* 24
《狄更斯与乔叟》 "Dickens and Chaucer" 381
《底比斯战记》 *Thebaid* 268, 297, 406
《底比斯之围》 *The Siege of Thebes* 28, 347
《典雅之书》 *The Book of Courtesy* 31, 36, 71, 346
《斗士参孙》 *Samson Agonistes* 128, 441
《对差役引言的回答》 *An Answer to the Sompner's Prologue of Chaucer: In Imitation of Chaucer's Style* 109
《对乔叟与〈十日谈〉的再思考》 "Chaucer and the *Decameron* Reconsidered" 295

《恩底弥翁》 *Endymion* 138
《反对印刷有伤风化的作品》 "Against Printing Indecent Books" 100
《菲埃索拉的女神》 *Ninfale Fiesolano* 298
《菲拉斯特拉托》 *Filostrato* 164, 166, 168, 169, 244, 274, 275, 287, 289, 296, 298, 323, 391, 409, 410, 412, 434, 447
《菲洛柯洛》 *Filocolo* 298
《分裂之蛇》 *The Serpent of Division* 26
《弗拉明戈》 *Flamenca* 278
《复杂词之结构》 *The Structure of Complex Words* 210
《盖米林的故事》 "Tale of Gamelyn" 103, 105
《感受谬误》 "Affective Fallacy" 217
《高地的杰克》 *Jack Upland* 53, 58, 61, 105, 353, 417, 439
《高文爵士与绿色骑士》 *Sir Gawain and the Green Knight* 7, 222, 238, 439
《戈瑟鲁斯和格里塞尔达》 *Gualtherus and Griselda* 110
《格兰代尔》 *Grendel* 188
《格里塞尔达的故事》 "The Story of Griselda" 323
《格林之梦》 *Greene's Vision* 68

《公爵夫人书》/《公爵夫人之书》 *The Book of the Duchess* 6, 16, 28, 47, 151, 153, 162, 167, 224, 229, 238, 243, 254, 256, 267, 274, 279, 280, 311, 319, 324, 326, 347, 392, 395—399, 402, 409, 433, 447, 450, 459, 463, 465
《宫廷爱情神话》 "The Myth of Courtly Love" 277
《共和国》 *De Republica* 403
《共同体、性别和个体身份》 *Community, Gender, and Individual Identity* 246
《古英语和中古英语入门》 『古英語と中英語入門』 316
《关于骑士精神与浪漫传奇的书信》 *Letters on Chivalry and Romance* 131
《关于作者身份的中世纪理论》 *Medieval Theory of Authorship* 420
《国王之书》 *The Kingis Quair* 36—38, 347, 348
《过去时代》 "The Former Age" 408
《哈姆雷特》 *Hamlet* 433
《和平颂》 *Praise of Peace* 47
《贺拉斯诗歌、书信和讽刺文之艺术》 *Horace His Arte of Poetrie, Pistles and Satyre* 54
《黑衣骑士怨歌》 *The Complaint of the Black Knight* 28, 47, 347
《亨利四世》 *Henry IV* 77, 358
《亨利五世》 *Henry V* 77, 358
《呼啸山庄》 *Wuthering Heights* 165
《花与叶》 "The Flower and the Leaf" 56, 95, 105, 128, 175, 417, 439
《荒原》 *The Waste Land* 209, 216, 429, 431
《回顾评论》 *The Retrospective Review* 145
《基督徒之顺从》 *The Obedience of a Christian Man* 54
《基督之二》 *Christ II* 422
《蓟与玫瑰》 *The Thrissil and the Rois* 40, 348
《季节与月份》 *Seasons and Months* 210
《简论悲剧》 *A Short View of Tragedy* 86
《简明英国文学史》『やさしい英文学史』 325
《剑桥英美文学史》 *The Cambridge History of English and American Literature* 198
《教父释经：一辩》 "Patristic Exegesis: The Defense" 231
《揭示性意象：乔叟与叙事意象之二》 *Telling Images: Chaucer and the*

Imagery of Narrative II　241
《杰弗里·乔叟》 *Geoffrey Chaucer*
布鲁姆,哈罗德　195
洛斯,约翰·利文斯通　267, 282
曼,吉尔　249
《杰弗里·乔叟批评论文集》 *Geoffrey Chaucer: A Critical Anthology*　195
《杰弗里·乔叟诗歌集:共14卷;其他各种诗作来自1721年厄里版;〈坎特伯雷故事〉来自1775年蒂里特版》 *The Poetical Works of Geoff. Chaucer, in Fourteen Volumes. The Miscellaneous Pieces from Urry's Edition 1721.* The Canterbury Tales *from Tyrwhitt's Edition 1775*　106
《金盾》 *The Golden Targe*　39
《君王之统治》 *De Regimine Principum*　29—31
《凯旋》 *Trionfi*　399
《坎宾思汗》 *Cambuscan*　133
《坎布汗》 *Cambus Khan*　129
《坎特伯雷故事》/《肯脱白来故事》/《康妥波雷故事》/《康特波雷故事》/《坎特伯雷故事集》 *The Canterbury Tales*
《巴思妇人的故事》/《巴斯妇人的故事》 "The Wife of Bath's Tale"　75, 88, 95, 247, 252, 260, 305, 356
《巴思妇人的引子》 "The Wife of Bath's Prologue"　107, 110
《差役的故事》 "The Summoner's Tale"　109
"撤回声明"/"本书作者在此告辞" "Retraccioun s" / "Retraction"　103
《船长的故事》 "The Shipman's Tale"　110, 255
《管家的故事》 "The Reeve's Tale"　111, 199, 241
《扈从的故事》 "The Squire's Tale"　73, 92, 129, 355
《伙食采购人的故事》 "The Manciple's Tale"　110, 126, 129
《律师的故事》 "The Man of Law's Tale"　75, 111, 125, 241, 247, 255, 356
《律师的引子由此而来》 "Introduction to the Man of Law's Prologue"　15
《卖赎罪券教士的故事》 "The Pardoner's Tale"　110, 129, 252, 330, 380
《梅利别斯的故事》 "The Tale of Melibee"　75, 202, 323, 356, 409
《磨坊主的故事》 "The Miller's Tale"　63, 88, 111, 219, 220, 230, 231,

241, 253
《磨坊主的引子》 “The Miller’s Prologue” 14
《平民地主的故事》 “The Franklin’s Tale” 75, 328, 356
《骑士的故事》 “The Knight’s Tale” 28, 63, 74, 75, 77—79, 95, 104, 105, 149, 150, 155, 166, 169, 228, 241, 252, 254, 260, 268, 273, 274, 283, 286, 287, 289, 290, 294, 323, 329, 331, 340, 347, 356, 357, 372, 391, 406—408, 410, 414, 434, 447, 462
《商人的故事》 “The Merchant’s Tale” 107, 219, 260
《堂区长的故事》 “The Parson’s Tale” 53, 111, 353
《堂区长的引子》 “The Parson’s Prologue” 15, 450
《托钵僧的故事》 “The Friar’s Tale” 129
《托帕斯爵士》/《托帕斯爵士的韵律诗》 “Sir Thopas” / “Rime of Sir Topaz” 132, 133, 260, 414
《修道士的故事》 “The Monk’s Tale” 11, 26, 28, 254, 297, 328, 347, 412, 461, 462
《修女院教士的故事》 “The Nun’s Priest’s Tale” 54, 95, 219, 417, 450
《修女院院长的故事》 “The Prioress’s Tale” 126
《学士的故事》 “The Clerk’s Tale” 75, 110, 111, 282, 291, 295, 323, 332, 356
《医生的故事》 “The Physician’s Tale” 75, 328, 356
《总引》 “The General Prologue” 14, 15, 28, 95, 104, 105, 110, 202, 203, 212—214, 224, 227, 228, 236, 253, 310, 322, 347, 413, 457, 463
《〈坎特伯雷故事〉的一种解读》 *A Reading of the* Canterbury Tales 232
《〈坎特伯雷故事〉新押韵词索引》 *A New Rime Index to* The Canterbury Tales 322, 330
《〈坎特伯雷故事〉之观念》 *The Idea of the* Canterbury Tales 234, 296
《〈坎特伯雷故事〉之〈总引〉里的讽刺家乔叟》 “Chaucer as a Satirist in the General Prologue to the *Canterbury Tales*” 223
《〈坎特伯雷故事〉总序歌注释》『Chaucer’s *Canterbury Tales* (The Prologue) 注积』 316
《〈坎特伯雷故事·总引〉词汇索引》 *A Concordance and Glossary to the General Prologue of the* Canterbury Tales 322
《康科德河与梅里麦克河上一周》 *A Week on the Concord and Merrimack*

Rivers 143
《克瑞西达的梦》 "Criseyde's Dream" 242
《克瑞西达的遗嘱》 *The Testament of Cresseid* 38, 47, 234, 348
《快乐时光》 *The Pastime of Pleasure* 52
《拉丁时代后期与中世纪的文学语言与公众》 *The Literary Language and Its Public in Late Latin Antiquity and in the Middle Ages* 288
《拉平序言》 "Preface to Rapin" 87
《李尔王》 *King Lear* 433
《历史批评与乔叟研究的发展》 "Historical Criticism and the Development of Chaucer Studies" 244
《两个对乔叟的模仿之作》 *Two Imitations of Chaucer: I. Susannah and the Two Elders; II. Earl Robert's Mice* 109
《两个贵族亲戚》 *The Two Noble Kinsmen* 77, 78, 80, 260, 357, 358
《流浪者》 *The Wanderer* 341
《六合杂志》 『六合雑誌』 325
《鲁宾逊漂流记》 *Robinson Crusoe* 100
《伦敦评论》 *The London Review* 158, 164
《论批评》 *An Essay on Criticism* 108
《论斯宾塞的〈仙后〉》 *Observations on the* Fairy Queen *of Spenser* 133
《论星盘》 "Treatise on the Astrolabe" 305, 309
《论早期英国文学》 *Chapters on Early English Literature* 148
《罗密欧与朱丽叶》 *Romeo and Juliet* 77, 168, 260, 357
《麻雀菲利普》 *Phyllyp Sparrow* 45
《马洛礼作品词汇索引》 *A Concordance to the Works of Sir Thomas Malory* 322
《卖赎罪券者与托钵僧、副牧师与内波尔的嬉闹剧》 *The Mery Play between the Pardoner and the Frere, the Curate and Neybour Pratte* 74
《盲目的野兽：乔叟的动物世界》 *Blind Beasts: Chaucer's Animal World* 237
《玫瑰传奇》 *Roman de la Rose* 12, 20, 21, 47, 66, 163, 188, 214, 266, 274, 278, 279, 286, 293, 319, 324, 339, 384, 395—397, 399, 402, 424, 459, 465
《梅利贝与普鲁登丝之书》 *Le Livre Mellibée et Prudence* 323

《美德之榜样》 *The Example of Vertu* 52
《美国学者》 "The American Scholar" 141
《美人无情》 "Merciles Beaute" 313
《名利场》 *Vanity Fair* 169
《名女录》 *De Claris Mulieribus* 297, 412
《名人鉴证》 *De Casibus* 297, 412
《鸣门中将物语》『鳴門中将物語』 328
《命运》 "Fortune" 237, 408
《模仿论：西方文学中的现实表现》 *Mimesis: The Representation of Reality in Western Literature* 288, 365
《〈磨坊主的故事〉里的通俗诗歌惯用语》 "Idiom of Popular Poetry in the 'Miller's Tale'" 220
《磨坊主与两个学士》 *Le meunier et les II clers* 199
《母亲胡伯特的故事》 *Mother Hubberd's Tale* 73, 355
《牧羊人日历》 *Shepheardes Calendar* 72, 73, 355
《牛津的木匠，即乔叟的〈磨坊主的故事〉：现代英语本》 *The Carpenter of Oxford or "The Miller's Tale" from Chaucer. Attempted in Modern English* 109
《牛津英语辞典》 *The Oxford English Dictionary* 176
《农夫的故事》 *Plowman's Tale* 48, 53, 105, 353, 417, 439
《农夫皮尔斯》 *Piers Plowman* 7, 222, 223, 230, 238, 247, 257, 423
《〈农夫皮尔斯〉与圣经传统》 Piers Plowman *and Scriptural Tradition* 230
《女杰书简》 *Heroides* 270, 400, 401, 406, 448
《女性化乔叟》 *Feminizing Chaucer* 249
《帕拉蒙和阿塞特》 *Palamon and Arcite*
    爱德华兹，理查德 74, 356
    乔叟，杰弗里 79, 406, 462, 465
《潘登尼斯》 *Pendennis* 169
《批评的剖析》 *Anatomy of Criticism* 173, 234
《普利阿普斯》 *Priapus* 69, 467
《普鲁弗洛克的情歌》 "The Love Song of J. Alfred Prufrock" 429
《普通读者》 *The Common Reader* 206
《歧义七型》 *Seven Types of Ambiguity* 210

《乔氏坎城旅谈本事》 *Tales from Chaucer* 303
《乔叟》 "Chaucer" 160
《乔叟》 *Chaucer*
布鲁尔,德里克 185
沃德,阿道弗斯·威廉 170
亚尔斯,戴维·罗兰 246
《乔叟传统》 *Chaucer Traditions* 332
《乔叟到莎翁》 *Chaucer to Shakespeare* 332
《乔叟的奥维德式爱情艺术》 *Chaucer's Ovidian Arts of Love* 271
《乔叟的〈波伊斯〉与波伊提乌的中世纪传统》 *Chaucer's* Boece *and the Medieval Tradition of Boethius* 273
《乔叟的传统与创新》 *Tradition and Innovation in Chaucer* 185
《乔叟的伦敦》 *Chaucer's London* 186
《乔叟的卖赎罪券教士、〈圣经〉里的阉人和〈卖赎罪券教士的故事〉》 "Chaucer's Pardoner, Scriptural Eunuch, and 'The Pardoner's Tale'" 231
《乔叟的女性人物:修女、妻子和亚马孙式女战士》 *Chaucer's Women: Nuns, Wives, and Amazons* 248, 249
《乔叟的女性主体:〈坎特伯雷故事〉里的欲望人物形象》 *Chaucer's Feminine Subjects: Figures of Desire in* The Canterbury Tales 251
《乔叟的前期诗作》 *Chaucer's Early Poetry* 211, 282
《乔叟的声誉之书:〈声誉之宫〉阐释》 *Chaucer's Book of Fame: The Exposition of* The House of Fame 220
《乔叟的诗律和他的追随者们》 *Chaucer's Prosody and His Followers* 238
《乔叟的尾韵词汇结构》 *The Structure of Chaucer's Rime Words* 317
《乔叟的戏剧性讽刺》 *Dramatic Irony in Chaucer* 210
《乔叟的下跪的托钵修士》 "Chaucer's Kneeling Friar" 239
《乔叟的性诗学》 *Chaucer's Sexual Poetics* 247
《乔叟的叙述者与自我表现的修辞技巧》 *Chaucer's Narrators and the Rhetoric of Self-Representation* 227
《乔叟的意大利传统》 *Chaucer's Italian Tradition* 284
《乔叟的英格兰》 *Chaucer's England* 159
《乔叟的怨诗致钱囊》/《赠给他的空囊》 "The Complaint of Chaucer to His

Purse" / "To His Empty Purse" 32, 305, 319
《乔叟动态》 *The Chaucer Newsletter* 181, 182
《乔叟短诗手稿文本的押韵词索引》 *Ryme-Index to the Manuscript Texts of Chaucer's Minor Poems* 330
《乔叟对〈菲拉斯特拉托〉做了什么?》 "What Chaucer Really Did to *Il Filostrato*" 274
《乔叟感受语言之研究》 *Studies in Chaucer's Language of Feeling* 330
《乔叟关键词研究》 *Key-word Studies in Chaucer* 322
《乔叟关于婚姻的讨论》 "Chaucer's Discussion of Marriage" 201
《乔叟和他的世界》 *Chaucer and His World* 185
《乔叟及其诗歌》 *Chaucer and His Poetry* 202
《乔叟及其作品》『チョーサーとその作品』 325
《乔叟派和其他作品》 *Chaucerian and Other Pieces* 175, 381, 439
《乔叟批评遗产》 *Chaucer: The Critical Heritage* 194
《乔叟评论》 *Chaucer Review* 182, 295
《乔叟评传》 *The Life of Geoffrey Chaucer: A Critical Biography* 190
《乔叟:其生平、作品与世界》 *Chaucer: His Life, His Works, His World* 188, 296
《乔叟〈骑士的故事〉之艺术歧义》 *Artistic Ambivalence in Chaucer's "Knight's Tale"* 228
《乔叟〈骑士的故事〉中的祈祷者》 "Prayers in Chaucer's 'Knight's Tale'" 329
《乔叟全集》(沃尔特·威廉·斯基特编) *The Complete Works of Geoffrey Chaucer* 167, 175, 176, 181, 316, 381, 439
《乔叟生平记录》(1875至1900年出版) *Life-Records of Chaucer* 177, 184, 381
《乔叟生平记载》(马丁·M. 克洛与克莱尔·C. 奥尔森编, 1966年出版) *Chaucer Life-Records* 17, 182, 184, 185, 256, 381, 417, 427, 437
《乔叟生平与时代》 *The Life and Times of Chaucer* 187, 188
《乔叟诗歌艺术探讨》 *Some Reflections on Chaucer's "Art Poetical"* 211
《乔叟诗歌韵律:中古英语诗歌传统研究》 *Chaucer's Prosody: A Study of Middle English Verse Tradition* 238
《乔叟诗集》 *The Poetical Works of Geoffrey Chaucer* 158

《乔叟时代研究》 *Studies in the Age of Chaucer* 182, 324
《乔叟式空间：乔叟开篇故事里的空间诗学》 *Chaucerian Spaces: Spatial Poetics in Chaucer's Opening Stories* 255
《乔叟手册》 *A Chaucer Handbook* 212
《乔叟思想》 *Chaucer's Mentality* 185
《乔叟文集》(凯尔姆斯科特版) *The Works of Geoffrey Chaucer* (the Kelmscott edition) 325
《乔叟文献手册》 *Chaucer: A Bibliographical Manual* 191, 201
《乔叟小传》 "A Life for Chaucer" 36
《乔叟研究》 *The Cambridge Chaucer Companion* 313
《乔叟研究》『チョーサー研究』 317
《乔叟研究：生平与作品》 *Studies in Chaucer: His Life and Writings* 177
《乔叟研究文献汇编》 *Chaucer Bibliography* 182
《乔叟：一个威克里夫派》 "Chaucer a Wicliffite" 174
《乔叟引论》 *A Preface to Chaucer: Studies in Medieval Perspectives* 229, 231, 233

《乔叟：影响之源与背景》 *Chaucer: Sources and Backgrounds* 294, 295
《乔叟与14世纪意大利》 *Chaucer and the Italian Trecento* 284
《乔叟与奥古斯都时代的学术研究》 *Chaucer and Augustan Scholarship* 196
《乔叟与波伊提乌的〈哲学的慰藉〉》 *Chaucer and* The Consolation of Philosophy *of Boethius* 266
《乔叟与薄伽丘》 *Chaucer and Boccaccio* 283
《乔叟与但丁》 *Chaucer and Dante: A Revaluation* 285
《乔叟与〈底比斯战记〉评注》 "Chaucer and the *Thebaid* Scholia" 268
《乔叟与地方方言文学》「チョーサーと方言文学」 317
《乔叟与法国爱情诗人:〈公爵夫人书〉的文学背景》 *Chaucer and the French Love Poets: The Literary Background of* The Book of the Duchess 279
《乔叟与法国传统》 *Chaucer and the French Tradition* 173, 217, 240, 277, 278
《乔叟与法国影响》 "Chaucer and the French Influence" 240
《乔叟与关于性别的虚构作品》 *Chaucer and the Fictions of Gender* 250
《乔叟与回避明晰》 "Chaucer and the Elusion of Clarity" 221

《乔叟与决定创作的语境》 *Chaucer and the Shape of Creation* 232
《乔叟与朗诵习俗》 "Chaucer and the Custom of Oral Delivery" 211
《乔叟与乔叟派》 *Chaucer and Chaucerians* 193
《乔叟与文艺复兴》 "Chaucer and the Renaissance" 168
《乔叟与修辞学家》 "Chaucer and Rhetoricians" 208
《乔叟与叙事意象》 *Chaucer and the Imagery of Narrative* 241
《乔叟与英格兰传统》 *Chaucer and the English Tradition* 238, 239
《乔叟与英语诗歌之形成》 *Chaucer and the Making of English Poetry* 239
《乔叟与中世纪阶层讽刺文学》 *Chaucer and Medieval Estates Satire* 235
《乔叟与中世纪斯塔提乌斯》 "Chaucer and the Medieval Statius" 268
《乔叟语言探讨》 *Observations on the Language of Chaucer* 176
《乔叟在他的时代》 *Chaucer in His Time* 185
《乔叟正典》 *The Chaucer Canon* 175, 381, 439
《乔叟之〈特洛伊罗斯和克瑞西达〉》『チョーサー—トロイルスとクリゼイデ』 325
《乔叟致誊稿人亚当》 "To His Scribe Adam" 8, 351
《乔叟作品词汇索引》 *A Lexical Concordance to the Works of Geoffrey Chaucer* 322
《乔叟作品全集》
本森,拉里·D.(河边版) *The Riverside Chaucer* 183, 317, 330
罗宾逊,F. N. *The Complete Works of Geoffrey Chaucer* (1933) / *The Works of Geoffrey Chaucer* (1957) 182, 183, 309, 317
《乔叟作品选编》『チョーサー作品選集』 316
《乔叟作品用语总索引》 *A Complete Concordance to the Works of Geoffrey Chaucer* 322, 330
《乔叟:作为故事讲述者的诗人》 *Chaucer: The Poet as Storyteller* 185
《情人的自白》 *Confessio Amantis* 23, 151, 222, 257, 413, 423, 433
《去吧,摩西》 *Go Down, Moses* 394
《全年》 *All the Year Round* 380
《泉边的天鹅》 *The Swan at the Well: Shakespeare Reading Chaucer* 260
《人人高兴》 *Every Man in His Humour* 360
《认识的行动:中世纪文化论文集》 *Acts of Recognition: Essays of Medieval Culture* 244

《日本学者中世纪英语英文学研究论文及书目》『日本研究者中世英語英文学研究論文及び著作リスト』 318
《荣誉之宫》 *The Palace of Honour* 40, 348, 349
《沙多里斯》 *Sartoris* 394
《莎士比亚戏剧人物》 "Characters of Shakespeare's Plays" 125
《少年儿童百科全书》 *Children's Encyclopedia* 303
《设计骆驼，或者将中世纪一般化》 "Designing a Camel; Or, Generalizing the Middle Ages" 233
《社会乔叟》 *Social Chaucer* 243
《什么是作者》 "What Is an Author" 257
《神曲》 *The Divine Comedy* 5, 7, 27, 167, 168, 172, 222, 282, 283, 285, 299, 300, 389, 400, 403, 407, 433, 449, 461, 463
《声誉庙堂》 *The Temple of Fame: A Vision* 107, 108, 119, 369, 441
《声誉之宫》/《声誉之书》 *The House of Fame* 5, 7, 9, 18, 27, 32, 33, 40, 46, 47, 52, 107, 120, 134, 135, 153, 167, 168, 189, 190, 220, 245, 256, 268, 269, 282, 283, 285, 300, 311, 319, 324, 327, 331, 349, 369, 370, 389, 392, 393, 398—402, 406, 423, 428, 433, 441, 447, 448, 451, 452, 459, 460, 465
《圣殿》 *Sanctuary* 394
《圣经》 The Bible 14, 23, 54, 60, 124, 187, 231, 248, 262, 273, 294, 295, 301, 372, 387, 408, 421, 422, 426, 435, 436, 450, 451, 458, 462
　《马太福音》 Matthew 231
　《雅歌》 Canticles 231, 232
《圣马可日之前夕》 *The Eve of St Mark* 138
《失乐园》 *Paradise Lost* 128, 441
《诗辩》 "An Apologie for Poetrie" 63, 361
《诗刊》 *Poetry: A Magazine of Verse* 204
《诗学》（日本期刊） *Poetica* 318
《诗学》（亚里士多德作品） *Poetics* 445, 461
《诗艺》 "Art of Poetry" 15, 463
《狮子之书》 *The Book of the Leoun* 16
《十日谈》 *Decameron* 98, 140, 141, 160, 282, 287—291, 293, 295—300, 384, 387, 391, 412, 413, 417, 434, 455

《〈十日谈〉与〈坎特伯雷故事〉》 *The* Decameron *and the* Canterbury Tales 298
《十字架之梦》 *Dream of the Rood* 341
《市河三喜退职荣休纪念文集》『市河博士還暦祝賀記念論文集』 316
《书物展望》 『書物展望』 325
《抒情歌谣集》 *The Lyrical Ballads* 122, 134, 140, 370
《死神与恶棍》 *Death and the Ruffians* 129
《苏格兰的怨诉》 *The Complaynt of Scotland* 41, 349
《苏格兰乔叟派》 "The Scottish Chaucerians" 193
《俗语论》 *De vulgari eloquentia* 461
《随笔集》 *Essays* 90
《岁时记》 *Fasti* 270
《苔塞伊达》 *Teseida* 166, 169, 283, 286, 287, 290, 296—298, 323, 391, 406—408, 410, 447
《泰特斯·安德洛尼克斯》 *Titus Andronicus* 75, 357
《堂吉诃德》 *Don Quixote* 228
《特洛伊传奇》 *Le Roman de Troie* 409
《特洛伊故事集》 *Recuycell des Histoires de Troyes* 32
《特洛伊毁灭史》 *Historia destructionis Troiae* 409
《特洛伊罗斯与克瑞西达》 *Troilus and Cressida*
德莱顿,约翰 93, 94
莎士比亚,威廉 57, 77, 207, 260, 356—358, 438
《特洛伊罗斯与克瑞西达》/《特罗勒斯》/《特罗伊勒斯之书》/《特洛伊罗斯之书》/《特罗勒斯与克丽西德》/《屈罗勒斯与克丽西德》(乔叟著) *Troilus and Criseide* 7—9, 11—13, 21—23, 32, 37—39, 45—47, 52, 54, 64—66, 75, 77, 79, 80, 88, 89, 92, 95, 102, 106, 116, 128, 137, 150, 151, 164, 166—168, 171, 175, 179, 182, 198, 204, 210, 211, 215, 217, 219, 221, 222, 230, 241, 242, 244, 247, 254—256, 260, 265, 266, 268, 273—276, 286, 287, 289, 290, 294, 296, 308, 309, 311, 319, 320, 323, 324, 326, 331, 338, 340, 347—349, 351, 356, 357, 361, 365, 371, 372, 391, 402, 409, 410—412, 424, 425, 434, 438, 439, 447, 462, 465, 466
《〈特洛伊罗斯与克瑞西达〉的体裁与来源》 "Genre and Source in *Troilus and Criseyde*" 244

《特洛伊书》 *Troy Book* 28, 344, 347
《头韵体亚瑟王之死》 *The Alliterative Morte Arthure* 408
《完美绅士》 *Compleat Gentleman* 87, 361
《王者之败落》 *The Fall of Princes* 26, 28, 347
《微型人物肖像》 *Microcosmography* 84
《维纳斯怨诗》 "The Complaint of Venus" 10
《温莎的风流娘儿们》 *The Merry Wives of Windsor* 77, 358
《文本的主体性：中世纪叙事作品和抒情诗里的主体性编码》 *Textual Subjectivity: The Encoding of Subjectivity in Medieval Narratives and Lyrics* 226
《文学研究》『文学研究』 325
《文艺复兴之乔叟》 *The Renaissance Chaucer* 195
《我的学习之窗》 *My Study Windows* 160
《我们学识渊博、才华超群的古代英语诗人杰弗里·乔叟作品集：近期用最好的手抄本验证，并增加了几份从未面世的材料》 *The Works of Our Ancient, Learned, & Excellent English Poet, Jeffrey Chaucer: as they have lately been compar'd with the best manuscripts, and several things added, never before in print* 86
《五百年的乔叟批评与提及：1357—1900》 *Five Hundred Years of Chaucer Criticism and Allusion: 1357–1900* 192
《西方正典》 *The Western Cannon: The Books and School of the Ages* 260, 358, 386, 434
《西皮奥之梦》 *The Dream of Scipio* 403
《希腊古瓮颂》 "Ode on a Grecian Urn" 380, 394
《牺牲你的爱：心理分析，历史主义，乔叟》 *Sacrifice Your Love: Psychoanalysis, Historicism, Chaucer* 254
《仙后》 *The Faerie Queene* 52, 72, 74, 133, 220, 355, 378, 452
《现代读者乔叟诗歌选》 *Chaucer's Poetry: An Anthology for the Modern Reader* 221
《现代英语版乔叟诗集》 *The Poems of Geoffrey Chaucer Modernized* 127, 129
《香客的故事》 *Pilgrim's Tale* 53, 58, 353, 417, 439
《香客乔叟》 "Chaucer the Pilgrim" 221

《新艾莱斯米尔版〈坎特伯雷故事〉影印写本》 The Canterbury Tales *by Geoffrey Chaucer: The New Ellesmere Facsimile* 333
《新版乔叟作品集,包括各种此前从未印刷之作》 *The workes of Geffray Chaucer newly printed, with dyvers workes which were never in print before* 47
《修辞艺术》 *Arte of Rhetorique* 51
《序曲》 *The Prelude* 126
《喧哗与骚动》 *The Sound and the Fury* 209, 429—431
《学生版乔叟》 *The Student's Chaucer* 319
《学校教育》 *The Schoolmaster* 63
《寻找乔叟》 *In Search of Chaucer* 225
《押沙龙,押沙龙!》 *Absalom, Absalom!* 430
《一个青年艺术家的画像》 *A Portrait of the Artist as a Young Man* 198, 429, 431
《一个小小的建议》 *A Modest Proposal* 214
《一千零一夜》 *The Arabian Nights* 412
《一月与五月》 *January and May* 107
《伊利亚特》 *Iliad* 409, 445
《伊索寓言》 *Aesop's Fables* 301
《艺术演讲录》 *Lectures on Art* 156
《意图谬误》 "Intentional Fallacy" 217
《英格兰乔叟派》 "The English Chaucerians" 193
《英格兰人教会史》 *The Ecclesiastical History of the English People* 402
《英国诗歌史》 *The History of English Poetry from the Close of the Eleventh Century to the Commencement of the Eighteenth Century* 118—120, 132, 369, 441
《英国文学史》
戴尔默,弗雷德里克·塞夫顿 *English Literature from "Beowulf" to Bernard Shaw* 305
莫狄和洛维特 *A History of English Literature* 305
《英国文学史纲》 История английской литературы 307
《英美文学研究文献要览》『英米文学研究文献要覧』 324
《英文学研究》 『英文学研究』 316

《英语》 *English* 381
《英语青年》『英語青年』317
《英语史中之乔叟》「英語史におけるチョーサー」321
《英语研究年鉴》 *The Year's Work in English Studies* 328
《英语英文学论丛》『英語英文学論叢』321
《英语语法》 *The English Grammar* 359
《英语语言史》 "History of the English Language" 115
《英语之但丁》 *Dante in Inglissh* 5, 18, 27, 220, 282, 285, 300, 389, 393, 400, 428, 433, 447
《尤利西斯》 *Ulysses* 209, 429
《与过去协商：中世纪文学的历史解读》 *Negotiating the Past: The Historical Understanding of Medieval Literature* 231, 243, 244
《语象》 *The Verbal Icon: Studies in the Meaning of Poetry* 217
《寓言》 *A Fable* 429
《寓言集》 *Fables: Ancient and Modern* 82, 95, 97, 100—103, 110, 365, 368
《寓言集》序言 "Preface" to *Fables* 93, 95, 97, 368
《寓意与镜：中古英语文学的传统与结构》 *Allegory and Mirror: Tradition and Structure in Middle English Literature* 279
《原型与类似》 *Originals and Analogues* 263
《源氏物语》『源氏物語』327
《阅读初步》 *ABC of Reading* 205
《韵词与读法》 *Rhyme and Pronunciation* 330
《赞美乔叟——英诗之父》 "In Praise of Chaucer, Father of English Poetry" 112
《责反复无常的美女》 "Against Women Unconstant" 319
《哲学的慰藉》/《哲学的安慰》 *The Consolation of Philosophy* 16, 21, 23, 32, 35, 47, 78, 79, 187, 256, 266, 273, 319, 324, 349, 407, 408, 462, 465
《贞女传奇》/《十九贞女之书》 *Legend of Good Women* 6, 11, 16, 39, 47, 52, 77, 247, 251, 254, 269, 270, 286, 289, 297, 319, 324, 357, 392, 412, 424, 427, 446, 448, 462, 464, 466
《珍珠》 *Pearl* 222, 439
《真理》 "Truth" 440
《中古英语作品（1050—1400）文献手册》 *A Manual of the Writings in*

Middle English, 1050–1400 192
《中世纪书籍与现代收藏者》 *The Medieval Book and a Modern Collector* 333
《中世纪文苑中的慈善教义》 "The Doctrine of Charity in Medieval Literary Gardens" 230
《中世纪作家和作品：中古英语文学及其背景(1100—1500)》(修订版) *Medieval Writers and Their Work: Middle English Literature 1100–1500* (Revised Edition) 314
《仲光》 『仲光』 328
《仲夏夜之梦》 *A Midsummer Night's Dream* 77, 78, 260, 357
《自然》 "Nature" 142
《自由》 *The Liberal* 129
《作者之死》 "The Death of the Author" 430, 435
《作者之死与复活》 *The Death and Return of the Author* 435

“外国文学学术史研究”书目

第一、二辑

《塞万提斯学术史研究》
《塞万提斯研究文集》
《雨果学术史研究》
《雨果研究文集》
《歌德学术史研究》
《歌德研究文集》
《左拉学术史研究》
《左拉研究文集》
《海明威学术史研究》
《海明威研究文集》
《庞德学术史研究》
《庞德研究文集》
《肖洛霍夫学术史研究》
《肖洛霍夫研究文集》
《普希金学术史研究》
《普希金研究文集》
《康拉德学术史研究》
《康拉德研究文集》
《高尔基学术史研究》
《高尔基研究文集》
《哈代学术史研究》
《哈代研究文集》
《贝娄学术史研究》
《贝娄研究文集》
《狄更斯学术史研究》
《狄更斯研究文集》
《芥川龙之介学术史研究》
《芥川龙之介研究文集》
《菲茨杰拉德学术史研究》
《菲茨杰拉德研究文集》
《茨维塔耶娃学术史研究》
《茨维塔耶娃研究文集》

第三辑

《乔叟学术史研究》
《乔叟研究文集》
《简 · 奥斯丁学术史研究》
《简 · 奥斯丁研究文集》
《希伯来圣经学术史研究》
《希伯来圣经研究文集》
《泰戈尔学术史研究》
《泰戈尔研究文集》
《普鲁斯特学术史研究》
《普鲁斯特研究文集》
《陀思妥耶夫斯基学术史研究》
《陀思妥耶夫斯基研究文集》